建築設備耐震設計・施工指針
2014 年版

監修　独立行政法人　建 築 研 究 所
編集　建築設備耐震設計・施工指針
2014 年 版 編 集 委 員 会

一般財団法人　日本建築センター

監修にあたって

東日本大震災では、沿岸部での甚大な津波による被害には言葉を失うほどでしたが、3年半が経とうとしています。内陸部での構造躯体の被害は一部を除けばさほど深刻なものではありませんでしたが、建物内部では地震動により天井等の内装材の脱落とともに本書付録にも載っているように建築設備の被害が多く見られました。現代の我々の日常生活にはライフラインとして、また室内環境を整えるものとして建築設備は欠かせないものとなり、その地震被害によって不便な生活を強いられた方も多くいました。震災後の研究では、配管の継ぎ手や吊りボルトの破断等の検証も行われ、従来からの慣行に従うだけでは必ずしも十分とは言えない場合もあることが明らかになりつつあります。地震時の安全性と地震後の継続使用性の両面から、改めて建築設備の耐震性について関心が高まっているところです。

以上の背景の下、今回、東日本大震災での被害を教訓として、本書の改訂が行われました。（一財）日本建築センター及び当該機関に設置された本書の編集委員会の依頼を受け、独立行政法人建築研究所では、建築基準法等の基準類との関係を踏まえつつ、技術的・工学的背景との対応を確認することを目的として、第1章から第6章までの内容を中心に監修を行いました。

最後になりますが、本書が、建築設備に適切な耐震性を持たせるための実務的な方法として活用されることを期待するとともに、本書の企画・編集に携わった（一財）日本建築センター及び編集委員会の関係各位のご尽力に心から敬意を表します。

平成26年9月

独立行政法人建築研究所
理事長　坂本　雄三

監修委員会　委員名簿

（平成 26 年 9 月現在）

独立行政法人建築研究所　監修委員会

委員長	坂本雄三	理事長
委員	成藤宣昌	前研究総括監（平成 26 年 7 月 7 日まで）
	福山洋	構造研究グループ長
	長谷川直司	建築生産研究グループ長
	長谷川隆	構造研究グループ主任研究員
	石原直	建築生産研究グループ主任研究員

まえがき

昭和56年（1981年）6月1日から施行された建築基準法施行令（いわゆる新耐震設計法）において、「屋上から突出する水槽等（建築基準法施行令第39条の2　現：第129条の2の4第三号）」、「配管設備（同法施行令第129条の2第1項第八号　現：第129条の2の4第二号）」、「エレベーター（同法施行令第129条の4第4項第三号など　現：第129条の4など）」などの建築設備に関する耐震規定が設けられている。これらの耐震規定に整合を図って昭和57年（1982年）に「建築設備耐震設計·施工指針」が発刊され、昭和59年（1984年）その一部が改訂され、広く使用されてきた。（以下、「指針1982」および「指針1984」と呼ぶ。）

平成7年（1995年）1月17日に発生した兵庫県南部地震は阪神・淡路大震災を引き起こし建築設備にも多くの被害をもたらした。「指針1984」に従って良好に設計・施工された建築設備の被災率は明らかにそれ以前の設備に比べ激減していてその有効性が認められている。しかし震度階の大きかった地域では、いくつかの被害報告によると使用不能となったものは設備種別により異なるが数％～20％に及んだものとされている。

建築設備のうちいくつかのものは地震後にも機能を果たすことが期待され、特に水槽、自家発電設備などではこの期待には大きいものがあった。また、システムを構成して機能を発揮する設備では、一部の機器・配管の損傷が機能喪失につながることがクローズアップされた。

これら兵庫県南部地震の地震被害状況を考慮し、建築主および設計者による耐震性の目標程度の選択の幅を広げ、建築用途との関連を考慮しながら、かつ設備全体としてバランスよく耐震設計・施工を行うことができるようにする必要が生じてきた。このような視点に立って「指針1984」の見直し・改訂が行われ、平成9年（1997年）に「建築設備耐震設計·施工指針1997年版」が刊行された（以下、「指針1997」と呼ぶ）。

「指針1997」では「指針1984」を使用してきた経験を踏まえ、実務的な意味で設計用地震入力の簡略化を行い、局部震度法により入力を算出することとし、「指針1984」でも採用され、広く使われている許容応力度設計法により耐力を検定する方法で具体的に各機器などについて設計計算・判定計算が行えるようにした。

配管等については、耐震支持部材の選定が配管重量に応じて簡易に行えるように工夫されている。このことは、地震入力の算出以降の各部の設計法および耐力に関しては「指針1984」とほとんど同様であり、この意味で耐震措置の一つの方法を示したものとなっている。

平成17年（2005年）の改訂においては、単位系を重力単位からSI単位に変更することを主眼とし、1997年以降に変更された法令・規準なども合わせて訂正して、「建築設備耐震設計・施工指針2005年版」が発刊されたが、指針自体の内容は従前のものと変更していない（以下、「指針2005」と呼ぶ）。

その後、「指針2005」の講習会が多数回開催され、指針の内容に関する質疑も多く寄せられたことを踏まえて、「指針2005」のQ&A集として「建築設備耐震設計·施工指針における実務上のポイント」が、平成23年（2011年）に発刊された。

平成23年（2011年）東北地方太平洋沖地震においては、東日本大震災を経験し、建築物および建築設備については、参考とすべき地震被害を経験した。

今回の建築設備に関する地震被害報告の多くは、「指針2005」の「4.2 被害から見た設計施工上のポイント」で掲げられている地震被害要因に集約されることが分かった。
その他に、配管の耐震支持などに関し、以下のような地震被害の知見が得られた。
① つかみ金具の脱落
鉄骨構造で、鉄骨梁フランジからつかみ金具を使用して支持を取ることが多いが、脱落防止治具を併用していないため、つかみ金具が脱落することがある。
② 置き基礎の移動などによる破損
屋上などで、配管・ダクト・電気配線などを置き基礎（屋上構造体に緊結されていない簡素な基礎）に架台を設けて固定している例があるが、地震時には、防水層上の置き基礎が移動するなどして設備の被害を拡大させる。
③ 配管等の末端部・分岐部などの破損
配管・ダクト・電気配線などの末端部や分岐部付近に耐震支持がないために、これら部位で破損したものがある。
④ 吊り金物や埋込金物の強度不足
B種耐震支持材（指針表6.2－1参照）の吊り金具直上でボルト破断が見られた。配管が首振り現象を生じたことにより破断したと考えられる。また、複数の配管やダクトなどを吊る共通吊り部材においても、アンカーボルトの抜け、全ネジボルトの破断が見られた。共通吊り部材では、想定引抜き力を超える機器や配管が支持される場合があり、許容引抜き強度を上回ったと考えられる。

今回の平成26年（2014年）の改訂においては、これらの東北地方太平洋沖地震の地震被害経験を踏まえて、さらにQ&A集の「建築設備耐震設計・施工指針における実務上のポイント」において解説を加えた内容を取り込んで、改訂を行うこととした。
「建築設備耐震設計・施工指針2014年版」における主要な改訂事項としては、下記の事項が挙げられる。
① 全体構成を見直し、章立てを多少入れ替え、丁寧な解説文を加えた。
② 指針の構成を本文と解説に分けて記述することとした。指針の数値に解説を加えるとともに、計算例のみに記述されていた内容を解説部分に明示し、計算例の内容を理解しやすくした。
③ 配管類の耐震支持方法を厳しくする方向に修正し、電気設備用のケーブルラックに関する規定を入れた。
④ 計算例の内容を見直し、一部の変更を行った。
⑤ 建築基準法関連事項を最新のものとした。
⑥ 「天井付き」と「上面スラブ付き」の考え方を明確にした。

本書の構成は、以下に示すとおりである。
第1編が指針の主要部分であり、
・第1章「総説」において、本指針の適用範囲を示し、耐震措置の考え方を示している。
・第2章「地震力」において、採用している局部震度法の震度値と考え方を示している。
・第3章「設備機器の耐震支持」において、アンカーボルト・支持構造部材・耐震ストッパ・鉄骨架台による耐震支持の計算方法と考え方を示している。
・第4章「アンカーボルトの許容耐力と選定」において、アンカーボルトの選定方法を示している。

・第 5 章「建築設備の基礎の設計」において、基礎の設計・計算方法を示しているが、荷重が大きいものにおいては構造設計者に依頼すべきものとしている。

・第 6 章「配管等の耐震対策」においては、配管重量に応じて配管用支持材の選定表を示し、計算を行わないでも支持部材が選定できるようにしている。

付表においては、アンカーボルトの耐力および配管支持部材選定表を示している。

第 2 編「計算例」においては、空調・衛生・電気関係の機器を対象として、耐震支持や基礎設計の計算例を示し、初心者が耐震計算を行う際の参考となるようにしている。

第 3 編「付録」においては、本指針を適用するに際して必要となる資料または参考となる資料を示している。

建築設備耐震設計・施工指針　2014 年版　編集委員会
委員長
（東京理科大学名誉教授）
寺　本　隆　幸

建築設備耐震設計・施工指針 2014 年版　編集委員会　委員名簿

（平成 26 年 8 月現在）
（五十音順・敬称略）

委員長	寺　本　隆　幸	東京理科大学名誉教授
委　員	池　田　朝　三	日本建築行政会議
	岩　田　善　裕	国土交通省国土技術政策総合研究所建築研究部主任研究官
	大　垣　正　之	一般社団法人日本建築あと施工アンカー協会
	大　谷　康　博	日本建築行政会議
	川　瀬　貴　晴	千葉大学大学院工学研究科建築・都市科学専攻建築学コース教授
	小　林　靖　昌	一般社団法人電気設備学会
	山　海　敏　弘	独立行政法人建築研究所環境研究グループ長
	鈴　木　俊　之	一般社団法人日本電設工業協会
	田　村　和　夫	千葉工業大学工学部建築都市環境学科教授
	平　山　昌　宏	公益社団法人空気調和衛生工学会
	向　井　智　久	独立行政法人建築研究所構造研究グループ主任研究員

建築設備耐震設計・施工指針 2014 年版　W・G　委員名簿

（平成 26 年 8 月現在）
（五十音順・敬称略）

主　査	寺　本　隆　幸	東京理科大学名誉教授
委　員	一方井　孝　治	鹿島建設株式会社建築設計本部本部次長
	大　石　芳　己	一般社団法人日本内燃力発電設備協会技術部担当次長
	菊　池　良　直	東光電気工事株式会社中央支社内線部内線 1 課
	小板橋　裕　一	株式会社日建設計構造設計部門構造設計部長
	小　林　靖　昌	一般社団法人電気設備学会
	田　村　和　夫	千葉工業大学工学部建築都市環境学科教授
	林　　　一　宏	株式会社日建設計設備設計部門設備設計部長
	平　山　昌　宏	公益社団法人空気調和衛生工学会
	矢　田　雅　一	大成建設株式会社エンジニアリング本部生産施設グループ

協力団体（順不同）

（一社）強化プラスチック協会
（一社）日本ガス協会
（一社）日本ガス石油機器工業会
（一社）建築設備技術者協会
（一社）日本冷凍空調工業会
（一社）日本空調衛生工事業協会
（一社）日本電機工業会
（一社）電池工業会
（一社）日本銅センター
（一社）日本配電制御システム工業会
日本暖房機器工業会
日本冷却塔工業会

1982 年版

「建築設備耐震技術委員会」委員名簿

（五十音順・敬称略）

顧　問	梅村　魁	芝浦工業大学建築学科教授（東京大学名誉教授）
委員長	谷　資信	早稲田大学理工学部建築学科教授
委　員	石山祐二	建設省建築研究所国際地震工学部第一耐震工学室長
	和泉洋人	建設省住宅局住宅生産課係長
	今田治男	建設大臣官房官庁営繕部設備課営繕設計官
	大内栄一	財団法人住宅部品開発センター設備部長
	小野寺篤夫	建設大臣官房官庁営繕部設備課営繕設計官
	折原明男	株式会社日建設計東京本社設備部長
	加藤晴久	建設省住宅局建築指導課長補佐
	木内俊明	国士館大学工学部建築学科教授
	北川良和	建設省建築研究所第三研究部振動研究室長
	木村栄一	株式会社通信建築研究所代表取締役
	坂本　功	東京大学工学部総合試験所助教授
	次郎丸誠男	自治省消防庁予防救急課専門官
	高田　一	日本電信電話公社建築局専門調査役
	竹内　保	東光電気工事株式会社取締役営業部長
	塚田市朗	建設省住宅局建築指導課係長
	寺本隆幸	株式会社日建設計東京本社構造設計主管
	鳥原　大	関東電気工事株式会社営業開発本部防災設備部長
	萩原弘道	大成建設株式会社建築本部設計部設計課
	春川真一	建設省住宅局建築指導課係長
	秀島紀一郎	社団法人日本内燃力発電設備協会技術第一部長
	藤田隆史	東京大学生産技術研究所助教授

「建築設備耐震設計・施工指針　W・G」

（五十音順・敬称略）

主　査	折原明男	前掲
委　員	木内俊明	〃
	坂本　功	〃
	竹内　保	〃
	塚田市朗	〃
	寺本隆幸	〃
	鳥原　大	〃
	萩原弘道	〃
	藤田隆史	〃
	※池本　弘	社団法人日本空調衛生工事業協会
	※内田栄市	社団法人日本蓄電池工業会
	※小野光嗣	社団法人日本冷凍空調工業会
	※影井紀一郎	社団法人日本瓦斯協会
	※下川英男	社団法人日本電設工業協会
	※関　輝一	日本暖房機器工業会
	※田村　淑	社団法人日本ガス石油機器工業会
	※中村　幸	日本配電盤工業会
	※原田伊紀	社団法人強化プラスチック協会
	※秀島紀一郎	社団法人日本内燃力発電設備協会
	※村田芳郎	社団法人日本厨房機器工業会
	※森田　繁	日本冷却塔工業会
	☆※真嶋秀雄	社団法人日本銅センター

（※各関係団体選出委員）

（☆増刊に当たっての協力団体）

1997年版

「建築設備耐震設計・施工指針」1997年版　編集委員会名簿

（五十音順・敬称略）

顧　問	谷　　資　信	早稲田大学名誉教授
委員長	坂　本　　功	東京大学大学院工学系研究科建築学専攻教授
委　員	石　山　祐　二	北海道大学工学部建築工学科建築構造学第一講座教授
	伊　藤　龍　信	財団法人ベターリビング理事・開発本部長
	井　上　輝　雄	東光電気工事株式会社常務取締役内線本部長
	折　原　明　男	株式会社日建設計技術担当役員付技師長
	木　内　俊　明	国士舘大学工学部建築学科教授
	斉　藤　充　弘	東京都都市計画局建築指導部調査課設備担当係長
	鈴　木　和　男	自治省消防庁予防課設備専門官兼課長補佐
	田　中　礼　治	東北工業大学工学部建築科教授
	寺　本　隆　幸	東京理科大学工学部第二部建築学科教授
	萩　原　弘　道	大成建設株式会社取締役エンジニアリング本部長
	羽　生　利　夫	財団法人日本建築設備・昇降機センター常務理事
協力委員	井　上　勝　徳	建設省住宅局建築指導課課長補佐
	岡　田　　恒	建設省建築研究所第三研究部複合構造研究官
	服　部　　敦	建設省住宅局住宅生産課係長
	藤　本　秀　一	建設省住宅局建築指導課係長
	堀　口　　望	建設大臣官房官庁営繕部設備課課長補佐
	丸　山　　修	建設大臣官房官庁営繕部設備課課長補佐

「建築設備耐震設計・施工指針」1997年版　W・G委員名簿

（五十音順・敬称略）

主　査	※折　原　明　男	前掲
主査代行	※寺　本　隆　幸	前掲
委　員	浅　山　三　夫	㈳日本配電盤工業会（㈱白川電機製作所）
	内　田　栄　市	㈳電池工業会（古河電池㈱）
	太　田　裕　二	㈳日本銅センター
	大　滝　　和	日本厨房工業会（日本調理機㈱）
	※小　国　利　明	東光電気工事㈱
	尾　島　一　良	㈳日本建築あと施工アンカー協会（サンコーテクノ㈱）
	楠　山　秀　樹	㈳日本ガス石油機器工業会
	國　近　成　信	日本冷却塔工業会（㈱荏原シンワ）
	鈴　木　貴　雄	㈳日本ガス協会
	※下　川　英　男	㈳電気設備学会
	多　田　直　美	㈳強化プラスチック協会（三菱樹脂㈱）
	※萩　原　弘　道	前掲
	蜂須賀　貴　則	㈳日本冷凍空調工業会
	藤　本　秀　一	前掲
	保　科　幸　雄	㈳日本内燃力発電設備協会
	御法川　義　雄	日本暖房機器工業会
	※山　端　良　幸	㈳日本電設工業協会（日本電設工業㈱）
	※吉　雄　敬　正	㈳日本空調衛生工事業協会（東洋熱工業㈱）

（※幹事）

「建築設備耐震設計・施工指針」2005年版　編集委員会名簿

（五十音順・敬称略）

委員長	寺本隆幸	東京理科大学工学部第二部建築学科教授
委　員	木内俊明	国士舘大学工学部建築デザイン学科教授
	北村春幸	東京理科大学理工学部建築学科教授
	鈴木俊之	東光電気工事株式会社リニューアル第二部内線第二課長
	鈴木康幸	総務省消防庁予防課設備専門官
	田中礼治	東北工業大学工学部建築学科教授
	萩原弘道	大成建設株式会社エンジニアリング本部長
	町田　功	東京都都市整備局市街地建築部建築企画課担当係長
協力委員	島田和明	国土交通省住宅局建築指導課課長補佐
	関本昌弘	国土交通省大臣官房官庁営繕部設備・環境課課長補佐
	米原　賢	国土交通省大臣官房官庁営繕部設備・環境課営繕技術専門官

「建築設備耐震設計・施工指針」2005年版　W・G委員名簿

（五十音順・敬称略）

主　査	寺本隆幸	前掲
委　員	荒木基暁	㈳日本内燃力発電設備協会
	内野博道	㈳電気設備学会
	大宮　幸	東京理科大学工学部第二部建築学科助手
	下川英男	㈳電気設備学会
	鈴木俊之	東光電気工事㈱
	平山昌宏	㈳空気調和・衛生工学会
	細川洋治	㈳日本建築あと施工アンカー協会
	矢田雅一	大成建設㈱

目　次

第１編　建築設備耐震設計・施工指針

付表

第 2 編　計算例

第 3 編　付録

第１編　建築設備耐震設計・施工指針

第１章　総説

1.1　本指針の適用範囲

本指針で取扱う範囲は、以下とする。

① 鉄骨（S）造、鉄骨鉄筋コンクリート（SRC）造および鉄筋コンクリート（RC）造などで、高さ60m以下の建築物に設置される建築設備（設備機器・配管等）の耐震支持（据付け・取付け）とする。建築基準法において、建築設備は「建築物に設ける電気、ガス、給水、排水、換気、暖房、冷房、消火、排煙若しくは汚泥処理の設備または煙突、昇降機若しくは避雷針をいう。」と定義されているが、本指針では煙突および昇降機（エスカレーターを含む）以外の設備機器・配管等を対象とする。また、設備機器の監視制御に使用する卓上機器も含むものとする。

② 高さが60mを超える建築物や免震構造の建築物など、時刻歴応答解析により構造物の耐震設計が行なわれている場合には、参考として「2.3　設備機器の地震力　その2（建築物の時刻歴応答解析が行われている場合）」を示しているので、それを使用することができる。

③ 重量1kN以下の軽量な機器の耐震支持については、本指針に準拠あるいは同等な設計用地震力に耐える方法で設計・施工されることを推奨する。ただし、耐震支持の詳細は、軽量であることを考慮し、設備機器の製造者の指定する方法で確実に行えばよいものとする。この際、特に機器の支承部（機器などが支持される上面スラブ・壁・床など）が地震によって生ずる力に十分耐えるように検討されている必要がある。

1.2　建築設備の耐震措置

本指針では、実務的な意味で設計用地震力の簡略化を行い、設備機器類に対しては局部震度法による地震荷重を採用している。この考え方は、当初の「建築設備耐震設計･施工指針1982年版」以来使用されており、地震荷重に対して許容応力度設計法により部材耐力を検定する方法である。

具体的に各設備機器などについて設計計算・判定計算が行えるようにしている。また、配管等については、耐震支持部材の選定が配管重量に応じて簡易に行えるように工夫している。

① 設備機器に対しては、耐震支持に対しての耐震設計・計算方法を示している。耐震支持の方法としては、アンカーボルトを用いた基礎・床・壁支持、吊り支持、頂部支持材、ストッパ、鉄骨架台などを取り上げている。

② 設備機器本体の耐震性については、別途に製造者により検討が行なわれるものとして、本指針の対象外としている。

③ 配管等については、耐震クラス（指針表2.2－1参照）と配管類の重量に応じて、支持方法の詳細を示し、実務的に支持部材の選定が行なわれるようにしている。

④ 設備機器や鉄骨架台を固定する鉄筋コンクリート基礎については、典型的な基礎形状に応じて検討方法を示して、個別に対応が可能なようにしている。

⑤ 建築物や設備機器・配管等の重要度に応じて、耐震クラスを選定することにより、安全率を

考慮できるようにしている。しかし、耐震クラス自体は建築主や設計者が適宜選択して使用するものとして、特にその適用には言及していない。

【解説】

1.1　本指針の適用範囲

(1) 軽量機器の扱い

最近は、天井面や天井裏に設けられる軽量の機器類が増加しており、地震被害例も見られる。本指針では軽量機器の耐震支持方法を設備機器の製造者が指定することを想定しており、ファンコイルなど 1kN 以下の軽量な機器の耐震支持の詳細は、軽量であることを考慮し、「設備機器の製造者の指定する方法で確実に行えば良いものとする」としている。しかし、多くの設備機器の製造者は軽量な機器の耐震支持方法を示していないことが多く、適切な耐震支持がほとんど行われていないのが現状である。解説 1.3 (2) の参考文献①において、重量 10～30kgf (0.1～0.3kN) 未満、30～100kgf (0.3～1.0kN) の軽量機器に対しての「天吊り機器類の落下防止対処を図る耐震支持」が提案されている。

(2) 吊り軽量機器の耐震支持

一部の設計事務所などでは、吊り軽量機器の耐震支持について、吊り長さが長い場合には耐震支持を行う社内仕様を設けているが、多くは「吊り長さが長い機器は」との表現で、その具体的吊り長さが示されておらず、設備機器の設計・施工担当者が建築物や設備機器の重要度に対する判断で 1.0m や 1.2m、1.5m などの値を設定していることが多い。また、吊り軽量機器の吊り長さや耐震支持方法が耐震性に影響を与えることが耐震実験でも確認されている。

これらを踏まえて、吊り軽量機器の耐震支持については次のようにすることを推奨する。

① 引張り力が作用する吊り部材の躯体へのアンカーボルトは、原則としてインサートとする。やむを得ずあと施工アンカーボルトを使用する場合には、あと施工金属拡張アンカーボルト（おねじ形）などとする。また、躯体コンクリートとは 2 本以上のアンカーボルトとダブルナットで緊結する。

② 耐震クラス S（指針表 2.2−1 を参照）で計画する場合の吊り部材には、形鋼を用いる。

③ 吊りボルトで耐震支持する場合には、自重支持用吊りボルト 4 本で構成される 4 面にそれぞれ 2 本の斜材で X 形とする。合計 8 本の斜材が必要。この時、自重支持吊りボルトに斜材を取付ける角度は 45 度± 15 度とし、自重支持吊りボルトに緊結する位置は上部のインサートと下部の機器支持部との合計長さを 25cm 以内とする。斜材は、自重支持用吊りボルトと同等以上の強度の金属材（鉄筋、全ネジボルトなど）を用いる。また、自重支持ボルトと斜材とを緊結する部材は締め付け具を用い、クリップなどは使用しない。

1.2　建築設備の耐震措置

（設備機器本体の耐震性）

設備機器本体の耐震性は本指針の対象外としている。しかし、東北地方太平洋沖地震における受変電キュービクルの被害事例では、盤自体は基礎に固定され無被害だったにもかかわらず、その中に収容された設備機器の取付け部が外れて損傷した事例や収容機器本体の内部が損傷した事例などの地震被害が報告されている。設備機器本体の耐震性については、設計者が必要に応じて、設備機器の製造者に確認する必要がある。

確認する事項には、設備機器の製造者が用意する設備機器および付属機材（防振装置や架台など）の耐震性、設備機器内部の部品・機材取付けの耐震性、設備機器本体の地震後の動作・機能維持状態、その他が考えられる。

なお、確認時には、本指針の耐震支持計算に用いる設計用標準震度の値を設備機器の製造者に伝え、耐震支持と設備機器本体の耐震性の整合に配慮する。設備機器が有する耐震性と機能維持の必要性を施設計画全体の中で考慮し、状況によっては設備機器を設計用標準震度の値が低い階に設置したり、免震構造の建築物の部分に設置することも考えられる。

1.3　参考文献

(1) 建築設備耐震関係資料

以下に、本指針と関連している設備耐震関係の参考文献を示す（本文中で引用されていない文献も含む)。

① 新版　建築設備耐震設計・施工法　平成24年11月　（公社）空気調和・衛生工学会

② 建築電気設備の耐震設計・施工マニュアル（改訂新版）平成11年6月　（一社）日本電設工業協会、（一社）電気設備学会

③ 建築設備用銅配管耐震設計・施工指針　昭和60年3月　（一社）日本銅センター

④ あと施工アンカー施工指針（案）・同解説　平成17年2月　（一社）日本建築あと施工アンカー協会

⑤ あと施工アンカー技術資料（改訂版）　平成17年5月　（一社）日本建築あと施工アンカー協会

⑥ 建築設備・昇降機耐震診断基準及び改修指針　1996年版　平成8年4月　（一財）日本建築設備・昇降機センター

⑦ FRP水槽耐震設計基準　平成8年6月　（一社）強化プラスチック協会

⑧ FRP水槽構造設計計算法　平成8年12月　（一社）強化プラスチック協会

⑨ 官庁施設の総合耐震計画基準及び同解説　平成8年版　平成8年12月　（一社）公共建築協会

⑩ 官庁施設の総合耐震診断・改修基準及び同解説　平成8年版　平成8年12月　（一財）建築保全センター

⑪ 東日本大震災による設備被害と耐震対策報告書　平成25年9月　（一社）建築設備技術者協会　震災復興支援会議「設備被害対策検討委員会」

⑫ 平山昌宏、松森泰造　E-defenseにおける設備機器・配管実験　日本建築学会学術講演梗概集　2011 D-2　環境工学II

⑬ 萩原弘道　空調・衛生設備の耐震設計と施工　オーム社　1982年

(2) 東北地方太平洋沖地震における設備機器被害資料

東北地方太平洋沖地震においては多くの建築設備機器・配管に被害を生じている。これらの地震被害は、設備耐震を考える際に貴重な資料となると思われるので、ここに被害関係資料を示す。

① 東日本大震災による設備被害と耐震対策報告書　平成25年9月　（一社）建築設備技術者協会　震災復興支援会議「設備被害対策検討委員会」

② 2011年東北地方太平洋沖地震災害調査速報　平成23年7月　（一社）日本建築学会

③ 東北地方太平洋沖地震における建築設備被害概要　平成23年12月号　BE建築設備

④　2011.3.11　東北地方太平洋沖地震被害に関する調査報告　平成23年8月　(公社) 空気調和・衛生工学会　東日本大地震調査支援本部調査部会調査団
⑤　電気通信施設被害調査報告書 (第一次報告) 平成23年5月　(一社) 建設電気技術協会
⑥　設備機器耐震基準把握の実態調査　平成24年3月　(一社) 日本建設業連合会
⑦　東日本大震災電気設備被害調査報告書　平成24年2月　(一社) 日本電設工業協会
⑧　設備工事情報シート【震災被害版】の発行にあたり　平成24年2月　(一社) 日本建設業連合会
⑨　第60回東北環境設備研究会シンポジウム『東日本大震災・建築設備被害報告と今後に向けて』平成24年3月　(一社) 日本建築学会東北支部等
⑩　東日本大震災による設備機器被害状況報告　平成24年10月　(一社) 東北空調衛生工事業協会

第２章　地震力

2.1　設計用地震力

設備機器に対する設計用水平地震力 F_H は次式によるものとし、作用点は原則として設備機器の重心とする。

$F_H = K_H \cdot W$（kN）　(2.1－1)

ここに、

K_H：設計用水平震度

W ：設備機器の重量、ただし水槽においては満水時の液体重量を含む設備機器総重量（kN）

設計用鉛直地震力 F_V は次式によるものとし、作用点は原則として設備機器の重心とする。

$F_V = K_V \cdot W$（kN）　(2.1－2)

ここに、

K_V：設計用鉛直震度

ただし、ここで水槽とは受水槽、高置水槽などである。水槽および自由表面を有する液体貯槽の場合には、「第３編　付録３」による有効重量比 α_T、作用点高さと等価高さの比 β_T を用い、設計用重量および地震力の作用点高さを求め使用してもよい。

なお、上記の設備機器に対する設計用地震力算定に用いる K_H、K_V については、建築物の時刻歴応答解析が行われていない場合（2.2 節）と、建築物の時刻歴応答解析が行われている場合（2.3 節）とに分けて規定している。

2.2　設備機器の地震力　その１（建築物の時刻歴応答解析が行われていない場合）

時刻歴応答解析が行われない通常の構造の建築物については、2.2.1 項で設計用水平震度 K_H を、2.2.2 項で設計用鉛直震度 K_V を求める。

2.2.1　設計用水平震度

設計用水平震度 K_H を下式で求める。

$K_H = Z \cdot K_S$　(2.2－1)

ここに、

K_S：設計用標準震度（指針表 2.2－1 の値以上とする）

Z ：地域係数（指針図 2.2－1 による、通常 1.0 としてよい）

指針表 2.2 ― 1　設備機器の設計用標準震度

	設備機器の耐震クラス			適用階の区分
	耐震クラスＳ	耐震クラスＡ	耐震クラスＢ	
上層階、屋上および塔屋	2.0	1.5	1.0	塔屋 上層階
中間階	1.5	1.0	0.6	中間階
地階および１階	1.0（1.5）	0.6（1.0）	0.4（0.6）	1階 地階

（　）内の値は地階および１階（あるいは地表）に設置する水槽の場合に適用する。

上層階の定義
- 2～6 階建ての建築物では、最上階を上層階とする。
- 7～9 階建ての建築物では、上層の２層を上層階とする。
- 10～12 階建ての建築物では、上層の３層を上層階とする。
- 13 階建て以上の建築物では、上層の４層を上層階とする。

中間階の定義
- 地階、1 階を除く各階で上層階に該当しない階を中間階とする。

指針表 2.2―1 における「水槽」とは、受水槽、高置水槽などをいう。

注）各耐震クラスの適用について
1．設備機器の応答倍率を考慮して耐震クラスを適用する。
（例　防振支持された設備機器は耐震クラスＡ又はＳによる。）
2．建築物あるいは設備機器などの地震時あるいは地震後の用途を考慮して耐震クラスを適用する。
（例　防災拠点建築物、あるいは重要度の高い水槽など。）
3．耐震クラスの適用例を「第３編　付録２」に示す。

指針図 2.2 ― 1　地域係数（Z）（詳細は「第３編　付録 7.3.2」昭 55 建告第 1793 号による）

2.2.2　設計用鉛直震度

設計用鉛直震度 K_V を下式で求める。

$$K_V = \frac{1}{2} K_H \qquad (2.2-2)$$

ここに、

K_H：2.2.1 項で求めた設計用水平震度

2.3　設備機器の地震力　その2（建築物の時刻歴応答解析が行われている場合）

時刻歴応答解析が行われている建築物については、各階床の応答加速度値 G_f（cm/s^2）が与えられることとなる。この場合の設計用水平震度 K_H を 2.3.1 項で、設計用鉛直震度 K_V を 2.3.2 項で求める。

2.3.1　設計用水平震度

時刻歴応答解析結果がある場合は解析結果による震度 K_H' を下式によって求め、耐震クラスを S・A・B のいずれかに設定して、指針表 2.3−4 を適用して K_H の値を定める。

$$K_H' = (G_f/G) \cdot K_2 \cdot D_{SS} \cdot I_S \quad \cdots\text{設備機器の場合} \qquad (2.3-1)$$

$$= (G_f/G) \cdot \beta \cdot I \quad \cdots\text{水槽（受水槽、高置水槽など）の場合} \qquad (2.3-2)$$

ここに、

G_f：各階床の応答加速度値（cm/s^2）

G：重力加速度値＝980（cm/s^2）

K_2：設備機器の応答倍率で、設備機器自体の変形特性や防振支持された設備機器支持部の増幅特性を考慮して、指針表 2.3−1 によるものとしている。

D_{SS}：設備機器据付け用構造特性係数で、振動応答解析が行われていない設備機器の据付・取付の場合、ある程度の変形特性を見込んで D_{SS}＝2/3 と設定している。

I_S：設備機器の用途係数で、I_S＝1.0〜1.5 としている。

β：水槽の設置場所に応じた応答倍率で、指針表 2.3−2 による。

I：水槽の用途係数で指針表 2.3−3 による。

指針表 2.3−1　設備機器の応答倍率

設備機器の取付状態	応答倍率：K_2
防振支持された設備機器	2.0
耐震支持された設備機器	1.5

指針表 2.3−2　水槽の応答倍率 β

場　所	応答倍率：β
1階、地階、地上	2.0
中間階、上層階、屋上、塔屋	1.5

指針表 2.3－3　水槽の用途係数 I

用　途	用途係数：I
耐震性を特に重視する用途	1.5
耐震性を重視する用途	1.0
その他の用途	0.7

指針表 2.3－4　建築物の時刻歴応答解析が行われている際の設計用水平震度 K_H

K_H' の値	設計用水平震度 K_H		
	耐震クラス S	耐震クラス A	耐震クラス B
1.65 超	2.0	2.0	2.0
1.10 超～1.65 以下	1.5	1.5	1.5
0.63 超～1.10 以下	1.0	1.0	1.0
0.42 超～0.63 以下		0.6	0.6
0.42 以下			0.4

2.3.2　設計用鉛直震度

建築物の時刻歴応答解析が行われている場合の設計用鉛直震度を下式で求める。

$$K_V = \frac{1}{2} K_H \qquad (2.3-3)$$

ここに、

K_H：2.3.1 項で求めた設計用水平震度

ただし、免震構造の建築物において、設計用鉛直震度が、特に解析されていない場合には、2.2.2 項に従って設計用鉛直震度を定める。

【解説】

2.1　設計用地震力

地震時の建築物床応答に応じて、その床に支持されている設備機器は加速度を生じる。設備機器に作用する地震力は、この加速度の影響を基に等価な静的震度を用いて定義し、設計用地震力としている。

（震度の考え方）

質量 m（重量 W＝m・G、G：重力加速度）の設備機器に加速度 α が作用する場合を考えると、作用する力 F は（質量×加速度）なので、

$$F = m \cdot \alpha = (W/G)\ \alpha = (\alpha\ /G) \cdot W = K \cdot W$$

ここに、震度 $K = \alpha/G$

である。ただし、水槽においては、質量 m として水槽容器の質量と水槽内の液体満水時の液体質量を合わせた総質量を採るものとする。給湯設備（電気給湯器、ガス給湯器、石油給湯器など）についても同様に満水時の質量を採用する（第 3 編　付録 7.3.5　平 12 建告第 1388 号参照）。ここで水槽とは、受水槽、高置水槽、消火関係水槽、オイルタンクなどのこととしている。

震度は、作用加速度値を重力加速度で除した係数であり、無次元量である。建築物の振動状況を深

く考えなくとも、設計用震度Kを用いて、自重のK倍の地震力が作用していると考えればよく、理解しやすくなる。気象庁震度階級の震度と設計用震度とは紛らわしいが、全く異なるものなので注意して使用する必要がある。本指針では、設計用水平地震力 F_H と設計用鉛直地震力 F_V を、この震度を用いて定義している。

また、設備機器の地震力は設備機器の重心位置に作用するとしている。設備機器の重心位置は、基本的には設備機器製造者などの情報による。したがって、設備機器製造者などは使用者に対して、重心位置の情報を明らかにする必要がある。なお、設備機器構成部品個々の重心および重量が明らかな場合は、計算により重心位置を求めることができる。

2.2　設備機器の地震力　その１　建築物の時刻歴応答解析が行われていない場合

(1) 基本的考え方

本節では、建築物の時刻歴応答解析が行われていない場合に設備機器の地震力を算出する方法を規定している。ここでの地震力の規定には、建築物や設備機器の重要度による耐震クラス（耐震クラスの考え方については、後述の（4）を参照）、あるいは設備機器の設置階や設備機器の応答倍率に応じて、設備機器の重量に設計用水平震度あるいは設計用鉛直震度を乗じることで求める局部震度法を採用している。ここでの規定では、以下に示す設備機器への地震力作用メカニズムを考慮して、設計用標準震度を定めている。また、地震時にスロッシング現象を生じる水槽関係とそれ以外の設備機器とを分けて記述している。

設備機器に作用する設計用水平地震力および鉛直地震力は、2.1節で示した静的震度により定めている。設備機器は、建築物内部に設置されているので、当然建築物の振動状況の影響を受けることになる。厳密には、建築物毎にその振動性状を考慮して算定する必要があるが、本指針では平均的な建築物挙動を想定して、簡便な計算方法を採用している。

(2) 局部震度法による設備機器の地震力

指針表2.2−1に設備機器に作用する地震力（設計用標準震度）が示されているが、これは以下のような考え方に基づいて算定されたものである。

解図2.2−1に示したように、建築物の基部に地震動が作用したと考え、その加速度値を設計用震度に換算して基準震度 K_0 とする。地震動により建築物は振動し、一般的には建築物内部で上層ほど最大加速度値が大きくなり、解図2.2−2のように建築物頂部（屋根床）では2〜3倍に増幅される。各階での増幅係数を各階床の振動応答倍率 K_1 とする。K_1 の高さ方向分布は、建築物の構造特性に応じて異なり一様ではないが、これを１階および地階·中間層·最上層と３段階に分けて、1.0〜1.5〜2.5と簡便に設定している。この増幅率を考えることにより、ある階の床の設計用震度は（$K_0 \cdot K_1$）となる。さらに、設備機器が置かれている建築物床の振動により、設備機器が振動し機器内部で加速度が増幅される。この設備機器内部の増幅係数を設備機器の応答倍率 K_2 とすると、ある建築物の特定の階に設置されている設備機器の設計用震度は（$K_0 \cdot K_1 \cdot K_2$）となる。本指針では、堅固に支持された一般の設備機器に対して $K_2=1.5$、防振支持された設備機器に対して $K_2=2.0$ としている。

さらに、設備機器設計用の値とするために、設備機器の構造特性係数 D_{SS}・設備機器の用途係数 I_S・建築物の用途係数 I_K を考える。

建築基準法において、構造設計に用いられている構造特性係数 D_S は、「構造部材にじん性（塑性変形能力）がある場合には、必要保有水平耐力を低減してよい」という係数である。設備機器に対して、その値を決めることは簡単ではないが、建築構造物の構造特性係数 D_S＝0.25～0.55 を参考として、設備機器に対してはやや安全側の数値として D_{SS}＝2/3 としている。また、設備機器や建築物の用途・重要度に応じて定める用途係数 I_S および I_K は、それぞれ 1.0～1.5 としているが、最大値としては $I_S \cdot I_K$ は 2.0 以下としている。

これらの諸係数を全て考慮して、設備機器の設計用水平震度を設定すると、以下のようになる

設計用水平震度 $K_H = K_0 \cdot K_1 \cdot K_2 \cdot Z \cdot D_{SS} \cdot I_S \cdot I_K$　（解 2.2－1）

ここに、

K_0 ：基準震度＝0.4（地動加速度 0.4G、400cm/s^2 相当の値）

K_1 ：各階床の振動応答倍率（1.0、1.5、2.5）

K_2 ：設備機器の応答倍率（1.5：一般の設備機器、2.0：防振支持された設備機器）

Z ：地域係数（告示 1793 号による値で、Z＝1.0～0.7）

D_{SS}：構造特性係数＝2/3

I_S ：設備機器の用途係数（1.0～1.5）

I_K ：建築物の用途係数（1.0～1.5）、ただし $I_S \cdot I_K \leqq 2.0$ とする。

耐震クラスと建築物内部の床位置に応じて、（解式 2.2－1）に各係数の値を代入すると、解表 2.2－1 のように K_S＝0.4～2.0 の値が得られる。なお、K_s の計算値は数値を丸めて（0.4、0.6、1.0、1.5、2.0）になるようにしている。

上記において、通常の堅固に支持された設備機器では、機器の応答倍率 K_2＝1.5 としており、防振支持された設備機器では、機器部での加速度の増幅を考慮して K_2＝2.0 と大きくしている。K_2＝2.0 を用いて、設計用標準震度 K_s を計算すると、解表 2.2－1 の K_s の最大値（2.0）を上回るが、本指針では、指針表 2.2－1 に示すように、防振支持された機器では応答倍率が一般機器の約 1.5 倍となることを考慮し耐震クラス B には適用しないで、指針表 2.2－1 の脚注に「防振支持された設備機器は、耐震クラス A 又は S による。」と記述している。

解表 2.2－1　設計用標準震度の算定（一般の設備機器用、Z＝1.0）

	床位置	K_0	K_1	K_2	D_{SS}	$I_S \cdot I_K$	K_S
耐震クラス S	上層階	0.4	2.5	1.5	2/3	2.0	2.0
	中間階		1.5				(1.2)→ 1.5
	1 階		1.0				(0.8)→ 1.0
耐震クラス A	上層階	0.4	2.5	1.5	2/3	1.5	1.5
	中間階		1.5				(0.9)→ 1.0
	1 階		1.0				0.6
耐震クラス B	上層階	0.4	2.5	1.5	2/3	1.0	1.0
	中間階		1.5				0.6
	1 階		1.0				0.4

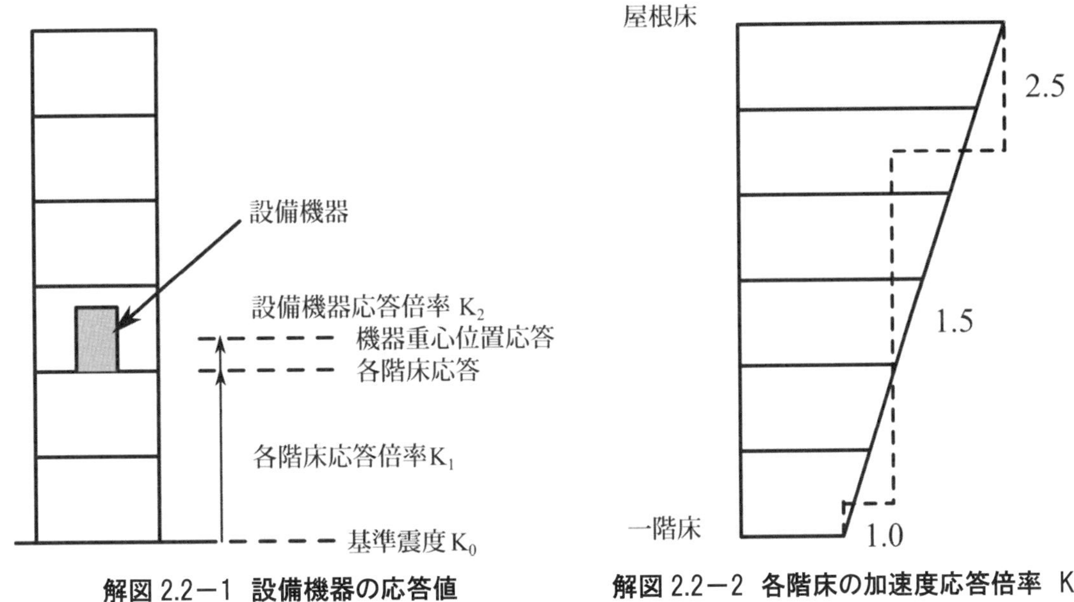

解図 2.2－1　設備機器の応答値　　解図 2.2－2　各階床の加速度応答倍率　K_1

なお、本節の局部震度法の規定では、特定の地震を想定して設定したものではなく、極稀に発生する地震動の平均的な性質に対応するものとして、標準震度を設定している。指針表 2.2－1 において、地階および 1 階における標準震度を 0.4～1.0 としているが、これは地震動の加速度が 0.4G～1.0G（G：重力加速度）であることにほぼ相当している。建築物の敷地における地震動の特性を想定して、建築物用途などに応じた重要度を考慮した地震動に対して時刻歴応答解析が行われている場合には、建築物の時刻歴応答解析結果を活用して設備機器類の設計用標準震度を 2.3 節により求めてもよいこととする。

(3)　建築物内の各設置階における地震力

指針表 2.2－1 においては、設備機器の設置階の位置により設計用標準震度の値を異なるものとして規定している。これは、建築物の地震時の揺れによる加速度の増幅程度を考慮したものであり、建築構造物としての振動特性を反映したものである。また、水槽についてはスロッシングの影響も考慮して他の一般の設備機器より大きな値としている。

このように本指針では、建築物の振動特性を反映させて階別の設計用標準震度を規定しており、設備機器の設計用標準震度としては、設備機器の設置されている床の階の設計用標準震度の値を採用すればよい。したがって、ある階の床上に設置しても（解図 2.2－3 左図④）、その階の床スラブの下面に取付けても（解図 2.2－3 左図②）、同じ震度を採用することになる。例えば平屋建ての場合、屋根床上面および下面は「上層階、屋上および塔屋」に相当する。1 階床は「地階および 1 階」として扱えばよい。実際には、建築物高さなどに応じて固有周期が異なり簡単ではないが、指針ではこのように大幅に簡略化して決めている。また、壁に支持される設備機器については（解図 2.2－3 右図⑧）、一般にはその壁のある階の床における震度を採用すればよい。ただし、壁が直上階の床より吊り下げられている場合など、直上階床とほぼ同じ動きをする場合など特殊な場合には、実情に合わせて上の階の震度を採用する必要がある。

また、例えば階数の異なる部分からなる建築物が全体として一体に振動する場合には、低層部の屋上であってもそれが高層部の中間階の高さにあれば中間階としての値を採用すればよい。（解図 2.2－

4（b)）ただし、この二つの建築物間がエキスパンションジョイントにより完全に構造的に分離され、地震時にそれぞれの建築物が独立して振動する場合には、それぞれの建築物内での階に応じた設計用標準震度の値を採用してよい。（解図 2.2－4（c)）

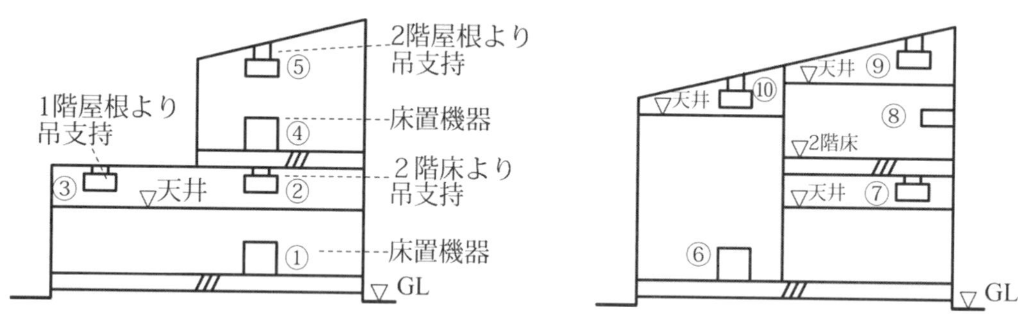

	設計用標準震度 （耐震クラスB の場合）	配管の耐震支持 （耐震クラスB の場合の配管）
①	1階 : 0.4	1階 : A 種*
②	上層階 : 1.0	上層階 : A 種
③	上層階 : 1.0	上層階 : A 種
④	上層階 : 1.0	上層階 : A 種
⑤	上層階 : 1.0	上層階 : A 種

*125A 以上の場合

（設計用標準震度の例１）

	設計用標準震度 （耐震クラスSの場合）	配管の耐震支持 （耐震クラスS の場合の配管）
⑥	1階 : 1.0	1階 : A 種
⑦	上層階 : 2.0	上層階 : S_A 種
⑧	上層階 : 2.0	上層階 : S_A 種
⑨	上層階 : 2.0	上層階 : S_A 種
⑩	上層階 : 2.0	上層階 : S_A 種

（設計用標準震度の例２）

解図 2.2－3　設備機器の設置階と設計用標準震度の例

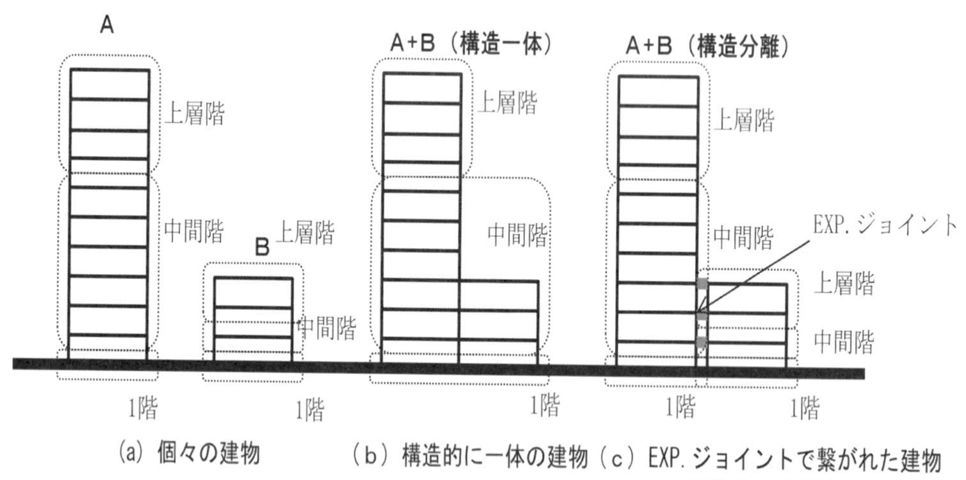

解図 2.2－4　複数建築物の階数区分の設定

(4) 耐震クラス設定の考え方

指針表 2.2－1 における耐震クラスは、その設備機器の重要度に応じて、S、A、B クラスの中から選択することとしている。建築主や設計者が、指針表 2.2－1 の注）にあるように、建築物あるいは設備機器などの地震時あるいは地震後の用途を考慮して耐震クラスを設定して、この表の値を適用すればよい。

建築物に入力される地震動は、それぞれの地震や建築物の敷地地盤の性質などによって異なる揺れの大きさや性質を示す。したがって、大地震後に拠点機能を有する施設や避難施設として使用されるものなど、大地震後にも機能維持を必要とされる建築物内の設備機器類や、特に重要な設備機器に対しては、耐震クラスSあるいはそれ以上の値を採用することが望ましい。また、個々の設備機器の重要度に応じて耐震クラスを設定するだけでなく、システムとして接続する配管・ダクト・電気配線類などに適切な耐震対策を施すことも重要である。耐震クラスの適用例については、「第3編　付録2」に示しているので参考にされたい。

(5) 水平方向と鉛直方向の震度

本指針においては、設計用鉛直震度 K_V を設計用水平震度 K_H の1/2と規定している。これは、従来実際に観測された地震動の鉛直方向成分の最大値が、水平方向成分の最大値に対して、平均的には1/2になっていたことによる。ただし、地震動の特性は震源特性や地盤特性などに応じてばらつくものであり、震源近傍では大きな鉛直方向加速度が観測されることもある。個々の設備機器の機能に応じてこのような不確定性を考慮した適切な設計的対応をすべきであろう。また、片持梁の先端部など、鉛直方向の振動増幅が大きな部位に設備機器類が設置されている場合には、鉛直方向の震度を割り増すなど適切に対応すべきである。

2.3　設備機器の地震力　その2　建築物の時刻歴応答解析が行われている場合

(1) 基本的考え方

指針本文の2.3節では、建築物の時刻歴応答解析が行われている場合に、その解析結果を用いて設備機器の地震力を算出する方法を規定している。ここでも、2.2節と同様に局部震度法を採用しているが、地震入力や建築物内の揺れの増幅特性、地域特性、建築物の用途に応じた重要度などは、既に建築物の時刻歴応答解析の中に含まれていると考えて、設備機器の設計用標準震度を定めることとしている。

すなわち、振動応答解析が行われている建築物の各階床の振動応答値 G_f は、

$$G_f = K_0 \cdot K_1 \cdot Z \cdot I_K \cdot G$$

の値に相当していると考えて2.2節の解説中の以下の式を本文中の式に変換して規定している。

$$K_H' = K_0 \cdot K_1 \cdot K_2 \cdot Z \cdot D_{SS} \cdot I_S \cdot I_K \quad \cdots \quad \text{設備機器の場合}$$

$$K_H' = K_0 \cdot K_1 \cdot Z \cdot \beta \cdot I \quad \cdots \quad \text{水槽の場合}$$

(2) 免震構造の建築物の設計用鉛直震度

免震構造の建築物では、一般に水平方向の応答加速度は地盤からの入力地震動の加速度よりも小さな値となり、一般の在来構造の建築物が上部構造で加速度が大きな値に増幅されるのとは異なる。したがって、免震構造の建築物では、本節の地震応答解析結果を用いる方法を適用すればよい。

一方、免震構造の建築物の鉛直方向の応答加速度は、在来構造のものとほぼ同様の値になるのが一般的である。したがって、ここでは、時刻歴応答解析が行われている免震構造の建築物における設備機器の設計用鉛直震度は、2.2節の建築物の時刻歴応答解析が行われていない場合の設備機器の設計用鉛直震度の値によるものとした。

(3) 超高層建築物への適用

本指針は高さ60m以下の建築物における設備機器が対象ではあるが、超高層建築物内の設備機器

に対して、本節に示した方法を適用することも可能である。

高さ 60m を超える超高層建築物では、大臣認定を得るために詳細な時刻歴応答解析を行っており、その地震入力設定や応答性状のクライテリアから、耐震性が高い建築物となっている。このため、建築物の用途係数 I_K は床応答加速度値に含まれているものとしているが、別途に用途係数 I_K を考慮して安全側の設定としてもよい。ただし一般的に、超高層建築物の地上部分では加速度値は小さくなるが、層間変形が大きくなる傾向があるので、この点には注意する必要がある。

超高層建築物のように、時刻歴応答解析手法により構造設計された建築物は、指定性能評価機関の性能評価を得て、国土交通大臣の認定を得る必要があり、詳細な検討資料が作成されている。設備機器の耐震検討に用いる時刻歴応答解析結果（床応答加速度値や最大層間変形など）は、大臣認定の検討資料などに含まれていることが多いので、これを構造設計者から入手すればよい。

第 3 章　設備機器の耐震支持

本章では、主として設備機器の耐震支持に対しての耐震設計・計算方法を示す。耐震支持の方法としては、アンカーボルトによる基礎・床・壁への支持や吊り支持、頂部支持材、ストッパ、鉄骨架台などを取り上げている。

各項で示した計算式は、妥当と思われる仮定に基づいた略算式である。計算方法としては、必ずしも本章の記述にこだわらずに、他の適切な検討式を採用することも十分に考えられる。また、同様の仮定に基づいて行えば、本章に記載していない他の支持形式の場合にも準用できるものである。

なお、アンカーボルトや支持部材の設計・選定に際しては、地震時を対象としていることから、短期許容応力度を用いて検討することとし、「第 3 編　付録 4」に示されている各部材の短期許容応力度または許容応力を使用する。

3.1　設備機器の耐震支持の考え方

3.1.1　アンカーボルトを用いた耐震支持

設備機器の耐震支持は、アンカーボルトを用いて鉄筋コンクリートの基礎・床・壁などに緊結することを原則とする。耐震支持の方法は、3.2～3.5 節に示す方法とし、それ以外のものについては同様な考え方に基づいて検討する。また、機器の短辺・長辺方向について耐震支持を検討するが、方向により別の支持方法を採用することも可能である。

3.1.2　アンカーボルトに作用する引抜き力とせん断力

地震時に原則として設備機器の重心に、機器重量・設計用水平地震力・設計用鉛直地震力が作用するものとし、アンカーボルトに作用する引抜き力とせん断力を算定する。

作用する応力に対して適切なアンカーボルトを、「第 4 章　アンカーボルトの許容耐力と選定」に従って、選択する。

3.1.3　支持構造部材

頂部支持材や鉄骨架台などの支持構造部材を用いる場合は、支持部材の安全性を検討すると共に、支持部材をアンカーボルトで鉄筋コンクリートの基礎・床・壁などに緊結する。

3.1.4　耐震ストッパ

耐震ストッパを用いる場合は、耐震ストッパの安全性を検討すると共に、耐震ストッパをアンカーボルトで鉄筋コンクリートの基礎・床・壁などに緊結する。

3.2　アンカーボルトによる耐震支持（直接支持）

アンカーボルトによって設備機器を直接耐震支持する場合には、次によりアンカーボルトに作用する引抜き力とせん断力を計算して、「第 4 章　アンカーボルトの許容耐力と選定」における設計用応力とする。

3.2.1　床・基礎支持の場合（矩形断面機器の場合）

床・基礎支持の場合（矩形断面機器）の設計用応力は、指針表 3.2－1 による。

3.2.2　床・基礎支持の場合（円形断面機器の場合）

床・基礎支持の場合（円形断面機器）の設計用応力は、指針表 3.2－2 による。

3.2.3　壁面支持の場合

壁面支持の場合（矩形断面機器）の設計用応力は、指針表 3.2－3 による。

3.2.4　吊り支持の場合

吊り支持の場合（矩形断面機器）の設計用応力は、指針表 3.2－4 による。

3.3　頂部支持材による耐震支持

縦横比が大きな設備機器の耐震支持を行う場合は、頂部支持材の設置が有効である。

3.3.1　頂部支持材の選定

地震時に設備機器の重心に、機器重量・設計用水平地震力・設計用鉛直地震力が作用するものとし、頂部支持材に生じる圧縮力・引張り力を算定し、適切な部材の選定を行うこと。頂部支持材は、アンカーボルトで鉄筋コンクリートの上階床スラブ下面や壁などに緊結すること。

3.3.2　壁つなぎ材の場合

壁つなぎ材の設計用応力は、指針表 3.3－1 による。

3.3.3　上面つなぎ材の場合

上面つなぎ材の設計用応力は、指針表 3.3－2 による。

3.3.4　二方向つなぎ材の場合

二方向つなぎ材の設計用応力は、指針表 3.3－3 による。

3.4　耐震ストッパによる耐震支持

3.4.1　耐震ストッパ

防振材・防振装置を介して設置される設備機器（防振支持された設備機器）の耐震支持は、耐震ストッパを使用すること。

① 地震時に設備機器の重心に、機器重量・設計用水平地震力・設計用鉛直地震力が作用するものとし、防振材・防振装置の引抜きおよび設備機器の転倒の可能性を判断したうえで、適切な形式を選定、板厚などの選定を行うこと。

② 耐震ストッパの形式に応じた、適切な部材を用いること。

③ 耐震ストッパは、アンカーボルトにより鉄筋コンクリートの基礎・床などに緊結すること。その際、「3.2　アンカーボルトによる耐震支持（直接支持）」に準じて、アンカーボルトの検

討を行うこと。

3.4.2　移動防止形ストッパ

移動防止形ストッパの板厚などは、指針表 3.4－1 による。

3.4.3　移動・転倒防止形ストッパ

移動・転倒防止形ストッパの板厚などは、指針表 3.4－2 による。

3.4.4　通しボルト形ストッパ

通しボルト形ストッパ（ストッパボルト）の軸径などは、指針表 3.4－3 による。

3.5　鉄骨架台による耐震支持

設備機器をアンカーボルトにより直接支持しない場合には、鉄骨架台を設けて支持する。鉄骨架台には、矩形架台・壁付き架台・背面支持架台などがある。

3.5.1　取付けボルトの設計

鉄骨架台と設備機器は、取付けボルトにより緊結する。取付けボルトの設計は、「3.2　アンカーボルトによる耐震支持（直接支持）」に準じて行う。

3.5.2　鉄骨架台のアンカーボルトの設計

鉄骨架台を鉄筋コンクリート床などに緊結するアンカーボルトの設計は、設備機器と鉄骨架台を一体と考えて、「3.2　アンカーボルトによる耐震支持（直接支持）」に準じて行う。

3.5.3　鉄骨架台の設計

鉄骨架台は、設備機器に作用している機器重量・設計用水平地震力・設計用鉛直地震力を考慮して、鉄骨部材の安全性を確認する。なお、架台重量が小さい場合には架台重量の影響を無視してもよい。

指針表 3.2－1　床・基礎支持の場合（矩形断面機器）

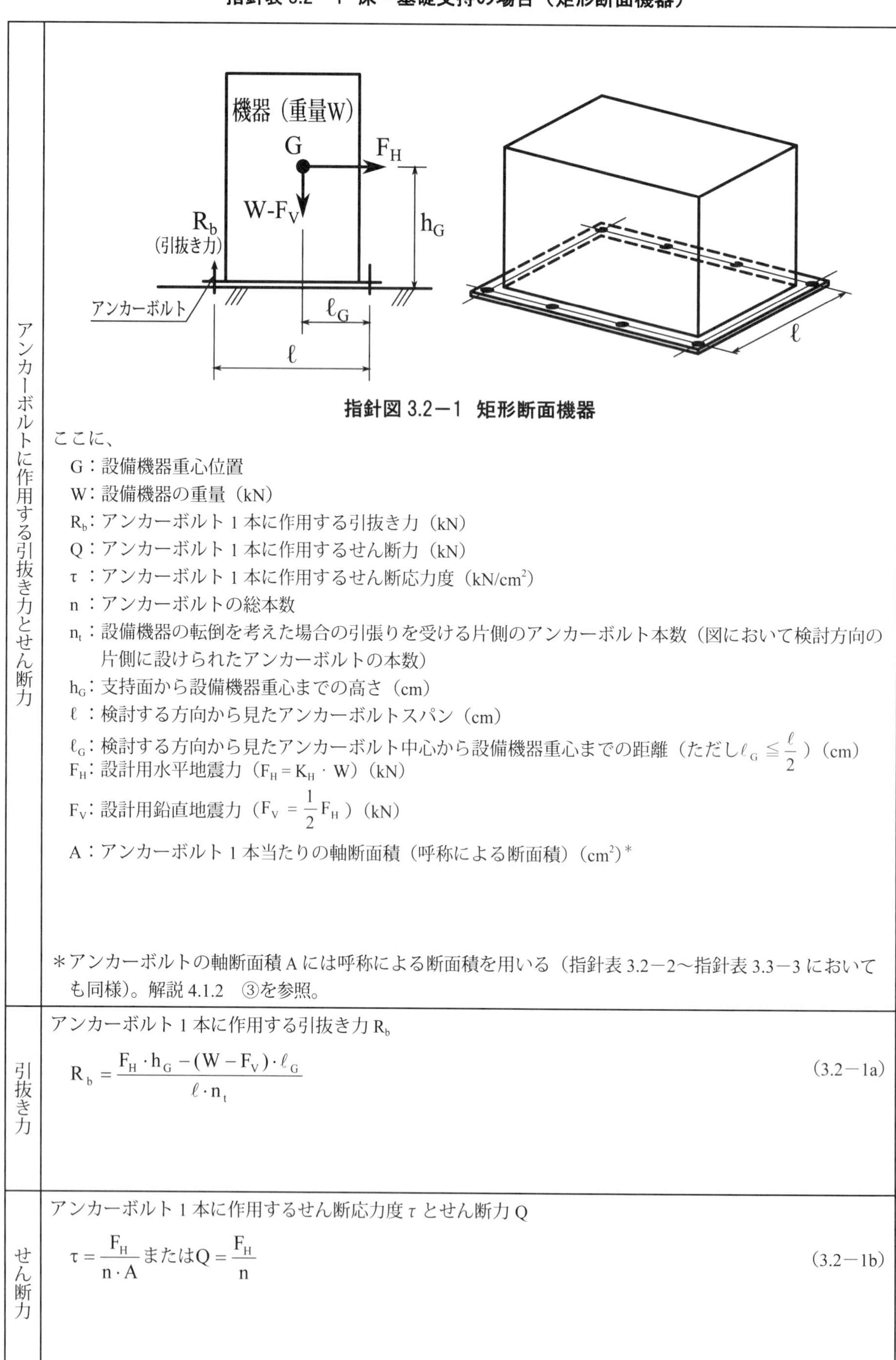

アンカーボルトに作用する引抜き力とせん断力

指針図 3.2－1　矩形断面機器

ここに、

G：設備機器重心位置

W：設備機器の重量（kN）

R_b：アンカーボルト１本に作用する引抜き力（kN）

Q：アンカーボルト１本に作用するせん断力（kN）

τ：アンカーボルト１本に作用するせん断応力度（kN/cm^2）

n：アンカーボルトの総本数

n_t：設備機器の転倒を考えた場合の引張りを受ける片側のアンカーボルト本数（図において検討方向の片側に設けられたアンカーボルトの本数）

h_G：支持面から設備機器重心までの高さ（cm）

ℓ：検討する方向から見たアンカーボルトスパン（cm）

ℓ_G：検討する方向から見たアンカーボルト中心から設備機器重心までの距離（ただし$\ell_G \leqq \frac{\ell}{2}$）（cm）

F_H：設計用水平地震力（$F_H = K_H \cdot W$）（kN）

F_V：設計用鉛直地震力（$F_V = \frac{1}{2} F_H$）（kN）

A：アンカーボルト１本当たりの軸断面積（呼称による断面積）（cm^2）*

＊アンカーボルトの軸断面積Aには呼称による断面積を用いる（指針表 3.2－2～指針表 3.3－3 においても同様）。解説 4.1.2　③を参照。

引抜き力

アンカーボルト１本に作用する引抜き力 R_b

$$R_b = \frac{F_H \cdot h_G - (W - F_V) \cdot \ell_G}{\ell \cdot n_t} \qquad (3.2－1a)$$

せん断力

アンカーボルト１本に作用するせん断応力度τとせん断力Q

$$\tau = \frac{F_H}{n \cdot A} \text{ または } Q = \frac{F_H}{n} \qquad (3.2－1b)$$

指針表 3.2－2　床・基礎支持の場合（円形断面機器）

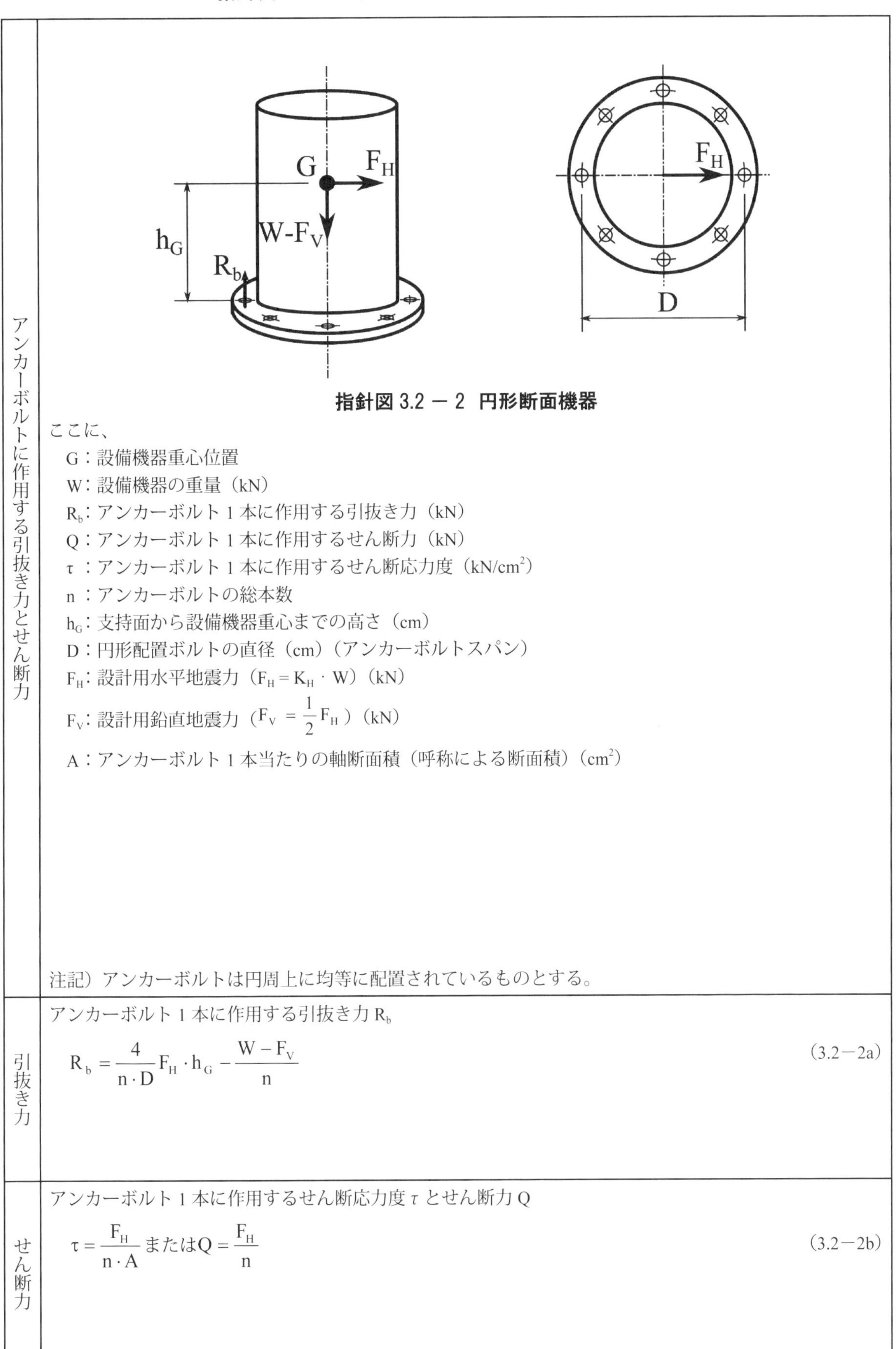

アンカーボルトに作用する引抜き力とせん断力	**指針図 3.2 － 2　円形断面機器** ここに、 G：設備機器重心位置 W：設備機器の重量（kN） R_b：アンカーボルト１本に作用する引抜き力（kN） Q：アンカーボルト１本に作用するせん断力（kN） τ：アンカーボルト１本に作用するせん断応力度（kN/cm^2） n：アンカーボルトの総本数 h_G：支持面から設備機器重心までの高さ（cm） D：円形配置ボルトの直径（cm）（アンカーボルトスパン） F_H：設計用水平地震力（$F_H = K_H \cdot W$）（kN） F_V：設計用鉛直地震力（$F_V = \frac{1}{2} F_H$）（kN） A：アンカーボルト１本当たりの軸断面積（呼称による断面積）（cm^2） 注記）アンカーボルトは円周上に均等に配置されているものとする。
引抜き力	アンカーボルト１本に作用する引抜き力 R_b $R_b = \frac{4}{n \cdot D} F_H \cdot h_G - \frac{W - F_V}{n}$ （3.2－2a）
せん断力	アンカーボルト１本に作用するせん断応力度 τ とせん断力 Q $\tau = \frac{F_H}{n \cdot A}$ または $Q = \frac{F_H}{n}$ （3.2－2b）

指針表 3.2－3　壁面支持の場合（矩形断面機器）

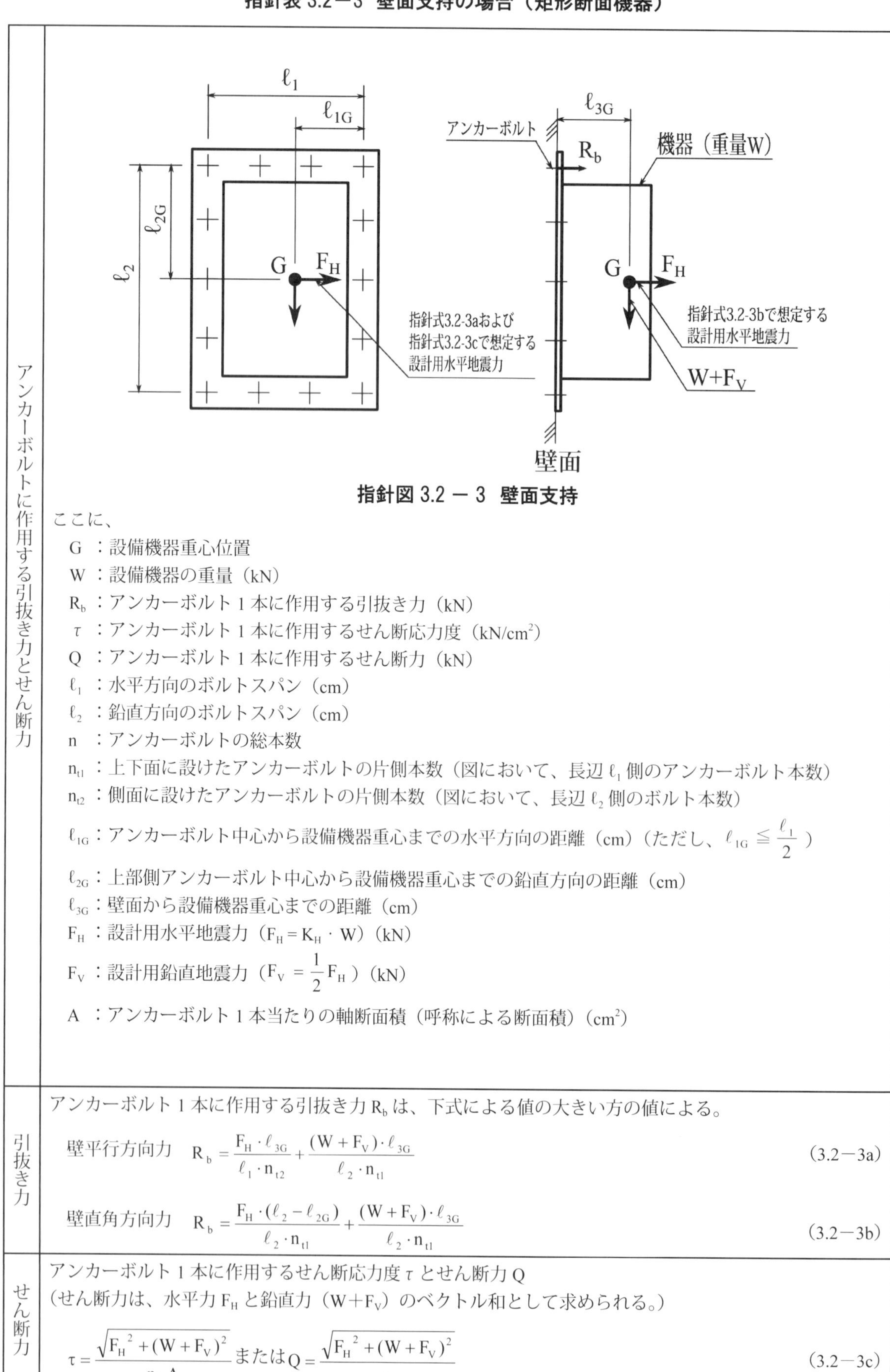

アンカーボルトに作用する引抜き力とせん断力

指針図 3.2 － 3　壁面支持

ここに、

G　：設備機器重心位置

W　：設備機器の重量（kN）

R_b ：アンカーボルト１本に作用する引抜き力（kN）

τ　：アンカーボルト１本に作用するせん断応力度（kN/cm^2）

Q　：アンカーボルト１本に作用するせん断力（kN）

ℓ_1 ：水平方向のボルトスパン（cm）

ℓ_2 ：鉛直方向のボルトスパン（cm）

n　：アンカーボルトの総本数

n_{t1} ：上下面に設けたアンカーボルトの片側本数（図において、長辺 ℓ_1 側のアンカーボルト本数）

n_{t2} ：側面に設けたアンカーボルトの片側本数（図において、長辺 ℓ_2 側のボルト本数）

ℓ_{1G}：アンカーボルト中心から設備機器重心までの水平方向の距離（cm）（ただし、$\ell_{1G} \leqq \frac{\ell_1}{2}$ ）

ℓ_{2G}：上部側アンカーボルト中心から設備機器重心までの鉛直方向の距離（cm）

ℓ_{3G}：壁面から設備機器重心までの距離（cm）

F_H ：設計用水平地震力（$F_H = K_H \cdot W$）（kN）

F_V ：設計用鉛直地震力（$F_V = \frac{1}{2} F_H$ ）（kN）

A　：アンカーボルト１本当たりの軸断面積（呼称による断面積）（cm^2）

引抜き力

アンカーボルト１本に作用する引抜き力 R_b は、下式による値の大きい方の値による。

壁平行方向力
$$R_b = \frac{F_H \cdot \ell_{3G}}{\ell_1 \cdot n_{t2}} + \frac{(W + F_V) \cdot \ell_{3G}}{\ell_2 \cdot n_{t1}} \quad (3.2-3a)$$

壁直角方向力
$$R_b = \frac{F_H \cdot (\ell_2 - \ell_{2G})}{\ell_2 \cdot n_{t1}} + \frac{(W + F_V) \cdot \ell_{3G}}{\ell_2 \cdot n_{t1}} \quad (3.2-3b)$$

せん断力

アンカーボルト１本に作用するせん断応力度 τ とせん断力 Q
（せん断力は、水平力 F_H と鉛直力（W＋F_V）のベクトル和として求められる。）

$$\tau = \frac{\sqrt{{F_H}^2 + (W + F_V)^2}}{n \cdot A} \text{または} Q = \frac{\sqrt{{F_H}^2 + (W + F_V)^2}}{n} \quad (3.2-3c)$$

指針表 3.2－4　吊り支持の場合（矩形断面機器）

<table>
<tr>
<td>アンカーボルトに作用する引抜き力とせん断力</td>
<td>
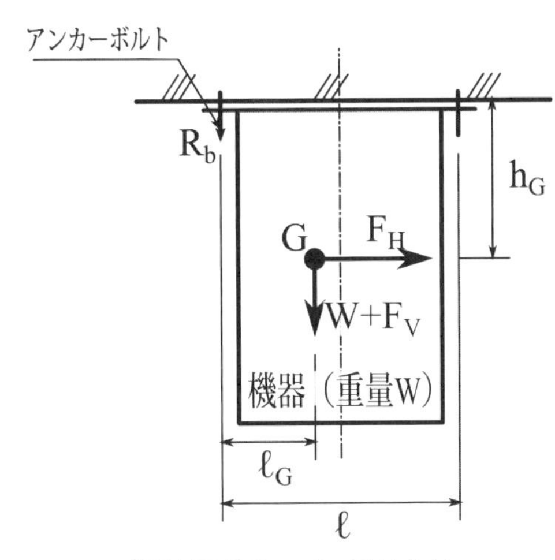

指針図 3.2 － 4　吊り支持

ここに、
G：設備機器重心位置
W：設備機器の重量（kN）
R_b：アンカーボルト１本に作用する引抜き力（kN）
Q：アンカーボルト１本に作用するせん断力（kN）
τ ：アンカーボルト１本に作用するせん断応力度（kN/cm^2）
n ：アンカーボルトの総本数
n_t：設備機器の片側脱落を考えた場合の引張を受ける片側のアンカーボルトの総本数（図において検討方向の片側に設けられたアンカーボルトの本数）
h_G：支持面から機器重心までの高さ（cm）
ℓ ：検討する方向から見たアンカーボルトスパン（cm）
ℓ_G：検討する方向から見たアンカーボルト中心から設備機器重心までの距離（ただし$\ell_G \leqq \frac{\ell}{2}$）（cm）
F_H：設計用水平地震力（$F_H = K_H \cdot W$）（kN）
F_V：設計用鉛直地震力（$F_V = \frac{1}{2} F_H$）（kN）
A：アンカーボルト１本当たりの軸断面積（呼称による断面積）（cm^2）
</td>
</tr>
<tr>
<td>引抜き力</td>
<td>
アンカーボルト１本に作用する引抜き力 R_b

$$R_b = \frac{F_H \cdot h_G + (W + F_V) \cdot (\ell - \ell_G)}{\ell \cdot n_t} \qquad (3.2-4a)$$
</td>
</tr>
<tr>
<td>せん断力</td>
<td>
アンカーボルト１本に作用するせん断応力度 τ とせん断力 Q

$$\tau = \frac{F_H}{n \cdot A} \text{ または } Q = \frac{F_H}{n} \qquad (3.2-4b)$$
</td>
</tr>
</table>

指針表 3.3－1　壁つなぎ材

<table>
<tr><td>頂部支持の形式</td><td>
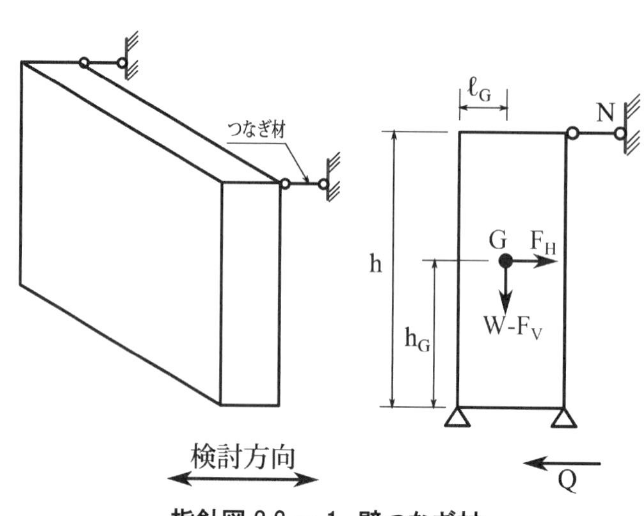

指針図 3.3 － 1　壁つなぎ材

ここに、
G　：設備機器重心位置
W　：設備機器の重量（kN）
n　：下部のアンカーボルトの総本数
m　：つなぎ材の本数
h　：設備機器の高さ（cm）（つなぎ材の高さ）
h_G　：支持面から設備機器重心までの高さ（cm）
ℓ_G　：設備機器重心までの水平距離（cm）
F_H　：設計用水平地震力（kN）
F_V　：設計用鉛直地震力（kN）
A　：下部のアンカーボルト 1 本当たりの軸断面積（呼称による断面積）（cm^2）
N　：つなぎ材に働く軸方向力（kN）
Q　：下部のアンカーボルト 1 本に作用するせん断力（kN）
τ　：下部のアンカーボルトに作用するせん断応力度（kN/cm^2）
${}_cF_A$：つなぎ材の短期許容圧縮応力（kN）
n_0　：頂部支持材のアンカーボルト本数
R_b　：頂部支持材のアンカーボルト 1 本に作用する引抜き力（kN）
</td></tr>
<tr><td>壁つなぎ材検討式</td><td>
①　つなぎ材に働く軸方向力
$$N = \frac{F_H \cdot h_G}{m \cdot h} \qquad (3.3-1a)$$
②　下部のアンカーボルト 1 本に作用するせん断力
$$Q = \frac{F_H \cdot (h - h_G)}{n \cdot h}、\ \tau = \frac{Q}{A} \qquad (3.3-1b)$$
③　つなぎ材の圧縮力 N
$$N \leqq {}_cF_A \qquad (3.3-1c)$$
④　つなぎ材のアンカーボルトは、各材に作用する N を引抜き力と考えて、各材のアンカーボルトが n_0 本であれば、R_b に対して第 4 章に準じてアンカーボルトを選定する。
$$R_b = \frac{N}{n_0} \qquad (3.3-1d)$$
⑤　機器下部のアンカーボルトは、Q、τ を用いて第 4 章に準じて選定する。
⑥　検討方向と直角の方向（壁平行方向）については、指針表 3.2－1 の床・基礎支持の場合に準じて、アンカーボルトを別途に選定する。つなぎ材は、壁平行方向には期待しないで、底面のアンカーボルトですべて負担することとしている。
</td></tr>
</table>

指針表 3.3－2　上面つなぎ材

<table>
<tr><td>頂部支持の形式</td><td>
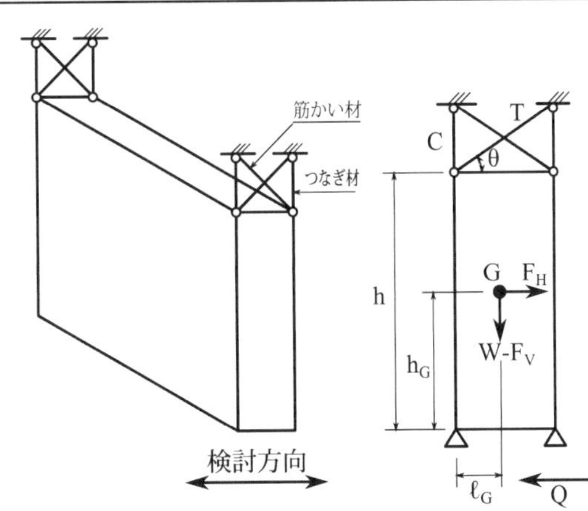

指針図 3.3 － 2　上面つなぎ材

ここに、
G　：設備機器重心位置
W　：設備機器の重量（kN）
n　：下部のアンカーボルトの総本数
m　：つなぎ材の構面数（上図の場合 2）
h　：設備機器の高さ（cm）
h_G　：支持面から設備機器重心までの高さ（cm）
ℓ_G　：設備機器重心までの水平距離（cm）
F_H　：設計用水平地震力（kN）
F_V　：設計用鉛直地震力（kN）
θ　：筋かい材の角度
A　：下部のアンカーボルト 1 本当たりの軸断面積（呼称による断面積）（cm^2）
T、C：筋かい材およびつなぎ材に働く軸方向力
R_b　：頂部支持材のアンカーボルト 1 本に作用する引抜き力（kN）
Q_b　：頂部支持材のアンカーボルト 1 本に作用するせん断力（kN）
Q　：下部のアンカーボルトに作用するせん断力（kN）
τ　：下部のアンカーボルトに作用するせん断力応力度（kN/cm^2）
n_0　：頂部支持材のアンカーボルト本数
</td></tr>
<tr><td>上面つなぎ材検討式</td><td>
① 筋かい材とつなぎ材に働く軸方向力
$$T=\frac{F_H\cdot h_G}{m\cdot h}\cdot\frac{1}{\cos\theta} \qquad (3.3-2a)$$
$$C=T\cdot\sin\theta \qquad (3.3-2b)$$
② 頂部支持材のアンカーボルトに作用する力
引抜き力　$R_b=\dfrac{T\cdot\sin\theta}{n_0}$　(3.3－2c)
せん断力　$Q_b=\dfrac{T\cdot\cos\theta}{n_0}$　(3.3－2d)
③ 下部のアンカーボルトに作用するせん断力
$$Q=\frac{F_H\cdot(h-h_G)}{n\cdot h} \qquad (3.3-2e)$$
$$\tau=\frac{Q}{A} \qquad (3.3-2f)$$
④ 頂部支持材のアンカーボルトは、R_b と Q_b を用いて別途に選定する。
⑤ 機器下部のアンカーボルトは、Q、τ を用いて第 4 章に準じて選定する。
⑥ 検討方向と直角の方向については、指針表 3.2－1 の床・基礎支持の場合に準じて、アンカーボルトを別途に選定する。つなぎ材は、長辺方向には期待しないで、底面のアンカーボルトですべて負担することとしている。
</td></tr>
</table>

指針表 3.3－3　二方向つなぎ材

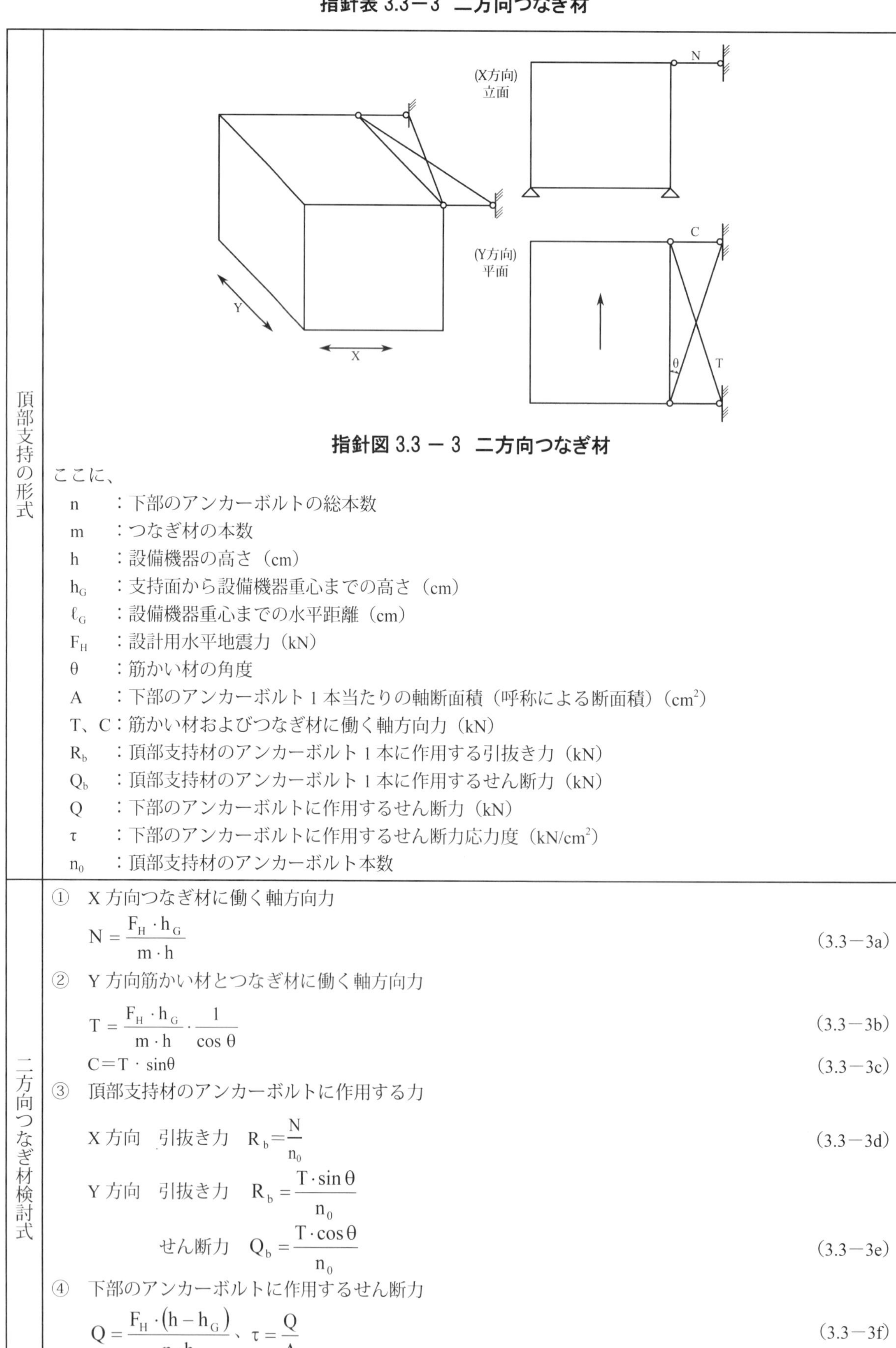

頂部支持の形式

指針図 3.3 － 3　二方向つなぎ材

ここに、

- n　：下部のアンカーボルトの総本数
- m　：つなぎ材の本数
- h　：設備機器の高さ（cm）
- h_G　：支持面から設備機器重心までの高さ（cm）
- ℓ_G　：設備機器重心までの水平距離（cm）
- F_H　：設計用水平地震力（kN）
- θ　：筋かい材の角度
- A　：下部のアンカーボルト１本当たりの軸断面積（呼称による断面積）（cm^2）
- T、C：筋かい材およびつなぎ材に働く軸方向力（kN）
- R_b　：頂部支持材のアンカーボルト１本に作用する引抜き力（kN）
- Q_b　：頂部支持材のアンカーボルト１本に作用するせん断力（kN）
- Q　：下部のアンカーボルトに作用するせん断力（kN）
- τ　：下部のアンカーボルトに作用するせん断力応力度（kN/cm^2）
- n_0　：頂部支持材のアンカーボルト本数

二方向つなぎ材検討式

① X 方向つなぎ材に働く軸方向力

$$N = \frac{F_H \cdot h_G}{m \cdot h} \qquad (3.3－3a)$$

② Y 方向筋かい材とつなぎ材に働く軸方向力

$$T = \frac{F_H \cdot h_G}{m \cdot h} \cdot \frac{1}{\cos\theta} \qquad (3.3－3b)$$

$$C = T \cdot \sin\theta \qquad (3.3－3c)$$

③ 頂部支持材のアンカーボルトに作用する力

X 方向　引抜き力　$R_b = \dfrac{N}{n_0}$　(3.3－3d)

Y 方向　引抜き力　$R_b = \dfrac{T \cdot \sin\theta}{n_0}$

せん断力　$Q_b = \dfrac{T \cdot \cos\theta}{n_0}$　(3.3－3e)

④ 下部のアンカーボルトに作用するせん断力

$$Q = \frac{F_H \cdot (h - h_G)}{n \cdot h}、\ \tau = \frac{Q}{A} \qquad (3.3－3f)$$

⑤ 頂部支持材のアンカーボルトは、R_b と Q_b を用いて別途に選定する。

⑥ 設備機器下部のアンカーボルトは、Q または τ を用いて別途に選定する。

指針表 3.4－1 移動防止形ストッパ

ストッパの形式	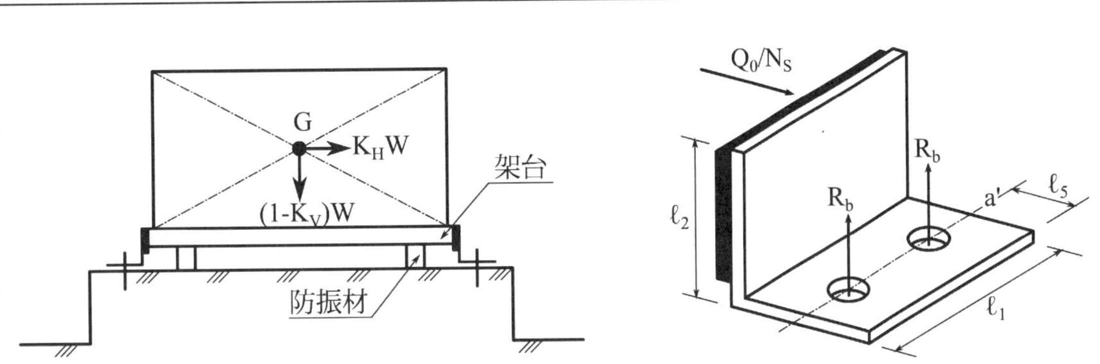 **指針図 3.4 － 1 移動防止形ストッパ** 上図で、ℓ_2 はストッパの上端（力 Q_0 の想定作用点）までの高さとする。ただし、設備機器架台より低い位置に達する線上の突き出し部を設けた場合には、図の ℓ_2 と当該突出し部の高さの和を ℓ_2 とすることができる。 ここに、 f_b ：鋼材の短期許容曲げ応力度（kN/cm^2） m ：ストッパ１個当たりのアンカーボルト本数 d_0 ：アンカーボルト孔径（cm） t ：ストッパの板厚（cm） N_S：設備機器の一辺のストッパ個数 W ：設備機器の重量（架台重量を含む）（kN） K_H：設計用水平震度 K_V：設計用鉛直震度 W ：設備機器の重量（kN） Q_0：検討方向に直交する１辺のストッパ群に作用する全せん断力＝$K_H \cdot W$（kN） R_b：ストッパのアンカーボルト１本に作用する引抜き力（kN） Q ：ストッパのアンカーボルト１本に作用するせん断力（kN） ℓ_1 ：ストッパの幅（cm） ℓ_2 ：力の作用点までの高さ（cm） ℓ_5 ：ストッパの端からボルト穴中心までの距離（cm）
板厚検討式	ストッパの板厚 $$t \geqq \sqrt{\frac{6K_H \cdot W \cdot \ell_2}{f_b \cdot (\ell_1 - m \cdot d_0) \cdot N_S}}$$ （3.4－1a）
引抜き力	アンカーボルト１本に作用する引抜き力 $$R_b = \frac{\ell_2 \cdot K_H \cdot W}{\ell_5 \cdot m \cdot N_S}$$ （3.4－1b）
せん断力	アンカーボルト１本に作用するせん断力 $$Q = \frac{K_H \cdot W}{m \cdot N_S}$$ （3.4－1c）

指針表 3.4－2　移動・転倒防止形ストッパ

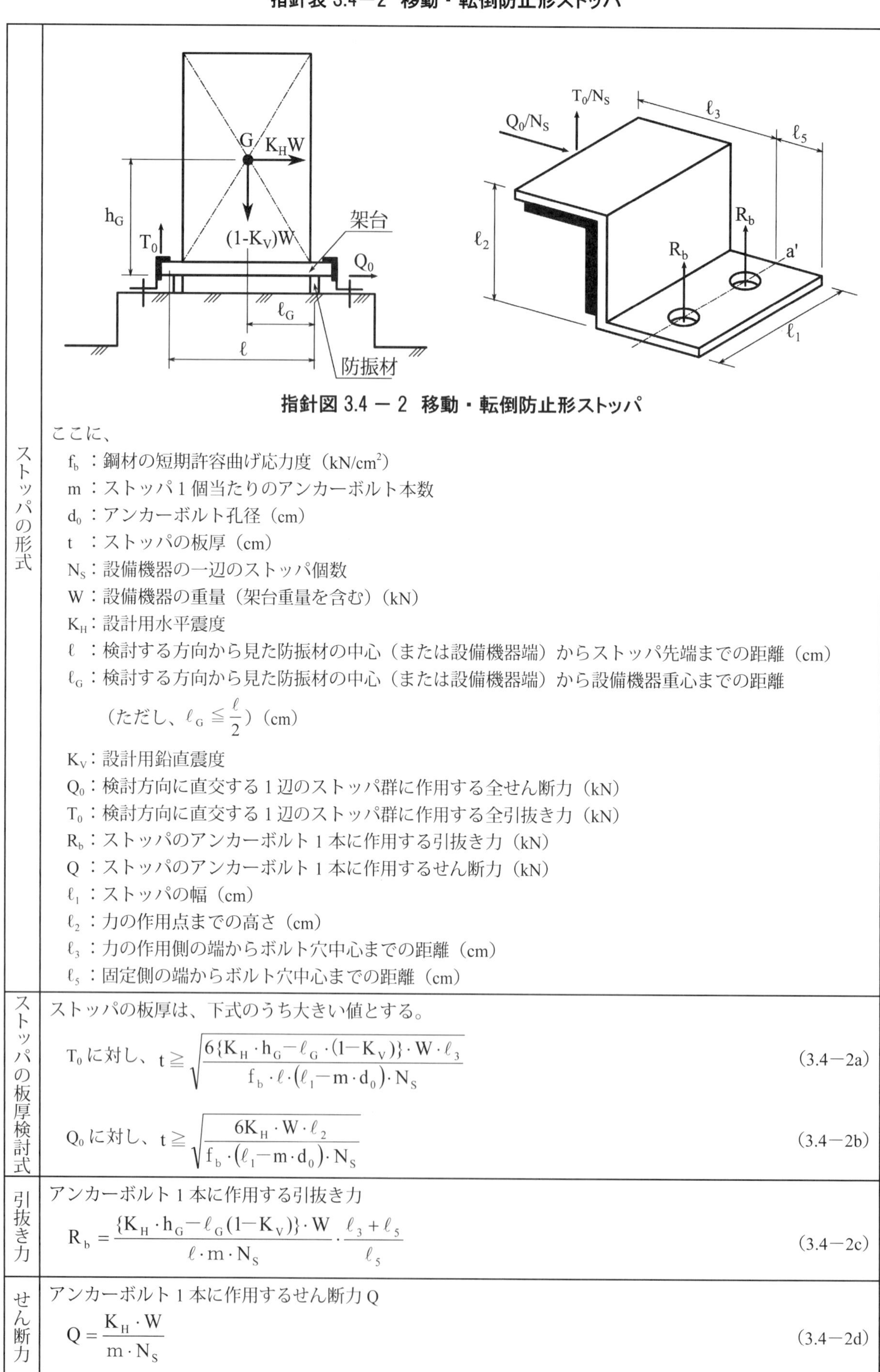

指針図 3.4 － 2　移動・転倒防止形ストッパ

ストッパの形式	ここに、 f_b ：鋼材の短期許容曲げ応力度（kN/cm^2） m ：ストッパ１個当たりのアンカーボルト本数 d_0 ：アンカーボルト孔径（cm） t ：ストッパの板厚（cm） N_S：設備機器の一辺のストッパ個数 W：設備機器の重量（架台重量を含む）（kN） K_H：設計用水平震度 ℓ ：検討する方向から見た防振材の中心（または設備機器端）からストッパ先端までの距離（cm） ℓ_G：検討する方向から見た防振材の中心（または設備機器端）から設備機器重心までの距離 （ただし、$\ell_G \leqq \frac{\ell}{2}$）（cm） K_V：設計用鉛直震度 Q_0：検討方向に直交する１辺のストッパ群に作用する全せん断力（kN） T_0：検討方向に直交する１辺のストッパ群に作用する全引抜き力（kN） R_b：ストッパのアンカーボルト１本に作用する引抜き力（kN） Q ：ストッパのアンカーボルト１本に作用するせん断力（kN） ℓ_1 ：ストッパの幅（cm） ℓ_2 ：力の作用点までの高さ（cm） ℓ_3 ：力の作用側の端からボルト穴中心までの距離（cm） ℓ_5 ：固定側の端からボルト穴中心までの距離（cm）
ストッパの板厚検討式	ストッパの板厚は、下式のうち大きい値とする。 T_0 に対し、$t \geqq \sqrt{\dfrac{6\{K_H \cdot h_G - \ell_G \cdot (1-K_V)\} \cdot W \cdot \ell_3}{f_b \cdot \ell \cdot (\ell_1 - m \cdot d_0) \cdot N_S}}$　(3.4－2a) Q_0 に対し、$t \geqq \sqrt{\dfrac{6K_H \cdot W \cdot \ell_2}{f_b \cdot (\ell_1 - m \cdot d_0) \cdot N_S}}$　(3.4－2b)
引抜き力	アンカーボルト１本に作用する引抜き力 $R_b = \dfrac{\{K_H \cdot h_G - \ell_G(1-K_V)\} \cdot W}{\ell \cdot m \cdot N_S} \cdot \dfrac{\ell_3 + \ell_5}{\ell_5}$　(3.4－2c)
せん断力	アンカーボルト１本に作用するせん断力 Q $Q = \dfrac{K_H \cdot W}{m \cdot N_S}$　(3.4－2d)

指針表 3.4－3　通しボルト形ストッパ

<table>
<tr>
<td>ストッパの形式</td>
<td>

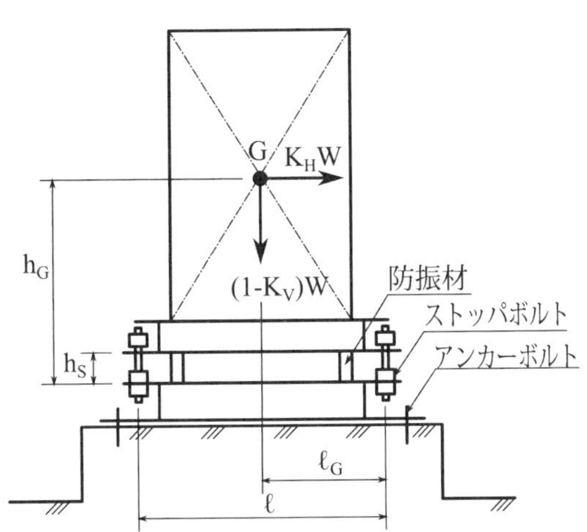

指針図 3.4 － 3　通しボルト形ストッパ

ここに、
σ_{tb} ：引張りと曲げを同時に受ける部材の応力度（kN/cm^2）
T ：ストッパボルトに作用する引張り力（kN）
A_e ：ボルトの有効断面積（軸断面積×0.75）（cm^2）
M ：ストッパボルトに作用する曲げモーメント（kN・cm）
Z ：ボルトの断面係数（cm^3）　$Z=\dfrac{\pi\cdot(0.85d)^3}{32}=0.06d^3$
G ：設備機器本体と上部架台との合成重心
W ：設備機器の重量（架台重量を含む）（kN）
h_S ：防振材の高さ（ストッパボルトの支持点から上部架台下端までの距離）（cm）
h_G ：ストッパボルトの支持点から機器重心までの高さ（cm）
ℓ ：検討する方向からみたストッパボルトスパン（cm）
ℓ_G ：検討する方向からみたストッパボルト中心から設備機器重心までの距離（ただし、$\ell_G \leqq \dfrac{\ell}{2}$）（cm）
n ：ストッパボルトの総本数
n_t ：ストッパボルトの片側本数
f_b ：鋼材の短期許容曲げ応力度（kN/cm^2）
f_S ：鋼材の短期許容せん断応力度（kN/cm^2）
K_H ：設計用水平震度
K_V ：設計用鉛直震度

</td>
</tr>
<tr>
<td>ストッパボルトの検討式</td>
<td>

ストッパボルトの軸径は、下式の許容応力度以下となるように選定する。
①　鋼材の短期許容曲げ応力度≧ストッパボルトの曲げ応力度

$$f_b \geqq \sigma_{tb}=\frac{T}{A_e}+\frac{M}{Z}=\frac{W\{K_H\cdot h_G-(1-K_V)\cdot \ell_G\}}{\ell\cdot n_t\cdot A_e}+\frac{K_H\cdot W\cdot h_S}{n\cdot Z} \quad (3.4-3a)$$

②　鋼材の短期許容せん断応力度≧ストッパボルトの存在せん断応力度

$$f_S \geqq \tau=\frac{K_H\cdot W}{n\cdot A_e} \quad (3.4-3b)$$

注 1）下部のアンカーボルトの応力は、設備機器の重量（架台重量を含む）に対して、（h_G＋架台の高さ）を高さとして床・基礎支持の場合に準じて計算する。
注 2）①と②の応力度は、厳密には合成して検討しなければならないが、ここでは簡便に別途に検討してよいこととしている。

</td>
</tr>
</table>

【解説】

3.1　設備機器の耐震支持の考え方

3.1.1　アンカーボルトを用いた耐震支持

設備機器の耐震支持は、原則としてアンカーボルトによることとし、鉄筋コンクリートの基礎･床･壁などにアンカーボルトで緊結することとしている。これらの鉄筋コンクリート部材は、建築構造体と見なせるものであり、地震時にアンカーボルトを介して伝達される力に対して、十分安全なものである必要がある。鉄筋が入っていない無筋コンクリートのものは、原則として対象としない。

建築構造体ではないラフコンクリート（防水押さえコンクリートなど）に、設備機器を直接アンカーボルトで支持することは避ける。少なくとも、設備用基礎を設けることを原則とする。

また、間仕切壁については、十分な強度を有していない非構造壁は十分な支持能力がないので注意する。軽量間仕切壁やALC壁などの非構造部材の壁に固定することは避けるべきである。

鉄筋コンクリート壁であっても、設備機器を固定するのに十分であるとは言えない場合があるので注意する。例えば、解図3.1－1のように、W15と表示のある場合には、厚さ15cmの、この鉄筋コンクリート壁はいわゆる非構造壁であり、壁周辺の3方向に構造スリットが設けられている。通常、この構造スリットは、柱･梁断面と壁の間に20～25mmの空隙を設けて、壁にせん断力が作用しないようにすると共に、柱･梁の変形を拘束しないことを意図して設けられている。

このような壁は、壁面内および面外方向に十分な耐力を有しているとは言えないので、設備機器や配管を固定することは避けるべきである。構造スリットの有無は、仕上げ材があると外見のみでは判断しにくい場合もあるので、構造設計図を参照したり構造設計者に聞くなどして確認する必要がある。通常、EW20などと構造図で表現されたコンクリート壁は、厚さ20cmの耐震壁という意味であるので、構造スリットが設置されていないものと判断してよい。

また、電気給湯器などの耐震支持の場合には、アンカーボルト等（アンカーボルト、木ねじその他これに類するもの）を使用することも可能である（第3編　付録7.3.5　平12建告第1388号参照）。

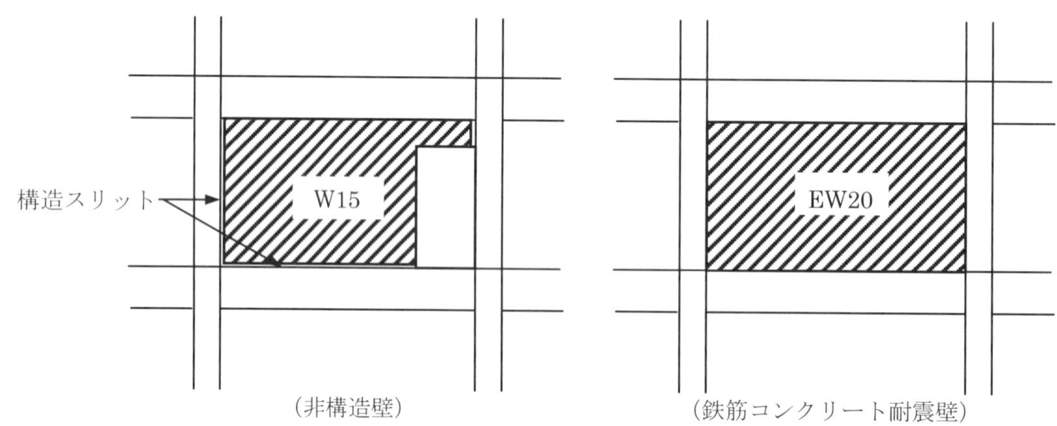

解図3.1－1　鉄筋コンクリート耐震壁と非構造壁

3.1.2　アンカーボルトに作用する引抜き力とせん断力

(1) アンカーボルトの引抜き力

① 設備機器を剛体とみなし、設計用水平地震力と設計用鉛直地震力が、同時に設備機器の重心位置に作用するものとする。設計用鉛直地震力は、アンカーボルトの引抜き力が大きくなる方向に、設計用水平方向地震力と同時に作用させる。

② 設計用水平地震力と設計用鉛直地震力は、設備機器を転倒させるように作用するが、設備機器底面に作用するモーメントに対して、アンカーボルトの引抜き力により抵抗させる。圧縮力については、圧縮側のアンカーボルト位置に作用するものとして、計算を簡略化し検討を省略している。

③ 設計用水平地震力は設備機器の転倒に対して不利な方向（アンカーボルトの引抜き力が大きくなる方向）に対して作用させる。不利な方向が不明な場合には、設備機器の短辺・長辺の両方向に別々に作用させて検討する。

(2) アンカーボルトのせん断

① 設備機器に作用する設計用水平地震力は、アンカーボルトのせん断力でこれに抵抗させる。設計用水平地震力によりアンカーボルトに作用するせん断力は、アンカーボルト全数で受け持つものとする。

② 設備機器重量やボルト締め付け力に起因する設備機器と基礎・床などとの摩擦力は、原則として考慮しない。

3.1.3　支持構造部材

鉄筋コンクリート部材に直接取付けることが難しい場合には、頂部支持材や鉄骨架台などの支持構造部材を使用して、支持部材をアンカーボルトにより鉄筋コンクリート構造体に緊結する。

① 支持構造部材とは、鉄骨部材による壁つなぎ材・上面つなぎ材などの頂部支持材や鉄骨架台などを想定している。

② 支持構造部材を用いる場合、設備機器と支持構造部材の緊結方法は別途確認すること。緊結方法の検討には、状況に応じて、本指針の検討式を準用することも可能である。

3.1.4　耐震ストッパ

防振支持された設備機器については、3.4 節の耐震ストッパによる間接的な固定を採用することができる。

3.2　アンカーボルトによる耐震支持（直接支持）

3.2.1　床・基礎支持の場合（矩形断面機器の場合）

(1) アンカーボルト引抜き力の考え方

アンカーボルトの引抜き力を算定する方法は、設備機器底面に作用するモーメント M とアンカーボルト群の断面係数 Z から引張り応力度 σ_t を求め、アンカーボルト 1 本の断面積を乗じて引抜き力 R_b を計算している。

矩形断面機器の床・基礎支持の場合を例にとり解説すると、以下のようになる。なお、記号は（指針式 3.2－1）による（指針表 3.2－1 参照）。

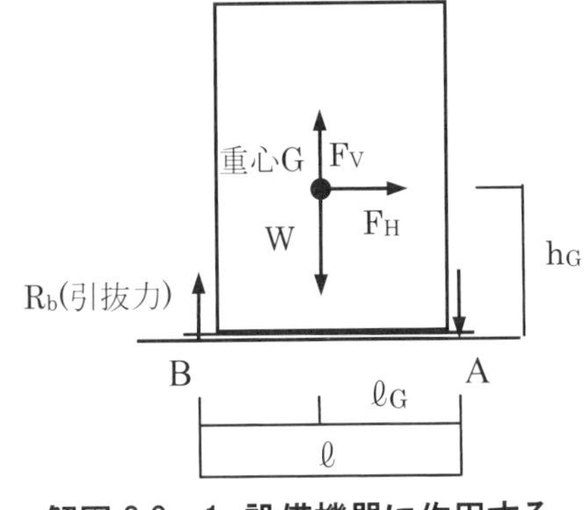

解図 3.2－1　設備機器に作用する自重と地震力

解図 3.2－1 のように、設備機器に下向きに機器重量 W・右向きに設計用水平地震力 F_H・上向きに設計用鉛直地震力

F_Vが作用している場合を考える。設計用鉛直地震力を上向きとしているのは、上下方向のうち不利となる方向として採用している。

設計用水平地震力による設備機器底面におけるモーメントMは、設計用水平地震力に重心高さを乗じて得られる。

$$M = F_H \cdot h_G \quad \text{（解 3.2－1）}$$

また、アンカーボルト群の断面係数Zは

$$Z = \sum(\ell_1 \cdot A) \quad \text{（解 3.2－2）}$$

ここに、ℓ_1：アンカーボルトの中心から中立軸までの距離（cm）

A：アンカーボルト１本あたりの断面積（cm^2）

となる。

一般的には、アンカーボルトが対称に配置されているので、ℓ_1はボルトスパンℓの1/2とし、中間のアンカーボルトを無視して両側のボルトのみを考慮し、片側ボルト本数をn_tとすると、

$$Z = \frac{\ell}{2} 2n_t \cdot A = \ell \cdot n_t \cdot A \quad \text{（解 3.2－3）}$$

となる。

B点のアンカーボルト１本に作用する引抜き力R_bは、曲げ応力度σ_t＝M/Zに断面積Aを乗じたものと、鉛直荷重による軸方向力N_c＝(W_G－F_V)（ℓ_G/ℓ）$/n_t$の差であることから、

$$R_b = A\sigma_t - N_c = A \cdot \left(\frac{M}{Z}\right) - \frac{(W_G - F_v) \cdot \ell_G}{\ell \cdot n_t} = \frac{F_H \cdot h_G}{\ell \cdot n_t} - \frac{(W_G - F_v) \cdot \ell_G}{\ell \cdot n_t} = \frac{F_H \cdot h_G - (W_G - F_v) \cdot \ell_G}{\ell \cdot n_t}$$

（解 3.2－4）

別の考え方では、R_b（反力として逆符号とする）を含めてA点に作用するモーメントM_Aの釣合いを考える。

$$M_A = F_H \cdot h_G - (W_G - F_v) \cdot \ell_G - R_b \cdot n_t \cdot \ell = 0$$

$$R_b = \frac{F_H \cdot h_G - (W_G - F_v) \cdot \ell_G}{\ell \cdot n_t} \quad \text{（解 3.2－5）}$$

結果として、両者共に（指針式3.2－1a）と同じ値となる。

(2) アンカーボルト位置での検討

本指針では、引抜き力算定時などにアンカーボルト位置に力が作用するとしている。安全側の仮定として、基本的には、引張り力も圧縮力もアンカーボルトのみで負担するとしている。

解図3.2－2のように、アンカーボルトが設備機器の外側でも内側でも、単純にボルトスパン（ℓ）を採用している。これは、実状として、圧縮側の力が設備機器底部により十分伝達できるかは必ずしも保証されていないので、安全側の値としてボルトスパン（ℓ）を採用しているためである。

圧縮側の力が設備機器底部により負担できると考えて、設備機器の端からボルトまでの距離（解図3.2－2のℓ_1、ℓ_2）を用いて計算する場合には、圧縮側の力の伝達を詳細に検討する必要がある。

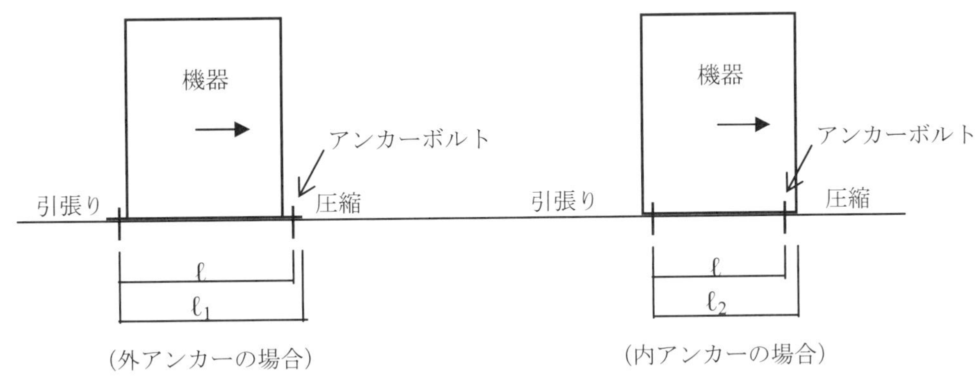

解図 3.2－2　引張り力と圧縮力の作用位置

(3)　アンカーボルト支持部材の応力と変形

本指針では、設備機器を完全剛体と想定して計算している。アンカーボルトの計算方法のみが例示され、アンカーボルトの力はどこから伝達され、どこに伝えるべきであるかには言及していない。

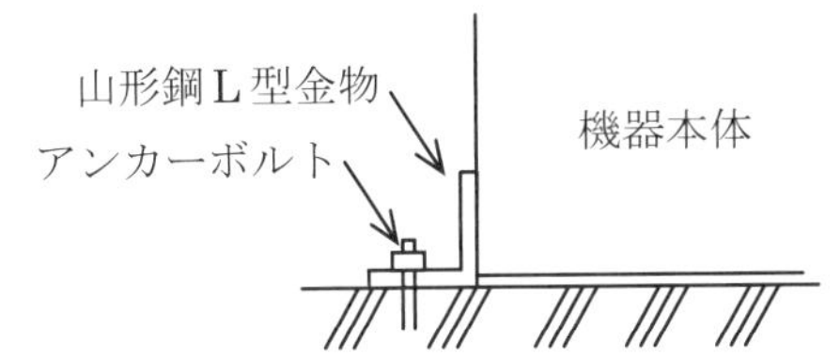

解図 3.2－３　Ｌ形金物を介しての固定

解図 3.2－3 ように、L 形金物を介してアンカーボルトを固定している場合には、L 形金物には応力と変形が生じている。結果として、アンカーボルトにも付加応力が作用する可能性がある。実状としては山形鋼を使うなどして、ボルトに付加応力が生じにくい板厚が使用されていること、ボルト耐力を低めに評価していることなどから、計算を簡便にするために、この点の検討を省略している。

実際には、使用ボルト径を考え、それとバランスした板厚の L 形金物を使用する必要がある。さらに、設備機器側の取付け部に関しても、同様のことがいえる。なお、L 形金物の板厚を検討したい場合には、本指針の「3.4　耐震ストッパを用いた耐震支持」の計算式が参考となる。

(4)　中間アンカーボルトの影響

本指針においては、アンカーボルトの引抜き力を計算する場合、計算式を簡便にするために中間アンカーボルトを無視して、片側辺のボルトのみを引抜き力に有効であるとして検討式を作成している。

解図 3.2－4 のように、中間アンカーボルトがある場合に、中間アンカーボルトを考慮した計算式を用いることもできる。

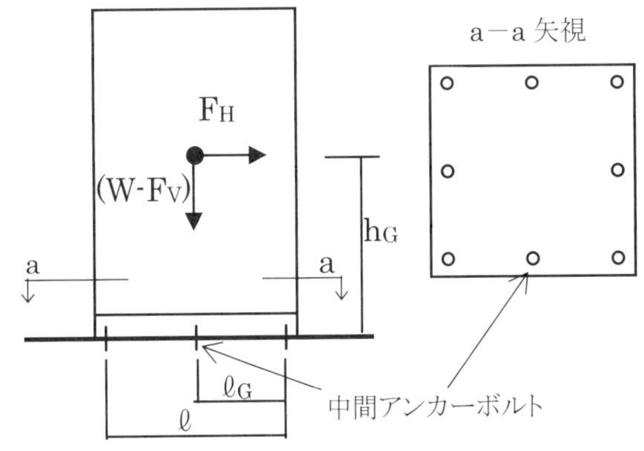

解図 3.2－4　中間アンカーボルトの影響

アンカーボルト群の断面係数 Z を計算して、$\sigma = M/Z$、$R_b = A \cdot \sigma$ より R_b を算定する。

断面係数 Z の算定時に、$Z = \sum (\ell_i \cdot A)$ の式において、全てのアンカーボルトを考慮して、アンカーボルト図心位置での断面係数を計算すれば、中間ボルトも含めて考慮できることになる。

引張り側アンカーボルトに作用する力 R_b は、指針図 3.2－1 と解図 3.2－4 の記号を用いて、以下の式で求められる。この式を用いて詳細な計算を行っても間違いではないが、中間のアンカーボルトにも機器重量による圧縮力を負担させているので、必ず有利側の値になるとは限らないことに留意する。

$$
\begin{aligned}
&\sigma_c = \frac{W - F_V}{n \cdot A} \\
&M = F_H \cdot h_G + (W - F_V) \cdot (\ell / 2 - \ell_G) \\
&\sigma_t = M / Z \\
&R_b = A \cdot \sigma = A \cdot (\sigma_t - \sigma_c)
\end{aligned}
\qquad \text{(解 3.2－6)}
$$

ここに、σ：アンカーボルトの引張り応力度

σ_c：鉛直荷重によりアンカーボルトに生じる圧縮応力度

σ_t：水平荷重によりアンカーボルトに生じる引張り応力度

M：設備機器底面のアンカーボルト群の図心に作用するモーメント

参考として、両側のアンカーボルト n_t 本のみが有効な場合を、上式により計算すると、下記のようになり、(指針式 3.2－1a) と同じ式となる。

$$
\begin{aligned}
&Z = n_t \cdot A \frac{\ell}{2} \times 2 = n_t \cdot A \cdot \ell \\
&R_b = A \cdot (\sigma_t - \sigma_c) = A \cdot \left\{ \frac{F_H \cdot h_G + (W - F_V) \cdot (\ell / 2 - \ell_G)}{n_t \cdot A \cdot \ell} - \frac{(W - F_V)}{2n_t \cdot A} \right\} \\
&\quad = \frac{F_H \cdot h_G + (W - F_V) \cdot (\ell / 2 - \ell_G - \ell / 2)}{n_t \cdot \ell} \\
&\quad = \frac{F_H \cdot h_G - (W - F_V) \cdot \ell_G}{n_t \cdot \ell}
\end{aligned}
\qquad \text{(解 3.2－7)}
$$

(5) 水平地震力の入力方向

本指針では、水平地震力の入力方向は、原則として設備機器の短辺方法（X 方向）と長辺方向（Y 方向）の二方向としている。明らかに、短辺方向がアンカーボルトにとって不利側になると考えられる場合には、長辺方向の検討を省略してもよい。

しかし、底面が正方形の設備機器の場合で 4 隅に 4 本のアンカーボルトが設置されている場合には、斜め 45°方向の地震入力に対してアンカーボルト応力が最大となるので、45°方向について検討する必要がある。この場合の R_b の計算は、円形配置の場合の式を用いて、4 本ボルトとして求めれば 45°方向の結果が得られる。

正方形機器の式により、矩形断面で n＝4、n_t＝2、$\ell_G = \ell/2$ として計算すると、

$$
R_b = \frac{F_H \cdot h_G - (W - F_V) \cdot \ell_G}{\ell \cdot n_t} = \frac{F_H \cdot h_G - (W - F_V) \cdot \ell / 2}{\ell \cdot 2} = \frac{2F_H \cdot h_G - (W - F_V) \cdot \ell}{4\ell} \qquad \text{(解 3.2－8)}
$$

である。

円形断面として、$D = \sqrt{2}\ell$ として計算すると、

$$
R_b = \frac{4}{n \cdot D} \cdot F_H \cdot h_G - \frac{W - F_V}{n} = \frac{4}{4 \cdot \sqrt{2}\ell} \cdot F_H \cdot h_G - \frac{W - F_V}{4} = \frac{2\sqrt{2}F_H \cdot h_G - (W - F_V) \cdot \ell}{4\ell}
$$

(解 3.2－9)

となる。

円形断面の式を用いた場合が $F_H \cdot h_G$ に乗ずる係数が大きいので、R_b が大きくなることが分かる。

このため、底面が正方形の設備機器の場合で４隅に４本のアンカーボルトが設置されている場合に限っては、円形断面の式を使用して45°方向の力によるR_bを算定する（解図3.2－5参照）。

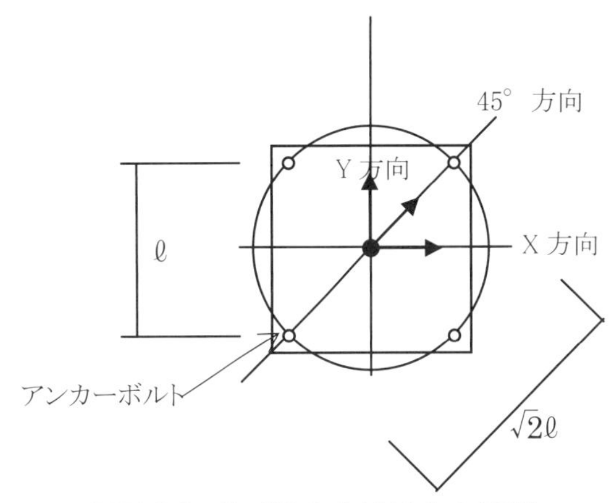

解図3.2－5　45°方向地震力の影響

3.2.2　床・基礎支持の場合（円形断面機器の場合）

円形断面機器のアンカーボルトが、円周上に均等に配置されている場合には、アンカーボルトの総断面積が円環状に配置されていると考えると（指針式3.2－2a）が得られる。

（円環置換による引抜き力算定）

n本のアンカーボルト断面積を厚さt_eの円環に置換すると、（$d=D-2t_e$）として、

等価円環厚さ　$t_e=\dfrac{n\cdot A}{\pi\cdot D}$　（解3.2－10）

等価断面係数　$Z_e=\dfrac{\pi\cdot(D^4-d^4)}{32D}\fallingdotseq\dfrac{\pi\cdot D^2 t_e}{4}$　（解3.2－11）

引張り応力度　$\sigma_e=\dfrac{F_H\cdot h_G}{Z_e}$　（解3.2－12）

１本当りの引抜き力　$R_b=\sigma_e\cdot A=\dfrac{4}{n\cdot D}F_H\cdot h_G$　（指針式3.2－2aの第１項）

3.2.3　壁面支持の場合

壁面支持の場合の検討においては、壁面に平行または壁面に直角な方向に水平方向の地震力が作用したと考えている。どの方向の引抜き力が大きくなるかは不明であるので、両方向について計算を行い、大きい方の値を設計用応力として採用する。

壁面支持の場合には、水平方向にF_H、鉛直方向下向きに（$W+F_V$）が作用しており、この合力がアンカーボルトに作用するせん断力となる。力はベクトル量であるから、両者の和である合力は二乗和の平方根となるので、

$$Q=\frac{\sqrt{{F_H}^2+(W+F_V)^2}}{n}\qquad（解3.2－13）$$

を採用している。簡便な検討方法として、3つの力の単純和（F_H+W+F_V)/nを用いれば、必ず安全側の値になるので、単純和を採用値としても安全側の計算となる。

壁面支持の場合で、重心位置Gが上側のボルト位置より上にあっても、基本的には同じ式が適用可能である。アンカーボルトに作用する力やモーメントの正負を考えて、適切に（指針式3.2－3a～3.2－3c）を適用することができる。

3.2.4　吊り支持の場合

設備機器を上面スラブに取付ける場合には、設備機器重量が下向きに作用して、機器重量Wと鉛

直方向地震力が共に下向きとなる方向が不利となる。このため、（指針式 3.2－4a）中の項が（W＋F_V）となり、さらに F_H による力との和になり、床置きの場合より大きな値となることに注意する。

過去の地震による被害例

(1)　アンカーボルトなどの取付けられていないもの

軽いものから重いものまで、重量にかかわらずアンカーボルトによる固定がないものは、移動·転倒により設備機器などが損傷している。

(2)　アンカーボルトの埋込み不完全なもの

箱抜きアンカーボルトなどで、箱抜きの内面が平滑すぎて充填したモルタルの付着力が不十分なものや、充填したモルタルの強度が不足しているものは、アンカーボルトが抜け出して、設備機器などが移動・転倒している。

(3)　アンカーボルトや固定金物の強度不足

アンカーボルトや固定金物の強度が不足しているものは、これらが破損して設備機器などが移動・転倒している。

(4)　架台などの強度不足

鉄骨架台の上に設置された設備機器が、架台の部材強度が不足していたり、部材の接合法が不適切であったりしたために、架台本体が損傷して転倒したものがある。

(5)　設備機器本体の強度が不足していたもの

設備機器本体の強度が不足していたために、本体が破損してしまったものがある。特に、FRP 製水槽や FRP 製冷却塔などにこの被害が見られる。

(6)　デスク上機器

デスク上機器で、耐震措置が施さていない CRT やプリンターの移動・転落およびデスク本体の移動により、機能停止などの被害が見られる。

(7)　吊りボルトなどに振止めを施してないもの

設備機器本体が振り子状に大きくあるいは繰り返し振れて、吊りボルトが抜け出してしまったり、あるいは他の機器や配管等と衝突して破損したり落下したりしている。

(8)　吊り金物などの強度不足

吊り元および器具接続部が破損したり、吊り架台などが破損したりして落下している。

(9)　埋込金物などの強度不足

埋込金物が破損したり、躯体から抜け出したりして落下している。

3.3　頂部支持材による耐震支持

本節では、頂部支持材の仕様を記述しているが、必ず頂部支持材を使用しなければならないということではない。頂部支持は、アンカーボルトのみでは固定が難しい場合に行うものである。設備機器の形状・設置状況などに応じて、頂部支持材を使用するか否かを検討する。

本節で対象としている支持方法は、設備機器の上部と下部で支持をとることにより、下部のアンカーボルトには引抜き力が作用しないとしている。しかし、せん断力は作用するので、その検討は必要である。

頂部支持材の固定は、鉄筋コンクリートの壁・床・柱・梁などの構造体に固定することが基本である。軽量間仕切壁やALC壁などの非構造部材の壁や、構造スリットが設けられた非構造壁などに耐震支持を固定することは適切ではない。

適切な支持構造体がない場合には、鉄骨架台などの支持部材を設けて支持することが必要になる。

3.3.1　頂部支持材の選定

頂部支持材に作用する圧縮・引張り応力度が、部材の短期許容圧縮・引張り応力度以下となるように支持部材を選定する。部材の短期許容圧縮・引張り応力度は、建築基準法・同施行令によることを原則とし、記載の無い場合にはJISや（一社）日本建築学会の規準による。

なお、支持部材に生じる圧縮力・引張り力を軸方向力Nとして、一般的には、

許容圧縮応力 C_a ＜許容引張り応力 T_a

であることから、安全側の検討として $N \leqq C_a$ となるように支持部材を選定する。

(1)　支持部材の選定

支持部材の選定は、部材応力Nに対応して

（部材断面の仮定）→（断面積A）→（応力度計算 $\sigma = N/A$）→（許容応力度 f_a との比較）

という手順で検討が行われる。

別の検討法で、$\sigma = N/A \leqq f_a$　の検討式の両辺にAを乗じて

$$N \leqq A \cdot f_a = F_a \quad 、\quad \frac{N}{F_a} \leqq 1.0 \qquad (解\ 3.3-1)$$

ここに、f_a：許容応力度（f_t または f_c）

F_a：許容応力（T_a または C_a）

として、引張力または圧縮力に応じてあらかじめ各部材の F_a を求めておけば、部材の選定はNより大きな F_a を持つ部材を選べばよい。（「第3編　付録4」に代表的部材の C_a の値を示す。）

曲げモーメントMが作用する場合には、同様な考えで

$$\frac{N}{N_a} + \frac{M}{M_a} \leqq 1.0 \qquad (解\ 3.3-2)$$

を検討式とすることができる。

(2)　振止めの設置

設備機器の剛性が低いことに起因して生ずる「揺れ・振れ」を抑えるため、追加措置として頂部支持を行うことがあるが、このような振止めのための頂部支持は本指針では規定していない。

建築主、設計者、設備機器の製造者、施工者が協議のうえ、頂部支持をとるのであれば、振止めのための一つの解決策となると思われる。設備機器の剛性が低く、周囲に悪影響を及ぼすようであれば、設備機器の製造者が工夫し是正すべき問題とも思われる。なお、振止めの支持であっても、鉄筋コンクリートなどの構造体からとることを推奨する。

3.4　耐震ストッパによる耐震支持

3.4.1　耐震ストッパ

設備機器に防振支持を行った場合などで、アンカーボルトを用いた耐震支持を行うことができない場合には、耐震ストッパを使用する。

なお、ストッパ板厚の算定には設備機器がストッパに衝突する効果は考慮していないので、ストッパと設備機器との間隙は、定常運転時に接触しない範囲で極力小さくすることが必要である。

(1) ストッパのタイプ

防振材や防振装置の種類は多く、設備機器との組合せも多様である。どのような状況で、どのような形式の耐震ストッパを用いるのかを慎重に検討する必要がある。参考として、耐震ストッパの形式を以下に示す。

スプリング防振などのたわみ量が大きな防振材を用いる場合は、移動・転倒防止形とする。通しボルト形以外の耐震ストッパを選定する場合は、地震時に防振材に引抜きを生ずるか否かを検討する必要がある。

なお、移動防止形のＬ形プレート形、移動・転倒防止形のクランクプレート形、通しボルト形について検討式を示している。他の形式については、これらを参考として適用する。

1)　移動防止形ストッパ

形鋼・鋼板などで製作し、主に水平方向の移動を防止するのに用いる。

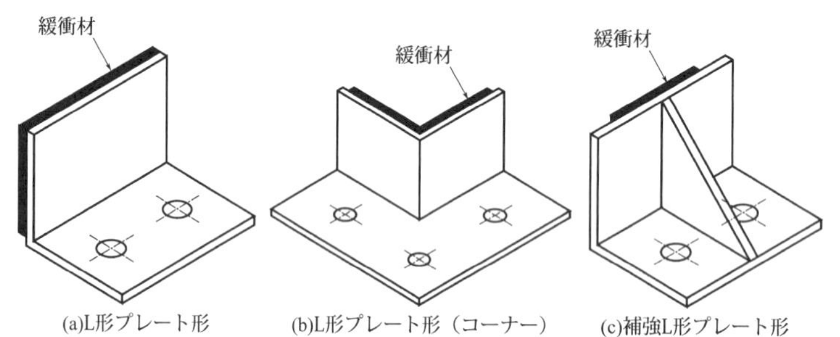

解図 3.4−1　移動防止形ストッパの例

2)　移動・転倒防止形ストッパ

形鋼・鋼板などで製作し、水平方向の移動および転倒を防止するのに用いる。

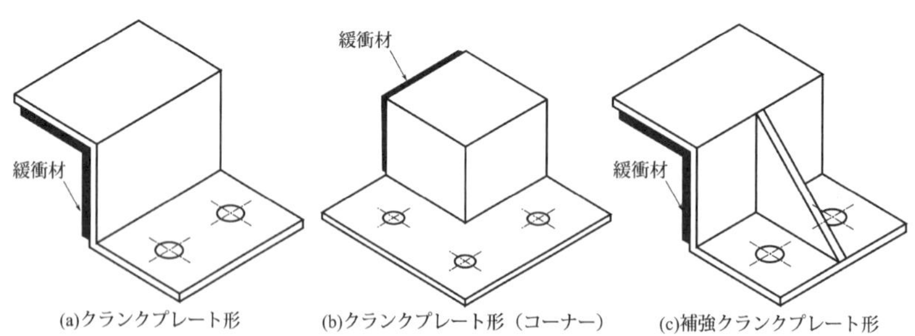

解図 3.4−2　移動・転倒防止形ストッパの例

3)　通しボルト形ストッパ（移動・転倒防止型）

通しボルト形ストッパは、常時は設備機器や防振架台と接触しない状態で設定し、地震時には設備機器の水平方向の移動および転倒を防止するのに用いる。

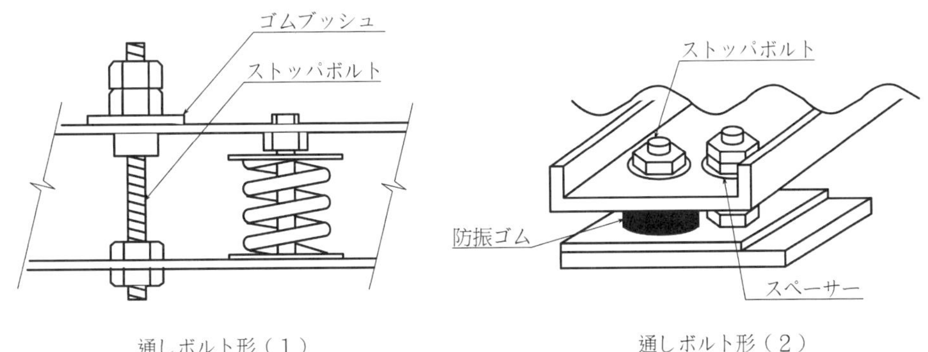

解図 3.4－3　通しボルト形ストッパの例

(2) ストッパの設計フロー

耐震ストッパを選定するときには、解図 3.4－4 のようなフローに従って行う。通しボルト形ストッパか、それ以外かにより、また、引抜き力 T_0 が作用するかどうかにより、移動防止形ストッパか移動·転倒防止形ストッパかが定まる。なお、解図 3.4－4 中の記号は指針表 3.4－1 ～指針表 3.4－3 による。

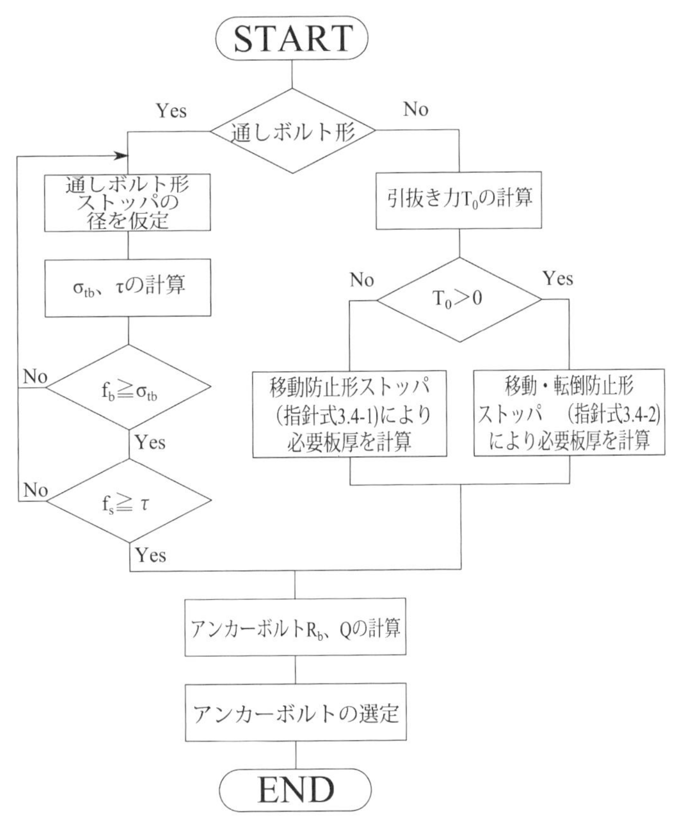

解図 3.4－4　ストッパの選定フロー

(3) 引抜き力 T_0 の検討

通しボルト形以外のストッパの形を選定する場合、地震時に防振材に引抜きを生ずるか否か検討する必要がある。

解図 3.4－5 において支持部 B を中心とする転倒モーメントを考えると、下式が成立つ。

$$T_0 = \frac{\{K_H \cdot h_G - \ell_G(1 - K_V)\} \cdot W}{\ell} \qquad \text{(解 3.4－1)}$$

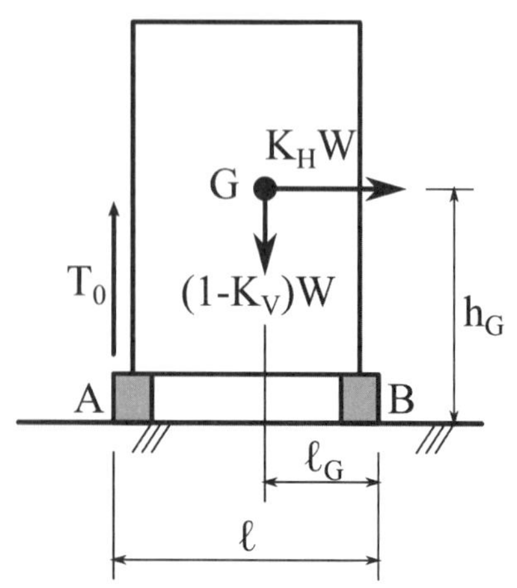

G ：設備機器重心位置

W ：設備機器の重量　(kN)

h_G ：設備機器支持部から設備機器重心までの高さ（cm）

ℓ ：検討する方向から見た支持長さ（cm）

ℓ_G ：検討する方向から見た支持部中心から設備機器重心までの距離（ただし$\ell_G \leqq \frac{\ell}{2}$）（cm）

K_H ：設計用水平震度

K_V ：設計用鉛直震度

T_0 ：支持部Aの受ける引抜力（kN）

解図 3.4－5　引抜き力 T_0

①　$T_0 \leqq 0$のとき、すなわち$\dfrac{h_G}{\ell_G} \leqq \dfrac{1-K_V}{K_H}$のとき

防振材には引抜きを生じないので、移動防止形の耐震ストッパでよい。

②　$T_0 > 0$のとき、すなわち$\dfrac{h_G}{\ell_G} > \dfrac{1-K_V}{K_H}$のとき

防振材には引抜きを生じるので、移動・転倒防止形の耐震ストッパとする。

(4) ストッパによる耐震支持

ストッパの利用対象は、防振支持した設備機器だけには限定されない。防振支持されていない設備機器に対しても、適切に設計することで、ストッパによる固定を適用できる。また、耐震補強工事などの際、防振支持しているか否かを問わず、耐震支持金物を後付けで追加設置する場合などに有効である。解図 3.4－6 のように、ストッパと設備機器とを接続ボルトを用いて直接固定する方法も考えられる。図中のQ_0/N_sとT_0/N_sは、N_s個のストッパの1個当たりに作用する力である。

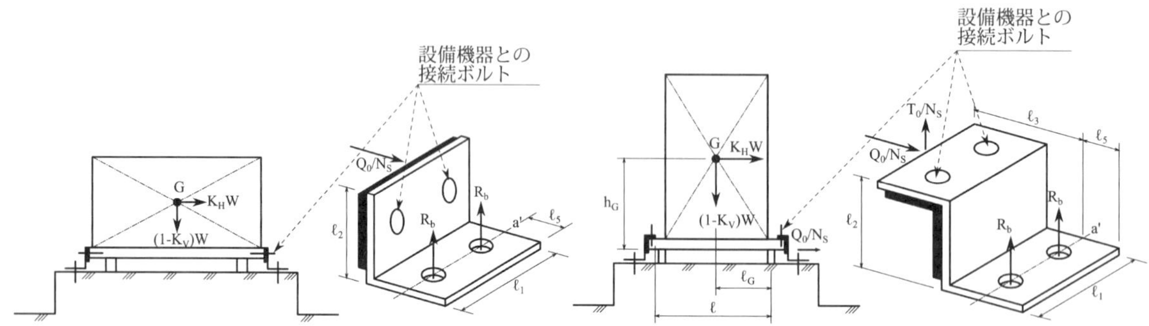

解図 3.4－6　ストッパ形式による耐震固定

3.4.2　移動防止形ストッパ

移動防止形ストッパの板厚の算定は、板の曲げモーメントによる応力度が許容応力度以下となるように、必要板厚が算出されている。

水平力Q_0（$=K_H \cdot W$）が作用するときに、アンカーボルトに引張り力が、ストッパ先端付近に圧

縮力が生じる。先端圧縮力の合力は、先端よりやや内側になるが、計算を簡便にするために先端に作用するものとしている。

また、水平力に抵抗するものは片側のストッパのみと考えて、片側ストッパのみに全体の力を作用させていることに注意する。

必要板厚の算出は、作用する曲げモーメントと許容応力度から、以下のように算定される。

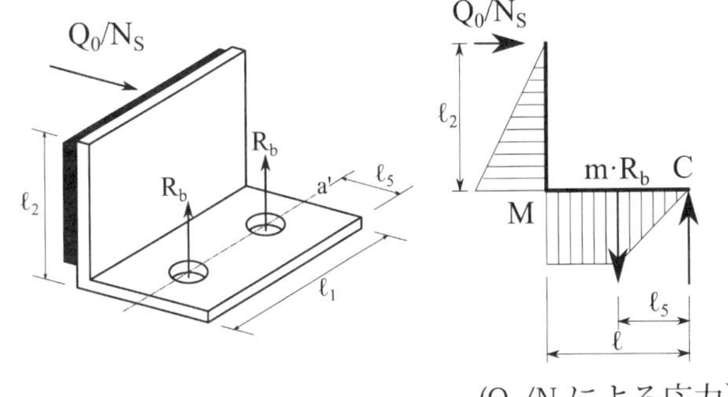

解図 3.4－7　ストッパに作用するモーメント

$$M = Q_0/N_s \cdot \ell_2 = K_H \cdot W \cdot \ell_2/N_s \qquad (解3.4－2)$$

$$Z = \frac{1}{6} \cdot (\ell_1 - m \cdot d_0) \cdot t^2 \qquad (解3.4－3)$$

（許容応力度≧板に生じる曲げ応力度）より

$$f_b \geqq \sigma = \frac{M}{Z} = \frac{6K_H \cdot W \cdot \ell_2}{(\ell_1 - m \cdot d_0) \cdot t^2 \cdot N_S} \qquad (解3.4－4)$$

必要板厚は、

$$t^2 \geqq \frac{6K_H \cdot W \cdot \ell_2}{f_b \cdot (\ell_1 - m \cdot d_0) \cdot N_S}$$

$$t \geqq \sqrt{\frac{6K_H \cdot W \cdot \ell_2}{f_b \cdot (\ell_1 - m \cdot d_0) \cdot N_S}} \qquad (解3.4－5)$$

ここに、M：L形コーナー部のモーメント

Z：片側にあるN_s個のストッパのボルト孔位置での断面係数（板幅ℓ_1からボルト孔径の合計値$m \cdot d_0$を減ずる）

また、アンカーボルトに作用する引抜き力R_bとせん断力Qは、N_s個のストッパに各m本のアンカーボルトがあるとして、モーメントと水平力の釣合いより、以下のようになる。

$$Q_0 \cdot \ell_2 / N_S = R_b \cdot \ell_5 \cdot m$$

$$R_b = \frac{\ell_2 \cdot K_H \cdot W}{\ell_5 \cdot m \cdot N_S} \qquad (解3.4－6)$$

$$Q = \frac{K_H \cdot W}{m \cdot N_S}$$

3.4.3　移動・転倒防止形ストッパ

移動・転倒防止形ストッパの板厚の算定は、板の曲げモーメントによる応力度が許容応力度以下となるように、必要板厚が算出されている。

引張り力（T_0/N_s）による必要板厚さは、下記により算定される。3.4.2項と同様に、圧縮反力はストッパの先端に作用するものとしている。（解図3.4－8参照）

鉛直方向力の釣合い　$(T_0 + C)/N_s = m \cdot R_b$

モーメントの釣合い　$T_0\ (\ell_3 + \ell_5)/N_s = m \cdot R_b \cdot \ell_5$

$$m \cdot R_b \cdot N_S = \frac{\ell_3 + \ell_5}{\ell_5} T_0 、 \quad C = \frac{\ell_3}{\ell_5} T_0$$

$$M = C \cdot \ell_5 / N_S = T_0 \cdot \ell_3 / N_S = \frac{W\{K_H \cdot h_G - \ell_G (1 - K_V)\}}{\ell \cdot N_S} \ell_3 \quad (解 3.4-7)$$

$$Z = \frac{1}{6} \cdot (\ell_1 - m \cdot d_0) \cdot t^2$$

ここに、M：アンカーボルト部のモーメント

Z：片側にある N_s 個のストッパのボルト孔位置での断面係数（板幅 ℓ_1 からボルト孔径の合計値 m・d_o を減ずる）

（許容応力度≧板に生じる曲げ応力度）から

$$f_b \geqq \sigma = \frac{M}{Z} = \frac{6W \cdot \{K_H \cdot h_G - \ell_G (1 - K_V)\} \cdot \ell_3}{\ell \cdot (\ell_1 - m \cdot d_0) \cdot t^2 \cdot N_S} \quad (解 3.4-8)$$

必要板厚は、

$$t^2 \geqq \frac{6\{K_H \cdot h_G - \ell_G (1 - K_V)\} \cdot W \cdot \ell_3}{f_b \cdot \ell \cdot (\ell_1 - m \cdot d_0) \cdot N_S}$$

$$t \geqq \sqrt{\frac{6\{K_H \cdot h_G - \ell_G (1 - K_V)\} \cdot W \cdot \ell_3}{f_b \cdot \ell \cdot (\ell_1 - m \cdot d_0) \cdot N_S}} \quad (解 3.4-9)$$

水平力（Q_0/N_s）による必要板厚は、移動転倒形ストッパと同様に算定される。なお、解図 3.4−8 には（T_0/N_s）と（Q_0/N_s）が同時に作用するように表示されているが、全体図から理解できるように、左側からの水平力に対しては右側ストッパに水平力、左側ストッパに引抜き力と、それぞれが別途に作用するので、それぞれの力に対して必要な板厚さの大きいものを採用すればよい。

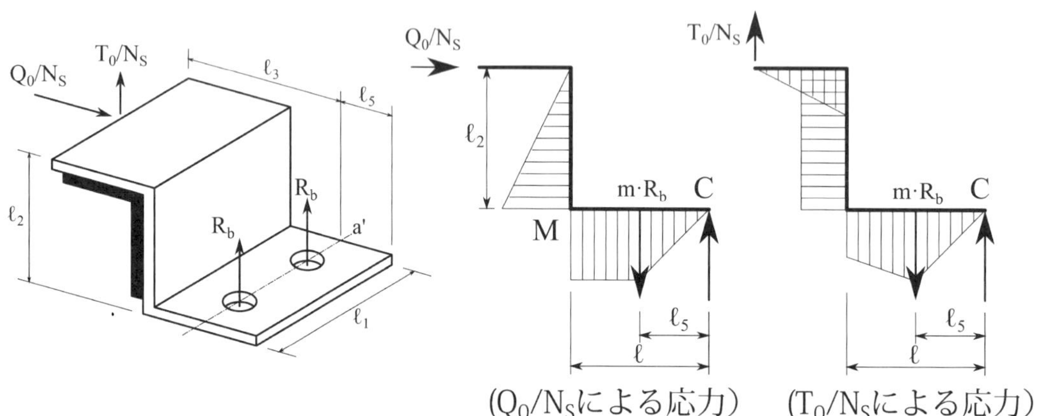

解図 3.4−8　ストッパに作用するモーメント

また、アンカーボルトに作用する引抜き力 R_b とせん断力 Q は、N_S 個のストッパに各 m 本のアンカーボルトがあるとして、

$$R_b = \frac{\ell_3 + \ell_5}{\ell_5} T_0 / (m \cdot N_s) = \frac{\{K_H \cdot h_G - \ell_G (1 - K_V)\} \cdot W}{\ell \cdot m \cdot N_S} \cdot \frac{\ell_3 + \ell_5}{\ell_5}$$

$$Q = \frac{K_H \cdot W}{m \cdot N_S} \qquad \text{（解 3.4－10）}$$

となる。

3.4.4　通しボルト形ストッパ

通しボルト形ストッパは、ストッパボルトの曲げ剛性と耐力を利用して設備機器の水平移動を拘束するものである。ストッパボルトの脚部には、曲げモーメントと引張り力が作用するので、この力を確実に基礎に伝達する必要がある。

過去の地震による被害例

(1)　耐震ストッパが設けられていなかったもの

設備機器本体が大きく移動したり、転倒したものあるいは防振スプリングなどが飛び出してしまったりするものなどがある。

(2)　耐震ストッパが不完全なもの

水平方向の変位を止めるだけの耐震ストッパ、あるいは移動防止形ストッパだったために、ストッパを飛び越えてしまったものや、ストッパボルトにナットが締め付けてなかったためにボルトから飛び出してしまったものなどがある。

(3)　重量設備機器の上部変位量が大きいもの

変圧器などでは移動・転倒防止形のストッパを用いた場合でも、上部変位量が大きく変圧器に取り付けられる電気配線が破損したものや、防振架台が破損したものがある。

3.5　鉄骨架台による耐震支持

鉄骨架台については、様々な架台形状が考えられるので、それぞれの形状に応じて力学的に合理的な方法により部材応力を算定し、必要な部材検討を行って安全性を確認する必要がある。鉄骨架台には、矩形架台・壁付き架台・背面支持架台などがある。

3.5.1　取付けボルトの設計

解図 3.5－1 に示したように、鉄骨架台と設備機器は取付けボルトにより緊結する必要がある。取付けボルトの設計は、「3.2　アンカーボルトによる耐震支持（直接支持）」に準じて行うことになる。鉄骨架台上面には、取付けボルトを固定する部材（鋼板・水平受け梁など）を設ける。

取付けボルトの力は確実に鉄骨架台に伝達する必要がある。取付けボルトが柱上にない場合には、水平受け梁を設けるなどして取付けボルトの力を柱に伝達する。

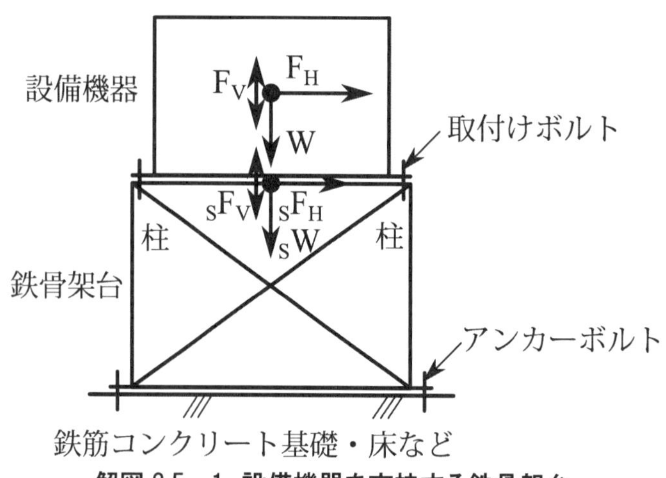

解図 3.5－1　設備機器を支持する鉄骨架台

3.5.2　鉄骨架台のアンカーボルトの設計

鉄骨架台を鉄筋コンクリート床などに緊結するアンカーボルトの設計は、設備機器と鉄骨架台を一体と考えて、「3.2　アンカーボルトによる耐震支持（直接支持）」に準じて行う。

鉄骨架台重量が無視できる場合には、設備機器重量のみを考慮してアンカーボルト位置と設備機器重心の位置を考慮して算定する。

鉄骨架台重量が無視できない場合には、検討に用いる水平方向力および鉛直方向力は、設備機器に作用する力と鉄骨架台に作用する力の重心位置に合力を作用させる。

3.5.3　鉄骨架台の設計

鉄骨架台は、設備機器に作用している機器重量 W・設計用水平地震力 F_H・設計用鉛直地震力 F_V を考慮して、鉄骨部材の安全性を確認する。なお、本指針の計算式では、鉄骨架台重量は無視しているが、設備機器重量に比較して無視できない場合には、鉄骨架台重量・設備機器重量・設計用水平地震力・設計用鉛直地震力も考慮する。目安としては、鉄骨架台重量が設備機器重量の 20％を超える場合には、鉄骨架台重量を考慮する。考慮する場合には、計算を簡便にするために、設備機器重量に鉄骨架台重量を加える、または、鉄骨架台に作用する力は鉄骨架台上面に作用するものとしてよい。

以下に、鉄骨架台の代表的なものとして、矩形架台（4本柱と6本柱）・壁付き架台・吊り架台・背面支持架台の計算方法を例示する。また、第2編計算例において、計算例1と計算例2に矩形架台、計算例9に吊り架台、計算例15に壁付き架台、計算例19に矩形架台、計算例20にH形鋼による支持（解説記述なし）、計算例25に背面支持架台が例示されている。

(1) 矩形架台（4本柱）の計算方法の例

4本柱で1層の場合を例にとり、部材に生じる力を算定する。解図 3.5－2（a）に示すように鉄骨架台の部材は、柱：A材、ブレース（筋かい）：B材、梁：C材である。

計算は、長辺・短辺の両方向について行い不利側の値を設計用荷重とするが、明らかに短辺方向が不利な場合には長辺の検討は省略できる。

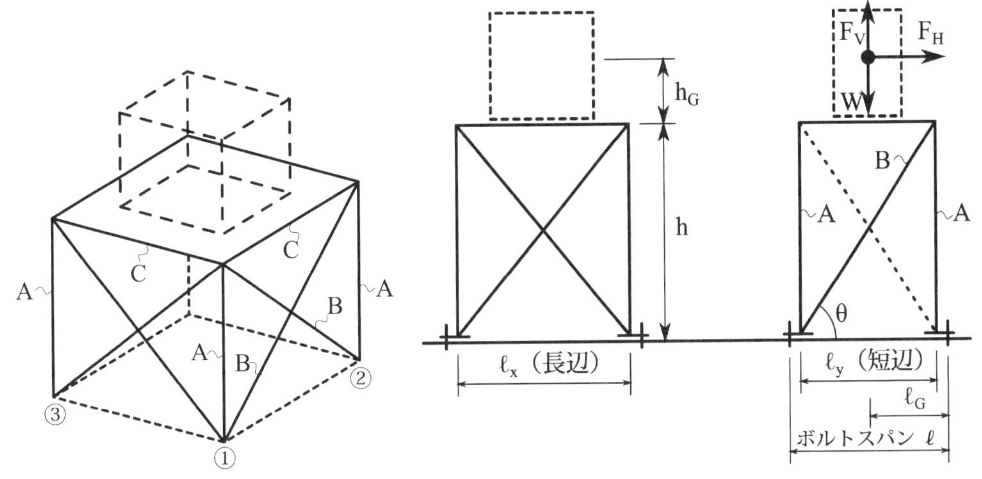

(a) 検討鉄骨架台　　(b)長辺方向の検討（①～③）　(c)短辺方向の検討(①～②)

解図 3.5－2　鉄骨架台の検討（4 本柱）

1）柱材に生じる軸方向力

設備機器底部に作用する地震時の水平力による転倒モーメントは、

$$M = F_H \cdot h_G \qquad \text{（解 3.5－1）}$$

鉄骨架台底部に作用する地震時の水平力による転倒モーメント M_B は、

$$M_B = M + F_H \cdot h \qquad \text{（解 3.5－2）}$$

柱部材 A 材に作用する引張りおよび圧縮の軸方向力は、重量と鉛直方向地震力を考慮して、

$$\text{引張り力}\quad N_T = \frac{M_B}{n_1 \cdot \ell_y} - \frac{W}{n_2}(1 - K_V) \qquad \text{（解 3.5－3）}$$

$$\text{圧縮力}\quad N_C = \frac{M_B}{n_1 \cdot \ell_y} + \frac{W}{n_2}(1 + K_V) \qquad \text{（解 3.5－4）}$$

ここに、n_1：鉄骨架台の構面数（図示の場合は $n_1=2$）

n_2：構面の全柱本数（図示の場合は $n_2=4$）

ℓ ：検討方向のボルトスパン

となる。一般には、圧縮力に対して不利となるので、圧縮側を検討しておけばよい。

2）ブレースに生じる引張り力

ブレース B 材については、引張り力のみを負担するとして片側の部材のみで検討を行う。ブレース材が同一断面である場合には、水平力の（1/cosθ）の力を生じるので、構面内のブレース材数 n_3 を考慮して計算すると、

$$\text{ブレース引張り力}\quad T_B = \frac{F_H}{n_3 \cdot \cos\theta} \qquad \text{（解 3.5－5）}$$

ここに、θ ：ブレースの水平面との角度（$\tan\theta = h/\ell_x$、または h/ℓ_y）

n_3：構面内のブレース材数（図示の場合、奥の面にもブレースがあるので $n_3=2$）

となる。この検討は、通常は cosθ が小さい方向についてのみ行えばよい。また、構面内のブレース材数 n_3 は、柱材のみがありブレースがない構面は考慮しない。

3）鉄骨架台のアンカーボルト

鉄骨架台の柱 1 本あたりに n 本のアンカーボルトがあるとすると、

作用引張り力　$n \cdot R_b = N_T$　（解式 3.5－3 参照）

作用せん断力　$Q = \dfrac{F_H}{n \cdot n_3}$　（解 3.5－6）

を用いて、アンカーボルトの選定を行う。この場合に、ブレースにつながる片側のアンカーボルトのみにせん断力が作用していることに留意する。ただし、柱下端が連結されている場合には、両側柱を考慮できる。

4）正方形平面の場合

柱位置が正方形配置の場合には、解説 3.2.1 項の（5）で述べたように、45°方向の地震荷重に対して最も不利となる。これに対応して、ボルトスパンを斜めのスパン（平行スパンの$\sqrt{2}$倍）を用いて、構面数 n_1 を 1.0 として柱材軸方向力・アンカーボルト引張り力を計算する。せん断力については、割増しを要しない。

（2）矩形架台（6 本柱）の計算方法の例

解図 3.5－3 に示すような 6 本柱の矩形架台の場合は、4 本柱の場合と同様な式を用いてよいが、短辺方向の検討では、

n_1：鉄骨架台の構面数（$n_1 = 3$）

n_2：構面の全柱本数（$n_2 = 6$）

n_3：構面内のブレース材数

（3 構面にブレースがある場合 $n_3 = 3$、両側 2 構面のみにブレースがある場合 $n_3 = 2$）

長辺方向の検討では、

n_1：鉄骨架台の構面数（$n_1 = 2$）

n_2：構面の全柱本数（$n_2 = 6$）

n_3：構面内のブレース材数（両側 2 構面に 2 つのブレースがある場合 $n_3 = 4$）

として計算式を適用する。

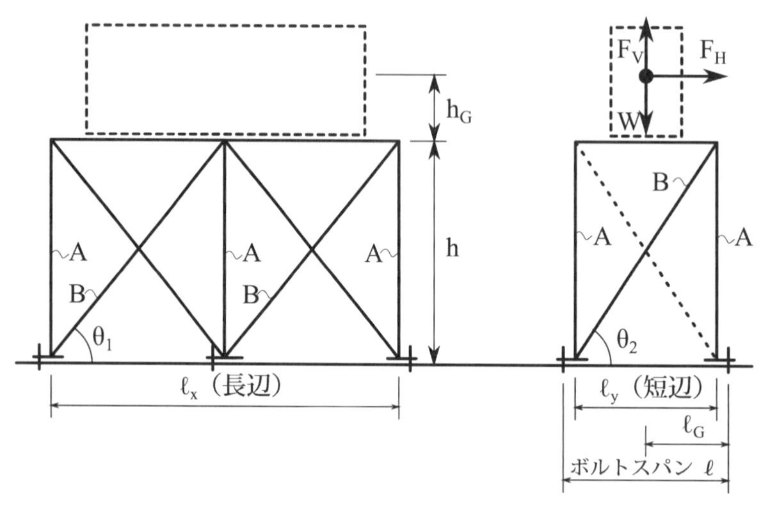

解図 3.5－3　鉄骨架台の検討（6 本柱）

(3) 壁付き架台の計算方法の例

解図 3.5−4 のような壁付の支持架台の例である。設備機器からの架台への力の伝達はやや複雑であるが、ここでは簡便な計算法を示す。

高所の壁付き架台では、機器が落下すると危険であるので注意が必要である。設備機器重量が 5kN を超えるような設備機器に対しては、構造専門家に相談し、より正確なモデルを使用して計算を行う必要がある。

1) 壁面直角方向

計算を簡便にするために以下のモデルを採用する。

· 設備機器重量などの鉛直力は、支持架台上面の A 材に等分布荷重で作用するものとする。
· 水平力は直接 A 部材に作用するものとする。
· 水平力と鉛直力による転倒モーメントは、A 材の両端に集中力 P として作用するとする。
· アンカーボルトに作用する力は、厳密には架台の各部応力から伝達されるが、架台が剛体であるとして単純に反力計算から算出する。(C 材は十分な断面を有するとしている)

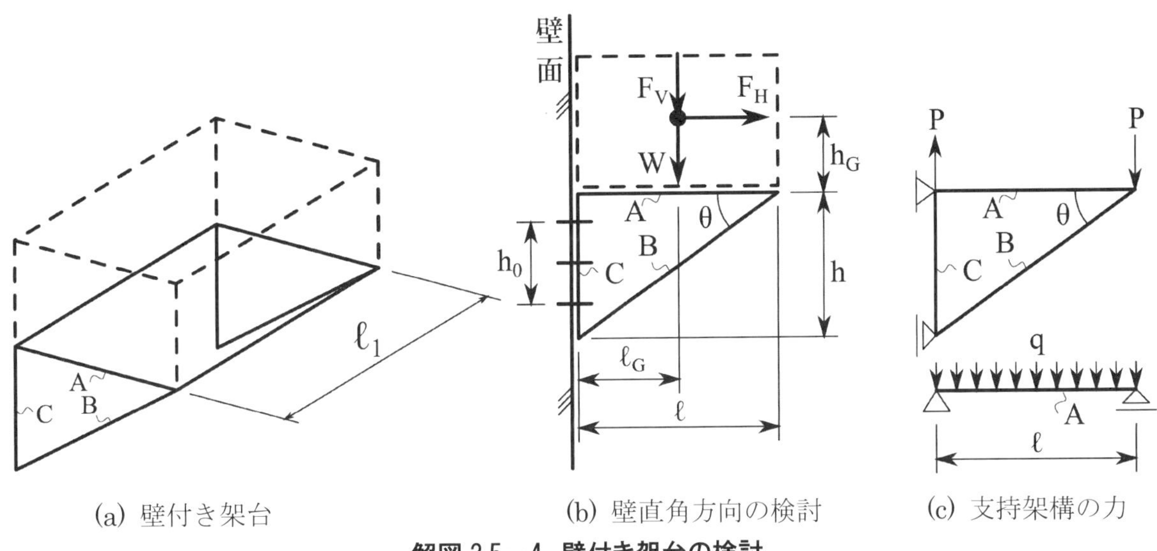

(a) 壁付き架台　(b) 壁直角方向の検討　(c) 支持架構の力

解図 3.5−4　壁付き架台の検討

(i) A 材と B 材の応力

A 部材の上面に作用する鉛直荷重による応力は、分布荷重を q として架台の支持部材が 2 組みあるので、

長期　$q_L = \dfrac{W}{2\ell}$、地震時　$q_E = K_V \cdot q_L$　(解 3.5−7)

A 部材は指針図 3.5−4 に示すように、両端支持の単純梁とすると、

中央モーメント M_0 と端部せん断力 Q_0 は、$M_0 = \dfrac{q_L + q_E}{8}\ell^2$、$Q_0 = \dfrac{q_L + q_E}{2}\ell$　(解 3.5−8)

先端の集中荷重 P は、$P = Q_0 + \dfrac{F_H \cdot h_G}{2\ell}$　(解 3.5−9)

トラス応力の釣合から、安全側として水平荷重 F_H の 1/2 を考慮して

A 材の引張り力、$T=P\cdot\frac{1}{\tan\theta}+\frac{F_H}{2}$、B 材の圧縮力$C=P\cdot\frac{1}{\sin\theta}$　（解 3.5－10）

となる。A 材は上記の部材応力（M_0 と T）、B 材は圧縮力 C に対して設計を行う。

（ii）アンカーボルト

アンカーボルトに作用する引抜き力 R_b とせん断力 Q は、以下により算定できる。

$$R_b=\frac{F_H}{2n}+\frac{F_H\cdot(h_G+h/2)}{2h_0}+\frac{(W+F_V)\cdot\ell_G}{2h_0}、\ Q=\frac{W+F_V}{2n}$$　（解 3.5－11）

ここに、n ：片側のアンカーボルト本数（2 組あるために 2 倍して用いる）

h_0：アンカーボルトのボルトスパン

2）壁面平行方向

解図 3.5－4 において、F_H の方向が壁面と平行になった場合を検討する。

壁面直角方向より部材応力は少ないとみなせるので、部材の応力検討は省略する。

アンカーボルトに作用する引抜き力 R_b とせん断力 Q は、以下により算定できる。

$$R_b=\frac{F_H\cdot\ell_G}{\ell_1 n}+\frac{(W+F_V)\cdot\ell_G}{2h_0}、\ Q=\sqrt{\left(\frac{F_H}{2n}\right)^2+\left(\frac{W+F_V}{2n}\right)^2}$$　（解 3.5－12）

（4）吊り架台の計算方法の例

解図 3.5－5 のような吊り支持の架台を対象とする。ここでは立面（a）方向について述べ、立面（b）方向は計算例 9（p.188）を参考にして計算する。

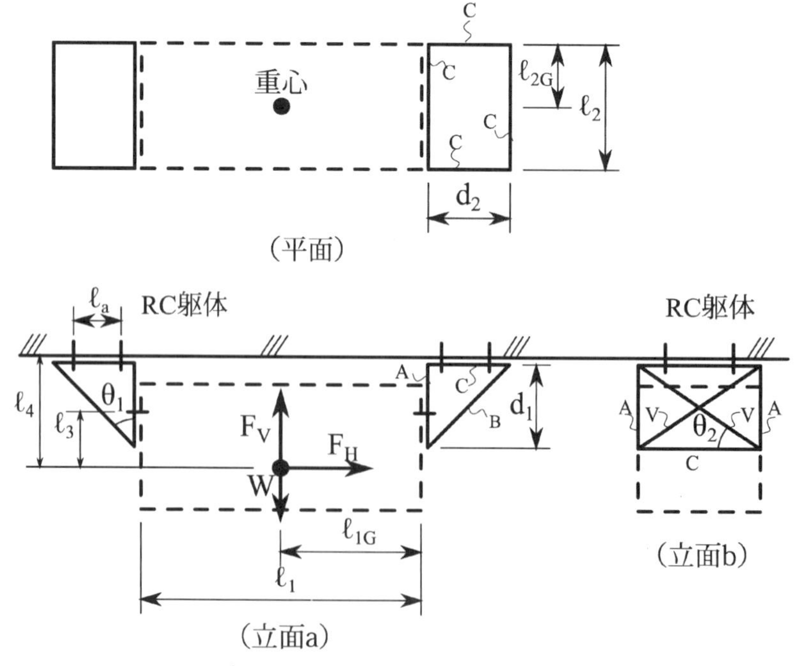

解図 3.5－5　吊り支持材の検討

（i）地震入力

設計用水平地震力 $F_H = K_H \cdot W$、

設計用鉛直地震力 $F_V = K_V \cdot W = F_H/2$　として、

水平力 F_H による本体取付けボルト部の転倒モーメント $M = F_H \cdot \ell_3$

水平力 F_H による上部 RC 躯体部の転倒モーメント　$M_B = F_H \cdot \ell_4$

ここに、ℓ_3：重心位置から取付けボルトまでの距離

ℓ_4：重心位置から RC 躯体までの距離

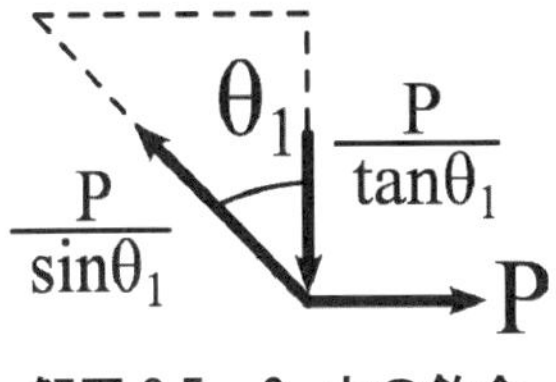

解図 3.5－6　力の釣合

（ii）部材応力

A 材　作用水平力 $P = F_H/4$（4 か所で支持しているので、A 材には 1/4 が作用する）

計算を簡便にするため、P は架台の先端に作用するものとする。

P による引張り力（解図 3.5－6 参照）

$$T_1 = \frac{P}{\tan\theta_1} \qquad \text{（解 3.5－13）}$$

M と（W ＋ F_V）による引張り力（2 面あるので 1/2 としている）

$$T_2 = \frac{M}{2\ell_1} + \frac{(W + F_V)\cdot(\ell_1 - \ell_{1G})}{2\ell_1} \qquad \text{（解 3.5－14）}$$

A 材に作用する引張り力 $N_T = T_1 + T_2$

B 材　P による圧縮力（解図 3.5－6 参照）

$$N_C = \frac{P}{\sin\theta_1} \qquad \text{（解 3.5－15）}$$

C 材は検討を省略し、A 材および B 材と同等以上の材を使用する。

（5）背面支持架台の計算方法の例

解図 3.5－7 のような背面支持架台の検討においては、計算を簡便にするために、背面支持材と設備機器は一体化されており、剛体としてアンカーボルトに力を伝達できるものとして、矩形機器に準じて計算を行う。

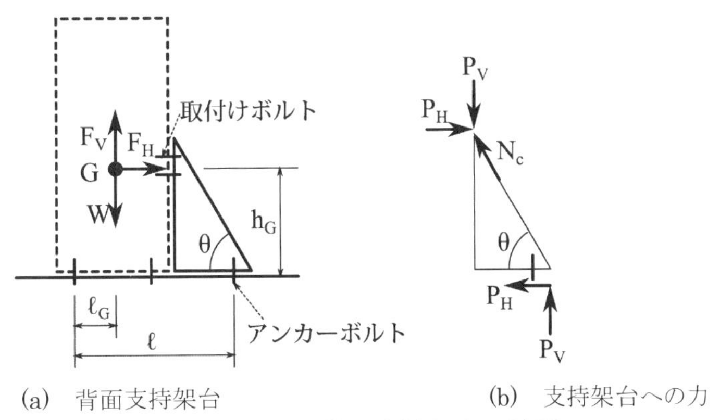

解図 3.5－7　背面支持架台の検討

（i）アンカーボルト

1 本のアンカーボルトに作用する引抜き力 R_b とせん断力 Q は、以下により算定できる。自重によるアンカーボルト圧縮は背面支持材を考慮しないで算定する。

$$R_b = \frac{F_H \cdot h_G - (W - F_V) \cdot \ell_G}{\ell \cdot n_t}、\quad Q = \frac{F_H}{n} \qquad （解 3.5－16）$$

ここに、

G　：設備機器重心位置

W　：設備機器の重量（kN）

h_G：支持面から設備機器重心までの高さ（cm）

ℓ　：アンカーボルトのボルトスパン（cm）

ℓ_G：設備機器重心までの水平距離（cm）

F_H：設計用水平地震力（kN）

F_V：設計用鉛直地震力（kN）

n　：アンカーボルトの総本数

n_t　：アンカーボルトの片側本数（2 組の支持架台の場合：$n_t = 2$）

R_b：アンカーボルト 1 本に作用する引き抜き力（kN）

Q　：アンカーボルト 1 本に作用するせん断力（kN）

（ii）支持部材の応力

支持部材に作用する力は、取付けボルト位置も関係して複雑であるが、計算を簡単にするために、節点にアンカーボルト反力に相当する力が作用するものと仮定する。やや乱暴な仮定であるので、設備機器重量が大きいものや重要度の高い設備機器では、力学的に妥当なモデルを用いる、または次の計算結果に安全率を多くすることが望ましい。

解図 3.5－7 の例では、支持部材に作用する力は、3 本のアンカーボルトのうち 2 本が設備機器に、1 本が背面支持材に接続されているので、1 本分のせん断力を負担するとして計算する。この力は、設備機器と背面支持架台の取付けボルトから作用するが、計算を簡便にするために頂部に作用するとする。

水平方向の力 $P_H = Q$（アンカーボルトせん断力）

鉛直方向の力 $P_V = R_b$（アンカーボルト引抜き力）

と仮定すると、

$$斜め部材の応力 \quad N_C = \frac{P_H}{\cos\theta} + \frac{P_V}{\sin\theta} \qquad （解 3.5－17）$$

この応力に対して、斜め部材の断面を決定し、他の部材は同断面としておけばよいと思われる。

第４章　アンカーボルトの許容耐力と選定

本章では、アンカーボルトに作用する力に対して、どのようにアンカーボルトを選定するかを述べる。アンカーボルトには引抜き力 R_b（引張り軸応力度 σ_t）とせん断力 Q（せん断応力度 τ）が作用するものとして、許容応力度設計法により適切な工法と直径を選定する。ここで、アンカーボルト１本当りの引抜き力 R_b とせん断力 Q（せん断応力度 τ）は、第３章により求めるものとする。

4.1　アンカーボルトの許容引抜き荷重と許容応力度

4.1.1　アンカーボルトの許容引抜き荷重

アンカーボルトの許容引抜き荷重は、原則として付表１「自家用発電設備耐震設計のガイドライン」に示された値を使用する。

ただし、特別に品質管理が十分行われて基礎コンクリートが打設され、（一社）日本建築あと施工アンカー協会の「あと施工アンカー施工指針（案）· 同解説」により、同協会の施工資格者、製品認定制度に基づいて施工されたものは、同指針に基づく許容荷重を使用してもよい。

常時荷重に対しては長期許容荷重、地震時荷重（長期荷重を含む）に対しては短期許容荷重を使用する。

4.1.2　アンカーボルトの許容応力度

アンカーボルトとしては、SS400 材のボルトまたはステンレスボルトを使用する。その許容応力度は、建築基準法施行令第 90 条の構造用鋼材に基づき定める。ねじ部有効断面積についての値を軸断面積に換算した許容応力度の値を指針表 4.1－1 に示す。

常時荷重に対しては長期許容応力度、地震時荷重（長期荷重を含む）に対しては短期許容応力度を使用する。

指針表 4.1－1　ボルト（SS400）およびステンレスボルト（A2－50）の許容応力度表

ボルトの種類	長期許容応力度（kN/cm^2）		短期許容応力度（kN/cm^2）	
	引　張（f_t）	せん断（f_s）	引　張（f_t）	せん断（f_s）
ボルト（SS400）	11.7	6.78	17.6	10.1
ステンレスボルト（A2－50）	10.5	6.06	15.8	9.09

4.2　アンカーボルトの選定方法

(1)　アンカーボルトに作用する力

アンカーボルトには、引抜き力 R_b（引張り軸応力度 σ_t）とせん断力 Q（せん断応力度 τ）が作用する。

(2)　アンカーボルトの選定方法

アンカーボルトの選定の方法としては、以下の３つの方法がある。どの方法によって検討を行ってもよいが、①の方法が一般的である。②および③の方法は略算的にアンカーボルト断面を推定するときに使用できる。

① R_b とせん断応力度 τ で計算する方法

② R_b とせん断力 Q で計算する方法

③ 設備機器の縦横比と設計用震度で図表から求める簡便法

【解説】

4.1　アンカーボルトの許容引抜き荷重と許容応力度

4.1.1　アンカーボルトの許容引抜き荷重

(1) アンカーボルトの許容引抜き荷重

アンカーボルトの許容引抜き荷重は、付表 1 の（一社）日本内燃力発電設備協会「自家用発電設備耐震設計のガイドライン」に示された値を、原則として使用することとしている。同ガイドラインによる許容引抜き荷重は、安全率を高くして比較的小さい数値を与えている。これは、建築設備関係の基礎やアンカーボルトにおいては、「必ずしも品質管理が十分ではないので、アンカーボルト耐力を低く評価しておくべきである。」という考え方に基づいている。

これに対して、特別に品質管理が十分行われて基礎コンクリートが打設された場合、たとえば（一社）日本建築あと施工アンカー協会の「あと施工アンカー施工指針（案）・同解説」により、同協会の施工資格者、製品認定制度に基づいて施工された場合には、同指針に基づく許容荷重を使用してもよいこととしている。この場合の許容引抜き荷重は、建築構造の構造躯体検討に用いられる数値となり、かなり大きい値を採用できる。

ただし、その場合には、アンカーボルトを埋込む鉄筋コンクリートは、構造躯体に準じた十分な品質管理が行われたものか、既存コンクリートにあっては現地調査などで強度を確認し、ひび割れなどの欠損がないことが確認されている必要がある。

(2) 長期許容引抜き荷重と短期許容引抜き荷重

アンカーボルトの許容引抜き荷重としては、常時荷重に対しては長期許容引抜き荷重、地震時荷重（長期荷重を含む）に対しては短期許容引抜き荷重を使用する。短期許容引抜き荷重は、長期許容引抜き荷重の 1.5 倍の値を用いている。

(3) アンカーボルトの混用

径や強度の異なるアンカーボルトや金属拡張アンカーと接着系アンカーを混用した場合には、強度の弱いアンカーボルトから破損することになる。また、応力伝達や崩壊形式が複雑になり、設計で想定した形式とならない可能性があるため、このような異種アンカーボルトの混用は原則として行わない。

(4) アンカーボルトと機器側鋼板の隙間

アンカーボルトとそれに取り合う機器側鋼板は、隙間が大きすぎるとせん断力の伝達が不十分になる。施工性の問題もあるが、穴径を、（アンカーボルト径＋2mm）程度とすることが望ましい。

建築構造物においては、アンカーボルトに対して穴径を、（アンカーボルト径＋5mm）以下とする規定があるが、この場合は隙間を埋める工法を採用しているので適用しない。

なお、穴径が大きすぎた場合には、無収縮モルタルにて孔まで埋める、十分な厚みを確保した大きめのワッシャーを用いる、ワッシャーと鋼板を溶接で緊結する、などの対策がある。

(5) アンカーボルトの締め付け力

本指針で対象としているアンカーボルトは、手締めで締める程度で施工するものである。ボルトには締め付け力による引張り応力度が作用しているが、計算上は無視できる程度と考えている。ただし、大きな力で締め付ける場合はその影響を考慮する必要がある。

(6) あと施工アンカーのピッチ・ヘリあき寸法・設置間隔

あと施工アンカーのピッチは10d以上、はしあき寸法C≧50＋d/2mmとし、設置間隔は10d以上、2L以上を原則とする。

ここに、d：あと施工アンカーの径（mm）

L：あと施工アンカーの埋込み長さ（mm）

また、アンカーボルトが基礎の隅角部や辺部に打設される場合には、許容引抜き耐力、許容せん断耐力が低下することがあるので、必要に応じて、「付表1 表3.3の左欄、表3.6」に示す方法により確認すること。

(7) あと施工アンカーボルトの施工

あと施工アンカーを施工する作業は、（一社）日本建築あと施工アンカー協会の資格を有する者、またはあと施工アンカーについて十分な技能および経験を有したものが行う。

(8) アンカーボルトの付着耐力式

アンカーボルトの付着耐力は、解式4.1－1で求めることができる。これにより引抜き耐力が決まることがあるので必要に応じて確認すること。

$$T_a = \frac{F_C}{8} \cdot \pi \cdot d_2 \cdot L \qquad (解4.1－1)$$

ここに、

T_a：アンカーボルトの付着耐力（kN）

L：アンカーボルトの埋込み長さ（cm）

d_2：コンクリートの穿孔径（cm）

F_c：コンクリートの設計基準強度（kN/cm^2）

4.1.2 アンカーボルトの許容応力度

アンカーボルトに作用する荷重に対して、鋼材としてのボルトの断面耐力が耐えられるかを検討する。指針表4.1－1の値は、建築基準法施行令第90条に基づいた計算値を示している。

① ボルトの引張り応力度を検討する必要が生じた場合には、指針表4.1－1のf_t値を用いる。

② 引張りとせん断を同時に受けるボルトの強度確認は、以下による。

$$\tau \leqq f_s \qquad (解4.1－2)$$

$$\sigma_t \leqq \min(f_t,\ f_{ts}) \quad ただし、f_{ts} = 1.4f_t - 1.6\tau \qquad (解4.1－3)$$

ここに、

τ：ボルトに作用するせん断応力度（$\tau=Q/A$）

σ_t：ボルトに作用する引張り応力度（$\sigma_t=R_b/A$）

A：アンカーボルトの軸断面積（呼び径による断面積）

f_s：せん断のみを受けるボルトの許容せん断応力度（指針表 4.1－1 の値）

f_t：引張りのみを受けるボルトの許容引張応力度（指針表 4.1－1 の値）

f_{ts}：引張りとせん断力を同時に受けるボルトの許容引張り応力度

ただし、$f_{ts} \leqq f_t$

（SS400 材の場合、短期許容応力度については $\tau=4.4\text{kN/cm}^2$ 以下の時には $f_{ts}=f_t$ となる。）

③　指針表 4.1－1 の引張り許容応力度は、ボルト類の許容応力度であり、SS400 鋼材の許容応力度ではないことに注意する。ボルトの有効断面積「ねじ谷径断面積 / 軸断面積＝0.75」として、ねじ部で断面検討を行うための簡便な手法として、鋼材自体の許容応力度を 0.75 倍して評価してある。このため、アンカーボルトの応力度計算などには、呼径による断面積である軸断面積を用いて計算を行う。

引張り耐力＝軸断面積×f_t

引張り応力度 σ_t＝引抜き力 / 軸断面積

として検討してよい。

なお、取付けボルトなどで SS400 ボルトを使用する場合には、SS400 鋼材の許容応力度を使用し、ねじ谷径断面を使うので注意する。

④　アンカーボルトを面外剛性の弱い板材や回転拘束の少ない止め金物（山形鋼や溝形鋼）・ベースプレートに取り付けると、てこ反力が生じてアンカーボルトに生じる力が大きくなることがあるので、その影響を考慮して検討すること。

4.2　アンカーボルトの選定方法

(1) アンカーボルトに作用する力

アンカーボルトには設備機器に作用した地震力により、引抜き力 R_b とせん断力 Q が作用する。これらの作用力は、第 3 章に示した計算式を用いて計算できるので、本章ではその計算結果を用いてアンカーボルトを選定する方法を示す。

(2) アンカーボルトの選定方法

1) 引抜き力 R_b とせん断応力度 τ で計算する方法

アンカーボルト選定の計算を行うためには、アンカーボルトの本数と径を仮定してせん断応力度 τ を計算する必要がある。通常は、設備機器によってアンカーボルト本数が決められている場合が多いので、この場合には、アンカーボルト径を選定することになる。

アンカーボルトの許容応力度は、引張り応力度とせん断応力度の合成応力度により検討する必要がある。そのために両者を用いた許容応力度 f_{ts} を用いている（解説 4.1.2 項の②参照）。

この引張りとせん断を同時に受けるボルトの許容応力度 f_{ts} は、解図 4.2－3、解図 4.2－4 のような引張り力とせん断力の相関を考慮したものであり、（解式 4.1－2）および（解式 4.1－3）は相関曲線を簡便に 3 本の直線で近似したものである。

アンカーボルト選定の手順は、解図 4.2－1 のフロー図に示したように、

① ボルト径の仮定（ボルト配置と本数は決まっているとして）

② 引抜き力 R_b とせん断応力度 τ の計算

③ R_b が負：引抜きを生じないので τ が許容応力度 f_s 以下であることを確認して終了

④ R_b が正：許容引抜き荷重 T_a を計算して、$T_a \geqq R_b$ を確認（アンカーボルト工法は仮定する）、許容引張り応力度 f_{ts} を計算し、$f_{ts} \geqq$ 引張り応力度 σ_t を確認して終了

⑤ 上記③または④が満足できないときは、ボルト径やボルト工法を変更して再計算

となる。

解図 4.2－1 のフロー図において、$\tau \leqq 4.4\text{kN/cm}^2$ の記述があるが、これは、その下の「f_{ts} の計算」を省略するための条件である。SS400 材ボルト（$f_t = 17.6\text{kN/cm}^2$）においては、τ が 4.4kN/cm^2 以下では必ず $f_{ts} \geqq f_t$ となり、min（f_t、f_{ts}）$= f_t$ となる。このため、τ の影響による低減を受けないので、解図 4.2－1 において $f_{ts} = f_t$ としている。（$f_{ts} = f_t = 17.6\text{kN/cm}^2$ の時に τ が 4.4kN/cm^2 となっている。）

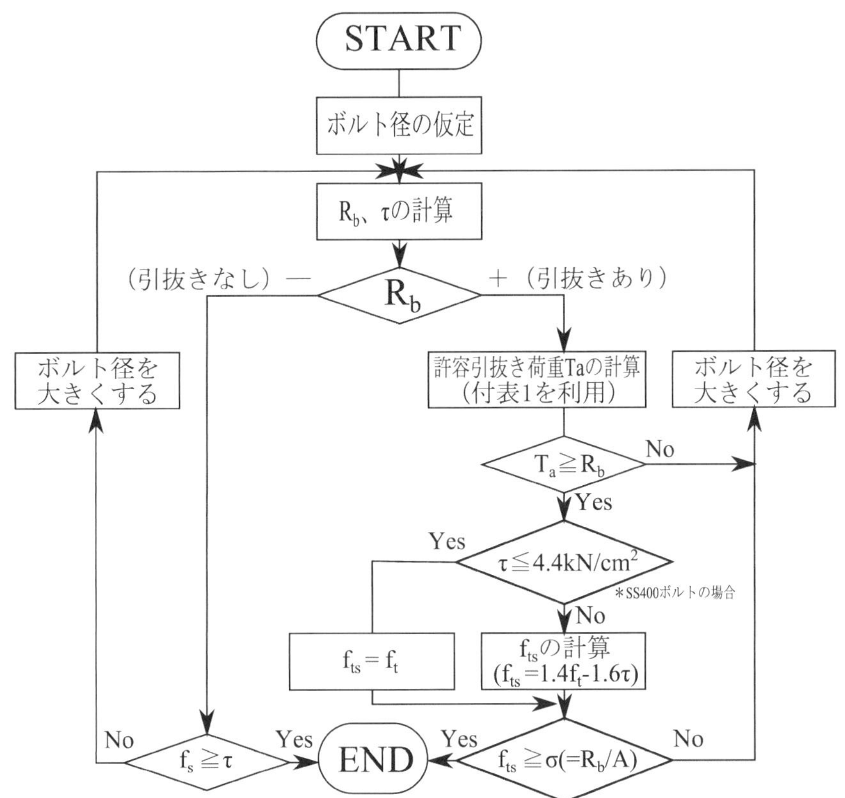

解図 4.2－1　① 引抜き力 R_b とせん断応力度 τ による方法

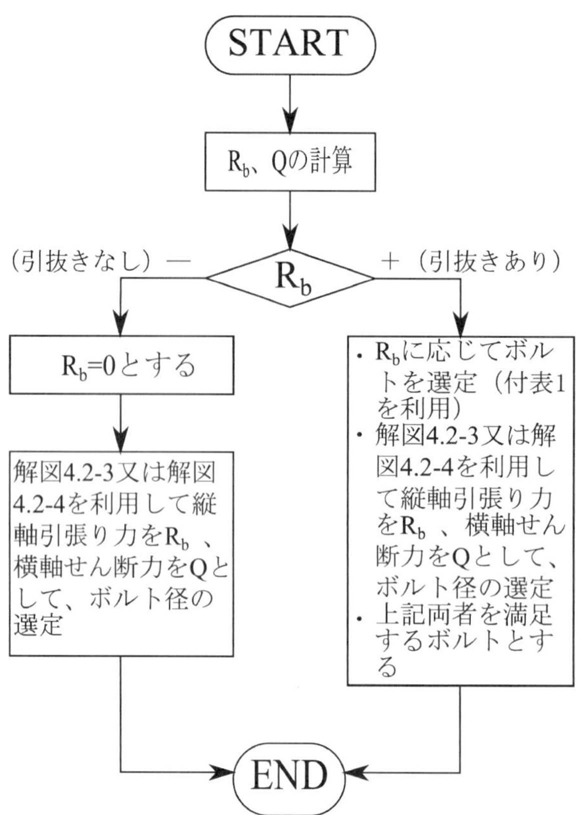

解図 4.2−2　② 引抜き力 R_b とせん断力 Q による方法

2）引抜き力 R_b とせん断力 Q で計算する方法

より計算を簡便にしたアンカーボルトの選定の方法として、引抜き力 R_b とせん断力 Q から図表を利用する方法がある。この方法によると、あらかじめアンカーボルト径を仮定する必要がなく、図上計算からボルト径が求められる。この方法のフローを解図 4.2−2 に示す。

この方法の手順は、以下による。

①　引抜き力 R_b とせん断力 Q の計算

②　R_b が負：引抜きを生じないので解図 4.2−3 または解図 4.2−4 の横軸上で、Q の値からボルト径を決定

③　R_b が正：許容引抜き荷重 T_a を計算して、$T_a \geqq R_b$ を確認（アンカーボルト工法は仮定する）、解図 4.2−3 または解図 4.2−4 上で、縦軸に R_b・横軸に Q をプロットして、ボルト径を決定

図を利用するために簡便にボルト径を決定できるが、計算書として残すためには不向きであるので、設計上の目安をつける上で有効な方法と思われる。

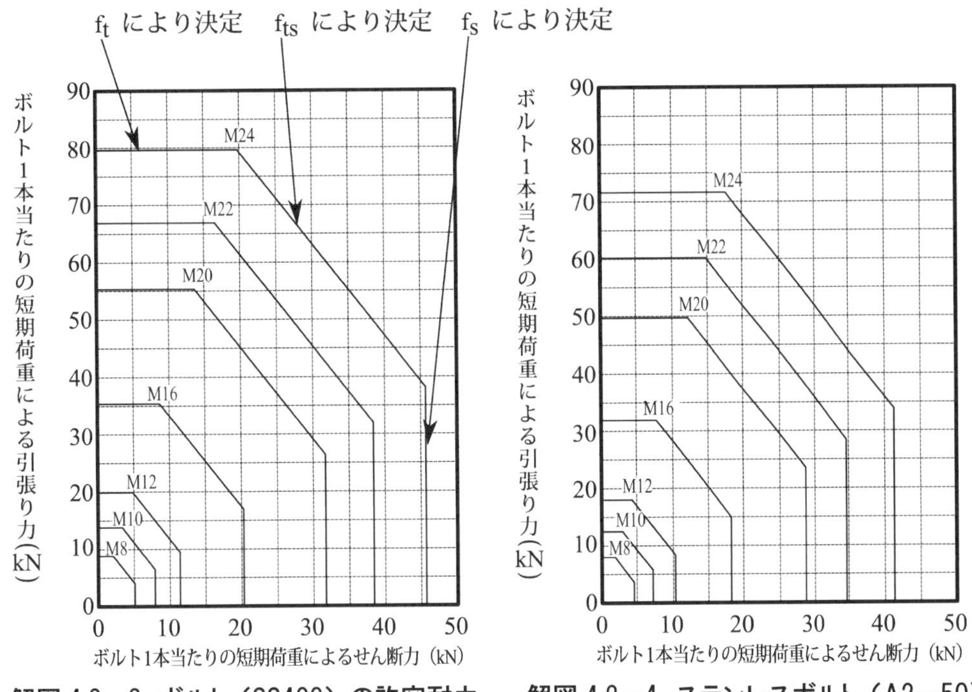

解図 4.2－3　ボルト（SS400）の許容耐力　　解図 4.2－4　ステンレスボルト（A2－50）の許容耐力

3）設備機器の縦横比と設計用震度で図表から求める簡便法

この方法は、設備機器の縦横比より解図 4.2－5 から許容重量を求めて、それが設備機器重量以上であることを確認する、さらに簡便な方法である。

この方法は、縦横比（高さ/底辺＝h/ℓ）に対して、h_G（重心高さ）＝h/2、$ℓ_G$（重心までの平面距離）＝ℓ/2 を仮定し、アンカーボルトは最低量の 4 本の M8（SS400）であるとした略算法である。

この方法では、重心位置を高さ h/2、水平寸法 ℓ/2 と想定して作成している。重心位置が極端に偏っている場合は、この方法では誤差が出るので注意する。

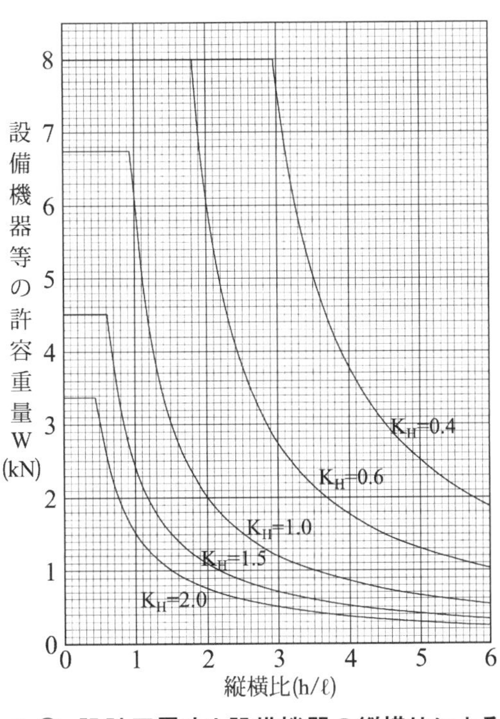

解図 4.2－5 ③　設計用震度と設備機器の縦横比による許容重量

過去の地震による被害例

あと施工アンカーボルトにおいて、以下のような被害が報告されている。

(1)　埋込み不足によるもの

埋込み不足のアンカーボルトが、抜け出した被害がある。埋込み不足とは、仕上げモルタルなどに埋め込まれたものや、アンカーの埋込み不十分のものなど、構造躯体への所定の埋込み長さが確保されていないもの。

(2)　拡張不足によるもの

拡張不足のアンカーボルトが、抜け出した被害がある。拡張不足とは、金属拡張アンカーで所定の拡張が十分行われていないものや、アンカー打設用の穴がアンカーサイズより大きすぎるものなど。

(3)　アンカーボルトの破壊によるもの

アンカーボルト破壊とは、施工が十分行われ、アンカーボルトは最大耐力まで達していたが、作用外力に対して十分な径や工法が選定されていなかったためにアンカーボルトの破断、アンカーボルトの抜けおよび周辺コンクリートがコーン状破壊したもの。

(4)　へりあき不足によるもの

へりあき不足とは、アンカーボルトがコンクリート基礎などのへりあきの小さい所に設置されており、へり部分のコンクリートが破壊したもの。

(5)　構造躯体による被害

あと施工アンカーボルトが、構造躯体の亀裂発生やコンクリートの剥落などにより、被害を受けている例が見られる。

(6)　錆の進行によるアンカーボルトの耐力の低下によるもの

錆による被害は、建築物外部に使用するアンカーボルトに多く見られ、アンカーボルト本体が細くやせ、破断しているものがある。

第５章　建築設備の基礎の設計

5.1　基礎への転倒モーメントとせん断力の伝達

設備機器に生じる地震力はアンカーボルトを通じて、転倒に抵抗する力（引抜き力と圧縮力）とずれに抵抗する力（せん断力）として堅固な基礎に伝達される。堅固な基礎とは、設備機器に生じる地震力に対してほとんど変形せず、剛体として扱える鉄筋コンクリート基礎とする。

以下に、アンカーボルトから基礎に伝達される力に対する検討方法を示す。

5.1.1　基礎の分類と適用基準

基礎には、指針表 5.1－1 に示したように、床スラブ・梁のような主要構造躯体と切り離して設けられるものと、主要構造躯体と一体化されたものがある。

本章で検討対象とする範囲は主として主要構造体と切り離して設けられる基礎とし、設備機器の基礎からの力は、床スラブ・梁により十分支持できるものとする。ただし、断面形状と平面形状の組み合わせが複雑なものは、日本建築学会の規準等に準拠することとし、原則として建築構造設計者が設計することとする。また、主要構造躯体と一体化された基礎についても、建築構造設計者が設計することとする。

検討式などは、簡便な方式による検討を主目的としたものであり、設備機器以外の付帯架構の拘束効果などをとり入れた詳細な検討を行う場合には本項の規定によらなくてもよい。

また、各種基礎の平面形状の種類を指針表 5.1－2 に、断面形状の種類を指針表 5.1－3 に示す。

5.1.2　せん断力の床スラブなどへの伝達

設備機器に生じた水平地震力は基礎に対してせん断力となり床スラブなどの基礎を固定する構造体に円滑に伝達される必要がある。基礎のタイプにより伝達方法が異なるが、主に

①　基礎底面の摩擦により伝達する方法

②　アンカーボルトやダボ鉄筋のせん断力にて伝達する方法

の２つである。

また、地面に直接基礎を設置する場合は、設備機器重量と基礎重量を地盤が十分支持できるかどうかを検討し、転倒モーメントや水平力を十分地面に伝達できる場合は、床スラブ上に設置する基礎と同様に検討すること。

指針表 5.1－1　基礎形状と検討方式

本表の分類および検討方式の適用は、防水層の有無によらず行っている。実際の基礎の断面形状・施工法による種類は、指針表 5.1－3 による。

基礎断面形状＼基礎平面形状	a タイプ	b タイプ	c タイプ	d タイプ	e タイプ
	目荒しを行いラフコンクリートのない場合	目荒しを行いラフコンクリートのある場合	ラフコンクリートの間につなぎ鉄筋を配する場合	床スラブとの間にダボ鉄筋を配する場合	床スラブと一体構造にする場合
	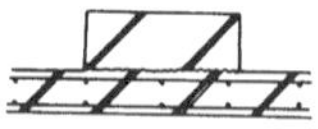	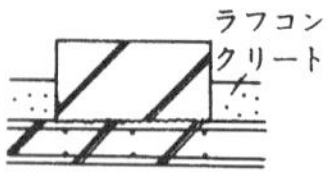 ラフコンクリート	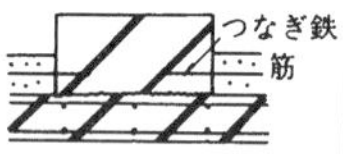 つなぎ鉄筋	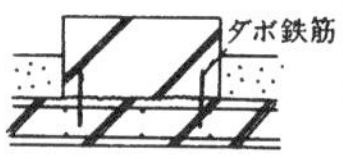 ダボ鉄筋	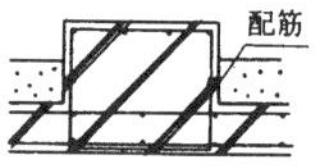 配筋
A、A'、A" タイプ* （べた基礎） 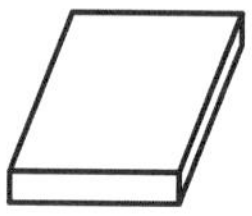	・（指針式 5.2－1）を満足すること。 ・K_H≦1.0	・（指針式 5.2－1）を満足すること。	（指針式 5.2－1）を満足すること。 （基礎重量にラフコンクリート重量を見込んでよい）	タボ鉄筋の引抜き力（指針式 5.2－3）、せん断力（指針式 5.2－4）により、検討すること。	日本建築学会「鉄筋コンクリート構造計算規準・同解説（2010）」に準拠すること。**
B タイプ （梁形基礎） 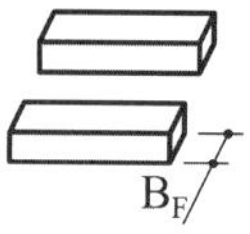 B_F	・K_H≦1.0 ・設備機器のアンカーボルトに引抜き力を生じていない。 ・基礎高さ：h_F 基礎幅：B_F≧20cm h_F/B_F≦2	・（指針式 5.2－1）を満足すること。 ・基礎高さ：h_F' 基礎幅： B_F≧20cm h_F'/B_F≦2	（指針式 5.2－1）を満足すること。 （基礎重量にラフコンクリート重量を見込んでよい）	日本建築学会「鉄筋コンクリート構造計算規準・同解説（2010）」に準拠すること。**	日本建築学会「鉄筋コンクリート構造計算規準・同解説（2010）」に準拠すること。**
C タイプ （独立基礎） 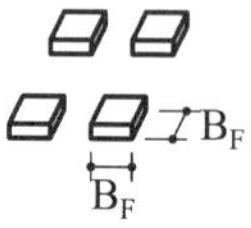 B_F B_F	・K_H＜1.0 ・設備機器のアンカーボルトに引抜き力を生じていない。 ・基礎高さ：h_F 基礎幅：B_F≧30cm h_F/B_F≦1	・（指針式 5.2－1）を満足すること。 ・基礎高さ：h_F' 基礎幅：B_F≧20cm h_F'/B_F≦2	（指針式 5.2－1）を満足すること。 （基礎重量にラフコンクリート重量を見込んでよい）	日本建築学会「鉄筋コンクリート構造計算規準・同解説（2010）」に準拠すること。**	日本建築学会「鉄筋コンクリート構造計算規準・同解説（2010）」に準拠すること。**

*　A、A'、A" タイプの区別については、指針表 5.1－2 を参照。
**　解説 5.1（2）を参照。

指針表 5.1－2　基礎の形式による種類

分類	基礎概念図	備考
べた基礎	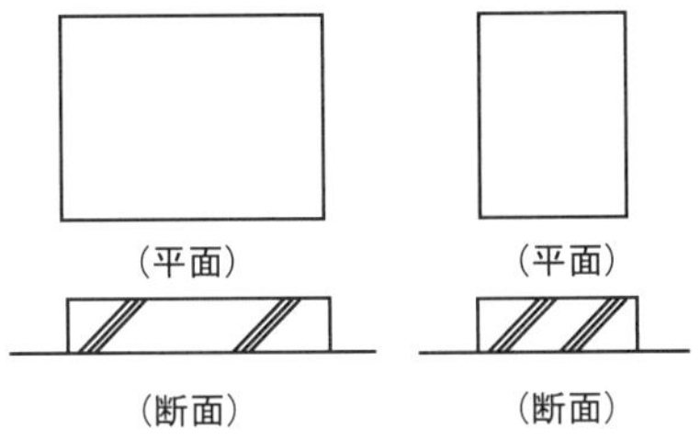 （平面） （平面） （断面） （断面） （平面形状　A タイプ） 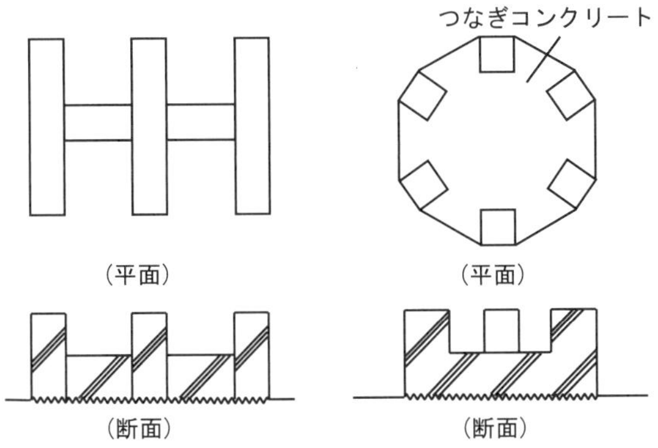 つなぎコンクリート （平面） （平面） （断面） （断面） （平面形状　A'タイプ）（平面形状　A"タイプ）	(1) 基礎を打設する場合、打継部スラブなどの上面は目荒し、打水をすること。 (2) 指針表 5.1－1 に示す方法により検討を行い、指針表 5.1－3 に示す基礎の形状、施工法に準拠すること。 (3) 背の高い梁形基礎は互いの基礎をつなぐ必要がある。詳しくは、指針表 5.1－3 に示す方法で検討すること。
梁形基礎	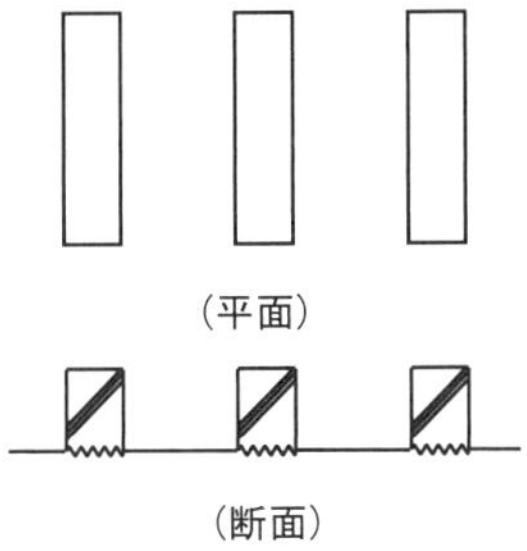 （平面） （断面） （平面形状　B タイプ）	(1) 上記（1）に同じ (2) 上記（2）に同じ
独立基礎	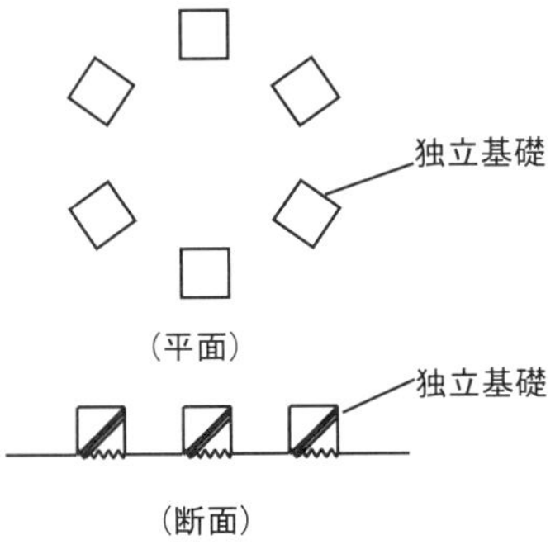 独立基礎 （平面） 独立基礎 （断面） （平面形状　C タイプ）	(1) 上記（1）に同じ (2) 上記（2）に同じ (3) 基礎形状は正方形としている。

指針表 5.1－3a　基礎の断面形状・施工法による種類

分類		概略断面図	基礎の概要と注意事項	主な使用部分
防水層上基礎	防水層立上げの場合	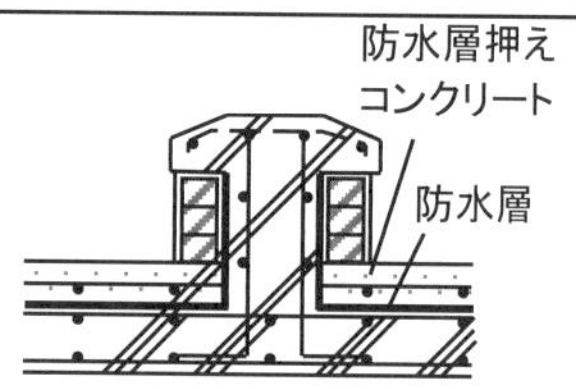 防水層押え コンクリート 防水層 e タイプ	屋上などの防水層のある床に設置する基礎で、コンクリート基礎に防水層を立ち上げる方式であり、コンクリート基礎には配筋を行い、スラブと緊結する。 このような基礎は設計・施工ともに建築構造設計者に依頼すること。	屋上などの防水層のある部分に設置する、比較的大型で重量のある設備機器などに用いる。 ・大型冷却塔 ・大型水槽 ・大型キュービクル ・自家発電機
		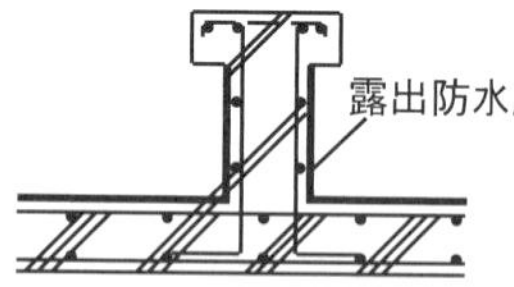 露出防水層 e タイプ		
		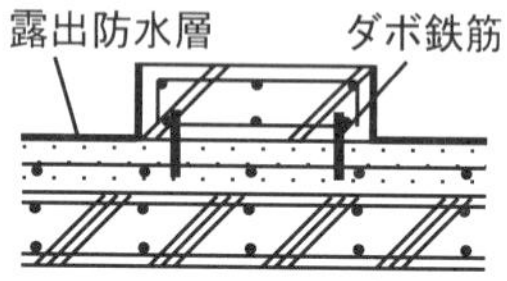 露出防水層　ダボ鉄筋 d タイプ	屋上などの防水層のある床に設置する基礎で、改修など防水層を後から施工するものに主に用いる。	軽微な設備機器に用いる。
	防水層押えコンクリート上の場合	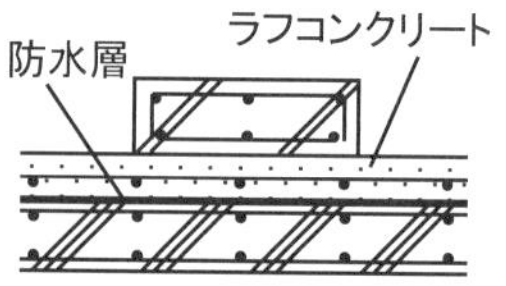 防水層　ラフコンクリート a タイプ	屋上などの防水層のある床に設置する基礎で、押えコンクリートのある場合に、押えコンクリート上に作るコンクリート基礎を示している。 a タイプは押えコンクリートの表面を目荒し、打水をしてコンクリート基礎を打設する方式の基礎である。 d タイプは a タイプの基礎と押えコンクリートの間に、ダボ鉄筋を配した方式の基礎である。 c タイプは a タイプのコンクリート基礎ののる部分の押えコンクリートに、メッシュ筋程度の配筋を行い、コンクリート基礎と押えコンクリートはつなぎ鉄筋で緊結する。押えコンクリートの配筋の範囲は、基礎周囲 600mm 程度以下とする。	屋上などの防水層のある部分に設置する設備機器などに用いる。ただし、a タイプは比較的軽微な設備機器に用いる。 ・冷却塔 ・水槽 ・キュービクル ・空調機、ファン、ポンプ ・冷房機の屋外機
		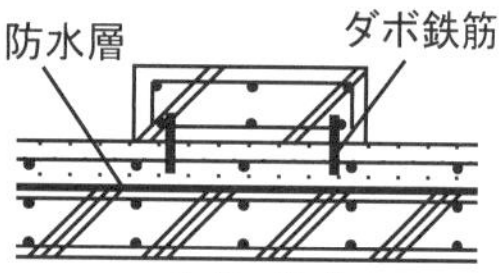 防水層　ダボ鉄筋 d タイプ		
		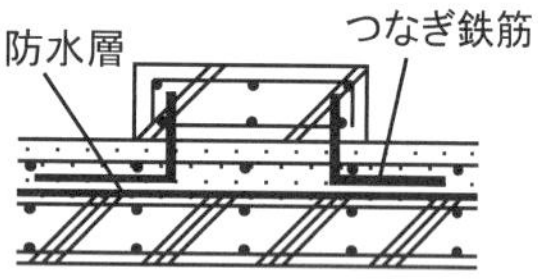 防水層　つなぎ鉄筋 c タイプ		

指針表 5.1－3b　基礎の断面形状・施工法による種類

<table>
<tr><th colspan="2">分類</th><th>概略断面図</th><th>基礎の概要と注意事項</th><th>主な使用部分</th></tr>
<tr><td rowspan="2">一般スラブ上基礎</td><td>ラフコンクリートのある場合</td><td> 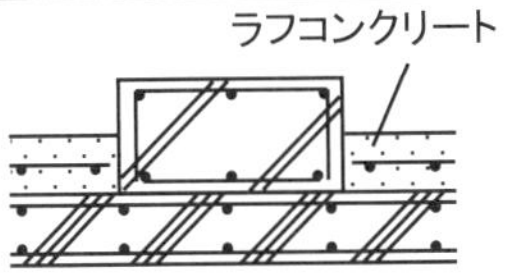ラフコンクリート
bタイプ 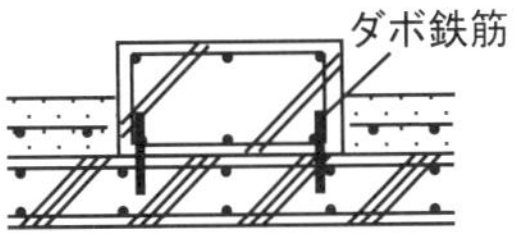
ダボ鉄筋
dタイプ 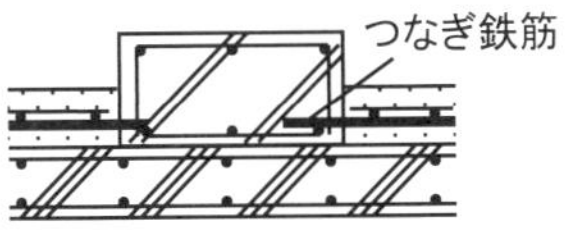
つなぎ鉄筋
cタイプ 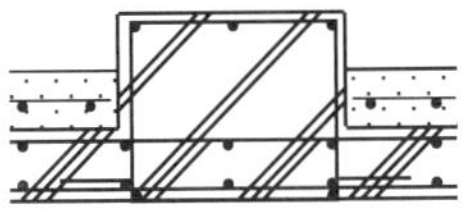
eタイプ</td><td>一般床スラブ上に設置する基礎でスラブ上にラフコンクリートが打設される場合のコンクリート基礎を示している。この方式の基礎は原則として床スラブ上に直接設け、基礎の周囲にはラフコンクリートを打設する。
bタイプはスラブ表面を目荒し、打水をしてコンクリート基礎を打設する方式の基礎である。
dタイプはbタイプの基礎と床スラブの間にダボ鉄筋を配した方式である。
cタイプはbタイプの基礎とラフコンクリートの間につなぎ鉄筋をしておく方式である。
eタイプはbタイプの基礎に配筋をし、床スラブと一体構造とする方式である。</td><td>屋内のスラブ上に設置する設備機器などに用いる。
設備機器全般に用いる。</td></tr>
<tr><td>ラフコンクリートのない場合</td><td> 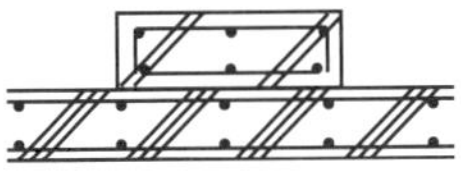aタイプ 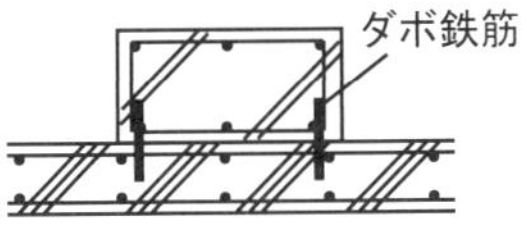
ダボ鉄筋
dタイプ 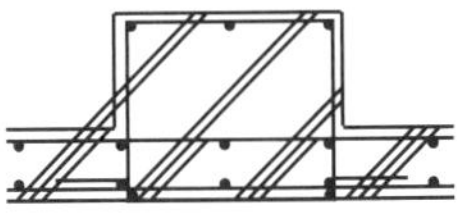
eタイプ</td><td>一般床スラブ上に設置する基礎で、スラブの上にはラフコンクリートなどが打設されない場合のコンクリート基礎を示している。
aタイプはスラブ表面を目荒し、打水をしてコンクリート基礎を打設する方式の基礎である。
dタイプはaタイプの基礎と床スラブの間にタボ鉄筋を配した方式である。
eタイプはaタイプの基礎に配筋をし、床スラブと一体構造とする方式である。</td><td>同　上</td></tr>
</table>

注）① ここに示す基礎は、一般的に用いられる基礎の例である。別タイプの基礎を設ける場合には、この例に準ずること。
② この他にコンクリート基礎などを作らず、直接床や地表面に設置する方法もある。
③ ラフコンクリートは、防水層を押さえるためやケーブル用トレンチなどを作る目的で床スラブの上に打設されたコンクリートで、俗称シンダーコンクリートなどと呼ばれるものをいう。
④ 比較的軽量な設備機器については適宜実状に応じて支持する。

5.2　基礎形状の検討式

5.1 節の指針表 5.1－1 に示したタイプ（平面形状と断面形状の組み合わせ）に応じて、検討式を以下に示す。

5.2.1　A－a タイプ

床スラブ上にべた基礎を置いたタイプである。この時の基礎の検討すべき条件は、

①　基礎の浮き上がりを生じない。

②　せん断力を下部の床スラブに伝達できる。

である。

①に対しては、下式を満足することを確認する。

$$(1-K_V)\left\{\left(\ell_G+\frac{\ell_F-\ell}{2}\right)W+\frac{\ell_F}{2}W_F\right\}\geqq K_H\left\{(h_F+h_G)W+\frac{1}{2}h_FW_F\right\} \quad (5.2-1)$$

$\ell_G=\frac{1}{2}\ell$ の場合には

$$(1-K_V)(W+W_F)\frac{\ell_F}{2}\geqq K_H\left\{(h_F+h_G)W+\frac{1}{2}h_FW_F\right\} \quad (5.2-1)'$$

②に対しては、コンクリートの目荒らし面で接触していることを前提とし、$K_H \leqq 1.0$ の場合に限ることとする。

ここに、

ℓ　：設備機器の幅（cm）

ℓ_G：設備機器重心位置（$\ell_G \leqq \frac{\ell}{2}$）（cm）

h_G：設備機器重心高さ（cm）

ℓ_F：基礎長さ（cm）

h_F：基礎高さ（cm）

K_H：設計用水平震度

K_V：設計用鉛直震度

W　：設備機器の重量（kN）

W_F：基礎重量（kN）

（$h_F \times \ell_F \times$基礎幅$\times$比重量）

比重量は普通コンクリートで 23×10^{-6}kN/cm³

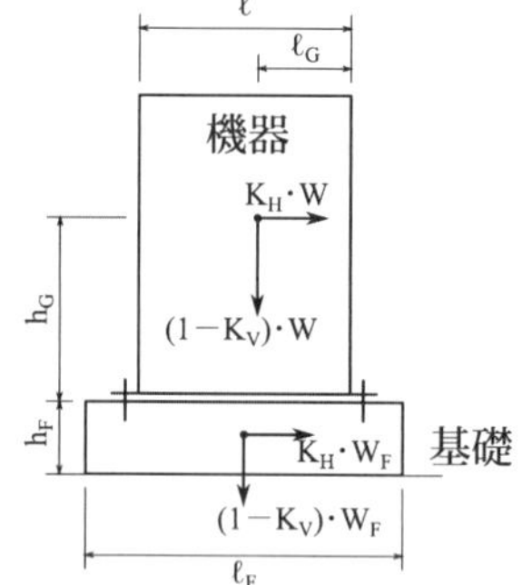

指針図 5.2－1　A-a タイプのべた基礎に加わる力

5.2.2　A－b タイプ

床スラブ上にべた基礎を置き、周辺にラフコンクリート（厚さ 50mm 以上）が打設されたものである。

この時の基礎の検討条件は、周辺のラフコンクリートがせん断力を伝達してくれるものと考えることができるため、基礎の浮き上がりを生じないことの検討だけで、（指針式 5.2－1）を満足すればよいことになる。（指針式 5.2－1）を満足できない場合は、他のタイプの基礎で検討すること。

5.2.3　A−c タイプ

床スラブ上にべた基礎を置き、周辺にラフコンクリート（厚さ 80mm 以上）を打設し、基礎とラフコンクリートをつなぎ鉄筋で一体化したものである。

この時の検討条件は、「A−b タイプ」と同じであるが、せん断力の伝達もつなぎ鉄筋があるためより信頼性が高いことと、周辺のラフコンクリート重量を見込んで（指針式 5.2−1）における基礎重量 W_F を次式の W_F' に代えてよい。

$$W_F' = W_F + W_R \qquad (5.2-2)$$

ここに、

W_R：周辺のラフコンクリート重量（kN）

$(= h_R \times (\ell_R B_R - \ell_F B_F) \times$ ラフコンクリート比重量$)$

特に引抜き力が大きく「A−b タイプ」では浮き上がりを生じてしまう場合には有効な工法である。また、つなぎ鉄筋は D10@200、重量計算用の長さ（ℓ_a）0.6m 以下とする。

ここに、

ℓ_R ：つなぎ鉄筋の入っているラフコンクリートの長さ（cm）

B_R ：つなぎ鉄筋の入っているラフコンクリートの幅（cm）

ℓ_F ：基礎長さ（cm）

B_F ：基礎幅（cm）

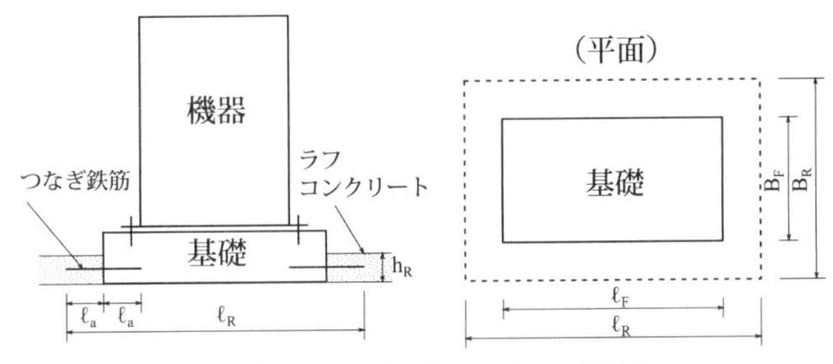

指針図 5.2−2　A−c タイプ基礎

5.2.4　A−d タイプ

床スラブまたはラフコンクリート上にべた基礎を設置し、基礎に生ずる力を、ダボ鉄筋を介して下部に伝えるものである。

ダボ鉄筋には、引抜き力とせん断力が作用するため、引張り応力度・付着面積・せん断応力度を満足するような鉄筋径を選択する。なお、計算を簡便にするために、引張り応力度とせん断応力度の組み合わせは行っていない。

ダボ鉄筋 1 本当りの引抜き力 R_b は、指針図 5.2−1、指針図 5.2−3 の記号を用いて、

$$R_b = \frac{K_H\left\{(h_F + h_G)W + \frac{1}{2}h_F W_F\right\} - (1 - K_V)\left\{\left(\ell_G + \frac{\ell_F - \ell}{2}\right)W + \frac{\ell_F}{2}W_F\right\}}{n_t \cdot d} \qquad (5.2-3)$$

ダボ鉄筋 1 本当りのせん断応力度またはせん断力は

$$\tau = \frac{K_H(W + W_F)}{n \cdot A} \text{ または } Q = \frac{K_H(W + W_F)}{n} \qquad (5.2-4)$$

ここに、

τ ：ダボ鉄筋に作用するせん断応力度（kN/cm^2）

Q ：ダボ鉄筋に作用するせん断力（kN）

K_H：設計用水平震度

W ：設備機器の重量（kN）

W_F：基礎重量（kN）

A ：ダボ鉄筋１本当りの軸断面積（cm^2）

n ：ダボ鉄筋の総本数

n_t ：片側のダボ鉄筋本数

d ：基礎端からダボ鉄筋までの長さ（cm）

で与えられる。

ダボ鉄筋の選定はアンカーボルトのそれに準ずればよいが、異形鉄筋（SD295）を使用する時は、

引張り応力度より　$A \cdot f_t \geqq R_b$

付着応力度より　$\phi \geqq \dfrac{R_b}{f_a \cdot (\ell_1 - 1)}$

せん断応力度より　$A \geqq \dfrac{Q}{f_s}$ または $f_s \geqq \tau$

を満足するように、鉄筋断面積 A と埋込長さ（ℓ_1 を定めればよい。

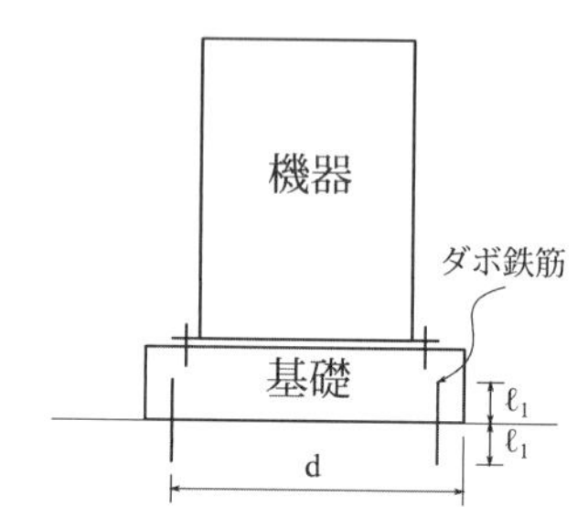

指針図 5.2－3　A － d タイプ基礎

ここに、

ϕ：ダボ鉄筋の周長（cm）

f_a：コンクリートの短期許容付着応力度

$$f_a = \frac{1.5}{10} F_C \quad かつ \left(0.135 + \frac{1}{25} F_C\right) \times 1.5 \text{ 以下}$$

F_c はコンクリートの設計基準強度（kN/cm^2）

F_c が不明の場合は F_c18 とし $f_a = 2.7N/mm^2$（$0.27kN/cm^2$）としてよい。

ただし、防水押えコンクリート上のものは $f_a = 1.5N/mm^2$（$0.15kN/cm^2$）

ℓ_1：埋込長さ（cm）

ℓ_1 は、ダボ鉄筋長さの 1/2（10cm 以上）とする。

（$\ell_1 - 1$）は、端部 1cm は無効として引いてある。

$f_t \cdot f_s$：鉄筋の短期許容引張り応力度とせん断応力度

SD295 の場合　$f_t = 29.5kN/cm^2$、$f_s = 17.0kN/cm^2$

5.2.5　B－a タイプ

梁形基礎は、梁形方向（指針図 5.2－4 参照）にはべた基礎と同様の性状を示すが、梁形直角方向では矩形断面の倒れが問題となる。

しかしながら、実用的には梁形基礎を床スラブ上に置いたこの種の基礎も使用されているため、やや厳しい構造規準を設けて適用範囲を制限した上で認めることとする。

適用基準は

① 設計用水平震度 $K_H \leqq 1.0$ の場合に適用する。

② 設備機器のアンカーボルトに引抜きを生じない。

アンカーボルトの引抜き力 $R_b \leqq 0$ を満足する必要があるが、略算的には、

$$\frac{h_G}{\ell} \leqq \frac{1}{2K_H} - \frac{1}{4} \qquad (5.2-5)$$

を満足すればよいものとする。

ここに、

ℓ ：設備機器のボルトスパン（cm）

h_G：設備機器の底面から重心までの高さ（cm）

上式は、$K_H = 0.4$ の時　　$h_G \leqq \ell$

$K_H = 0.6$ の時　　$h_G \leqq 0.58\ell$

$K_H = 1.0$ の時　　$h_G \leqq 0.25\ell$

となり、設備機器の幅と重心高さの比によって決まる制限である。

機器　機器　h_F　B_F

（梁形方向）　（梁形直角方向）

指針図 5.2—4　B — a タイプ基礎

③ 梁形断面が細長いと転倒の問題を生ずるため、断面寸法に下記の制限を設ける。

梁基礎高さ h_F、幅 B_F として

$$B_F \geqq 20\text{cm} \qquad h_F/B_F \leqq 2 \qquad (5.2-6)$$

5.2.6 B—b タイプ

床スラブ上に梁形基礎を置き、周辺にラフコンクリート（厚さ 50mm 以上）を打設したものである。

この時は、周辺のラフコンクリートが梁形基礎を押え込んでくれるため、梁形基礎の倒れやせん断力の伝達に対しては有利に作用すると考えられる。

検討条件は、（指針式 5.2—1）を満足するものとする。

ただし、同式の適用に際して、

W_F：基礎の全重量（$\ell_F \times h_F \times B_F \times$基礎本数×コンクリートの比重量）（kN）

ℓ_F ：基礎長さ（cm）

h_F ：梁形基礎高さ（cm）

B_F ：梁形基礎幅（cm）

また、基礎の倒れに対しては「B—a タイプ（iii）」の適用基準を守るものとする。ただし、h_F にかえて h_F' を使用してよい。

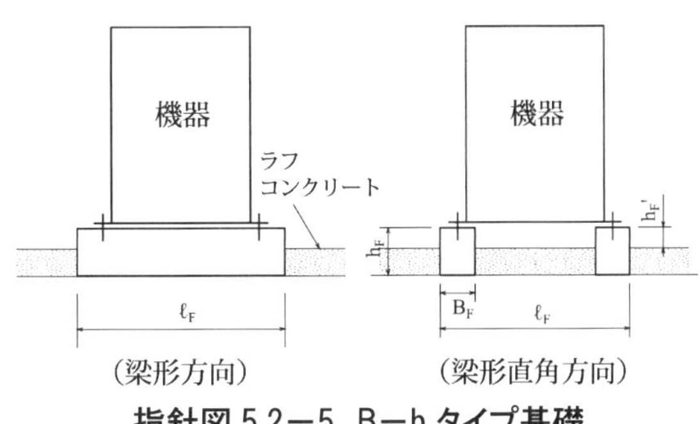

指針図 5.2—5　B—b タイプ基礎

5.2.7　B−c タイプ

床スラブ上に梁形基礎を置き、周辺にラフコンクリート（厚さ 80mm 以上）を打設し基礎とコンクリートをつなぎ鉄筋で一体化したものである。検討条件は、（指針式 5.2−1）を満足することを確認し、同式の適用に当っては W_F を（指針式 5.2−2）の W_F' に代えてよい。

ただし、$W_F'=W_F+W_R$

W_R：周辺のラフコンクリート重量（kN）

（$=h_R\times(\ell_R B_R-\ell_F B_F)\times$基礎本数×ラフコンクリート比重量）

ここに、

ℓ_R　：つなぎ鉄筋の入っているラフコンクリートの長さ（$=\ell_F+2\ell_a$）（cm）

B_R　：つなぎ鉄筋の入っているラフコンクリートの幅（$=B_F+2\ell_a$）（cm）

ℓ_F　：基礎長さ（cm）

B_F　：基礎幅（cm）

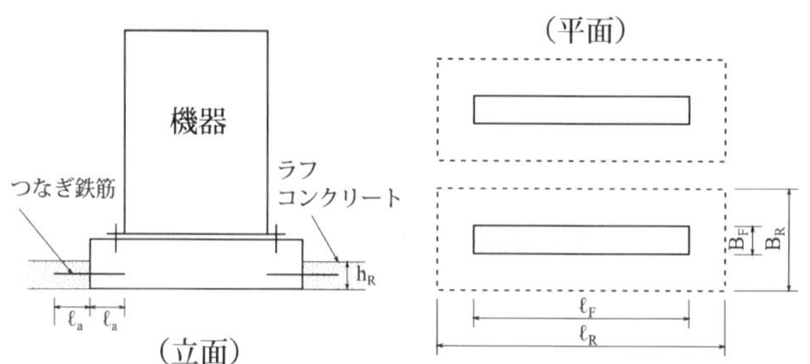

指針図 5.2 − 6　B − c タイプ基礎

5.2.8　C−a タイプ

独立基礎は、過去の地震被害も多くせん断力の伝達や基礎の転倒などに問題が多い。

しかしながら、実用的には独立基礎を床スラブ上に置いたこの種の基礎も使用されているため、やや厳しい適用基準を設けて適用範囲を制限した上で認めることとする。

適用基準は、

① 設計用水平震度 $K_H<1.0$ の場合に適用する。

② 設備機器のアンカーボルトに引抜きを生じない。

アンカーボルトの引抜き力 $R_b\leqq 0$ を満足する必要があるが、略算的には、

$$\frac{h_G}{\ell}\leqq\frac{1}{2K_H}-\frac{1}{4} \qquad (5.2-7)$$

を満足すればよいものとする。

上式は、$K_H=0.4$ の時　　$h_G\leqq\ell$

　　　　$K_H=0.6$ の時　　$h_G\leqq 0.58\ell$

となり、設備機器の幅と重心高さの比によって決まる制限である。

③ 独立基礎の断面が細長いと転倒の問題を生ずるため、断面寸法に下記の制限を設ける。

独立基礎高さ h_F、幅 B_F として

$$B_F\geqq 30\text{cm} \qquad h_F/B_F\leqq 1 \qquad (5.2-8)$$

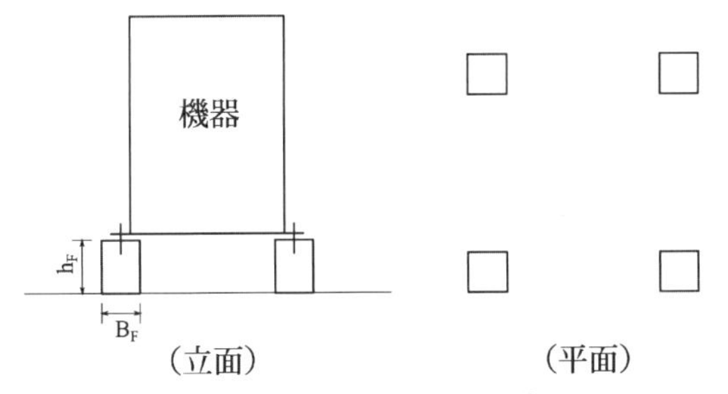

指針図 5.2−7　C−a タイプ基礎

5.2.9　C−b タイプ

床スラブ上に独立基礎を置き、周辺にラフコンクリート（厚さ 50mm 以上）を打設したものである。

この時は、周辺のラフコンクリートが独立基礎を押込んでくれるため、独立基礎の転倒やせん断力の伝達に対しては有利に作用すると考えられる。

検討条件は、（指針式 5.2−1）を満足するものとする。

ここに、同式の適用に際して、

W_F：基礎の全重量（$h_F \times B_F^2$×基礎個数×コンクリートの比重量）（kN）

ℓ_F　：基礎長さ（cm）

h_F　：基礎高さ（cm）

B_F　：基礎幅（cm）

また、基礎の転倒に対しては $B_F \geqq 20$cm　$h_F'/B_F \leqq 2$ とする。

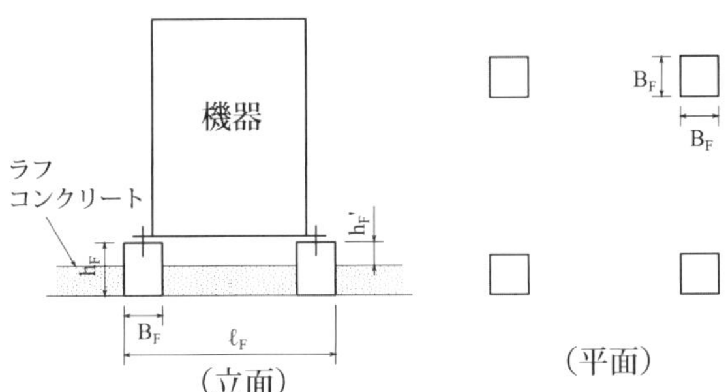

指針図 5.2−8　C−b タイプ基礎

5.2.10　C−c タイプ

床スラブ上に独立基礎を置き、周辺にラフコンクリート（厚さ 80mm 以上）を打設し、基礎とコンクリートをつなぎ鉄筋で一本化したものである。

検討条件は、（指針式 5.2−1）を満足することを確認し、同式の適用に当っては W_F を（指針式 5.2−2）の W_F' に代えてよい。

ここに、$W_F' = W_F + W_R$

W_R：周辺のラフコンクリート重量（kN）

（$= h_R \times (B_R^2 - B_F^2)$×基礎個数×ラフコンクリート比重量）

h_R　：ラフコンクリートの高さ（cm）

B_R　：つなぎ鉄筋の入っているラフコンクリートの幅（$= B_F + 2\ell_a$）（cm）

ℓ_F ：基礎長さ（cm）

B_F ：基礎幅（cm）

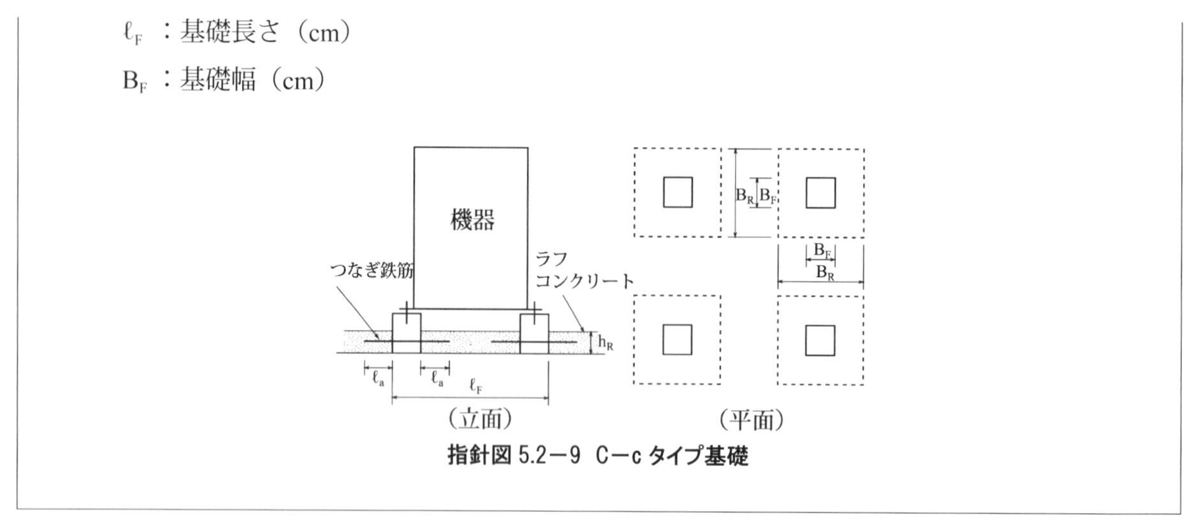

指針図 5.2－9　C－c タイプ基礎

【解説】

5.1　基礎への転倒モーメントとせん断力の伝達

(1)　堅固な基礎

付表 1 の（一社）日本内燃力発電設備協会「自家用発電設備耐震設計のガイドライン」に示された「堅固な基礎」は、一般的な設備機器の基礎を意味しており、本指針の指針表 5.1－1～指針表 5.1－3 に示された形状のものである。この項は、アンカーボルトの耐力を算定するときに用いるものであり、基礎がどこに置かれていても関係はない。基礎自体の検討において指針表 5.1－1 の検討をする際に、床スラブ上や一体形などの詳細が検討対象となる。

(2)　鉄筋コンクリート構造計算規準・同解説

指針表 5.1－1 において、（一社）日本建築学会「鉄筋コンクリート構造計算規準・同解説（2010）」に準拠することとあるが、上記規準書には特に、基礎の設計例が載っているわけではない。例えば、C－d タイプなどは、規準の内容を十分に理解している技術者（一般的には、構造設計者）が検討するということを意味している。

必要に応じて基礎的な力学および鉄筋コンクリート構造を勉強して、規準書を十分に理解して使用する。この基礎タイプでは、建築物構造体との取合いもあるので、構造設計者と十分に打合せる必要がある。なお、同規準は適宜改定されているので、設計時点の最新版を使用する必要がある。

(3)　独立基礎の使用制限

C－a タイプの基礎は、$K_H<1.0$ となっており、相対的に面積が大きいと想定される A や B タイプでは $K_H \leqq 1.0$ となっている。

C タイプは独立基礎であり、過去の地震においても被害例が多い基礎なので、軽微な設備機器のみを対象とし、使用を制限している。具体的には、$K_H<1.0$ としているので建築物の屋上には使用できないことになる。

一方、A タイプは設備機器下全面に設置する「べた基礎」であり、面積も大きく安全性が高いので、$K_H \leqq 1.0$ の範囲で使用できるようにしている。

(4) 基礎の設計

施工図書などの紛失・不備などにより、床置き基礎か躯体と一体型の基礎か不明な場合は、安全側の判断として床置きタイプ（a タイプ）として検討する。

基礎の配筋は、(一社) 公共建築協会「公共建築設備工事標準図」などに準じてもよい。大型で重量のある設備機器には一体型の基礎を推奨しているが、軽微な設備機器には防水層押えコンクリート上の基礎も可能としている。ただし、軽微な設備機器でも重要度が高い設備機器などは一体型基礎が望ましい。

5.2　基礎形状の検討式

(1) 基礎検討の手順

基礎の設計は、まず基礎の平面形状 A～C タイプを決め、基礎の置かれている状況（床スラブとの取合い）を考慮しつつ断面形状 a～e タイプについて検討する。

検討の方法としては、基礎寸法を仮定して、あるタイプ（例えば B−a タイプ）について検討し、条件を満足しない場合には基礎寸法を大きくするか、別の断面形状（例えば B−d タイプ）を選び再度検討することにより条件を満足するようにする。

断面形状を変更する場合には

a タイプ→ d タイプ→ e タイプ

b タイプ→ c タイプ→ e タイプ

の手順となり、さらに B、C タイプの平面形状のものは A'、A" タイプの平面形状にすることにより耐力の向上が図れる。

(2) コンクリート基礎の施工

基礎の施工において、コンクリートの設計基準強度は 18N/mm^2（1.8kN/cm^2）以上の強度を有するものを使用することとし、建築構造躯体に準じた施工管理を行うことが望ましい。補強鉄筋については、軽量設備機器用の基礎を除き、少なくとも D10@200（または 9ϕ@200）程度の鉄筋を入れることが望ましい。

過去の地震による被害例

(1)　コンクリート基礎の破損

コンクリート基礎に埋め込まれるアンカーボルトのへりあき寸法の不十分なものは、コンクリート基礎の縁が破損してアンカーボルトが抜けて、設備機器などが移動・転倒して損傷している。

(2)　不安定なコンクリート基礎

独立あるいは梁状の背の高いコンクリート基礎を床スラブと緊結せずに設備機器などを据付けたものが、コンクリート基礎ごと移動・転倒している。

第６章　配管等の耐震対策

配管等は地震による建築物の変位および配管本体などの過大な揺れにより損傷を生ずることがある。これらの損傷を防止するための各種耐震措置の考え方および支持形式の例などを示す。

6.1　配管等の耐震措置に関する基本事項

6.1.1　基本的な考え方

配管等（配管・ダクト・電気配線・ケーブルラック）の耐震措置を行うにあたっては、地震時に配管等、支持材の各部に発生する応力、変形などが実用上支障のない範囲にとどまることを確認する必要がある。

そのために、以下の3項目を検討する。

① 配管等が設置された建築物の各部にどの程度の応答（加速度および変形）が生ずるか

② 上記の応答により配管等および支持材の各部にどの程度の応力、変形を生ずるか

③ 上記の応力、変形などが許容限界内にあるか

6.1.2　具体的な手法

① 配管等の耐震措置を行うにあたっては、地震時に配管等、支持材の各部に発生する応力、変形などが実用上支障のない範囲にとどまることを確認する必要がある。具体的には、配管等の「耐震支持間隔」を配管等の許容応力、許容変形以内になるよう実務上の見地を加えて定め、この耐震支持材間の配管等の重量（内容物を含む）により、適切な部材支持形式を有する「耐震支持部材」の選定を行う方法を採用する。

② 耐震支持部材については各種の支持形式のものを付表2、付表3に列挙する。部材の接合部における断面欠損、接合ボルト、アンカーボルトなどの局部応力による問題が生じないよう注意する。

6.2　横引き配管等の耐震対策

6.2.1　横引き配管等の耐震支持

横引き配管等は、地震による管軸直角方向の過大な変位を抑制するよう、指針表6.2－1に示す耐震支持を行う。

配管等の管軸方向の直線部の長さが25mを超える場合は、25mごとに曲がり部分や直線部分で管軸方向の過大な変位を抑制する耐震支持を行う。ただし、電気配線・ケーブルラックの管軸方向については、指針表6.2－1による。

6.2.2　耐震支持の種類と適用

① 耐震支持の種類は次に示すS_A種、A種、B種の3種類とする。

② S_A、A種耐震支持は、地震時に支持材に作用する引張り力、圧縮力、曲げモーメントにそれぞれ対応した部材を選定して構成されているものである。

③ B種耐震支持は、地震力により支持材に作用する圧縮力を配管等の重量による引張り力と相殺させることにより、吊り材、振止め斜材が引張り材（鉄筋、フラットバーなど）のみで構成

されているものである。

④　耐震支持の適用は指針表 6.2－1 による。

⑤　建築物の時刻歴応答解析が行われている場合で、配管等に作用する地震力が小さいときは、指針表 6.2－1 の耐震支持の適用によらず、地震力に応じた耐震支持方法の選定を行うことができる。

指針表 6.2－1　耐震支持の適用

設置場所	配管		ダクト	電気配線（金属管・金属ダクト・バスダクトなど）	ケーブルラック
	設置間隔	種類			
耐震クラス A・B 対応					
上層階、屋上、塔屋	配管の標準支持間隔（解表 6.2－1 参照）の 3 倍以内（ただし、銅管の場合には 4 倍以内）に 1 箇所設けるものとする	A 種	ダクトの支持間隔 12m 以内に 1 箇所 A 種を設ける	電気配線の支持間隔 12m 以内に 1 箇所 A 種を設ける。	ケーブルラックの支持間隔 8m 以内に 1 箇所 A 種または B 種を設ける
中間階		A 種	ダクトの支持間隔 12m 以内に 1 箇所 A 種または B 種を設ける	電気配線の支持間隔 12m 以内に 1 箇所 A 種または B 種を設ける。	
地階、1 階		125A 以上は A 種、125A 未満は B 種			ケーブルラックの支持間隔 12m 以内に 1 箇所 A 種または B 種を設ける
耐震クラス S 対応					
上層階、屋上、塔屋	配管の標準支持間隔（解表 6.2－1 参照）の 3 倍以内（ただし、銅管の場合には 4 倍以内）に 1 箇所設けるものとする。	S_A 種	ダクトの支持間隔 12m 以内に 1 箇所 S_A 種を設ける	電気配線の支持間隔 12m 以内に 1 箇所 S_A 種を設ける	ケーブルラックの支持間隔 6m 以内に 1 箇所 S_A 種を設ける
中間階		S_A 種	ダクトの支持間隔 12m 以内に 1 箇所 A 種を設ける	電気配線の支持間隔 12m 以内に 1 箇所 A 種を設ける	ケーブルラックの支持間隔 8m 以内に 1 箇所 A 種を設ける
地階、1 階		A 種			
ただし、以下のいずれかに該当する場合は上記の適用を除外する。					
	（i）40A 以下の配管（銅管の場合には 20A 以下の配管）。ただし、適切な耐震措置を行うこと。 （ii）吊り長さが平均 20cm 以下の配管		（i）周長 1.0m 以下のダクト （ii）吊り長さが平均 20cm 以下のダクト	（i）φ82 以下の単独金属管。 （ii）周長 80cm 以下の電気配線。 （iii）定格電流 600A 以下のバスダクト。 （iv）吊り長さが平均 20cm 以下の電気配線 （指針図 6.2－1 参照）	（i）ケーブルラックの支持間隔については、別途間隔を定めることができる。※4 （ii）幅 400mm 未満のもの （iii）吊り長さが平均 20cm 以下のケーブルラック （指針図 6.2－1 参照）

※１　本表の「耐震クラス」とは、指針表 2.2 － 1、あるいは、指針表 2.3 － 4 で選定する耐震クラスのことである。

※２　耐震支持の適用に際し、吊り長さが平均 20cm であっても、吊り長さが異なる場合、吊り長さの短い部分に地震力が集中するため、適宜、耐震支持を設ける必要がある。

※３　耐震支持の適用に際し、配管、ダクト、電気配線、ケーブルラックの末端付近では、耐震クラスによらず、耐震支持を設けることを原則とする。

※４　ケーブルラックの中央部変形が少なく、子桁端部の許容応力度が充分あるなど、上記の支持間隔を広げても支障ないことが製造者により確認された製品を使用する場合は、その製品の性能によって、最大値を 12m として支持間隔を定めることができる。

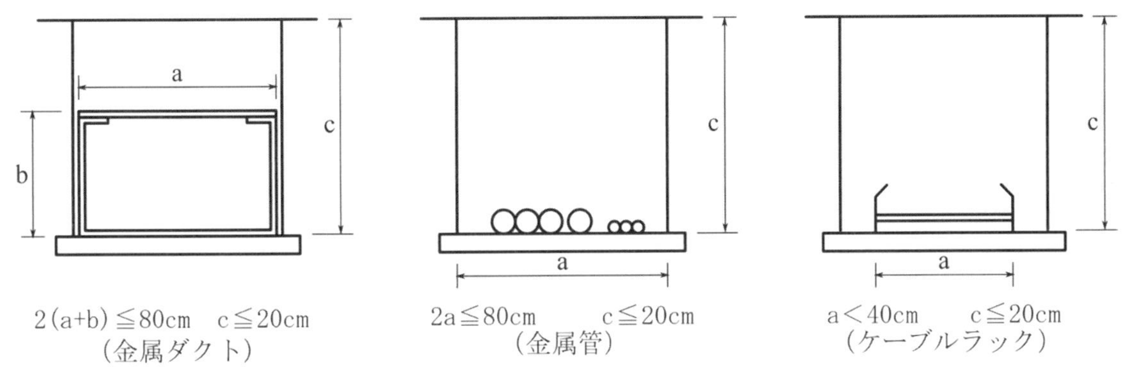

指針図 6.2－1　電気配線・ケーブルラックの耐震支持適用除外

6.3　立て配管等の耐震対策

6.3.1　立て配管等の耐震支持

立て配管等は、地震による管軸直角方向の過大な変形を抑制し、かつ建築物の層間変位に追従するよう耐震支持を行う。地震力、配管等重量、層間変位による反力を考慮した耐震支持を行う。

6.3.2　耐震支持の種類と適用

① 耐震支持の種類は次に示す S_A 種、A 種の 2 種類とする。

② S_A、A 種耐震支持は、地震時に支持材に作用する引張り力、圧縮力、曲げモーメントにそれぞれ対応した部材を選定して構成されているものである。

6.4　建築物のエキスパンションジョイント部を通過する配管等の耐震対策

建築物のエキスパンションジョイント部を通過する配管等で、変位を抑制することができない場合は変位吸収が可能な措置をとる。

エキスパンションジョイント部での両建築物の相対変位量 δ は、層間変形角 R により次式で計算する。

$$\delta = 2Rh \qquad (6.4-1)$$

ここに、

h：配管の通過する部分の地上高さ（m）

R：層間変形角（rad）

原則として鉄骨構造（S 造）の場合には R＝1/100 とし、鉄筋コンクリート構造（RC 造）および鉄骨鉄筋コンクリート構造（SRC 造）の場合には R＝1/200 とし、これを超えるおそれのある場合は、建築構造設計者の指示によるものとする。

6.5　建築物導入部の配管等の耐震対策

① 地盤の変状により、建築物と周辺地盤との間に変位が生ずるおそれのある場合には、建築物導入部の配管等に適切な変位吸収が可能な措置を行う。

② 建築物導入部の配管設備については、以下に示すような損傷防止措置を行う。なお、配管の貫通により建築物の構造耐力上に支障が生じないこと

ⅰ 貫通部分にスリーブを設けるなど有効な配管損傷防止措置を講ずること

ⅱ 変形により配管に損傷が生じないように可撓継手を設けること

③　積層ゴムなどを用いた免震構造の建築物においては、地震時の下部構造と上部構造の相対変形量が大きいので、免震構造の上部構造部分へわたる配管等には、この相対変形量を吸収できる措置を施す。この相対変形量は一般的な免震構造の建築物の場合は 400mm 程度を考慮することとなるが、建築構造設計者と協議をして、設計上想定される最大変形量とする。

6.6　設備機器と配管等の接続部の耐震対策

①　設備機器は固定し、配管等は過大な変位を生じないよう支持することにより接続部に損傷を生じないようにすることを原則とする。

②「地震時に大きな変位を生ずるおそれのある防振支持された設備機器」や「本体が脆性材で構成された設備機器」などで本体や配管等に損傷を生ずるおそれのある場合は、十分な可撓性のある接続とする。

6.7　天井面に取合う機器・器具と支持

①　天井は、建築非構造部材の中でも最も多く設備機具類が取り合っている部材である。しかし地震時には、取付けられている設備機器・器具および配管類と天井との相対変位量が大きくなり、損傷例も多いため、損傷が生じないようにすることを原則とする。

②　1kN 以下の軽量機器の据付け・取付けで機器の製造者の指定する方法が提示されていない場合には、天井に取付ける 0.1kN 以下の軽量器具については天井面構成部材に緊結し、それを超える設備機器・器具は指針 1.1 節の③による。

③　上面スラブ等に取り付ける設備機器・器具類および配管類は、耐震支持するとともに、天井との相対変位量を吸収する変位吸収性能を有し、落下防止措置を講ずることが必要である。

【解説】

6.1　配管等の耐震措置に関する基本事項

配管等の支持材は、一般的に、その自重を支える「自重支持材」と、配管に作用する地震力に抗するための「耐震支持材」で構成される（両者を兼用する場合もある。）。ここでは、耐震支持材に求められる要件などを示している。

6.1.1　基本的な考え方

①は地震力、②は設計計算手法、③は耐力判定を対称とした記述である。

個別の配管系では、実際の配管の支持間隔が施工上の制約などから等間隔ではなく、個々の支持材間の荷重が異なる。したがって、個々の支持材に加わる力もそれぞれ異なり、それぞれに適した支持形式部材の選定をする設計作業またはその検査、確認作業も共に煩雑なものとなり、誤りが生じ易くなる。そこで、本指針では、建築設備用配管の耐震措置については支持される配管の重量と支持形式により、それぞれに適した支持形式部材の選定が可能な方法を採用することとした。

6.1.2　具体的な方法

横引き配管等については、支持材に加わる水平荷重として A 種は耐震支持材間の配管重量の 0.6 倍、S_A 種耐震支持材部材は 1.0 倍として支持部材の選定を行う。B 種耐震支持は、自重支持吊り材と同程度以上の斜材により支持することとしている（解表6.2－2参照）。

立て配管等については、原則として層間変形角が鉄骨構造（S造）の場合には1/100、鉄筋コンクリート構造（RC造）および鉄骨鉄筋コンクリート構造（SRC造）の場合には1/200程度が生ずることに対して検討を行う。

他の支持形式を用いる場合は上記の条件により、同等の安全性を有する方法とする。

配管等の支持材の構造計算の考え方を、解説6.2.1項、6.3.1項に示すので、個別の支持計算はこれによってもよい。なお、熱応力による伸縮については別途検討するものとする。

6.2　横引き配管等の耐震対策

6.2.1　横引き配管等の耐震支持

横引き配管の耐震支持部材は、構造計算により選定するのが原則である。しかし、軽微な配管については、東北地方太平洋沖地震の地震被害例でも、機器や主配管の振れが原因で、枝配管の支持用全ネジボルトが破断した例を除き単独支持された40A以下の配管において地震被害例は確認されていない。このため、40A以下の配管は耐震支持の適用除外とした。また、平均吊り長さ20cm以下の配管等についても適用除外とした。

以下に、横引き配管耐震支持材の選定計算方法を述べる。付表2にある選定図表はこの計算結果を用いて作成されている。

(1) 支持材に作用する力

1) 水平地震力（F_H）

連続体である配管系は、その振動応答特性上、地震時に作用する応答加速度分布が機器の場合に比べ大きく異なる。配管の支持部に作用する地震力は、配管の有効重量は全重量の約0.6倍（解説1.3節（1）の参考文献①を参照）とし、これに設計用標準震度を乗じて地震力を求めるものとしている。

A種耐震支持材：地震力（F_H）$=P\times0.6\times K_H=P\times0.6\times1.0=0.6P$

S_A種耐震支持材：地震力（F_H）$=P\times0.6\times K_H=P\times0.6\times1.5=0.9P\rightarrow1.0P$

ここに、P　：耐震支持材が受持つ配管全重量

1.0：耐震クラスAの場合の中間階の設備機器の設計用水平標準震度を採用

1.5：耐震クラスSの場合の中間階の設備機器の設計用水平標準震度を採用

即ち、見掛け上の設計用水平標準震度K_{He}は以下となる。

A種耐震支持材　：$K_{He}=0.6$

S_A種耐震支持材　：$K_{He}=1.0$

2) 鉛直地震力（F_V）

鉛直地震力に対しては自重支持部材強度が長期荷重で選定されていることと、地震時に支持部材に作用する鉛直地震力は自重の0.5倍（S_A種の場合$K_V=0.5$）であることから、長期荷重の1.5倍である短期荷重で鉛直地震力を賄うことができると考え、鉛直地震力の影響は無視している。

3) 配管重量（W）

耐震支持材への配管重量の作用の仕方は、設置配管本数により解図6.2－1のように異なる。配管1

本の場合は支持材に対して集中荷重になり、荷重の区分分類ごとに計算する部材選定では最も厳しい条件となる。一方、配管本数が多くなれば分散荷重となり、より緩い計算条件となる。

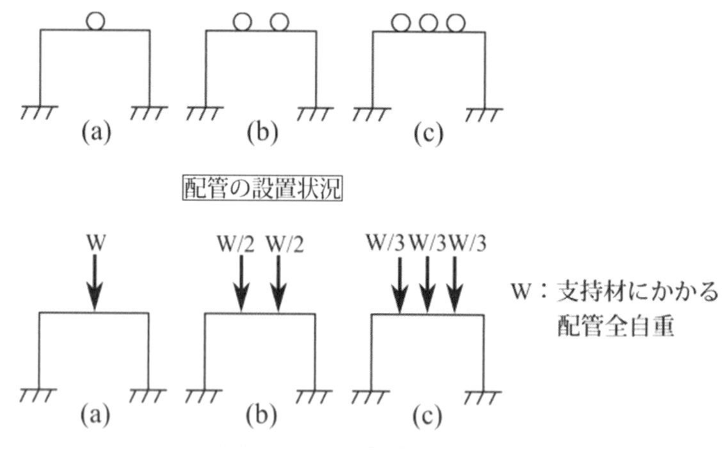

解図 6.2－1　耐震支持材に作用する配管自重例

これを踏まえ、付表 2 に示す耐震支持材部材選定表では、解図 6.2－1 の計算モデル（b）を採用している。また、耐震支持材にかかる配管重量については、解図 6.2－2 に示すように、耐震支持材間隔内の配管重量の 1/2 ずつの合計が耐震支持材に作用するものとした。

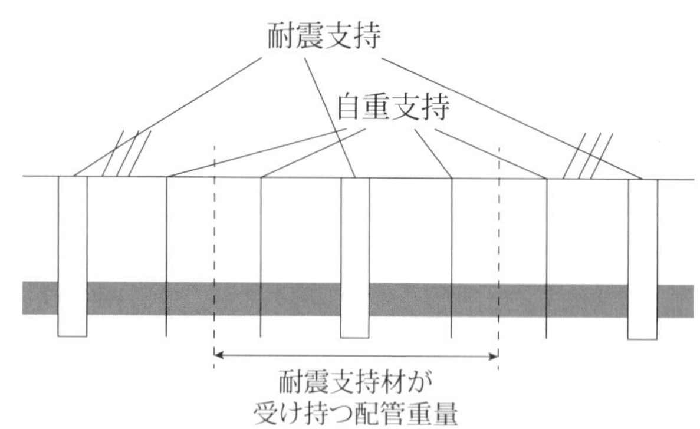

解図 6.2－2　耐震支持材が受け持つ配管重量の範囲

(2)　その他の選定計算上の条件

各分類・タイプ別に支持材に発生する部材力および配管支持用 U ボルト・ボルト、躯体取付けアンカーに作用する力の算出式を「第 3 編　付録 6」に示す。

1)　支持材鋼材重量について

耐震支持材の鋼材重量は、部材選定計算上ある程度の余裕をみており、実用上差支えないものとして無視している。

耐震支持材の安全性をより確保すべく支持材の鋼材重量を見込んだ選定を行いたい場合は、支持材重量を配管重量に加算して、部材選定表を使用する。

2）使用ボルト・アンカーサイズによる鋼材仕様のチェック

鋼材の寸法によって使用できるボルトのピッチ、ゲージサイズが（一社）日本建築学会「鋼構造設計規準　－許容応力度設計法－」に規定されている。付表 2 では、必要な接合ボルト（支持材の部材同士の接合用）や躯体取付けアンカーのサイズにより、鋼材寸法のチェックを行っている。

3）部材の検定

前述の 1）に示すように支持材重量を無視して部材力を計算していることから、部材の検定は下記としている。（解説 1.3 節（1）の参考文献①および⑬を参照。）

支持材　　　　　　　：部材力は鋼材短期耐力の 100％以下
U ボルト・ボルト　　：作用する力はボルト短期耐力の 100％以下
躯体取付けアンカー　：作用する力はアンカー短期耐力の 100％以下

6.2.2　耐震支持の種類と適用

(1) 配管の標準支持間隔（自重支持間隔）の例

解表 6.2－1（a）に「SHASE-S 010-2013 空気調和・衛生設備工事標準仕様書（（公社）空気調和・衛生工学会）」の配管（鋼管および銅管）の支持間隔（自重支持間隔）の例を示す。

PVC や銅管、SUS 管などの自重支持間隔の一例として、解表 6.2－1（b）に「公共建築工事標準仕様書（機械設備工事編）平成 25 年版（国土交通省大臣官房官庁営繕部）」を示す。

解表 6.2－1（a）横引き鋼管・銅管の標準支持間隔の例

<table>
<tr><th></th><th>呼径（A）</th><th>10</th><th>15</th><th>20</th><th>25</th><th>32</th><th>40</th><th>50</th><th>65</th><th>80</th><th>100</th><th>125</th><th>150</th><th>200</th><th>250</th><th>300</th></tr>
<tr><td rowspan="2">鋼管</td><td>支持間隔〔m〕</td><td>—</td><td colspan="5">2.0</td><td colspan="9">3.0</td></tr>
<tr><td>つりボルト</td><td>—</td><td colspan="9">M10</td><td colspan="4">M12</td><td>M16</td></tr>
<tr><td rowspan="2">銅管</td><td>支持間隔〔m〕</td><td colspan="3">1.0</td><td colspan="3">1.5</td><td>2.0</td><td colspan="3">2.5</td><td colspan="2">3.0</td><td colspan="3">—</td></tr>
<tr><td>つりボルト</td><td colspan="12">M10</td><td colspan="3">—</td></tr>
</table>

【出典】（公社）空気調和・衛生工学会　SHASE-S 010-2013 空気調和・衛生設備工事標準仕様書

解表 6.2－1（b）横走り管の標準支持間隔の例

<table>
<tr><th colspan="2">呼び径
分　類</th><th>15</th><th>20</th><th>25</th><th>32</th><th>40</th><th>50</th><th>65</th><th>80</th><th>100</th><th>125</th><th>150</th><th>200</th><th>250</th><th>300</th></tr>
<tr><td rowspan="6">吊り金物による吊り</td><td>鋼管及びステンレス鋼管</td><td colspan="9">2.0m 以下</td><td colspan="5">3.0m 以下</td></tr>
<tr><td>ビニル管、耐火二層管及びポリエチレン管</td><td colspan="8">1.0m 以下</td><td colspan="6">2.0m 以下</td></tr>
<tr><td>銅管</td><td colspan="8">1.0m 以下</td><td colspan="6">2.0m 以下</td></tr>
<tr><td>鋳鉄管</td><td colspan="14">標準図（鋳鉄管の吊り要領）による。</td></tr>
<tr><td>ポリブテン管</td><td>0.6m 以下</td><td colspan="3">0.7m 以下</td><td colspan="2">1.0m 以下</td><td colspan="2">1.3m 以下</td><td>1.6m 以下</td><td colspan="5">—</td></tr>
<tr><td>鉛管</td><td colspan="14">1.5</td></tr>
</table>

【出典】国土交通省大臣官房官庁営繕部　公共建築工事標準仕様書（機械設備工事編）平成 25 年版

(2) 耐震支持の例

解表 6.2－2（a)～(c）に配管の耐震支持の例を示す。ダクト、電気配線、ケーブルラックなどは、これに準ずるものとする。ここで、解図 6.2－3 は地震時に首振り状態となる可能性があるので、配管の耐震支持材とはみなせない。しかし、東北地方太平洋沖地震において首振り状態となり支持用全ネジボルトが破断したものは、100A 以上の配管であった。これを踏まえて、50A 以下の配管を B 種耐震支持する場合に限り、解図 6.2－3 の支持方法を耐震支持として用いることができる。

解図 6.2－3　配管の耐震支持とは見なせない支持方法の例

横引き電気配線用耐震支持部材については、自重支持ならびに B 種耐震支持の例を付表 3.1 に、組立要領図を付表 3.2 に示す。また A 種ならびに S_A 種耐震支持部材の選定については、配管に準じればよい。

解表 6.2－2（a）配管の耐震支持方法の種類

分類		耐震支持方法の概念	部材選定	備考
S_AおよびA種耐震支持の例	梁・壁などの貫通部	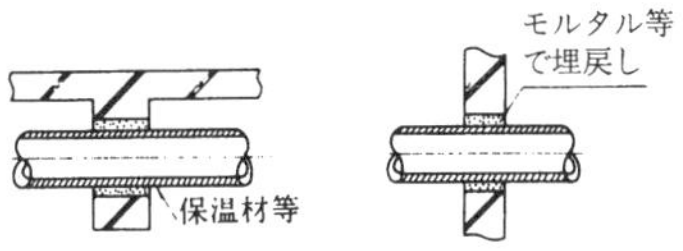 モルタル等で埋戻し 保温材等 (a)はり貫通部　(b)壁貫通部		建築物躯体の貫通部（梁、壁、床など）は、貫通部周囲をモルタルなどで埋戻しすれば、配管の軸直角方向の振れを防止することができる。貫通部の処理方法例 (i) 保温されている配管 保温材表面と貫通部の間をモルタルなどで埋戻しする。 (ii) 裸配管 (i) と同様に埋戻しする。
	柱・壁などを利用する方法	吊材 配管用はり材(形鋼) (a)柱を利用する例 (b)壁を利用する例	「付表2」の付表2.1－1および付表2.2－1の部材選定表および付表2.4－1に準ずる。	柱（または壁）を利用すると比較的容易に配管の軸直角方向の振れを防止することができる。 ここに示すものは、その一例である。
	柱・壁などの間を利用する方法	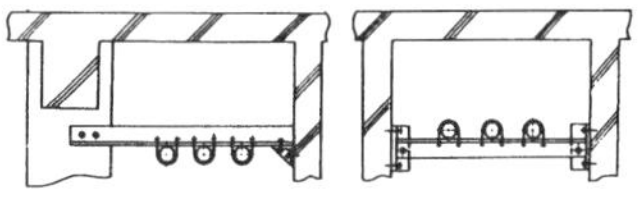 (a)柱と壁を利用する例　(b)壁と壁を利用する例	「付表2」の付表2.1－2および付表2.2－2の部材選定表および付表2.4－2に準ずる。	柱（または壁）と壁にはさまれた空間に配管する場合には、比較的容易に配管の軸直角方向の振れを防止することができる。 ここに示すものは、その一例である。
	ブラケット支持する方法（その1）	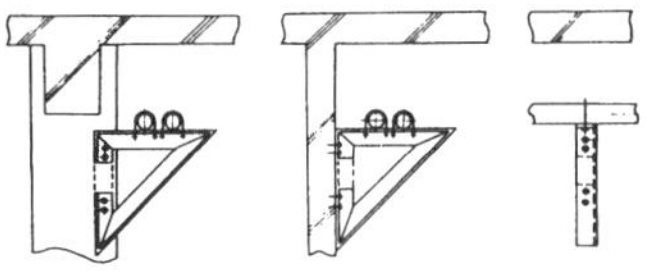 (a)　(b)　(側面の概念)	「付表2」の付表2.1－3および付表2.2－3の部材選定表および付表2.4－3に準ずる。	柱や壁などからブラケットにより支持された配管は、軸直角方向の振れを防止できる。 ここに示すものは、その一例である。
	梁や上面スラブより吊り下げる方法	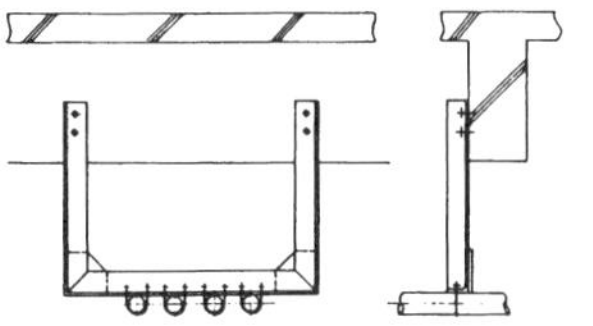 はり（又はスラブ）に吊下げる場合（ラーメン架構）	「付表2」の付表2.1－6および付表2.2－6の部材選定表および付表2.4－6に準ずる。	これは、ラーメン架構の場合の一例を示しており、考え方は上記と同様である。 ただし、吊材と梁材の接合箇所は曲げを伝えるために剛接合とする必要がある。

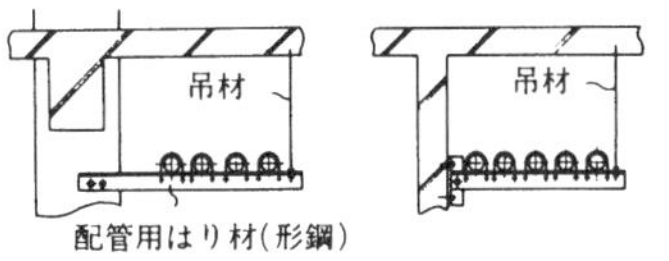

解表 6.2－2（b）配管の耐震支持方法の種類

分類		耐震支持方法の概念	部材選定	備考
S_AおよびA種耐震支持の例	床スラブより支持する方法（その 1）	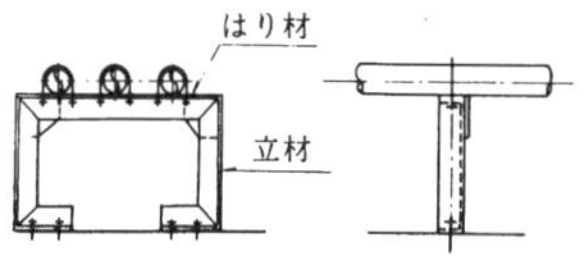 ラーメン架構	「付表 2」の付表 2.1－7 および付表 2.2－7 の部材選定表および付表 2.4－7 に準ずる。	床上に配管架台を設けて配管の軸直角方向の振れを拘束する方法である。 ここに示すものはラーメン架構の一例である。ただし、立材と梁材との接合箇所は曲げを伝えるために、剛接合とする必要がある。
	同上（その 2）	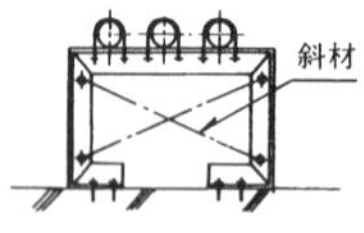 トラス架構	「付表 2」の付表 2.1－8 および付表 2.2－8 の部材選定表および付表 2.4－8 に準ずる。	（その 1）同様の方法であり、ここに示すものはトラス架構の一例である。
	同上（その 3）	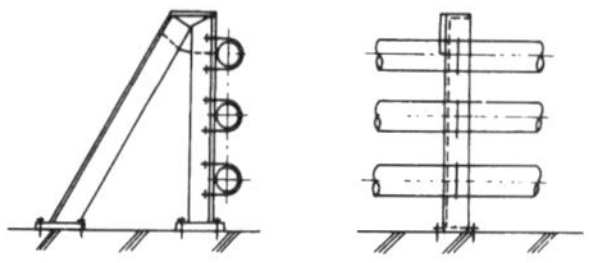 配管を縦に並べる方法（トラス架構）	部材は配管（内容物を含む）の重量と地震力により生ずる応力度が短期許容応力度以内となるようにする。また、圧縮力に対して座屈しない材とする。	（その 1）と同様の方法であり、ここに示すものは配管を縦に並べる場合のトラス架構の一例である。
	同上（その 4）	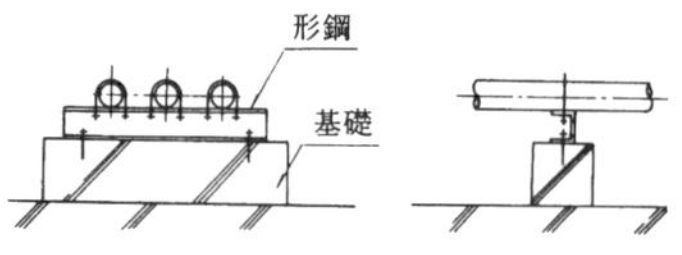 コロガシ配管等	U ボルトおよび躯体取付けアンカーの太さにより必要とする形鋼を選定する。	コロガシ配管等で形鋼を介して基礎などに支持する場合の一例であり、容易に配管の軸直角方向の振れは防止できる。
	屋上に設置する方法	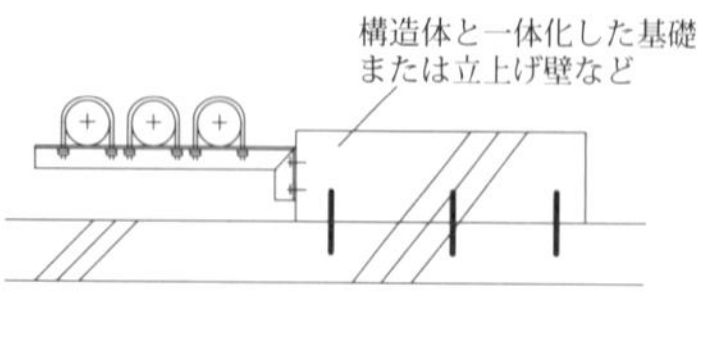 構造体と一体化した基礎または立上げ壁など	部材は配管（内容物を含む）の重量（考慮する場合）と地震力により生ずる応力度が短期許容応力度以内となるようにする。また、圧縮力に対して座屈しない材とする。	これは、耐震支持の場合の一例を示している。 ただし、自重支持を兼ねる場合は、必要に応じて先端部に自重支持材を追加する必要がある。

解表 6.2−2（c）配管の耐震支持方法の種類

<table>
<tr><th colspan="2">分類</th><th>耐震支持方法の概念</th><th>部材選定</th><th>備考</th></tr>
<tr><td rowspan="2">B種耐震支持の例</td><td rowspan="2">梁や上面スラブより吊下げる方法</td><td> 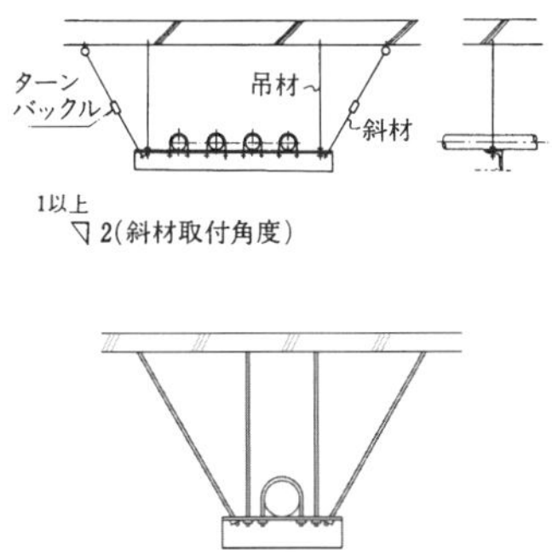ターンバックル
吊材
斜材
1以上
2（斜材取付角度）</td><td>吊り材、梁材ともに配管（内容物を含む）の重量により生ずる応力度が長期許容応力度以内となるように余裕をもって決定する。また、斜材は吊り材と同程度以上の部材とする。</td><td>自重支持用の吊り材と同程度以上の斜材を設けて、軸直角方向の振れを防止する。
斜材は振止めとして、ガタを生じない程度に締め、締めすぎにより、配管等の重量を負担することのないように注意する。ここに示すものは、複数本の配管を支持する場合の一例である。</td></tr>
<tr><td> 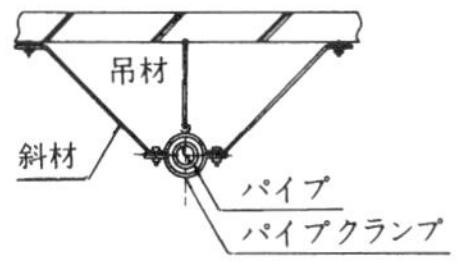吊材
斜材
パイプ
パイプクランプ</td><td>同上</td><td>ここに示すものは 1 本の配管を支持する場合の一例である。
考え方は上記と同様である。</td></tr>
<tr><td colspan="2">管径が異なる並行配管の連結方法</td><td> 形鋼を用いて互いの配管を連結する</td><td>U ボルトの太さにより、必要となる形鋼を選定する。</td><td>管径が異なり耐震支持間隔の著しく異なる配管が並行する場合、短い耐震支持間隔以内ごとに解図のように配管を連結して長い耐震支持間隔以内とすることができる。
この際長い耐震支持間隔を有する配管に加わる荷重増が 1 倍以内であれば支持材は荷重に見合ったものを選定し、最大耐震支持間隔の値を 10％減ずればよいものとする。</td></tr>
<tr><td colspan="2">床上配管の自重支持の例</td><td> 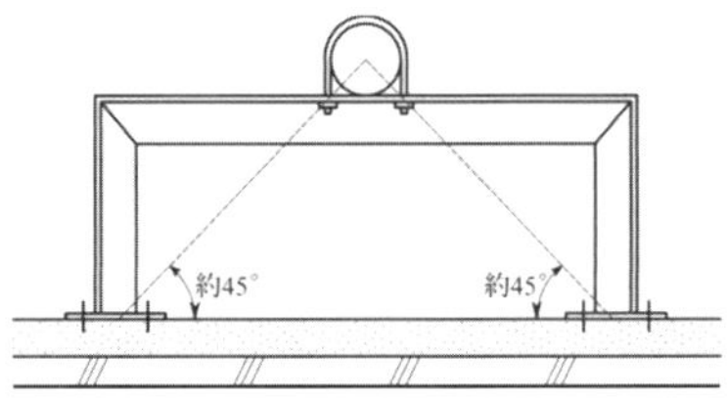約45°
約45°</td><td>配管（内容物を含む）の重量により生ずる応力度が長期許容応力度以内となるように余裕をもって決定する。</td><td>配管（内容物を含む）の重量により生ずる応力度が長期許容応力度以内となるように余裕をもって決定する。</td></tr>
</table>

(3) 配管、ダクト、電気配線、ケーブルラックの共通事項

1) 曲がり部の耐震支持間隔

配管等の耐震支持間隔が指針表 6.2－1 で規定しているが、これは曲がり部も含めた長さである。また、曲がり部は被害を受けやすいので、耐震支持することが望ましい。

2) S_A、A 種耐震支持材の部材選定について

S_A、A 種耐震支持の部材選定は、「付表 2」に示す選定例により行えばよい。

3) 鋼材からの耐震支持

耐震支持はスラブからとることが原則である。軽量配管などに用いられる鋼材に取付ける取付け具もあるが、あくまでも軽量用と認識すべきである。東北地方太平洋沖地震においても、鋼材からの耐震支持部に被害を生じている例が報告されている。

鋼材部分に取付ける金具は、水平方向の引張り荷重が作用しても脱落を生じない構造の吊り金具（支持材が鉄骨をはさみこみ、脱落防止を図るなど）を使用しなければならない。解図 6.2－4 に吊り金具の一例を示す。

吊り部材は振止めの対策が施されていると共に、天井取付器具類は天井および配管類などとの相対変位量を吸収する変位吸収性能を有し、落下防止の措置を講ずることが必要である。

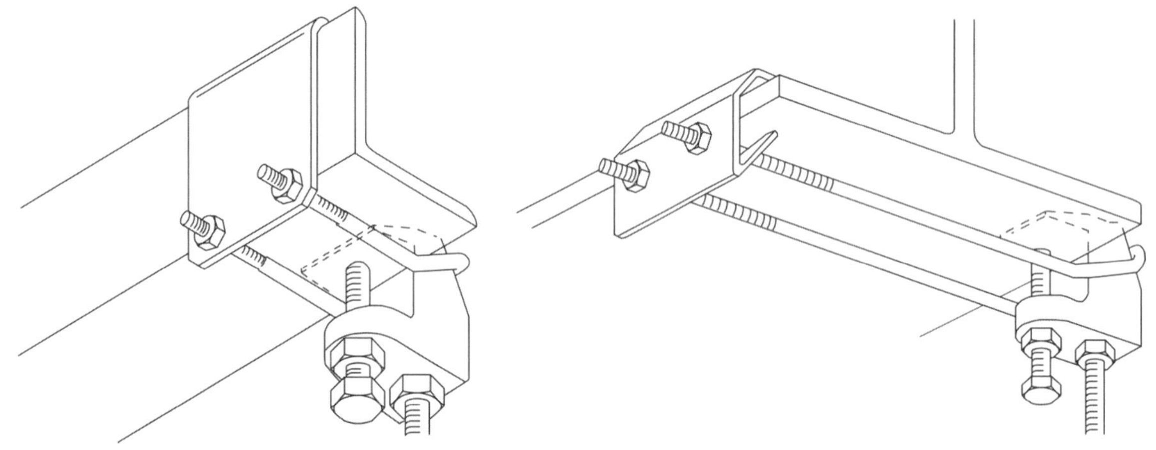

解図 6.2－4　鋼材耐震型吊り金具の例（軽量配管用）

4) 配管、ダクト、電気配線、ケーブルラックの耐震支持の取付け位置

配管、ダクト、電気配線やケーブルラックの耐震支持の間隔は指針表 6.2－1 に規定しているが、配管、ダクト、電気配線やケーブルラックの末端から 2m 以内には耐震支持を取付ける（解図 6.2－5 参照）。末端から離れた位置に支持点がある場合、地震時に末端は自由端となり振動が増幅することとなる。そのため、末端付近に耐震支持を設けることが耐震上有効である。また、曲がり部や分岐部周辺にも耐震支持を設けることが重要である。

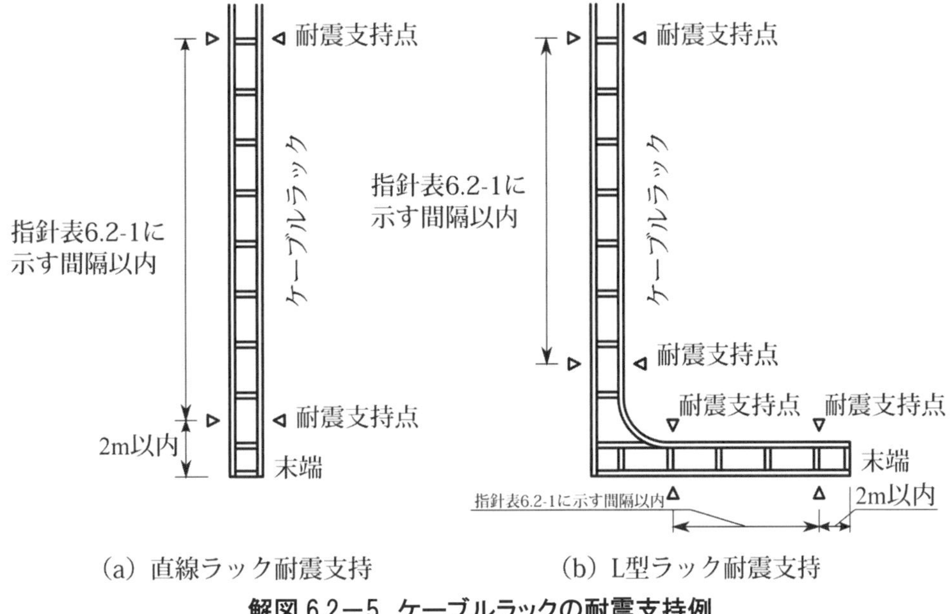

(a) 直線ラック耐震支持　　(b) L型ラック耐震支持

解図 6.2−5 ケーブルラックの耐震支持例

5) 防火区画貫通部の耐震支持例

防火区画貫通部処理材の破損を防止するため、解図 6.2−6 のように貫通部付近に適切な耐震支持を施す。

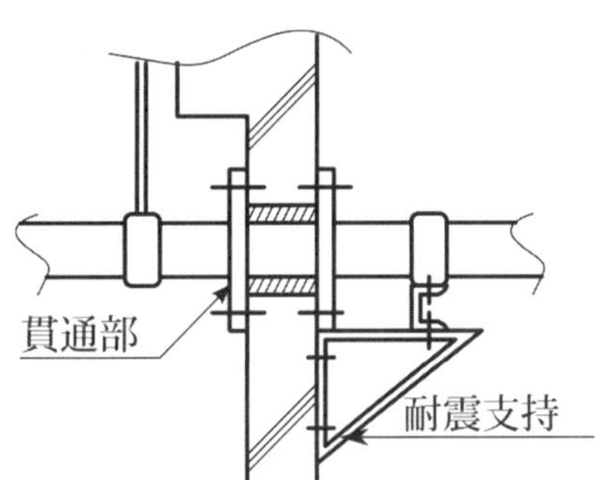

解図 6.2−6 防火区画貫通部の支持例

(4) 配管について

1) 配管の集中荷重に対する配慮

配管途中に特に重量の大きい弁などを取付ける場合、地震時に配管等の損傷が生じないように、重量に応じた措置を講ずること。その支持の例を解図 6.2−7 に示す。

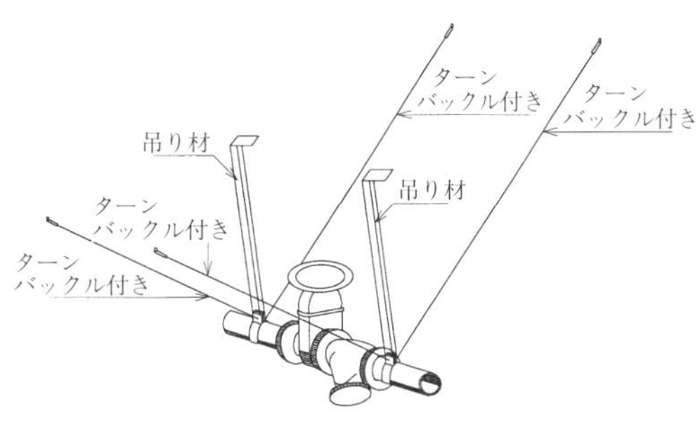

解図 6.2−7 配管途中に集中荷重のある場合の支持方法の例

2）分岐部の配管と支持

大口径配管から小口径配管を分岐する場合は、大口径配管に生じる変位が、そのまま小口径配管に影響を及ぼさないように支持方法および小口径配管形状（曲がり配管にするなど）を考慮する。その例を解図 6.2－8 に示す。

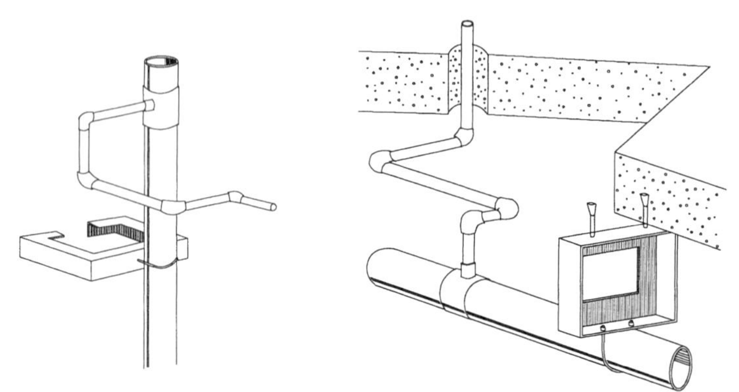

解図 6.2－8　分岐部の配管・支持位置例

3）簡易壁（ALC パネル、PC パネル、ブロックなど）での配管の支持

簡易壁による配管の支持は、地震被害の例もあり耐震支持とみなさない。しかしながら、小口径の配管（40A 以下）の場合には、耐震支持としてもよいが、地震時に構造体との相対変形が生じる可能性があるので、小口径配管が相対変形に追従できるのか否かの確認が必要である。

(5) 電気配線類について

1）軸方向の支持

電気配線とケーブルラックは軸直角方向への耐震支持と同様に軸方向についても耐震支持を施す（解図 6.2－9 参照。）。

なお、バスダクトについては、曲がり個所付近で耐震措置を施すと効果的である。

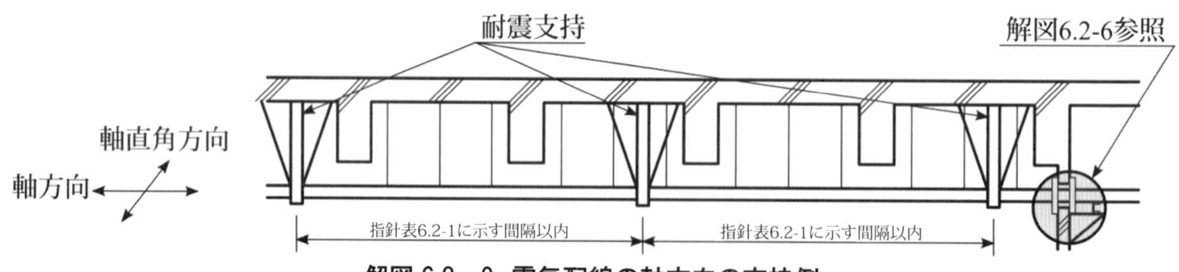

解図 6.2－9　電気配線の軸方向の支持例

2）盤とバスダクト（BD）の接続部

一般的には変位差を考慮する必要があり、可とう導体を使用することを原則とする。しかし、BD は 1/80 程度の変形に対しては可とう性があるため、柔軟に吸収でき接続部に大きな力が生じることはないと考えられる。また、平成 7 年（1995 年）の兵庫県南部地震においても、この部分の被害は報告されていない。

このようなことから、解図 6.2－10 では、盤と BD の接続に、可とう導体などを使用しない方法を示した。しかし、盤と接続する BD の長さが極めて短い場合などにおいては、盤の変形量を考慮した措置が必要となることもある。

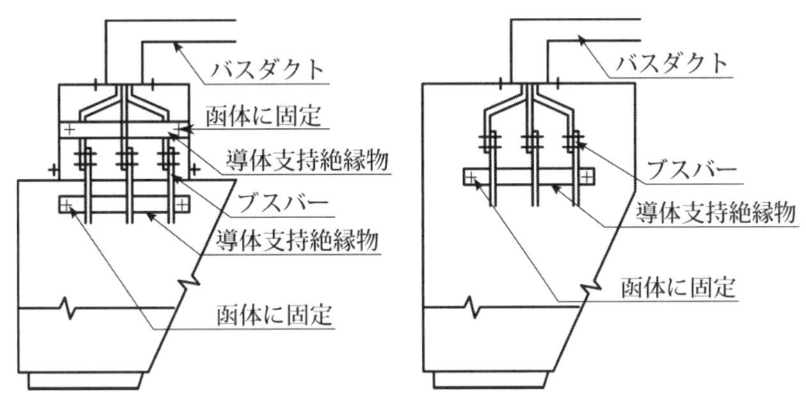

解図 6.2－10　盤とバスダクトの接続例

3）レースウェイの耐震支持

レースウェイ（金属線ぴ）は、周長 80cm 以下の電気配線として指針適用外（指針表 6.2－1 参照）の電気配線である。ただし設計図書で耐震支持を行うよう記載される場合があるため、本指針の考え方を用いた参考として解図 6.2－11 にレースウェイの耐震支持方法の一例を示す。

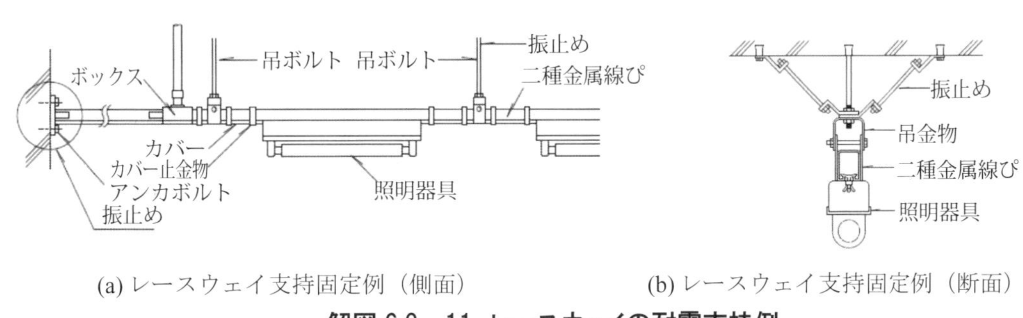

(a) レースウェイ支持固定例（側面）　　(b) レースウェイ支持固定例（断面）

解図 6.2－11　レースウェイの耐震支持例

4）ケーブルラックの耐震強度

ケーブルラックは、親桁・子桁の接続構造であり、横からの変形が金属管などと異なるため、「電気設備ケーブルラックの耐震性に関する研究（2004 年 10 月　電気設備学会誌）」にて静的実験・動的実験とその解析および耐震性の評価方法が報告されている。ケーブルラックの耐震支持間隔はこの報告などを用いて定めた。

なお、指針表 6.2－1 に記された「支持間隔を広げても支障ないことが製造者により確認された製品を使用する場合」には、上記の報告による評価方法を用いることが考えられる。

5）屋上にある幹線ケーブルラックの耐震支持

屋上の幹線ケーブルラックが床面から支持されている場合、指針表 6.2－1 に準じて耐震支持を検討する。防水を施している部分で、設備機器用に基礎を設置することが困難な場合には、立ち上がり躯体などを利用し耐震支持固定をすることも可能である。

過去の地震による被害例

配管・ダクト・電気配線などには以下のような被害例が報告されている。

(1)　配管・ダクトなどの衝突によるもの

吊りボルトで吊り下げられている配管・ダクトなどは、地震時に振り子状に大きくあるいは繰り返し振れて配管とダクト、あるいは設備機器などと衝突して破損したものがある。

(2)　配管の小口径分岐管の破損

比較的小口径の枝管の分岐部における、枝管固定箇所と主管との変位差による枝管取り出し部の破損したものがある。

(3)　吊り金物や埋込金物の強度不足

配管・ダクト・電気配線などは地震時に大きくあるいは繰り返し振れて、吊り金具や埋込金具に過度な力がかかり、これらの強度が不足していたためにこの部分が破損し、配管・ダクト・電気配線などが落下したものがある。

(4)　防火区画貫通部の破損

多条数、大容量幹線に対する縦方向（配線軸方向）の耐震支持が適切でなく、防火区画の貫通部が破損したものがある。

(5)　建築物からの強制変形によるもの

建築物はその構造形式により、地震時に層間変形や乾式壁と上階の床の間などに大きな相対変位を生ずる場合があり、この部分に設置された配管・ダクトや設備機器などが破損したものがある。

6.3　立て配管の耐震対策

6.3.1　立て配管等の耐震支持

以下に、立て配管耐震支持材の選定計算方法を述べる。付表 2 の選定図表はこの計算結果を用いて作成されている。

(1)　支持材に作用する力

1）水平地震力（F_H）

横引き配管と同様、見掛け上の設計用水平震度は以下となる。

A 種耐震支持材　：$K_{He}=0.6$

S_A 種耐震支持材　：$K_{He}=1.0$

$F_H=P\cdot K_{He}$

ここに、F_H：地震力により支持材に作用する力（kN）

P　：配管支持間の配管重量（kN）（$=W\cdot \ell$）

W　：配管の単位長さ重量（kN/cm）

ℓ　：耐震支持間隔（cm）

K_{He}：設計用水平震度

2）鉛直地震力（F_v）

計算を簡便にするため、横引き配管と同様に、鉛直地震力は考慮していない。しかし、管径が大きい場合などでは、考慮する必要がある。

3）配管重量（W）

耐震支持材にかかる配管重量は、耐震支持間隔内の配管重量がそのまま耐震支持材に作用するものとした。

4）層間変位による反力（F_δ）

立て配管等には、建築物の層間変位による反力が生じる。しかしながら、立て配管の支持間隔が解表 6.3－1（a）および（b）に示す範囲内であれば、耐震支持材の部材選定計算上ある程度の余裕をみていること、あるいは配管が小口径ほど、支持間隔が長いほど反力が小さくなることから、無視することとした。しかし、管径が大きい場合などでは、考慮する必要がある。

耐震支持材の安全性をより確保すべく選定を行いたい場合は、水平地震力と反力 F_δ を加えた合成水平力を用いて、部材の検定計算を行えばよい（この時、部材選定表は使用できない）。

$$F_\delta = \frac{3E \cdot I \cdot \delta}{\ell^3} = \frac{3E \cdot I \cdot R}{\ell^2}$$

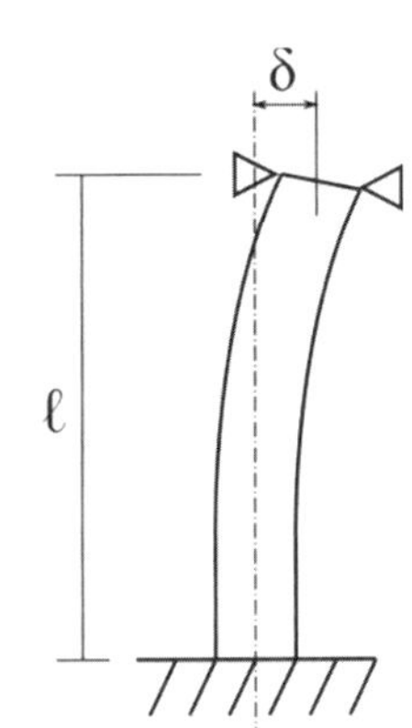

ここに、

F_δ：層間変形により支持材に作用する反力（kN）

E：配管等のヤング率（kgf/cm^2）（$2.05 \times 10^4 kN/cm^2$）

I ：配管等の断面２次モーメント（cm^4）

δ ：層間変形による強制変形量（cm）

R：層間変形角（S 造：R＝1/100、RC 造：R＝1/200）

ℓ ：耐震支持間隔（cm）

（2）その他の選定計算上の条件

各分類・タイプ別に支持材に発生する部材力および配管支持用 U ボルト・ボルト、躯体取付けアンカーに作用する力の算出式を「第３編　付録６」に示す。

1）支持材鋼材重量について

横引き配管と同様、耐震支持材の鋼材重量は、実用上差支えないものとして無視している。

2）使用ボルト・アンカーサイズによる鋼材仕様のチェック

横引き配管と同様である。

3）部材の検定

前述の 1）に示すように支持材重量を無視して部材力を計算していることから、部材の検定は下記としている。

支持材：部材力は鋼材短期耐力の 100％以下

Ｕボルト・ボルト：作用する力はボルト短期耐力の 100％以下
躯体取付けアンカー：作用する力はアンカー短期耐力の 67％（＝1/1.5）以下（配管が耐震支持材の端部に固定された場合を考慮）

6.3.2　耐震支持の種類と適用

(1) 立て配管の耐震支持間隔の例

立て配管の耐震支持間隔の例を解表 6.3－1（a）、（b）に示す。本解表は層間変形角 1/100 を示しており、1/200 の場合は支持間隔の範囲を大きくすることができるが実務的には本解表を使用してよい。耐震支持の種類の例を解表 6.3－2（a）、（b）に示す。

立て配管用耐震支持部材の A 種ならびに S_A 種耐震支持材の選定については、付表 2.6 に示す。

解表 6.3－1（a）立て配管の耐震支持間隔の例【鋼管】ℓ_h（m）

層間変形角　R＝1/100

呼び径（A）	SGP　空　管		SGP　満　水　管		STPG370 Sch 40　満水管
	溶接接合	ねじ接合	溶接接合	ねじ接合	溶接接合
65	2.0～6.4	3.0～6.4	2.0～6.5	3.0～6.5	1.5～6.4
80	2.0～7.5	3.0～7.5	2.5～7.5	4.0～7.5	2.0～7.5
100	2.5～9.7	4.0～9.7	3.0～9.7	5.5～7.0	2.5～9.6
125	3.5～11.9	5.0～11.9	3.5～12.0	—	3.0～11.9
150	4.0～14.2	6.0～14.2	4.5～12.5	—	3.5～14.1
200	5.0～18.6	8.0～17.5	6.0～13.0	—	4.5～18.5
250	6.0～23.0	10.5～18.5	7.5～13.5	—	5.5～19.5
300	7.5～27.5	13.0～18.5	10.5～12.0	—	6.5～20.5
350	—	—	—	—	7.5～21.5

注）耐震支持材（振止め）の取付間隔は本解表の範囲内とすること。
　　継手効率：溶接接合 0.9、ねじ接合 0.6、水平震度 K_H＝1.0 として算定した。

解表 6.3－1（b）立て配管の耐震支持間隔の範囲の例【銅管】ℓ_h（m）

層間変形角　R＝1/100

呼び径（A）	銅管 L タイプ		銅管 M タイプ	
	空管	満水管	空管	満水管
25	1.0～2.4	1.0～2.4	1.0～2.4	1.0～2.4
32	1.0～3.0	1.0～3.0	1.0～3.0	1.0～3.0
40	1.0～3.5	1.0～3.5	1.0～3.5	1.0～3.5
50	1.5～4.6	1.5～4.6	1.5～4.6	1.5～4.6
65	1.5～5.7	1.5～5.7	1.5～5.8	1.5～5.8
80	2.0～6.8	2.0～6.8	2.0～6.9	2.0～6.9
90	2.0～7.9	2.5～7.5	2.0～8.0	2.5～7.0
100	2.5～9.0	2.5～8.0	2.5～9.1	2.5～7.5
125	3.0～11.2	3.5～8.5	3.0～11.3	3.5～8.0
150	3.5～13.4	4.0～8.5	3.5～13.5	3.5～8.0
200	4.5～17.5	5.5～9.5	4.5～17.5	4.5～8.0
250	5.5～19.0	7.5～9.5	5.5～19.5	6.0～8.5
300	6.5～20.5	—	6.5～21.0	—

注）耐震支持材（振止め）の取付間隔は本解表の範囲内とすること。
　　継手効率：溶接接合 0.9、水平震度 K_H＝1.0 として算定した。

(2) 立てダクトの耐震支持間隔

立てダクトは各階ごとに自重支持することにより、ここで過大変形は抑制されているものとしてよい。

(3) 立て電気配線の耐震支持間隔

立て電気配線は、標準支持間隔ごとに自重支持することにより、過大な変形は抑制されていることとしてよい。ただし、頂部一点吊りケーブルにあっては、9〜12m の範囲内でスペーサーなどにより耐震支持（振止め）を行う。

立て電気配線用耐震支持部材の A 種ならびに S_A 種耐震支持材の選定については、付表 3.3 に示す。組立要領は配管に準じればよい。

(4) 立てケーブルラックの耐震支持間隔

立てケーブルラックは、6m 以下の範囲で、かつ各階ごとに耐震支持を行うこと。

解表 6.3－2 (a) 立て配管の耐震支持方法の種類（自重支持を兼ねる場合）

分類		耐震支持方法の概念	部材選定	備考
立て配管の耐震支持の例	配管下部での支持方法（鋼管の場合）	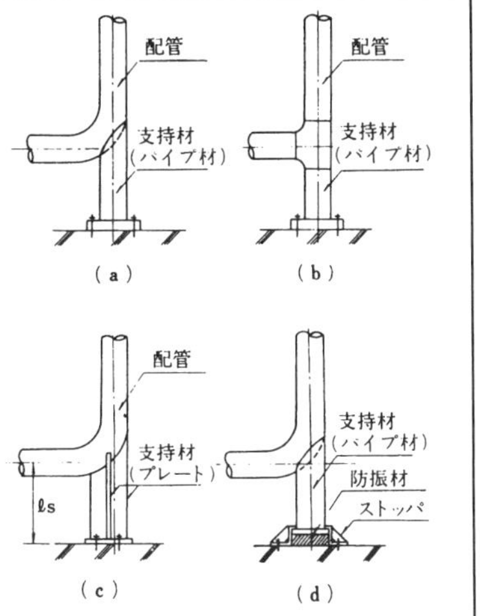 配管 支持材（パイプ材） (a) 配管 支持材（パイプ材） (b) 配管 支持材（プレート） ℓs (c) 支持材（パイプ材） 防振材 ストッパ (d)	支持材は配管本体と同程度の強度を有するものとする。	自重を配管の下部で支持する場合には、この部分で配管の軸直角方向を拘束することができる。ここに示すものはその一例である。 なお、(c) のタイプは ℓ_S、が長い場合は避ける方が望ましい。
	配管途中での支持方法	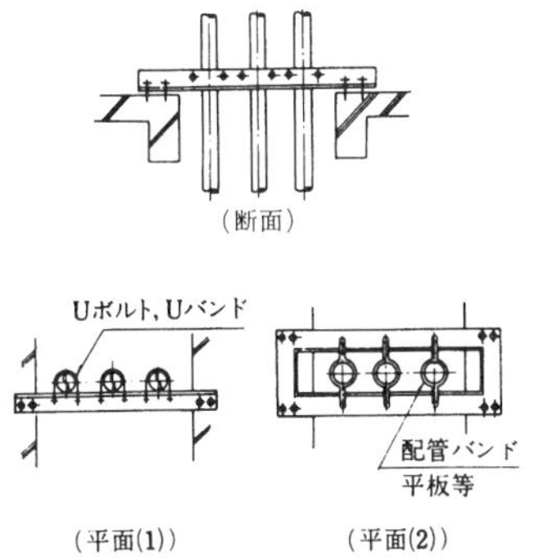 (断面) Uボルト, Uバンド 配管バンド 平板等 (平面(1))　(平面(2)) スラブ及びはりを利用する場合	(i) 耐震支持（振止め）のみの場合は「付表2」の付表 2.6－1、2.6－3 および付表2.7－1に準ずる。 (ii) 耐震支持（振止め）と自重支持を兼用する場合は「付表2」の付表 2.6－2、2.6－4 および付表2.7－2 に準ずる。	パイプスペースなどの周囲の躯体（スラブおよび梁など）を利用して立て配管の軸直角方向を拘束し、かつ自重支持にも兼用できる支持方法である。

解表 6.3－2（b）立て配管の耐震支持方法の種類（振止め）

分類		耐震支持方法の概念	部材選定	備考
立て配管の耐震支持の例	スラブの貫通部	モルタル等で埋戻し 床スラブ貫通部		床スラブの貫通部は貫通部周囲をモルタルなどで埋戻しすれば軸直角方向の振れを防止することができる。 貫通部の処理方法例 (i) 保温されている配管 保温材表面と貫通部の間をモルタルなどで埋戻しする。 (ii) 裸配管 (i) と同様に埋戻しする。
	配管途中での支持方法	Uボルト, Uバンド （平面）（断面） 壁を利用する場合	部材は配管（内容物を含む）に作用する地震力により生ずる応力度が短期許容応力度以内になるように決定する。	壁面などを利用して、立て配管の軸直角方向の変位を拘束する方法を示す。 なお、この場合は自重支持を兼用することはできない。

6.4　建築物のエキスパンションジョイント部を通過する配管等の耐震対策

エキスパンションジョイント部は建築躯体間の相対変形が大きいので、貫通しないように計画することが基本である。

やむを得ず貫通させる場合には、両建築物が相対的に変位する可能性があるので、配管の変位量はそれぞれのX・Y・Z軸方向に対する変位量を考慮した変位量とすることが必要である。鉛直方向変位量については、通常無視しているが、建築物の状況により考慮する。

変位量はRC造やSRC造で1/200、S造で1/100としているので、高い階で貫通することは、現実的には非常に難しいことになる。貫通する場合でも低層部分に限るなどの計画性が必要である。

高い階で貫通すると変位量が大きくなるので、免震構造の建築物に用いられているような変位吸収管継手と配管長さとが必要になる。横断する配管が複数本の場合には、配管の収まり上、さらに大きな空間が必要になる。

建築物の上層部ではδ（デルタ）が大きくなるので、主要な配管等は建築物の下層部で、エキスパンションジョイント部を通過するように心掛けるのが賢明である。解図6.4－1（a)～(d）に配管・ダクト・電気配線の耐震措置の例を示す。

層間変形角Rは、X方向、Y方向に分けて考えられるので、変位吸収措置は（管）軸直角方向および管軸方向の二方向に対し行うことが原則である。Z方向変位が無視できない場合には、別途に考慮する必要がある。

過去の地震による被害例

建築物エキスパンション・ジョイント部の配管

建築物のエキスパンション・ジョイント部を横断していた配管・ダクト・電気配線が、地震時の建築物の相対変位量に追従できずに破損したものがある。

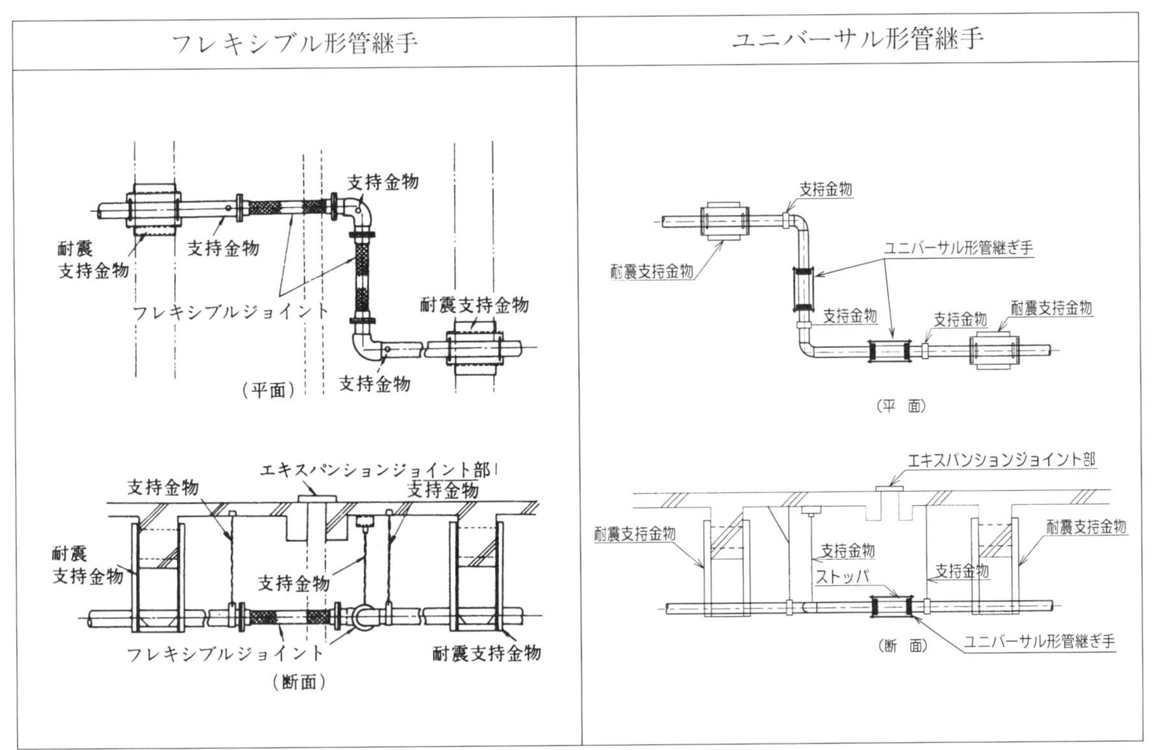

注）可撓性のある継手に挟まれた支持金物は配管に比して剛性の低いものかスプリングハンガーなどを使用する。

解図 6.4−1（a）建築物エキスパンションジョイント部を通過する配管例（その 1）

【出典】国土交通省大臣官房官庁営繕部　公共建築工事標準図（機械設備工事編）平成 25 年版

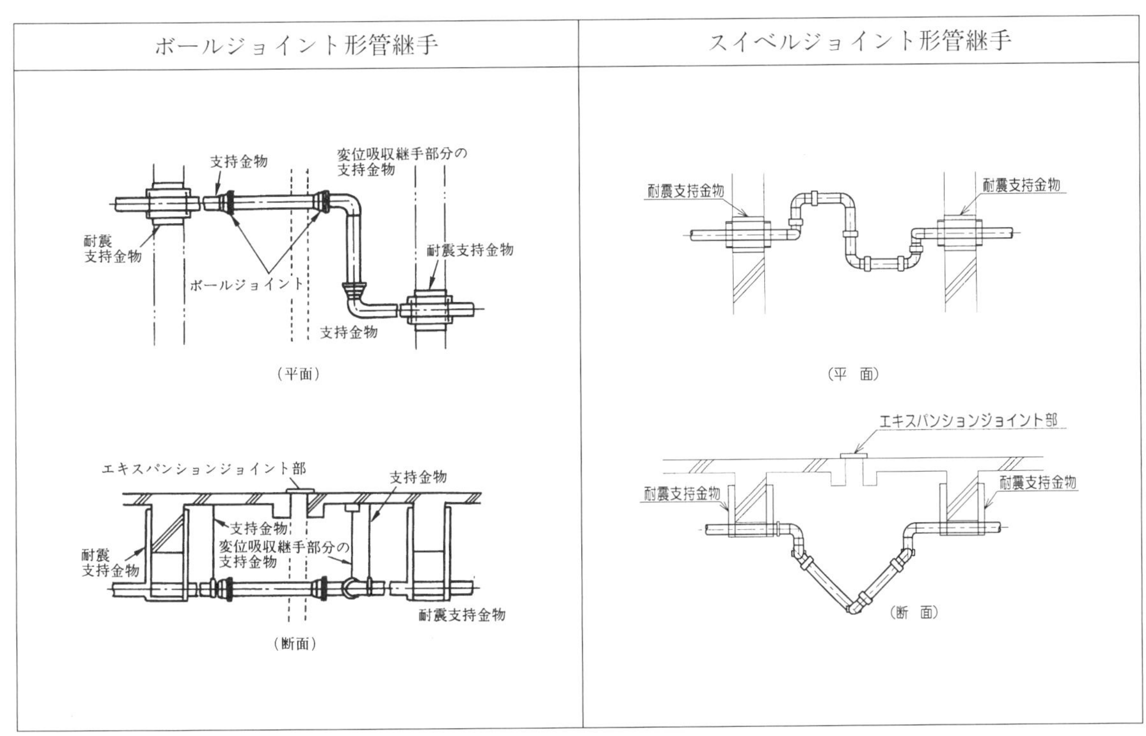

解図 6.4−1（b）建築物エキスパンションジョイント部を通過する配管例（その 2）

【出典】国土交通省大臣官房官庁営繕部　公共建築工事標準図（機械設備工事編）平成 25 年版

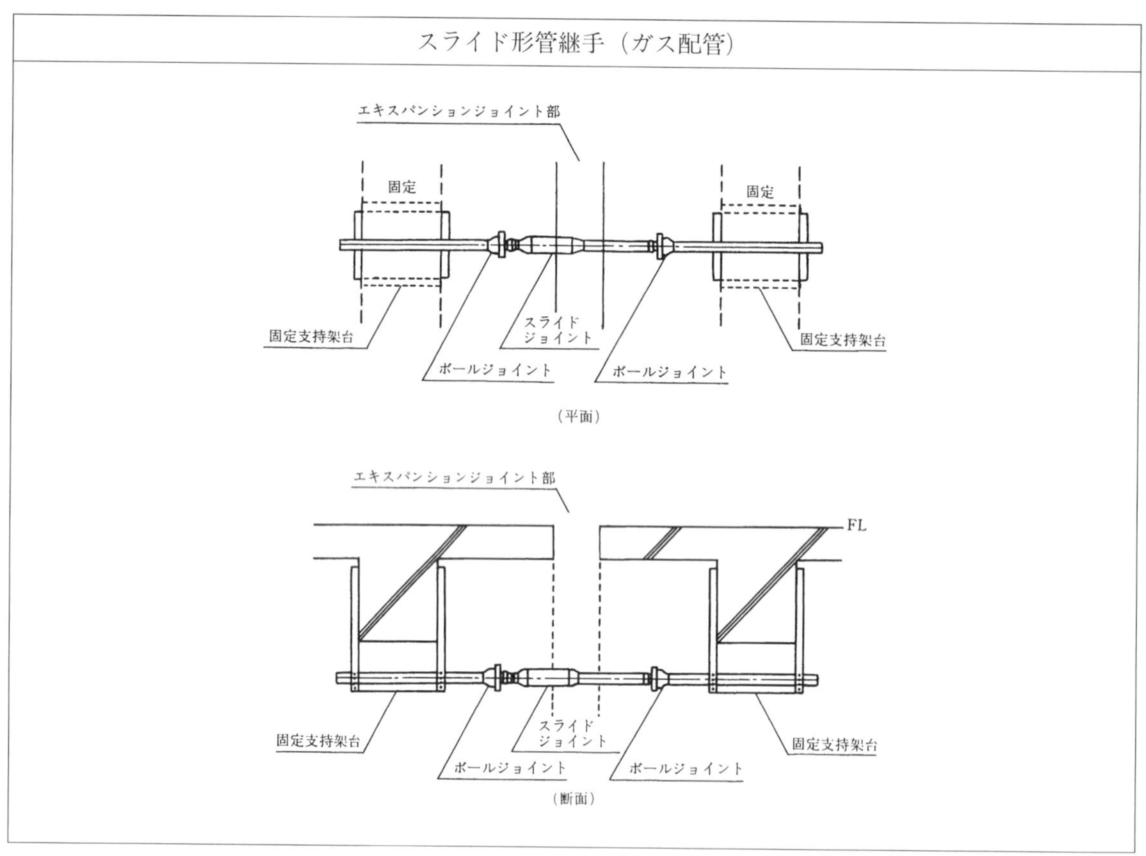

解図 6.4－1（c） 建築物エキスパンションジョイント部を通過する配管例（その 3）

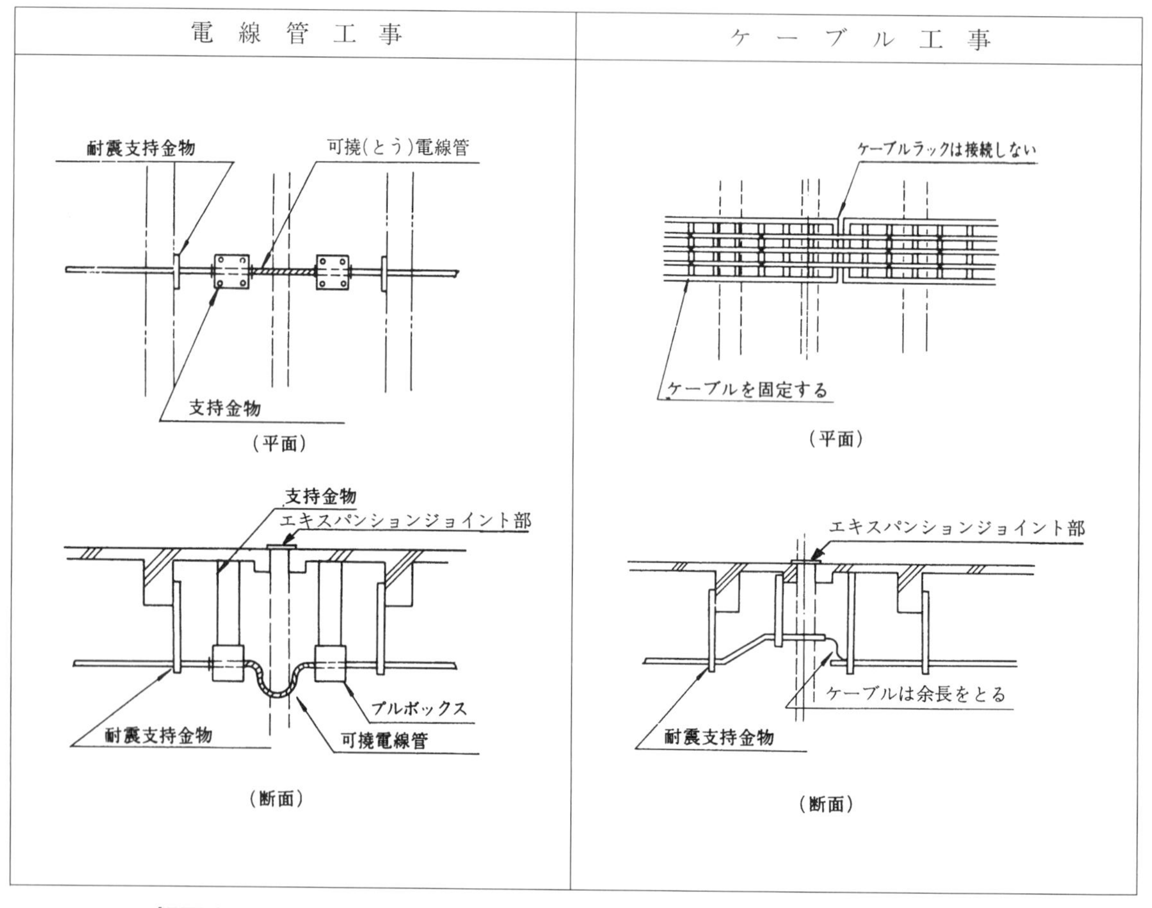

解図 6.4－1（d） 建築物エキスパンションジョイント部を通過する電気配線例

【出典】国土交通省大臣官房官庁営繕部　公共建築工事標準図（機械設備工事編）平成 25 年版

6.5　建築物導入部の配管等の耐震対策

建築物導入部の配管等に施す耐震措置の例を解図 6.5−1（a)〜(d）に示す。免震構造建築物において免震層をわたる配管などに施す耐震措置の例を解図 6.5−2（a)、(b）に示す。

建築物導入部の配管の変位の影響要因としては、地震動の特性や周辺地盤性状など不確定な多くの要因がある。これらを規定することは非常に困難であり、定量的な値はない。

建築主と地震後における建築物用途や設備機能確保の必要性を協議し、地盤状況を構造設計者などから聞き、総合的判断で想定変位量と引き込み部の方法を決めることになる。

地盤特性を含めた地震動特性や引き込み部の構造、設備システムなど多くの要因から損傷が生じ得るので、建築物導入部の配管方法もそれらを総合的に判断して決める。

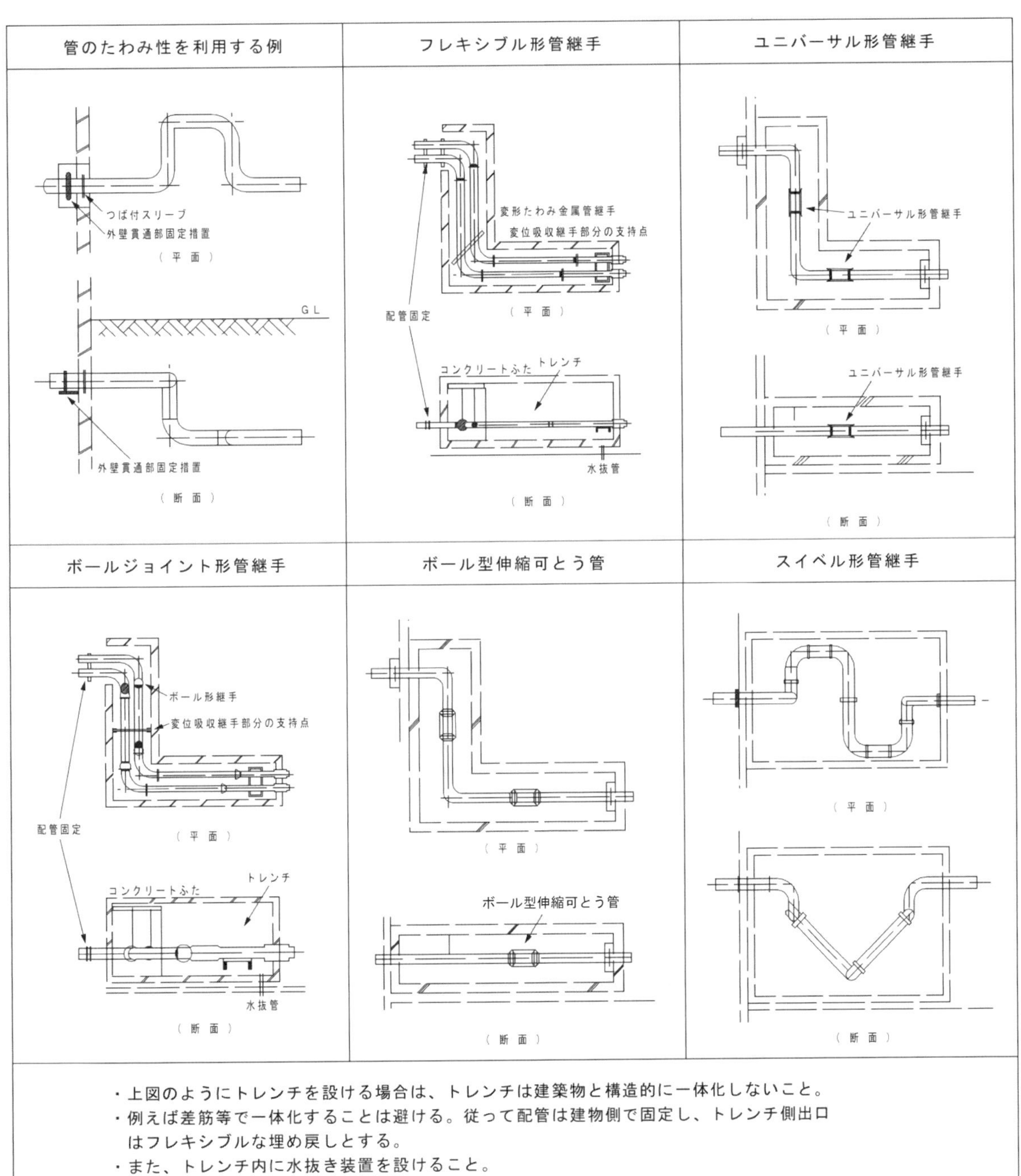

解図 6.5−1（a）建築物導入部の配管例（その1）

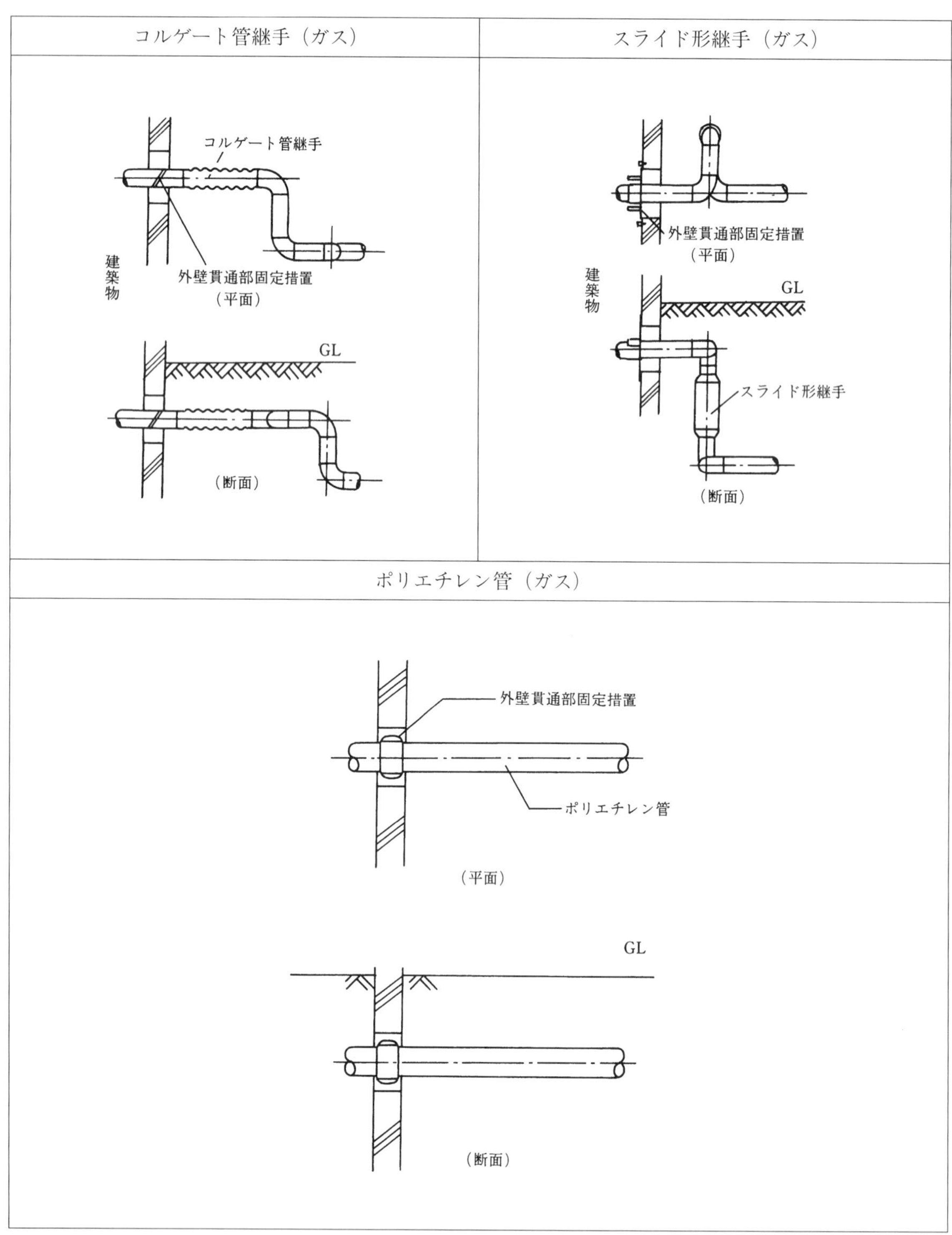

解図 6.5−1（b）建築物導入部の配管例（その2）

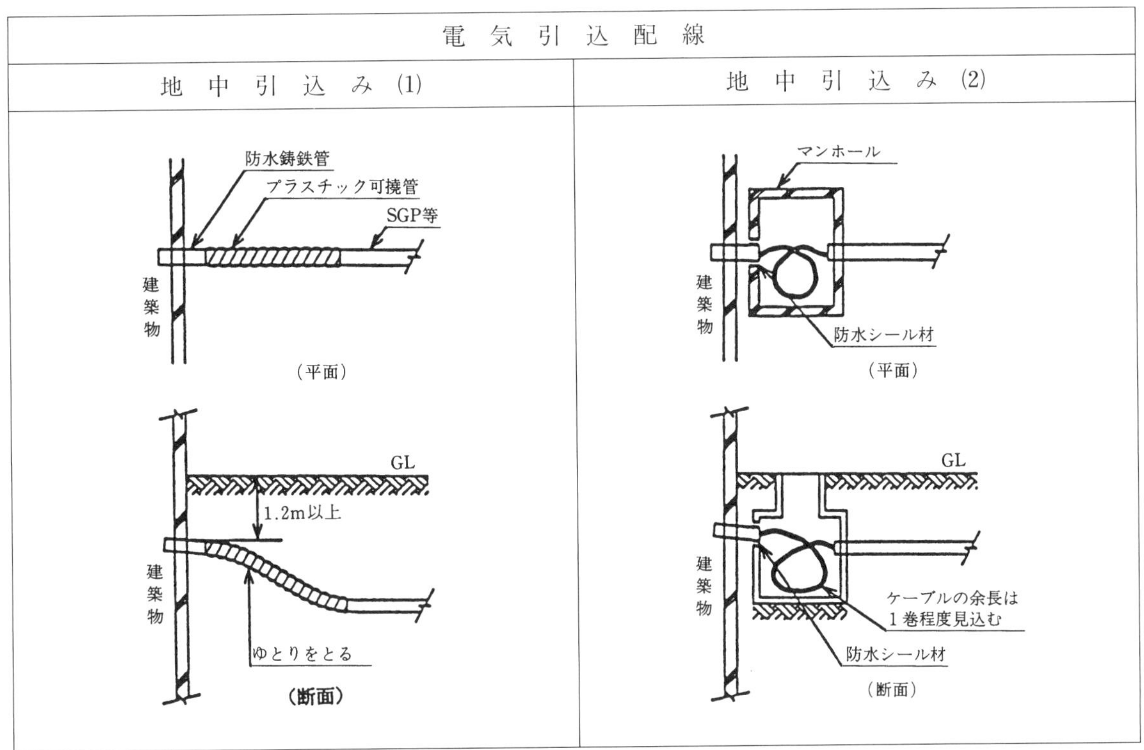

解図 6.5－1（c）建築物導入部の電気配線例（その 1）

想定沈下量	記号	波付硬質合成樹脂管の場合	記号	鋼管の場合
小規模 0.2m 以下	F_S	建物側 地中側 緩衝パイプ又は緩衝防護管	P_S	建物側 地中側 可動部又は可とう管
中規模 0.6m 以下	F_M	建物側 地中側 異種管接続材（鋼管／波付硬質合成樹脂） 鋼製可とう管	P_M	建物側 地中側 鋼管 可とう管 伸縮管 可とう管
大規模 1.0m 以下	F_L	建物側 地中側 異種管接続材（鋼管／波付硬質合成樹脂） 伸縮管 鋼製可とう管	P_L	建物側 地中側 鋼管 可とう管 伸縮管 可とう管

解図 6.5－1（d）建築物導入部の電気配線例（その 2）

【出典】国土交通省大臣官房官庁営繕部　公共建築工事標準図（電気設備工事編）平成 25 年版

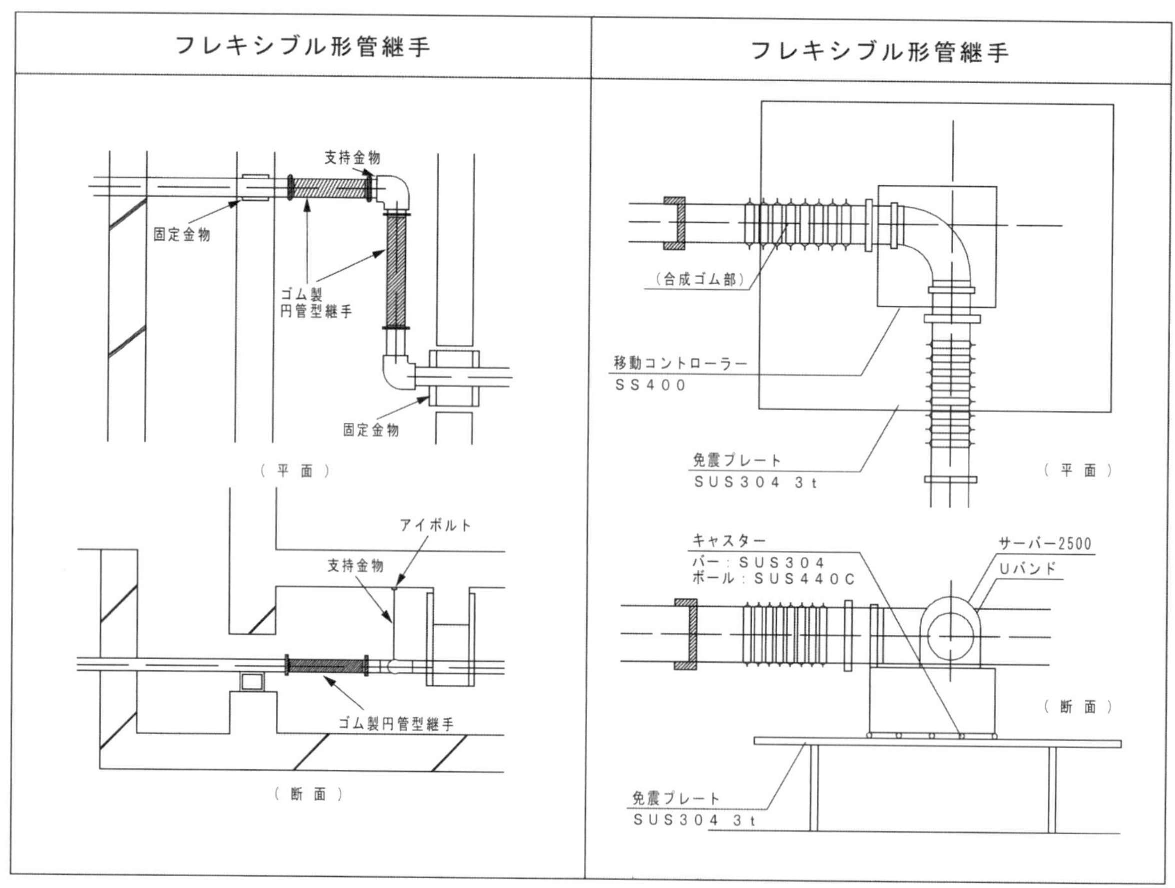

解図 6.5－2（a）免震構造建築物の導入部の配管例

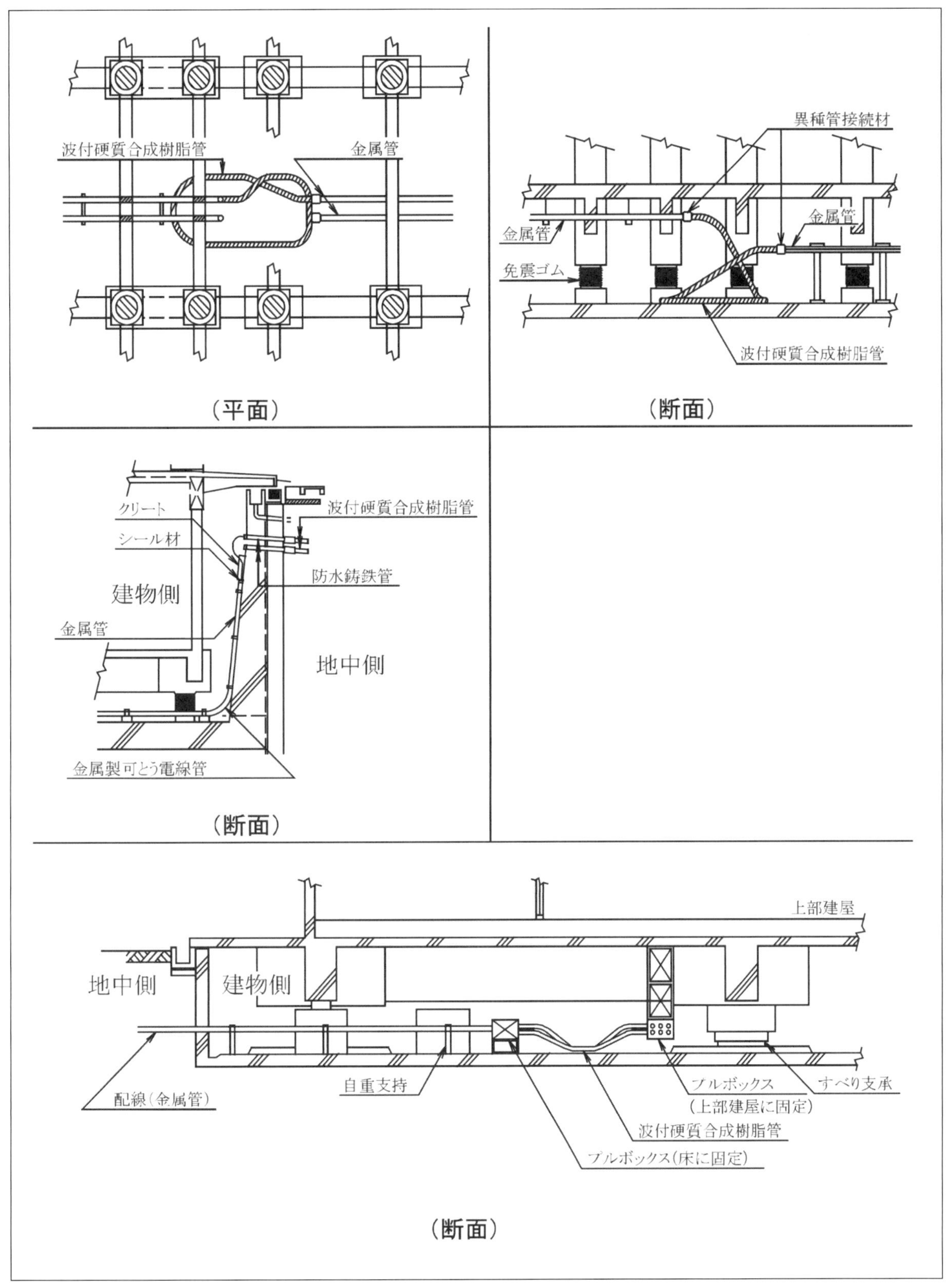

解図 6.5−2（b）免震構造建築物の導入部の電気配線例

【出典】国土交通省大臣官房官庁営繕部　公共建築工事標準図（電気設備工事編）平成25年版

過去の地震による被害例

地中での建家導入部の強制変形によるもの

地震時に建家と地盤が相互に変形し、あるいは地盤の沈下などにより、建家導入部の配管がこの相対変位量に追従できなく破損したものがある。

6.6　設備機器と配管等の接続部の耐震対策

設備機器と配管等の接続は、設備機器・配管等に過大な反力を生じないような方法、材料により行う。

FRP などのぜい性材料で製造されている設備機器と配管等の接続部には、開放型水槽周りについては軸直角方向・軸方向の地震時の変位を吸収するものとしてフレキシブルジョイントを、その他の設備機器については軸直角方向の地震時の変位を吸収するものとして軸方向には変位しない変位吸収管継手を設ける。

継手の両端には、変位発生時の反力に耐え得る耐震支持を設置する。

なお、消火設備や危険物取扱設備など別途耐震措置が定められているものは、その内容にも準拠する。

6.6.1　パネル水槽などへの変位吸収管継手の使用

設備機器本体の強度が不足していたために、本体が破損してしまったもの、特に FRP 製水槽や FRP 製冷却塔などにこの被害が見られる。

鉄板製パネル水槽は、材料が極めて薄く、面直角方向の強度が弱いことなどから、一般的には FRP 製水槽と同等に扱ってフレキシブルジョイントを設けている。

同様に重要度から変位吸収管継手の必要性を考えると、重要設備である場合には、金属材料で造られている給湯用ストレージタンクや熱交換器など、そして開放式および密閉式の膨張タンク類、配管ヘッダなどにも、変位吸収管継手を設けるべきである。

（変位吸収管継手の設置位置）

FRP などのぜい性材料で製造されている水槽の製造者から地震力による水槽の変位量が明示されていることは稀である。これらに想定以上の地震力が作用した場合、水槽と接続配管とに生じる変位差により水槽に損傷が生じる。これを防ぐ対策として、フレキシブルジョイントを設ける。

最近は水槽の耐震化がなされ、耐震規定がなかった時代のものより変位量は非常に小さくなっていると考えられるが、変位量がゼロになったわけではないので、何らかの対応は必要である。

地震後の給水機能確保を要求されない一般建築物の場合には解図 6.6－1 の方法が基本である。配管の耐震支持と水槽接続部との間にフレキシブルジョイントを設けて相互の変位量を吸収する。

地震後の給水機能確保を図るような重要度の高い建築物では、水槽製造者と変位量について協議して、その変位量や水槽強度などから判断することになる。

変位量が不明な場合や水槽高さが 3m を超える水槽などには解図 6.6－2 を参考とする。接続配管に柔軟性を持たせてパネルに作用する地震力を低減させる。同じく接続配管に柔軟性を与える方法として柔軟性がある PE 管を用いる方法もある。耐震クラス S などの重要度が高い用途では積極的な対策

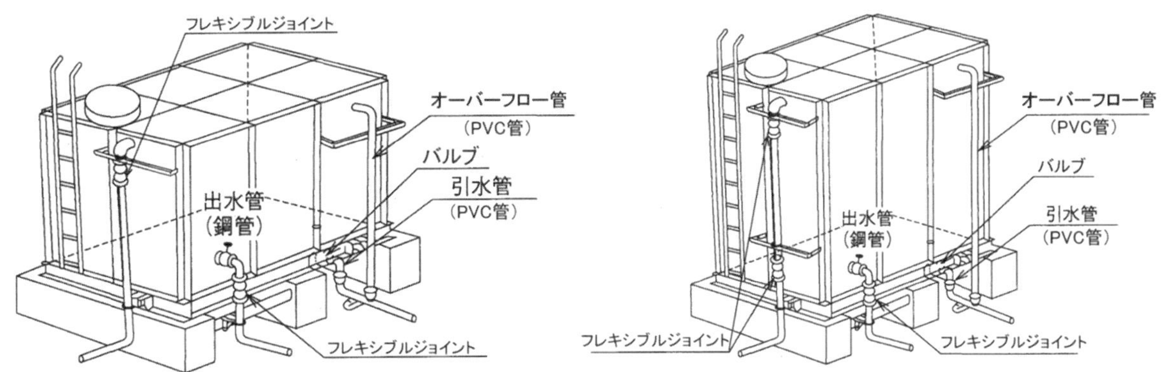

解図 6.6－1　一般的な水槽への接続方法例

解図 6.6－2　重要度が高い水槽や高さが高い場合の接続方法例

が必要である。

6.6.2　配電盤などの幹線ケーブルの接続部

一般的に、幹線ケーブル自体が変位に追従するものと考えられる。ただし、幹線ケーブルの太さやケーブル支持位置に注意する必要がある。地震時に配電盤内接続端子に直接テンションがかからないような構造とする。

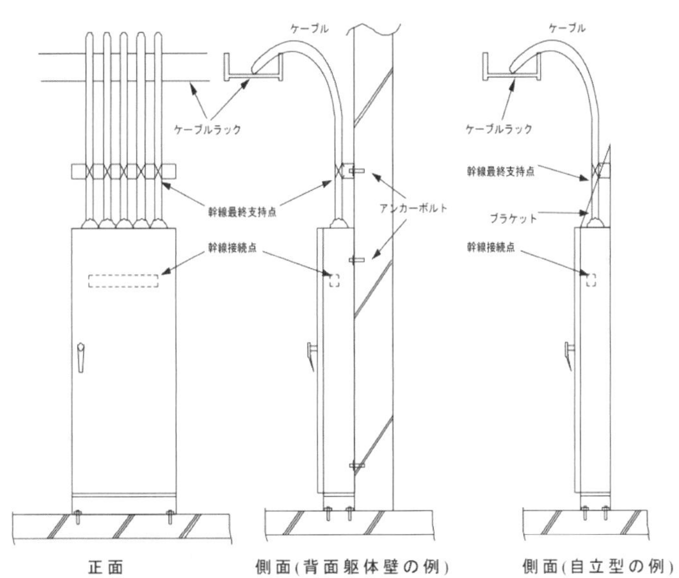

解図 6.6－3　盤上部幹線支持

6.6.3　その他の設備機器への配管接続例

解図 6.6－4 に、設備機器への配管接続例を示す。

解図 6.6－5 に、OA デスク形態での耐震固定例を示す。

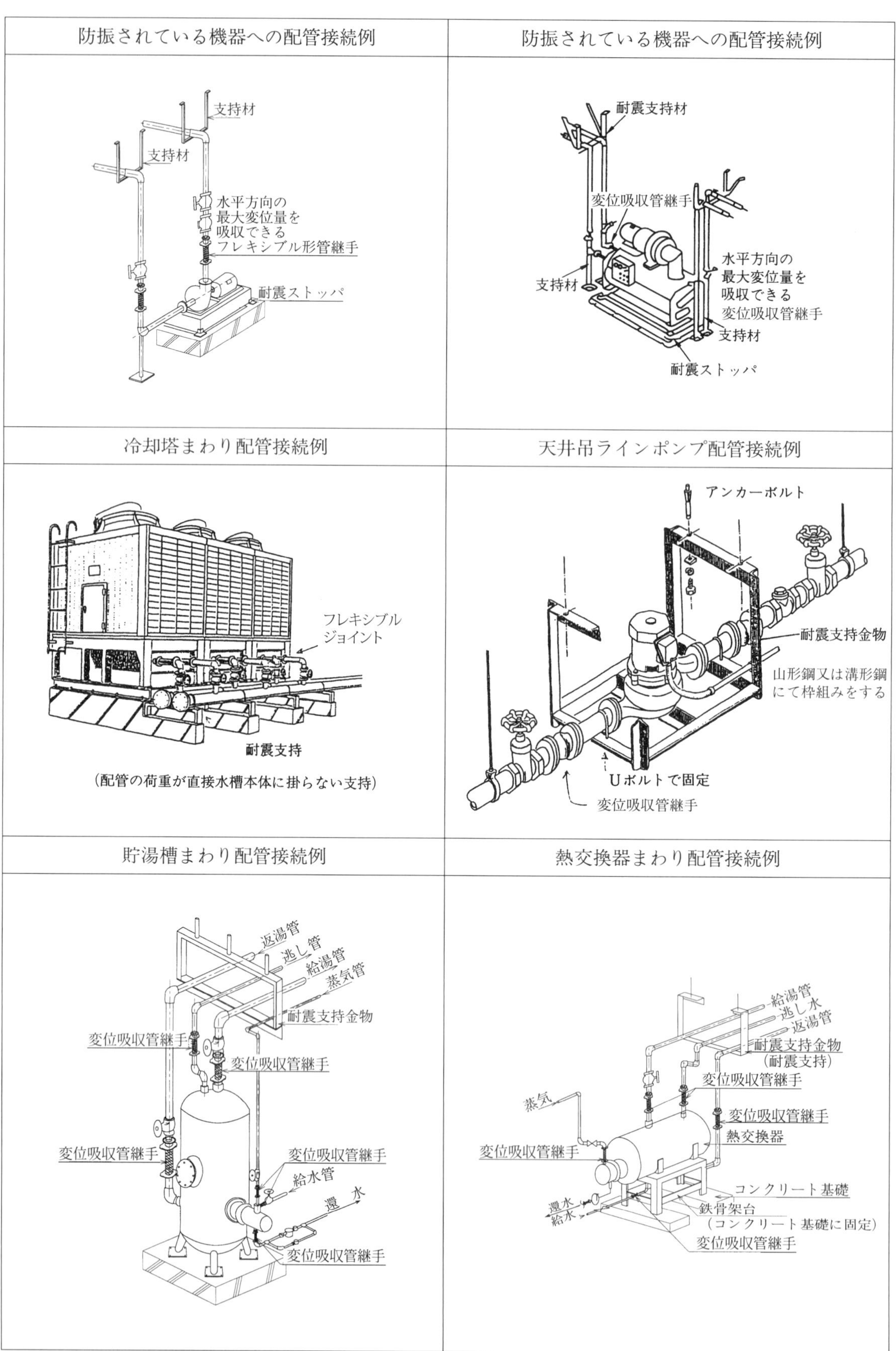

解図 6.6－4（a）設備機器への配管接続例（その１）

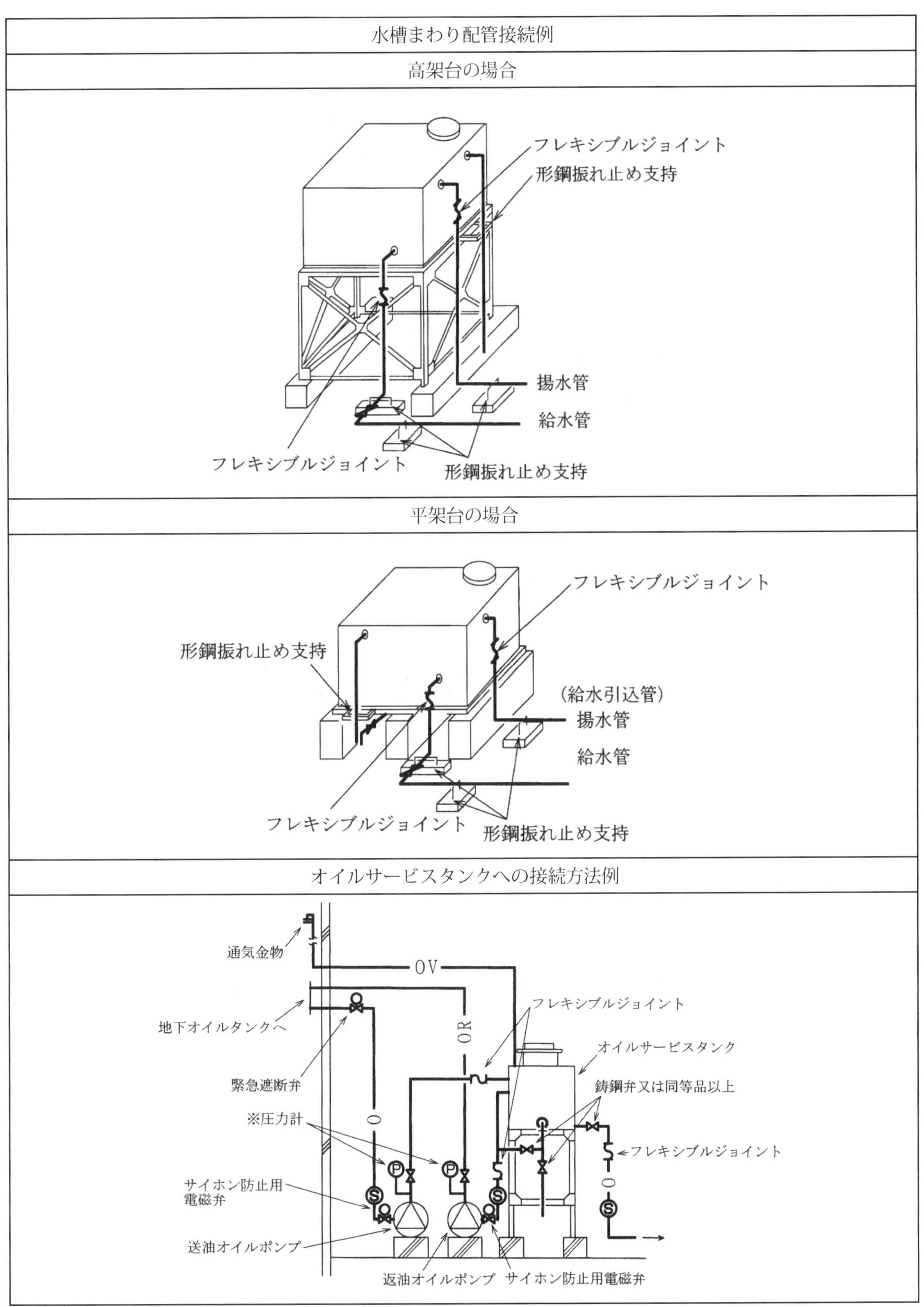

注）重要度の高い水槽では出水管接続部に地震感知によって作動する緊急遮断弁などを設けることが望ましい。

解図 6.6−4（b）設備機器への配管接続例（その 2）

【出典】国土交通省大臣官房官庁営繕部　公共建築工事標準図（機械設備工事編）平成 25 年版

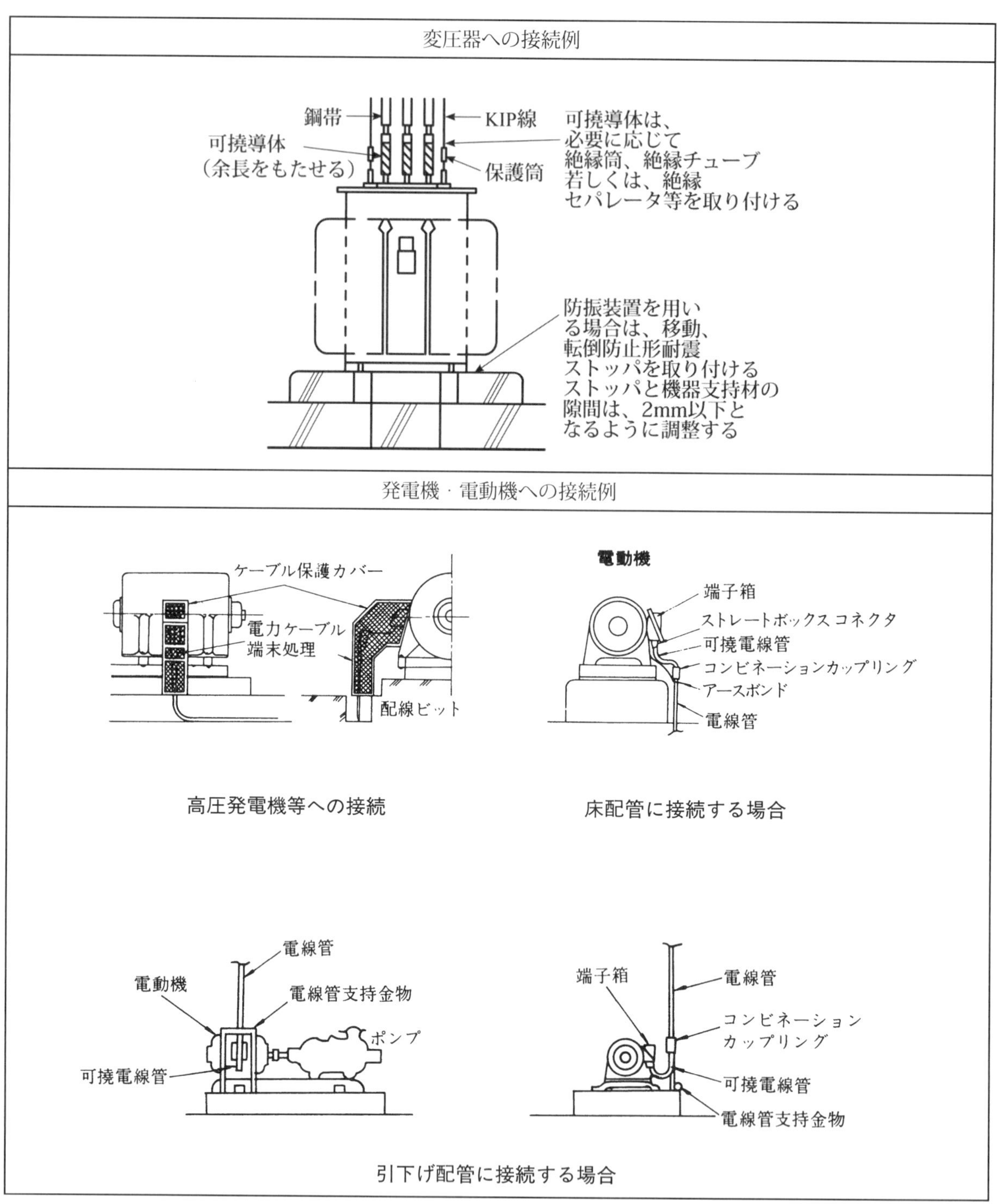

解図 6.6－4（c）設備機器への電気配線接続例

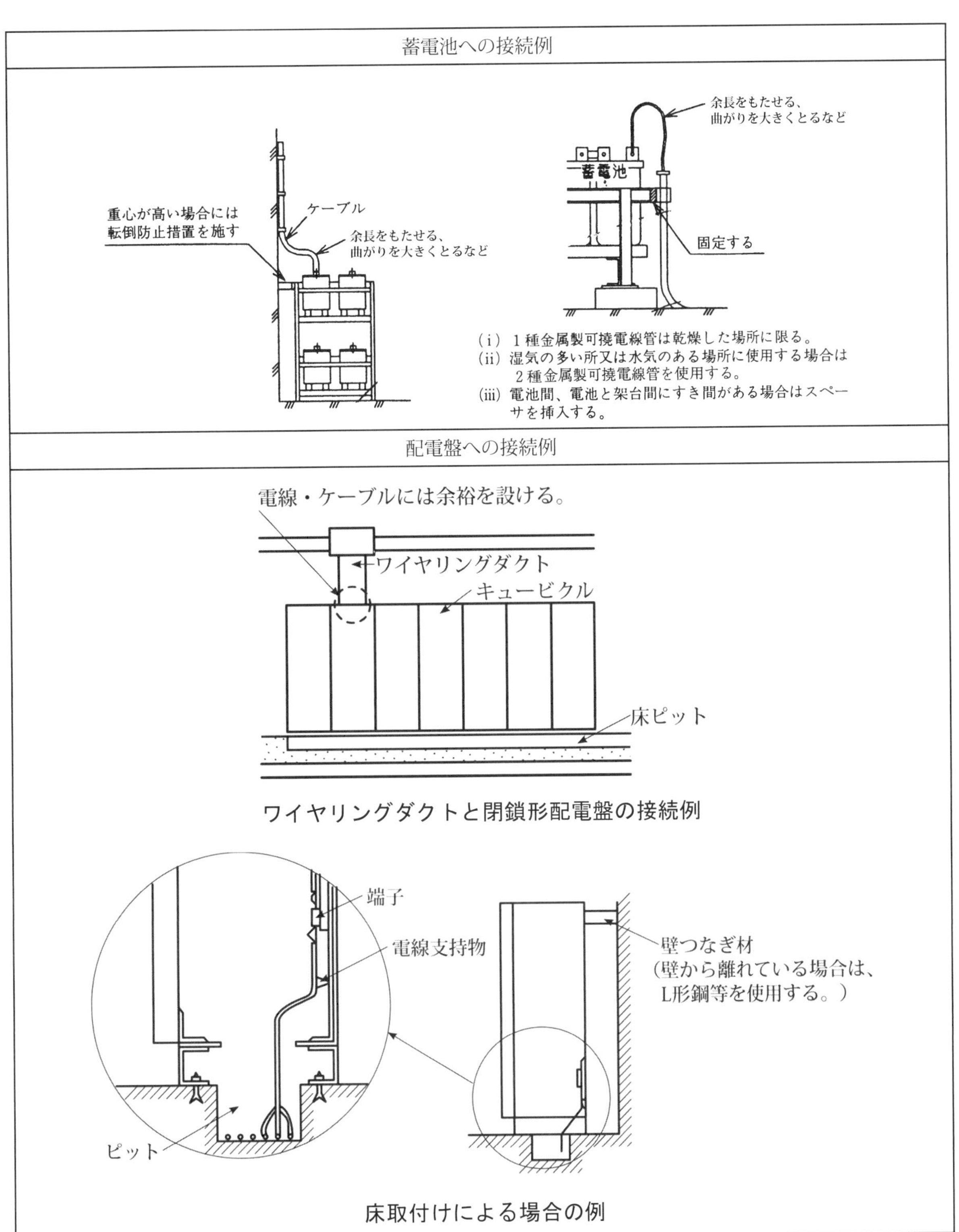

解図 6.6－4（d）設備機器への電気配線接続例

監視制御システムの耐震措置例
建築物における中央監視装置（防災、防犯含む）は、地震時の建物中枢機能を確保する見地から耐震に対する措置が必要である。 設置上の意見 （ｉ）デスク上に設置される各機器への耐震措置は、必要度に合わせゴムマット等による滑り止めか、バンド・金具等による固定を施す。 （ii）デスク自体の耐震措置も施す。フリーアクセス床の場合は、耐震強化使用とするか、又は直接躯体への固定を配慮する。

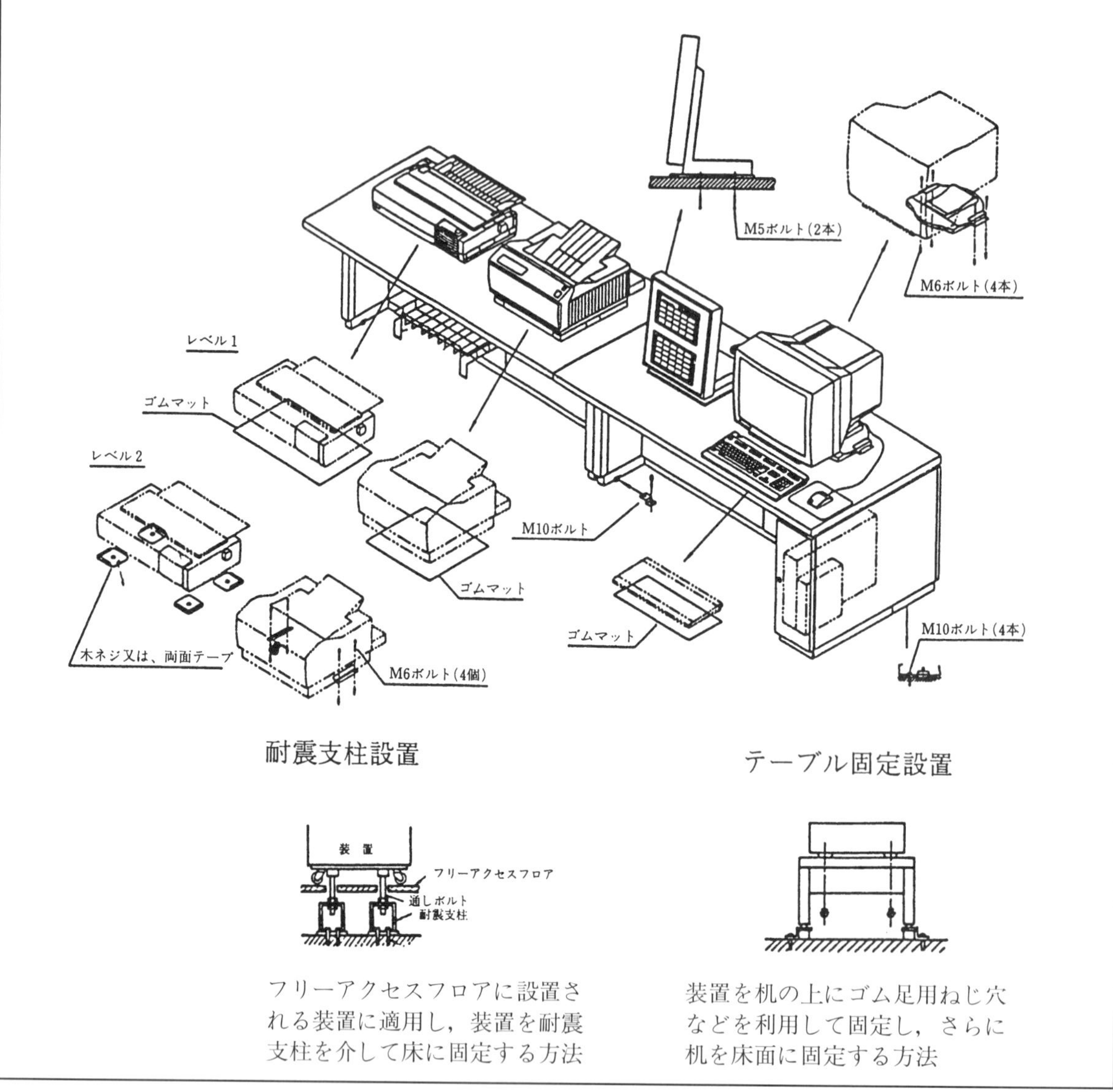

解図 6.6−5　OA デスク形態での耐震固定例

【出典】国土交通省大臣官房官庁営繕部監修　官庁施設の総合耐震計画基準及び同解説　平成８年版　（一社）公共建築協会

過去の地震による被害例

(1)　設備機器などの移動・転倒などによるもの

設備機器などが移動・転倒したために、これに接続していた配管・ダクト・電気配線などが破損したものがある。

(2)　設備機器などとの接続部の破損

設備機器と配管・ダクト電気配線などはそれぞれ振動状態が異なるため、地震時に設備機器と配管・ダクト・電気配線などに大きな相対変位が生じ、接続部で破損したものがある。

6.7　天井面に取合う機器・器具類と支持

天井に取合う設備機器・器具類は耐震支持を行って天井との相対変位を抑制するが、その方法は、極軽量な器具については天井面に緊結し、それを超える設備機器・器具は、解図 6.7−1 のように吊りボルトに X 状などの斜材を締め具で堅固に取付けて、天井との相関変位を抑制するために、鉛直吊りボルトが X 状斜材に拘束されない上端と下端との長さは極力短くする。

損傷例の多いスプリンクラー配管などは機器や配管ダクト類、吊りボルトなど他の構造物と干渉しないように十分な離隔距離を確保する。

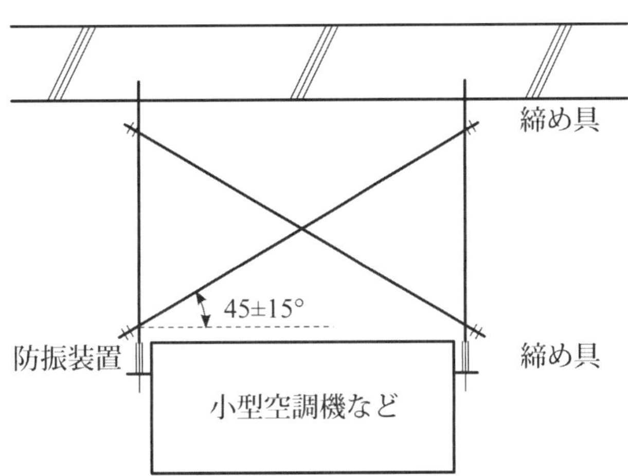

解図 6.7−1　全ネジボルト X 状耐震支持の例

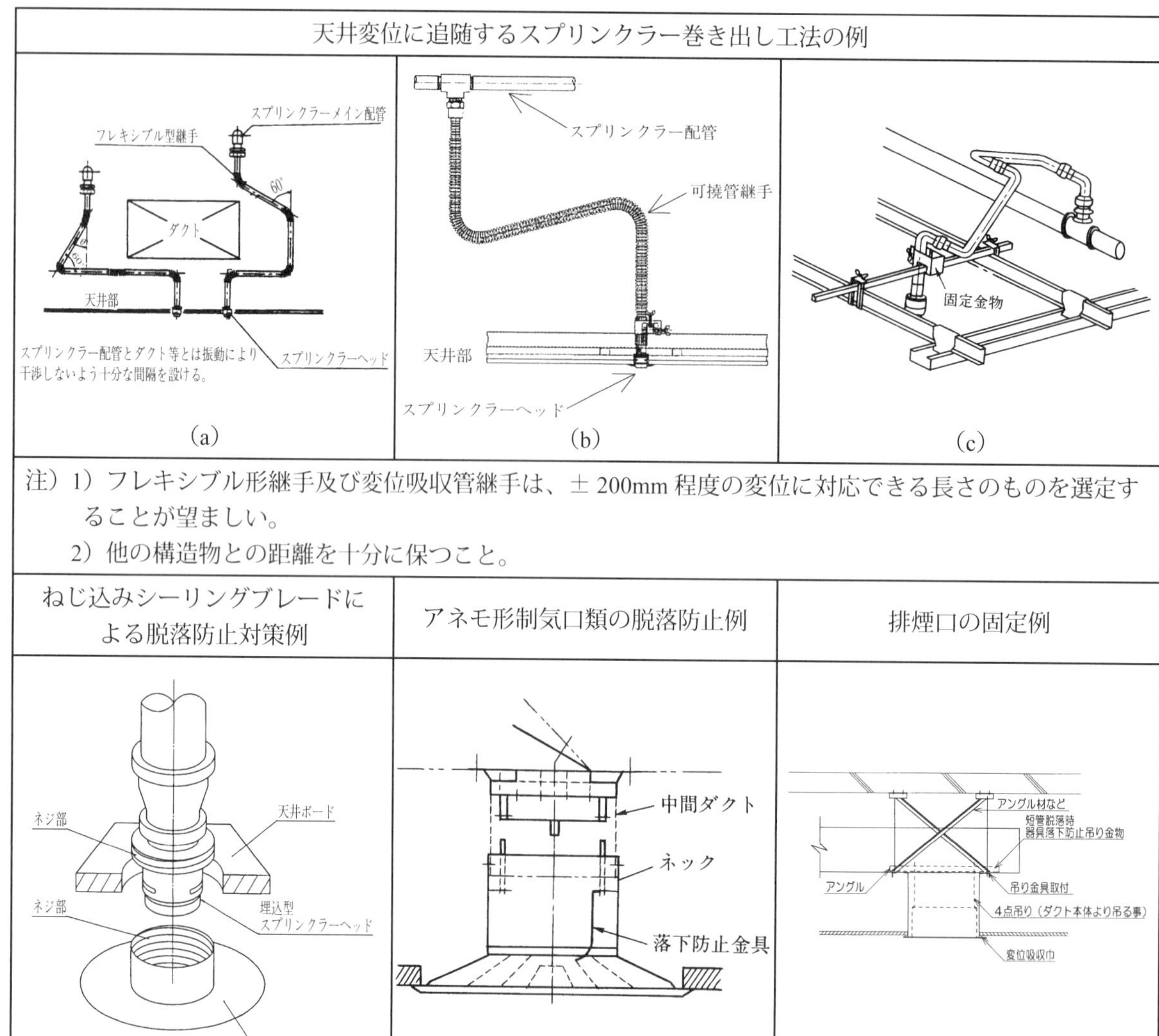

解図 6.7－2　天井に取合う器具類の耐震対策例

【出典】国土交通省大臣官房官庁営繕部監修　官庁施設の総合耐震計画基準及び同解説　平成 8 年版 （一社）公共建築協会

付表１　アンカーボルトの許容引抜き荷重

（一社）日本内燃力発電設備協会「自家用発電設備耐震設計のガイドライン」抜粋

本指針では、自家用発電設備耐震設計ガイドラインのアンカーボルト名称を常用されている名称に読み替えている。ガイドラインと本指針での名称の対応を以下に示す。

<table>
<tr><th>自家用発電設備耐震設計のガイドライン</th><th>本指針での名称</th></tr>
<tr><td>後打ちアンカー</td><td rowspan="3">「あと施工アンカー」</td></tr>
<tr><td>後抜きアンカー</td></tr>
<tr><td>後打ち式アンカーボルト</td></tr>
<tr><td>メカニカルアンカー</td><td rowspan="2">「あと施工金属拡張アンカー」又は､「金属拡張アンカー」</td></tr>
<tr><td>後打式メカニカル</td></tr>
<tr><td>後打式メカニカル（おねじ形）</td><td rowspan="5">「あと施工金属拡張アンカー（おねじ形）」又は、「金属拡張アンカー（おねじ形）」</td></tr>
<tr><td>後打式メカニカルアンカー（おねじ形）</td></tr>
<tr><td>おねじ形メカニカルアンカー</td></tr>
<tr><td>おねじ形メカニカルアンカーボルト</td></tr>
<tr><td>後打ち式おねじ形メカニカルアンカーボルト</td></tr>
<tr><td>後打ち式めねじ形メカニカルアンカーボルト</td><td>「あと施工金属拡張アンカー（めねじ形）」又は、「金属拡張アンカー（めねじ形）」</td></tr>
<tr><td>後打式樹脂アンカー</td><td rowspan="6">「あと施工接着系アンカー」又は、「接着系アンカー」</td></tr>
<tr><td>後打樹脂アンカー</td></tr>
<tr><td>樹脂アンカー</td></tr>
<tr><td>後打式樹脂アンカーボルト</td></tr>
<tr><td>樹脂アンカーボルト</td></tr>
<tr><td>後打ち式樹脂アンカーボルト</td></tr>
<tr><td colspan="2">備考：
＊各種アンカーは、（一社）日本建築あと施工アンカー協会（JCAA）認証製品として用意されている。
＊表 3.3 中「表 3.2 注 3」とあるのは、本指針 4 章解説 4.1.2　②に対応するものである。</td></tr>
</table>

3.3　アンカーボルトなど

機器、機器のストッパ及び配管サポート部材は、アンカーボルトなどその他の方法で、機械基礎、建物の床スラブ上面、天井スラブ下面、コンクリート壁面などに固定する。

3.3.1　アンカーボルトなどの施工法

アンカーボルトなどの施工法には、次に示すものがあり、これらのアンカーボルトなどの要領を、表3.1に示す。

（ｉ）　埋込アンカー
（ii）　箱抜きアンカー
（iii）　あと施工アンカー
　（a）　金属拡張アンカー
　（b）　接着系アンカー
（iv）　インサート金物

表3.1　アンカーボルトなどの施工法

(ｉ)埋込アンカー	(ii)箱抜きアンカー	(iii)あと施工アンカー		(iv)インサート金物
		(a)金属拡張アンカー	(b)接着系アンカー	
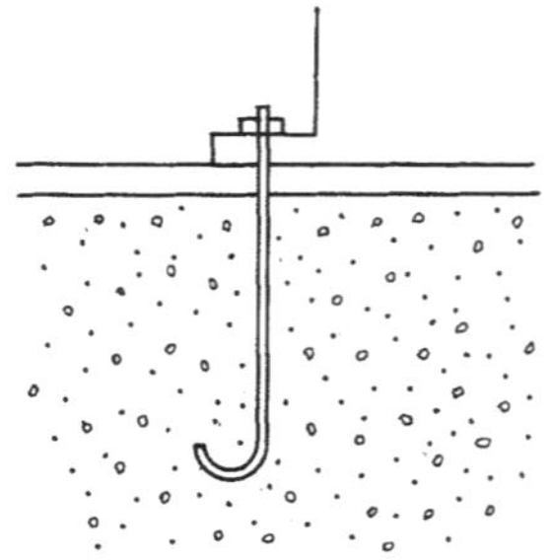	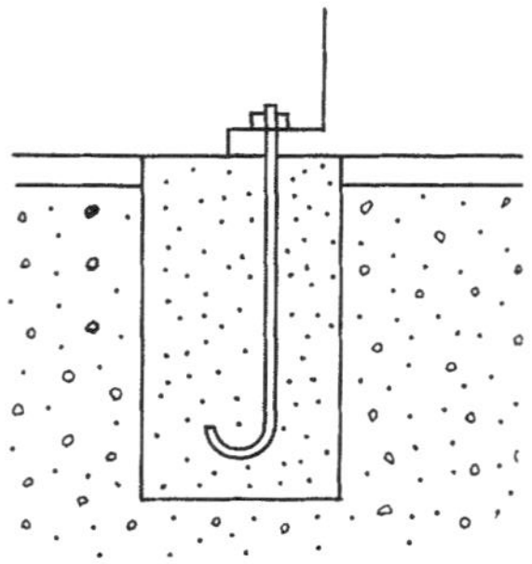	イ）おねじ形　ロ）めねじ形 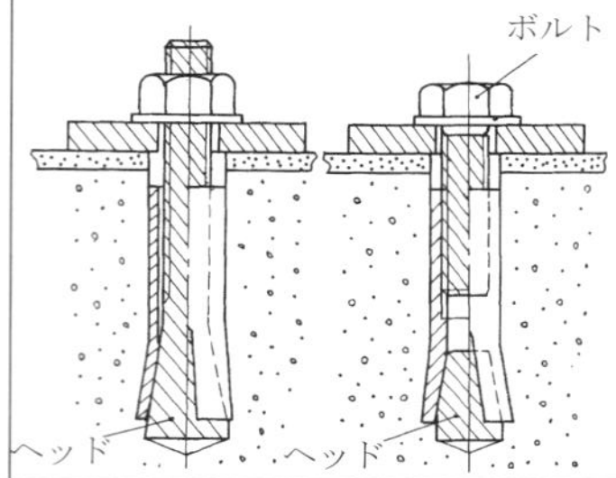 ボルト ヘッド　ヘッド	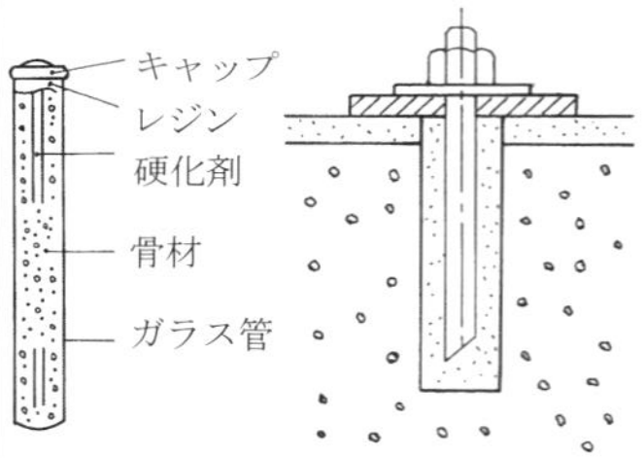 キャップ レジン 硬化剤 骨材 ガラス管	イ）鋼製　ロ）いもの 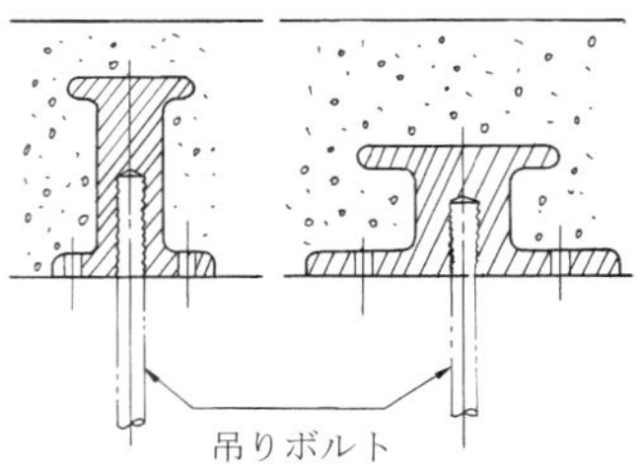 吊りボルト
基礎コンクリート打設前にアンカーボルトを正しく位置決めセットし、コンクリートを打設と同時にアンカーボルトの設定が完了する方式。	基礎コンクリート打設時にアンカーボルト設定用の箱抜き孔を設けておき機器などの据付時にアンカーボルトを設定し、モルタルなどでアンカーボルトを固定埋込む方式。	躯体コンクリート面にドリルなどで所定の孔をあけアンカーをセットしたうえ下部を機械的に拡張させて、コンクリートに固着させる方式 この方式には イ）おねじ形（ヘッドとボルトが一体のもの） ロ）めねじ形（ヘッドとボルトが分離しているもの） の2種類があり、強度が著しく異なる。	躯体コンクリートに所定の穿孔をし、その内に樹脂および硬化促進剤、骨材などを充てんしたガラス管状カプセル（上図参照）を挿入し、アンカーボルトをその上からインパクトドリルなどの回転衝撃によって打ち込むことにより、樹脂硬化剤、骨材や粉砕されたガラス管などが混合されて硬化し、接着力によって固定される方式。	コンクリート打設時に埋込まれたねじを切った金物で、配管などを支持する吊ボルトなどをねじ込み使用する方式。

表3.2（略）

表 3.3（ｉ） 埋込式 L 形、LA 形ボルトの許容引抜荷重

設置場所

a) 堅固な基礎

仕上モルタル

下記の計算式にて、ボルトの短期許容引抜荷重を求める。ただし、ボルトのせん断応力が 4.4kN/㎠（SS400 の場合）を超える場合には、表 3.2 注 3 により、ボルトの強度検討を行い、更に、ボルトの許容引張応力を超えないことを確認する。

$$Ta = \pi \cdot d \cdot \ell \cdot fc \qquad (3.9)$$

ここに、Ta　：アンカーボルトの短期許容引抜荷重(kN)

d　：アンカーボルトの呼称径(cm)

ℓ　：アンカーボルトの有効埋込長さ(cm)

(コンクリート基礎表面から 20 ㎜入ったところからの長さをいう。)

fc　：鉄筋のコンクリートに対する短期許容付着応力度

$fc = \frac{9}{100}Fc$、かつ、0.203 (kN/㎠)以下

(日本建築学会、鉄筋コンクリート構造計算基準による。)

Fc　：コンクリートの設計基準強度（kN/㎠）

(通常は、1.8kN/㎠(18N/mm²)とする。)

なお、基礎の隅角部、辺部に打設されたアンカーボルトについては、下記(3.9−1)式と(3.9)式とを比較して、小さい方の値を短期許容引抜荷重とする。

$$Ta = 6\pi \cdot C^2 \cdot p \qquad (3.9-1)$$

ここに、C　：アンカーボルト中心より基礎辺部までの距離(cm)

ただし、C≧4ｄ、かつ、$C-\frac{d}{2} \geqq 5$ ㎝とする。

p　：コンクリートの設計基準強度による補正係数

$p = \frac{1}{6}\,\mathrm{Min}(\frac{Fc}{30},\ 0.05+\frac{Fc}{100})$

とする。

注 1. ℓ≧6ｄとすることが望ましい。(d：アンカーボルトの呼称径)

2. 第一種、第二種軽量コンクリートが使用される場合は、一割程度裕度ある選定を行うこと。

b) 一般的な床スラブ上面

短期許容引抜荷重（kN）

ボルト径ｄ(呼称径)	コンクリート厚さ(㎜)			
	120	150	180	200
M 8	3.20	4.40	5.70	6.50
M10	4.00	5.50	7.10	8.10
M12	4.80	6.70	8.50	9.70
M16	−	8.90	11.4	12.0
M20	−	−	12.0	12.0
M24	−	−	−	12.0
有効埋込長(ℓ)(㎜)	80	110	140	160

注 1. 上図の通りアンカーボルトが埋込まれた時の短期許容引抜荷重である。

2. コンクリートの設計基準強度 Fc は 1.8kN/㎠(18N/mm²)としている。

3. 各寸法が上図と異なる時、あるいはコンクリートの設計基準強度が異なる時などは左記堅固な基礎の計算によるものとする。ただし、床スラブ上面に設けられるアンカーボルトは 1 本当り 12.0kN を超す引抜荷重は負担できないものとする。

4. ℓ≧6ｄとすることが望ましく上表の－印の部分は使用しないことが望ましい。

5. 第一種、第二種軽量コンクリートが使用される場合は、一割程度裕度ある選定を行うこと。

c) 一般的な天井スラブ下面、コンクリート壁面

長期許容引抜荷重（kN）

ボルト径ｄ(呼称径)	コンクリート厚さ(㎜)			
	120	150	180	200
M 8	2.10	2.90	3.80	4.30
M10	2.60	3.60	4.70	5.40
M12	3.20	4.40	5.60	6.40
M16	−	5.90	7.60	8.00
M20	−	−	8.00	8.00
M24	−	−	−	8.00
有効埋込長(ℓ)(㎜)	80	110	140	160

注 1. 上図の通りアンカーボルトが埋込まれた時の長期引抜荷重である。

2. コンクリートの設計基準強度 Fc は 1.8kN/㎠(18N/mm²)としている。

3. 各寸法が上図と異なる時、或いはコンクリートの設計基準強度が異なる時などは、左記堅固な基礎の計算により行い、その計算結果の値を 1.5 で除したものを許容引抜荷重とする。ただし、天井スラブ下面、コンクリート壁面に設けられるアンカーボルトは、一本当り 8.0kN を超す引抜荷重は負担できないものとする。

4. ℓ≧6ｄとすることが望ましく、上表の－印の部分は使用しないことが望ましい。

5. 一般的な天井スラブ下面、コンクリート壁面に支点をとった重量物は、地震による短期引抜荷重も検討する必要がある。この短期引抜荷重に対しては、ｂ)項短期許容引抜荷重についても検討すること。

6. 第一種、第二種軽量コンクリートが使用される場合は、一割程度裕度ある選定を行うこと。

表 3.3（ii）埋込式ヘッド付ボルトの許容引抜荷重

設置場所	a) 堅固な基礎	b) 一般的な床スラブ上面	c) 一般的な天井スラブ下面、コンクリート壁面

a) 堅固な基礎

下記の計算式にて、ボルトの短期許容引抜荷重を求める。ただし、ボルトのせん断応力が 4.4kN/cm²(SS400 の場合) を超える場合には、表 3.2 注 3 により、ボルトの強度検討を行い、更に、ボルトの許容引張応力を超えないことを確認する。

$$Ta = 6\pi \cdot L(L+B) \cdot p \qquad (3.10)$$

ここに、
- Ta ： アンカーボルトの短期許容引抜荷重(kN)
- L ： アンカーボルトの埋込長さ(cm)
- B ： ヘッドの最小巾（cm）、(JIS 六角ボルト頭の二面巾以上とする。)
- p ：コンクリートの設計基準強度による補正係数

$$p = \frac{1}{6}\,\mathrm{Min}\left(\frac{Fc}{30},\ 0.05+\frac{Fc}{100}\right)$$

とする。

- Fc ： コンクリートの設計基準強度（kN/cm²）（通常は、1.8kN/cm²(18N/mm²)とする。）

なお、基礎の隅角部、辺部に打設されたアンカーボルトについては、ボルトの中心より基礎辺部までの距離 C が、C≦L＋B の場合、下記（3.10−1）式又は（3.10−2）にて短期許容引抜荷重を求める。

1) L≦C＋h の場合

$$Ta = 6\pi \cdot C^2 \cdot p \qquad (3.10-1)$$

2) L＞C＋h の場合

$$Ta = 6\pi \cdot (L-h)^2 \cdot p \qquad (3.10-2)$$

ここに、C ： アンカーボルト中心より基礎辺部までの距離(cm)

ただし、L＋B≧C≧4 d 、かつ、$C-\frac{d}{2} \geqq 5$ cm とする。

h ： 基礎の盛上高さ（cm）

注 1. L≧6d とすることが望ましい。（d：アンカーボルトの呼称径）
2. 上図の H は、JIS 六角ボルト頭の高さ以上とする。
3. 第一種、第二種軽量コンクリートが使用される場合は、一割程度裕度ある選定を行うこと。

b) 一般的な床スラブ上面

短期許容引抜荷重（kN）

ボルト径 d (呼称径)	コンクリート厚さ(mm)				ボルト寸法	
	120	150	180	200	H(mm)	B(mm)
M 8	9.00	9.00	9.00	9.00	5.5	13
M10	12.0	12.0	12.0	12.0	7	17
M12	12.0	12.0	12.0	12.0	8	19
M16	—	12.0	12.0	12.0	10	24
M20	—	—	12.0	12.0	13	30
M24	—	—	—	12.0	15	36
ボルトの埋込長さ L(mm)	100−H	130−H	160−H	180−H		

注 1. 上図において、上表の埋込み長さ及びボルト寸法のアンカーボルトが埋込まれた時の短期許容引抜荷重である。
2. コンクリートの設計基準強度 Fc は、1.8kN/cm²(18N/mm²)としている。
3. 各寸法が上図と異なる時、或いはコンクリートの設計基準強度が異なる時などは、左記堅固な基礎の計算によるものとする。ただし、床スラブ上面に設けられるアンカーボルトは、一本当り 12.0kN を超す引抜荷重は負担できないものとする。
4. L≧6 d とすることが望ましく、上表の－印の部分は、使用しないことが望ましい。
5. 上図の B、H の寸法は、それぞれ JIS 六角ボルト頭の二面巾及び高さを基準としている。
6. 第一種、第二種軽量コンクリートが使用される場合は、一割程度裕度ある選定を行うこと。

c) 一般的な天井スラブ下面、コンクリート壁面

長期許容引抜荷重（kN）

ボルト径 d (呼称径)	コンクリート厚さ(mm)				ボルト寸法	
	120	150	180	200	H(mm)	B(mm)
M 8	6.00	6.00	6.00	6.00	5.5	13
M10	8.00	8.00	8.00	8.00	7	17
M12	8.00	8.00	8.00	8.00	8	19
M16	—	8.00	8.00	8.00	10	24
M20	—	—	8.00	8.00	13	30
M24	—	—	—	8.00	15	36
ボルトの埋込長さ L(mm)	100−H	130−H	160−H	180−H		

注 1. 上図の通りアンカーボルトが埋込まれた時の長期許容引抜荷重である。
2. コンクリートの設計基準強度 Fc は 1.8kN/cm²(18N/mm²)としている。
3. 各寸法が上図と異なる時、或いはコンクリートの設計基準強度が異なる時などは、左記堅固な基礎の計算により行い、その計算結果の値を 1.5 で除したものを許容引抜荷重とする。ただし、天井スラブ下面、コンクリート壁面に設けられるアンカーボルトは、一本当り 8.0kN を超す引抜荷重は負担できないものとする。
4. L≧6 d とすることが望ましく、上表の－印の部分は使用しないことが望ましい。
5. 上図の B、H の寸法は、それぞれ JIS 六角ボルト頭の二面巾及び高さを基準としている。
6. 一般的な天井スラブ下面、コンクリート壁面に支点をとった重量物は、地震による短期引抜荷重も検討する必要がある。この短期引抜荷重に対しては、b)項 短期許容引抜荷重についても検討すること。
7. 第一種、第二種軽量コンクリートが使用される場合は、一割程度裕度ある選定を行うこと。

表 3.3（iii） 埋込式 J 形、JA 形ボルトの許容引抜荷重

設置場所

a) 堅　固　な　基　礎

下記の計算式にて、ボルトの短期許容引抜荷重を求める。ただし、ボルトのせん断応力が 4.4kN/cm²(SS400 の場合)を超える場合には、表 3.2 注 3 により、ボルトの強度確認を行い、更に、ボルトの許容引張応力を超えないことを確認する。

$$Ta = 6\pi \cdot L^2 \cdot p \qquad (3.11)$$

ここに、Ta　：アンカーボルトの短期許容引抜荷重(kN)

L　：アンカーボルトの埋込長さ(cm)、ただし、6 d ≦L≦30

p　：コンクリートの設計基準強度による補正係数

$$p = \frac{1}{6} \mathrm{Min}\left(\frac{Fc}{30}, 0.05 + \frac{Fc}{100}\right)$$

とする。

Fc　：コンクリートの設計基準強度（kN/cm²）

（通常は、1.8kN/cm²(18N/mm²)とする。）

なお、基礎の隅角部、辺部に打設されたアンカーボルトについては、ボルトの中心より基礎辺部までの距離が、C≦L の場合、下記（3.11-1）式または（3.11−2）式にて短期許容引抜荷重を求める。

1)　L≦C+h の場合

$$Ta = 6\pi \cdot C^2 \cdot p \qquad (3.11-1)$$

2)　L>C+h の場合

$$Ta = 6\pi \cdot (L-h)^2 \cdot p \qquad (3.11-2)$$

ここに、C　：アンカーボルト中心より基礎辺部までの距離(cm)

ただし、L≧C≧4 d 、かつ、$C - \frac{d}{2} \geqq 5$ cm とする。

h　：基礎の盛上高さ(cm)

注 1.　L≧6d とすることが望ましい。（d：アンカーボルトの呼称径）

2.　上図の ℓ′は、JIS ボルトの場合の ℓ′≒4.5 d である。

3.　第一種、第二種軽量コンクリートが使用される場合は、一割程度裕度ある選定を行うこと。

b)　一　般　的　な　床　ス　ラ　ブ　上　面

短期許容引抜荷重（kN）

ボルト径 d (呼称径)	コンクリート厚さ(mm)			
	120	150	180	200
M 8	9.00	9.00	9.00	9.00
M10	12.0	12.0	12.0	12.0
M12	12.0	12.0	12.0	12.0
M16	−	12.0	12.0	12.0
M20	−	−	12.0	12.0
M24	−	−	−	12.0
ボルトの埋込長さ L(mm)	100−d	130−d	160−d	180−d

注 1.　上図のとおりアンカーボルトが埋込まれた時の短期許容引抜荷重である。

2.　コンクリートの設計基準強度 Fc は、1.8kN/cm²(18N/mm²)としている。

3.　各寸法が上図と異なる時、或いはコンクリートの設計基準強度が異なる時などは、左記堅固な基礎の計算によるものとする。ただし、床スラブ上面に設けられるアンカーボルトは、一本当り 12.0kN を超す引抜荷重は負担できないものとする。

4.　L≧6 d とすることが望ましく、上表の－印の部分は使用しないことが望ましい。

5.　上図の ℓ′は JIS ボルトの場合の ℓ′≒4.5 d である。

6.　第一種、第二種軽量コンクリートが使用される場合は、一割程度裕度ある選定を行うこと。

c)　一般的な天井スラブ下面、コンクリート壁面

長期許容引抜荷重（kN）

ボルト径 d (呼称径)	コンクリート厚さ(mm)			
	120	150	180	200
M 8	6.00	6.00	6.00	6.00
M10	8.00	8.00	8.00	8.00
M12	8.00	8.00	8.00	8.00
M16	−	8.00	8.00	8.00
M20	−	−	8.00	8.00
M24	−	−	−	8.00
ボルトの埋込長さ L(mm)	100−d	130−d	160−d	180−d

注 1.　上図のとおりアンカーボルトが埋込まれた時の長期許容引抜荷重である。

2.　コンクリートの設計基準強度 Fc は、1.8kN/cm²(18N/mm²)としている。

3.　各寸法が上図と異なる時、或いはコンクリートの設計基準強度が異なる時などは、左記堅固な基礎の計算により行い、その計算結果の値を 1.5 で除したものを許容引抜荷重とする。ただし、天井スラブ下面、コンクリート壁面に設けられるアンカーボルトは、一本当り 8.0kN を超す引抜荷重は負担できないものとする。

4.　L≧6 d とすることが望ましく、上表の－印の部分は使用しないことが望ましい。

5.　上図の ℓ′は JIS ボルトの場合の ℓ′≒4.5 d である。

6.　一般的な天井スラブ下面、コンクリート壁面に支点をとった重量物は、地震による短期引抜荷重も検討する必要がある。この短期引抜荷重に対しては、b）項短期許容引抜荷重についても検討すること。

7.　第一種、第二種軽量コンクリートが使用される場合は、一割程度裕度ある選定を行うこと。

表 3.3（iv）箱抜式Ｌ形、LA 形ボルトの許容引抜荷重（一般的な天井スラブ下面、コンクリート壁面には用いない。）

設置場所：a) 堅固な基礎

下記の計算式と表 3.3(i)の(3.9)式にて、ボルトの許容引抜荷重を求め、小さい方の値を短期許容引抜荷重とする。ただし、ボルトのせん断応力が 4.4kN/㎠（SS400 の場合）を超える場合には、表 3.2 注 3 より、ボルトの強度確認を行い、更に、ボルトの許容引張応力を超えないことを確認する。

$Fc_1 \leqq Fc_2$ の場合

$$Ta = \frac{Fc_1}{80} \pi \cdot L \cdot W \qquad (3.12)$$

$Fc_1 > Fc_2$ の場合（例えば無収縮性モルタルトロなど）

$$Ta = \frac{Fc_2}{80} \pi \cdot L \cdot W \qquad (3.13)$$

ここに、Ta　：　アンカーボルトの短期許容引抜荷重(kN)
　　　　L　：　アンカーボルトの埋込長さ（㎝）
　　　　Fc_1　：　充填モルタルの設計基準強度（kN/㎠）
　　　　Fc_2　：　周囲コンクリートの設計基準強度（kN/㎠）
　　　　〔通常の場合は　Fc_1＝1.2kN/㎠(12N/mm²)、Fc_2＝1.8kN/㎠(18N/mm²)　を用いる。〕
　　　　W　：　箱抜式アンカーボルトの箱寸法（10 ㎝≦W≦15 ㎝）
　　　　　　　矩形の場合は最小辺の寸法とする。ただし、箱内面は十分な目荒しをすること。

なお、基礎の隅角部、辺部に打設されたアンカーボルトについては表 3.3(i)(3.9)式の計算結果と下記(3.12－1,2)式又は(3.13－1,2)式のいずれかにて計算した結果とを比較し、小さい方の値を短期許容引抜荷重とする。

1) $Fc_1 \leqq Fc_2$、$L \leqq h$ の場合

$$Ta = \frac{Fc_1}{80} \pi \cdot L \cdot W \cdot \frac{A}{10} \qquad (3.12-1)$$

2) $Fc_1 \leqq Fc_2$、$L > h$ の場合

$$Ta = \frac{Fc_1}{80} \pi \cdot W \left(L - h + \frac{A}{10} h\right) \qquad (3.12-2)$$

3) $Fc_1 > Fc_2$、$L \leqq h$ の場合

$$Ta = \frac{Fc_2}{80} \pi \cdot L \cdot W \cdot \frac{A}{10} \qquad (3.13-1)$$

4) $Fc_1 > Fc_2$、$L > h$ の場合

$$Ta = \frac{Fc_2}{80} \pi \cdot W \left(L - h + \frac{A}{10} h\right) \qquad (3.13-2)$$

ここに、h：基礎の盛上高さ（㎝）
　　　　A：箱抜式アンカーボルトの箱外間寸法(㎝)、ただし 10 ㎝＞A≧5 ㎝

注 1. ℓ≧6d とすることが望ましい。（d：アンカーボルトの呼称径）
　2. 第一種、第二種軽量コンクリートが使用される場合は、一割程度裕度ある選定を行うこと。

設置場所：b) 一般的な床スラブ上面

$Fc_1 \leqq Fc_2$ の場合

短期許容引抜荷重（kN）

ボルト径 d (呼称径)	コンクリート厚さ(mm)			
	120	150	180	200
M 8	1.60	2.40	3.20	3.80
M10	2.00	3.00	4.00	4.70
M12	－	3.60	4.80	5.70
M16	－	－	5.60	6.40
M20	－	－	5.60	6.40
M24	－	－	－	6.40
ボルトの埋込長さ L(mm)	80－d	110－d	140－d	160－d
ボルトの有効埋込長(ℓ)(mm)	60	90	120	140

注 1. 上図のとおりアンカーボルトが埋込まれたとき、Fc_1=1.2kN/㎠(12N/mm²)、Fc_2＝1.8kN/㎠(18N/mm²)、W＝100 ㎜の場合の短期許容引抜荷重である。
　2. 各寸法が上図と異なる時、或いはコンクリートの設計基準強度が異なる時などは、左記堅固な基礎の計算によるものとする。ただし、床スラブ上面に設けられるアンカーボルトは、一本当り 12.0kN を超す引抜荷重は負担できないものとする。
　3. L≧6d とすることが望ましく、上表の－印の部分は使用しないことが望ましい。
　4. W が 15 ㎝以下の箱寸法であれば、上表を使用してよい。
　5. 第一種、第二種軽量コンクリートが使用される場合は、一割程度裕度ある選定を行うこと。

$Fc_1 > Fc_2$ の場合

短期許容引抜荷重（kN）

ボルト径 d (呼称径)	コンクリート厚さ(mm)			
	120	150	180	200
M 8	2.40	3.60	4.80	5.70
M10	3.00	4.50	6.10	7.10
M12	－	5.40	7.30	8.50
M16	－	－	8.40	9.60
M20	－	－	8.40	9.60
M24	－	－	－	9.60
ボルトの埋込長さ L(mm)	80－d	110－d	140－d	160－d
ボルトの有効埋込長(ℓ)(mm)	60	90	120	140

注 1. 上図のとおりアンカーボルトが埋込まれたとき、Fc_1＝2.1kN/㎠(21N/mm²)、Fc_2＝1.8kN/㎠(18N/mm²)、W＝100 ㎜の場合の短期許容引抜荷重である。
　2. 各寸法が上図と異なる時、或いはコンクリートの設計基準強度が異なる時などは、左記堅固な基礎の計算によるものとする。ただし、床スラブ上面に設けられるアンカーボルトは一本当り 12.0kN を超す引抜荷重は負担できないものとする。
　3. L≧6d とすることが望ましく、上表の－印の部分は使用しないことが望ましい。
　4. W が 15 ㎝以下の箱寸法であれば、上表を使用してよい。
　5. 第一種、第二種軽量コンクリートが使用される場合は、一割程度裕度ある選定を行うこと。

表 3.3（ｖ）箱抜式Ｊ形、JA 形およびヘッド付ボルトの許容引抜荷重（一般的な天井スラブ下面、コンクリート壁面には用いない。）

設置場所

a) 堅固な基礎

仕上モルタル

下記の計算式にて、ボルトの短期許容引抜荷重を求める。ただし、ボルトのせん断応力が 4.4kN/㎠（SS400 の場合）を超える場合には、表 3.2 注 3 により、ボルトの強度検討を行い、更に、ボルトの許容引張応力を超えないことを確認する。

$Fc_1 \leqq Fc_2$ の場合

$$Ta = \frac{Fc_1}{80}\ \pi \cdot L \cdot W \qquad (3.14)$$

$Fc_1 > Fc_2$ の場合（例えば無収縮性モルタルトロなど）

$$Ta = \frac{Fc_2}{80}\ \pi \cdot L \cdot W \qquad (3.15)$$

ここに、Ta　：アンカーボルトの短期許容引抜荷重(kN)
L　：アンカーボルトの埋込長さ（cm）
Fc_1　：充填モルタルの設計基準強度（kN/㎠）
Fc_2　：周囲コンクリートの設計基準強度（kN/㎠）

〔通常は、$Fc_1 = 1.2$kN/㎠($12N/mm^2$)、$Fc_2 = 1.8$kN/㎠($18N/mm^2$) を用いる。〕

W　：箱抜式アンカーボルトの箱寸法（10 cm ≦ W ≦ 15 cm）
矩形の場合は最小辺の寸法とする。ただし、箱内面は十分な目荒しをすること。

なお、基礎の隅角部、辺部に打設されたアンカーボルトについては下記(3.14−1,2)式又は、(3.15−1,2)式のいずれかにて短期許容引抜荷重を求める。

1) $Fc_1 \leqq Fc_2$、$L \leqq h$ の場合

$$Ta = \frac{Fc_1}{80}\ \pi \cdot L \cdot W \cdot \frac{A}{10} \qquad (3.14-1)$$

2) $Fc_1 \leqq Fc_2$、$L > h$ の場合

$$Ta = \frac{Fc_1}{80}\ \pi \cdot W\ (L - h + \frac{A}{10}\ h) \qquad (3.14-2)$$

3) $Fc_1 > Fc_2$、$L \leqq h$ の場合

$$Ta = \frac{Fc_2}{80}\ \pi \cdot L \cdot W\ \frac{A}{10} \qquad (3.15-1)$$

4) $Fc_1 > Fc_2$、$L > h$ の場合

$$Ta = \frac{Fc_2}{80}\ \pi \cdot W\ (L - h + \frac{A}{10}\ h) \qquad (3.15-2)$$

ここに、h：基礎の盛上高さ（cm）
A：箱抜式アンカーボルトの箱外間寸法（cm）
ただし 10 cm > A ≧ 5 cm

注 1. L≧6d とすることが望ましい。（d：アンカーボルトの呼称径）
2. 第一種、第二種軽量コンクリートが使用される場合は、一割程度裕度ある選定を行うこと。

b) 一般的な床スラブ上面

$Fc_1 \leqq Fc_2$ の場合

短期許容引抜荷重（kN）

ボルト径 d (呼称径)	コンクリート厚さ(mm)			
	120	150	180	200
M 8	3.20	4.60	5.60	6.40
M10	3.20	4.60	5.60	6.40
M12	—	4.60	5.60	6.40
M16	—	—	5.60	6.40
M20	—	—	5.60	6.40
M24	—	—	—	—
ボルトの埋込長さ L(mm)	80−d	110−d	140−d	160−d

注 1. 上図のとおりアンカーボルトが埋込まれたとき、$Fc_1 = 1.2$kN/㎠ ($12N/mm^2$)、$Fc_2 = 1.8$kN/㎠($18N/mm^2$)、W＝100mm の場合の短期許容引抜荷重である。
2. 各寸法が上図と異なる時、或いはコンクリートの設計基準強度が異なる時などは、左記堅固な基礎の計算によるものとする。ただし、床スラブ上面に設けられるアンカーボルトは一本当り 12.0kN を超える引抜荷重は負担できないものとする。
3. L≧6d とすることが望ましく、上表の－印の部分は使用しないことが望ましい。
4. W が 15 cm以下の箱寸法であれば、上表を使用してよい。
5. 第一種、第二種軽量コンクリートが使用される場合は、一割程度裕度ある選定を行うこと。

$Fc_1 > Fc_2$ の場合

短期許容引抜荷重（kN）

ボルト径 d (呼称径)	コンクリート厚さ(mm)			
	120	150	180	200
M 8	4.90	6.90	8.40	9.00
M10	4.90	6.90	8.40	9.60
M12	—	6.90	8.40	9.60
M16	—	—	8.40	9.60
M20	—	—	8.40	9.60
M24	—	—	—	9.60
ボルトの埋込長さ L(mm)	80−d	110−d	140−d	160−d

注 1. 上図のとおりアンカーボルトが埋込まれたとき、$Fc_1 = 2.1$kN/㎠ ($21N/mm^2$)、$Fc_2 = 1.8$kN/㎠($18N/mm^2$)、W＝100 mmの場合の短期許容引抜荷重である。
2. 各寸法が上図と異なる時、或いはコンクリートの設計基準強度が異なる時などは、左記堅固な基礎の計算によるものとする。ただし、床スラブ上面に設けられるアンカーボルトは一本当り 12.0kN を超える引抜荷重は負担できないものとする。
3. L≧6d とすることが望ましく、上表の－印の部分は使用しないことが望ましい。
4. W が 15 cm以下の箱寸法であれば、上表を使用してよい。
5. 第一種、第二種軽量コンクリートが使用される場合は、一割程度裕度ある選定を行うこと。

表 3.3（vi）あと施工接着系アンカーボルトの許容引抜荷重

設置場所 a) 堅固な基礎

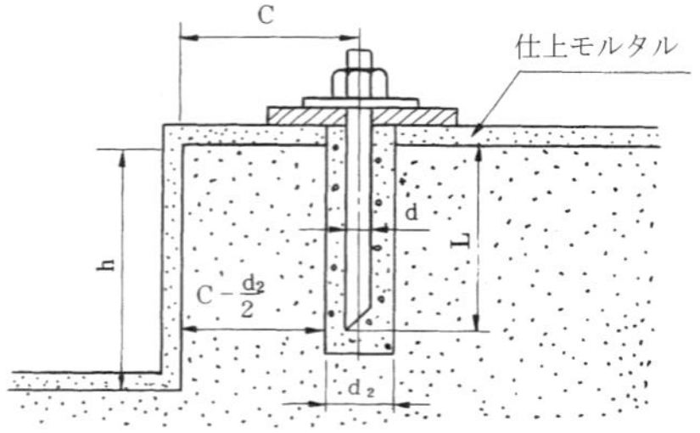

下記の計算式にて、ボルトの短期許容引抜荷重を求める。ただし、ボルトのせん断応力が 4.4kN/㎠（SS400 の場合）を超える場合には、表 3.2 注 3 により、ボルトの強度検討を行い、更に、ボルトの許容引張応力を超えないことを確認する。

$$Ta=\frac{Fc}{8}\pi\cdot d_2\cdot L \qquad (3.16)$$

ここに、Ta ：アンカーボルトの短期許容引抜荷重(kN)
L ：アンカーボルトの埋込長さ（cm）
d_2 ：コンクリートの穿孔径（cm）
Fc ：コンクリートの設計基準強度（kN/㎠）

なお、基礎の隅角部、辺部に打設されたアンカーボルトについては、上記(3.16)式の計算結果と下記(3.16－1)式又は(3.16－2)式のいずれかにて計算した結果とを比較し、小さい方の値を短期許容引抜荷重とする。

1) L≦C＋h の場合

$$Ta=6\pi\cdot C^2\cdot p \qquad (3.16-1)$$

2) L＞C＋h の場合

$$Ta=6\pi(L-h)^2p \qquad (3.16-2)$$

ここに、C ：アンカーボルト中心より基礎辺部までの距離(cm)
ただし、C≧4d、かつ、$C-\frac{d_2}{2}\geqq 5$ cm とする。
p ：コンクリートの設計基準強度による補正係数

$$p=\frac{1}{6}\ \mathrm{Min}\left(\frac{Fc}{30},\ 0.05+\frac{Fc}{100}\right)$$

とする。

注 1. L≧6d とすることが望ましい。（d：アンカーボルトの呼称径）
2. コンクリートの設計基準強度 F_C が 3.0kN/㎠(30N/mm²)を超す場合は、3.0kN/㎠にて計算する。
3. コンクリートの穿孔径 d_2 は接着系アンカーボルトメーカの推奨値を採用する。
4. 第一種、第二種軽量コンクリートが使用される場合は、一割程度裕度ある選定を行うこと。

b) 一般的な床スラブ上面

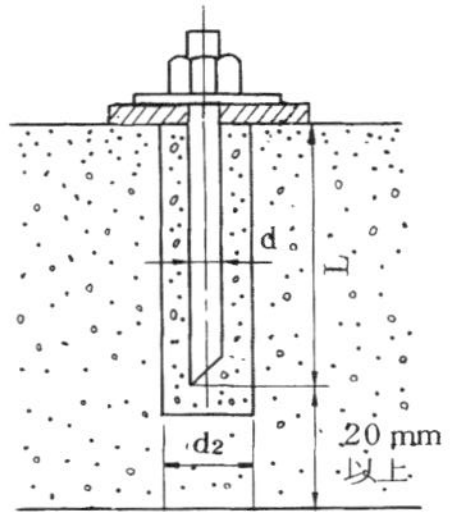

短期許容引抜荷重（kN）

ボルト径 d (呼称径)	コンクリート厚さ(mm)				埋込長さ L(mm)	穿孔径 d_2(mm)
	120	150	180	200		
M10	7.60	7.60	7.60	7.60	80	13.5
M12	9.20	9.20	9.20	9.20	90	14.5
M16	—	12.0	12.0	12.0	110	20
M20	—	—	12.0	12.0	120	24
ボルトの埋込長さ Lの限度(mm)	100	130	160	180		

注 1. 上図において、上表の埋込み長さ及び穿孔径の接着系アンカーボルトが埋込まれたときの短期許容引抜荷重である。
2. コンクリートの設計基準強度 Fc は 1.8kN/㎠(18N/mm²)としている。
3. 各寸法が上図と異なる時、或いはコンクリートの設計基準強度が異なる時などは、左記堅固な基礎の計算によるものとする。ただし、床スラブ上面に設けられるアンカーボルトは一本当り、12.0kN を超す引抜荷重は負担できないものとする。
4. L≧6d とすることが望ましく、上表の－印の部分は使用しないことが望ましい。
5. 第一種、第二種軽量コンクリートが使用される場合は、一割程度裕度ある選定を行うこと。

c) 一般的な天井スラブ下面、コンクリート壁面

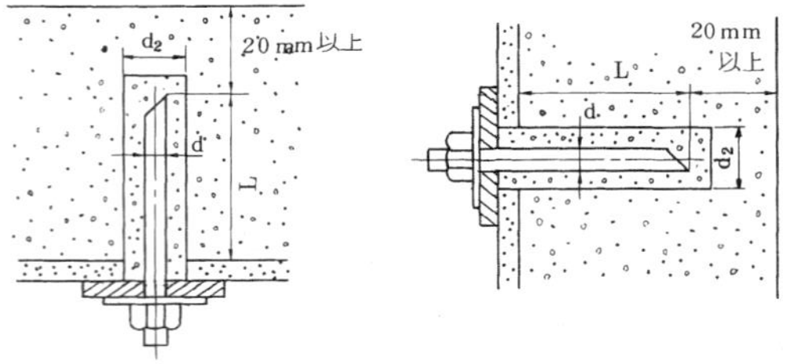

長期許容引抜荷重（kN）

ボルト径 d (呼称径)	コンクリート厚さ(mm)				埋込長さ L(mm)	穿孔径 d_2(mm)
	120	150	180	200		
M10	5.00	5.00	5.00	5.00	80	13.5
M12	6.10	6.10	6.10	6.10	90	14.5
M16	—	8.00	8.00	8.00	110	20
M20	—	—	8.00	8.00	120	24
ボルトの埋込長さ Lの限度(mm)	100	130	160	180		

注 1. 上図において、上表の埋込み長さ及び穿孔径の接着系アンカーボルトが埋込まれた時の長期許容引抜荷重である。
2. コンクリートの設計基準強度 Fc は 1.8kN/㎠(18N/mm²)としている。
3. 各寸法が上図と異なる時、或いはコンクリートの設計基準強度が異なる時などは、左記堅固な基礎の計算により行い、その計算結果の値を 1.5 で除したものを許容引抜荷重とする。ただし、天井スラブ下面、コンクリート壁面に設けられるアンカーボルトは、一本当り 8.0kN を超す引抜荷重は負担できないものとする。
4. L≧6d とすることが望ましく、上表の－印の部分は使用しないことが望ましい。
5. 一般的な天井スラブ下面、コンクリート壁面に支点をとった重量物は、地震による短期引抜荷重も検討する必要がある。この短期引抜荷重に対しては、b）項短期許容引抜荷重についても検討すること。
6. 第一種、第二種軽量コンクリートが使用される場合は、一割程度裕度ある選定を行うこと。

表 3.3（vii）あと施工金属拡張アンカーボルト（おねじ形）の許容引抜荷重

設置場所

a) 堅　固　な　基　礎

下記の計算式にて、ボルトの短期許容引抜荷重を求める。ただし、ボルトのせん断応力が 4.4kN/㎠(SS400 の場合)を超える場合には、表 3.2 注 3 により、ボルトの強度検討を行い、更に、ボルトの許容引張応力を超えないことを確認する。

$$Ta=6\pi\cdot L^2\cdot p \qquad (3.17)$$

ここに、Ta　：　アンカーボルトの短期許容引抜荷重(kN)

L　：　アンカーボルトの埋込長さ（cm）
(穿孔深さをとってもよい。)

p　：　コンクリートの設計基準強度による補正係数

$$p=\frac{1}{6}\quad \mathrm{Min}\left(\frac{Fc}{30},\ 0.05+\frac{Fc}{100}\right)$$ とする。

Fc　：　コンクリートの設計基準強度（kN/㎠）
(通常は、1.8kN/㎠(18N/mm²)とする。)

なお、基礎の隅角部、辺部に打設されたアンカーボルトについては、ボルトの中心より基礎辺部までの距離 C が、C≦L の場合、下記（3.17－1）式にて短期許容引抜荷重を求める。

$$Ta=6\pi\cdot C^2\cdot p \qquad (3.17-1)$$

ここに、C　：　アンカーボルト中心より基礎辺部までの距離(cm)

ただし、L≧C≧4 d 、かつ、$C-\frac{d}{2}$ ≧5 cm とする。

注 1.　第一種、第二種軽量コンクリートが使用される場合は、一割程度裕度ある選定を行うこと。

b) 一 般 的 な 床 ス ラ ブ 上 面

短期許容引抜荷重（kN）

ボルト径 d (呼称径)	コンクリート厚さ(mm)				埋込長さ
	120	150	180	200	L(mm)
M 8	3.00	3.00	3.00	3.00	40
M10	3.80	3.80	3.80	3.80	45
M12	6.70	6.70	6.70	6.70	60
M16	9.20	9.20	9.20	9.20	70
M20	12.0	12.0	12.0	12.0	90
M24	12.0	12.0	12.0	12.0	100
ボルトの埋込長さLの限度(mm)	100 以下	120 以下	160 以下	180 以下	

注 1.　上図において、上表の埋込み長さのアンカーボルトが埋込まれた時の短期許容引抜荷重である。

2.　コンクリートの設計基準強度 Fc は、1.8kN/㎠(18N/mm²)としている。

3.　各寸法が上図と異なる時、或いはコンクリートの設計基準強度が異なる時などは、左記堅固な基礎の計算によるものとする。ただし、床スラブ上面に設けられるアンカーボルトは、一本当り 12.0kN を超す引抜荷重は負担できないものとする。

4.　押込長さが右欄以下のものは使用しないことが望ましい。

5.　第一種、第二種軽量コンクリートが使用される場合は、一割程度裕度ある選定を行うこと。

c) 一般的な天井スラブ下面、コンクリート壁面

長期許容引抜荷重（kN）

ボルト径 d (呼称径)	コンクリート厚さ(mm)				埋込長さ
	120	150	180	200	L(mm)
M 8	2.00	2.00	2.00	2.00	40
M10	2.50	2.50	2.50	2.50	45
M12	4.50	4.50	4.50	4.50	60
M16	6.10	6.10	6.10	6.10	70
M20	8.00	8.00	8.00	8.00	90
M24	8.00	8.00	8.00	8.00	100
ボルトの埋込長さLの限度(mm)	100 以下	120 以下	160 以下	180 以下	

注 1.　上図において、上表の埋込み長さのアンカーボルトが埋込まれた時の長期許容引抜荷重である。

2.　コンクリートの設計基準強度 Fc は、1.8kN/㎠(18N/mm²)としている。

3.　各寸法が上図と異なる時、或いはコンクリートの設計基準強度が異なる時などは、左記堅固な基礎の計算により行い、その計算結果の値を 1.5 で除したものを許容引抜荷重とする。ただし、天井スラブ下面、コンクリート壁面に設けられるアンカーボルトは、一本当り 8.0kN を超す引抜荷重は負担できないものとする。

4.　押込長さが右欄以下のものは使用しないことが望ましい。

5.　一般的な天井スラブ下面、コンクリート壁面に支点をとった重量物は、地震による短期引抜荷重も検討する必要がある。この短期引抜荷重に対しては、b）項短期許容引抜荷重についても検討すること。

6.　第一種、第二種軽量コンクリートが使用される場合は、一割程度裕度ある選定を行うこと。

表 3.3（viii）あと施工金属拡張アンカーボルト（めねじ形）の許容引抜荷重

設置場所：a) 堅固な基礎

めねじ形のアンカーボルトは、実験上安定した値が得られない場合がある。したがって、下表の値によって短期許容引抜荷重とする。

ボルト径 d	許容引抜荷重(kN)
M6～M12	0.75
M16 以上	1.20

設置場所：b) 一般的な床スラブ上面

短期許容引抜荷重（kN）

ボルト径 d	許容引抜荷重(kN)
M6～M12	0.75
M16 以上	1.20

設置場所：c) 一般的な天井スラブ下面、コンクリート壁面

長期許容引抜荷重（kN）

ボルト径 d	許容引抜荷重(kN)
M6～M12	0.50
M16 以上	0.80

表 3.3（ix） 鋼製インサートの許容引抜荷重（参考）

設置場所	a) 堅固な基礎	b) 一般的な床スラブ上面	c) 一般的な天井スラブ下面、コンクリート壁面
	通常はこのような場所には用いない。	通常は、このような場所には用いない。	L　吊りボルト　B′

c) 一般的な天井スラブ下面、コンクリート壁面

インサートの許容引抜荷重は、次式の値としてよい。

$$Ta = 6\pi \cdot L(L+B') \cdot p \quad (3.18)$$

$$Ta' = 4\pi \cdot L(L+B') \cdot p \quad (3.19)$$

ここに、
- Ta　：アンカーボルトなどの短期許容引抜荷重（kN）
- Ta′　：アンカーボルトなどの長期許容引抜荷重（kN）
- L　：インサートの有効埋込長さ（cm）
- B′　：インサートの底面等価径（cm）
  （インサート底面積 Ah(cm²)と等しい面積を有する円の直径 すなわち $B' = 2\sqrt{\frac{Ah}{\pi}}$ ）
- p　：コンクリートの設計基準強度による補正係数
  $p = \frac{1}{6}\ \mathrm{Min}\left(\frac{Fc}{30},\ 0.05 + \frac{Fc}{100}\right)$
  とする。
- Fc　：コンクリートの設計基準強度(kN/cm²)
  （通常は、1.8kN/cm²(18N/mm²)とする。）

ただし、インサート金物自体の引張破壊強度は、短期許容引抜荷重の3倍を有すること。

注　第一種、第二種軽量コンクリートが使用される場合は、一割程度の裕度ある選定を行うこと。

短期許容引抜荷重

ボルト径d (呼称径)	許容引抜荷重(kN)	インサート寸法	
		L(mm)	B′(mm)
M10	3.00	28	28
M12	6.60	45	33
M16	9.80	56	37

注 1.　上表は、表示の寸法のインサートの場合の短期許容引抜荷重である。
2.　コンクリートの設計基準強度 Fc は、1.8kN/cm²(18N/mm²)としている。
3.　天井スラブ下面、コンクリート壁面に設けられるインサートは一本当り 12.0kN を超す引抜荷重は負担できないものとする。

長期許容引抜荷重

ボルト径d (呼称径)	許容引抜荷重(kN)	インサート寸法	
		L(mm)	B′(mm)
M10	2.00	28	28
M12	4.40	45	33
M16	6.50	56	37

注 1.　上表は、表示の寸法のインサートの場合の長期許容引抜荷重である。
2.　コンクリートの設計基準強度 Fc は、1.8kN/cm²(18N/mm²)としている。
3.　天井スラブ下面、コンクリート壁面に設けられるインサートは一本当り 8.0kN を超す引抜荷重は負担できないものとする。

表 3.3（ｘ）いものインサートの許容引抜荷重（参考）

設置場所	a) 堅固な基礎	b) 一般的な床スラブ上面	c) 一般的な天井スラブ下面、コンクリート壁面
	通常は、このような場所には用いない。	通常は、このような場所には用いない。	

c) 一般的な天井スラブ下面、コンクリート壁面

インサートの許容引抜荷重は、次式の値としてよい。

$$Ta = 6\pi \cdot L(L+B') \cdot p \quad (3.18)$$

$$Ta' = 4\pi \cdot L(L+B') \cdot p \quad (3.19)$$

ここに、
- Ta　：アンカーボルトなどの短期許容引抜荷重（kN）
- Ta′　：アンカーボルトなどの長期許容引抜荷重（kN）
- L　：インサートの有効埋込長さ（cm）
- B′　：インサートの底面等価径（cm）
  （インサート底面積 Ah(cm²)と等しい面積を有する円の直径）すなわち $B' = 2\sqrt{\frac{Ah}{\pi}}$ ）
- p　：コンクリートの設計基準強度による補正係数
  $p = \frac{1}{6}\ \mathrm{Min}(\frac{Fc}{30},\ 0.05 + \frac{Fc}{100})$
  とする。
- Fc　：コンクリートの設計基準強度(kN/cm²)
  （通常は、1.8kN/cm²(18N/mm²)とする。）

ただし、インサート金物自体の引張破壊強度は、短期許容引抜荷重の 3 倍を有すること。

注　第一種、第二種軽量コンクリートが使用される場合は、一割程度の裕度ある選定を行うこと。

短期許容引抜荷重

ボルト径 d（呼称径）	許容引抜荷重(kN)	インサート寸法	
		L(mm)	B′(mm)
M10	1.50	20	21
M12	2.00	22	27
M16	2.80	25	35

注 1.　上表は、表示の寸法のインサートの場合の短期許容引抜荷重である。
2.　コンクリートの設計基準強度 Fc は、1.8kN/cm²(18N/mm²)としている。
3.　天井スラブ下面、コンクリート壁面に設けられるインサートは一本当り 12.0kN を超す引抜荷重は負担できないものとする。

長期許容引抜荷重

ボルト径 d（呼称径）	許容引抜荷重(kN)	インサート寸法	
		L(mm)	B′(mm)
M10	1.00	20	21
M12	1.35	22	27
M16	1.90	25	35

注 1.　上表は、表示の寸法のインサートの場合の長期許容引抜荷重である。
2.　コンクリートの設計基準強度 Fc は、1.8kN/cm²(18N/mm²)としている。
3.　天井スラブ下面、コンクリート壁面に設けられるインサートは一本当り 8.0kN を超す引抜荷重は負担できないものとする。

表 3.3（xi）ラフコンクリートに設けるアンカーボルトなどの許容引抜荷重

設置場所	ラフコンクリート面
1. ラフコンクリート面には、原則として機器用のアンカーボルトを設けることは避ける。 特に、重量の大きい機器用には、設けてはならない。 （注）1．ラフコンクリートとは、機械室床の上に打設されるピット築造のために増打ちされるコンクリートで構造用としての強度を期待しないもので俗にシンダーコンクリートなどとも呼ばれる。 2. やむを得ず、軽量機器用として設ける場合は、次のとおりとする。 i）ラフコンクリートの設計基準強度は、1.0kN/cm^2（10N/mm^2）を超えることは期待できないものとする。 ii）各種アンカーボルトの許容引抜荷重は、表 3.3（ i ）～（vii）において使用しているコンクリートの設計基準強度を 1.0kN/cm^2（10N/mm^2）として計算する。	

3.3.2～3.3.3 （略）

3.3.4　アンカーボルトなどの打設間隔

（ i ）　打設間隔の標準

スラブなどに設けるアンカーボルトなどの打設間隔は、アンカーボルトなどの種類により、表 3.4 によることを標準とする。

表 3.4　標準打設間隔

アンカーボルトの種類	標準打設間隔
埋込式 L 形、LA 形アンカーボルト あと施工接着系アンカーボルト	10d 以上 d：アンカーボルトの呼称径
埋込式 J 形、JA 形、ヘッド付ボルト あと施工金属拡張アンカーボルト（おねじ形）	2L 以上 L：アンカーボルト埋込長さ
箱抜きアンカーボルト	箱外間寸法（A）10cm 以上

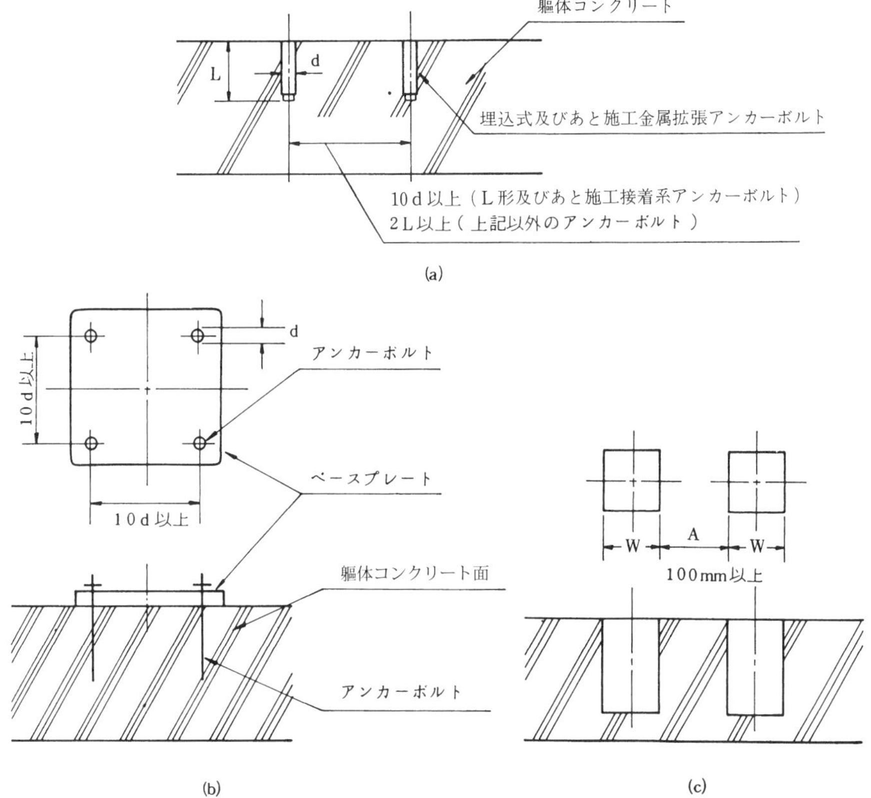

図 3.5　打設間隔の説明図

（ii）　打設間隔の短縮

標準の打設間隔を下回る間隔で打設するような場合は、アンカーボルト１本当りの許容引抜荷重を低減させる。

この場合の許容引抜荷重は、ボルトの種類から得られた値に、表3.5（ｉ）～（iii）に示す低減率を乗じた値とする。（図3.6参照）

表3.5（ｉ）　埋込式Ｌ形、LA形アンカーボルト、あと施工接着系アンカーボルトの打設間隔による許容引抜荷重の低減率

アンカーボルトの本数	低減率（η）
2本	$\frac{1}{100}(2\cdot\frac{P}{d}+80)$
3又は4本	$\frac{1}{100}(6\cdot\frac{P}{d}+40)$

（注）1．Ｐ：アンカーボルトの打設間隔
　　　　ｄ：アンカーボルトの呼称径
　　2．10d≧P≧5d とする。

表3.5（ii）　埋込式Ｊ形、JA形アンカーボルト、ヘッド付ボルト及びあと施工金属拡張アンカーボルトの打設間隔による許容引抜荷重の低減率

アンカーボルトの本数	低減率（η）
2本	$\frac{1}{10}(2.5\cdot\frac{P}{L}+5)$
3又は4本	$\frac{1}{10}(5\cdot\frac{P}{L})$

（注）1．Ｐ：アンカーボルトの打設間隔
　　　　Ｌ：アンカーボルトの埋込長さ
　　2．2L≧P≧L とする。

表3.5（iii）　箱抜きアンカーボルトの箱外間寸法による許容引抜荷重の低減率

アンカーボルトの本数	低減率（η）
2本	$\frac{A}{10}$
4本	

（注）1．Ａ：箱抜式アンカーボルトの箱外間寸法(cm)
　　2．10cm＞A≧5cm とする。

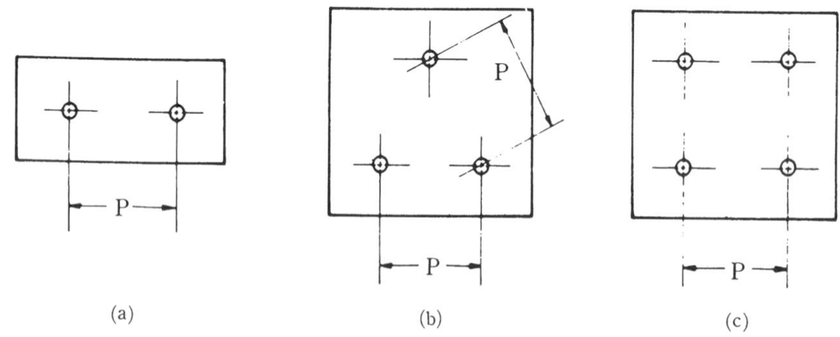

図3.6　打設間隔の短縮列

3.3.5　床上基礎の隅角部、辺部に打設されたアンカーボルトなどの許容せん断力

隅角部、辺部に打設されたアンカーボルトで、アンカーボルト中心より辺部までの距離 C が小さい場合、許容せん断力は制約を受ける。このような場合の取扱いを表 3.6 に示す。

表 3.6　基礎の隅角部、辺部に打設されたアンカーボルトなどのせん断力

設置場所：堅固な基礎（隅角部、辺部）

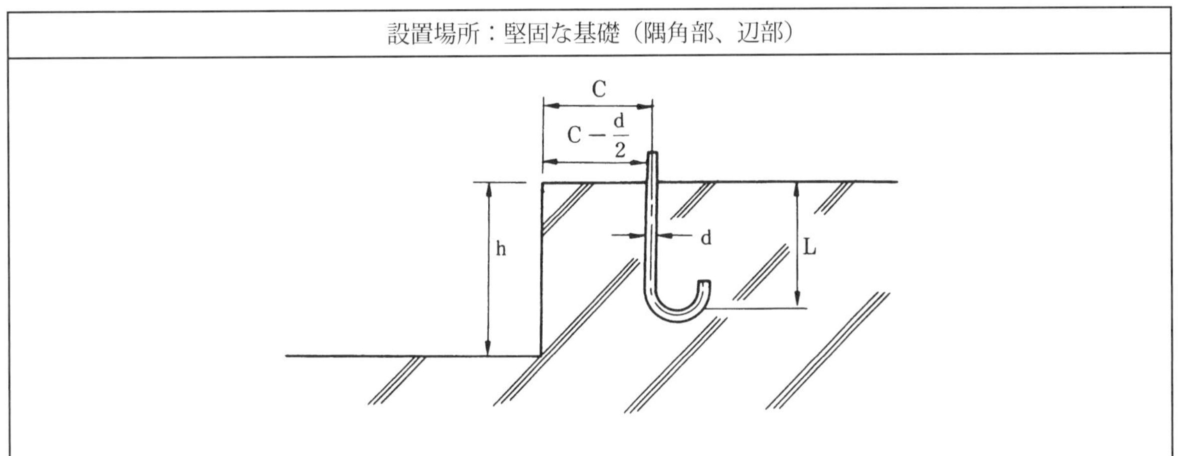

下記の計算式にてボルトの短期許容せん断力 Qa を求め、何れか小なる値とする。

$$Qa = \frac{\pi}{4} \cdot d^2 \cdot fs \qquad (3.20)$$

$$Qa = 3\pi \cdot C\ (C + d) \cdot p \qquad (3.21)$$

ここに、d：アンカーボルトの呼称径（cm）

fs：せん断のみを受けるアンカーボルトの許容せん断応力（SS400 の場合、$fs = 10.2 kN/cm^2$）

C：アンカーボルト中心より基礎辺部までの距離（cm）（ただし、$C - \frac{d}{2} \geqq 5cm$ とする。）

p：コンクリートの設計基準強度による補正係数

$$p = \frac{1}{6} Min\ (\frac{Fc}{30},\ 0.05 + \frac{Fc}{100})$$

とする。

Fc：コンクリートの設計基準強度（kN/cm^2）（通常は $1.8kN/cm^2$（$18N/mm^2$）とする。）

注1. L≧6d とする。（d：アンカーボルトの呼称径）
2. h≧C とする。なお、h < C の場合は（3.20）式によってよい。
3. 第一種、第二種軽量コンクリートが使用されている場合は、一割程度裕度ある選定を行うこと。

3.3.6　その他有効なアンカーボルトなど

アンカーボルトの種類として、表 3.3.（ i ）～（x）にその具体的な例を示した。

これらの他に有効な方式として、図 3.7 に示すような例があり、これらのアンカーボルトの許容引抜荷重は、埋込式ヘッド付アンカーボルトと同等以上の許容引抜荷重が期待できる。

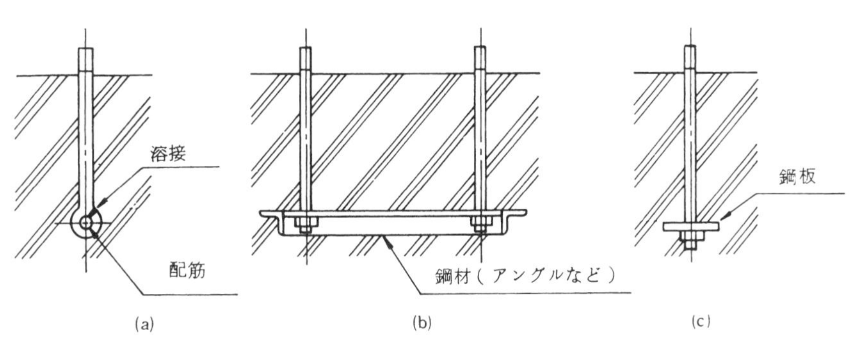

図 3.7　有効なアンカーボルトの例

3.3.7　その他の留意事項

（イ）Ｌ形ボルトについて

Ｌ形ボルトは付着力によって強度が定まっている。常時振動が予想される場所に使用する際は付着力が長年のうちに弱まる可能性もあるので、留意してより安全な値を採用することが望ましい。

（ロ）天井スラブ或いは壁などに重量物を吊下げて支持する場合アンカーボルトなどの強度検討のみでなく、その重量について、建築設計者と協議・確認することが望ましい。

付表２　配管用耐震支持部材選定表および組立要領図の例

使用鋼材は SS400 とし、アンカーボルトは付表 1 による。

付表 2.1　横引配管用 A 種耐震支持材部材選定表の例

付表 2.1-1　横引配管用 A 種耐震支持材部材選定表の例（No.1）

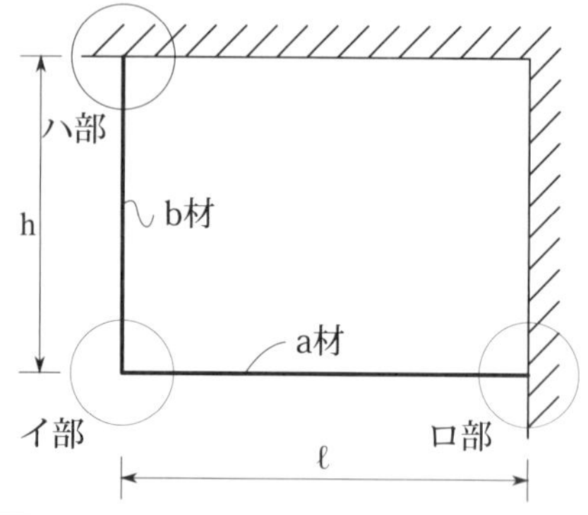

注）１）*1 の配管重量（P）は地震時に耐震支持材が受け持つ配管重量を示す。すなわち、耐震支持材にはさまれた部分の配管重量とする。

２）躯体取付けアンカーの種類と埋込深さ（下記以上とする）

（ｉ）あと施工金属拡張アンカー（おねじ形）（M）

M8　：40mm　M16：70mm

M10：45mm　M20：90mm

M12：60mm

（ii）あと施工接着系アンカー（CM）

CM12　：90mm

CM16　：110mm

配管重量 P*1 (kN)	サポート幅 ℓ (mm)	部材仕様 a材	吊り長さ h (mm)	部材仕様 b材	接合ボルトサイズ	躯体取付けアンカー a材 柱固定（側面）	躯体取付けアンカー a材 柱・壁固定（正面）	躯体取付けアンカー b材 はり固定	躯体取付けアンカー b材 スラブ固定	部分詳細図 No.（付表 2.4-1） はり固定	部分詳細図 No.（付表 2.4-1） スラブ固定
2.5	500	L-40 × 40 × 3	500	M8 丸鋼	－	M8	M8	M8	M8	1-イ-1 1-ロ-1 1-ロ-2 1-ロ-3 1-ロ-4 1-ハ-1 1-ハ-2	1-イ-1 1-ロ-1 1-ロ-2 1-ロ-3 1-ロ-4 1-ハ-3 1-ハ-4
	1000	L-40 × 40 × 5	1000								
5	500	L-40 × 40 × 5	500	M8 丸鋼	－	M8	M8	M8	M8		
	1000	L-50 × 50 × 6	1000								
10	500	L-50 × 50 × 6	500	M8 丸鋼	M10	M10	2-M12	M8	2-M8		
	1000	L-65 × 65 × 6	1000								
	1500	L-75 × 75 × 6	1500								
	2000	L-75 × 75 × 9	2000								
	2500	[-75 × 40 × 5 × 7	2500								
15	500	L-60 × 60 × 5	500	M8 丸鋼	M12	M12	2-M12	M10	2-M8		
	1000	L-75 × 75 × 6	1000								
	1500	L-75 × 75 × 9	1500								
	2000	[-75 × 40 × 5 × 7	2000								
	2500	[-100 × 50 × 5 × 7.5	2500								
20	1000	L-75 × 75 × 9	1000	M8 丸鋼	M16	M16	2-M16	M10	2-M12		
	1500	[-75 × 40 × 5 × 7	1500								
	2000	[-100 × 50 × 5 × 7.5	2000								
	2500	[-100 × 50 × 5 × 7.5	2500								
25	1000	[-75 × 40 × 5 × 7	1000	M10 丸鋼	M16	M16	2-M16	M12	2-M12		
	1500	[-75 × 40 × 5 × 7	1500								
	2000	[-100 × 50 × 5 × 7.5	2000								
	2500	[-125 × 65 × 6 × 8	2500								
30	1500	[-100 × 50 × 5 × 7.5	1500	M10 丸鋼	M16	M16	2-CM12	2-M10	2-M12		
	2000	[-100 × 50 × 5 × 7.5	2000								
	2500	[-125 × 65 × 6 × 8	2500								
40	1500	[-100 × 50 × 5 × 7.5	1500	M12 丸鋼	M20	2-M16	2-CM16	2-M12	2-M16		
	2000	[-125 × 65 × 6 × 8	2000								
	2500	[-125 × 65 × 6 × 8	2500								
50	2000	[-125 × 65 × 6 × 8	2000	M12 丸鋼	M20	2-M16	3-CM16	2-M12	2-CM16		
	2500	[-150 × 75 × 6.5 × 10	2500								
60	2500	[-150 × 75 × 6.5 × 10	2500	M16 丸鋼	M22	2-M16	3-CM16	2-M12	2-CM16		

付表 2.1-2 横引配管用 A 種耐震支持材部材選定表の例 (No.2)

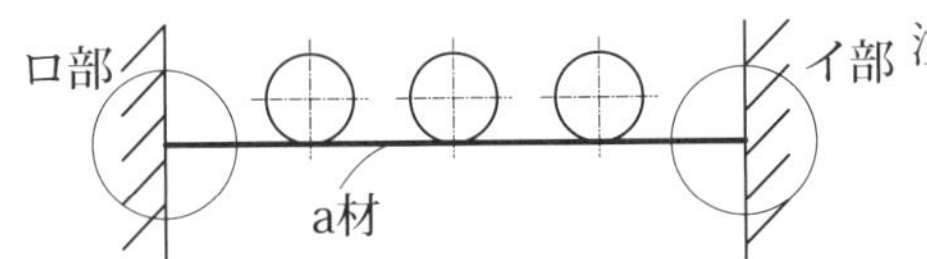

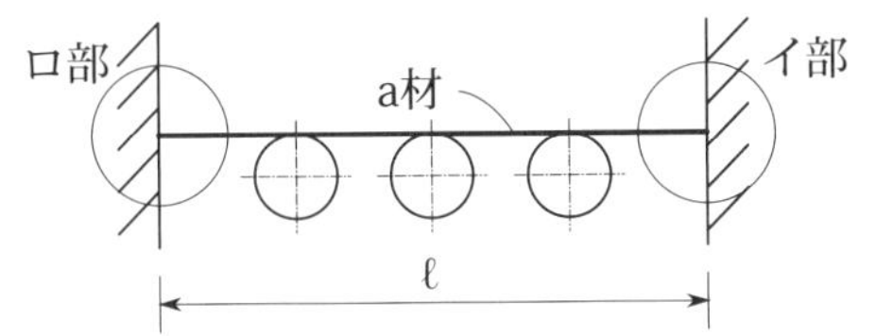

注）１）*1 の配管重量（P）は地震時に耐震支持材が受け持つ配管重量を示す。すなわち、耐震支持材にはさまれた部分の配管重量とする。

２）躯体取付けアンカーの種類と埋込深さ（下記以上とする）

（ｉ）あと施工金属拡張アンカー (おねじ形)(M)

M8　：40mm　M16　：70mm

M10　：45mm　M20　：90mm

M12　：60mm

配管重量 P*1 (kN)	サポート幅 ℓ (mm)	部材仕様 a 材	接合ボルトサイズ タイプ 1	接合ボルトサイズ タイプ 2	躯体取付けアンカー 柱固定（側面）	躯体取付けアンカー 柱・壁固定（正面）	部分詳細図 No.（付表 2.4-2） 柱—柱固定	部分詳細図 No.（付表 2.4-2） 柱—壁固定	部分詳細図 No.（付表 2.4-2） 壁—壁固定
2.5	500	L-40 × 40 × 3	M8	M8	M8	M8	2- ロ -1 2- ロ -2 2- ロ -3	2- イ -1 2- イ -2 2- イ -3 2- ロ -1 2- ロ -2 2- ロ -3	2- イ -1 2- イ -2 2- イ -3
	1000	L-40 × 40 × 5							
5	500	L-40 × 40 × 5	M8	M8	M8	M8			
	1000	L-50 × 50 × 6							
10	500	L-50 × 50 × 6	M8	M8	M12	2-M8			
	1000	L-65 × 65 × 6							
	1500	L-75 × 75 × 6							
	2000	L-75 × 75 × 9							
	2500	[-75 × 40 × 5 × 7							
15	500	L-60 × 60 × 5	M10	M8	M16	2-M10			
	1000	L-75 × 75 × 6							
	1500	L-75 × 75 × 9							
	2000	[-75 × 40 × 5 × 7							
	2500	[-100 × 50 × 5 × 7.5							
20	1000	L-75 × 75 × 9	M12	M10	M16	2-M12			
	1500	[-75 × 40 × 5 × 7							
	2000	[-100 × 50 × 5 × 7.5							
	2500	[-100 × 50 × 5 × 7.5							
25	1000	[-75 × 40 × 5 × 7	M12	M10	M16	2-M12			
	1500	[-75 × 40 × 5 × 7							
	2500	[-100 × 50 × 5 × 7.5							
	2500	[-125 × 65 × 6 × 8							
30	1500	[-100 × 50 × 5 × 7.5	M16	M12	M16	2-M16			
	2000	[-100 × 50 × 5 × 7.5							
	2500	[-125 × 65 × 6 × 8							
40	1500	[-100 × 50 × 5 × 7.5	M16	M16	2-M16	2-M16			
	2000	[-125 × 65 × 6 × 8							
	2500	[-125 × 65 × 6 × 8							
50	2000	[-125 × 65 × 6 × 8	M20	Ml6	2-M16	2-M16			
	2500	[-150 × 75 × 6.5 × 10							
60	2500	[-150 × 75 × 6.5 × 10	M20	M16	2-M16	2-M20			

注釈

タイプ１　接合ボルトに、常時は鉛直方向に自重によるせん断力、地震時は水平方向に地震力によるせん断力が作用するもの。

タイプ２　接合ボルトに、地震時は水平方向に地震力によるせん断力が作用するもの。

付表 2.1-3　横引配管用 A 種耐震支持材部材選定表の例（No. 3）

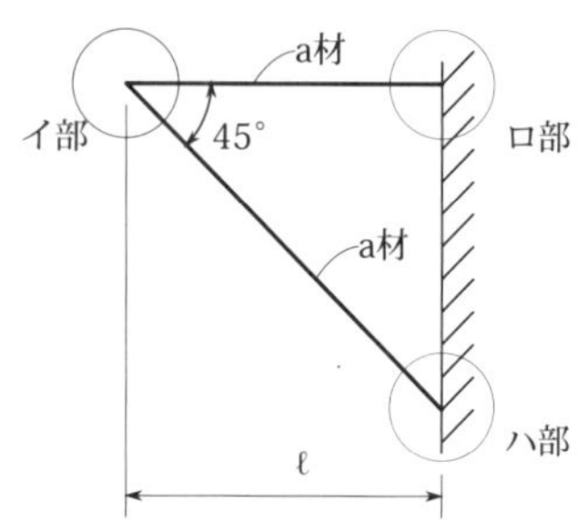

注）１）*1 の配管重量（P）は地震時に耐震支持材が受け持つ配管重量を示す。すなわち、耐震支持材にはさまれた部分の配管重量とする。

２）躯体取付けアンカーの種類と埋込深さ（下記以上とする）

（ i ）あと施工金属拡張アンカー（おねじ形）（M）

M8　：40mm　M12：60mm

M10：45mm　M16：70mm

（ii）あと施工接着系アンカー（CM）

CM12：90mm

CM16：110mm

配管重量 P*1 (kN)	サポート幅 ℓ (mm)	部材仕様 a 材	躯体取付けアンカー		部分詳細図 No.（付表 2.4-3）	
			柱固定（側面）	柱･壁固定（正面）	柱固定（側面）	柱･壁固定（正面）
2.5	500	L-40 × 40 × 3	M8	M8	イ部：3- イ -1 ロ部：3- ロ -1 ハ部：3- ハ -1	イ部：3- イ -1 ロ部：3- ロ -2 ハ部：3- ハ -2
	1000	L-40 × 40 × 5				
5	500	L-40 × 40 × 5	M8	M12		
	1000	L-50 × 50 × 6				
10	500	L-50 × 50 × 6	M12	CM12		
	1000	L-65 × 65 × 6				
	1500	L-75 × 75 × 6				
15	500	L-60 × 60 × 5	2-M10	2-M16		
	1000	L-75 × 75 × 6				
	1500	L-90 × 90 × 7				
20	1000	L-75 × 75 × 9	2-M12	2-CM12		
	1500	L-90 × 90 × 7				
25	1000	L-100 × 100 × 7	2-M16	2-CM16		
	1500	L-100 × 100 × 10				

付表 2.1-4　横引配管用 A 種耐震支持材部材選定表の例（No. 4）

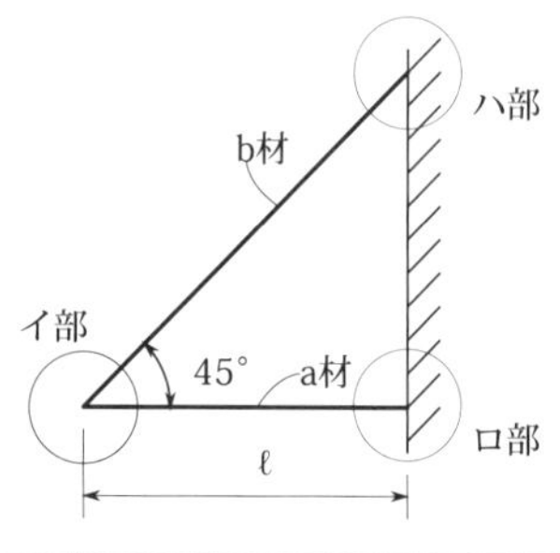

注）１）*1 の配管重量（P）は地震時に耐震支持材が受け持つ配管重量を示す。すなわち、耐震支持材にはさまれた部分の配管重量とする。

２）躯体取付けアンカーの種類と埋込深さ（下記以上とする）

（ i ）あと施工金属拡張アンカー（おねじ形）（M）

M8　：40mm　M12：60mm

M10：45mm

配管重量 P*1 (kN)	サポート幅 ℓ (mm)	部材仕様 a 材	部材仕様 b 材	接合ボルトサイズ	躯体取付けアンカー 柱固定（側面）	躯体取付けアンカー 柱・壁固定（正面）	部分詳細図 No.（付表 2.4-4） 柱固定（側面）	部分詳細図 No.（付表 2.4-4） 柱･壁固定（正面）
2.5	500	L-40 × 40 × 3	M8 丸鋼	—	M8	M8	4- イ -1 4- ロ -1 4- ハ -2 4- ハ -4	4- イ -1 4- ロ -2 4- ロ -3 4- ハ -1 4- ハ -3
	1000	L-40 × 40 × 5						
5	500	L-40 × 40 × 5	M8 丸鋼	—	M8	M8		
	1000	L-50 × 50 × 6						
10	500	L-50 × 50 × 6	M8 丸鋼	—	M10	M10		
	1000	L-65 × 65 × 6						
	1500	L-75 × 75 × 6						
15	500	L-60 × 60 × 5	M8 丸鋼	M10	2-M10	2-M10		
	1000	L-75 × 75 × 6						
	1500	L-90 × 90 × 7						
20	1000	L-75 × 75 × 9	M10 丸鋼	M12	2-M10	2-M12		
	1500	L-100 × 100 × 7						
25	1000	L-90 × 90 × 7	M10 丸鋼	M12	2-M10	2-M12		
	1500	L-100 × 100 × 10						

付表 2.1-5 横引配管用 A 種耐震支持材部材選定表の例（No. 5）

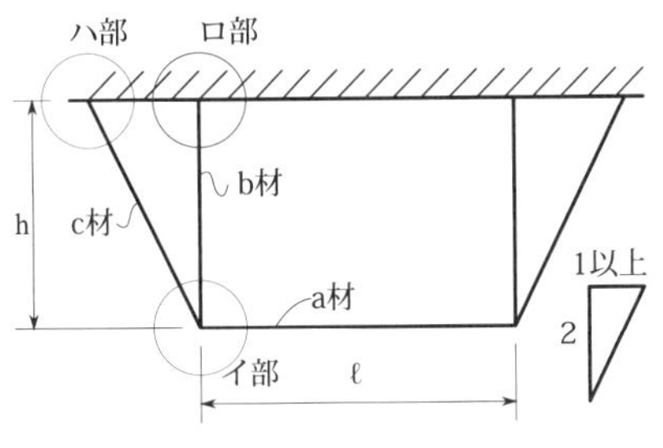

注）1）*1 の配管重量（P）は地震時に耐震支持材が受け持つ配管重量を示す。すなわち、耐震支持材にはさまれた部分の配管重量とする。

2）躯体取付けアンカーの種類と埋込深さ（下記以上とする）

（i）あと施工金属拡張アンカー（おねじ形）（M）

M8 ：40mm　M16：70mm

M10：45mm　M20：90mm

M12：60mm

（ii）あと施工接着系アンカー（CM）

CM12：90mm

CM16：110mm

配管重量 P*1 (kN)	サポート幅 ℓ (mm)	部材仕様 a 材	吊り長さ h (mm)	部材仕様 b 材	部材仕様 c 材	接合ボルトサイズ	躯体取付けアンカー はり固定	躯体取付けアンカー スラブ固定	部分詳細図 No.（付表 2.4-5） はり固定	部分詳細図 No.（付表 2.4-5） スラブ固定
2.5	500	L-40 × 40 × 3	500	L-40 × 40 × 3	M8 丸鋼	M8	M8	M8	5- イ -1 5- イ -2 5- ロ -1 5- ハ -1 5- ハ -4	5- イ -1 5- イ -2 5- ロ -2 5- ロ -3 5- ハ -2 5- ハ -3
	1000	L-40 × 40 × 5	1000	L-40 × 40 × 3						
	1500	―	1500	L-40 × 40 × 3						
	2000	―	2000	L-40 × 40 × 3						
	2500	―	2500	L-40 × 40 × 3						
5	500	L-40 × 40 × 5	500	L-40 × 40 × 3	M8 丸鋼	M10	M10	2-M8		
	1000	L-50 × 50 × 6	1000	L-40 × 40 × 3						
	1500	―	1500	L-40 × 40 × 3						
	2000	―	2000	L-40 × 40 × 3						
	2500	―	2500	L-40 × 40 × 5						
10	500	L-50 × 50 × 6	500	L-45 × 45 × 4	M10 丸鋼	M16	2-M10	2-M12		
	1000	L-65 × 65 × 6	1000	L-45 × 45 × 4						
	1500	L-75 × 75 × 6	1500	L-45 × 45 × 4						
	2000	L-75 × 75 × 9	2000	L-45 × 45 × 4						
	2500	L-90 × 90 × 7	2500	L-50 × 50 × 6						
15	500	L-60 × 60 × 5	500	L-60 × 60 × 4	M12 丸鋼	M16	M16	2-CM12		
	1000	L-75 × 75 × 6	1000	L-60 × 60 × 4						
	1500	L-75 × 75 × 9	1500	L-60 × 60 × 4						
	2000	L-90 × 90 × 10	2000	L-60 × 60 × 4						
	2500	[-100 × 50 × 5 × 7.5	2500	L-60 × 60 × 4						
20	500	―	500	L-60 × 60 × 4	M16 丸鋼	M16	2-M16	3-CM12		
	1000	L-75 × 75 × 9	1000	L-60 × 60 × 4						
	1500	L-90 × 90 × 10	1500	L-60 × 60 × 4						
	2000	[-100 × 50 × 5 × 7.5	2000	L-60 × 60 × 4						
	2500	[-100 × 50 × 5 × 7.5	2500	L-65 × 65 × 6						

付表 2.1-5(No.5 のつづき)

配管重量 P*1 (kN)	サポート幅 ℓ (mm)	部材仕様 a 材	吊り長さ h (㎜)	部材仕様 b 材	部材仕様 c 材	接合ボルトサイズ	躯体取付けアンカー はり固定	躯体取付けアンカー スラブ固定	部分詳細図 No.（付表 2.4-5） はり固定	部分詳細図 No.（付表 2.4-5） スラブ固定
25	500	—	500	L-65 × 65 × 6	M16 丸鋼	M20	2-M16	3-CM12	5- イ -1 5- イ -2 5- イ -3 5- イ -4 5- ロ -1 5- ロ -4 5- ハ -1 5- ハ -4 5- ハ -5 5- ハ -6	5- イ -1 5- イ -2 5- イ -3 5- イ -4 5- ロ -3 5- ロ -5 5- ハ -2 5- ハ -3 5- ハ -7 5- ハ -8
	1000	L-90 × 90 × 7	1000	L-65 × 65 × 6						
	1500	[-75 × 40 × 5 × 7	1500	L-65 × 65 × 6						
	2000	[-100 × 50 × 5 × 7.5	2000	L-65 × 65 × 6						
	2500	[-125 × 65 × 6 × 8	2500	L-65 × 65 × 6						
30	500	—	500	L-65 × 65 × 6	FB-6 × 65	M20	2-M16	3-CM16		
	1000	—	1000	L-65 × 65 × 6						
	1500	[-100 × 50 × 5 × 7.5	1500	L-65 × 65 × 6						
	2000	[-100 × 50 × 5 × 7.5	2000	L-65 × 65 × 6						
	2500	[-125 × 65 × 6 × 8	2500	L-65 × 65 × 8						
40	500	—	500	L-60 × 60 × 4	FB-6 × 65	2-M16	4-M16	—		
	1000	—	1000	L-60 × 60 × 4						
	1500	[-100 × 50 × 5 × 7.5	1500	L-60 × 60 × 5						
	2000	[-125 × 65 × 6 × 8	2000	L-65 × 65 × 6						
	2500	[-125 × 65 × 6 × 8	2500	L-75 × 75 × 6						
50	500	—	500	L-65 × 65 × 6	L-65 × 65 × 6	2-M20	4-M16	—		
	1000	—	1000	L-65 × 65 × 6						
	1500	—	1500	L-65 × 65 × 6						
	2000	[-125 × 65 × 6 × 8	2000	L-65 × 65 × 8						
	2500	[-150 × 75 × 6.5 × 10	2500	L-75 × 75 × 9						
60	500	—	500	L-65 × 65 × 6	L-65 × 65 × 6	2-M20	4-M16	—		
	1000	—	1000	L-65 × 65 × 6						
	1500	—	1500	L-65 × 65 × 6						
	2000	—	2000	L-75 × 75 × 6						
	2500	[-150 × 75 × 6.5 × 10	2500	L-75 × 75 × 9						

付表 2.1-6　横引配管用 A 種耐震支持材部材選定表の例（No.6）

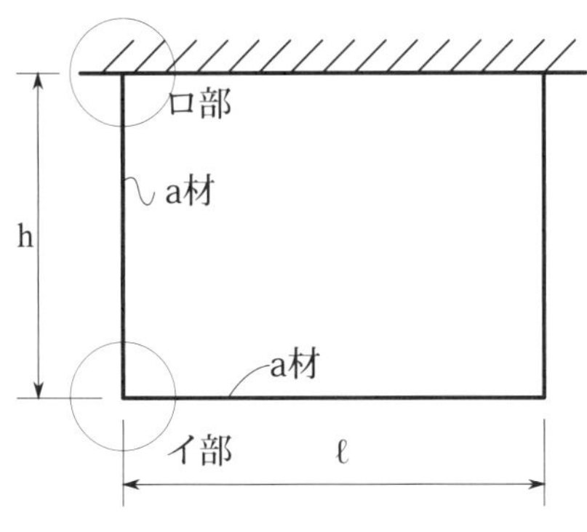

注）1）*1 の配管重量（P）は地震時に耐震支持材が受け持つ配管重量を示す。すなわち、耐震支持材にはさまれた部分の配管重量とする。

2）躯体取付けアンカーの種類と埋込深さ（下記以上とする）

（i）あと施工金属拡張アンカー（おねじ形）（M）

M8　：40mm　M16：70mm

M10：45mm　M20：90mm

M12：60mm

（ii）あと施工接着系アンカー（CM）

CM10：80mm

CM12：90mm

CM16：110mm

3）部分詳細図 NO. 付表 2.4-6 は下記による。

スラブ固定：イ部：6- イ -1　　ロ部：6- ロ -2

はり固定：イ部：6- イ -1　　ロ部：6- ロ -1 又は 6- ロ -3

配管重量 P*1 (kN)	支持材寸法 (mm)		部材仕様 a 材	躯体取付けアンカー		配管重量 P*1 (kN)	支持材寸法 (mm)		部材仕様 a 材	躯体取付けアンカー	
	ℓ	h		スラブ固定	はり固定		ℓ	h		スラブ固定	はり固定
2.5	500	500	L-40 × 40 × 5	M8	M8	10	1500	2000	[-100 × 50 × 5 × 7.5	2-CM10	M16
		1000	L-50 × 50 × 6	M10	M8			2500	[-125 × 65 × 6 × 8	2-M16	M16
		1500	L-65 × 65 × 6	M12	M10		2000	500	[-75 × 40 × 5 × 7	2-M8	M10
		2000	L-70 × 70 × 6	M16	M10			1000	[-75 × 40 × 5 × 7	2-M8	M10
		2500	[-75 × 40 × 5 × 7	2-CM10	M12			1500	[-100 × 50 × 5 × 7.5	2-M10	M12
	1000	500	L-50 × 50 × 4	M8	M8			2000	[-100 × 50 × 5 × 7.5	2-M12	M12
		1000	L-60 × 60 × 5	M8	M8			2500	[-125 × 65 × 6 × 8	2-M12	M16
		1500	L-65 × 65 × 6	M8	M8		2500	500	[-75 × 40 × 5 × 7	M10	M10
		2000	L-70 × 70 × 6	M10	M8			1000	[-100 × 50 × 5 × 7.5	2-M10	M10
		2500	[-75 × 40 × 5 × 7	2-M8	M8			1500	[-100 × 50 × 5 × 7.5	2-M10	M12
5	500	500	L-60 × 60 × 5	M12	M10			2000	[-100 × 50 × 5 × 7.5	2-M10	M12
		1000	L-70 × 70 × 6	M16	M12			2500	[-125 × 65 × 6 × 8	2-M12	M12
		1500	[-75 × 40 × 5 × 7	2-CM10	M16	15	500	500	[-75 × 40 × 5 × 7	2-CM10	M16
		2000	[-75 × 40 × 5 × 7	2-CM12	M16			1000	[-100 × 50 × 5 × 7.5	3-CM12	2-M16
		2500	[-100 × 50 × 5 × 7.5	2-CM12	M16			1500	[-100 × 50 × 5 × 7.5	—	2-M16
	1000	500	L-60 × 60 × 5	M8	M8			2000	[-125 × 65 × 6 × 8	—	2-M16
		1000	L-75 × 75 × 6	M12	M10			2500	[-125 × 65 × 6 × 8	—	2-M20
		1500	[-75 × 40 × 5 × 7	2-M10	M10		1000	500	[-75 × 40 × 5 × 7	2-CM10	M16
		2000	[-75 × 40 × 5 × 7	2-M10	M12			1000	[-100 × 50 × 5 × 7.5	2-CM10	M16
		2500	[-100 × 50 × 5 × 7.5	2-M12	M12			1500	[-100 × 50 × 5 × 7.5	2-CM12	M16
10	500	500	L-65 × 65 × 8	CM12	M12			2000	[-125 × 65 × 6 × 8	2-CM16	2-M16
		1000	[-100 × 50 × 5 × 7.5	2-CM12	M16			2500	[-125 × 65 × 6 × 8	3-CM12	2-M16
		1500	[-100 × 50 × 5 × 7.5	3-CM12	2-M16		1500	500	[-75 × 40 × 5 × 7	2-M10	M12
		2000	[-100 × 50 × 5 × 7.5	3-CM12	2-M16			1000	[-100 × 50 × 5 × 7.5	2-M12	M12
		2500	[-125 × 65 × 6 × 8	—	2-M16			1500	[-100 × 50 × 5 × 7.5	2-CM10	M16
	1000	500	[-75 × 40 × 5 × 7	M12	M10			2000	[-125 × 65 × 6 × 8	2-M16	M16
		1000	[-75 × 40 × 5 × 7	2-CM10	M12			2500	[-125 × 65 × 6 × 8	2-CM16	M16
		1500	[-100 × 50 × 5 × 7.5	2-CM12	M16		2000	500	[-75 × 40 × 5 × 7	2-M10	M12
		2000	[-100 × 50 × 5 × 7.5	2-CM12	M16			1000	[-100 × 50 × 5 × 7.5	2-M12	M12
		2500	[-125 × 65 × 6 × 8	2-CM12	M16			1500	[-100 × 50 × 5 × 7.5	2-M12	M12
	1500	500	[-75 × 40 × 5 × 7	2-M8	M10			2000	[-125 × 65 × 6 × 8	2-M16	M16
		1000	[-75 × 40 × 5 × 7	2-M10	M12			2500	[-125 × 65 × 6 × 8	2-M16	M16
		1500	[-100 × 50 × 5 × 7.5	2-M12	M12		2500	500	[-100 × 50 × 5 × 7.5	2-M10	2-M10

付表 2.1-6(No.6 のつづき)

配管重量 P*1 (kN)	支持材寸法 (mm) ℓ	h	部材仕様 a 材	躯体取付けアンカー スラブ固定	はり固定	配管重量 P*1 (kN)	支持材寸法 (mm) ℓ	h	部材仕様 a 材	躯体取付けアンカー スラブ固定	はり固定
15	2500	1000	[-100 × 50 × 5 × 7.5	2-M10	M12	25	2500	1000	[-125 × 65 × 6 × 8	2-M16	M16
		1500	[-125 × 65 × 6 × 8	2-M12	M16			1500	[-125 × 65 × 6 × 8	2-M16	M16
		2000	[-125 × 65 × 6 × 8	2-M12	M16			2000	[-150 × 75 × 6.5 × 10	2-CM12	2-M16
		2500	[-125 × 65 × 6 × 8	2-M16	M16			2500	[-150 × 75 × 6.5 × 10	2-CM16	2-M16
20	500	500	[-100 × 50 × 5 × 7.5	2-CM12	2-M12	30	1500	500	[-100 × 50 × 5 × 7.5	2-CM12	M16
		1000	[-100 × 50 × 5 × 7.5	3-CM16	2-M16			1000	[-125 × 65 × 6 × 8	2-CM12	2-M16
		1500	[-125 × 65 × 6 × 8	—	2-M20			1500	[-125 × 65 × 6 × 8	3-CM12	2-M16
		2000	[-125 × 65 × 6 × 8	—	2-M20			2000	[-150 × 75 × 6.5 × 10	3-CM16	2-M16
		2500	[-150 × 75 × 6.5 × 10	—	3-M20			2500	[-150 × 75 × 6.5 × 10	—	2-M16
	1000	500	[-75 × 40 × 5 × 7	2-CM10	2-M10		2000	500	[-100 × 50 × 5 × 7.5	2-CM12	M16
		1000	[-100 × 50 × 5 × 7.5	2-CM12	M16			1000	[-125 × 65 × 6 × 8	2-CM12	M16
		1500	[-125 × 65 × 6 × 8	2-CM16	2-M16			1500	[-150 × 75 × 6.5 × 10	2-CM16	2M16
		2000	[-125 × 65 × 6 × 8	3-CM12	2-M16			2000	[-150 × 75 × 6.5 × 10	3-CM12	2M16
		2500	[-150 × 75 × 6.5 × 10	3-CM16	2-M16			2500	[-150 × 75 × 6.5 × 10	3-CM16	2M16
	1500	500	[-75 × 40 × 5 × 7	2-CM10	2-M10		2500	500	[-125 × 65 × 6 × 8	2-M12	M16
		1000	[-100 × 50 × 5 × 7.5	2-CM12	M16			1000	[-125 × 65 × 6 × 8	2-M16	M16
		1500	[-125 × 65 × 6 × 8	2-CM12	M16			1500	[-150 × 75 × 6.5 × 10	2-CM12	2-M16
		2000	[-125 × 65 × 6 × 8	2-CM16	2-M16			2000	[-150 × 75 × 6.5 × 10	2-CMI6	2-M16
		2500	[-150 × 75 × 6.5 × 10	3-CM12	2-M16			2500	[-150 × 75 × 6.5 × 10	2-CM16	2-M16
	2000	500	[-100 × 50 × 5 × 7.5	2-CM10	M16	40	1500	500	[-125 × 65 × 6 × 8	2-CM12	2-M16
		1000	[-100 × 50 × 5 × 7.5	2-CM10	M16			1000	[-125 × 65 × 6 × 8	3-CM12	2-M16
		1500	[-125 × 65 × 6 × 8	2-M16	M16			1500	[-150 × 75 × 6.5 × 10	3-CM16	2-M16
		2000	[-125 × 65 × 6 × 8	2-CM12	M16			2000	[-180 × 75 × 7 × 10.5	—	2-M20
		2500	[-150 × 75 × 6.5 × 10	2-CM16	2-M16			2500	[-180 × 75 × 7 × 10.5	—	2-M20
	2500	500	[-100 × 50 × 5 × 7.5	2-M10	M16		2000	500	[-125 × 65 × 6 × 8	2-CM12	2-M16
		1000	[-125 × 65 × 6 × 8	2-M12	M16			1000	[-150 × 75 × 6.5 × 10	2-CM16	2-M16
		1500	[-125 × 65 × 6 × 8	2-M16	M16			1500	[-150 × 75 × 6.5 × 10	3-CM16	2-M16
		2000	[-125 × 65 × 6 × 8	2-M16	M16			2000	[-150 × 75 × 9 × 12.5	3-CM16	2-M16
		2500	[-150 × 75 × 6.5 × 10	2-CM12	M16			2500	[-180 × 75 × 7 × 10.5	—	2-M20
25	1000	500	[-100 × 50 × 5 × 7.5	2-CM12	M16		2500	500	[-125 × 65 × 6 × 8	2-M16	2-M16
		1000	[-125 × 65 × 6 × 8	3-CM12	2-M16			1000	[-150 × 75 × 6.5 × 10	3-CM12	2-M16
		1500	[-125 × 65 × 6 × 8	3-CM12	2-M16			1500	[-150 × 75 × 6.5 × 10	3-CM12	2-M16
		2000	[-150 × 75 × 6.5 × 10	4-CM12	2-M16			2000	[-150 × 75 × 9 × 12.5	3-CM16	2-M16
		2500	[-150 × 75 × 6.5 × 10	—	2-M20			2500	[-180 × 75 × 7 × 10.5	3-CM16	2-M16
	1500	500	[-100 × 50 × 5 × 7.5	2-CM10	M16	50	2000	500	[-125 × 65 × 6 × 8	2-CM16	2-M16
		1000	[-125 × 65 × 6 × 8	2-CM12	M16			1000	[-150 × 75 × 6.5 × 10	3-CM12	2-M16
		1500	[-125 × 65 × 6 × 8	2-CMI6	2-M16			1500	[-150 × 75 × 9 × 12.5	3-CM16	2-M20
		2000	[-150 × 75 × 6.5 × 10	3-CM12	2-M16			2000	[-180 × 75 × 7 × 10.5	—	2-M20
		2500	[-150 × 75 × 6.5 × 10	3-CM16	2-M16			2500	[-200 × 80 × 7.5 × 11	—	2-M20
	2000	500	[-100 × 50 × 5 × 7.5	2-M12	M16		2500	500	[-125 × 65 × 6 × 8	2-CM16	2-M16
		1000	[-125 × 65 × 6 × 8	2-M16	M16			1000	[-150 × 75 × 6.5 × 10	3-CM12	2-M16
		1500	[-125 × 65 × 6 × 8	2-CM12	M16			1500	[-150 × 75 × 9 × 12.5	3-CM16	2-M16
		2000	[-150 × 75 × 6.5 × 10	2-CM16	2-M16			2000	[-200 × 80 × 7.5 × 11	—	2-M20
		2500	[-150 × 75 × 6.5 × 10	3-CM12	2-M16			2500	[-200 × 80 × 7.5 × 11	—	2-M20
	2500	500	[-100 × 50 × 5 × 7.5	2-M12	M16	—					

付表 2.1-7 横引配管用 A 種耐震支持材部材選定表の例（No. 7）

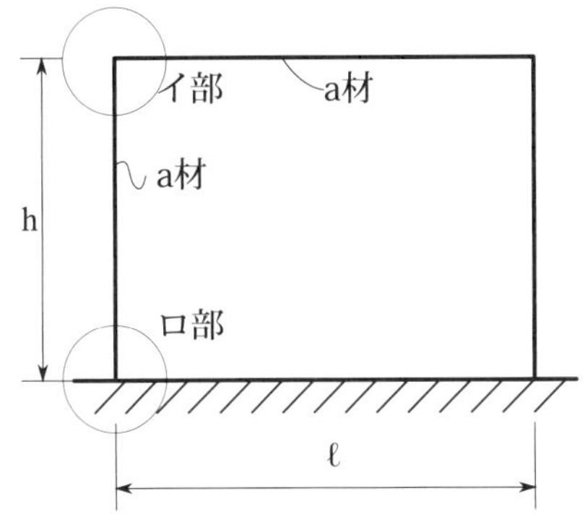

注）１）*1 の配管重量（P）は地震時に耐震支持材が受け持つ配管重量を示す。すなわち、耐震支持材にはさまれた部分の配管重量とする。

２）躯体取付けアンカーの種類と埋込深さ（下記以上とする）

（ｉ）あと施工金属拡張アンカー（おねじ形）（M）

M8 ：40mm　M12：60mm

M10：45mm　M16：70mm

（ii）あと施工接着系アンカー（CM）

CM10：80mm

CM12：90mm

CM16：110mm

３）部分詳細図 NO. 付表 2.4-7 は下記による。

イ部：7- イ -1　　ロ部：7- ロ -1 又は 7- ロ -2

配管重量 P*1 (kN)	支持材寸法 (mm)		部材仕様 a 材	躯体取付けアンカー	配管重量 P*1 (kN)	支持材寸法 (mm)		部材仕様 a 材	躯体取付けアンカー
	ℓ	h				ℓ	h		
2.5	500	500	L-45 × 45 × 4	M8	10	1000	1500	[-100 × 50 × 5 × 7.5	2-M10
		1000	L-50 × 50 × 6	M8			2000	[-100 × 50 × 5 × 7.5	2-M12
		1500	L-65 × 65 × 6	M12			2500	[-125 × 65 × 6 × 8	2-CM10
		2000	[-75 × 40 × 5 × 7	2-M8		1500	500	[-75 × 40 × 5 × 7	M8
		2500	[-75 × 40 × 5 × 7	2-M10			1000	[-75 × 40 × 5 × 7	M8
	1000	500	L-50 × 50 × 4	M8			1500	[-100 × 50 × 5 × 7.5	M10
		1000	L-60 × 60 × 5	M8			2000	[-100 × 50 × 5 × 7.5	2-M8
		1500	L-65 × 65 × 6	M8			2500	[-125 × 65 × 6 × 8	2-M10
		2000	L-65 × 65 × 8	M8		2000	500	[-75 × 40 × 5 × 7	M8
		2500	[-75 × 40 × 5 × 7	M10			1000	[-75 × 40 × 5 × 7	M8
5	500	500	L-60 × 60 × 5	M8			1500	[-100 × 50 × 5 × 7.5	M8
		1000	L-65 × 65 × 8	M12			2000	[-100 × 50 × 5 × 7.5	M10
		1500	[-75 × 40 × 5 × 7	2-CM10			2500	[-125 × 65 × 6 × 8	M12
		2000	[-75 × 40 × 5 × 7	2-CM10		2500	500	[-75 × 40 × 5 × 7	M10
		2500	[-100 × 50 × 5 × 7.5	2-CM12			1000	[-100 × 50 × 5 × 7.5	M8
	1000	500	L-65 × 65 × 6	M8			1500	[-100 × 50 × 5 × 7.5	M8
		1000	L-65 × 65 × 8	M8			2000	[-100 × 50 × 5 × 7.5	M8
		1500	[-75 × 40 × 5 × 7	M10			2500	[-125 × 65 × 6 × 8	M10
		2000	[-75 × 40 × 5 × 7	CM10	15	500	500	[-75 × 40 × 5 × 7	2-M8
		2500	[-100 × 50 × 5 × 7.5	CM12			1000	[-100 × 50 × 5 × 7.5	2-CM12
10	500	500	L-65 × 65 × 8	M10			1500	[-100 × 50 × 5 × 7.5	3-CM12
		1000	[-75 × 40 × 5 × 7	2-CM10			2000	[-125 × 65 × 6 × 8	3-CM16
		1500	[-100 × 50 × 5 × 7.5	2-CM12			2500	[-150 × 75 × 6.5 × 10	4-CM16
		2000	[-100 × 50 × 5 × 7.5	3-CM12		1000	500	[-75 × 40 × 5 × 7	M10
		2500	[-125 × 65 × 6 × 8	3-CM12			1000	[-100 × 50 × 5 × 7.5	M12
	1000	500	[-75 × 40 × 5 × 7	M8			1500	[-100 × 50 × 5 × 7.5	2-M12
		1000	[-75 × 40 × 5 × 7	M10			2000	[-125 × 65 × 6 × 8	2-M16

付表 2.1-7(No.7 のつづき)

配管重量 P*1 (kN)	支持材寸法 (mm) ℓ	h	部材仕様 a 材	躯体取付けアンカー	配管重量 P*1 (kN)	支持材寸法 (mm) ℓ	h	部材仕様 a 材	躯体取付けアンカー
15	1000	2500	[-125 × 65 × 6 × 8	2-CM16	20	2500	1500	[-125 × 65 × 6 × 8	M12
	1500	500	[-75 × 40 × 5 × 7	M10			2000	[-150 × 75 × 6.5 × 10	M12
		1000	[-100 × 50 × 5 × 7.5	M10			2500	[-150 × 75 × 6.5 × 10	M16
		1500	[-125 × 65 × 6 × 8	M12	25	1000	500	[-100 × 50 × 5 × 7.5	M12
		2000	[-125 × 65 × 6 × 8	2-M12			1000	[-125 × 65 × 6 × 8	2-M12
		2500	[-125 × 65 × 6 × 8	2-M12			1500	[-125 × 65 × 6 × 8	2-CM12
	2000	500	[-100 × 50 × 5 × 7.5	M10			2000	[-150 × 75 × 6.5 × 10	2-CM16
		1000	[-100 × 50 × 5 × 7.5	M10			2500	[-150 × 75 × 6.5 × 10	3-CM16
		1500	[-125 × 65 × 6 × 8	M10		1500	500	[-100 × 50 × 5 × 7.5	M12
		2000	[-125 × 65 × 6 × 8	M12			1000	[-125 × 65 × 6 × 8	M16
		2500	[-125 × 65 × 6 × 8	2-M10			1500	[-125 × 65 × 6 × 8	2-M12
	2500	500	[-100 × 50 × 5 × 7.5	M12			2000	[-150 × 75 × 6.5 × 10	2-M16
		1000	[-100 × 50 × 5 × 7.5	M10			2500	[-150 × 75 × 6.5 × 10	2-CM12
		1500	[-125 × 65 × 6 × 8	M10		2000	500	[-125 × 65 × 6 × 8	M12
		2000	[-125 × 65 × 6 × 8	M10			1000	[-125 × 65 × 6 × 8	M12
		2500	[-150 × 75 × 6.5 × 10	M12			1500	[-125 × 65 × 6 × 8	M12
20	500	500	[-75 × 40 × 5 × 7	2-M10			2000	[-150 × 75 × 6.5 × 10	2-M12
		1000	[-100 × 50 × 5 × 7.5	3-CM12			2500	[-150 × 75 × 6.5 × 10	2-M16
		1500	[-125 × 65 × 6 × 8	3-CM16		2500	500	[-125 × 65 × 6 × 8	M16
		2000	[-150 × 75 × 6.5 × 10	4-CM16			1000	[-125 × 65 × 6 × 8	2-M10
		2500	[-150 × 75 × 6.5 × 10	—			1500	[-150 × 75 × 6.5 × 10	2-M10
	1000	500	[-75 × 40 × 5 × 7	M10			2000	[-150 × 75 × 6.5 × 10	2-M12
		1000	[-100 × 50 × 5 × 7.5	2-M10			2500	[-150 × 75 × 6.5 × 10	2-M12
		1500	[-125 × 65 × 6 × 8	2-M16	30	1500	500	[-125 × 65 × 6 × 8	M16
		2000	[-150 × 75 × 6.5 × 10	2-CM16			1000	[-125 × 65 × 6 × 8	M12
		2500	[-150 × 75 × 6.5 × 10	3-CM12			1500	[-150 × 75 × 6.5 × 10	CM16
	1500	500	[-100 × 50 × 5 × 7.5	M12			2000	[-150 × 75 × 6.5 × 10	2-CM12
		1000	[-100 × 50 × 5 × 7.5	M10			2500	[-150 × 75 × 9 × 12.5	2-CM16
		1500	[-125 × 65 × 6 × 8	M16		2000	500	[-125 × 65 × 6 × 8	M16
		2000	[-125 × 65 × 6 × 8	2-M12			1000	[-125 × 65 × 6 × 8	M16
		2500	[-150 × 75 × 6.5 × 10	2-CM12			1500	[-150 × 75 × 6.5 × 10	M16
	2000	500	[-100 × 50 × 5 × 7.5	M12			2000	[-150 × 75 × 6.5 × 10	2-M12
		1000	[-125 × 65 × 6 × 8	M12			2500	[-150 × 75 × 9 × 12.5	2-M16
		1500	[-125 × 65 × 6 × 8	M12		2500	500	[-125 × 65 × 6 × 8	M16
		2000	[-125 × 65 × 6 × 8	M16			1000	[-150 × 75 × 6.5 × 10	M16
		2500	[-150 × 75 × 6.5 × 10	2-M12			1500	[-150 × 75 × 6.5 × 10	M16
	2500	500	[-100 × 50 × 5 × 7.5	M12			2000	[-150 × 75 × 6.5 × 10	2-M12
		1000	[-125 × 65 × 6 × 8	M12			2500	[-150 × 75 × 9 × 12.5	2-M16

付表 2.1-8 横引配管用 A 種耐震支持材部材選定表の例（No. 8）

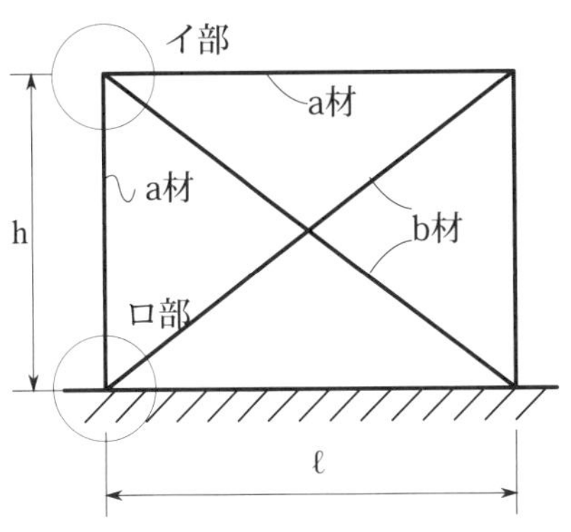

注）１）*1 の配管重量（P）は地震時に耐震支持材が受け持つ配管重量を示す。すなわち、耐震支持材にはさまれた部分の配管重量とする。

２）躯体取付けアンカーの種類と埋込深さ（下記以上とする）

（ｉ）あと施工金属拡張アンカー（おねじ形）（M）

M8 ：40mm　M16：70mm

M10：45mm　M20：90mm

M12：60mm

（ii）あと施工接着系アンカー（CM）

CM12：90mm

３）部分詳細図 NO. 付表 2.4-8 は下記による。

ｉ）ｂ材が丸鋼の場合
イ部：8- イ -1
ロ部：8- ロ -1 又は 8- ロ -2

ii）ｂ材が平鋼 (FB) の場合
イ部：8- イ -2 又は 8- イ -3
ロ部：8- ロ -1 又は 8- ロ -2

配管重量 P*1 (kN)	支持材寸法 (mm)		部材仕様		接合ボルトサイズ	躯体取付けアンカー	配管重量 P*1 (kN)	支持材寸法 (mm)		部材仕様		接合ボルトサイズ	躯体取付けアンカー
	ℓ	h	a 材	b 材				ℓ	h	a 材	b 材		
2.5	500	500	L-40 × 40 × 5	M8 丸鋼	M8	M8	10	1000	1000	L-75 × 75 × 9	M8 丸鋼	M12	M10
		1000	L-40 × 40 × 5	M8 丸鋼	M8	M8			1500	L-75 × 75 × 9	M10 丸鋼	M12	M16
		1500	L-40 × 40 × 5	M8 丸鋼	M8	2-M8			2000	L-75 × 75 × 9	M10 丸鋼	M16	2-M12
		2000	L-45 × 45 × 4	M8 丸鋼	M10	2-M8			2500	L-75 × 75 × 9	FB-6 × 65	M16	2-M16
		2500	L-60 × 60 × 4	M8 丸鋼	M10	2-M10		1500	500	[-75 × 40 × 5 × 7	M8 丸鋼	M10	M10
	1000	500	L-50 × 50 × 6	M8 丸鋼	M8	M8			1000	[-75 × 40 × 5 × 7	M8 丸鋼	M10	M10
		1000	L-50 × 50 × 6	M8 丸鋼	M8	M8			1500	[-75 × 40 × 5 × 7	M8 丸鋼	M12	M10
		1500	L-50 × 50 × 6	M8 丸鋼	M8	M8			2000	[-75 × 40 × 5 × 7	M10 丸鋼	M12	2-M10
		2000	L-50 × 50 × 6	M8 丸鋼	M8	M8			2500	[-75 × 40 × 5 × 7	M10 丸鋼	M12	2-M10
		2500	L-60 × 60 × 4	M8 丸鋼	M8	M10		2000	500	[-100 × 50 × 5 × 7.5	M8 丸鋼	M10	M10
5	500	500	L-50 × 50 × 6	M8 丸鋼	M8	M8			1000	[-100 × 50 × 5 × 7.5	M8 丸鋼	M10	M10
		1000	L-50 × 50 × 6	M8 丸鋼	M10	M10			1500	[-100 × 50 × 5 × 7.5	M8 丸鋼	M10	Ml0
		1500	L-50 × 50 × 6	M10 丸鋼	M12	2-M10			2000	[-100 × 50 × 5 × 7.5	M8 丸鋼	M12	M10
		2000	L-50 × 50 × 6	M10 丸鋼	M16	2-M12			2500	[-100 × 50 × 5 × 7.5	M10 丸鋼	M12	M12
		2500	L-60 × 60 × 5	FB-6 × 65	M16	2-M16		2500	500	[-100 × 50 × 5 × 7.5	M8 丸鋼	M10	M10
	1000	500	L-65 × 65 × 6	M8 丸鋼	M8	M8			1000	[-100 × 50 × 5 × 7.5	M8 丸鋼	M10	M10
		1000	L-65 × 65 × 6	M8 丸鋼	M8	M8			1500	[-100 × 50 × 5 × 7.5	M8 丸鋼	M10	M10
		1500	L-65 × 65 × 6	M8 丸鋼	M10	M10			2000	[-100 × 50 × 5 × 7.5	M8 丸鋼	M10	M10
		2000	L-65 × 65 × 6	M8 丸鋼	M10	M12			2500	[-100 × 50 × 5 × 7.5	M8 丸鋼	M12	M10
		2500	L-65 × 65 × 6	M8 丸鋼	M10	M16	15	500	500	L-75 × 75 × 6	M10 丸鋼	Ml6	M12
10	500	500	L-65 × 65 × 6	M8 丸鋼	M12	M12			1000	L-75 × 75 × 6	FB-6 × 65	M16	2-M16
		1000	L-65 × 65 × 6	M10 丸鋼	M16	2-M12			1500	L-75 × 75 × 6	FB-6 × 65	M20	2-M20
		1500	L-65 × 65 × 6	FB-6 × 65	Ml6	3-M12			2000	L-75 × 75 × 6	FB-6 × 65	2-M16	3-M20
		2000	L-65 × 65 × 6	FB-6 × 65	M20	3-M16			2500	L-75 × 75 × 9	FB-6 × 75	2-M20	4-M20
		2500	L-70 × 70 × 6	FB-6 × 65	M20	3-CM12		1000	500	[-75 × 40 × 5 × 7	M10 丸鋼	M12	2-M10
	1000	500	L-75 × 75 × 9	M8 丸鋼	M10	M10			1000	[-75 × 40 × 5 × 7	M10 丸鋼	M16	2-M10

付表 2.1-8（No. 8 のつづき）

配管重量 P*1 (kN)	支持材寸法 (mm) ℓ	h	部材仕様 a 材	b 材	接合ボルトサイズ	躯体取付けアンカー
15	1000	1500	[-100 × 50 × 5 × 7.5	FB-6 × 65	M16	2-M12
		2000	[-100 × 50 × 5 × 7.5	FB-6 × 65	M16	2-CM12
		2500	[-100 × 50 × 5 × 7.5	FB-6 × 65	M20	2-M12
	1500	500	[-100 × 50 × 5 × 7.5	M10 丸鋼	M12	M12
		1000	[-100 × 50 × 5 × 7.5	M10 丸鋼	M12	M12
		1500	[-100 × 50 × 5 × 7.5	M10 丸鋼	M16	M12
		2000	[-100 × 50 × 5 × 7.5	FB-4.5 × 44	M16	2-M12
		2500	[-100 × 50 × 5 × 7.5	FB-6 × 65	M16	2-M12
	2000	500	[-100 × 50 × 5 × 7.5	M10 丸鋼	M12	M12
		1000	[-100 × 50 × 5 × 7.5	M10 丸鋼	M12	M12
		1500	[-100 × 50 × 5 × 7.5	M10 丸鋼	M12	M12
		2000	[-100 × 50 × 5 × 7.5	M10 丸鋼	M16	M12
		2500	[-100 × 50 × 5 × 7.5	FB-4.5 × 44	M16	2-M12
	2500	500	[-125 × 65 × 6 × 8	M10 丸鋼	M12	M12
		1000	[-125 × 65 × 6 × 8	M10 丸鋼	M12	M12
		1500	[-125 × 65 × 6 × 8	M10 丸鋼	M12	M12
		2000	[-125 × 65 × 6 × 8	M10 丸鋼	M12	M12
		2500	[-125 × 65 × 6 × 8	M10 丸鋼	M16	M12
20	1000	500	[-100 × 50 × 5 × 7.5	M10 丸鋼	M16	2-M12
		1000	[-100 × 50 × 5 × 7.5	FB-6 × 65	M16	2-M12
		1500	[-100 × 50 × 5 × 7.5	FB-6 × 65	M20	2-CM12
		2000	[-100 × 50 × 5 × 7.5	FB-6 × 65	M20	2-CM12
		2500	[-125 × 65 × 6 × 8	FB-6 × 65	M20	3-CM12
	1500	500	[-100 × 50 × 5 × 7.5	M10 丸鋼	M16	2-M12
		1000	[-100 × 50 × 5 × 7.5	FB-4.5 × 44	M16	2-M12
		1500	[-100 × 50 × 5 × 7.5	FB-6 × 65	M16	2-M12
		2000	[-100 × 50 × 5 × 7.5	FB-6 × 65	M16	2-M12
		2500	[-100 × 50 × 5 × 7.5	FB-6 × 65	M20	2-CM12
	2000	500	[-125 × 65 × 6 × 8	M10 丸鋼	M16	M16
		1000	[-125 × 65 × 6 × 8	M10 丸鋼	M16	M16
		1500	[-125 × 65 × 6 × 8	FB-4.5 × 44	M16	M16
		2000	[-125 × 65 × 6 × 8	FB-6 × 65	M16	M16
		2500	[-125 × 65 × 6 × 8	FB-6 × 65	M16	2-M12
	2500	500	[-125 × 65 × 6 × 8	M10 丸鋼	M16	M16
		1000	[-125 × 65 × 6 × 8	M10 丸鋼	M16	M16
		1500	[-125 × 65 × 6 × 8	M10 丸鋼	M16	M16
		2000	[-125 × 65 × 6 × 8	FB-6 × 65	M16	M16

配管重量 P*1 (kN)	支持材寸法 (mm) ℓ	h	部材仕様 a 材	b 材	接合ボルトサイズ	躯体取付けアンカー
20	2500	2500	[-125 × 65 × 6 × 8	FB-6 × 65	M16	M16
25	1000	500	[-100 × 50 × 5 × 7.5	FB-6 × 65	M16	2-M12
		1000	[-100 × 50 × 5 × 7.5	FB-6 × 65	M20	2-M12
		1500	[-100 × 50 × 5 × 7.5	FB-6 × 65	M20	2-CM12
		2000	[-125 × 65 × 6 × 8	FB-6 × 65	2-M16	2-M20
		2500	[-125 × 65 × 6 × 8	FB-6 × 65	2-M16	3-M20
	1500	500	[-125 × 65 × 6 × 8	FB-6 × 65	M16	M16
		1000	[-125 × 65 × 6 × 8	FB-6 × 65	M16	M16
		1500	[-125 × 65 × 6 × 8	FB-6 × 65	M20	2-M12
		2000	[-125 × 65 × 6 × 8	FB-6 × 65	M20	2-M16
		2500	[-125 × 65 × 6 × 8	FB-6 × 65	M20	2-M20
	2000	500	[-100 × 50 × 5 × 7.5	FB-6 × 65	M16	2-M12
		1000	[-100 × 50 × 5 × 7.5	FB-6 × 65	M16	2-M12
		1500	[-100 × 50 × 5 × 7.5	FB-6 × 65	M16	2-M12
		2000	[-100 × 50 × 5 × 7.5	FB-6 × 65	M20	2-M12
		2500	[-100 × 50 × 5 × 7.5	FB-6 × 65	M20	2-CM12
	2500	500	[-150 × 75 × 6.5 × 10	FB-6 × 65	M16	M16
		1000	[-150 × 75 × 6.5 × 10	FB-6 × 65	M16	M16
		1500	[-150 × 75 × 6.5 × 10	FB-6 × 65	M16	M16
		2000	[-150 × 75 × 6.5 × 10	FB-6 × 65	M16	M16
		2500	[-150 × 75 × 6.5 × 10	FB-6 × 65	M20	M20
30	1500	500	[-125 × 65 × 6 × 8	FB-6 × 65	M16	M16
		1000	[-125 × 65 × 6 × 8	FB-6 × 65	M20	M16
		1500	[-125 × 65 × 6 × 8	FB-6 × 65	M20	2-M12
		2000	[-125 × 65 × 6 × 8	FB-6 × 65	M20	2-M20
		2500	[-125 × 65 × 6 × 8	FB-6 × 65	2-M16	2-M20
	2000	500	[-125 × 65 × 6 × 8	FB-6 × 65	M16	M16
		1000	[-125 × 65 × 6 × 8	FB-6 × 65	M16	M16
		1500	[-125 × 65 × 6 × 8	FB-6 × 65	M20	M16
		2000	[-125 × 65 × 6 × 8	FB-6 × 65	M20	2-M12
		2500	[-125 × 65 × 6 × 8	FB-6 × 65	M20	2-M16
	2500	500	[-150 × 75 × 6.5 × 10	FB-6 × 65	M16	M16
		1000	[-150 × 75 × 6.5 × 10	FB-6 × 65	M16	M16
		1500	[-150 × 75 × 6.5 × 10	FB-6 × 65	M16	M16
		2000	[-150 × 75 × 6.5 × 10	FB-6 × 65	M20	M16
		2500	[-150 × 75 × 6.5 × 10	FB-6 × 65	M20	2-M12
—						

付表 2.2 横引配管用 S_A 種耐震支持材部材選定表の例

付表 2.2-1 横引配管用 S_A 種耐震支持材部材選定表の例（No.1）

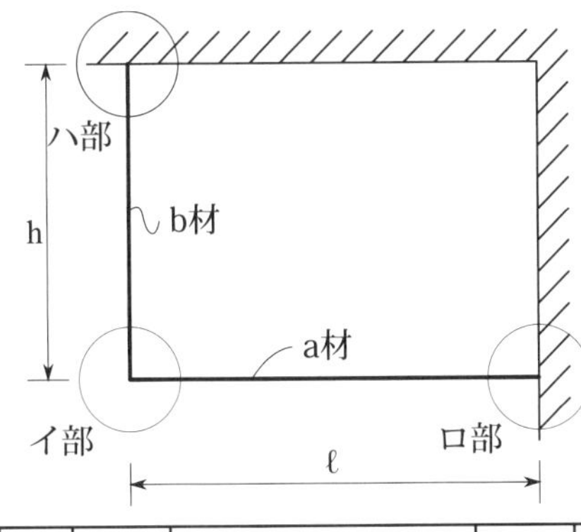

注）1）*1 の配管重量（P）は地震時に耐震支持材が受け持つ配管重量を示す。すなわち、耐震支持材にはさまれた部分の配管重量とする。

2）躯体取付けアンカーの種類と埋込深さ（下記以上とする）

（i）あと施工金属拡張アンカー（おねじ形）（M）

M8 ：40mm　M16：70mm

M10：45mm　M20：90mm

M12：60mm

（ii）あと施工接着系アンカー（CM）

CM12：90mm

CM16：110mm

配管重量 P*1（kN）	サポート幅 ℓ（mm）	部材仕様 a材	吊り長さ h（mm）	部材仕様 b材	接合ボルトサイズ	躯体取付アンカー a材 柱固定（側面）	躯体取付アンカー a材 柱・壁固定（正面）	躯体取付アンカー b材 はり固定	躯体取付アンカー b材 スラブ固定	部分詳細図 No.（付表 2.4-1） はり固定	部分詳細図 No.（付表 2.4-1） スラブ固定
2.5	500	L-40 × 40 × 3	500	M8 丸鋼	1-M8	1-M8	1-M8	1-M8	1-M8	1- イ -1 1- ロ -1 1- ロ -2 1- ロ -3 1- ロ -4 1- ハ -1 1- ハ -2	1- イ -1 1- ロ -1 1- ロ -2 1- ロ -3 1- ロ -4 1- ハ -3 1- ハ -4
	1000	L-40 × 40 × 5	1000								
5	500	L-40 × 40 × 5	500	M8 丸鋼	1-M8	1-M10	2-M8	1-M8	1-M8		
	1000	L-50 × 50 × 6	1000								
10	500	L-50 × 50 × 6	500	M8 丸鋼	1-M12	1-M12	2-M12	1-M8	2-M8		
	1000	L-65 × 65 × 6	1000								
	1500	L-75 × 75 × 6	1500								
	2000	L-75 × 75 × 9	2000								
	2500	[-75 × 40 × 5 × 7	2500								
15	500	L-60 × 60 × 5	500	M8 丸鋼	1-M16	1-M16	2-M16	1-M10	2-M8		
	1000	L-75 × 75 × 6	1000								
	1500	L-75 × 75 × 9	1500								
	2000	[-75 × 40 × 5 × 7	2000								
	2500	[-100 × 50 × 5 × 7.5	2500								
20	1000	L-75 × 75 × 9	1000	M8 丸鋼	1-M16	2-M12	2-CM16	1-M10	2-M12		
	1500	[-75 × 40 × 5 × 7	1500								
	2000	[-100 × 50 × 5 × 7.5	2000								
	2500	[-100 × 50 × 5 × 7.5	2500								
25	1000	[-75 × 40 × 5 × 7	1000	M10 丸鋼	1-M20	2-M16	3-CM12	1-M12	2-M12		
	1500	[-75 × 40 × 5 × 7	1500								
	2000	[-100 × 50 × 5 × 7.5	2000								
	2500	[-125 × 65 × 6 × 8	2500								
30	1500	[-100 × 50 × 5 × 7.5	1500	M10 丸鋼	1-M20	2-M16	3-CM16	2-M10	2-M12		
	2000	[-100 × 50 × 5 × 7.5	2000								
	2500	[-125 × 65 × 6 × 8	2500								
40	1500	[-100 × 50 × 5 × 7.5	1500	M12 丸鋼	2-M20	3-M16	4-CM16	2-M12	2-M16		
	2000	[-125 × 65 × 6 × 8	2000								
	2500	[-125 × 65 × 6 × 8	2500								
50	2000	[-125 × 65 × 6 × 8	2000	M12 丸鋼	2-M20	3-M16	5-CM16	2-M12	2-CM16		
	2500	[-150 × 75 × 6.5 × 10	2500								
60	2500	[-150 × 75 × 6.5 × 10	2500	M16 丸鋼	2-M20	3-M20	5-CM16	2-M12	2-CM16		

付表 2.2-2　横引配管用 S_A 種耐震支持材部材選定表の例（No.2）

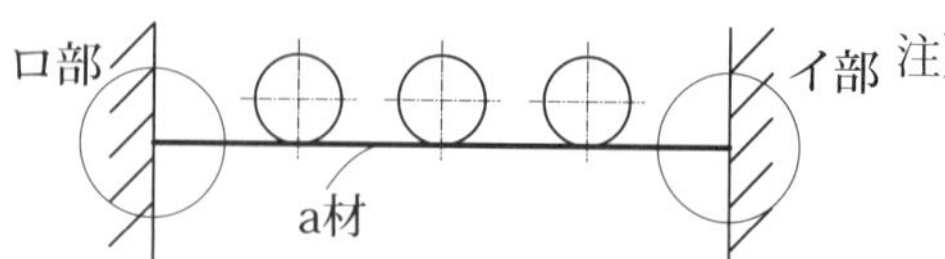

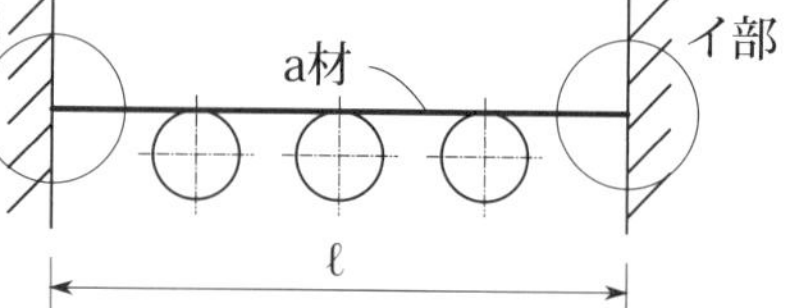

注）１）*1 の配管重量（P）は地震時に耐震支持材が受け持つ配管重量を示す。すなわち、耐震支持材にはさまれた部分の配管重量とする。

２）躯体取付けアンカーの種類と埋込深さ（下記以上とする）

（ i ）あと施工金属拡張アンカー（おねじ形）（M）

M8　：40mm　M16：70mm
M10：45mm　M20：90mm
M12：60mm

（ii）あと施工接着系アンカー（CM）

CM12：90mm

配管重量 P*1 (kN)	サポート幅 ℓ	部材仕様 a 材	接合ボルトサイズ タイプ1	接合ボルトサイズ タイプ2	躯体取付アンカー 柱固定（側面）	躯体取付アンカー 柱・壁固定（正面）	部分詳細図 No.（付表 2.4-2） 柱一柱固定	部分詳細図 No.（付表 2.4-2） 柱一壁固定	部分詳細図 No.（付表 2.4-2） 壁一壁固定
2.5	500	L-40 × 40 × 3	1-M8	1-M8	1-M8	1-M8	2- ロ -1 2- ロ -2 2- ロ -3	2- イ -1 2- イ -2 2- イ -3 2- ロ -1 2- ロ -2 2- ロ -3	2- イ -1 2- イ -2 2- イ -3
	1000	L-40 × 40 × 5							
5	500	L-40 × 40 × 5	1-M8	1-M8	1-M8	1-M8			
	1000	L-50 × 50 × 6							
10	500	L-50 × 50 × 6	1- M10	1-M8	1-M12	2-M8			
	1000	L-65 × 65 × 6							
	1500	L-75 × 75 × 6							
	2000	L-75 × 75 × 9							
	2500	[-75 × 40 × 5 × 7							
15	500	L-60 × 60 × 5	1-M12	1-M10	1-M16	2-M10			
	1000	L-75 × 75 × 6							
	1500	L- 75 × 75 × 9							
	2000	[-75 × 40 × 5 × 7							
	2500	[-100 × 50 × 5 × 7.5							
20	1000	L-75 × 75 × 9	1-M12	1-M12	1-M16	2-M12			
	1500	[-75 × 40 × 5 × 7							
	2000	[-100 × 50 × 5 × 7.5							
	2500	[-100 × 50 × 5 × 7.5							
25	1000	[-75 × 40 × 5 × 7	1-M16	1-M16	1-M16	2-M16			
	1500	[-75 × 40 × 5 × 7							
	2000	[-100 × 50 × 5 × 7.5							
	2500	[-125 × 65 × 6 × 8							
30	1500	[-100 × 50 × 5 × 7.5	1-M16	1-M16	1-M16	2-M16			
	2000	[-100 × 50 × 5 × 7.5							
	2500	[-125 × 65 × 6 × 8							
40	1500	[-100 × 50 × 5 × 7.5	1-M20	1-M16	2-M16	2-M20			
	2000	[-125 × 65 × 6 × 8							
	2500	[-125 × 65 × 6 × 8							
50	2000	[-125 × 65 × 6 × 8	1-M20	1-M20	2-M16	3-CM12			
	2500	[-150 × 75 × 6.5 × 10							
60	2500	[-150 × 75 × 6.5 × 10	1-M22	1-M20	2-M16	3-CM16			

注釈

タイプ１　接合ボルトに、常時は鉛直方向に自重によるせん断力、地震時は水平方向に地震力によるせん断力が作用するもの。

タイプ２　接合ボルトに、地震時は水平方向に地震力によるせん断力が作用するもの。

付表 2.2-3　横引配管用 S_A 種耐震支持材部材選定表の例（No.3）

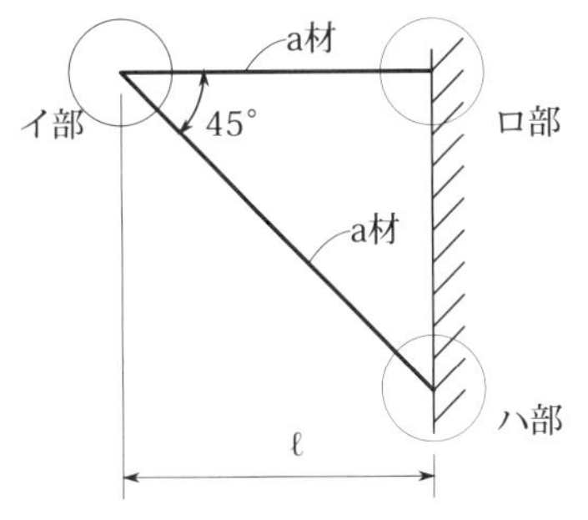

注）１）*1 の配管重量（P）は地震時に耐震支持材が受け持つ配管重量を示す。すなわち、耐震支持材にはさまれた部分の配管重量とする。

２）躯体取付けアンカーの種類と埋込深さ（下記以上とする）

（ｉ）あと施工金属拡張アンカー（おねじ形）（M）
M8 ：40mm　M12 ：60mm
M10：45mm　M16 ：70mm

（ii）あと施工接着系アンカー（CM）
CM10：80mm
CM12：90mm
CM16：110mm

配管重量 P*1 (kN)	サポート幅 ℓ (mm)	部材仕様 a 材	躯体取付けアンカー 柱固定（側面）	躯体取付けアンカー 柱・壁固定（正面）	部分詳細図（付表 2.4-3） 柱固定（側面）	部分詳細図（付表 2.4-3） 柱・壁固定（正面）
2.5	500	L-40 × 40 × 3	1-M8	1-M10	イ部：3- イ -1 ロ部：3- ロ -1 ハ部：3- ハ -1	イ部：3- イ -1 ロ部：3- ロ -2 ハ部：3- ハ -2
	1000	L-40 × 40 × 5				
5	500	L-40 × 40 × 5	1-M10	2-M10		
	1000	L-50 × 50 × 6				
10	500	L-50 × 50 × 6	2-M10	2-CM10		
	1000	L-65 × 65 × 6				
	1500	L-75 × 75 × 6				
15	500	L-60 × 60 × 5	2-M12	2-CM16		
	1000	L-75 × 75 × 6				
	1500	L-90 × 90 × 7				
20	1000	L-75 × 75 × 9	2-M16	3-CM12		
	1500	L-100 × 100 × 7				
25	1000	L-90 × 90 × 7	2-M16	3-CM16		
	1500	L-100 × 100 × 10				

付表 2.2-4　横引配管用 S_A 種耐震支持材部材選定表の例（No.4）

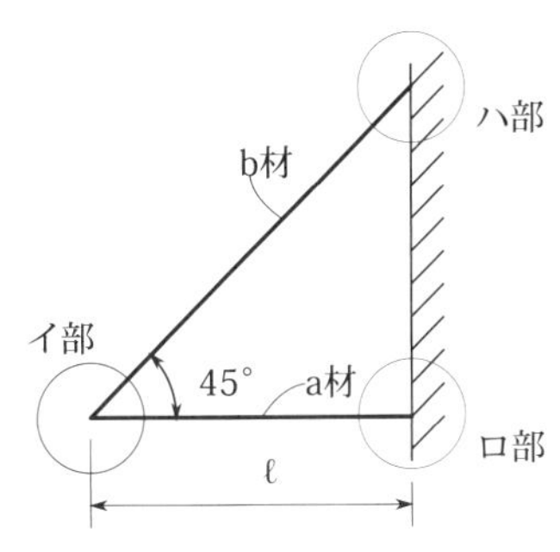

注）１）*1 の配管重量（P）は地震時に耐震支持材が受け持つ配管重量を示す。すなわち、耐震支持材にはさまれた部分の配管重量とする。

２）躯体取付けアンカーの種類と埋込深さ（下記以上とする）

（ｉ）あと施工金属拡張アンカー（おねじ形）（M）
M8 ：40mm　M12 ：60mm
M10：45mm　M16 ：70mm

（ii）あと施工接着系アンカー（CM）
CM12：90mm

配管重量 P*1 (kN)	サポート幅 ℓ (mm)	部材仕様 a 材	部材仕様 b 材	接合ボルトサイズ	躯体取付けアンカー 柱固定（側面）	躯体取付けアンカー 柱・壁固定（正面）	部分詳細図 No.（付表 2.4-4） 柱固定（側面）	部分詳細図 No.（付表 2.4-4） 柱・壁固定（正面）
2.5	500	L-40 × 40 × 3	M8 丸鋼	—	1-M8	1-M8	4- イ -1 4- ロ -1 4- ハ -2 4- ハ -4	4- イ -1 4- ロ -2 4- ロ -3 4- ハ -1 4- ハ -3
	1000	L-40 × 40 × 5						
5	500	L-40 × 40 × 5	M8 丸鋼	—	1-M8	1-M10		
	1000	L-50 × 50 × 6						
10	500	L-50 × 50 × 6	M8 丸鋼	1-M10	1-M10	2-M10		
	1000	L-65 × 65 × 6						
	1500	L-75 × 75 × 6						
15	500	L-60 × 60 × 5	M8 丸鋼	1-M12	2-M10	2-M12		
	1000	L-75 × 75 × 6						
	1500	L-90 × 90 × 7						
20	1000	L-75 × 75 × 9	M10 丸鋼	1-M16	2-M10	2-M16		
	1500	L-100 × 100 × 7						
25	1000	L-90 × 90 × 7	M10 丸鋼	1-M16	2-M12	2-CM16		
	1500	L-100 × 100 × 10						

付表 2.2-5　横引配管用 S_A 種耐震支持材部材選定表の例（No.5）

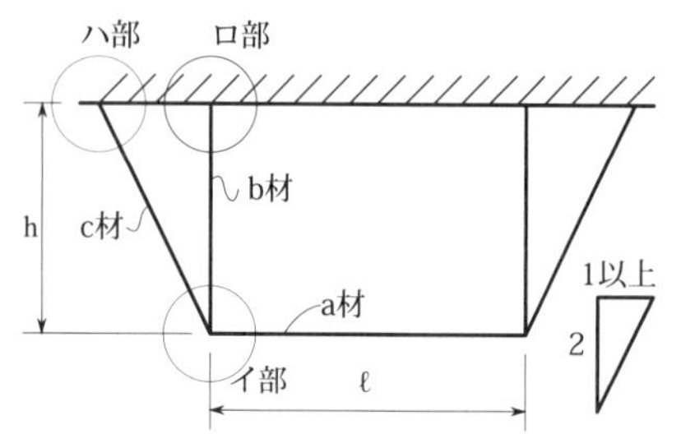

注）1）*1の配管重量（P）は地震時に耐震支持材が受け持つ配管重量を示す。すなわち、耐震支持材にはさまれた部分の配管重量とする。

2）躯体取付けアンカーの種類と埋込深さ（下記以上とする）

（i）あと施工金属拡張アンカー（おねじ形）（M）
M10：45mm　M16：70mm
M12：60mm　M20：90mm

（ii）あと施工接着系アンカー（CM）
CM12：90mm
CM16：110mm

配管重量 P*1 (kN)	サポート幅 ℓ (mm)	部材仕様 a材	吊り長さ h (mm)	部材仕様 b材	部材仕様 c材	接合ボルトサイズ	躯体取付アンカー はり固定	躯体取付アンカー スラブ固定	部分詳細図 No.（付表 2.4-5） はり固定	部分詳細図 No.（付表 2.4-5） スラブ固定
2.5	500	L-40 × 40 × 3	500	L-40 × 40 × 3	M8 丸鋼	1-M10	1-M10	2-M10	5- イ -1 5- イ -2 5- イ -3 5- イ -4 5- ロ -1 5- ハ -1 5- ハ -4 5- ハ -5 5- ハ -6	5- イ -1 5- イ -2 5- イ -3 5- イ -4 5- ロ -3 5- ロ -5 5- ハ -2 5- ハ -3 5- ハ -7 5- ハ -8
	1000	L-40 × 40 × 5	1000	L-40 × 40 × 3						
	1500	—	1500	L-40 × 40 × 3						
	2000	—	2000	L-40 × 40 × 3						
	2500	—	2500	L-40 × 40 × 5						
5	500	L-40 × 40 × 5	500	L-45 × 45 × 4	M10 丸鋼	1-M12	2-M10	2-M12		
	1000	L-50 × 50 × 6	1000	L-45 × 45 × 4						
	1500	—	1500	L-45 × 45 × 4						
	2000	—	2000	L-45 × 45 × 4						
	2500	—	2500	L-50 × 50 × 5						
10	500	L-60 × 60 × 4	500	L-60 × 60 × 4	M16 丸鋼	2-M12	2-M12	2-CM16		
	1000	L-65 × 65 × 6	1000	L-60 × 60 × 4						
	1500	L-75 × 75 × 6	1500	L-60 × 60 × 4						
	2000	L-75 × 75 × 9	2000	L-60 × 60 × 4						
	2500	L-90 × 90 × 7	2500	L-60 × 60 × 5						
15	500	L-60 × 60 × 5	500	L-60 × 60 × 4	FB-6 × 65	2-M16	2-M16	3-CM16		
	1000	L-75 × 75 × 6	1000	L-60 × 60 × 4						
	1500	L-75 × 75 × 9	1500	L-60 × 60 × 4						
	2000	L-90 × 90 × 10	2000	L-60 × 60 × 5						
	2500	[-100 × 50 × 5 × 7.5	2500	L-60 × 65 × 6						
20	500	—	500	L-65 × 65 × 6	FB-6 × 65	2-M20	2-M20	4-CM16		
	1000	L-75 × 75 × 9	1000	L-65 × 65 × 6						
	1500	L-90 × 90 × 10	1500	L-65 × 65 × 6						
	2000	[-100 × 50 × 5 × 7.5	2000	L-65 × 65 × 6						
	2500	[-100 × 50 × 5 × 7.5	2500	L-75 × 75 × 6						

付表 2.2-5(No.5 のつづき)

配管重量 P*1 (kN)	サポート幅 ℓ (mm)	部材仕様 a 材	吊り長さ h (mm)	部材仕様 b 材	c 材	接合ボルトサイズ	躯体取付アンカー はり固定	スラブ固定	部分詳細図 No.（付表 2.4-5） はり固定	スラブ固定
25	500	—	500	L-65 × 65 × 6	FB-6 × 65	2-M20	2-M20	5-CM16	5- イ -3 5- イ -4 5- ロ -1 5- ロ -4 5- ハ -5 5- ハ -6	5- イ -3 5- イ -4 5- ロ -5 5- ハ -8
	1000	L-90 × 90 × 7	1000	L-65 × 65 × 6						
	1500	[-75 × 40 × 5 × 7	1500	L-65 × 65 × 6						
	2000	[-100 × 50 × 5 × 7.5	2000	L-65 × 65 × 8						
	2500	[-125 × 65 × 6 × 8	2500	L-75 × 75 × 9						
30	500	—	500	L-65 × 65 × 6	L-65 × 65 × 5	3-M20	4-M16	5-CM16		
	1000	—	1000	L-65 × 65 × 6						
	1500	[-100 × 50 × 5 × 7.5	1500	L-65 × 65 × 6						
	2000	[-100 × 50 × 5 × 7.5	2000	L-65 × 65 × 8						
	2500	[-125 × 65 × 6 × 8	2500	L-75 × 75 × 9						
40	500	—	500	L-75 × 75 × 6	L-75 × 75 × 6	3-M20	4-M20	—		
	1000	—	1000	L-75 × 75 × 6						
	1500	[-100 × 50 × 5 × 7.5	1500	L-75 × 75 × 6						
	2000	[-125 × 65 × 6 × 8	2000	L-75 × 75 × 9						
	2500	[-125 × 65 × 6 × 8	2500	L-90 × 90 × 6						
50	500	—	500	L-75 × 75 × 6	L-75 × 75 × 6	3-M22	4-M20	—		
	1000	—	1000	L-75 × 75 × 6						
	1500	—	1500	L-75 × 75 × 6						
	2000	[-125 × 65 × 6 × 8	2000	L-75 × 75 × 9						
	2500	[-150 × 75 × 6.5 × 10	2500	L-90 × 90 × 10						
60	500	—	500	L-75 × 75 × 6	L-75 × 75 × 9	4-M22	5-M20	—		
	1000	—	1000	L-75 × 75 × 6						
	1500	—	1500	L-75 × 75 × 6						
	2000	—	2000	L-90 × 90 × 7						
	2500	[-150 × 75 × 6.5 × 10	2500	L-90 × 90 × 10						

付表 2.2-6　横引配管用 S_A 種耐震支持材部材選定表の例（No.6）

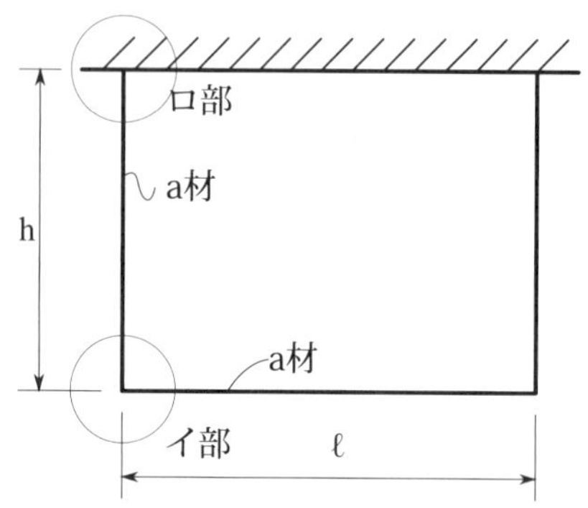

注）１）*1 の配管重量（P）は地震時に耐震支持材が受け持つ配管重量を示す。すなわち、耐震支持材にはさまれた部分の配管重量とする。

２）躯体取付けアンカーの種類と埋込深さ（下記以上とする）

（ｉ）あと施工金属拡張アンカー（おねじ形）（M）
M8 ：40mm　M16：70mm
M10：45mm　M20：90mm
M12：60mm

（ii）あと施工接着系アンカー（CM）
CM10：80mm
CM12：90mm
CM16：110mm

３）部分詳細図 NO. 付表 2.4-6 は下記による。
スラブ固定：イ部：6- イ -1　　ロ部：6- ロ -2
はり固定　：イ部：6- イ -1　　ロ部：6- ロ -1 又は 6- ロ -3

配管重量 P*1 (kN)	支持材寸法 (mm) ℓ	h	部材仕様 a 材	躯体取付アンカー スラブ固定	はり固定
2.5	500	500	L-50 × 50 × 6	1-M10	1-M8
		1000	L-65 × 65 × 6	1-M12	1-M10
		1500	L-75 × 75 × 9	1-M20	1-M12
		2000	L-75 × 75 × 9	2-M12	1-M12
		2500	[-100 × 50 × 5 × 7.5	2-CM16	1-M16
	1000	500	L-50 × 50 × 6	1-M8	1-M8
		1000	L-65 × 65 × 6	1-M10	1-M8
		1500	L-75 × 75 × 9	1-M12	1-M8
		2000	L-75 × 75 × 9	1-M12	1-M10
		2500	[-75 × 40 × 5 × 7	2-M10	1-M10
5	500	500	L-65 × 65 × 6	1-M16	1-M10
		1000	L-75 × 75 × 9	1-M20	1-M16
		1500	[-75 × 40 × 5 × 7	2-CM12	1-M16
		2000	[-100 × 50 × 5 × 7.5	2-CM16	1-M20
		2500	[-125 × 65 × 6 × 8	3-CM12	1-M20
	1000	500	L-65 × 65 × 8	1-M10	1-M8
		1000	L-75 × 75 × 9	1-M16	1-M10
		1500	[-75 × 40 × 5 × 7	2-M12	1-M12
		2000	[-100 × 50 × 5 × 7.5	2-M12	1-M16
		2500	[-100 × 50 × 5 × 7.5	2-M16	1-M16
10	500	500	L-75 × 75 × 12	2-CM10	1-M16
		1000	[-100 × 50 × 5 × 7.5	2-CM16	1-M20
		1500	[-125 × 65 × 6 × 8	3-CM16	2-M16
		2000	[-125 × 65 × 6 × 8	4-CM16	2-M20
		2500	[-150 × 75 × 6.5 × 10	—	2-M20
	1000	500	[-75 × 40 × 5 × 7	1-M16	1-M12
		1000	[-100 × 50 × 5 × 7.5	2-CM10	1-M16
		1500	[-100 × 50 × 5 × 7.5	2-CM12	1-M16
		2000	[-125 × 65 × 6 × 8	2-CM16	1-M20
		2500	[-125 × 65 × 6 × 8	3-CM12	1-M20
	1500	500	[-75 × 40 × 5 × 7	2-M8	1-M12
		1000	[-100 × 50 × 5 × 7.5	2-M12	1-M12
		1500	[-100 × 50 × 5 × 7.5	2-M16	1-M16
10	1500	2000	[-125 × 65 × 6 × 8	2-CM12	1-M16
		2500	[-125 × 65 × 6 × 8	2-CM16	1-M16
	2000	500	[-75 × 40 × 5 × 7	2-M8	1-M12
		1000	[-100 × 50 × 5 × 7.5	2-M10	1-M12
		1500	[-100 × 50 × 5 × 7.5	2-M12	1-M12
		2000	[-125 × 65 × 6 × 8	2-M16	1-M16
		2500	[-125 × 65 × 6 × 8	2-M16	1-M16
	2500	500	[-75 × 40 × 5 × 7	1-M12	1-M12
		1000	[-100 × 50 × 5 × 7.5	2-M10	1-M12
		1500	[-125 × 65 × 6 × 8	2-M12	1-M12
		2000	[-125 × 65 × 6 × 8	2-M12	1-M16
		2500	[-125 × 65 × 6 × 8	2-M16	1-M16
15	500	500	[-75 × 40 × 5 × 7	2-CM16	2-M12
		1000	[-100 × 50 × 5 × 7.5	3-CM16	2-M16
		1500	[-125 × 65 × 6 × 8	—	2-M20
		2000	[-150 × 75 × 6.5 × 10	—	3-M20
		2500	[-150 × 75 × 6.5 × 10	—	3-M20
	1000	500	[-75 × 40 × 5 × 7	2-CM10	1-M16
		1000	[-100 × 50 × 5 × 7.5	2-CM16	1-M20
		1500	[-125 × 65 × 6 × 8	3-CM12	1-M20
		2000	[-150 × 75 × 6.5 × 10	3-CM16	2-M16
		2500	[-150 × 75 × 6.5 × 10	4-CM16	2-M20
	1500	500	[-100 × 50 × 5 × 7.5	2-M12	1-M16
		1000	[-100 × 50 × 5 × 7.5	2-M16	1-M16
		1500	[-125 × 65 × 6 × 8	2-CM16	1-M20
		2000	[-150 × 75 × 6.5 × 10	2-CM16	1-M20
		2500	[-150 × 75 × 6.5 × 10	2-CM16	1-M20
	2000	500	[-100 × 50 × 5 × 7.5	2-M10	1-M16
		1000	[-125 × 65 × 6 × 8	2-M12	1-M16
		1500	[-125 × 65 × 6 × 8	2-M16	1-M16
		2000	[-150 × 75 × 6.5 × 10	2-CM16	1-M20
		2500	[-150 × 75 × 6.5 × 10	2-CM16	1-M20
	2500	500	[-100 × 50 × 5 × 7.5	2-M10	1-M16

付表 2.2-6(No.6 のつづき)

配管重量 P*1 (kN)	支持材寸法 (mm) ℓ	h	部材仕様 a 材	躯体取付アンカー スラブ固定	はり固定
15	2500	1000	[-125 × 65 × 6 × 8	2-M12	1-M16
		1500	[-125 × 65 × 6 × 8	2-M16	1-M16
		2000	[-150 × 75 × 6.5 × 10	2-M16	1-M16
		2500	[-150 × 75 × 6.5 × 10	2-CM16	1-M20
20	500	500	[-100 × 50 × 5 × 7.5	3-CM12	2-M16
		1000	[-125 × 65 × 6 × 8	4-CM16	2-M20
		1500	[-150 × 75 × 6.5 × 10	—	3-M20
		2000	[-150 × 75 × 6.5 × 10	—	3-M20
		2500	[-200 × 80 × 7.5 × 11	—	4-M20
	1000	500	[-100 × 50 × 5 × 7.5	2-CM12	1-M16
		1000	[-125 × 65 × 6 × 8	3-CM12	1-M20
		1500	[-150 × 75 × 6.5 × 10	3-CM16	2-M16
		2000	[-150 × 75 × 6.5 × 10	4-CM16	2-M20
		2500	[-150 × 75 × 9 × 12.5	5-CM16	2-M20
	1500	500	[-100 × 50 × 5 × 7.5	2-CM10	1-M16
		1000	[-125 × 65 × 6 × 8	2-CM12	1-M20
		1500	[-150 × 75 × 6.5 × 10	3-CM12	1-M20
		2000	[-150 × 75 × 6.5 × 10	3-CM16	2-M16
		2500	[-150 × 75 × 9 × 12.5	4-CM16	2-M16
	2000	500	[-100 × 50 × 5 × 7.5	2-CM10	1-M16
		1000	[-125 × 65 × 6 × 8	2-CM12	1-M16
		1500	[-150 × 75 × 6.5 × 10	2-CM16	1-M20
		2000	[-150 × 75 × 6.5 × 10	3-CM12	1-M20
		2500	[-150 × 75 × 9 × 12.5	3-CM16	2-M16
	2500	500	[-125 × 65 × 6 × 8	2-M12	1-M16
		1000	[-125 × 65 × 6 × 8	2-M16	1-M16
		1500	[-150 × 75 × 6.5 × 10	2-CM12	1-M20
		2000	[-150 × 75 × 6.5 × 10	2-CM16	1-M20
		2500	[-150 × 75 × 9 × 12.5	3-CM12	1-M20
25	1000	500	[-100 × 50 × 5 × 7.5	2-CM16	2-M16
		1000	[-125 × 65 × 6 × 8	3-CM16	2-M16
		1500	[-150 × 75 × 6.5 × 10	4-CM16	2-M20
		2000	[-150 × 75 × 9 × 12.5	5-CM16	2-M20
		2500	[-200 × 80 × 7.5 × 11	—	3-M20
	1500	500	[-100 × 50 × 5 × 7.5	2-CM12	1-M20
		1000	[-125 × 65 × 6 × 8	2-CM16	1-M20
		1500	[-150 × 75 × 6.5 × 10	3-CM16	2-M16
		2000	[-150 × 75 × 9 × 12.5	4-CM16	2-M20
		2500	[-180 × 75 × 7 × 10.5	4-CM16	2-M20
	2000	500	[-125 × 65 × 6 × 8	2-M16	1-M20
		1000	[-125 × 65 × 6 × 8	3-CM12	1-M20
		1500	[-150 × 75 × 6.5 × 10	3-CM12	1-M20
		2000	[-150 × 75 × 9 × 12.5	3-CM16	2-M16
		2500	[-180 × 75 × 7 × 10.5	4-CM16	2-M16
	2500	500	[-125 × 65 × 6 × 8	2-M12	1-M20

配管重量 P*1 (kN)	支持材寸法 (mm) ℓ	h	部材仕様 a 材	躯体取付アンカー スラブ固定	はり固定
25	2500	1000	[-150 × 75 × 6.5 × 10	2-CM12	1-M20
		1500	[-150 × 75 × 6.5 × 10	2-CM16	1-M20
		2000	[-150 × 75 × 9 × 12.5	3-CM12	2-M16
		2500	[-180 × 75 × 7 × 10.5	3-CM16	2-M16
30	1500	500	[-125 × 65 × 6 × 8	2-CM12	1-M20
		1000	[-150 × 75 × 6.5 × 10	3-CM12	2-M16
		1500	[-150 × 75 × 6.5 × 10	4-CM16	2-M20
		2000	[-180 × 75 × 7 × 10.5	4-CM16	2-M20
		2500	[-200 × 80 × 7.5 × 11	—	2-M20
	2000	500	[-125 × 65 × 6 × 8	2-CM12	1-M20
		1000	[-150 × 75 × 6.5 × 10	2-CM16	1-M20
		1500	[-150 × 75 × 6.5 × 10	3-CM16	2-M16
		2000	[-180 × 75 × 7 × 10.5	4-CM16	2-M20
		2500	[-200 × 80 × 7.5 × 11	4-CM16	2-M20
	2500	500	[-125 × 65 × 6 × 8	2-M16	1-M20
		1000	[-150 × 75 × 6.5 × 10	2-CM16	1-M20
		1500	[-150 × 75 × 6.5 × 10	2-CM12	2-M16
		2000	[-180 × 75 × 7 × 10.5	3-CM16	2-M16
		2500	[-200 × 80 × 7.5 × 11	4-CM16	2-M20
40	1500	500	[-125 × 65 × 6 × 8	2-CM16	2-M16
		1000	[-150 × 75 × 6.5 × 10	4-CM12	2-M20
		1500	[-180 × 75 × 7 × 10.5	5-CM16	2-M20
		2000	[-200 × 80 × 7.5 × 11	—	3-M20
		2500	[-200 × 90 × 8 × 13.5	—	3-M20
	2000	500	[-125 × 65 × 6 × 8	2-CM16	2-M16
		1000	[-150 × 75 × 6.5 × 10	3-CM16	2-M16
		1500	[-180 × 75 × 7 × 10.5	4-CM16	2-M20
		2000	[-200 × 80 × 7.5 × 11	5-CM16	2-M20
		2500	[-200 × 90 × 8 × 13.5	—	2-M20
	2500	500	[-150 × 75 × 6.5 × 10	2-CM16	2-M16
		1000	[-150 × 75 × 6.5 × 10	3-CM12	2-M16
		1500	[-200 × 80 × 7.5 × 11	3-CM16	2-M20
		2000	[-200 × 90 × 8 × 13.5	4-CM16	2-M20
		2500	[-200 × 90 × 8 × 13.5	5-CM16	2-M20
50	2000	500	[-150 × 75 × 6.5 × 10	3-CM12	2-M20
		1000	[-150 × 75 × 9 × 12.5	4-CM16	2-M20
		1500	[-200 × 80 × 7.5 × 11	5-CM16	2-M20
		2000	[-200 × 90 × 8 × 13.5	—	3-M20
		2500	[-250 × 90 × 9 × 13	—	3-M20
	2500	500	[-150 × 75 × 6.5 × 10	2-CM16	2-M20
		1000	[-150 × 75 × 9 × 12.5	3-CM16	2-M20
		1500	[-200 × 80 × 7.5 × 11	4-CM16	2-M20
		2000	[-200 × 90 × 8 × 13.5	—	2-M20
		2500	[-250 × 90 × 9 × 13	—	3-M20
—					

付表 2.2-7　横引配管用 S_A 種耐震支持材部材選定表の例（No.7）

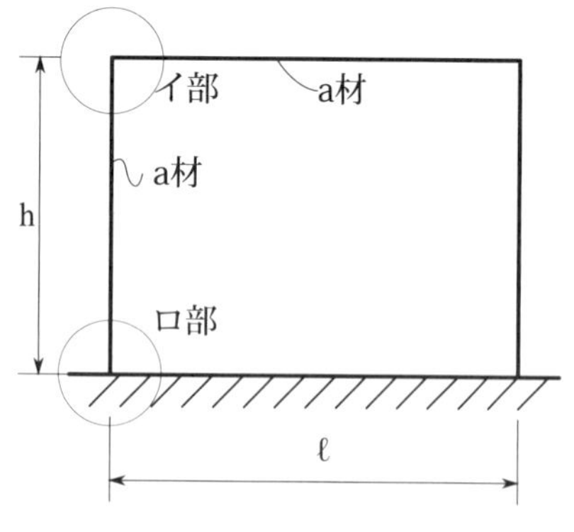

注）１）*1 の配管重量（P）は地震時に耐震支持材が受け持つ配管重量を示す。すなわち、耐震支持材にはさまれた部分の配管重量とする。

２）躯体取付けアンカーの種類と埋込深さ（下記以上とする）

（ i ）あと施工金属拡張アンカー（おねじ形）（M）
M8 ：40mm　M16：70mm
M10 ：45mm　M20：90mm
M12 ：60mm

（ ii ）あと施工接着系アンカー（CM）
CM10：80mm
CM12：90mm
CM16：110mm

３）部分詳細図 NO. 付表 2.4-7 は下記による。
イ部：7- イ -1　　ロ部：7- ロ -1 又は 7- ロ -2

配管重量 P*1 (kN)	支持材寸法 (mm) ℓ	h	部材仕様 a 材	躯体取付アンカー
2.5	500	500	L-50 × 50 × 5	1-M10
		1000	L-65 × 65 × 6	1-M12
		1500	[-75 × 40 × 5 × 7	2-M10
		2000	[-75 × 40 × 5 × 7	2-CM10
		2500	[-100 × 50 × 5 × 7.5	2-CM10
	1000	500	L-50 × 50 × 6	1-M8
		1000	L-65 × 65 × 6	1-M8
		1500	[-75 × 40 × 5 × 7	1-M10
		2000	[-75 × 40 × 5 × 7	1-CM10
		2500	[-75 × 40 × 5 × 7	1-CM10
5	500	500	L-65 × 65 × 6	1-M10
		1000	[-75 × 40 × 5 × 7	2-CM10
		1500	[-100 × 50 × 5 × 7.5	3-CM10
		2000	[-100 × 50 × 5 × 7.5	2-CM12
		2500	[-125 × 65 × 6 × 8	2-CM16
	1000	500	L-70 × 70 × 6	1-M8
		1000	[-75 × 40 × 5 × 7	1-M10
		1500	[-75 × 40 × 5 × 7	2-M10
		2000	[-100 × 50 × 5 × 7.5	2-CM10
		2500	[-100 × 50 × 5 × 7.5	2-CM12
10	500	500	[-75 × 40 × 5 × 7	2-M10
		1000	[-100 × 50 × 5 × 7.5	2-CM12
		1500	[-125 × 65 × 6 × 8	3-C M12
		2000	[-125 × 65 × 6 × 8	4-CM16
		2500	[-150 × 75 × 6.5 × 10	4-CM16
	1000	500	[-75 × 40 × 5 × 7	1-M10
		1000	[-100 × 50 × 5 × 7.5	2-M12

配管重量 P*1 (kN)	支持材寸法 (mm) ℓ	h	部材仕様 a 材	躯体取付アンカー
10	1000	1500	[-100 × 50 × 5 × 7.5	2-CM10
		2000	[-125 × 65 × 6 × 8	2-CM12
		2500	[-125 × 65 × 6 × 8	2-C M16
	1500	500	[-75 × 40 × 5 × 7	1-M10
		1000	[-100 × 50 × 5 × 7.5	1-M12
		1500	[-100 × 50 × 5 × 7.5	2-M12
		2000	[-125 × 65 × 6 × 8	2-M12
		2500	[-125 × 65 × 6 × 8	2-M16
	2000	500	[-75 × 40 × 5 × 7	1-M10
		1000	[-100 × 50 × 5 × 7.5	1-M10
		1500	[-100 × 50 × 5 × 7.5	1-M12
		2000	[-125 × 65 × 6 × 8	1-M16
		2500	[-125 × 65 × 6 × 8	1-CM16
	2500	500	[-75 × 40 × 5 × 7	1-M10
		1000	[-100 × 50 × 5 × 7.5	1-M10
		1500	[-125 × 65 × 6 × 8	1-M10
		2000	[-125 × 65 × 6 × 8	1-M12
		2500	[-125 × 65 × 6 × 8	1-M16
15	500	500	[-75 × 40 × 5 × 7	2-CM12
		1000	[-125 × 65 × 6 × 8	3-CM12
		1500	[-125 × 65 × 6 × 8	4-CM16
		2000	[-150 × 75 × 6.5 × 10	5-CM16
		2500	[-150 × 75 × 6.5 × 10	6-CM16
	1000	500	[-75 × 40 × 5 × 7	2-M10
		1000	[-100 × 50 × 5 × 7.5	2-M12
		1500	[-125 × 65 × 6 × 8	2-CM16
		2000	[-150 × 75 × 6.5 × 10	3-CM12

付表 2.2-7(No.7 のつづき)

配管重量 P*1 (kN)	支持材寸法 (mm)		部材仕様 a 材	躯体取付 アンカー	配管重量 P*1 (kN)	支持材寸法 (rnm)		部材仕様 a 材	躯体取付 アンカー
	ℓ	h				ℓ	h		
15	1000	2500	[-150 × 75 × 6.5 × 10	3-CM16	20	2500	1500	[-150 × 75 × 6.5 × 10	1-M16
	1500	500	[-100 × 50 × 5 × 7.5	1-Ml2			2000	[-150 × 75 × 6.5 × 10	1-CM16
		1000	[-100 × 50 × 5 × 7.5	2-M12			2500	[-150 × 75 × 9 × 12.5	2-CM12
		1500	[-125 × 65 × 6 × 8	2-M16	25	1000	500	[-100 × 50 × 5 × 7.5	2-M10
		2000	[-150 × 75 × 6.5 × 10	2-CM12			1000	[-125 × 65 × 6 × 8	2-CM16
		2500	[-150 × 75 × 6.5 × 10	2-CM16			1500	[-150 × 75 × 6.5 × 10	3-CM16
	2000	500	[-100 × 50 × 5 × 7.5	1-M12			2000	[-150 × 75 × 9 × 12.5	4-CM16
		1000	[-125 × 65 × 6 × 8	1-M12			2500	[-200 × 80 × 7.5 × 11	5-CM16
		1500	[-125 × 65 × 6 × 8	1-M16		1500	500	[-100 × 50 × 5 × 7.5	2-M10
		2000	[-150 × 75 × 6.5 × 10	2-M16			1000	[-125 × 65 × 6 × 8	2-M12
		2500	[-150 × 75 × 6.5 × 10	2-M16			1500	[-150 × 75 × 6.5 × 10	3-CM12
	2500	500	[-100 × 50 × 5 × 7.5	1-M12			2000	[-150 × 75 × 9 × 12.5	3-CM12
		1000	[-125 × 65 × 6 × 8	1-M12			2500	[-200 × 80 × 7.5 × 11	4-CM12
		1500	[-125 × 65 × 6 × 8	1-M12		2000	500	[-125 × 65 × 6 × 8	1-M16
		2000	[-150 × 75 × 6.5 × 10	1-CM12			1000	[-125 × 65 × 6 × 8	1-M16
		2500	[-150 × 75 × 6.5 × 10	1-CM16			1500	[-150 × 75 × 6.5 × 10	2-M16
20	500	500	[-100 × 50 × 5 × 7.5	2-CM12			2000	[-150 × 75 × 9 × 12.5	3-CM12
		1000	[-125 × 65 × 6 × 8	3-CM16			2500	[-200 × 80 × 7.5 × 11	3-CM12
		1500	[-150 × 75 × 6.5 × 10	5-CM16		2500	500	[-125 × 65 × 6 × 8	1-M16
		2000	[-150 × 75 × 6.5 × 10	7-CM16			1000	[-150 × 75 × 6.5 × 10	1-M16
		2500	[-200 × 80 × 7.5 × 11	—			1500	[-150 × 75 × 6.5 × 10	2-M12
	1000	500	[-100 × 50 × 5 × 7.5	2-M10			2000	[-150 × 75 × 9 × 12.5	2-M16
		1000	[-125 × 65 × 6 × 8	2-M16			2500	[-200 × 80 × 7.5 × 11	2-CM16
		1500	[-150 × 75 × 6.5 × 10	3-CM12	30	1500	500	[-125 × 65 × 6 × 8	1-M16
		2000	[-150 × 75 × 6.5 × 10	3-CM16			1000	[-150 × 75 × 6.5 × 10	2-M16
		2500	[-150 × 75 × 9 × 12.5	4-CM16			1500	[-150 × 75 × 6.5 × 10	2-CM16
	1500	500	[-100 × 50 × 5 × 7.5	2-M10			2000	[-180 × 75 × 7 × 10.5	3-CM16
		1000	[-125 × 65 × 6 × 8	2-M12			2500	[-200 × 80 × 7.5 × 11	4-CM16
		1500	[-150 × 75 × 6.5 × 10	2-M16		2000	500	[-125 × 65 × 6 × 8	1-M20
		2000	[-150 × 75 × 6.5 × 10	2-CM16			1000	[-150 × 75 × 6.5 × 10	1-M20
		2500	[-150 × 75 × 9 × 12.5	3-CM16			1500	[-150 × 75 × 6.5 × 10	2-M16
	2000	500	[-100 × 50 × 5 × 7.5	2-M10			2000	[-180 × 75 × 7 × 10.5	CM16
		1000	[-125 × 65 × 6 × 8	2-M10			2500	[-200 × 80 × 7.5 × 11	3-CM16
		1500	[-150 × 75 × 6.5 × 10	2-Ml2		2500	500	[-125 × 65 × 6 × 8	1-M20
		2000	[-150 × 75 × 6.5 × 10	2-M16			1000	[-150 × 75 × 6.5 × 10	1-M16
		2500	[-150 × 75 × 9 × 12.5	2-CM16			1500	[-150 × 75 × 6.5 × 10	1-M20
	2500	500	[-125 × 65 × 6 × 8	1-M16			2000	[-180 × 75 × 7 × 10.5	2-CM12
		1000	[-125 × 65 × 6 × 8	1-M16			2500	[-200 × 80 × 7.5 × 11	2-CM16

付表 2.2-8　横引配管用 S_A 種耐震支持材部材選定表の例（No.8）

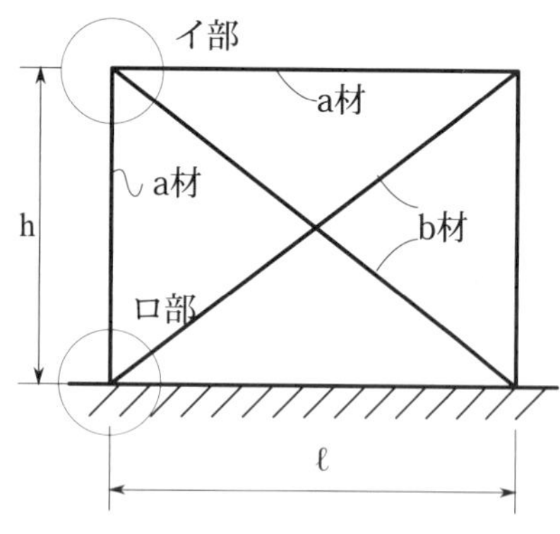

注）１）*1 の配管重量（P）は地震時に耐震支持材が受け持つ配管重量を示す。すなわち、耐震支持材にはさまれた部分の配管重量とする。

２）躯体取付けアンカーの種類と埋込深さ（下記以上とする）

（ｉ）あと施工金属拡張アンカー（おねじ形）（M）
M8　：40mm　M16：70mm
M10　：45mm　M20：90mm
M12　：60mm

（ii）あと施工接着系アンカー（CM）
CM12：90mm
CM16：110mm

３）部分詳細図 NO. 付表 2.4-8 は下記による。

（ｉ）b 材が丸鋼の場合
イ部：8- イ -1
ロ部：8- ロ -1 又は 8- ロ -2

（ii）b 材が平鋼、山形鋼の場合
イ部：8- イ -2 又は 8- イ -3
ロ部：8- ロ -1 又は 8- ロ -2

配管重量 P*1〔kN〕	支持材寸法 (mm)		部材仕様		接合ボルトサイズ	躯体取付アンカー
	ℓ	h	a 材	b 材		
2.5	500	500	L-40 × 40 × 5	M8 丸鋼	1-M8	1-M8
		1000	L-40 × 40 × 5	M8 丸鋼	1-M10	2-M8
		1500	L-40 × 40 × 5	M8 丸鋼	1-M10	2-M10
		2000	L-45 × 45 × 5	M10 丸鋼	1-M12	2-M12
		2500	L-60 × 60 × 4	M10 丸鋼	1-M16	2-M16
	1000	500	L-50 × 50 × 6	M8 丸鋼	1-M8	1-M8
		1000	L-50 × 50 × 6	M8 丸鋼	1-M8	1-M8
		1500	L-50 × 50 × 6	M8 丸鋼	1-M8	1-M10
		2000	L-50 × 50 × 6	M8 丸鋼	1-M10	1-M12
		2500	L-60 × 60 × 4	M8 丸鋼	1-M10	1-M12
5	500	500	L-50 × 50 × 6	M8 丸鋼	1-M10	1-M10
		1000	L-50 × 50 × 6	M10 丸鋼	1-M12	2-M12
		1500	L-60 × 60 × 4	M12 丸鋼	1-M16	2-M16
		2000	L-60 × 60 × 4	FB-6 × 65	1-M16	2-CM16
		2500	L-65 × 65 × 6	FB-6 × 65	1-M20	2- CM16
	1000	500	L-65 × 65 × 6	M8 丸鋼	1-M10	1-M8
		1000	L-65 × 65 × 6	M8 丸鋼	1-M10	1-M10
		1500	L-65 × 65 × 6	M10 丸鋼	1-M12	1-M16
		2000	L-65 × 65 × 6	M10 丸鋼	1-M12	1-CM12
		2500	L-65 × 65 × 6	M10 丸鋼	1-M16	1-CM16
10	500	500	L-65 × 65 × 6	M10 丸鋼	1-M16	1-M16
		1000	L-65 × 65 × 6	FB-6 × 65	1-M20	2-CM12
		1500	L-65 × 65 × 6	FB-6 × 65	1-M20	3-CMI6
		2000	L-65 × 65 × 6	FB-6 × 65	2-M20	4-CM16
		2500	L-75 × 75 × 9	FB-6 × 65	2-M20	4-CM16
	1000	500	L-75 × 75 × 9	M10 丸鋼	1-M12	1-MI2

配管重量 P*1〔kN〕	支持材寸法 (mm)		部材仕様		接合ボルトサイズ	躯体取付アンカー
	ℓ	h	a 材	b 材		
10	1000	1000	L-75 × 75 × 9	M10 丸鋼	1-M16	1-M16
		1500	L-75 × 75 × 9	M12 丸鋼	1-M16	2-M16
		2000	L-75 × 75 × 9	FB-6 × 65	1-M20	2-CM12
		2500	L-75 × 75 × 9	FB-6 × 65	1-M20	2-CM16
	1500	500	[-75 × 40 × 5 × 7	M10 丸鋼	1-M12	2-M10
		1000	[-75 × 40 × 5 × 7	M10 丸鋼	1-M16	2-M10
		1500	[-75 × 40 × 5 × 7	M10 丸鋼	1-M16	2-M10
		2000	[-100 × 50 × 5 × 7.5	M12 丸鋼	1-M16	2-CM12
		2500	[-100 × 50 × 5 × 7.5	M12 丸鋼	1-M16	2-CM12
	2000	500	[-100 × 50 × 5 × 7.5	M10 丸鋼	1-M12	1-M12
		1000	[-100 × 50 × 5 × 7.5	M10 丸鋼	1-M12	1-M12
		1500	[-100 × 50 × 5 × 7.5	M10 丸鋼	1-M16	1-M12
		2000	[-100 × 50 × 5 × 7.5	M10 丸鋼	1-M16	2-M10
		2500	[-100 × 50 × 5 × 7.5	M12 丸鋼	1-M16	2-M12
	2500	500	[-100 × 50 × 5 × 7.5	M10 丸鋼	1-M12	1-M12
		1000	[-100 × 50 × 5 × 7.5	M10 丸鋼	1-M12	1-M12
		1500	[-100 × 50 × 5 × 7.5	M10 丸鋼	1-M12	1-M12
		2000	[-100 × 50 × 5 × 7.5	M10 丸鋼	1-M16	1-M12
		2500	[-100 × 50 × 5 × 7.5	M10 丸鋼	1-M16	2-M10
15	500	500	L-75 × 75 × 6	FB-6 × 65	1-M20	1-CM16
		1000	L-75 × 75 × 6	FB-6 × 65	2-M20	3-CM12
		1500	L-75 × 75 × 6	FB-6 × 65	2-M20	4-CM16
		2000	L-75 × 75 × 6	FB-6 × 65	2-M20	5-CM16
		2500	L-90 × 90 × 7	L-65 × 65 × 6	3-M20	6-CM16
	1000	500	[-75 × 40 × 5 × 7	M12 丸鋼	1-M16	2-M10
		1000	[-75 × 40 × 5 × 7	FB-6 × 65	1-M20	2-C M10

付表 2.2-8(No.8 のつづき)

配管重量 P*1〔kN〕	支持材寸法 (mm)		部材仕様		接合ボルトサイズ	躯体取付アンカー
	ℓ	h	a 材	b 材		
15	1000	1500	[-100 × 50 × 5 × 7.5	FB-6 × 65	1-M20	2-C M16
		2000	[-100 × 50 × 5 × 7.5	FB-6 × 65	2-M20	3-CM12
		2500	[-100 × 50 × 5 × 7.5	FB-6 × 65	2-M20	4-CM12
	1500	500	[-100 × 50 × 5 × 7.5	M12 丸鋼	1-M16	2-M10
		1000	[-100 × 50 × 5 × 7.5	M12 丸鋼	1-M16	2-M10
		1500	[-100 × 50 × 5 × 7.5	FB-6 × 65	1-M20	2-M12
		2000	[-100 × 50 × 5 × 7.5	FB-6 × 65	1-M20	2-CM12
		2500	[-100 × 50 × 5 × 7.5	FB-6 × 65	1-M20	3-CM12
	2000	500	[-100 × 50 × 5 × 7.5	M12 丸鋼	1-M16	2-M10
		1000	[-100 × 50 × 5 × 7.5	M12 丸鋼	1-M16	2-M10
		1500	[-100 × 50 × 5 × 7.5	M12 丸鋼	1-M16	2-M10
		2000	[-100 × 50 × 5 × 7.5	FB-6 × 65	1-M20	2-M12
		2500	[-100 × 50 × 5 × 7.5	FB-6 × 65	1-M20	2-CM12
	2500	500	[-125 × 65 × 6 × 8	M12 丸鋼	1-M16	1-M16
		1000	[-125 × 65 × 6 × 8	M12 丸鋼	1-M16	1-M16
		1500	[-125 × 65 × 6 × 8	M12 丸鋼	1-M16	1-M16
		2000	[-125 × 65 × 6 × 8	M12 丸鋼	1-M16	1-M20
		2500	[-125 × 65 × 6 × 8	FB-6 × 65	1-M20	1-M20
20	1000	500	[-100 × 50 × 5 × 7.5	FB-6 × 65	1-M20	2-M12
		1000	[-100 × 50 × 5 × 7.5	FB-6 × 65	1-M20	2-CM12
		1500	[-100 × 50 × 5 × 7.5	FB-6 × 65	2-M20	3-CM12
		2000	[-100 × 50 × 5 × 7.5	FB-6 × 65	2-M20	4-CM12
		2500	[-125 × 65 × 6 × 8	FB-6 × 65	2-M20	4-CM16
	1500	500	[-100 × 50 × 5 × 7.5	FB-6 × 65	1-M16	2-M12
		1000	[-100 × 50 × 5 × 7.5	FB-6 × 65	1-M20	2-M12
		1500	[-100 × 50 × 5 × 7.5	FB-6 × 65	1-M20	2-CM12
		2000	[-100 × 50 × 5 × 7.5	FB-6 × 65	2-M20	3-CM12
		2500	[-100 × 50 × 5 × 7.5	FB-6 × 65	2-M20	3-CM16
	2000	500	[-125 × 65 × 6 × 8	FB-6 × 65	1-M16	1-M16
		1000	[-125 × 65 × 6 × 8	FB-6 × 65	1-M20	1-M16
		1500	[-125 × 65 × 6 × 8	FB-6 × 65	1-M20	1-M20
		2000	[-125 × 65 × 6 × 8	FB-6 × 65	1-M20	2-CM12
		2500	[-125 × 65 × 6 × 8	FB-6 × 65	1-M20	2-CM16
	2500	500	[-125 × 65 × 6 × 8	FB-6 × 65	1-M16	1-M16
		1000	[-125 × 65 × 6 × 8	FB-6 × 65	1-M20	1-M16
		1500	[-125 × 65 × 6 × 8	FB-6 × 65	1-M20	1-M16
		2000	[-125 × 65 × 6 × 8	FB-6 × 65	1-M20	1-M20

配管重量 P*1〔kN〕	支持材寸法 (mm)		部材仕様		接合ボルトサイズ	躯体取付アンカー
	ℓ	h	a 材	b 材		
20	2500	2500	[-125 × 65 × 6 × 8	FB-6 × 65	1-M20	2-M16
25	1000	500	[-100 × 50 × 5 × 7.5	FB-6 × 65	1-M20	3-M12
		1000	[-100 × 50 × 5 × 7.5	FB-6 × 65	2-M20	3-CM12
		1500	[-100 × 50 × 5 × 7.5	FB-6 × 65	2-M20	4-CM12
		2000	[-125 × 65 × 6 × 8	FB-6 × 65	2-M20	4-CM16
		2500	[-125 × 65 × 6 × 8	FB-6 × 75	2-M20	5-CM16
	1500	500	[-125 × 65 × 6 × 8	FB-6 × 65	1-M20	1-M20
		1000	[-125 × 65 × 6 × 8	FB-6 × 65	1-M20	1-M20
		1500	[-125 × 65 × 6 × 8	FB-6 × 65	2-M16	2-CM16
		2000	[-125 × 65 × 6 × 8	FB-6 × 65	2-M16	3-CM12
		2500	[-125 × 65 × 6 × 8	FB-6 × 65	2-M20	3-CM16
	2000	500	[-100 × 50 × 5 × 7.5	FB-6 × 65	1-M20	3-M12
		1000	[-100 × 50 × 5 × 7.5	FB-6 × 65	1-M20	3-M12
		1500	[-100 × 50 × 5 × 7.5	FB-6 × 65	1-M20	3-M12
		2000	[-100 × 50 × 5 × 7.5	FB-6 × 65	2-M16	3-CM12
		2500	[-100 × 50 × 5 × 7.5	FB-6 × 65	2-M16	3-CM12
	2500	500	[-150 × 75 × 6.5 × 10	FB-6 × 65	1-M20	1-M20
		1000	[-150 × 75 × 6.5 × 10	FB-6 × 65	1-M20	1-M20
		1500	[-150 × 75 × 6.5 × 10	FB-6 × 65	1-M20	1-M20
		2000	[-150 × 75 × 6.5 × 10	FB-6 × 65	1-M20	2-M16
		2500	[-150 × 75 × 6.5 × 10	FB-6 × 65	2-M16	2-M20
30	1500	500	[-125 × 65 × 6 × 8	FB-6 × 65	1-M20	1-M20
		1000	[-125 × 65 × 6 × 8	FB-6 × 65	2-M16	2-M16
		1500	[-125 × 65 × 6 × 8	FB-6 × 65	2-M20	2-CM16
		2000	[-125 × 65 × 6 × 8	FB-6 × 65	2-M20	3-CM16
		2500	[-125 × 65 × 6 × 8	FB-6 × 65	2-M20	4-CM16
	2000	500	[-125 × 65 × 6 × 8	FB-6 × 65	1-M20	1-M20
		1000	[-125 × 65 × 6 × 8	FB-6 × 65	2-M16	1-M20
		1500	[-125 × 65 × 6 × 8	FB-6 × 65	2-M16	2-M16
		2000	[-125 × 65 × 6 × 8	FB-6 × 65	2-M20	2-CM16
		2500	[-125 × 65 × 6 × 8	FB-6 × 65	2-M20	3-CM16
	2500	500	[- 150 × 75 × 6.5 × 10	FB-6 × 65	1-M20	1-M20
		1000	[-150 × 75 × 6.5 × 10	FB-6 × 65	1-M20	1-M20
		1500	[-150 × 75 × 6.5 × 10	FB-6 × 65	2-M16	1-M20
		2000	[-150 × 75 × 6.5 × 10	FB-6 × 65	2-M16	2-M20
		2500	[-150 × 75 × 6.5 × 10	FB-6 × 65	2-M20	2-CM16
—						

付表 2.3　横引配管用自重支持材部材選定表の例

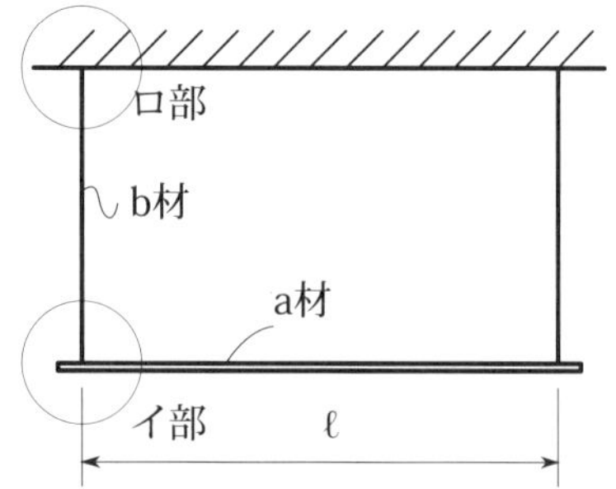

注）1）*1 の配管重量（P）は自重支持材にかかる配管重量を示す。
2）躯体取付けアンカーの種類と埋込深さは下記以上とする。
あと施工金属拡張アンカー（M）
M8　：40mm　M12：60mm
M10　：45mm　M16：70mm

配管重量 P*1 (kN)	サポート幅 ℓ (mm)	部材仕様		躯体取付アンカー		部分詳細図 No.(付表 2.5)	
		a 材	b 材	はり固定	スラブ固定	はり固定	スラブ固定
2.5	500	L-40 × 40 × 5	M8 丸鋼	M8	M8	イ部：イ -1 ロ部：ロ -1	イ部：イ -1 ロ部：ロ -2
	1000	L-50 × 50 × 6					
	1500	L-60 × 60 × 5					
	2000	L-65 × 65 × 6					
5	500	L-50 × 50 × 6	M8 丸鋼	M8	2-M8		イ部：イ -1 ロ部：ロ -3
	1000	L-65 × 65 × 6					
	1500	L-75 × 75 × 6					
	2000	L-75 × 75 × 9					
10	500	L-65 × 65 × 6	M8 丸鋼	M10	2-M12		
	1000	L-75 × 75 × 9					
	1500	[-75 × 40 × 5 × 7					
	2000	[-100 × 50 × 5 × 7.5					
	2500	[-100 × 50 × 5 × 7.5					
15	500	L-75 × 75 × 6	M10 丸鋼	M12	2-M12		
	1000	[-75 × 40 × 5 × 7					
	1500	[-100 × 50 × 5 × 7.5					
	2000	[-100 × 50 × 5 × 7.5					
	2500	[-125 × 65 × 6 × 8					
20	1000	[-100 × 50 × 5 × 7.5	M12 丸鋼	M16	2-M16		
	1500	[-100 × 50 × 5 × 7.5					
	2000	[-125 × 65 × 6 × 8					
	2500	[-125 × 65 × 6 × 8					

付表 2.4 横引配管用 S_A および A 種耐震支持材組立要領図の例

付表 2.4-1 横引配管用 S_A および A 種耐震支持材組立要領図の例（No.1）

全体架構図	イ部詳細
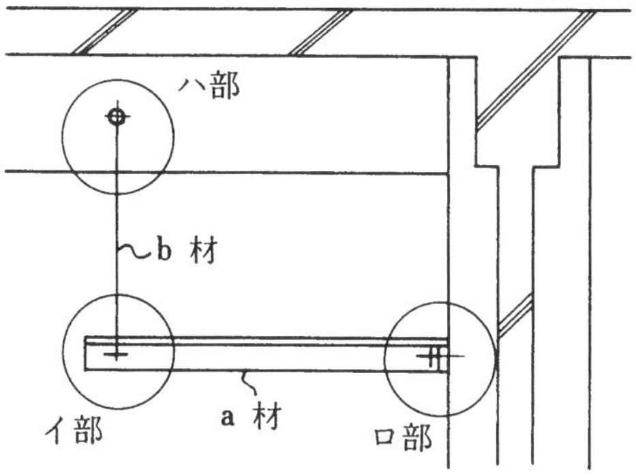 ハ部 b 材 イ部 a 材 ロ部 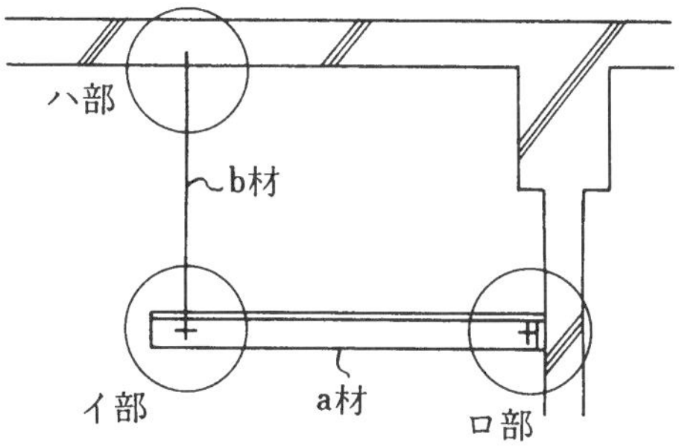 ハ部 b材 イ部 a材 ロ部	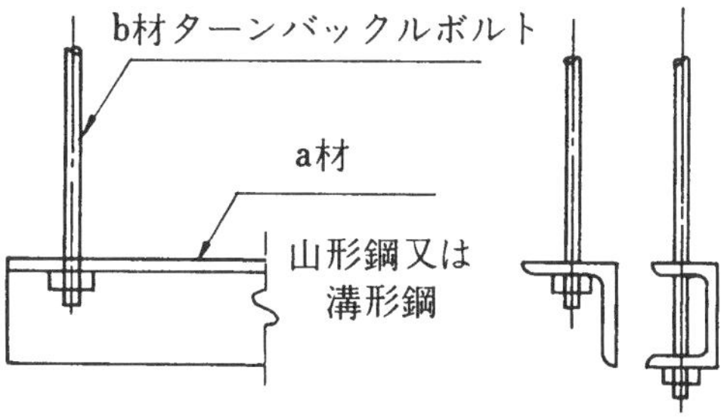 b材ターンバックルボルト a材 山形鋼又は 溝形鋼 No. 1 - イ -1

付表 2.4-1　つづき

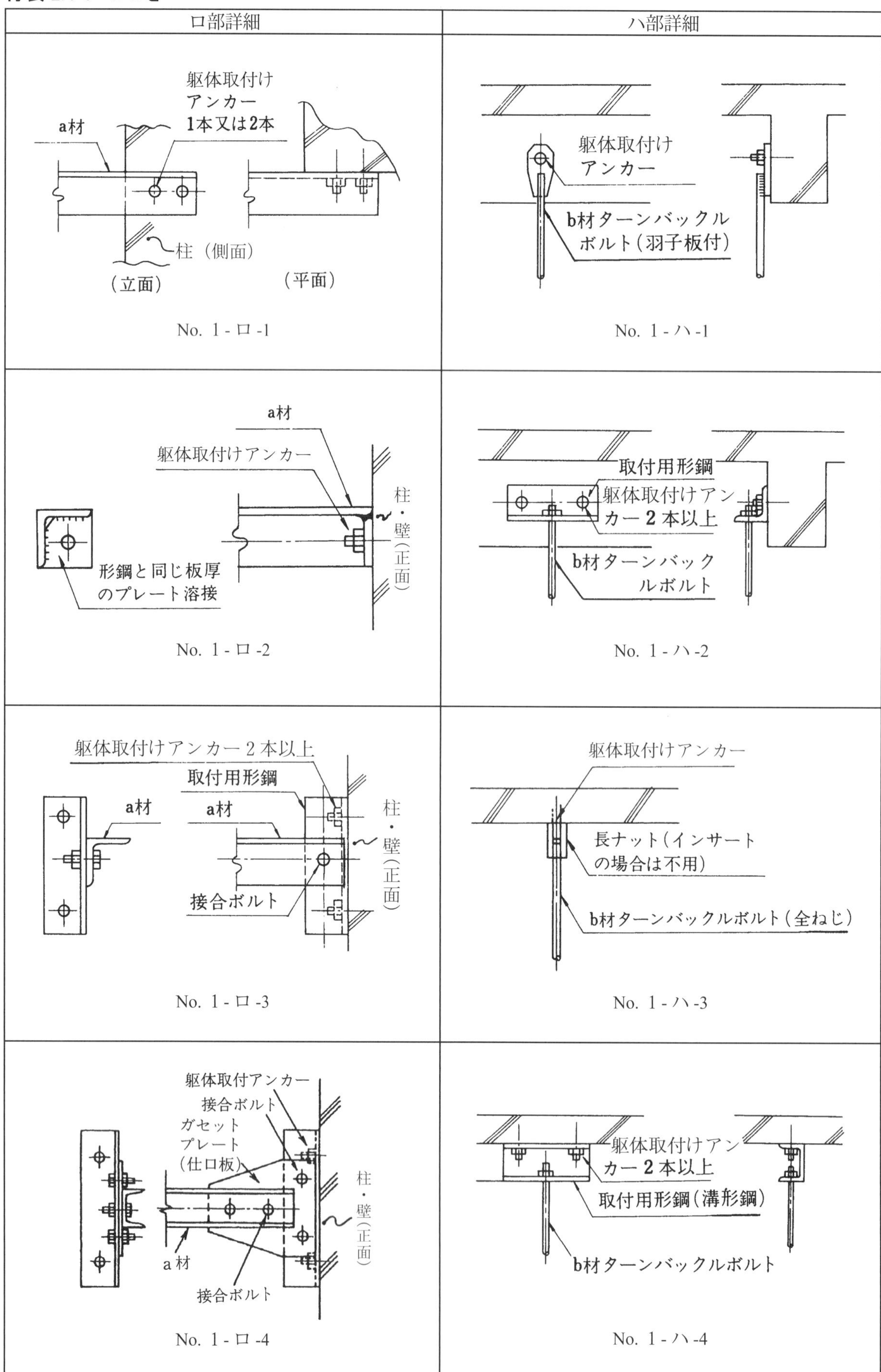
ロ部詳細
ハ部詳細
躯体取付け
アンカー
1本又は2本
a材
柱（側面）
（立面）
（平面）
No. 1 - ロ -1
躯体取付け
アンカー
b材ターンバックル
ボルト（羽子板付）
No. 1 - ハ -1
a材
躯体取付けアンカー
柱・壁（正面）
形鋼と同じ板厚
のプレート溶接
No. 1 - ロ -2
取付用形鋼
躯体取付けアン
カー２本以上
b材ターンバック
ルボルト
No. 1 - ハ -2
躯体取付けアンカー２本以上
取付用形鋼
a材
a材
柱・壁（正面）
接合ボルト
No. 1 - ロ -3
躯体取付けアンカー
長ナット（インサート
の場合は不用）
b材ターンバックルボルト（全ねじ）
No. 1 - ハ -3
躯体取付アンカー
接合ボルト
ガセット
プレート
（仕口板）
柱・壁（正面）
a 材
接合ボルト
No. 1 - ロ -4
躯体取付けアン
カー２本以上
取付用形鋼（溝形鋼）
b材ターンバックルボルト
No. 1 - ハ -4

付表 2.4-2　横引配管用 S_A および A 種耐震支持材組立要領図の例（No.2）

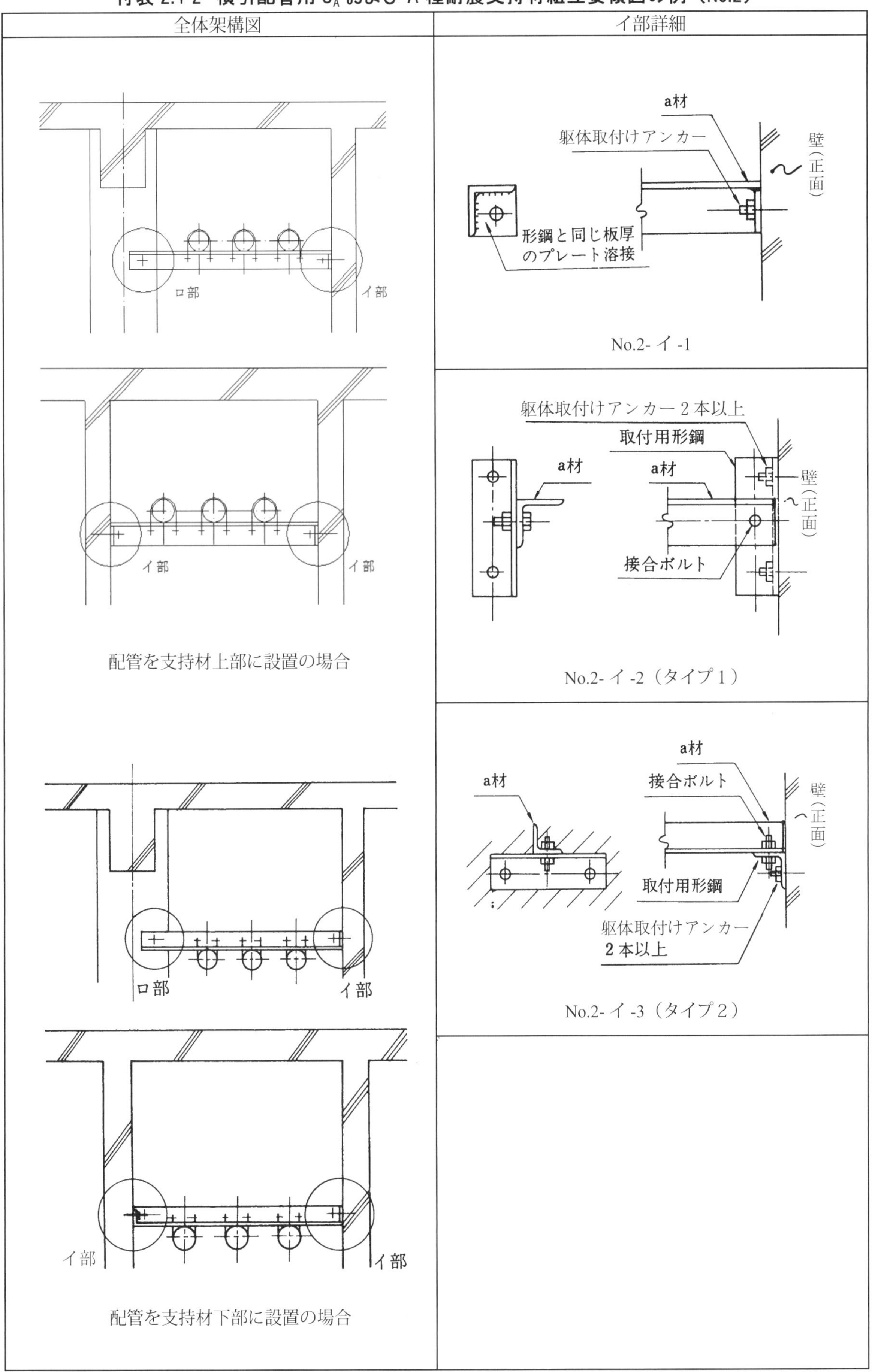

付表 2.4-2　つづき

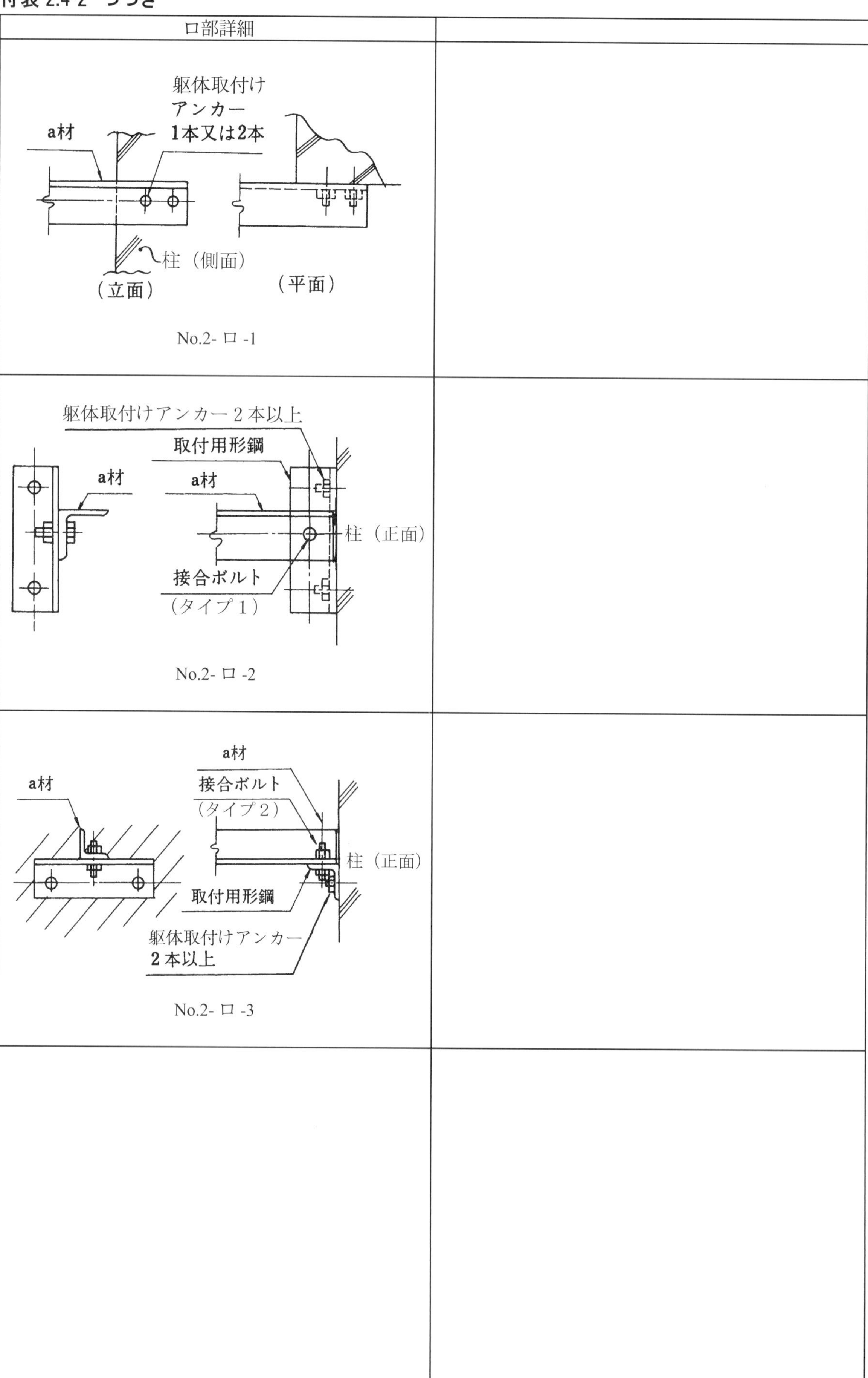
ロ部詳細
躯体取付け
アンカー
1本又は2本
a材
柱（側面）
（立面）
（平面）
No.2- ロ -1
躯体取付けアンカー２本以上
取付用形鋼
a材
a材
柱（正面）
接合ボルト
（タイプ１）
No.2- ロ -2
a材
a材
接合ボルト
（タイプ２）
柱（正面）
取付用形鋼
躯体取付けアンカー
２本以上
No.2- ロ -3

付表 2.4-3 横引配管用 S_A および A 種耐震支持材組立要領図の例（No.3）

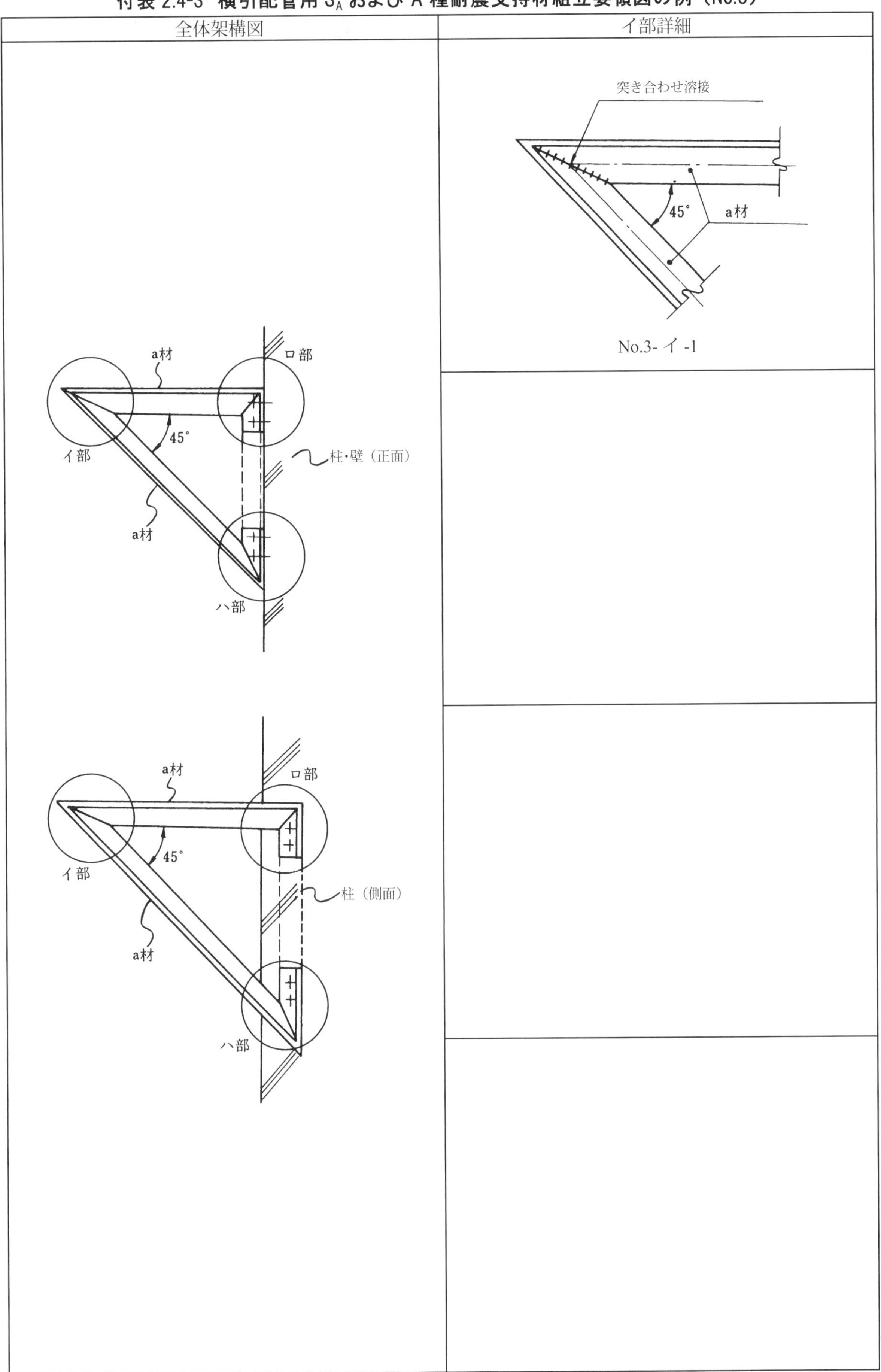

付表 2.4-3　つづき

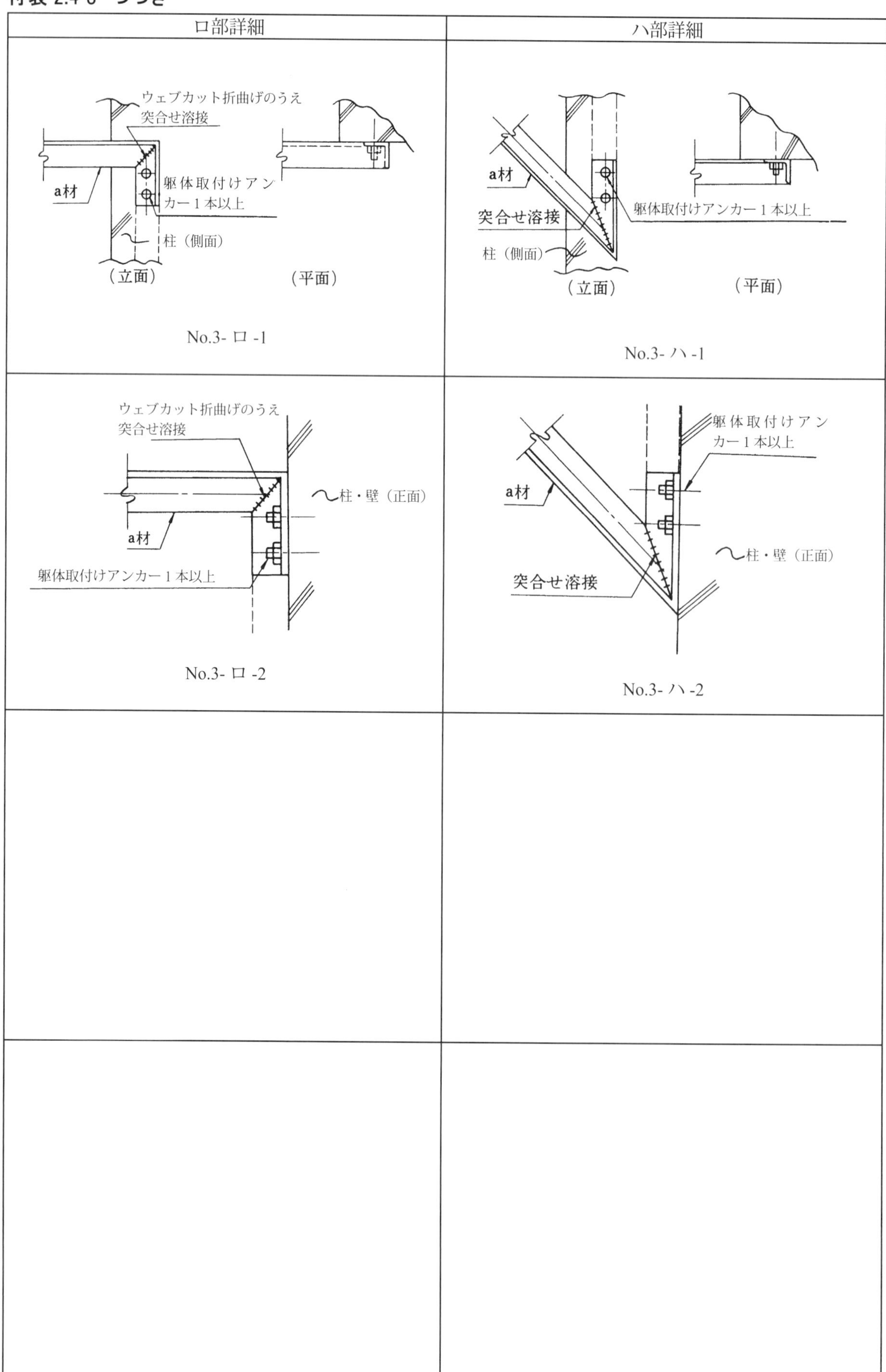
ロ部詳細
ハ部詳細
ウェブカット折曲げのうえ
突合せ溶接
a材
躯体取付けアンカー１本以上
柱（側面）
（立面）
（平面）
No.3- ロ -1
突合せ溶接
躯体取付けアンカー１本以上
柱（側面）
（立面）
（平面）
No.3- ハ -1
ウェブカット折曲げのうえ
突合せ溶接
柱・壁（正面）
a材
躯体取付けアンカー１本以上
No.3- ロ -2
躯体取付けアンカー１本以上
a材
柱・壁（正面）
突合せ溶接
No.3- ハ -2

付表 2.4-4 横引配管用 S_A および A 種耐震支持材組立要領図の例（No.4）

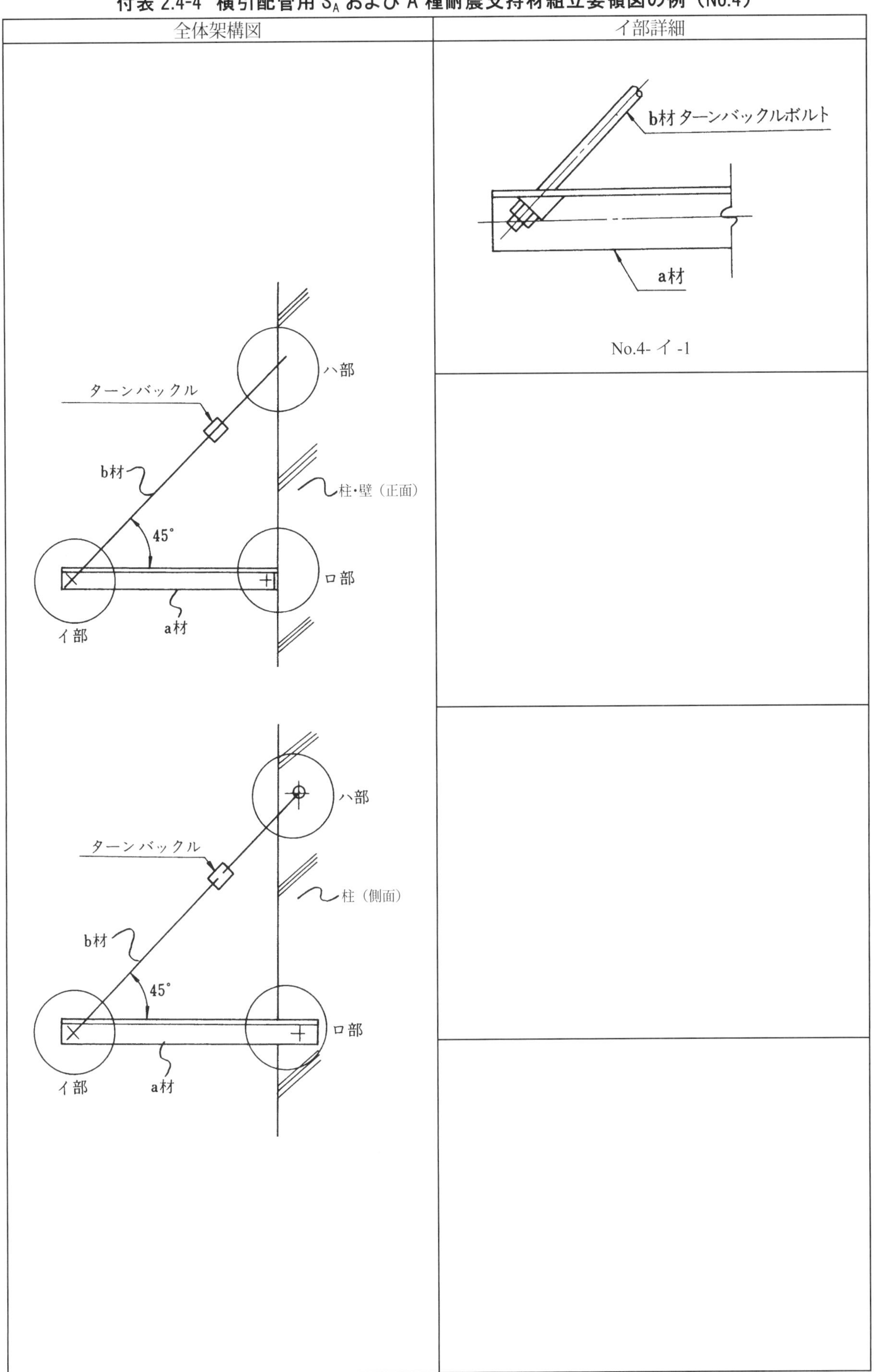

付表 2.4-4　つづき

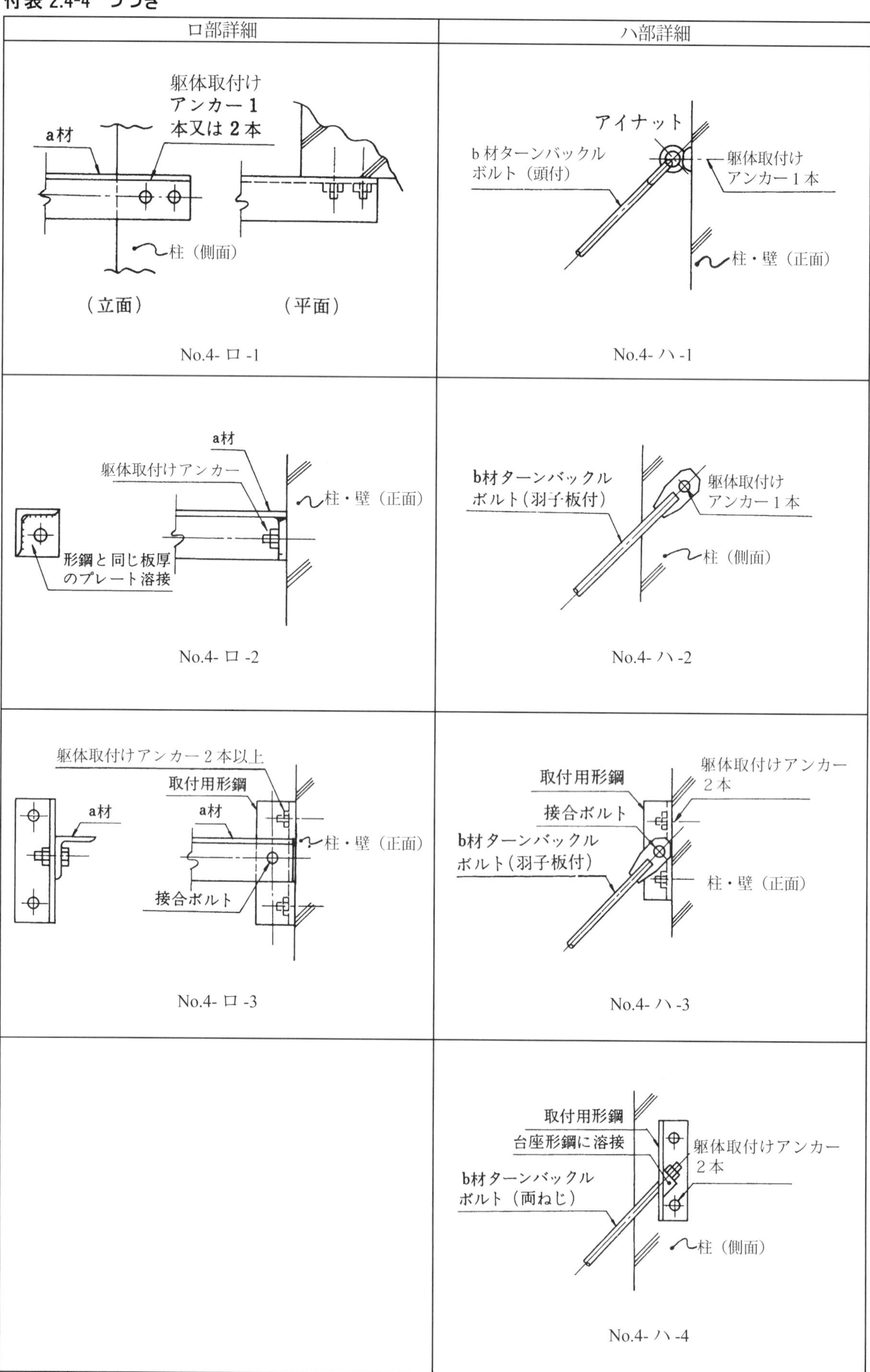

ロ部詳細
ハ部詳細
躯体取付け
アンカー１
本又は２本
a材
柱（側面）
（立面）
（平面）
No.4- ロ -1
アイナット
b材ターンバックル
ボルト（頭付）
躯体取付け
アンカー１本
柱・壁（正面）
No.4- ハ -1
a材
躯体取付けアンカー
柱・壁（正面）
形鋼と同じ板厚
のプレート溶接
No.4- ロ -2
b材ターンバックル
ボルト（羽子板付）
躯体取付け
アンカー１本
柱（側面）
No.4- ハ -2
躯体取付けアンカー２本以上
取付用形鋼
a材
a材
柱・壁（正面）
接合ボルト
No.4- ロ -3
取付用形鋼
躯体取付けアンカー
２本
接合ボルト
b材ターンバックル
ボルト（羽子板付）
柱・壁（正面）
No.4- ハ -3
取付用形鋼
台座形鋼に溶接
躯体取付けアンカー
２本
b材ターンバックル
ボルト（両ねじ）
柱（側面）
No.4- ハ -4

付表 2.4-5　横引配管用 S_A および A 種耐震支持材組立要領図の例（No.5）（a）

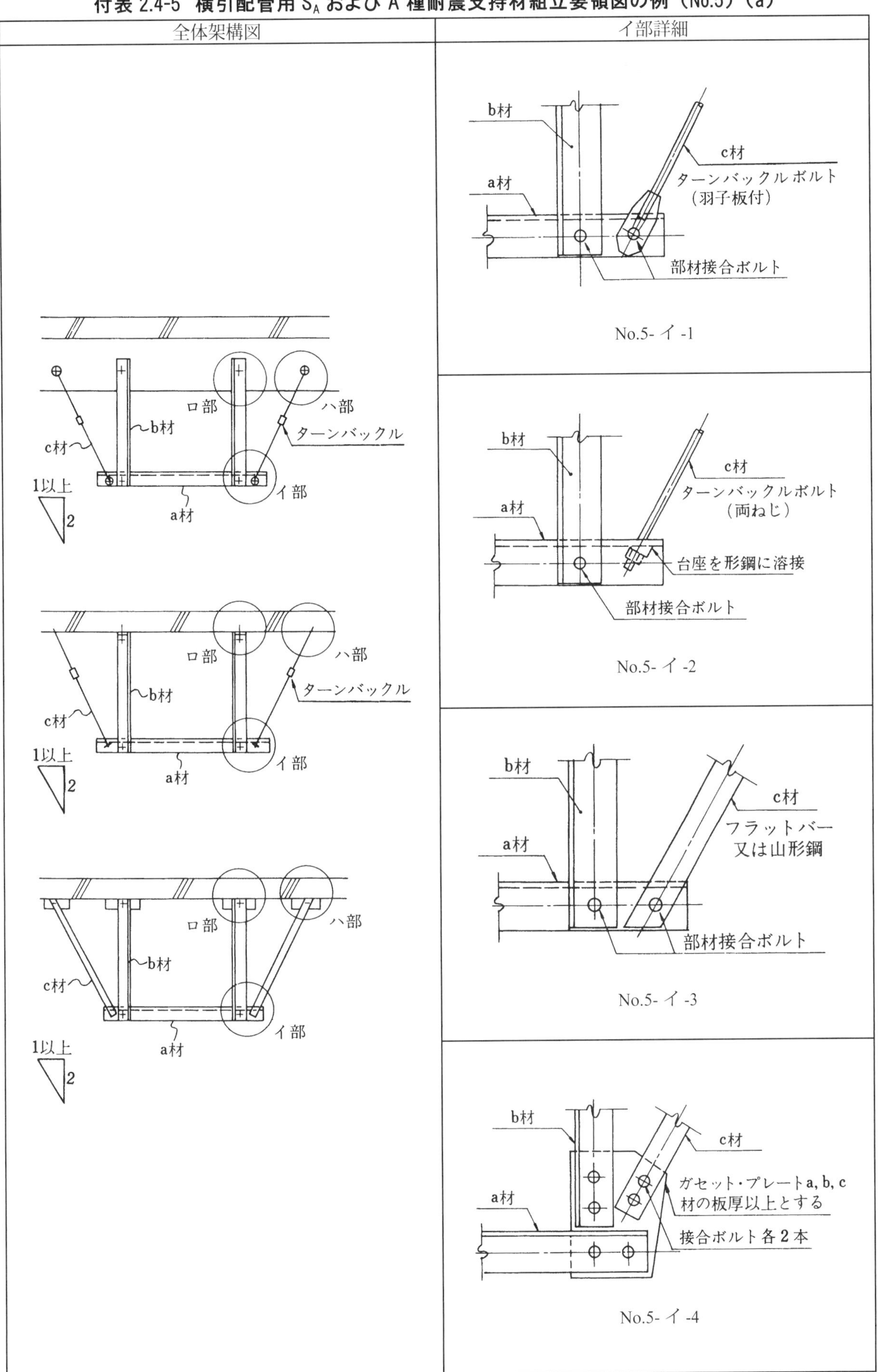

付表 2.4-5 つづき

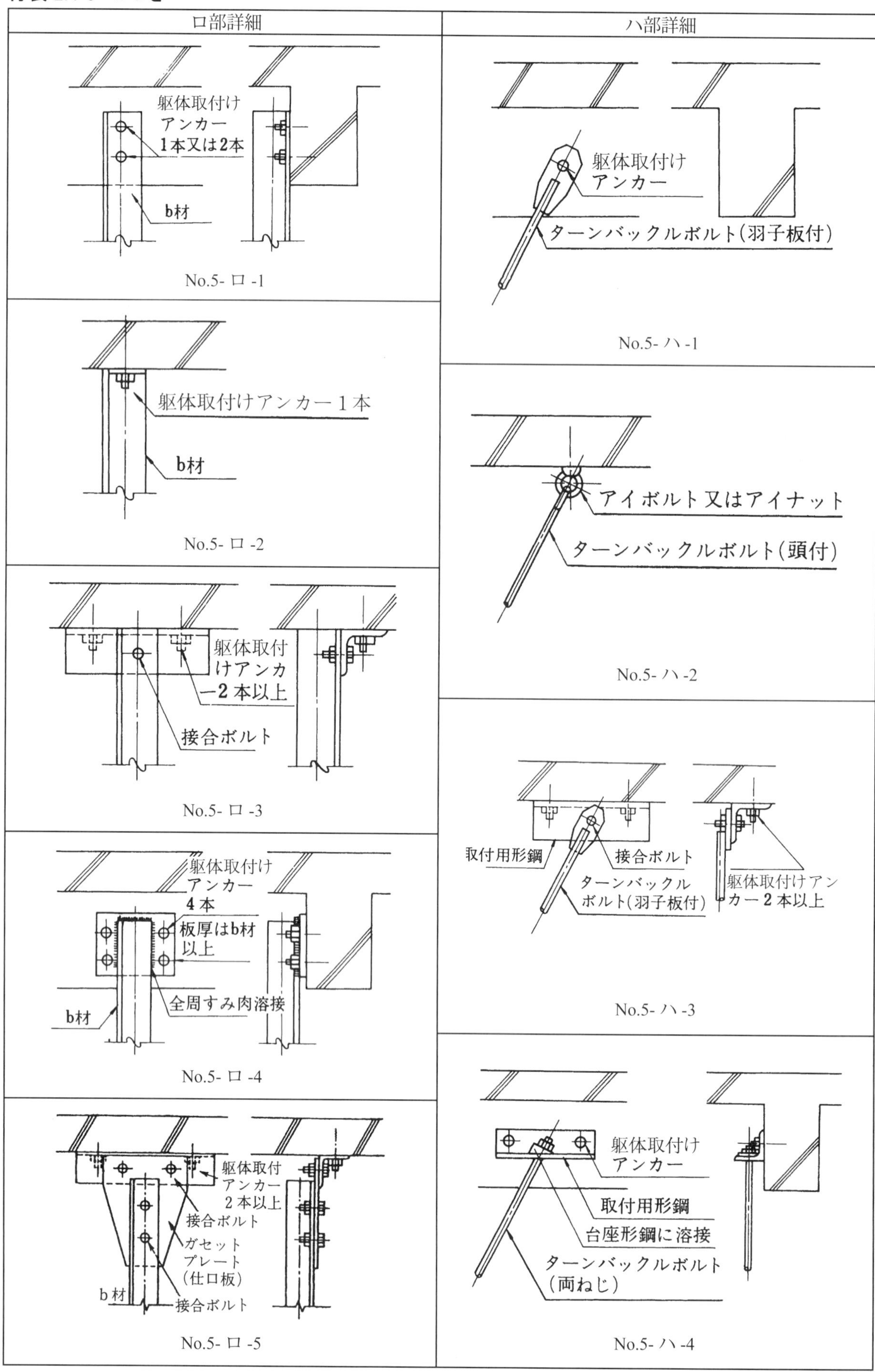
ロ部詳細
ハ部詳細
躯体取付け
アンカー
1本又は2本
b材
No.5- ロ -1
躯体取付けアンカー
ターンバックルボルト(羽子板付)
No.5- ハ -1
躯体取付けアンカー１本
b材
No.5- ロ -2
アイボルト又はアイナット
ターンバックルボルト(頭付)
No.5- ハ -2
躯体取付けアンカー2本以上
接合ボルト
No.5- ロ -3
取付用形鋼
接合ボルト
ターンバックルボルト(羽子板付)
躯体取付けアンカー２本以上
No.5- ハ -3
躯体取付け
アンカー
4本
板厚はb材
以上
全周すみ肉溶接
b材
No.5- ロ -4
躯体取付けアンカー
取付用形鋼
台座形鋼に溶接
ターンバックルボルト
(両ねじ)
No.5- ハ -4
躯体取付
アンカー
２本以上
接合ボルト
ガセット
プレート
(仕口板)
b材
接合ボルト
No.5- ロ -5

付表 2.4-5　横引配管用 S_A および A 種耐震支持材組立要領図の例（No.5）（b）

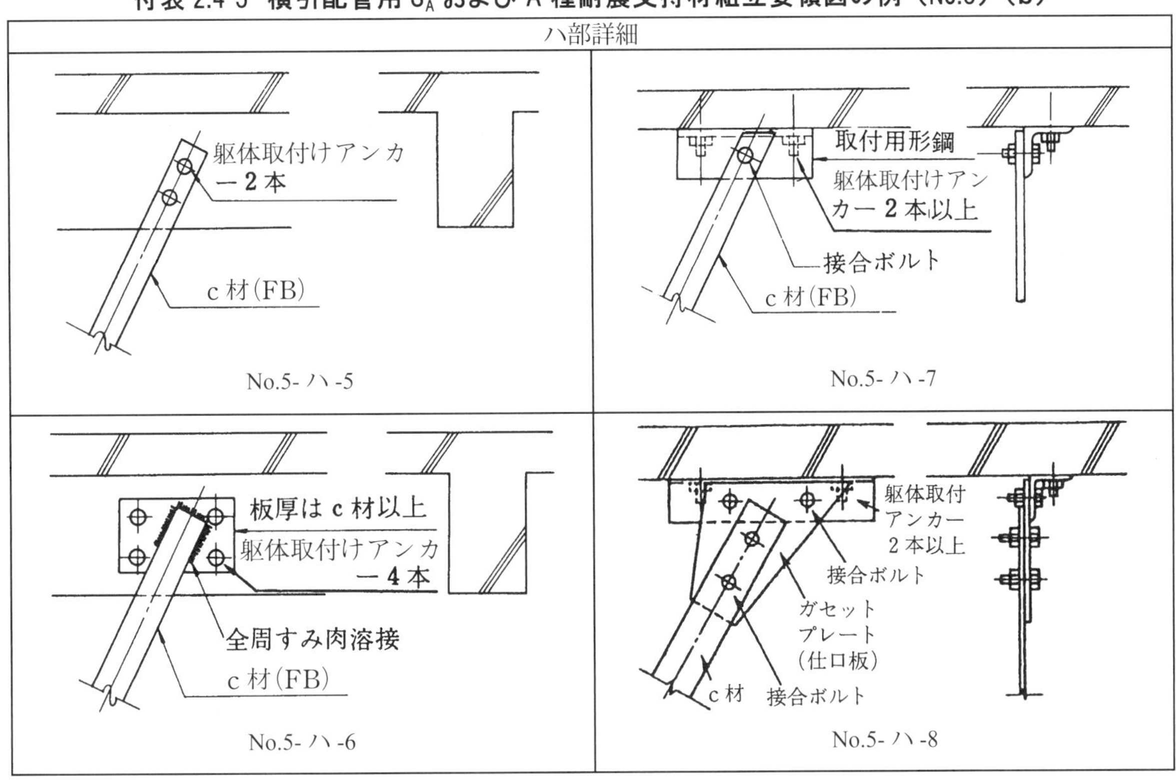

付表 2.4-6　横引配管用 S_A および A 種耐震支持材組立要領図の例（No.6）

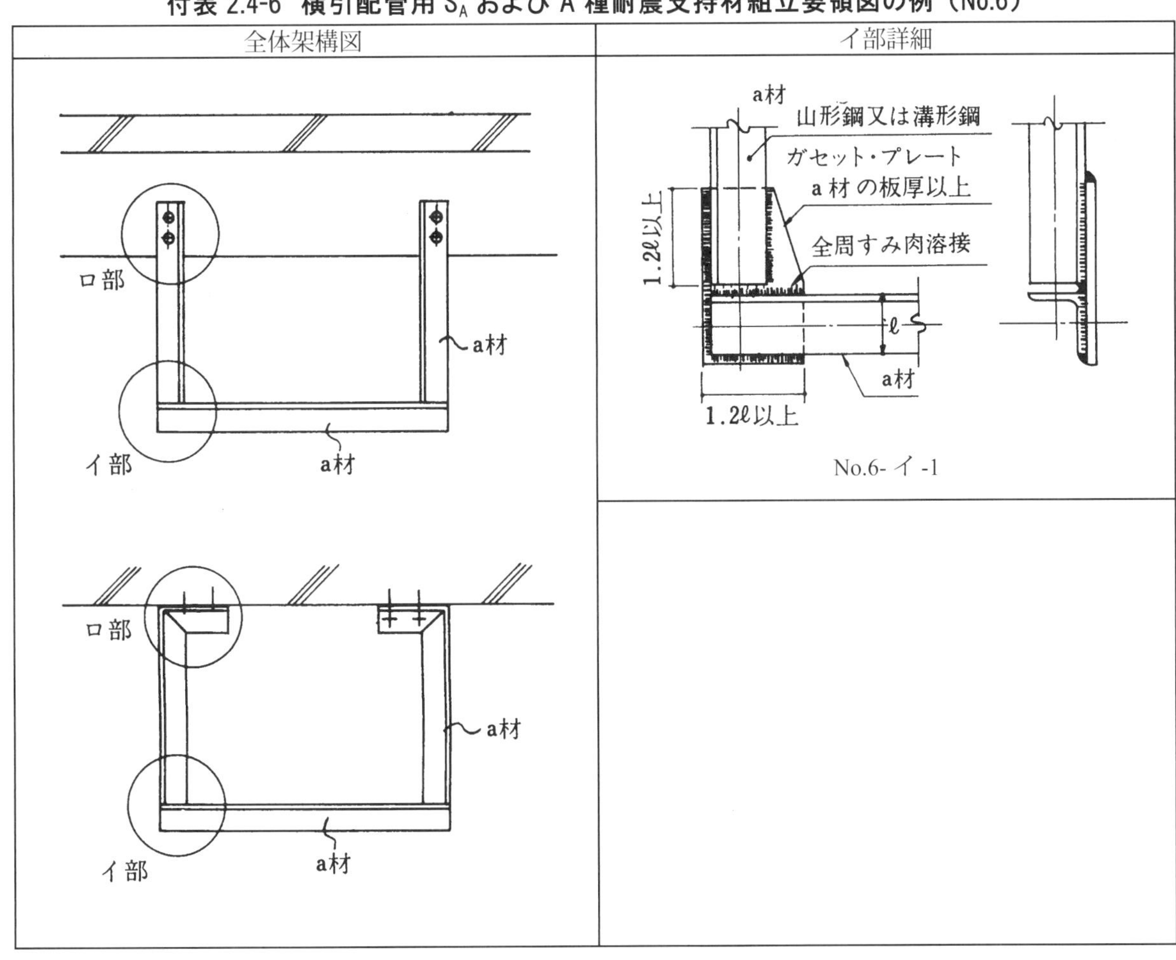

付表 2.4-6　つづき

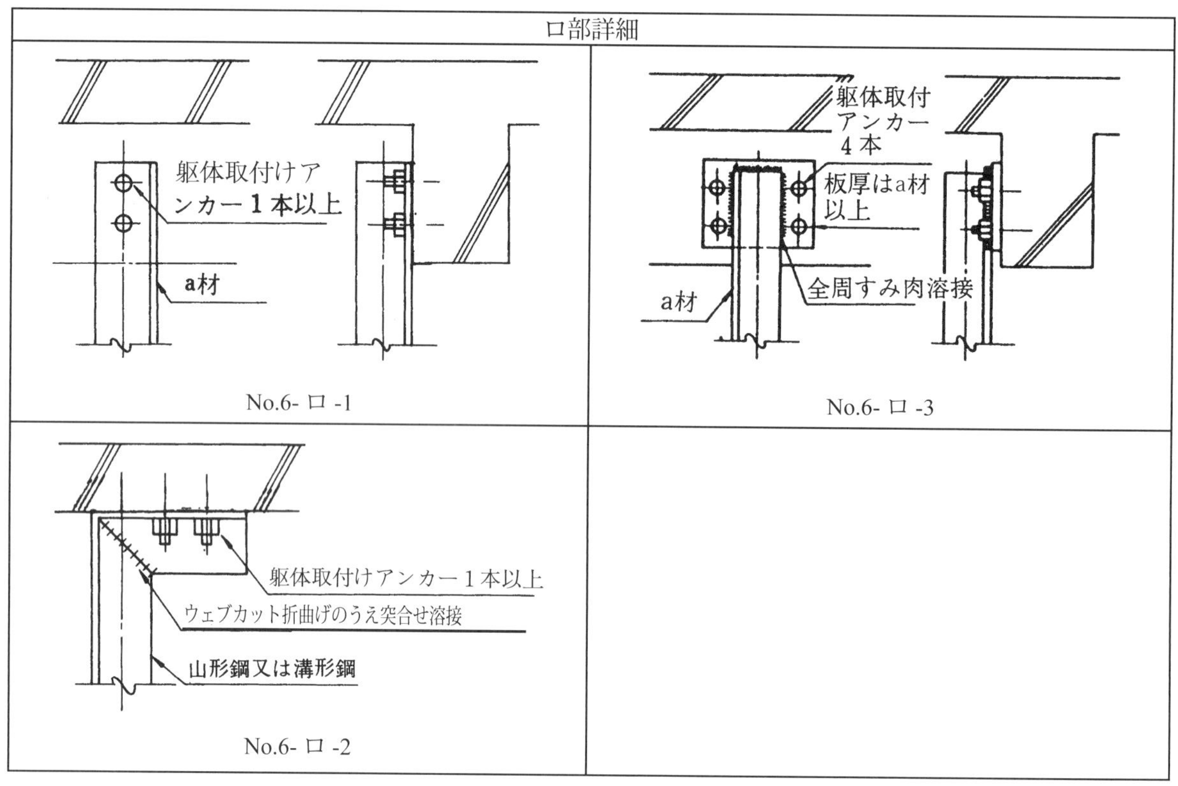

付表 2.4-7　横引配管用 S_A および A 種耐震支持材組立要領図の例（No.7）

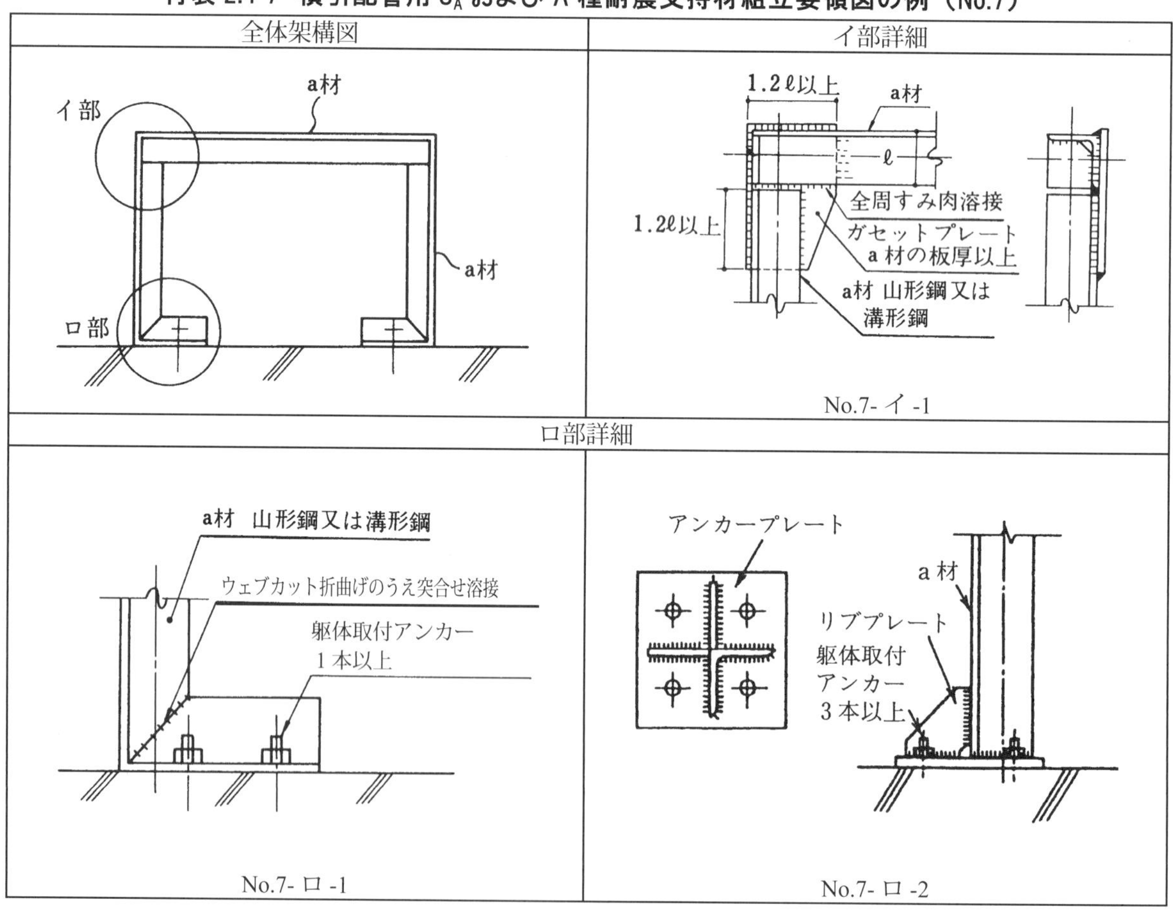

付表 2.4-8　横引配管用 S_A および A 種耐震支持材組立要領図の例（No.8）

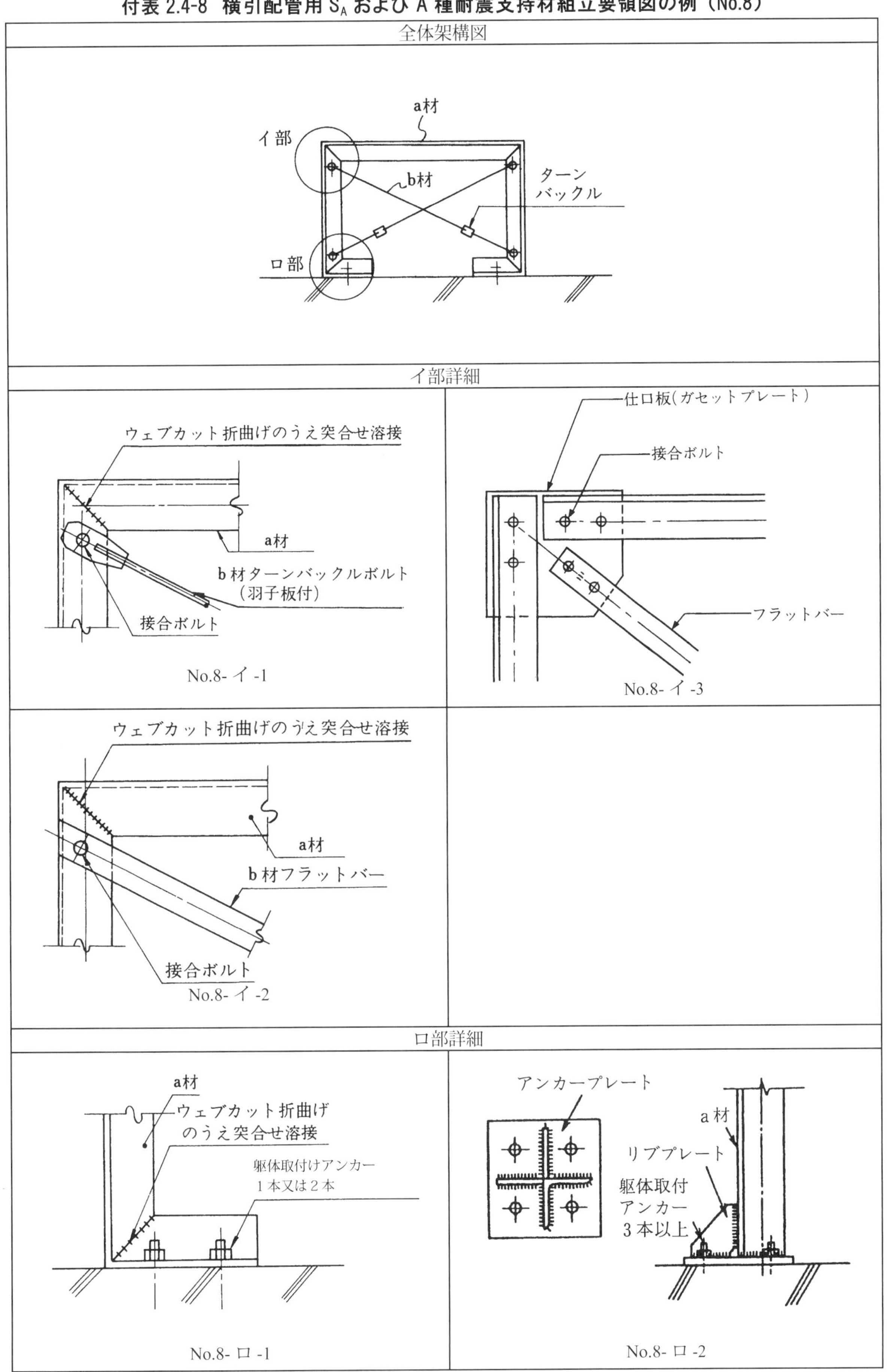

付表 2.5　横引配管用自重支持材組立要領図の例

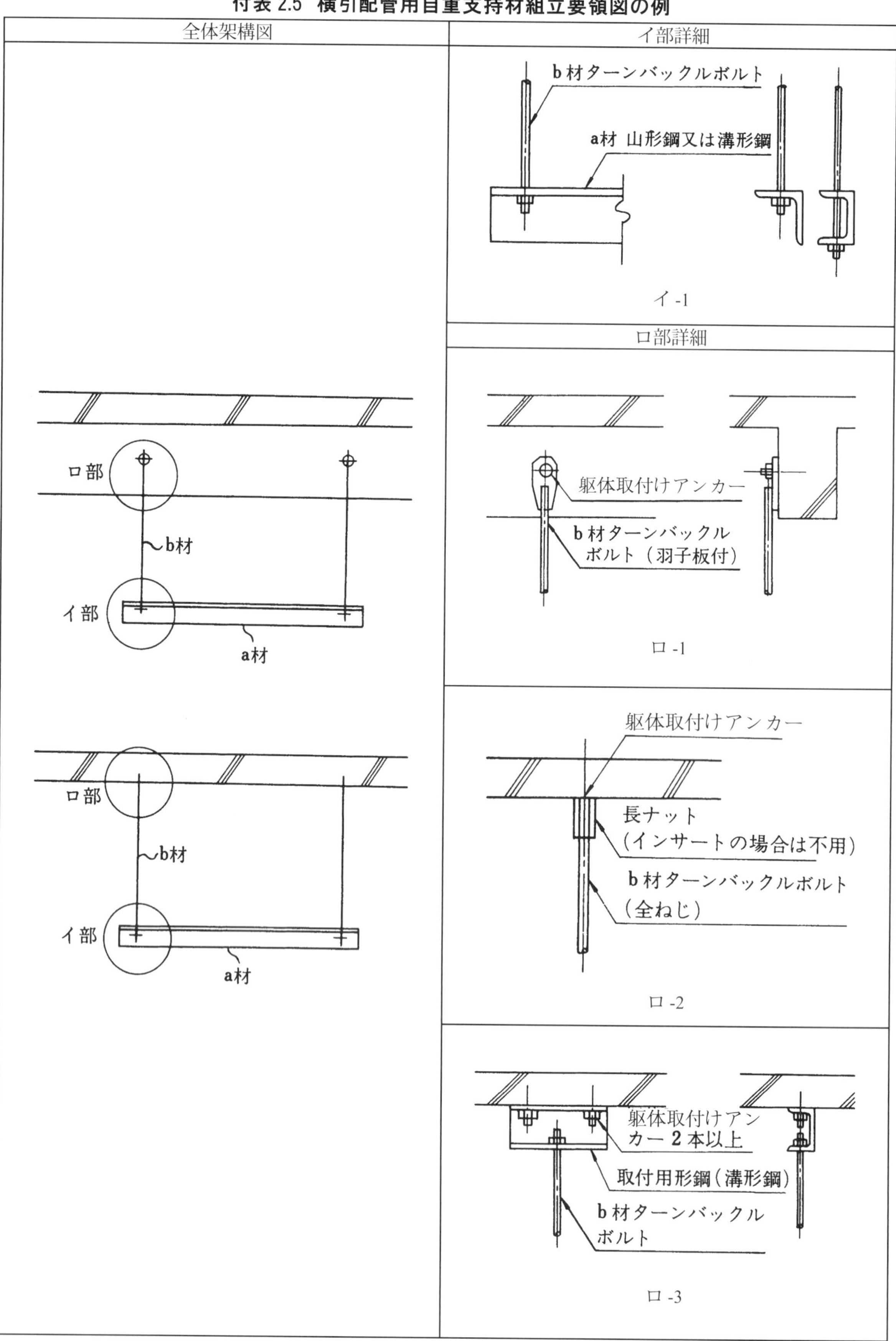

付表 2.6　立て配管用耐震支持材部材選定表の例

付表 2.6-1　立て配管用 A 種耐震支持材部材選定表の例（耐震支持（振止め）のみの場合）

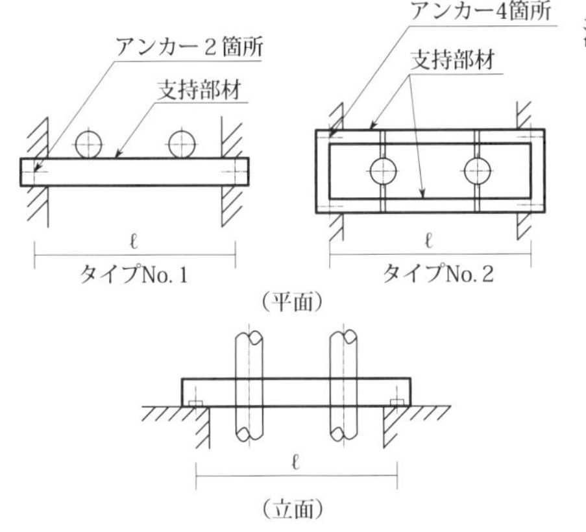

注）１）*1 の配管重量（P）は地震時に支持材が受け持つ配管重量を示す。すなわち、耐震支持材にはさまれた部分の配管重量を示す。また、本表に示す耐震支持材は配管の自重（P に同じ）は支持させない場合である。

２）躯体取付けアンカーの種類と埋込深さ（下記以上とする）

あと施工金属拡張アンカー（M）

M8　：40mm　　M12：60mm

M10　：45mm　　M16：70mm

３）タイプ No.2 の支持材とは、地震力を２本の支持部材で負担するものをいう。

４）部分詳細図 No. 付表 2.7-1 を参照のこと。

配管重量 P*1 (kN)	支持材寸法 ℓ (mm)	タイプ No.1		タイプ No.2		配管重量 P*1 (kN)	支持材寸法 ℓ (mm)	タイプ No.1		タイプ No.2	
		部材仕様	躯体取付けアンカー	部材仕様	躯体取付けアンカー			部材仕様	躯体取付けアンカー	部材仕様	躯体取付けアンカー
2.5	500	L-40 × 40 × 3	M8	[-75 × 40 × 5 × 7	M8	25	500	L-65 × 65 × 6	M12	[-75 × 40 × 5 × 7	M10
	1000	L-40 × 40 × 3	M8	[-75 × 40 × 5 × 7	M8		1000	L-75 × 75 × 9	M12	[-100 × 50 × 5 × 7.5	M10
	1500	L-40 × 40 × 5	M8	[-75 × 40 × 5 × 7	M8		1500	L-90 × 90 × 10	M12	[-125 × 65 × 6 × 8	M10
	2000	L-50 × 50 × 4	M8	[-75 × 40 × 5 × 7	M8		2000	L-90 × 90 × 13	M12	[-125 × 65 × 6 × 8	M10
	2500	L-50 × 50 × 6	M8	[-75 × 40 × 5 × 7	M8		2500	L-100 × 100 × 13	M12	[-125 × 65 × 6 × 8	M10
5	500	L-40 × 40 × 3	M8	[-75 × 40 × 5 × 7	M8	30	500	L-65 × 65 × 8	M16	[-75 × 40 × 5 × 7	M10
	1000	L-50 × 50 × 4	M8	[-75 × 40 × 5 × 7	M8		1000	L-75 × 75 × 12	M16	[-100 × 50 × 5 × 7.5	M10
	1500	L-50 × 50 × 6	M8	[-75 × 40 × 5 × 7	M8		1500	L-90 × 90 × 10	M16	[-125 × 65 × 6 × 8	M10
	2000	L-60 × 60 × 5	M8	[-75 × 40 × 5 × 7	M8		2000	L-100 × 100 × 13	M16	[-125 × 65 × 6 × 8	M10
	2500	L-65 × 65 × 6	M8	[-75 × 40 × 5 × 7	M8		2500	L-130 × 130 × 9	M16	[-150 × 75 × 6.5 × 10	M10
10	500	L-50 × 50 × 4	M8	[-75 × 40 × 5 × 7	M8	40	500	L-75 × 75 × 9	M16	[-75 × 40 × 5 × 7	M12
	1000	L-60 × 60 × 5	M8	[-75 × 40 × 5 × 7	M8		1000	L-90 × 90 × 10	M16	[-125 × 65 × 6 × 8	M12
	1500	L-70 × 70 × 6	M8	[-75 × 40 × 5 × 7	M8		1500	L-100 × 100 × 13	M16	[-125 × 65 × 6 × 8	M12
	2000	L-75 × 75 × 9	M8	[-75 × 40 × 5 × 7	M8		2000	L-130 × 130 × 9	M16	[-150 × 75 × 6.5 × 10	M12
	2500	L-75 × 75 × 9	M8	[-100 × 50 × 5 × 7.5	M8		2500	L-130 × 130 × 12	M16	[-150 × 75 × 6.5 × 10	M12
15	500	L-50 × 50 × 6	M10	[-75 × 40 × 5 × 7	M8	50	500	L-75 × 75 × 9	2-M16	[-100 × 50 × 5 × 7.5	M12
	1000	L-70 × 70 × 6	M10	[-75 × 40 × 5 × 7	M8		1000	L-90 × 90 × 13	2-M16	[-125 × 65 × 6 × 8	M12
	1500	L-80 × 80 × 6	M10	[-100 × 50 × 5 × 7.5	M8		1500	L-130 × 130 × 9	2-M16	[-150 × 75 × 6.5 × 10	M12
	2000	L-90 × 90 × 7	M10	[-100 × 50 × 5 × 7.5	M8		2000	L-130 × 130 × 12	2-M16	[-150 × 75 × 6.5 × 10	M12
	2500	L-90 × 90 × 10	M10	[-125 × 65 × 6 × 8	M8		2500	L-150 × 150 × 12	2-M16	[-150 × 75 × 9 × 12.5	M12
20	500	L-60 × 60 × 5	M12	[-75 × 40 × 5 × 7	M10	60	500	L-75 × 75 × 12	2-M16	[-100 × 50 × 5 × 7.5	M16
	1000	L-75 × 75 × 9	M12	[-75 × 40 × 5 × 7	M10		1000	L-100 × 100 × 13	2-M16	[-125 × 65 × 6 × 8	M16
	1500	L-90 × 90 × 7	M12	[-100 × 50 × 5 × 7.5	M10		1500	L-130 × 130 × 9	2-M16	[-150 × 75 × 6.5 × 10	M16
	2000	L-90 × 90 × 10	M12	[-125 × 65 × 6 × 8	M10		2000	L-130 × 130 × 15	2-Ml6	[-150 × 75 × 9 × 12.5	M16
	2500	L-90 × 90 × 13	M12	[-125 × 65 × 6 × 8	M10		2500	L-150 × 150 × 12	2-M16	[-200 × 90 × 8 × 13.5	M16

付表 2.6-2　立て配管用 A 種耐震支持材部材選定表の例（耐震支持と自重支持を兼用する場合）

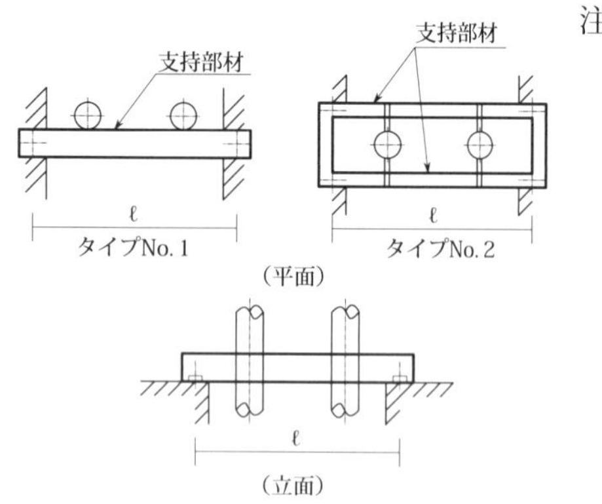

注）１）*1 の配管重量（P）は地震時に支持材が受け持つ配管重量を示す。すなわち、耐震支持材にはさまれた部分の配管重量を示す。また、本表に示す耐震支持材は配管の自重（P に同じ）も支持する場合である。

２）躯体取付けアンカーの種類と埋込深さ（下記以上とする）

あと施工金属拡張アンカー（M）

M8　：40mm　M12：60mm

M10：45mm　M16：70mm

３）タイプ No.2 の支持材とは、自重および地震力を２本の支持部材で負担するものをいう。

４）部分詳細図 No. 付表 2.7-2 を参照のこと。

配管重量 P*1 (kN)	支持材寸法 ℓ (mm)	タイプ No.1		タイプ No。2		配管重量 P*1 (kN)	支持材寸法 ℓ (mm)	タイプ No.1		タイプ No.2	
		部材仕様	躯体取付けアンカー	部材仕様	躯体取付けアンカー			部材仕様	躯体取付けアンカー	部材仕様	躯体取付けアンカー
2.5	500	L-40 × 40 × 5	M8	[-75 × 40 × 5 × 7	M8	25	500	L-90 × 90 × 7	M12	[-75 × 40 × 5 × 7	M10
	1000	L-50 × 50 × 6	M8	[-75 × 40 × 5 × 7	M8		1000	L-120 × 120 × 8	M12	[-100 × 50 × 5 × 7.5	M10
	1500	L-60 × 60 × 5	M8	[-75 × 40 × 5 × 7	M8		1500	L-130 × 130 × 12	M12	[-125 × 65 × 6 × 8	M10
	2000	L-65 × 65 × 6	M8	[-75 × 40 × 5 × 7	M8		2000	L-130 × 130 × 15	M12	H-100 × 100 × 6 × 8	M10
	2500	L-65 × 65 × 8	M8	[-75 × 40 × 5 × 7	M8		2500	H-125 × 125 × 6.5 × 9	M12	H-100 × 100 × 6 × 8	M10
5	500	L-50 × 50 × 6	M8	[-75 × 40 × 5 × 7	M8	30	500	L-90 × 90 × 10	M16	[-75 × 40 × 5 × 7	M10
	1000	L-65 × 65 × 6	M8	[-75 × 40 × 5 × 7	M8		1000	L-130 × 130 × 9	M16	[-125 × 65 × 6 × 8	M10
	1500	L-75 × 75 × 6	M8	[-75 × 40 × 5 × 7	M8		1500	L-130 × 130 × 15	M16	[-125 × 65 × 6 × 8	M10
	2000	L-75 × 75 × 9	M8	[-75 × 40 × 5 × 7	M8		2000	H-125 × 125 × 6.5 × 9	2-M12	H-100 × 100 × 6 × 8	M10
	2500	L-90 × 90 × 7	M8	[-75 × 40 × 5 × 7	M8		2500	H-150 × 150 × 7 × 10	2-M12	H-100 × 100 × 6 × 8	M10
10	500	L-65 × 65 × 6	M8	[-75 × 40 × 5 × 7	M8	40	500	L-100 × 100 × 10	M16	[-100 × 50 × 5 × 7.5	M12
	1000	L-75 × 75 × 9	M8	[-75 × 40 × 5 × 7	M8		1000	L-130 × 130 × 12	M16	[-125 × 65 × 6 × 8	M12
	1500	L-90 × 90 × 10	M8	[-75 × 40 × 5 × 7	M8		1500	H-125 × 125 × 6.5 × 9	2-M12	H-100 × 100 × 6 × 8	M12
	2000	L-100 × 100 × 10	M8	[-100 × 50 × 5 × 7.5	M8		2000	H-150 × 150 × 7 × 10	2-M12	H-125 × 125 × 6.5 × 9	M12
	2500	L-120 × 120 × 8	M8	[-100 × 50 × 5 × 7.5	M8		2500	H-150 × 150 × 7 × 10	2-M12	H-125 × 125 × 6.5 × 9	M12
15	500	L-75 × 75 × 9	M10	[-75 × 40 × 5 × 7	M8	50	500	L-120 × 120 × 8	2-M16	[-100 × 50 × 5 × 7.5	M12
	1000	L-90 × 90 × 10	M10	[-75 × 40 × 5 × 7	M8		1000	L-130 × 130 × 15	2-M16	H-100 × 100 × 6 × 8	M12
	1500	L-120 × 120 × 8	M10	[-100 × 50 × 5 × 7.5	M8		1500	H-150 × 150 × 7 × 10	2-M16	H-100 × 100 × 6 × 8	M12
	2000	L-130 × 130 × 9	M10	[-125 × 65 × 6 × 8	M8		2000	H-150 × 150 × 7 × 10	2-M16	H-125 × 125 × 6.5 × 9	M12
	2500	L-130 × 130 × 12	M10	[-125 × 65 × 6 × 8	M8		2500	H-175 × 175 × 7.5 × 11	2-M16	H-125 × 125 × 6.5 × 9	M12
20	500	L-90 × 90 × 6	M12	[-75 × 40 × 5 × 7	M10	60	500	L-130 × 130 × 9	2-M16	[-125 × 65 × 6 × 8	M16
	1000	L-100 × 100 × 10	M12	[-100 × 50 × 5 × 7.5	M10		1000	H-125 × 125 × 6.5 × 9	2-M16	H-100 × 100 × 6 × 8	M16
	1500	L-130 × 130 × 9	M12	[-125 × 65 × 6 × 8	M10		1500	H-150 × 150 × 7 × 10	2-M16	H-125 × 125 × 6.5 × 9	M16
	2000	L-130 × 130 × 12	M12	[-125 × 65 × 6 × 8	M10		2000	H-175 × 175 × 7.5 × 11	2-M16	H-125 × 125 × 6.5 × 9	M16
	2500	L-130 × 130 × 15	M12	H-100 × 100 × 6 × 8	M10		2500	H-175 × 175 × 7.5 × 11	2-M16	H-150 × 150 × 7 × 10	M16

付表 2.6-3 立て配管用 S_A 種耐震支持材部材選定表の例（耐震支持（振止め）のみの場合）

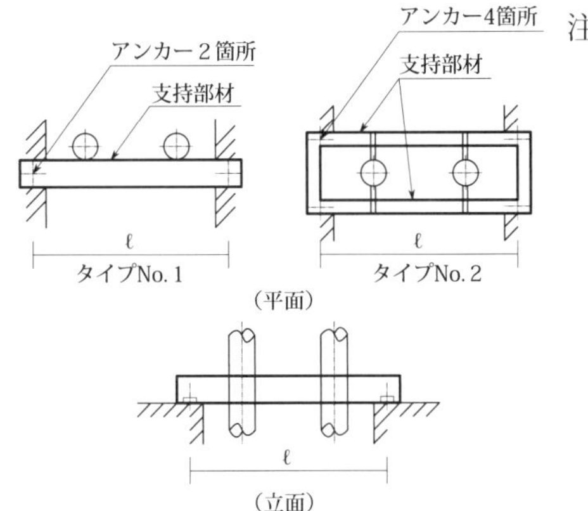

注）１）*1 の配管重量（P）は地震時に支持材が受け持つ配管重量を示す。すなわち、耐震支持材にはさまれた部分の配管重量を示す。また、本表に示す耐震支持材は配管の自重（P に同じ）は支持させない場合である。

２）躯体取付けアンカーの種類と埋込深さ（下記以上とする）

あと施工金属拡張アンカー（M）

M8 ：40mm　M12：60mm

M10 ：45mm　M16：70mm

３）タイプ No.2 の支持材とは、地震力を２本の支持部材で負担するものをいう。

４）部分詳細図 No. 付表 2.7-1 を参照のこと。

配管重量 P*1 (kN)	支持材寸法 ℓ (mm)	タイプ No1		タイプ No.2		配管重量 P*1 (kN)	支持材寸法 ℓ (mm)	タイプ No.1		タイプ No.2	
		部材仕様	躯体取付けアンカー	部材仕様	躯体取付けアンカー			部材仕様	躯体取付けアンカー	部材仕様	躯体取付けアンカー
2.5	500	L-40 × 40 × 3	M8	[-75 × 40 × 5 × 7	M8	25	500	L-75 × 75 × 9	M16	[-75 × 40 × 5 × 7	M12
	1000	L-40 × 40 × 5	M8	[-75 × 40 × 5 × 7	M8		1000	L-90 × 90 × 10	M16	[-125 × 65 × 6 × 8	M12
	1500	L-50 × 50 × 6	M8	[-75 × 40 × 5 × 7	M8		1500	L-100 × 100 × 13	M16	[-125 × 65 × 6 × 8	M12
	2000	L-50 × 50 × 6	M8	[-75 × 40 × 5 × 7	M8		2000	L-130 × 130 × 9	M16	H-100 × 100 × 6 × 8	M12
	2500	L-60 × 60 × 5	M8	[-75 × 40 × 5 × 7	M8		2500	L-130 × 130 × 12	M16	H-100 × 100 × 6 × 8	M12
5	500	L-40 × 40 × 5	M8	[-75 × 40 × 5 × 7	M8	30	500	L-75 × 75 × 9	2-M12	[-100 × 50 × 5 × 7.5	M12
	1000	L-50 × 50 × 6	M8	[-75 × 40 × 5 × 7	M8		1000	L-90 × 90 × 13	2-M12	[-125 × 65 × 6 × 8	M12
	1500	L-65 × 65 × 5	M8	[-75 × 40 × 5 × 7	M8		1500	L-130 × 130 × 9	2-M12	H-100 × 100 × 6 × 8	M12
	2000	L-65 × 65 × 8	M8	[-75 × 40 × 5 × 7	M8		2000	L-130 × 130 × 12	2-M12	H-100 × 100 × 6 × 8	M12
	2500	L-75 × 75 × 9	M8	[-75 × 40 × 5 × 7	M8		2500	L-130 × 130 × 15	2-M12	H-100 × 100 × 6 × 8	M12
10	500	L-50 × 50 × 6	M10	[-75 × 40 × 5 × 7	M8	40	500	L-90 × 90 × 7	2-M16	[-100 × 50 × 5 × 7.5	M16
	1000	L-65 × 65 × 8	M10	[-75 × 40 × 5 × 7	M8		1000	L-100 × 100 × 13	2-M16	H-100 × 100 × 6 × 8	M16
	1500	L-75 × 75 × 9	M10	[-100 × 50 × 5 × 7.5	M8		1500	L-130 × 130 × 12	2-M16	H-100 × 100 × 6 × 8	M16
	2000	L-90 × 90 × 7	M10	[-100 × 50 × 5 × 7.5	M8		2000	L-130 × 130 × 15	2-M16	H-125 × 125 × 6.5 × 9	M16
	2500	L-90 × 90 × 10	M10	[-125 × 65 × 6 × 8	M8		2500	H-150 × 150 × 7 × 10	2-M16	H-125 × 125 × 6.5 × 9	M16
15	500	L-65 × 65 × 5	M12	[-75 × 40 × 5 × 7	M10	50	500	L-90 × 90 × 10	2-M16	[-125 × 65 × 6 × 8	M16
	1000	L-75 × 75 × 9	M12	[-100 × 50 × 5 × 7.5	M10		1000	L-130 × 130 × 9	2-M16	H-100 × 100 × 6 × 8	M16
	1500	L-90 × 90 × 10	M12	[-125 × 65 × 6 × 8	M10		1500	L-130 × 130 × 15	2-M16	H-100 × 100 × 6 × 8	M16
	2000	L-90 × 90 × 13	M12	[-125 × 65 × 6 × 8	M10		2000	H-150 × 150 × 7 × 10	2-M16	H-125 × 125 × 6.5 × 9	M16
	2500	L-100 × 100 × 13	M12	[-125 × 65 × 6 × 8	M10		2500	H-175 × 175 × 7.5 × 11	2-M16	H-125 × 125 × 6.5 × 9	M16
20	500	L-65 × 65 × 8	M16	[-75 × 40 × 5 × 7	M10	60	500	L-90 × 90 × 13	3-M16	[-125 × 65 × 6 × 8	2-M16
	1000	L-90 × 90 × 7	M16	[-100 × 50 × 5 × 7.5	M10		1000	L-130 × 130 × 12	3-M16	H-100 × 100 × 6 × 8	2-M16
	1500	L-90 × 90 × 13	M16	[-125 × 65 × 6 × 8	M10		1500	L-150 × 150 × 12	3-M16	H-125 × 125 × 6.5 × 9	2-M16
	2000	L-100 × 100 × 13	M16	H-100 × 100 × 6 × 8	M10		2000	H-175 × 175 × 7.5 × 11	3-M16	H-125 × 125 × 6.5 × 9	2-M16
	2500	L-130 × 130 × 9	M16	H-100 × 100 × 6 × 8	M10		2500	H-175 × 175 × 7.5 × 11	3-M16	H-150 × 150 × 7 × 10	2-M16

付表 2.6-4　立て配管用 S_A 種耐震支持材部材選定表の例（耐震支持と自重支持を兼用する場合）

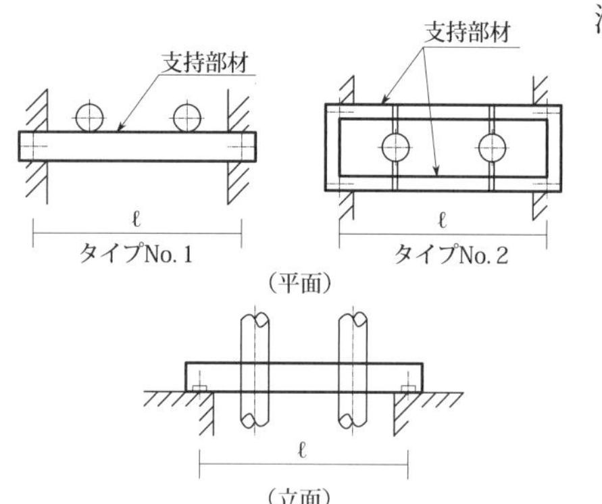

注）１）*1 の配管重量（P）は地震時に支持材が受け持つ配管重量を示す。すなわち、耐震支持材にはさまれた部分の配管重量を示す。また、本表に示す耐震支持材は配管の自重（P に同じ）も支持する場合である。

２）躯体取付けアンカーの種類と埋込深さ（下記以上とする）

あと施工金属拡張アンカー（M）

M8　：40mm　　M12：60mm

M10：45mm　　M16：70mm

３）タイプ No.2 の支持材とは、自重および地震力を２本の支持部材で負担するものをいう。

４）部分詳細図 No. 付表 2.7-2 を参照のこと。

配管重量	支持材寸法	タイプ No.1		タイプ No.2		配管重量	支持材寸法	タイプ No.1		タイプ No.2	
P*1 (kN)	ℓ (mm)	部材仕様	躯体取付アンカー	部材仕様	躯体取付アンカー	P*1 (kN)	ℓ (mm)	部材仕様	躯体取付アンカー	部材仕様	躯体取付アンカー
	500	L-40 × 40 × 5	M8	[-75 × 40 × 5 × 7	M8		500	L-90 × 90 × 10	M16	[-100 × 50 × 5 × 7.5	M12
	1000	L-50 × 50 × 6	M8	[-75 × 40 × 5 × 7	M8		1000	L-130 × 130 × 9	M16	[-125 × 65 × 6 × 8	M12
2.5	1500	L-65 × 65 × 6	M8	[-75 × 40 × 5 × 7	M8	25	1500	L-130 × 130 × 15	M16	H-100 × 100 × 6 × 8	M12
	2000	L-65 × 65 × 8	M8	[-75 × 40 × 5 × 7	M8		2000	H-150 × 150 × 7 × 10	M16	H-100 × 100 × 6 × 8	M12
	2500	L-75 × 75 × 9	M8	[-75 × 40 × 5 × 7	M8		2500	H-150 × 150 × 7 × 10	M16	H-125 × 125 × 6.5 × 9	M12
	500	L-50 × 50 × 6	M8	[-75 × 40 × 5 × 7	M8		500	L-90 × 90 × 13	2-M12	[-100 × 50 × 5 × 7.5	M12
	1000	L-65 × 65 × 8	M8	[-75 × 40 × 5 × 7	M8		1000	L-130 × 130 × 12	2-M12	[-125 × 65 × 6 × 8	M12
5	1500	L-75 × 75 × 9	M8	[-75 × 40 × 5 × 7	M8	30	1500	H-125 × 125 × 6.5 × 9	2-M12	H-100 × 100 × 6 × 8	M12
	2000	L-75 × 75 × 12	M8	[-75 × 40 × 5 × 7	M8		2000	H-150 × 150 × 7 × 10	2-M12	H-125 × 125 × 6.5 × 9	M12
	2500	L-90 × 90 × 10	M8	[-100 × 50 × 5 × 7.5	M8		2500	H-150 × 150 × 7 × 10	2-M12	H-125 × 125 × 6.5 × 9	M12
	500	L-65 × 65 × 8	M10	[-75 × 40 × 5 × 7	M8		500	L-120 × 120 × 8	2-M16	[-125 × 65 × 6 × 8	M16
	1000	L-90 × 90 × 10	M10	[-75 × 40 × 5 × 7	M8		1000	L-130 × 130 × 15	2-M16	H-100 × 100 × 6 × 8	M16
10	1500	L-90 × 90 × 13	M10	[-100 × 50 × 5 × 7.5	M8	40	1500	H-150 × 150 × 7 × 10	2-M16	H-125 × 125 × 6.5 × 9	M16
	2000	L-100 × 100 × 13	M10	[-125 × 65 × 6 × 8	M8		2000	H-175 × 175 × 7.5 × 11	2-M16	H-125 × 125 × 6.5 × 9	M16
	2500	L-130 × 130 × 9	M10	[-125 × 65 × 6 × 8	M8		2500	H-175 × 175 × 7.5 × 11	2-M16	H-150 × 150 × 7 × 10	Ml6
	500	L-75 × 75 × 9	M12	[-75 × 40 × 5 × 7	M10		500	L-130 × 130 × 9	2-M16	[-125 × 65 × 6 × 8	M16
	1000	L-90 × 90 × 13	M12	[-100 × 50 × 5 × 7.5	M10		1000	H-150 × 150 × 7 × 10	2-M16	H-100 × 100 × 6 × 8	M16
15	1500	L-130 × 130 × 9	M12	[-125 × 65 × 6 × 8	M10	50	1500	H-150 × 150 × 7 × 10	2-M16	H-125 × 125 × 6.5 × 9	M16
	2000	L-130 × 130 × 12	M12	[-125 × 65 × 6 × 8	M10		2000	H-175 × 175 × 7.5 × 11	2-M16	H-150 × 150 × 7 × 10	M16
	2500	L-130 × 130 × 15	M12	H-100 × 100 × 6 × 8	M10		2500	H-200 × 200 × 8 × 12	2-M16	H-150 × 150 × 7 × 10	M16
	500	L-90 × 90 × 7	M16	[-75 × 40 × 5 × 7	M10		500	L-130 × 130 × 12	3-M16	[-125 × 65 × 6 × 8	2-M16
	1000	L-100 × 100 × 13	M16	[-125 × 65 × 6 × 8	Ml0		1000	H-150 × 150 × 7 × 10	3-M16	H-125 × 125 × 6.5 × 9	2-M16
20	1500	L-130 × 130 × 12	M16	[-125 × 65 × 6 × 8	M10	60	1500	H-175 × 175 × 7.5 × 11	3-M16	H-125 × 125 × 6.5 × 9	2-M16
	2000	L-130 × 130 × 15	M16	H-100 × 100 × 6 × 8	M10		2000	H-200 × 200 × 8 × 12	3-M16	H-150 × 150 × 7 × 10	2-M16
	2500	H-150 × 150 × 7 × 10	M16	H-100 × 100 × 6 × 8	M10		2500	H-200 × 200 × 8 × 12	3-M16	H-150 × 150 × 7 × 10	2-M16

付表 2.7　立て配管用耐震支持材組立要領図の例

付表 2.7-1　立て配管用耐震支持材組立要領図の例（耐震支持（振止め）のみの場合）

全体架構図	タイプ No.1 部分詳細	タイプ No. 2部分詳細
支持部材 **タイプNo. 1**（平面） 支持部材 **タイプNo. 2**（平面） （立面）	配管 Uボルト又はUバンド ガタがない程度にゆるく締める 支持部材(山形鋼) 躯体取付けアンカー （平面） （立面） 支持部材 配管 防振ゴム等 躯体取付けアンカー 注）本図のように防振ゴム等で押えただけで振止めをする場合は地震力を１本の支持材で負担するのでタイプNo.1として部材の選定を行う。	支持部材(溝形鋼) 配管 ゴムパット等 躯体取付けアンカー 配管取付用山形鋼等 （平面） （立面）

付表 2.7-2　立て配管用耐震支持材組立要領図の例（耐震支持と自重支持を兼用する場合）

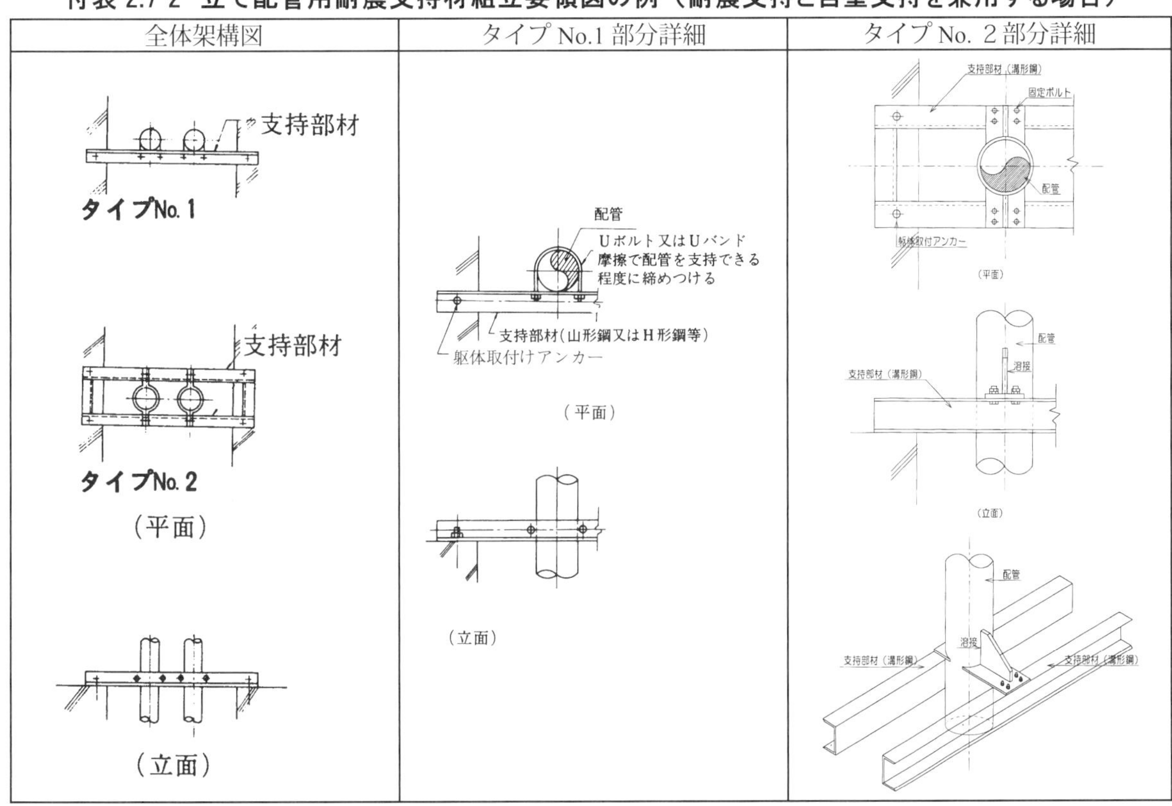

付表３　電気配線用耐震支持部材選定表および組立要領図の例

付表 3.1　横引電気配線用支持材部材選定表の例

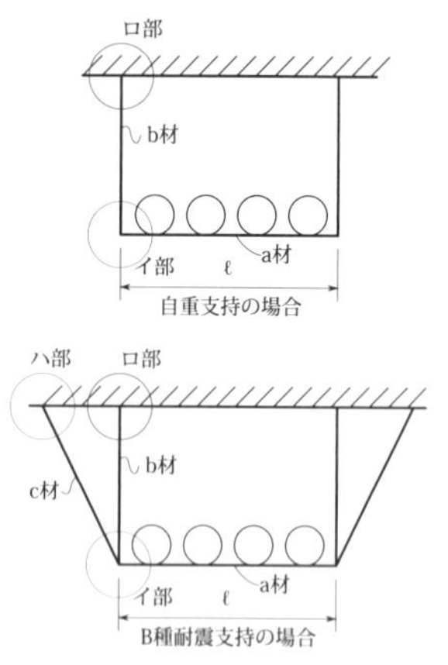

注）１）*1 の配管重量（P）は自重支持材にかかる配線重量を示す。

２）躯体取付けアンカーの種類と埋込深さ（下記以上とする）

あと施工金属拡張アンカー（M）

M8　：40mm　M12：60mm

M10：45mm　M16：70mm

３）本表は自重支持材の部材を示しているが、耐震支持材は自重支持材と同部材の架構に本表に示す斜材を取付けることとする。

４）部分詳細図は付表 3.2 を参照のこと。

５）ケーブルラックも本表に準ずる。

６）ここでは、B 種の例を示し、S_A および A 種耐震支持材の部材選定は付表 2 の配管の場合に準じる。

標準支持点間当りの電気配線重量 P*1 (kN)	支持材寸法 ℓ (mm)	a材 等辺山形鋼 A×B×t〔mm〕	a材 溝形鋼 H×B×t₁×t₂〔mm〕	a材 リップ溝形鋼 H×A×C×t〔mm〕	b材	c材	接合ボルト
1.0	500	40 × 40 × 3	75 × 40 × 5 × 7	60 × 30 × 10 × 1.6	M8 丸鋼	M8 丸鋼 又は FB-4.5 × 25	M8
	1000	40 × 40 × 3	75 × 40 × 5 × 7	60 × 30 × 10 × 1.6			
	1500	40 × 40 × 5	75 × 40 × 5 × 7	60 × 30 × 10 × 2.3			
3.0	500	40 × 40 × 5	75 × 40 × 5 × 7	60 × 30 × 10 × 2.3	M8 丸鋼		
	1000	50 × 50 × 6	75 × 40 × 5 × 7	100 × 50 × 20 × 2.3			
	1500	65 × 65 × 6	100 × 50 × 5 × 7.5	100 × 50 × 20 × 2.3			
5.0	500	50 × 50 × 6	75 × 40 × 5 × 7	100 × 50 × 20 × 2.3	M10 丸鋼	M10 丸鋼 又は FB-4.5 × 25	
	1000	65 × 65 × 6	100 × 50 × 5 × 7.5	100 × 50 × 20 × 2.3			
	1500	75 × 75 × 6	100 × 50 × 5 × 7.5	100 × 50 × 20 × 3.2			

付表 3.2　横引電気配線用支持材組立要領図の例

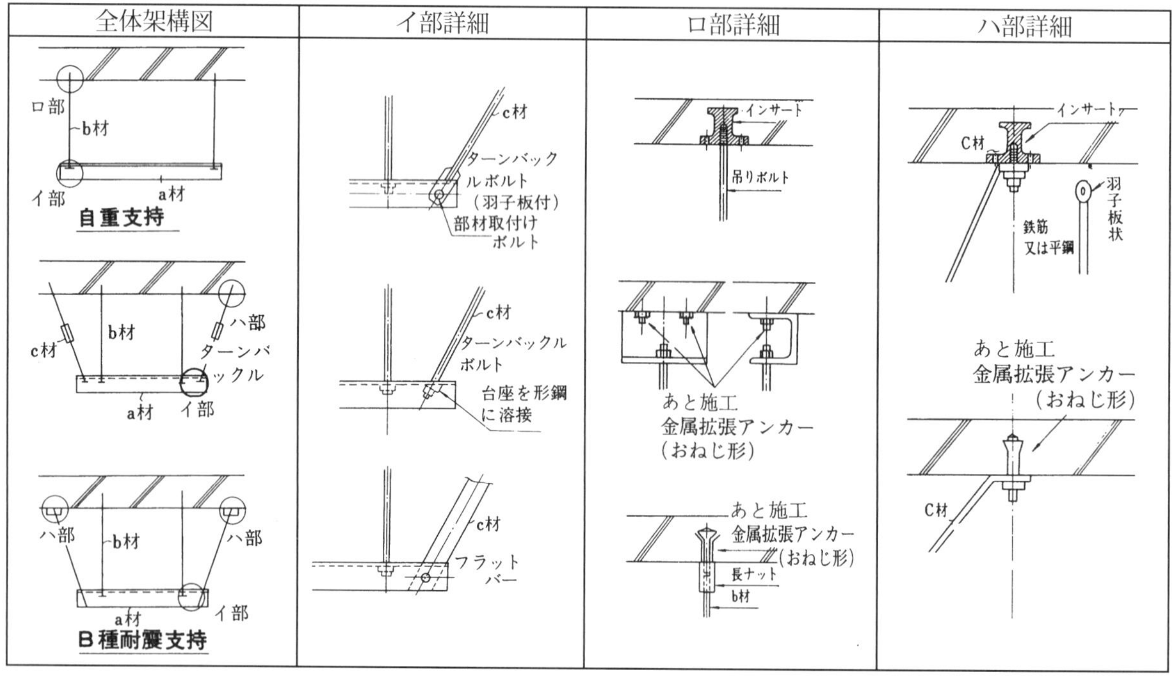

付表 3.3 立て電気配線用耐震支持材部材選定表の例

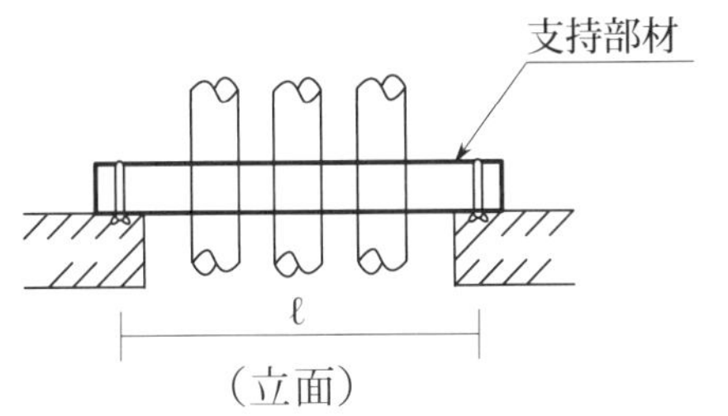

（立面）

注）1）*1 の配管重量（P）は地震時に支持材が受け持つ配線重量を示す。すなわち、耐震支持材にはさまれた部分の配線重量を示す。また、本表に示す耐震支持は配線の自重（P に同じ）も支持する場合である。

2）躯体取付けアンカーの種類と埋込深さ（下記以上とする）

あと施工アンカー（おねじ形）（M）

M8：40mm

3）ケーブルラックも本表に準ずる。

	電気配線重量 P*1〔kN〕	支持材寸法 ℓ〔mm〕	部材仕様			躯体取付けアンカー
			等辺山形鋼 A×B×t〔mm〕	溝形鋼 H×B×t1×t2〔mm〕	リップ溝形鋼 H×A×C×t〔mm〕	
A種耐震支持	1.0	500	40 × 40 × 3	75 × 40 × 5 × 7	60 × 30 × 10 × 1.6	M8
		1000	40 × 40 × 3	75 × 40 × 5 × 7	60 × 30 × 10 × 1.6	
		1500	40 × 40 × 5	75 × 40 × 5 × 7	60 × 30 × 10 × 1.6	
	3.0	500	40 × 40 × 5	75 × 40 × 5 × 7	60 × 30 × 10 × 1.6	M8
		1000	50 × 50 × 6	75 × 40 × 5 × 7	75 × 45 × 15 × 1.6	
		1500	65 × 65 × 6	75 × 40 × 5 × 7	75 × 45 × 15 × 2.3	
	5.0	500	50 × 50 × 6	75 × 40 × 5 × 7	60 × 30 × 10 × 2.3	M8
		1000	65 × 65 × 6	75 × 40 × 5 × 7	75 × 45 × 15 × 2.3	
		1500	75 × 75 × 9	75 × 40 × 5 × 7	100 × 50 × 20 × 2.3	
	7.0	500	60 × 60 × 5	75 × 40 × 5 × 7	75 × 45 × 15 × 1.6	M8
		1000	65 × 65 × 8	75 × 40 × 5 × 7	100 × 50 × 20 × 2.3	
		1500	75 × 75 × 9	100 × 50 × 5 × 7.5	100 × 50 × 20 × 3.2	
S_A種耐震支持	1.0	500	40 × 40 × 3	75 × 40 × 5 × 7	60 × 30 × 10 × 1.6	M8
		1000	40 × 40 × 5	75 × 40 × 5 × 7	60 × 30 × 10 × 1.6	
		1500	50 × 50 × 4	75 × 40 × 5 × 7	60 × 30 × 10 × 2.3	
	3.0	500	50 × 50 × 4	75 × 40 × 5 × 7	60 × 30 × 10 × 2.3	M8
		1000	60 × 60 × 5	75 × 40 × 5 × 7	75 × 45 × 15 × 1.6	
		1500	65 × 65 × 8	75 × 40 × 5 × 7	100 × 50 × 20 × 1.6	
	5.0	500	50 × 50 × 6	75 × 40 × 5 × 7	75 × 45 × 15 × 1.6	M8
		1000	65 × 65 × 8	75 × 40 × 5 × 7	100 × 50 × 20 × 2.3	
		1500	75 × 75 × 9	100 × 50 × 5 × 7.5	100 × 50 × 20 × 3.2	
	7.0	500	65 × 65 × 6	75 × 40 × 5 × 7	75 × 45 × 15 × 2.3	M8
		1000	75 × 75 × 9	100 × 50 × 5 × 7.5	100 × 50 × 20 × 3.2	
		1500	75 × 75 × 12	125 × 65 × 6 × 8	120 × 60 × 20 × 3.2	

第２編　計算例

本編では、設備機器の耐震支持に用いるアンカーボルトの選定を主として、一部に架台・基礎の計算例を示す。対象機器は、表1に示した27機種の設備機器とする。

なお、本計算例で示したものは、代表的機器についての固定方法の一例とその計算方法である。実際の機器の耐震固定にあたっては、各機器の実状に応じた固定方法やアンカーボルトの配置・工法を設定して、固定方法の検討を行う必要がある。

1　基本事項

(1)　設計用水平震度

各設備機器の設置場所が不明のため、設計用水平震度としては

K_H=0.4、0.6、1.0、1.5、2.0

の5種類のうち、いくつかを想定した。

これは、設計用標準震度に対し、地域係数Z=1.0とした値に相当している。

(2)　使用材料

① アンカーボルトは、各種施工法を想定し

ⅰ あと施工金属拡張アンカーボルト

ⅱ あと施工接着系アンカーボルト

ⅲ 箱抜式ヘッド付J形ボルト（充填モルタル強度1.2kN/cm^{2}を使用）

ⅳ 埋込式ヘッド付J形ボルト

の4種を適宜選定し、ボルト径はM8～M20とする。

② 基礎のコンクリート強度の設計基準は1.8kN/cm^2（18N/mm^2）とする。

③ 鋼材はSS400とする。

④ 取付けボルトは中ボルトとする（中ボルト（SS400）はJISによる仕上げボルトの強度区分4.6 p.233参照）。

(3)　検討方法

部材の選定方法は、「第3章　設備機器の耐震支持」に示されている諸式および第3編に示されている部材の短期許容応力度・短期許容応力を用いて行う。（特に記述がない場合、計算例で用いる許容応力度、許容応力は短期とする。）

アンカーボルトの検討方法は、解図4.2－1、解図4.2－2に示された2つの方法

① τを計算する方法

② 解図4.2－3、解図4.2－4を利用する方法

があるが、本例では簡便な②の方法を主として例示している。

架台などの部材検討は、許容応力度を使う方法と許容応力を使う方法がある。本例では、主として許容応力を使う方法を例示している。

(4)　その他

①　用語としてアンカーボルトと取付けボルトを使い分けている。

アンカーボルトは、設備機器・架台などをコンクリート基礎に固定するためのボルトであり、各種の施工法による。

取付けボルトは、設備機器を架台などに固定するためのボルトであり、鋼材（または FRP）を鋼材に取付けるもので、中ボルトを使用する。

②　架台については、部材の選定例を示したが、その接合部（仕口部）については第 3 編に示した接合部基準図例を参考にして、詳細を決める。

③　使用した単位系は、図中の寸法 mm、計算用は長さ cm、力 kN である。

JIS などでは mm と N が使用されているが、実務的に常用できる単位が便利と考えて、cm と kN を用いている。

④　寸法などの数値は、まるめた値を計算上使用している場合がある。

⑤　円形配置アンカーボルト等の場合、(3.2－2a) 式により引抜力 R_b を求めた。

⑥　あと施工金属拡張アンカーは「おねじ形」を用いて例を示す。

⑦　あと施工金属拡張アンカーを施工する部材の厚さは、原則として埋め込み深さの 2 倍程度とする。アンカー底面が埋め込み深さより少ない場合は、穿孔およびアンカー施工時にパンチング破壊することも考えられるので、注意して施工する。

表1　対象機器

	計算例番号	機器	呼称	機器諸元				設置工法	備考	頁
				Dx（m）〔ℓ_G〕	Dy（m）〔ℓ_G〕	H（m）〔h_G、h_{OG}〕	W（kN）（機器）			
水槽	1	円筒形水槽	6m³	1.9φ	—	2.3（1.0）	有効 4.48	平架台 高架台 H=2.0m		174
	2	パネル形水槽	36m³	4.0（2.00）	3.0（1.50）	3.0 長辺 1.67 短辺 1.40	有効 長辺 21.7 短辺 24.6	平架台 高架台 H=2.0m		177
衛生・空調関連機器	3	冷却塔　円筒形	136kW 形	1.44φ（0.29）	—	2.063（0.863）	2.83（0.98）	基礎上		181
	4	冷却塔　角形	2,720kW 形	7.08（3.49）	4.54（2.21）	3.55（1.05）	105（34.9）	〃		183
	5	立型温水ボイラー	122kW	0.80φ（0.38）	—	1.775（0.91）	0.91（0.42）	床置き		184
	6	炉筒煙管ボイラー	1,500kW	3.60（0.85）	1.62（0.6）	2.415（1.36）	9.1（6.0）	〃		185
	7	パッケージ型エアコン	42kW 形	1.65（0.843）	0.66（0.243）	2.13（1.0）	0.54	床置き		186
	8	空冷ヒートポンプチラー	260kW 形	5.76（2.90）	1.836（0.87）	2.325（0.945）	6.3	〃		187
	9	吊り支持エアコン	14kW 形	1.3（0.64）	0.61（0.18）	0.57（0.34）上かち	022	天井吊り	吊り架台	188
	10	エアハンドリングユニット	190m³/min	1.63（0.75）	1.07（0.185）	2.04（1.021）	0.8	床置き		191
	11	吸収式冷温水機	熱交換器	4.335（1.675）	0.88（0.3）	2.145（1.50）	6.7	基礎上		192
			ボイラー	1.560（0.395）	0.88（0.3）	2.145（1.18）	2.5	〃		
	12	貯湯槽（立型）	立型（2,200 ℓ）	1.2φ（0.61）	—	2.42（1.325）	2.83	〃		194
	13	貯湯槽（横型）	横型（2,120 ℓ）	1.0φ（0.9）	—（0.555）	2.4（1.583）	2.92（2.746）	架台付き		195
	14	吊り支持ファン（防振）	片吸込み形多翼形送風機 No31/2×3.7kW	1.65（0.61）	0.95（0.20）	1.45（0.31）	0.30	天井吊りフレーム、ストッパ付き	吊り架台	196
	15	膨張タンク	250 ℓ	0.75（0.375）	0.6（0.220）	0.8（0.3）	0.33（0.08）	壁掛フレーム	架台	198
	16	ヒートポンプパッケージ型エアコン屋外機（防振）	45kW	1.240（0.441）	0.729（0.343）	1.525（0.61）	2.65	基礎上	防振架台	201
自家用発電設備	17	自家発電装置	50kVA	1.2（0.29）	0.65（0.23）	0.46（0.18）	5.6	床上	ストッパボルト	203
	18	自家発電装置	50kVA	1.2（0.29）	0.65（0.23）	0.46（0.18）	5.6	床上	移動・転倒防止型ストッパ	205
	19	燃料タンク	1,950 ℓ	1.95（0.94）	1.15（0.54）	1.2 長辺 0.82 短辺 0.59	23.3	架台 H=1.6m	架台	207
	20	消音器	—	1.5（0.7）	0.47φ（0.13）	0.535（0.33）	2.0	天井吊り	吊り架台	209
制御盤・蓄電池・変圧器・給湯器	21	自立形制御盤	—	0.65（0.2）	0.4（0.15）	1.95（0.95）	1.9	床上		211
	22	2段2列式架台蓄電池	MSE 形 108V 750AH	2.55（0.58）	0.92（0.39）	1.293（0.75）	32.0	床上		212
	23	壁つなぎ材付き制御盤	—	1.8（0.78）	0.4（0.25）	2.15（1.0）	6.0	床上、壁つなぎ		213
	24	壁掛形制御盤	—	0.7（0.25）	0.35（0.18）	1.2（0.5）	1.4	壁付		214
	25	背面支持形制御盤	—	— —	0.4（0.1）	2.15（1.1）	3.0	床上		215
	26	乾式変圧器	50kVA	— —	—（0.2）	0.685 —	—	床上	ストッパ付防振ゴム	217
	27	壁つなぎ材付き電気温水器	250 ℓ	0.6	0.69	1.8（0.8）	3.0	床上、壁つなぎ		218

2　計算例

計算例1：円筒形水槽
検討部位：■取付けボルト　■アンカーボルト　□ストッパボルト　■架台　■基礎

(1)　設備機器諸元：(呼称 6m^3)

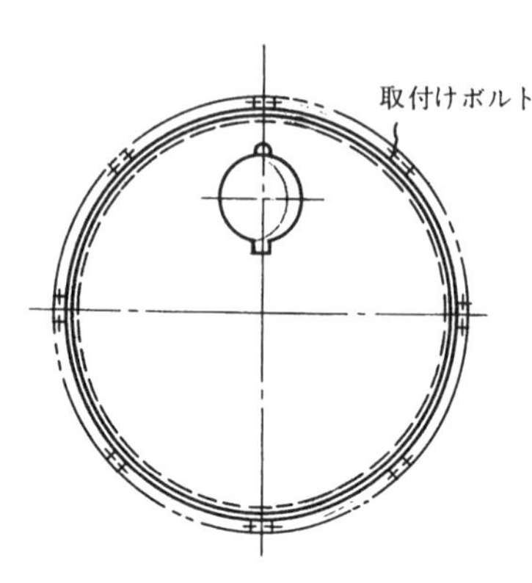

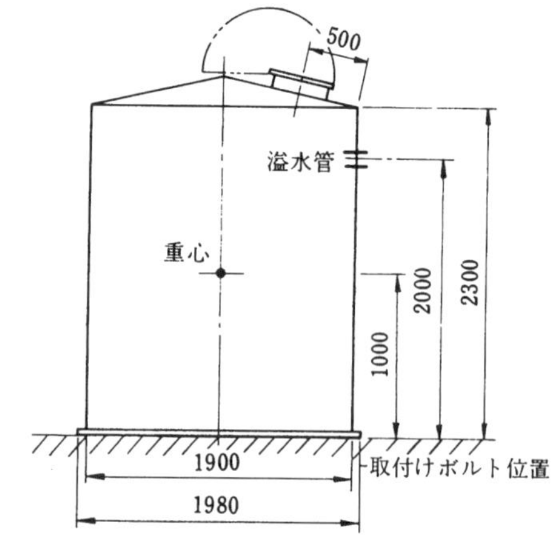

(2)　取付けボルト

取付けボルトの計算例　(K_H=1.0 の場合)

設計用水平震度	$K_H=1.0$
実重量	$W=56.7\text{kN}$
設備機器の重量（有効）	$W_O=44.8\text{kN}$　　$\alpha_T=0.79$（$W_O=W\cdot\alpha_T$）
設計用水平地震力	$F_H=K_H\cdot W_O=44.8\text{kN}$
設計用鉛直地震力	$F_V=\frac{1}{2}K_H\cdot W=28.4\text{kN}$
重心高さ	$h_{OG}=100\text{cm}$　　$\beta_T=\frac{1}{2}$（$h_{OG}=\beta_T\cdot h$）
取付けボルト	ボルトスパン　D=198cm　　総本数　n=16 本
	引張り力　$R_b=\frac{4}{n\cdot D}\cdot F_H\cdot h_{OG}-\frac{W-F_V}{n}=3.89\text{kN/本}$（指針式 3.2－2a）
	せん断力　$Q=\frac{F_H}{n}=2.80\text{kN/本}$　（指針式 3.2－2b）
取付けボルトの選定	ボルト（SS400）、解図 4.2－3 より M8 にて OK。
	総本数、径は 16 本－M8　とする。

(3)　アンカーボルト

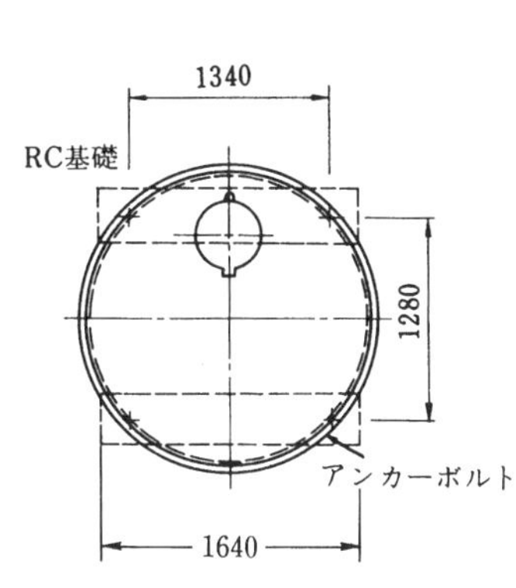

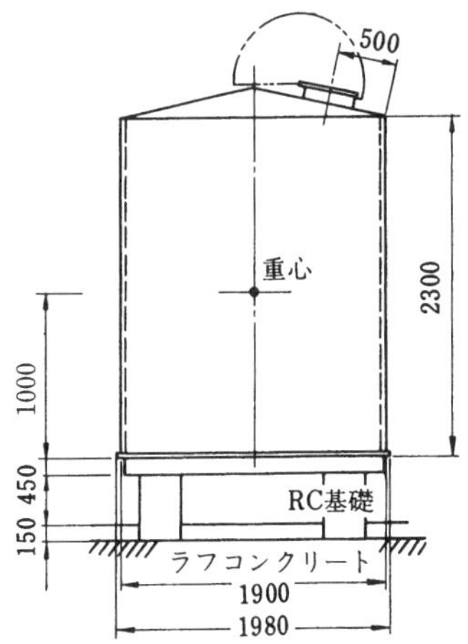

アンカーボルトの計算例　（K_H=1.0 の場合）

設計用水平震度　$K_H=1.0$

実重量　$W=56.7\text{kN}$

設備機器の重量（有効）　$W_O=44.8\text{kN}$　$\alpha_T=0.79$（$W_O=\alpha_T \cdot W$）

設計用水平地震力　$F_H=K_H \cdot W_O=44.8\text{kN}$

設計用鉛直地震力　$F_V=\frac{1}{2}K_H \cdot W=28.4\text{kN}$

重心高さ　$h_{OG}=100\text{cm}$　$\beta_T=\frac{1}{2}$（$h_{OG}=\beta_T \cdot h$）

アンカーボルト　総本数 n=4 本

アンカーボルトスパン　D=190cm

引抜き力　$R_b=\frac{4}{n \cdot D} \cdot F_H \cdot h_{OG}-\frac{W-F_V}{n}=16.5$ kN/本（指針式 3.2－2a）

せん断力　$Q=\frac{F_H}{n}=11.2$kN/本　（指針式 3.2－2b）

アンカーボルトの選定

① 「付表 1」より

設置工法……埋込式 J 形（M16）、堅固な基礎

埋込長さ　L=12cm、c=15cm、h=60cm

許容引張り力　$T_a=27.1\text{kN/本}>R_b$

② 解図 4.2－3 より

総本数、径は 4 本－M16 とする。

(4)　平架台の場合の基礎

平架台の基礎の計算例　（K_H=1.0 の場合）

(i) 基礎形状　B－b タイプ（梁形基礎－目荒しを行いラフコンクリートのある場合）

基礎高さ　$h_F'=45\text{cm}$　基礎幅　$B_F=30\text{cm}$　$h_F'/B_F=1.5<2.0$

(指針式 5.2－1)の検討

$$(1-K_V)(W+W_F)\cdot\frac{\ell_F}{2}=(1-0.5)\times(56.7+13.6)\times\frac{164}{2}=2{,}880\text{kN}\cdot\text{cm}$$ ………(イ)

$K_V=K_H/2=0.5$

W=56.7kN

W_F=164cm×60cm×30cm×2×23×10^{-6}=13.6kN

ℓ_F=134＋30=164cm

$$K_H\left\{(h_F'+h_{OG})W+\frac{1}{2}h_F'\cdot W_F\right\}=1.0\times\left\{(45+100)\times56.7+\frac{1}{2}\times45\times13.6\right\}=8{,}530\text{kN}\cdot\text{cm}$$ ………(ロ)

∴　(イ)＜(ロ)　　NG

(ii)　基礎形状　B－c タイプ（梁形基礎－ラフコンクリートとの間につなぎ鉄筋を配する場合）（指針式 5.2－1)の検討（基礎重量にラフコンクリート　幅 49cm、厚さ 15cm を見込む）

$$(1-K_V)(W+W_F)\cdot\frac{\ell_F}{2}=(1-0.5)\times(56.7+33.3)\times\frac{164}{2}=3{,}690\text{kN}\cdot\text{cm}$$ ………(イ)

W_F=13.6＋15×(262×128－164×30)×2×23×10^{-6}=33.3kN

∴　(イ)＜(ロ)　　NG

したがって、構造躯体と一体とし、構造計算による。

(5)　高架台

高架台の計算例　　（K_H=1.5 の場合）

実重量　　W=56.7kN

架台部材　　A 材　L－90×90×7

B 材　L－50×50×6

(i)　地震入力

設計用水平震度　　K_H=1.5

設計用鉛直震度　　K_V=0.75

設計用水平地震力　　F_H=67.2kN

設計用鉛直地震力　　F_V=42.5kN

転倒モーメント　　$M=F_H\cdot h_{OG}$=67.2×100=6,720kN・cm　（水槽底部）

$M_B=M+F_H\cdot H$=6,720＋67.2×200=20,200kN・cm　（架台底部）

(ii)　部材算定

㋑　柱材（A 材）

圧縮力　　$N_C=\frac{M_B}{n_1\cdot\ell_y}+\frac{W}{n_2}(1+K_V)$　n_1：その方向の構面数　n_2：全柱本数

（解式 3.5－4）

$$\frac{20{,}200}{2\times150}+\frac{56.7}{4}\times(1+0.75)=67.3+24.8=92.1\text{kN}$$

柱材　　L－90×90×7　断面積　　A=12.22cm^2

断面 2 次半径　i_{min}=1.77cm

柱材座屈長さ　ℓ_k=200cm

細長比　$\lambda=\ell_k/i_{min}$=200/1.77=113

長期許容圧縮応力度　　f_c=7.23kN/cm^2（λ=113 の場合）

許容圧縮力　N_A=A・f_C=12.22×（1.5×7.23）=133kN＞92.1kN　　OK

㋺　ブレース材（B 材）

引張り力　$$N_B = \frac{F_H}{n_3 \cdot \cos\theta} = \frac{67.2}{2 \times \cos 53.1°} = 56.0\text{kN}$$　（解式 3.5－5）

n_3：その方向のブレース材数

ブレース材　　L－50×50×6　　断面積　A=5.64cm^2

有効断面積　$$A_e = A - \frac{1}{2}\ell \cdot t - d \cdot t = 3.12\ \text{cm}^2$$

ℓ、t：アングルのせい、板厚

d：ボルト孔径（M16……1.7cm）

許容引張応力度　f_t=23.5kN/cm^2

許容引張り力　N_A=A_e・f_t=3.12×23.5=73.3kN＞56.0kN　　OK

㋩　アンカーボルト（柱当り）

引張り力　$$N_T = \frac{M_B}{n_1 \cdot \ell_y} - \frac{W}{n_2}\left(1 - K_V\right)$$　（解式 3.5－3）

$$= \frac{20,200}{2 \times 150} - \frac{56.7}{4}\left(1 - 0.75\right) = 67.3 - 3.55 = 63.8\text{kN}$$

せん断力　$$n \cdot Q = \frac{F_H}{n_3} = \frac{67.2}{4} = 16.8\text{kN}$$　（解式 3.5－6）

n_3 は、柱下端を連結しているので両側端を考慮して（2×2＝4）としている。

①「付表 1」より

設置工法　埋込式 J 形（M16）、堅固な基礎

埋込長さ　L=10cm、c=15cm、h=30cm

許容引抜き力　T_a=18.8×4 本=75.2kN＞N_T

②　解図 4.2－3 より

総本数、径は 16 本－M16　とする。

㊁　基礎　引抜き力が大きいため、構造躯体と一体とし、構造計算による。

計算例 2：パネル形水槽
検討部位：■取付けボルト　■アンカーボルト　□ストッパボルト　■架台　■基礎

（1）　設備機器諸元：（呼称 36m^3）

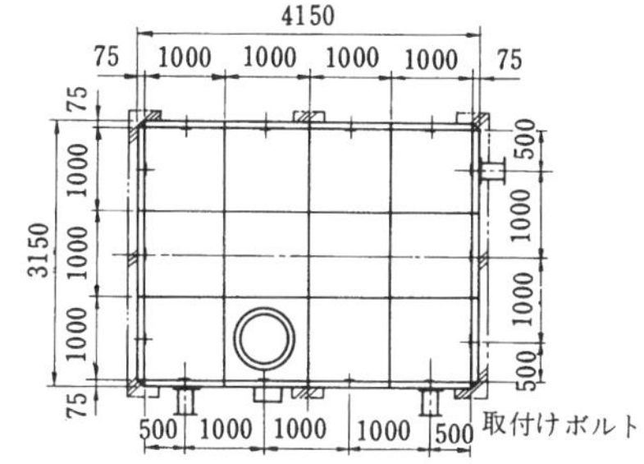

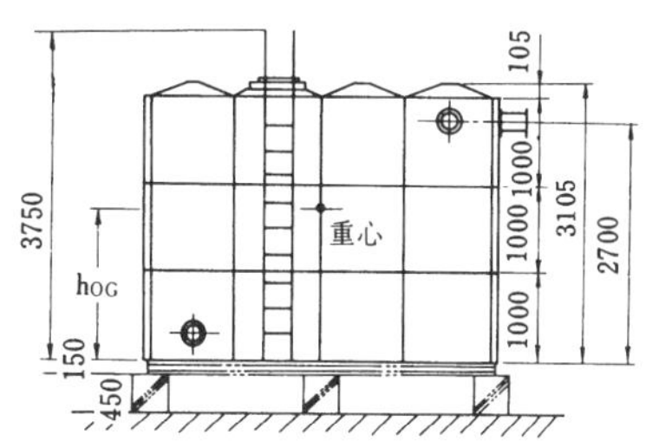

(2)　取付けボルト

取付けボルトの計算例　　（K_H=1.0 の場合）

設計用水平震度　K_H=1.0

実重量　W=324kN

有効重量は、水槽の形によって変わるため、長辺・短辺について付録 3 により計算する。

	長辺	短辺
設備機器の重量（有効）	W_O=217kN、α_T=0.67	W_O=246kN、α_T=0.76
設計用水平地震力	$F_H=K_H\cdot W_O$=217kN	F_H=246kN
設計用鉛直地震力	$F_V=\frac{1}{2}K_H\cdot W$=162kN	F_V=162kN
重心高さ	h_{OG}=167cm、β_T=0.62	h_{OG}=140cm、β_T=0.52
重心位置	ℓ_G=200cm	ℓ_G=150cm
取付けボルト	総本数 n=14 本	

	長辺方向	短辺方向
片側本数　(n_t)	3 本	4 本
ボルトスパン　(ℓ)	400cm	300cm
引抜き力　(R_b)	3.20kN/本	8.45kN/本
せん断力　(Q)	15.5kN/本	17.6kN/本

$$R_b=\frac{F_H\cdot h_{OG}-(W-F_V)\cdot\ell_G}{\ell\cdot n_t}$$（指針式 3.2−1a）、$Q=\frac{F_H}{n}$（指針式 3.2−1b）

取付けボルトの選定　SS400 ボルト解図 4.2−3 より総本数、径は 14 本−M16 とする。

(3)　アンカーボルト

アンカーボルトの計算例　　（K_H=1.0 の場合）

設計用水平震度　K_H=1.0

実重量　W=324kN

	長辺	短辺
設備機器の重量（有効）	W_O=217kN、α_T=0.67	W_O=246kN、α_T=0.76
設計用水平地震力	$F_H=K_H\cdot W_O$=217kN	F_H=246kN
設計用鉛直地震力	$F_V=\frac{1}{2}K_H\cdot W$=162kN	F_V=162kN
重心高さ	h_{OG}=167cm、β_T=0.62	h_{OG}=140cm、β_T=0.52
重心位置	ℓ_G=200cm	ℓ_G=100cm
アンカーボルト	総本数 n=9 本	

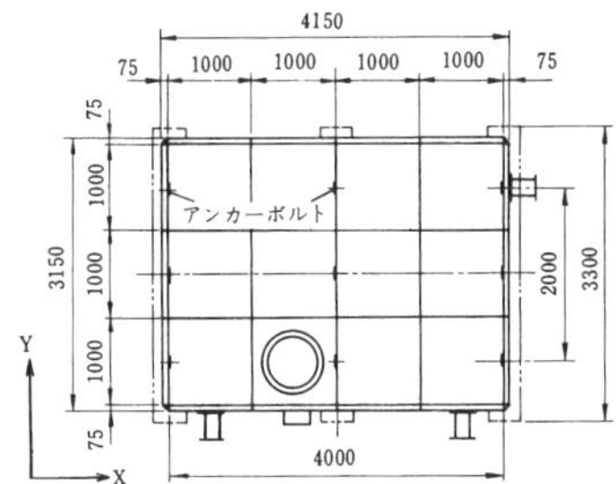

		長辺方向	短辺方向
片側本数	(n_t)	3 本	3 本
ボルトスパン	(ℓ)	400cm	200cm
引抜き力	(R_b)	3.20kN/本	30.4kN/本
せん断力	(Q)	24.1kN/本	27.3kN/本

$$R_b = \frac{F_H \cdot h_{OG} - (W - F_V) \cdot \ell_G}{\ell \cdot n_t} \text{（指針式 3.2－1a）、} Q = \frac{F_H}{n} \text{（指針式 3.2－1b）}$$

アンカーボルトの選定

① 「付表 1」より

設置工法……埋込式 J 形（M20）、堅固な基礎とする。

埋込長さ　　L＝20cm、c＝15cm、h＝45cm

$T_a = 6\pi \times C^2 \times p(=0.01) = 42.4\text{kN} > R_b$

② 解図 4.2－3 より

総本数、径は 9 本－M20 とする。

(4)　平架台の場合の基礎

基礎の計算例　　（K_H=1.0 の場合）

転倒に不利な短辺方向を検討する。

(i)　基礎形状　B－a タイプ（梁形基礎－目荒しを行いラフコンクリートのない場合）

基礎高さ　h_F=45cm　　基礎幅　B_F=30cm　　$h_F/B_F=1.5<2.0$

（指針式 5.2－5）の検討

$$\frac{h_G}{\ell} = \frac{140}{200} = 0.7 > 0.25 \qquad \text{NG}$$

(ii)　基礎形状　B－b タイプ（梁形基礎－目荒しを行いラフコンクリートのある場合）

基礎高さ　h_F'=45cm　　基礎幅　B_F=30cm　　$h_F'/B_F=1.5<2.0$

（5.2－1)' 式の検討

$$(1-K_V)(W+W_F)\cdot\frac{\ell_F}{2} = (1-0.5)\times(324+41.0)\times\frac{330}{2} = 30{,}100\text{kN}\cdot\text{cm} \qquad \cdots\cdots(イ)$$

$K_V=K_H/2=0.5$

W=324kN

$W_F=330\text{cm}\times60\text{cm}\times30\text{cm}\times3\times23\times10^{-6}=41.0\text{kN}$

ℓ_F=330cm

$$K_H\left\{(h_F'+h_{OG})W+\frac{1}{2}h_F'\cdot W_F\right\} = 1.0\times\left\{(45+140)\times324+\frac{1}{2}\times45\times41.0\right\} = 60{,}900\text{kN}\cdot\text{cm} \qquad \cdots\cdots(ロ)$$

∴　(イ)＜(ロ)　　NG

したがって、構造躯体と一体とし構造計算による。

(5)　高架台

高架台の計算例　（K_H=1.5 の場合）

転倒モーメントに対し不利な短辺方向を検討する。

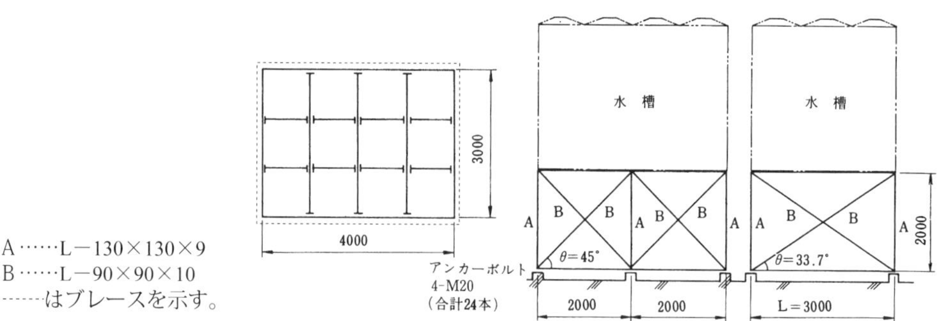

実重量　W=324kN

(i)　地震入力

設計用水平震度	K_H=1.5
設計用鉛直震度	K_V=0.75
設計用水平地震力	F_H=369kN
設計用鉛直地震力	F_V=243kN
転倒モーメント	M=F_H・h_{OG}=369×140=51,700kN・cm　（水槽底部）
	M_B=M＋F_H・H=51,700＋369×200=126,000kN・cm　（架台底部）

(ii)　部材算定

㋑　柱材（A 材）

圧縮力

$$N_C=\frac{M_B}{n_1\cdot\ell_y}+\frac{W}{n_2}(1+K_V)\qquad\text{（解式 3.5－4）}$$

$$=\frac{126{,}000}{2\times300}+\frac{324}{6}\times(1+0.75)=210+95.0=305\text{kN}$$

n_1：その方向の構面数　n_2：全柱本数　ℓ_y：短辺の架台のスパン

柱　材　　L－130×130×9　断面積　A=22.7cm^2

断面二次半径　i_{min}=2.57cm

柱材座屈長さ　ℓ_k=200cm

細長比　$\lambda=\ell_k/i_{min}$=78

許容圧縮力　N_a=A・f_C=22.7×(1.5×10.9)=371kN＞305kN　OK

㋺　ブレース材（B 材）

引張り力

$$N_B=\frac{F_H}{n_3\cdot\cos\theta}=\frac{369}{2\times\cos33.7°}=222\text{kN}\qquad\text{（解式 3.5－5）}$$

n_3：その方向のブレース材数

ブレース材　　L－90×90×10　断面積　A=17.0cm^2

有効断面積　$A_e=A-\frac{1}{2}\ell\cdot t-d\cdot t=10.8\ \text{cm}^2$

ℓ、t：アングルのせい、板厚 d：ボルト孔径（M16……1.7cm）

許容引張り力　N_A=A_e・f_t=10.80×23.5＝254kN＞222kN　OK

㈧　アンカーボルト（柱当り）

引張り力　$N_T = \frac{M_B}{n_1 \cdot \ell_y} - \frac{W}{n_2}(1 - K_V)$

$= \frac{126{,}000}{2 \times 300} - \frac{324}{6}(1 - 0.75) = 210 - 13.5 = 197\,\text{kN}$　（解式 3.5−3）

せん断力　$n \cdot Q = \frac{F_H}{n_3} = \frac{369}{4} = 92.3\text{kN}$　（解式 3.5−6）

n_3 は、柱下端を連結しているので両側端を考慮して（2×2＝4）としている。

① 「付表 1」より

設置工法　埋込式 J 形（M22）、堅固な基礎

埋込長さ　L＝20cm、c＝25cm、h=30cm

許容引抜き力　T_a=75.4×4＝302kN＞N_T

② 各柱にアンカーボルト 4 本として R_b＝49.3kN、Q＝23.1kN、解図 4.2−3 より総本数、径は 24 本−M22 とする。

㈡　基礎　引抜き力が大きいため、構造躯体と一体とし、構造計算による。

計算例 3：冷却塔　円筒形
検討部位：□取付けボルト　■アンカーボルト　□ストッパボルト　□架台　■基礎

（1）　設備機器諸元：（呼称 136kW 形）

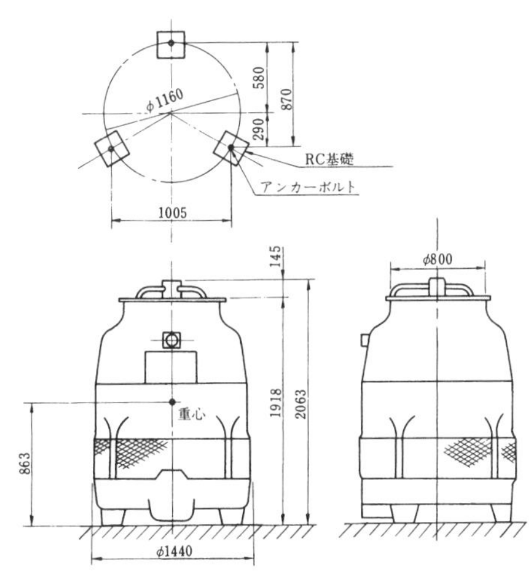

（2）　アンカーボルト

アンカーボルトの計算例　（K_H=1.0 の場合）

設計用水平震度　K_H=1.0

設備機器の重量　W=2.83kN

設計用水平地震力　F_H=K_H・W=2.83kN

設計用鉛直地震力　$F_V = \frac{1}{2} F_H$=1.42kN

重心高さ　h_G=86cm

重心位置　ℓ_G=29cm

アンカーボルト　総本数　n=3 本

直径　D=116cm

引抜き力　$R_b = \frac{4}{n \cdot D} \cdot F_H \cdot h_G - \frac{W - F_V}{n}$ =2.33kN/本　（指針式 3.2－2a）

せん断力　$Q = \frac{F_H}{n}$ =0.94kN/本　（指針式 3.2－2b）

アンカーボルトの選定

① 「付表 1」より

設置工法　あと施工金属拡張アンカー（おねじ形、M10）

コンクリート厚さ 12cm、埋込長さ　L=4.5cm

許容引抜き力　T_a=3.80kN/本＞R_b

② 解図 4.2－3 より

総本数、径は 3 本－M10 とする。

（3） 基礎

基礎の計算例　（K_H=1.0 の場合）

（i） 基礎形状　C－b タイプ（独立基礎－目荒しを行いラフコンクリートのある場合）

基礎高さ　h_F'=60cm　基礎幅　B_F=30cm　h_F'/B_F=2.0

（指針式 5.2－1）の検討

安全側の略算として、両側に基礎 1 個ずつの対称配置（基礎個数を 2 個）として計算する。

K_V=0.5

W=2.83kN

W_F=60cm×30^2cm^2×2×23×10^{-6}=2.48kN

ℓ_F=87cm（ℓ=ℓ_F と見なした）

$$(1 - K_V)\left\{\left(\ell_G + \frac{\ell_F - \ell}{2}\right)W + \frac{\ell_F}{2}W_F\right\} \quad \cdots\cdots\cdots(イ)$$

$$= (1 - 0.5) \times \left\{\left(29 + \frac{87 - 87}{2}\right) \times 2.83 + \frac{87}{2} \times 2.48\right\} = 95.0\text{kN} \cdot \text{cm}$$

$$K_H\left\{(h_F' + h_G)W + \frac{1}{2}h_F' \cdot W_F\right\} = 1.0 \times \left\{(60 + 86) \times 2.83 + \frac{1}{2} \times 60 \times 2.48\right\} = 488\text{kN} \cdot \text{cm} \quad \cdots\cdots\cdots\cdots(ロ)$$

∴　(イ)＜(ロ)　NG

（ii） 基礎形状　C－c タイプ（独立基礎－ラフコンクリートとの間につなぎ鉄筋を配する場合）

（指針式 5.2－1'）の検討（基礎重量にラフコンクリート幅片側 50cm・厚さ 15cm を見込む）

W_F=2.48kN＋15×（130^2－30^2）×2×23×10^{-6}=13.5kN

$$(1 - K_V)(W + W_F) \cdot \frac{\ell_F}{2} = (1 - 0.5) \times (2.83 + 13.5) \times \frac{87}{2} = 355\text{kN} \cdot \text{cm} \quad \cdots\cdots\cdots\cdots(イ)'$$

∴　(イ)＜(ロ)　NG

よって C－d タイプ基礎として設計する。

計算例 4：冷却塔　角形
検討部位：□取付けボルト　■アンカーボルト　□ストッパボルト　□架台　■基礎

(1)　設備機器諸元：(呼称 2,720kW)

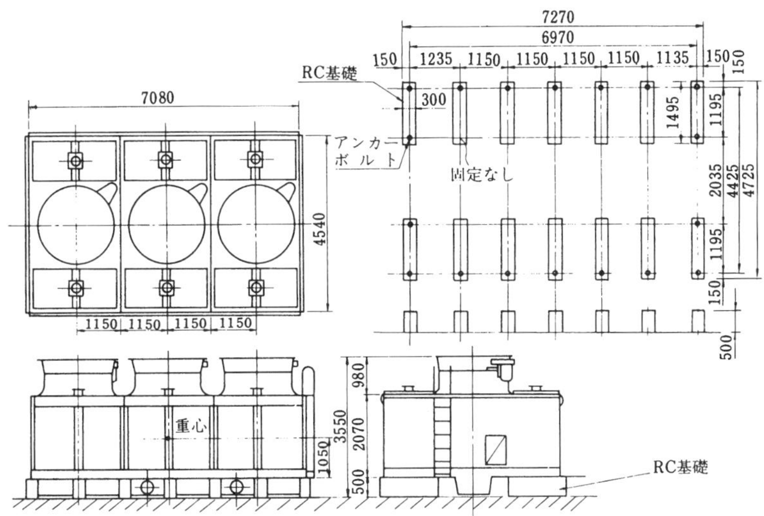

(2)　アンカーボルト

アンカーボルトの計算例　(K_H=1.0 の場合)

設計用水平震度　$K_H=1.0$

設備機器の重量　W=105kN

設計用水平地震力　$F_H=K_H \cdot W=105\text{kN}$

設計用鉛直地震力　$F_V=\frac{1}{2}F_H=52.4\text{kN}$

重心高さ　$h_G=105\text{cm}$

重心位置　$\ell_G=349\text{cm}$（長辺）　$\ell_G=221\text{cm}$（短辺）

アンカーボルト　総本数 n=18 本

	長辺方向	短辺方向
片側本数　(n_t)	4 本	7 本
ボルトスパン　(ℓ)	697cm	443cm
引抜き力　(R_b)	0	0
せん断力　(Q)	5.83kN/本	5.83kN/本

$$R_b=\frac{F_H \cdot h_G-(W-F_V)\cdot \ell_G}{\ell \cdot n_t}\ (\text{指針式 3.2−1a})、Q=\frac{F_H}{n}\ (\text{指針式 3.2−1b})$$

アンカーボルトの選定

① 「付表 1」より

設置工法……埋込式 J 形（M10）、堅固な基礎とする。

埋込長さ　L＝9cm

（引抜き力を生じないのでせん断力で選定）

② 解図 4.2−3 より

総本数、径は18本－M10とする。

(3)　基礎

基礎の計算例　　(K_H=1.0の場合)

転倒モーメントに対し不利な短辺方向を検討する。

(i)　基礎形状　B－bタイプ（梁形基礎－目荒しを行いラフコンクリートのある場合）

基礎高さ　h_F'=50cm　基礎幅　B_F=30cm　$h_F'/B_F=1.67<2.0$

（指針式5.2－1)'の検討

$$(1-K_V)(W+W_F)\cdot\frac{\ell_F}{2}=(1-0.5)\times(105+94.2)\times\frac{473}{2}=23{,}600\,\mathrm{kN\cdot cm} \qquad \cdots\cdots(イ)$$

$$F_V=\frac{1}{2}K_H=0.5$$

W=105kN

$W_F=150\mathrm{cm}\times65\mathrm{cm}\times30\mathrm{cm}\times14\times23\times10^{-6}=94.2\mathrm{kN}$

$\ell_F=443+30=473\mathrm{cm}$

$$K_H\left\{(h_F'+h_G)W+\frac{1}{2}h_F'\cdot W_F\right\}=1.0\times\left\{(50+105)\times105+\frac{1}{2}\times50\times94.2\right\}=18{,}600\ \mathrm{kN\cdot cm} \qquad \cdots\cdots(ロ)$$

∴　(イ)>(ロ)　　OK

よってB－bタイプ基礎として設計する。

計算例5：立型温水ボイラー

検討部位：□取付けボルト　■アンカーボルト　□ストッパボルト　□架台　□基礎

器諸元：(呼称122kW)

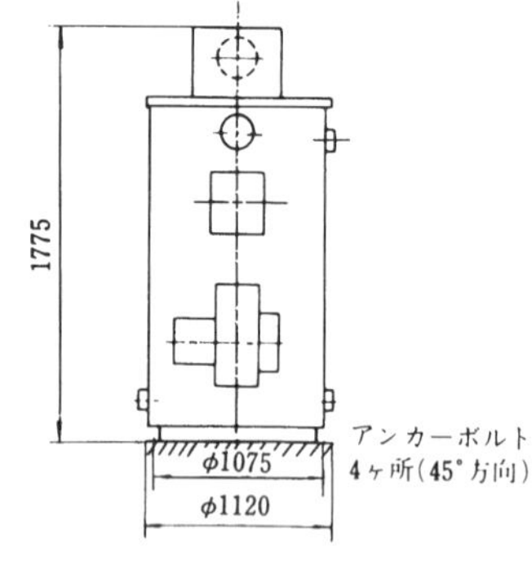

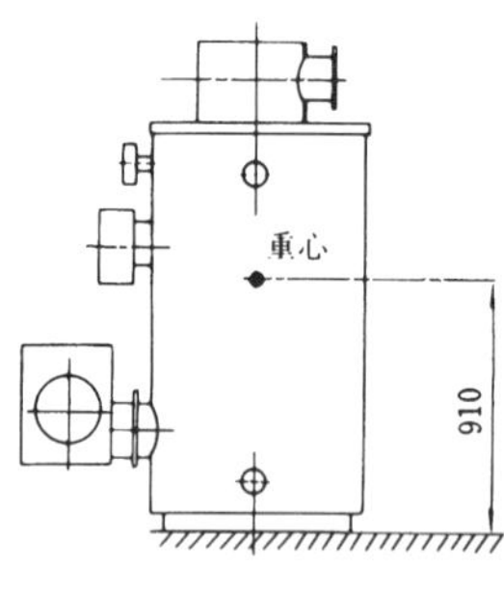

(1)　アンカーボルト

アンカーボルトの計算例　　(K_H=1.0の場合)

設計用水平震度	$K_H=1.0$
設備機器の重量	W=9.10kN
設計用水平地震力	$F_H=K_H\cdot W=9.10\mathrm{kN}$
設計用鉛直地震力	$F_V=\frac{1}{2}F_H=4.55\mathrm{kN}$
重心高さ	$h_G=91\mathrm{cm}$
重心位置	$\ell_G=38\mathrm{cm}$

アンカーボルト　　総本数 n=4 本

直径　D=107.5cm

引抜き力　$R_b = \frac{4}{n \cdot D} \cdot F_H \cdot h_G - \frac{W - F_V}{n}$ =6.76kN/本　（指針式 3.2－2a）

せん断力　$Q = \frac{F_H}{n}$ =2.28kN/本　（指針式 3.2－2b）

アンカーボルトの選定

① 「付表 1」より

設置工法……あと施工金属拡張アンカー（おねじ形、M16）

コンクリート厚さ 12cm、埋込長さ L=7cm

許容引抜き力　T_a=9.20kN/本＞R_b

② 解図 4.2－3 より

総本数、径は 4 本－M16　とする。

計算例 6：炉筒煙管ボイラー
検討部位：□取付けボルト　■アンカーボルト　□ストッパボルト　□架台　□基礎

（1）　設備機器諸元：（呼称 1,500kW）

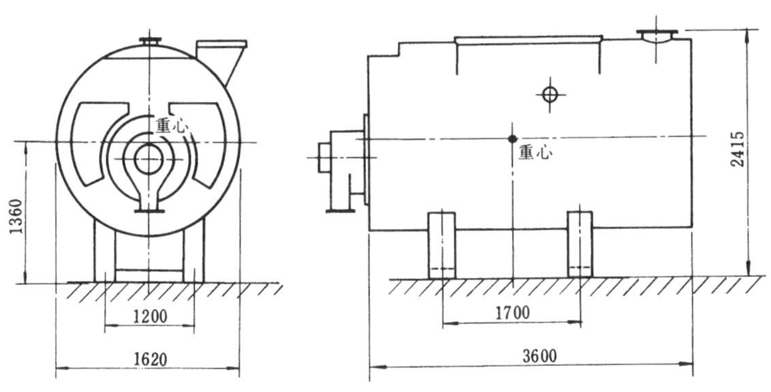

（2）　アンカーボルト

アンカーボルトの計算例　（K_H=0.4 の場合）

設計用水平震度　K_H=0.4

設備機器の重量　W=91.0kN

設計用水平地震力　F_H=K_H・W=36.4kN

設計用鉛直地震力　$F_V = \frac{1}{2} F_H$=18.2kN

重心高さ　h_G=136cm

重心位置　ℓ_G=85cm（長辺）　ℓ_G=60cm（短辺）

アンカーボルト　転倒モーメントに対し不利な短辺方向について検討する。

片側本数　n_t=2 本、総本数　n=4 本

ボルトスパン　ℓ=120cm

引抜き力　$R_b = \frac{F_H \cdot h_{OG} - (W - F_V) \cdot \ell_G}{\ell \cdot n_t}$ =2.43kN/本　（指針式 3.2－1a）

せん断力　$Q=\frac{F_H}{n}=9.10\text{kN}/$本　（指針式 3.2－1b）

アンカーボルトの選定

① 「付表 1」より

設置工法……箱抜式 J 形（M12）、コンクリート厚さ　15cm、

埋込長さ　L=10cm

許容引抜き力　$T_a=4.60\text{kN}/$本$>R_b$

② 解図 4.2－3 より

総本数、径は 4 本－M12　とする。

計算例 7：パッケージ型エアコン

検討部位：□取付けボルト　■アンカーボルト　□ストッパボルト　□架台　□基礎

（1） 設備機器諸元：（呼称 42kW 形）

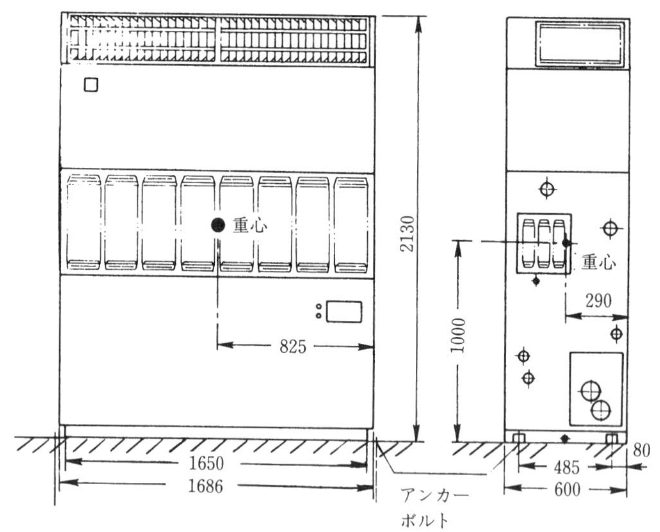

（2） アンカーボルト

アンカーボルトの計算例　（K_H=2.0 の場合）

設計用水平震度　$K_H=2.0$

設備機器の重量　$W=5.40\text{kN}$

設計用水平地震力　$F_H=K_H\cdot W=10.8\text{kN}$

設計用鉛直地震力　$F_V=\frac{1}{2}F_H=5.40\text{kN}$

重心高さ　$h_G=100\text{cm}$

重心位置　$\ell_G=84\text{cm}$（長辺）　$\ell_G=24\text{cm}$（短辺）

アンカーボルト　転倒モーメントに対し不利な短辺方向について検討する。

片側本数　$n_t=2$ 本　総本数　$n=4$ 本

ボルトスパン　$\ell=49\text{cm}$

引抜き力　$R_b=\frac{F_H\cdot h_G-(W-F_V)\cdot\ell_G}{\ell\cdot n_t}=11.0\text{kN}/$本　（指針式 3.2－1a）

せん断力　$Q=\frac{F_H}{n}=2.70\text{kN/本}$　（指針式 3.2－1b）

アンカーボルトの選定

① 「付表 1」より

設置工法……あと施工金属拡張アンカー（おねじ形、M20）

コンクリート厚さ 12cm、埋込長さ L=9cm

許容引抜き力　$T_a=12.0\text{kN/本}>R_b$

② 解図 4.2－3 より

総本数、径は 4 本－M20 とする。

計算例 8：空冷ヒートポンプチラー
検討部位：□取付けボルト　■アンカーボルト　□ストッパボルト　□架台　□基礎

(1)　設備機器諸元：（呼称 260kW 形）

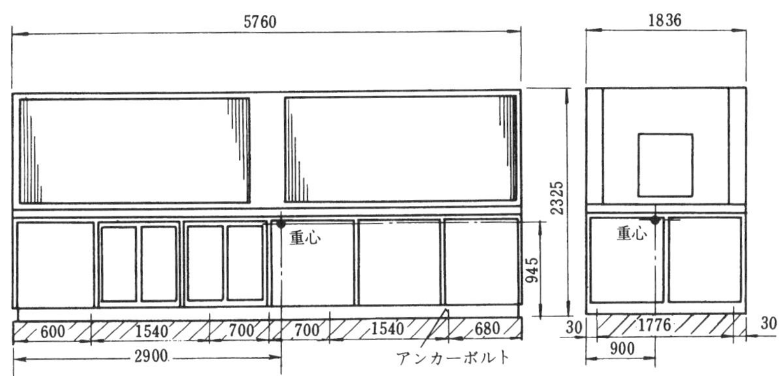

(2)　アンカーボルト

アンカーボルトの計算例　（$K_H=2.0$ の場合）

設計用水平震度　$K_H=2.0$

設備機器の重量　$W=63.0\text{kN}$

設計用水平地震力　$F_H=K_H \cdot W=126\text{kN}$

設計用鉛直地震力　$F_V=\frac{1}{2}F_H=63.0\text{kN}$

重心高さ　$h_G=95\text{cm}$

重心位置　$\ell_G=290\text{cm}$（長辺）　$\ell_G=87\text{cm}$（短辺）

アンカーボルト　転倒モーメントに対し不利な短辺方向について検討する。

片側本数　$n_t=7$ 本　総本数　$n=14$ 本

ボルトスパン　$\ell=178\text{cm}$

引抜き力　$R_b=\frac{F_H \cdot h_G-(W-F_V)\cdot \ell_G}{\ell \cdot n_t}=9.61\text{kN/本}$　（指針式 3.2－1a）

せん断力　$Q=\frac{F_H}{n}=9.0\text{kN/本}$　（指針式 3.2－1b）

アンカーボルトの選定

①「付表 1」より

設置工法……あと施工金属拡張アンカー（おねじ形、M20）

コンクリート厚さ 12cm、埋込長さ L=9cm

許容引抜き力　T_a=12.0kN/本＞R_b

②　解図 4.2－3 より

総本数、径は 14 本－M20 とする。

計算例 9：吊り支持エアコン
検討部位：■取付けボルト　■アンカーボルト　□ストッパボルト　■架台　□基礎

（1）　設備機器諸元：（呼称 14kW）

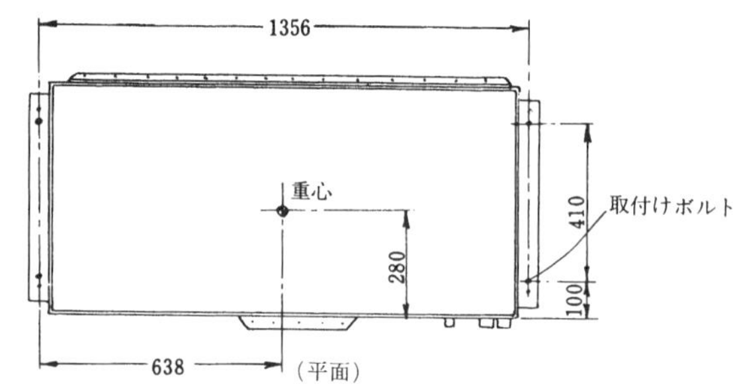

（平面）

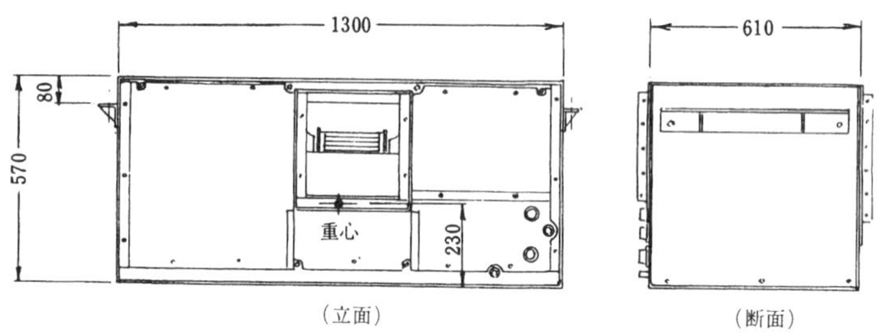

（立面）　（断面）

（2）　取付けボルト

取付けボルトの計算例　（K_H=2.0 の場合）

設計用水平震度　K_H=2.0

設備機器の重量　W=2.20kN

設計用水平地震力　$F_H=K_H \cdot W$=4.40kN

設計用鉛直地震力　$F_V=\frac{1}{2}F_H$=2.20kN

重心高さ　h_G=34cm

重心位置　ℓ_G=64cm（長辺）　ℓ_G=18cm（短辺）

取付けボルト　転倒モーメントに対し不利な短辺方向について検討する。

片側本数　n_t=2 本、総本数 n=4 本

ボルトスパン　ℓ=41cm

ボルト～重心距離　ℓ_G=18cm

引張り力　$R_b = \dfrac{F_H \cdot h_G + (W + F_V) \cdot (\ell - \ell_G)}{\ell \cdot n_t}$ =3.06kN/本

（指針式 3.2－4a）

せん断力　$Q = \dfrac{F_H}{n}$ =1.10kN/本　　（指針式 3.2－4b）

取付けボルトの選定

ボルト（SS400）、解図 4.2－3 より、M8 にて OK。総本数、径は 4 本－M8 とする。

(3)　架台およびアンカーボルト

吊り架台の計算例　　（K_H=2.0 の場合）

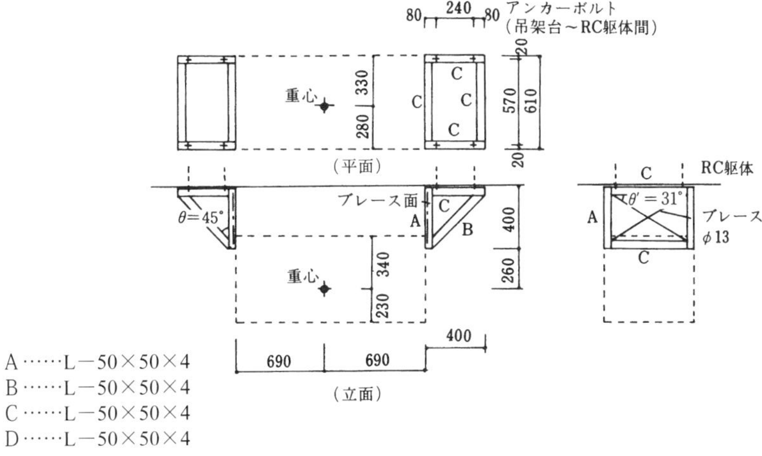

（長辺方向の検討）

(i)　地震入力

設計用水平震度	K_H=2.0
設計用鉛直震度	K_V=1.0
設計用水平地震力	F_H=4.40kN
設計用鉛直地震力	F_V=2.20kN
転倒モーメント	M=4.40×26=114kN・cm（本体取付けボルト部）
転倒モーメント	M_B=F_H・H=4.40×66=290kN・cm（鉄筋コンクリート躯体部）

(ii)　部材算定

㋑　A 材

P=F_H/4=4.40/4=1.10kN　ℓ_1=69＋69＝138cm

転倒モーメントと下向荷重による引張り力

$$T_2 = \frac{M}{2\ell_1} + \frac{(W + F_V)(\ell_1 - \ell_G)}{2\ell_1}$$　（解式 3.5－14）

$$= \frac{114}{2 \times 138} + \frac{(2.20 + 2.20) \times (138 - 69)}{2 \times 138} = 1.51\text{kN}$$

cosθ=sinθ=0.707

tanθ=1.0

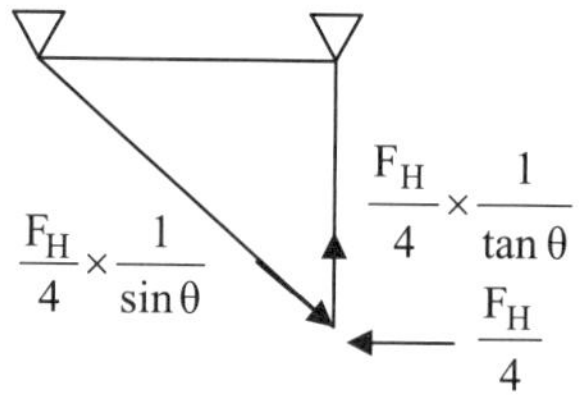

水平力による引張り力

$$T_1 = \frac{P}{\tan\theta} = 1.10 \div 1.0 = 1.10\text{kN}$$ （解式 3.5－13）

$\frac{F_H}{4} \times \frac{1}{\tan\theta}$　$\frac{F_H}{4} \times \frac{1}{\sin\theta}$　$\frac{F_H}{4}$

N_T=T_2+T_1＝1.51＋1.10=2.61kN

A 材　L－50×50×4　断面積　　A=3.89cm^2

有効断面積　$A_e = A - \frac{1}{2}\ell \cdot t - d \cdot t = 2.53\text{cm}^2$

（せいの 1/2 とボルト孔控除）ℓ、t：アングルのせい、板厚

d：ボルト孔径（9mm）

許容引張り力　N_A=A_e・f_t=2.53×23.5=59.5kN＞2.61kN　　OK

㋺　B 材（短い部材なので、座屈を無視して引張り力に対して検討している。）

引張り力　$N_T = 1.10 \times \frac{1}{0.707} = 1.56\text{kN}$　　（解式 3.5－15）

B 材　L－50×50×4

許容引張り力　N_A=59.5kN＞1.56kN　　OK

㋩　アンカーボルト

引張り力　　N_T=2.61/2+（2.61×20）/24=3.48kN/本

せん断力　　Q=F_H/n=4.40/8=0.55kN/本

①「付表 1」より

設置工法…あと施工金属拡張アンカー（おねじ形、M12）

コンクリート厚さ 12cm、埋込長さ L=6.0cm

許容引抜き力引抜き力　T_a=4.50kN/本＞N_T

②　解図 4.2－3 より

総本数、径は 8 本－M12 とする。

（短辺方向の検討）

(i)　地震入力（長辺方向に同じ）

(ii)　部材算定（水平地震力はすべてブレースで負担する）

㋑　A 材

引張り力　$N_T = \frac{M_B}{2\ell} + \frac{(W + F_V)\cdot(\ell - \ell_G)}{2\ell}$

$$= \frac{290}{2 \times 57} + \frac{(2.20 + 2.20)\cdot(57 - 26)}{2 \times 57} = 3.74\text{kN}$$ （解式 3.5－14）

A 材　L－50×50×4

許容引張り力　N_A=59.5＞3.74kN　　OK

㋺　ブレース材

引張り力　$N_B = \frac{F_H}{2 \cdot \cos\theta} = \frac{4.4}{2 \times \cos 31^\circ} = 2.57\text{kN}$　　（解式 3.5－5）

ブレース材　1－13ϕ　　A=1.33cm^2

許容引張り力　N_A=1.33×（1.5×11.7）=23.3kN＞2.57kN　　OK

㋩ アンカーボルト

引張り力　N_T=3.74kN/本（A 材の直近にあるため最大値は A 材と同じとする）

せん断力　$Q=\frac{F_H}{n}$=0.55kN/本

① 「付表 1」より

設置工法…あと施工金属拡張アンカー（おねじ形、M12）

コンクリート厚さ 12cm、埋込長さ L=6.0cm

許容引抜き力　T_a=4.5kN/本＞N_T

② 解図 4.2－3 より

総本数、径は 8 本－M12 とする。

計算例 10：エアハンドリングユニット
検討部位：□取付けボルト　■アンカーボルト　□ストッパボルト　□架台　□基礎

(1)　設備機器諸元：（呼称 190m³/min）

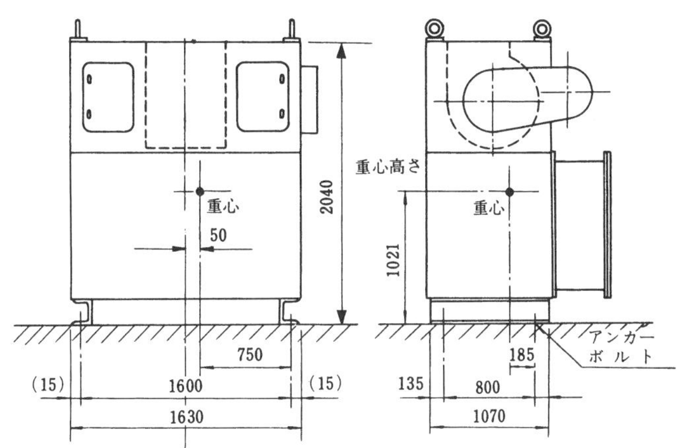

(2)　アンカーボルト

アンカーボルトの計算例　（K_H=2.0 の場合）

設計用水平震度　K_H=2.0

設備機器の重量　W=8.00kN

設計用水平地震力　$F_H=K_H\cdot W$=16.0kN

設計用鉛直地震力　$F_V=\frac{1}{2}F_H$=8.00kN

重心高さ　h_G=102cm

重心位置　ℓ_G=75cm（長辺）　ℓ_G=19cm（短辺）

アンカーボルト　転倒モーメントに対し不利な短辺方向について検討する。

片側本数　n_t=2 本、総本数　n=4 本

ボルトスパン　ℓ=80cm

引抜き力　$R_b=\frac{F_H\cdot h_G-(W-F_V)\cdot\ell_G}{\ell\cdot n_t}$=10.2kN/本　（指針式 3.2－1a）

せん断力　$Q=\frac{F_H}{n}=4.00kN/本$　（指針式 3.2－1b）

アンカーボルトの選定

① 「付表 1」より

設置工法……あと施工金属拡張アンカー（おねじ形、M20）

コンクリート厚さ 12cm、埋込長さ L=9cm

許容引抜き力　$T_a=12.0kN/本>R_b$

② 解図 4.2－3 より

総本数、径は 4 本－M20 とする。

計算例 11：吸収式冷温水機（熱交換器、ボイラー）
吸収式冷温水機は熱交換器部分とボイラー部分が別構造となっているため、各々独立に検討を行うこととする。
【熱交換器】検討部位：□取付けボルト　■アンカーボルト　□ストッパボルト　□架台　□基礎
【ボイラー】検討部位：□取付けボルト　■アンカーボルト　□ストッパボルト　□架台　□基礎

（1）　設備機器諸元：（熱交換器部）

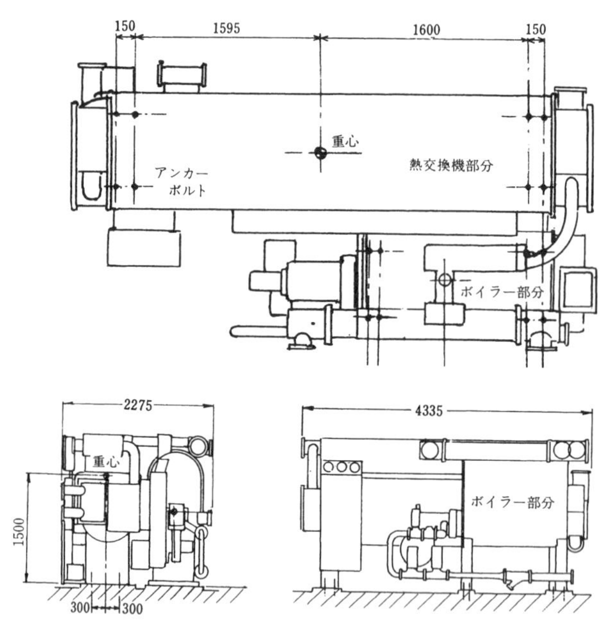

（2）　アンカーボルト

アンカーボルトの計算例　（K_H=2.0 の場合）

設計用水平震度　$K_H=2.0$

設備機器の重量　$W=67.0kN$

設計用水平地震力　$F_H=K_H\cdot W=134kN$

設計用鉛直地震力　$F_V=\frac{1}{2}F_H=67.0kN$

重心高さ　$h_G=150cm$

重心位置　　　　　　ℓ_G=168cm（長辺）　ℓ_G=30cm（短辺）

アンカーボルト　　　転倒モーメントに対し不利な短辺方向について検討する。

片側本数　n_t=8 本　総本数　n=16 本

ボルトスパン　ℓ=60cm

引抜き力　$R_b=\dfrac{F_H\cdot h_G-(W-F_V)\cdot \ell_G}{\ell\cdot n_t}$=41.9kN/本　（指針式 3.2－1a）

せん断力　$Q=\dfrac{F_H}{n}$=8.38kN/本　（指針式 3.2－1b）

アンカーボルトの選定

①「付表 1」より

設置工法……埋込式 J 形（M20)、堅固な基礎、埋込長さ L=15cm

$T_a=6\pi\times15^2$=42.4kN（但し p=0.01 とした。）

許容引抜き力　T_a=42.4kN/本＞R_b

②　解図 4.2－3 より

総本数、径は 16 本－M20 とする。

(3)　設備機器諸元：（ボイラー部）

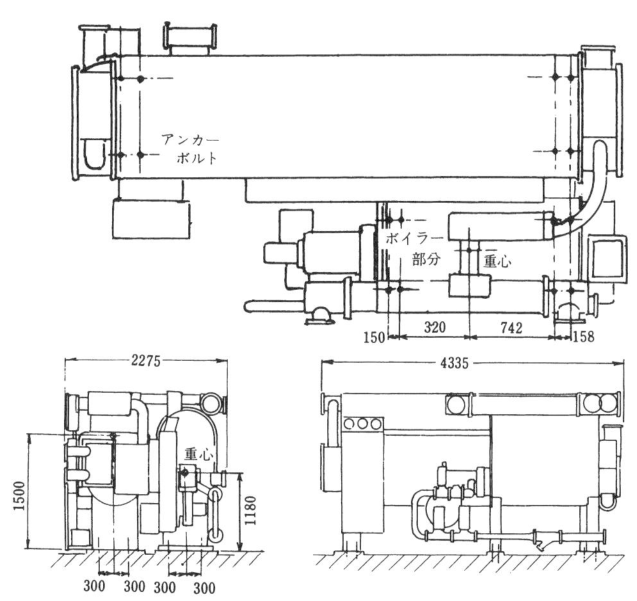

(4)　アンカーボルト

アンカーボルトの計算例　（K_H=2.0 の場合）

設計用水平震度　　K_H=2.0

設備機器の重量　　W=25.0kN

設計用水平地震力　$F_H=K_H\cdot W$=50.0kN

設計用鉛直地震力　$F_V=\dfrac{1}{2}F_H$＝25.0kN

重心高さ	h_G=118cm
重心位置	ℓ_G=40cm（長辺）　ℓ_G=30cm（短辺）
アンカーボルト	転倒モーメントに対し不利な短辺方向について検討する。
	片側本数　n_t=4 本　総本数　n=8 本
	ボルトスパン　ℓ=60cm
	引抜き力　$R_b = \frac{F_H \cdot h_G - (W - F_V) \cdot \ell_G}{\ell \cdot n_t}$ =24.6kN/本　（指針式 3.2－1a）
	せん断力　$Q = \frac{F_H}{n}$ =6.25kN/本　（指針式 3.2－1b）

アンカーボルトの選定

① 「付表 1」より

設置工法……埋込式 J 形（M16）、堅固な基礎、埋込長さ L=12cm

$T_a=6\pi\times12^2$=27.10kN（但し p=0.01 とした。）

許容引抜き力　T_a=27.10kN/本＞R_b

② 解図 4.2－3 より

総本数、径は 8 本－M16 とする。

計算例 12：貯湯槽（立型）

検討部位：□取付けボルト　■アンカーボルト　□ストッパボルト　□架台　□基礎

(1)　設備機器諸元：(呼称 2, 200 ℓ)

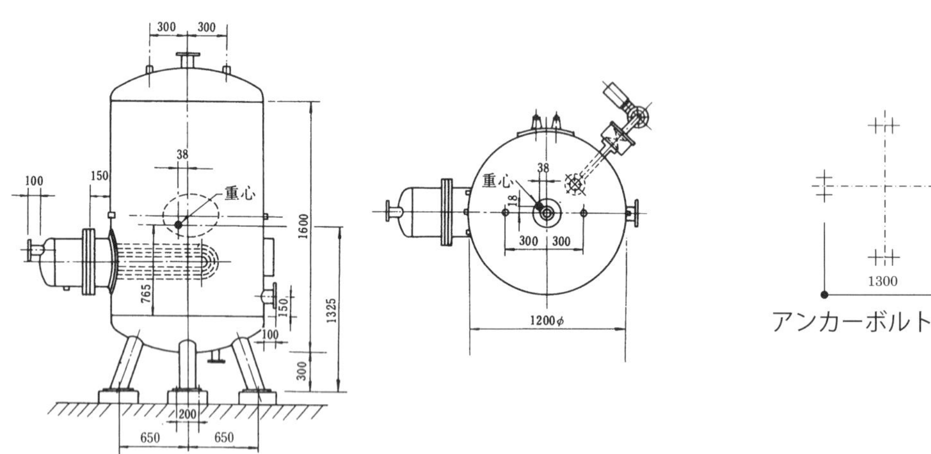

(2)　アンカーボルト

アンカーボルトの計算例　（K_H=0.6 の場合）

設計用水平震度	K_H=0.6
設備機器の重量	W=28.3kN
設計用水平地震力	$F_H=K_H \cdot W$=17.0kN
設計用鉛直地震力	$F_V = \frac{1}{2}F_H$=8.50kN

重心高さ　　　　h_G=133cm

重心位置　　　　ℓ_G=61cm

図のように2本1組のアンカーボルトがあるので、不利側の片側2本として計算する。

アンカーボルト　　　片側本数　n_t=2本　総本数　n=8本

ボルトスパン　ℓ=130cm

引抜き力　$R_b = \frac{F_H \cdot h_G - (W - F_V) \cdot \ell_G}{\ell \cdot n_t}$=4.05kN/本　（指針式3.2－1a）

せん断力　$Q = \frac{F_H}{n}$=2.13kN/本　（指針式3.2－1b）

アンカーボルトの選定

① 「付表1」より

設置工法……あと施工金属拡張アンカー（おねじ形、M12）

コンクリート厚さ12cm、埋込長さL=6cm

許容引抜き力　T_a=6.70kN/本＞R_b

② 解図4.2－3より

総本数、径は8本－M12とする。

計算例13：貯湯槽（横型）
検討部位：□取付けボルト　■アンカーボルト　□ストッパボルト　□架台　□基礎

(1)　設備機器諸元：（呼称2,120 ℓ）

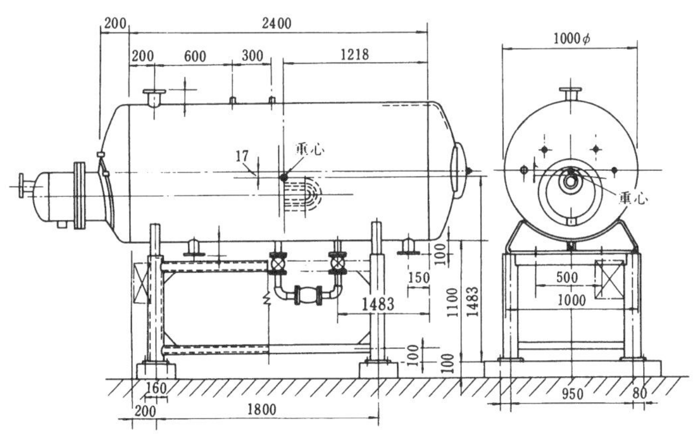

(2)　アンカーボルト

アンカーボルトの計算例　（K_H=0.4の場合）

設計用水平震度　　K_H=0.4

設備機器の重量　　W=29.2kN

設計用水平地震力　　F_H=K_H・W=11.7kN

設計用鉛直地震力　　$F_V = \frac{1}{2} F_H$=5.85kN

重心高さ　　h_G=148cm

重心位置　　　　ℓ_G=86cm（長辺）　ℓ_G=56cm（短辺）

アンカーボルト　　転倒モーメントに対し不利な短辺方向について検討する。

片側本数　n_t=4 本　総本数　n=8 本

ボルトスパン　ℓ=111cm

引抜き力　$R_b = \dfrac{F_H \cdot h_G - (W - F_V) \cdot \ell_G}{\ell \cdot n_t}$ =0.95kN/本　（指針式 3.2－1a）

せん断力　$Q = \dfrac{F_H}{n}$ =1.46kN/本　（指針式 3.2－1b）

アンカーボルトの選定

① 「付表 1」より

設置工法……あと施工金属拡張アンカー（おねじ形、M8）

コンクリート厚さ 12cm、埋込長さ L=4cm

許容引抜き力　T_a=3.00kN/本＞R_b

② 解図 4.2－3 より

総本数、径は 8 本－M8 とする。

計算例 14：吊り支持ファン（防振）
検討部位：□取付けボルト　■アンカーボルト　■ストッパボルト　■架台　□基礎

（1）　設備機器諸元：（片吸込み形多翼形送風機 No.3　1/2×3.7kW）

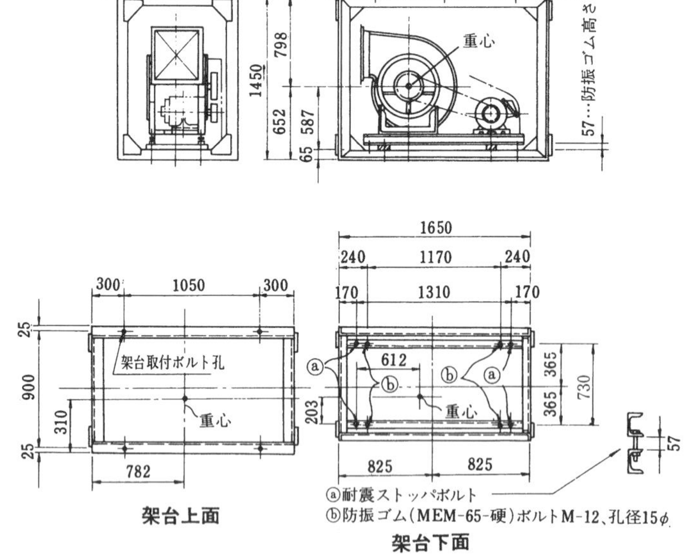

（2）　ストッパボルト

ストッパボルトの計算例　（K_H=1.5 の場合）

不利な方向である短辺方向について検討する。

設計用水平震度　　K_H=1.5

設備機器の重量　　W=3.00kN

設計用水平地震力　　F_H=K_H・W=4.50kN

設計用鉛直地震力　　$F_V = \frac{1}{2} F_H$=2.25kN

重心高さ　　h_G=59cm

重心位置　　ℓ_G=61cm（長辺）　ℓ_G=20cm（短辺）

ストッパ設置工法…………………ボルト形ストッパ

ストッパ総本数 n －ボルト径……4 本－ M20（d=2cm、A=3.14cm²/ 本）

		短辺方向
ストッパボルト	片側本数　(n_t)	2 本
	ボルトスパン　(ℓ)	73cm
断面検討	せん断応力度　(τ)	0.48kN/cm²＜f_s
	応力度　(σ_{tb})	14.0kN/cm²＜f_b

$$\sigma_{tb} = \frac{W\{K_H \cdot h_G - (1-K_V)\cdot \ell_G\}}{\ell \cdot n_t \cdot A_e} + \frac{K_H \cdot W \cdot h_S}{n \cdot Z} \quad (kN/cm^2)$$ （指針式 3.4－3a）

$$\tau = \frac{K_H \cdot W}{n \cdot A_e} \quad (kN/cm^2)$$ （指針式 3.4－3b）

$$A_e = 0.75 \times \frac{\pi \cdot d^2}{4} \quad (cm^2)$$ （ボルトの場合）

$$Z = \frac{\pi \cdot (0.85d)^3}{32} \quad (cm^2)$$ （ボルトの場合）

h_s=5.7cm（ストッパボルトの高さ）

d=2.0cm

f_b=23.5kN/cm²　：鋼材の短期許容曲げ応力度（$f_b = 1.5 \times \frac{F}{1.5}$　F＝23.5kN/cm²）

f_s=13.5kN/cm²　：鋼材の短期許容せん断応力度（$f_s = 1.5 \times \frac{F}{1.5\sqrt{3}}$　F＝23.5kN/cm²）

(3)　架台およびアンカーボルト

架台およびアンカーボルトの計算例　（K_H=1.5 の場合）

(i)　アンカーボルト（短辺方向で検討する）

鉛直力　　W＋F_V=5.25kN

水平力　　F_H=4.50kN

引抜力　　$R_b = \frac{4.50 \times 80 + 5.25 \times (90-31)}{90 \times 2}$=3.72kN/本　（指針式 3.2－4a）

せん断力　　Q=4.50/4=1.13kN/本

アンカーボルト　　あと施工金属拡張アンカー（おねじ形、M10）

「付表 1」より T_a=3.80kN/本＞R_b

解図 4.2－3 より　R_b、Q に対し M10 にて OK

(ii)　柱材の検討

水平力に対して口の字フレームとして検討する。

引張力　　N_T=R_b=3.72kN

曲げモーメント　$M=Q\times\left(\frac{h}{2}\right)=1.13\times\frac{145}{2}=81.9kN\cdot cm$

柱　材　L－65×65×6　断面積　A=7.53cm²

断面係数　Z=6.27cm³

$$\frac{N_T}{N_A}+\frac{M}{M_A}=\frac{3.72}{7.53\times23.5}+\frac{81.9}{6.27\times23.5}=0.02+0.55=0.57<1.0\quad OK$$ （解式 3.3－2）

(iii) 梁材

上側部分の梁材を検討する。　梁材　L－65×65×6

引抜き力により　M=3.72×30=112kN・cm

せん断力により　M=1.13×30=33.9kN/cm

L は両方向の Z が等しいゆえ上記力を加え M'=146kN・cm

$$\frac{M}{M_A}=\frac{146}{6.27\times23.5}=0.99<1.0\quad OK$$

計算例 15：膨張タンク
検討部位：■取付けボルト　■アンカーボルト　□ストッパボルト　■架台　□基礎

（1）　設備機器諸元：（250 ℓ）

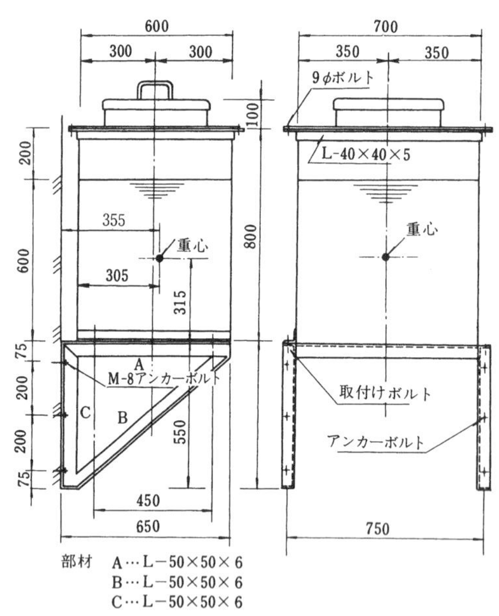

（2）　取付けボルト

取付けボルトの計算例　（K_H=1.0 の場合）

設計用水平震度　$K_H=1.0$

設備機器の重量　W=3.30kN

設計用水平地震力　$F_H=K_H\cdot W=3.30kN$

設計用鉛直地震力　$F_V=\frac{1}{2}F_H=1.65kN$

重心高さ　$h_G=32cm$

重心位置　　ℓ_G=38cm（長辺）　ℓ_G=22cm（短辺）$\left(\frac{45.0}{2}-0.5\right)$

取付けボルト　　総本数　n=6 本

	長辺方向	短辺方向
片側本数　(n_t)	3 本	2 本
ボルトスパン　(ℓ)	75cm	45cm
引抜き力　(R_b)	0.19kN/本	0.77kN/本
せん断力　(Q)	0.55kN/本	0.55kN/本

$$R_b=\frac{F_H\cdot h_G-(W-F_V)\cdot\ell_G}{\ell\cdot n_t}\text{（指針式 3.2－1a）、}Q=\frac{F_H}{n}\text{（指針式 3.2－1b）}$$

取付けボルトの選定

ボルト（SS400）、解図 4.2－3 より M8 にて OK。総本数、径は 6 本－M8 とする。

(3)　架台およびアンカーボルト

架台およびアンカーボルトの計算例　（K_H=1.5 の場合）

F_H=1.5×3.30=4.95kN

F_V=F_H/2=2.48kN

(i)　短辺方向

上面 A 材に作用する等分布荷重 q_L、q_E は

長期　q_L=3.30÷(2×60)=2.75×10^{-2}kN/cm

地震時　（K_V=0.75）　q_E=2.75×10^{-2}×0.75=2.06×10^{-2}kN/cm　（解式 3.5－7）

両端ピンと仮定すると、個材応力は基本応力より

M_O=(2.75＋2.06)×10^{-2}×60^2/8=21.6kN・cm　（解式 3.5－8）

Q_O=(2.75＋2.06)×10^{-2}×60/2=1.44kN

ただし Mo は中央モーメント、Qo は端部せん断力

またトラスの応力（先端の集中荷重 P）は

$$P=Q_O+\frac{F_H\cdot h_G}{2\ell}=1.44+\frac{4.95\times32}{2\times45}=3.20\text{kN}$$　（解式 3.5－9）

$$\text{A 材の引張り力}=P\cdot\frac{1}{\tan\theta}+\frac{F_H}{2}=6.29\text{kN}$$　（解式 3.5－10）

$$\text{B 材の圧縮力}=P\cdot\frac{1}{\sin\theta}=4.98\text{kN}$$

㋑　A 材

引張り力　N_T=6.29kN 曲げモーメント　M_O=21.6kN・cm

A 材　L－50×50×6　断面積　A=5.64cm^2

有効断面積　$A_e=A-\frac{1}{2}\ell\cdot t-d\cdot t=3.60\text{cm}^2$

ℓ、t：アングルのせい、板厚　d：ボルト孔径（M8……0.9cm）

断面係数　Z=3.55cm^3

$$\frac{N_T}{N_A}+\frac{M_O}{M_A}=\frac{6.29}{3.60\times23.5}+\frac{21.6}{3.55\times23.5}=0.07+0.26=0.33<1.0 \qquad \text{OK}$$

㋺　B 材

圧縮力　N_C=4.98kN

B 材　L－50×50×6　断面積　A=5.64cm^2

断面二次半径　i_{min}=0.96cm

座屈長さ　ℓ_k=85cm

細長比　λ=89

許容圧縮力　N_A=A・f_c=5.64×(1.5×9.80)=82.9kN＞4.98kN　OK

㋩　アンカーボルト

引張り力　$$R_b=\frac{F_H}{2n}+\frac{F_H\cdot(h_G+h/2)}{2h_0}+\frac{(W+F_V)\cdot\ell_G}{2h_0}=7.08\text{kN/本}$$

せん断力　$$Q=\frac{W+F_V}{2n}=0.96\ \text{kN/本}$$　（解式 3.5－11）

アンカーボルト　1 本－M8　A=0.5cm^2

引張り応力度　σ_t=7.08/0.5=14.2kN/cm^2＜17.6kN/cm^2　OK

せん断応力度　τ=0.96/0.5=1.92kN/cm^2＜10.1kN/cm^2　OK

(ii)　長辺方向

本体底板の剛性により個材応力は微少と考えられる。

㋑　アンカーボルト

引張り力　$$R_b=\frac{F_H\cdot\ell_G}{\ell_1 n}+\frac{(W+F_V)\cdot\ell_G}{2h_0}=3.39\text{kN/本}$$

せん断力　$$Q=\sqrt{\left(\frac{F_H}{2n}\right)^2+\left(\frac{W+F_V}{2n}\right)^2}=1.27\text{kN/本}$$　（解式 3.5－12）

①「付表 1」

設置工法……埋込式 J 形ボルト（M8）

コンクリート厚さ 12cm、埋込長さ L=9cm

許容引抜き力　T_a=9.00kN/本＞N_T

②　解図 4.2－3 より

総本数、径は 6 本－M8 とする。

計算例 16：ヒートポンプパッケージ型エアコン屋外機（防振）

検討部位：■取付けボルト　■アンカーボルト　■ストッパボルト　□架台　■基礎

(1)　設備機器諸元：(45kW)

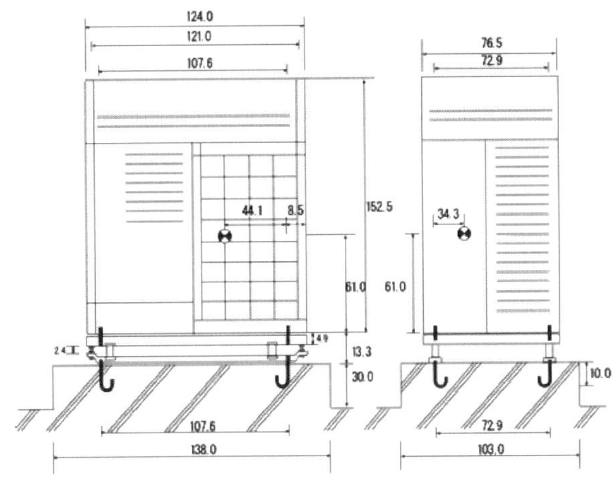

(2)　取付けボルト

取付けボルトの計算例　　（K_H=2.0 の場合）

設計用水平震度	$K_H=2.0$	
実重量	W=2.65kN	
設計用水平地震力	$F_H=K_H \cdot W=5.30$kN	
設計用鉛直地震力	$F_V=\frac{1}{2}F_H=2.65$kN	
重心高さ	$h_G=61.0$cm	
	長辺方向	短辺方向
重心位置	$\ell_G=44.1$cm	$\ell_G=34.3$cm
取付けボルト	n=2 本	n=2 本
ボルトスパン	$\ell=107.6$cm	$\ell=72.9$cm
取付けボルト	総本数　n=4 本	

	長辺方向	短辺方向
片側本数　(n_t)	2 本	2 本
ボルトスパン　(ℓ)	107.6cm	72.9cm
引張り力　(R_b)	1.50kN/本	2.22kN/本
せん断力　(Q)	1.33kN/本	1.33kN/本

$$R_b=\frac{F_H \cdot h_G-(W-F_V)\cdot \ell_G}{\ell \cdot n_t}\text{（指針式 3.2−1a）、}Q=\frac{F_H}{n}\text{（指針式 3.2−1b）}$$

取付けボルトの選定

ボルト（SS400）、解図 4.2−3 より、M8 にて OK。総本数、径は 4 本−M8 とする。

(3)　ストッパボルト

ストッパボルトの計算例　（K_H=2.0 の場合）

設計用水平震度　K_H=2.0

設備機器の重量　W=2.65kN

設計用水平地震力　$F_H=K_H \cdot W$=5.30kN

設計用鉛直地震力　$F_V=\frac{1}{2}F_H$=2.65kN

重心高さ　h_G=65.9cm

重心位置　ℓ_G=52.6cm（長辺）　ℓ_G=34.3cm（短辺）

ストッパ設置工法……………通しボルト形ストッパ

ストッパ総本数 n－ボルト径………4 本－M16、(d=1.6cm、A=2.01cm²/本)

		長辺方向	短辺方向
ストッパボルト	片側本数　(n_t)	2 本	2 本
	ボルトスパン　(ℓ)	121.0cm	72.9cm
断面検討	せん断応力度　(τ)	0.88kN/cm²＜f_s	0.88kN/cm²＜f_s
	曲げ応力度　(σ_{tb})	13.8kN/cm²＜f_b	14.4kN/cm²＜f_b

$$\sigma_{tb}=\frac{W\{K_H \cdot h_G-(1-K_V)\cdot \ell_G\}}{\ell \cdot n_t \cdot A_e}+\frac{K_H \cdot W \cdot h_S}{n \cdot Z}\quad (\mathrm{kN/cm^2})$$ （指針式 3.4－3a）

$$\tau=\frac{K_H \cdot W}{n \cdot A_e}\quad (\mathrm{kN/cm^2})$$ （指針式 3.4－3b）

$$A_e=0.75\times\frac{\pi \cdot d^2}{4}\quad (\mathrm{cm^2})$$ （ボルトの場合）

$$Z=\frac{\pi \cdot (0.85d)^3}{32}\quad (\mathrm{cm^3})$$ （ボルトの場合）

h_s=2.4cm（h_s：防振材またはストッパボルトの高さ）

d=1.6cm

f_b=23.5kN/cm²：鋼材の短期許容曲げ応力度（$f_b=1.5\times\frac{F}{1.5}$　F＝23.5kN/cm²）

f_s=13.5kN/cm²：鋼材の短期許容せん断応力度（$f_s=1.5\times\frac{F}{1.5\sqrt{3}}$　F＝23.5kN/cm²）

(4)　アンカーボルト

アンカーボルトの計算例　（K_H=2.0 の場合）

(i)　アンカーボルト（短辺方向で検討する）

設備機器の重量（設備機器＋架台重量）W=(2.65+0.18)=2.83kN

設計用水平地震力　$F_H=K_H \cdot W$=5.66kN

設計用鉛直地震力　$F_V=\frac{1}{2}F_H$=2.83kN

重心高さ　h_G=74.3cm

重心位置　ℓ_G=44.1cm（長辺）　ℓ_G=34.3cm（短辺）

アンカーボルトスパン　ℓ=72.9cm

片側アンカーボルト本数　n_t =2

引抜力　$R_b = \dfrac{F_H \cdot h_G - (W - F_V) \cdot \ell_G}{\ell \cdot n_t}$ =2.88 kN/本　（指針式 3.2－1a）

せん断力　Q=5.66/4=1.42kN/本

アンカーボルト　埋込式 J 型（M12）、堅固な基礎（付表 1 を参照）

埋込長さ　L=10cm　C=15cm　h=30cm

$T_a=6\pi \cdot L^2 \cdot P$=18.8kN

T_a=18.8kN/本＞R_b

R_b、Q に対し M12 にて OK

(5)　基礎

基礎の計算例　（Kv＝1.0 の場合）

基礎浮き上がり防止のため引抜き力への抵抗が必要であるので主要構造体と一体とし構造計算による。

計算例 17：自家発電装置（50kVA）

検討部位：□取付けボルト　■アンカーボルト　■ストッパボルト　□架台　□基礎

(1)　設備機器諸元：

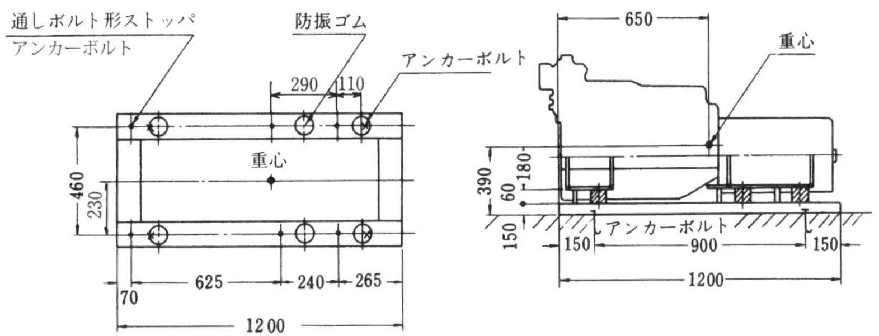

(2)　ストッパボルト

ストッパボルトの計算例　（K_H=1.5 の場合）

設計用水平震度　K_H=1.5

実重量　W=5.60kN

設計用鉛直震度　K_V=0.75

設計用水平地震力　$F_H=K_H \cdot W$=8.40kN

設計用鉛直地震力　$F_V = \dfrac{1}{2} F_H$=4.2kN

重心高さ　h_G=18cm

重心位置　ℓ_G=29cm（長辺）　ℓ_G=23cm（短辺）

ストッパ設置工法……通しボルト形ストッパ　防振ゴム高さ　h_s=6cm

ストッパ総本数 n－ボルト径……6 本－M20、（d=2cm、A=3.14cm^2/本）

		長辺方向	短辺方向
ストッパボルト	片側本数　(n_t)	2 本	3 本
	ボルトスパン　(ℓ)	87cm	46cm
断面検討	せん断応力度　(τ)	$0.59kN/cm^2 < f_s$	$0.59kN/cm^2 < f_s$
	応力度　(σ_{tb})	$17.70kN/cm^2 < f_b$	$17.79kN/cm^2 < f_b$

$$\sigma_{tb}=\frac{W\{K_H\cdot h_G-(1-K_V)\cdot \ell_G\}}{\ell\cdot n_t\cdot A_e}+\frac{K_H\cdot W\cdot h_S}{n\cdot Z}\quad (kN/cm^2)$$（指針式 3.4－3a）

$$\tau=\frac{K_H\cdot W}{n\cdot A_e}\quad (kN/cm^2)$$（指針式 3.4－3b）

$$A_e=0.75\times\frac{\pi\cdot d^2}{4}=2.36\quad (cm^2)$$（ボルトの場合）

$$Z=\frac{\pi\cdot(0.85d)^3}{32}=0.48\quad (cm^3)$$（ボルトの場合）

$f_b=23.5kN/cm^2$ ：鋼材（SS400）の短期許容曲げ応力度（$f_b=1.5\times\frac{F}{1.5}$　$F=23.5kN/cm^2$）

$f_s=13.5kN/cm^2$ ：鋼材(SS400)の短期許容せん断応力度（$f_s=1.5\times\frac{F}{1.5\sqrt{3}}$　$F=23.5kN/cm^2$）

(3)　アンカーボルト

アンカーボルトの計算例　（$K_H=1.5$ の場合）

設計用水平震度　$K_H=1.5$

設備機器の重量　$W=5.60kN$（架台重量は本体重量に比べ無視できるとした）

設計用水平地震力　$F_H=K_H\cdot W=8.40kN$

設計用鉛直地震力　$F_V=\frac{1}{2}F_H=4.20kN$

重心高さ　$h_G=39cm$

重心位置　$\ell_G=40cm$（長辺）　$\ell_G=23cm$（短辺）

アンカーボルト　転倒モーメントに対し不利な短辺方向について検討する。

片側本数　$n_t=2$ 本、総本数　$n=4$ 本

ボルトスパン　$\ell=46cm$

引抜き力　$R_b=\frac{F_H\cdot h_G-(W-F_V)\cdot\ell_G}{\ell\cdot n_t}=3.21kN/本$　（指針式 3.2－1a）

せん断力　$Q=\frac{F_H}{n}=2.10kN/本$　（指針式 3.2－1b）

アンカーボルトの選定

① 付表 1 より

設置工法……埋込式 J 形（M8）、コンクリート厚さ 12cm、埋込長さ L=10cm

許容引抜き力　$T_a=9.00kN/本 > R_b$

② 解図 4.2－3 より

総本数、径は 4 本－M8 とする。

計算例 18：自家発電装置（50kVA）
検討部位：□取付けボルト　□アンカーボルト　■ストッパ　□架台　□基礎

（1）　設備機器諸元：

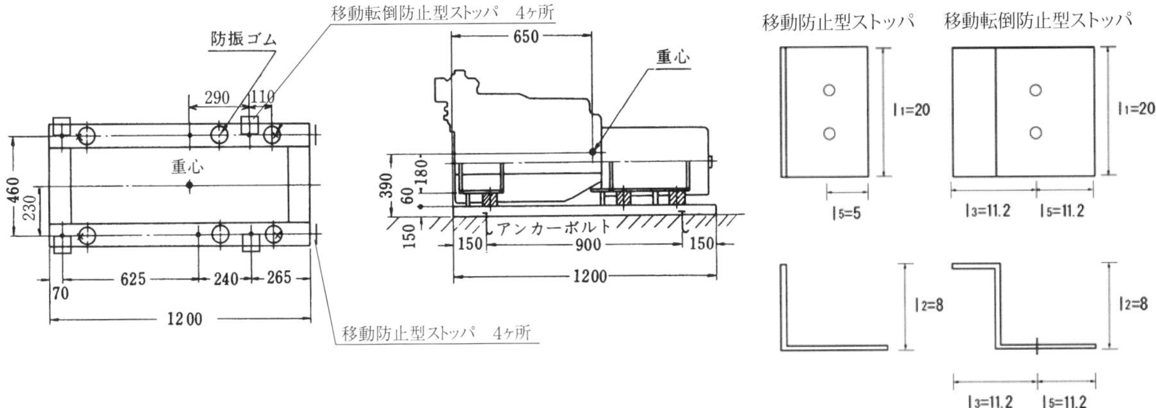

（2）　移動防止型ストッパ（長辺方向）

移動防止型ストッパの計算例　　（K_H=1.0 の場合）

設計用水平震度　K_H=1.0

設計用鉛直震度　K_V=0.5

設備機器の重量　W=5.6kN

重心高さ　h_G=18cm

重心位置　ℓ_G=55cm（長辺）　ℓ_G=23cm（短辺）

ボルト間隔（支持間隔）　ℓ=120cm（長辺）

ストッパのアンカーボルト数　m=2

一辺のストッパ数　N_S=2

ボルトの孔径　d_o=1.4cm

ストッパ寸法　ℓ_1=20cm、ℓ_2=8cm、ℓ_5=5cm

鋼材（SS400）の短期許容曲げ応力度……f_b=23.5kN/cm^2

$$T_0=\frac{\{K_H\cdot h_G-\ell_G(1-K_v)\}\cdot W}{\ell}=-0.44\text{kN}$$　（解式 3.4－1）

ストッパの板厚　$$t\geqq\sqrt{\frac{6K_H\cdot W\cdot\ell_2}{f_b\cdot(\ell_1-m\cdot d_O)\cdot N_S}}=0.58\text{ cm}$$　（指針式 3.4－1a）

0.58cm 以上の板厚とする。

アンカーボルト

引抜力　$$R_b=\frac{\ell_2\cdot K_H\cdot W}{\ell_5\cdot m\cdot N_S}=2.24\text{kN/本}$$　（指針式 3.4－1b）

せん断力　$$Q=\frac{K_H\cdot W}{m\cdot N_S}=1.4\text{kN/本}$$　（指針式 3.4－1c）

アンカーボルトの選定

① 「付表 1」より

設置工法……あと施工接着系アンカー（M10）

コンクリート厚さ 12cm、埋込長さ ℓ=8cm

許容引抜力　T_a=7.60kN/本＞R_b

②　解図 4.2－3 より

総本数、径は 4 本－M10 とする。

(3)　移動・転倒防止型ストッパ（短辺方向）

移動・転倒防止型ストッパの計算例　（K_H=1.5 の場合）

設計用水平震度	$K_H=1.5$
設計用鉛直震度	$K_V=0.75$
設備機器の重量	$W=5.6kN$
重心高さ	$h_G=18cm$
重心位置	$\ell_G=29cm$（長辺）　$\ell_G=23cm$（短辺）
ボルト間隔（支持間隔）	$\ell=46cm$
ストッパのアンカーボルト数	$m=2$
一辺のストッパ数	$N_S=2$
ボルトの孔径	$d_o=1.4cm$
ストッパ寸法	$\ell_1=20cm$、$\ell_2=8cm$、$\ell_3=11.2cm$、$\ell_5=11.2cm$

鋼材の短期許容曲げ応力度……$f_b=23.5kN/cm^2$

$$T_O=\frac{\{K_H \cdot h_G - \ell_G(1-K_V)\} \cdot W}{\ell}=2.58\ kN$$ （解式 3.4－1）

ストッパの板厚（T_O）　$$t=\sqrt{\frac{6\{K_H \cdot h_G - \ell_G(1-K_V)\}W \cdot \ell_3}{f_b \cdot \ell(\ell_1 - m \cdot d_o)N_S}}=0.46\ cm$$ （指針式 3.4－2a）

ストッパ板厚（Q_O）　$$t=\sqrt{\frac{6K_H W \cdot \ell_2}{f_b \cdot (\ell_1 - m \cdot d_o)N_S}}=0.71\ cm$$ （指針式 3.4－2b）

上記の大きい方　0.71cm 以上の板厚とする。

アンカーボルト

引抜力　$$R_b=\frac{\{K_H \cdot h_G - \ell_G(1-K_V)\}W}{\ell \cdot m \cdot N_S} \cdot \frac{\ell_3+\ell_5}{\ell_5}=1.29kN/本$$ （指針式 3.4－2c）

せん断力　$$Q=\frac{K_H \cdot W}{m \cdot N_S}=2.1kN/本$$ （指針式 3.4－2d）

アンカーボルトの選定

①「付表 1」より

設置工法……あと施工接着系アンカー（M10）

コンクリート厚さ 12cm、埋込長さ L=8cm

許容引抜力　T_a=7.60kN/本＞R_b

②　解図 4.2－3 より

総本数、径は 4 本－M10 とする。

計算例 19：燃料タンク（1, 950 ℓ）
検討部位：■取付けボルト　■アンカーボルト　□ストッパボルト　■架台　□基礎

（1）　設備機器諸元：

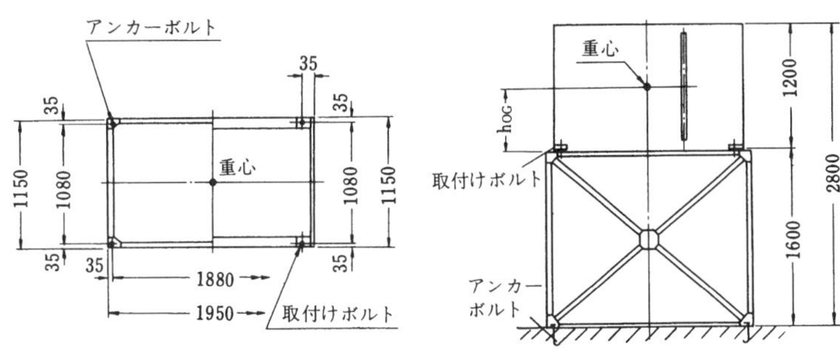

（2）　取付けボルト

取付けボルトの計算例　（K_H=1.5 の場合）

設計用水平震度　K_H=1.5

実重量　W=23.3kN

有効重量は、水槽の形によって変わるため、長辺・短辺について付録 3 により計算する。

	長辺	短辺
設備機器の重量（有効）	W_O=14.7kN　α_T=0.63	W_O=18.4kN　α_T=0.79
設計用水平地震力	$F_H=K_H \cdot W_O$=22kN	F_H=27.6kN
設計用鉛直地震力	$F_V=\frac{1}{2}K_H \cdot W$=17.5kN	F_V=17.5kN
重心高さ	h_{OG}=82cm　β_T=0.68	h_{OG}=59cm　β_T=0.49
重心位置	ℓ_G=94cm	ℓ_G=54cm

取付けボルト　転倒モーメントに対し不利な短辺方向について検討する。

片側本数　n_t=2 本　総本数　n=4 本

ボルトスパン　ℓ=108cm

引抜き力　$R_b=\frac{F_H \cdot h_{OG}-(W-F_V)\cdot \ell_G}{\ell \cdot n_t}$=6.09kN/本　（指針式 3.2－1a）

せん断力　$Q=\frac{F_H}{n}$=6.90kN/本　（指針式 3.2－1b）

取付けボルトの選定

ボルト（SS400）解図 4.2－3 より M10 で OK。総本数、径は 4 本－M10 とする。

（3）　架台

架台の計算例　（K_H=0.6 の場合）

転倒モーメントに対し不利な短辺方向を検討する。

設計用水平震度　K_H=0.6

実重量　23.3kN

有効重量　18.4kN（短辺方向検討時）

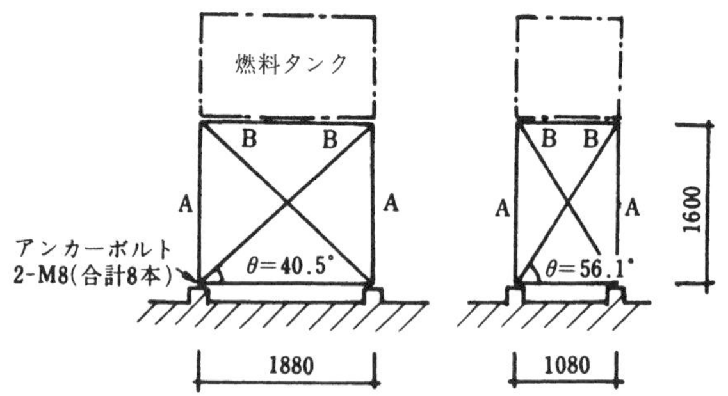

部材

A…（柱材）　L－65×65×6

B…（ブレース材）　L－50×50×6

(i)　地震入力

設計用水平震度　K_H=0.6　設計用鉛直震度　K_V=0.3

設計用水平地震力　F_H=11.0kN　設計用鉛直地震力　F_V=6.99kN

転倒モーメント　$M=F_H \cdot h_{OG}$=11.0×59=649kN・cm（燃料タンク底部）　（解式 3.5－1）

$M_B=M+F_H \cdot h$=649＋11.0×160=2,410kN・cm（架台底部）　（解式 3.5－2）

(ii)　部材算定

㋑　柱材

圧縮力　$$N_C=\frac{M_B}{n_1 \cdot \ell_y}+\frac{W}{n_2}(1+K_V)$$　（解式 3.5－4）

$$=\frac{2{,}410}{2\times 108}+\frac{23.3}{4}(1+0.3)=11.2+7.57=18.8\text{kN}$$

n_1：その方向の構面数　n_2：全柱本数

柱　材　L－65×65×6　断面積　$A=7.53\text{cm}^2$

断面二次半径　i_{min}=1.27cm

柱材座屈長さ　ℓ_k=160cm

細長比　$\lambda=\ell_k/i_{min}$=126

許容圧縮力　$N_A=A \cdot f_C$=7.53×(1.5×5.88)=66.4kN＞18.8kN　OK

㋺　ブレース材（B 材）

引張り力　$$T_B=\frac{F_H}{n_3 \cdot \cos\theta}=9.86\text{kN}$$　（解式 3.5－5）　n_3：構面内のブレース材数

ブレース材　L－50×50×6　断面積　$A=5.64\text{cm}^2$

有効断面積　$A_e=A-\frac{1}{2}\ell \cdot t-d \cdot t=3.12\text{cm}^2$

せいの 1/2 とボルト孔控除

ℓ、t：アングルのせい、板厚

d：ボルト孔径（M16…1.7cm）

許容引張り力　$N_A=A_e \cdot f_t$=3.12×23.5=73.3kN＞9.86kN　OK

（ここで短期許容引抜き力 f_t は、F/1.5 の 1.5 倍なので F となるので 23.5kN/cm^2）

(4)　アンカーボルト

アンカーボルトの計算例（K_H=0.6 の場合）

アンカーボルト（柱当り）

引抜き力　$N_T = \dfrac{M_B}{n_1 \cdot \ell_y} - \dfrac{W}{n_2}(1 - K_V)$=7.12kN　（解式 3.5−3）

せん断力　$Q = \dfrac{F_H}{n \cdot n_3} = \dfrac{11.0}{2 \cdot 2} = 2.75\,\mathrm{kN}$　（解式 3.5−6）

n：柱 1 本あたりのアンカーボルト本数

① 「付表 1」より

設置工法…埋込式 J 形（柱当り 2 本−M8）

コンクリート厚さ 12cm、埋込長さ L=9cm

許容引抜き力　T_a=9.0×2=18.0kN＞N_T

② 解図 4.2−3 より

総本数、径は 8 本−M8 とする。

計算例 20：消音器

検討部位：■取付けボルト　■アンカーボルト　□ストッパボルト　■架台　□基礎

(1)　設備機器諸元：

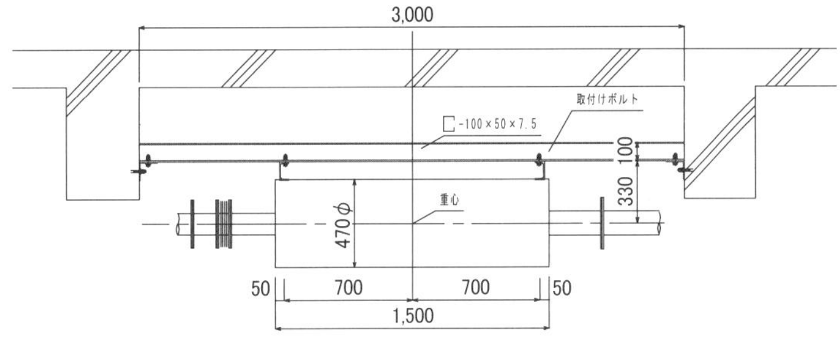

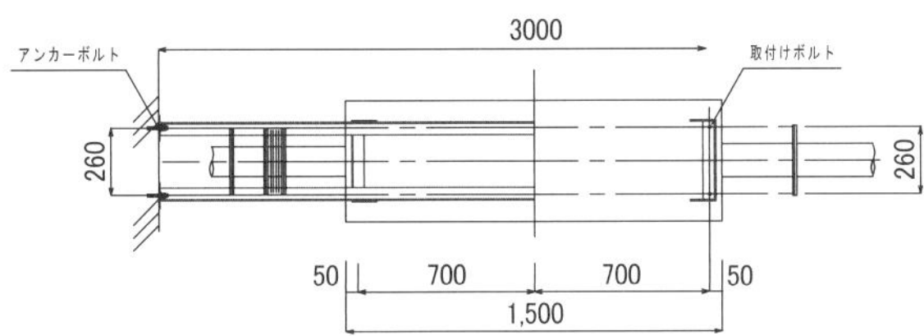

(2)　取付けボルト

取付けボルトの計算例　（K_H=1.5 の場合）

設計用水平震度	K_H=1.5
設備機器の重量	W=2.0kN
設計用水平地震力	$F_H = K_H \cdot W$=3.0kN
設計用鉛直地震力	$F_V = \dfrac{1}{2} F_H$=1.50kN
重心高さ	h_G=33cm
重心位置	ℓ_G=70cm（長辺）　ℓ_G=13cm（短辺）

取付けボルト　　　不利な短辺方向について検討する。

片側本数　n_t=2 本　総本数　n=4 本

ボルトスパン　ℓ=26cm

引抜き力　$R_b = \dfrac{F_H \cdot h_G + (W + F_V) \cdot (\ell - \ell_G)}{\ell \cdot n_t}$ =2.78 kN/本

（指針式 3.2−4a）

せん断力　$Q = \dfrac{F_H}{n}$ =0.75 kN/本　（指針式 3.2−4b）

取付けボルトの選定

（SS400 ボルト）解図 4.2−3 より M8 にて OK。総本数、径は 4 本−M8 とする。

(3)　架台

架台の計算例　（K_H=0.6 の場合）

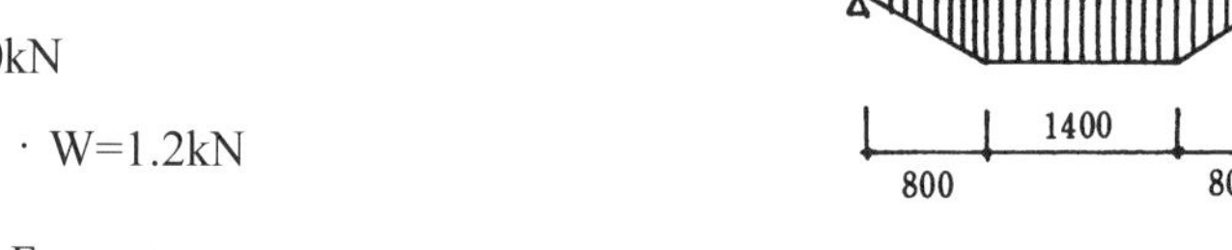

設計用水平震度　K_H=0.6

設備機器の重量　W=2.0kN

設計用水平地震力　$F_H = K_H \cdot W$=1.2kN

設計用鉛直地震力　$F_V = \dfrac{1}{2} F_H$=0.6kN

(i)　短辺方向

架台の曲げモーメントは両端ピンとして、

鉛直力　P_V=（W＋F_V）/4=（2.00＋0.60）/4=0.65kN

$M_V = P_V \cdot a = 0.65 \times 80 = 52.0$kN・cm

水平力　$P_H = F_H/4$=0.30kN

$M_H = 0.30 \times 80 = 24.0$kN・cm

架台　［−100×50×5×7.5　　断面積　A=11.9cm^2

（ℓ_b=140cm として f_b=23.5kN/cm^2）　断面係数　Z_x=37.6cm^2

Z_y=7.52cm^2

$$\frac{M_V}{M_{AV}} + \frac{M_H}{M_{AH}} = \frac{52.0}{37.6 \times 23.5} + \frac{24.0}{7.52 \times 23.5} = 0.06 + 0.13 = 0.19 \quad < \quad 1.0 \qquad \text{OK}$$

(ii)　長辺方向

架台の軸力

$N = F_H/2$=0.60kN

応力は微小ゆえに検討省略

計算例 21：自立形制御盤
検討部位：□取付けボルト　■アンカーボルト　□ストッパボルト　□架台　□基礎

（1）　設備機器諸元：

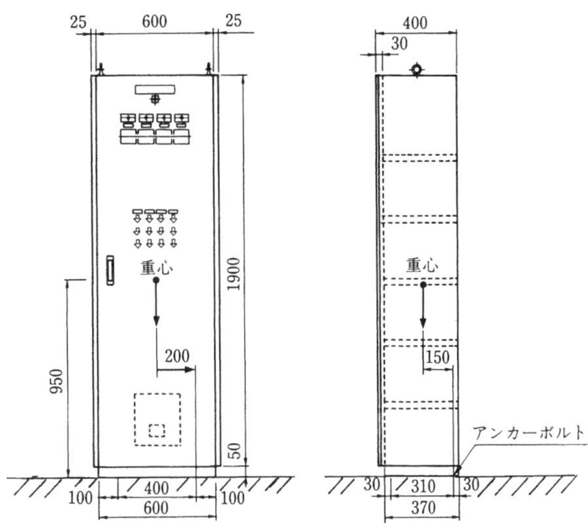

（2）　アンカーボルト

アンカーボルトの計算例　　（K_H=2.0 の場合）

設計用水平震度	$K_H=2.0$
設備機器の重量	W=1.9kN
設計用水平地震力	$F_H=K_H \cdot W=3.8kN$
設計用鉛直地震力	$F_V=\frac{1}{2}F_H=1.90kN$
重心高さ	$h_G=95cm$
重心位置	$\ell_G=20cm$（長辺）　$\ell_G=15cm$（短辺）
アンカーボルト	総本数 n=4 本

	長辺方向	短辺方向
片側本数　(n_t)	2 本	2 本
ボルトスパン　(ℓ)	40cm	31cm
引抜き力　(R_b)	4.51kN/本	5.82kN/本
せん断力　(Q)	0.95kN/本	0.95kN/本

$$R_b=\frac{F_H \cdot h_G-(W-F_V)\cdot \ell_G}{\ell \cdot n_t}\text{（指針式 3.2−1a）、}Q=\frac{F_H}{n}\text{（指針式 3.2−1b）}$$

アンカーボルトの選定

①「付表 1」より

設置工法……あと施工金属拡張アンカー（おねじ形、M12）

コンクリート厚さ 12cm、埋込長さ L=6cm

許容引抜き力　T_a=6.70kN/本＞R_b

②　解図 4.2−3 より

総本数、径は 4 本−M12　とする。

計算例 22：２段２列式架台蓄電池（MSE 形 108V750AH）
検討部位：□取付けボルト　■アンカーボルト　□ストッパボルト　□架台　□基礎

（1）　設備機器諸元：

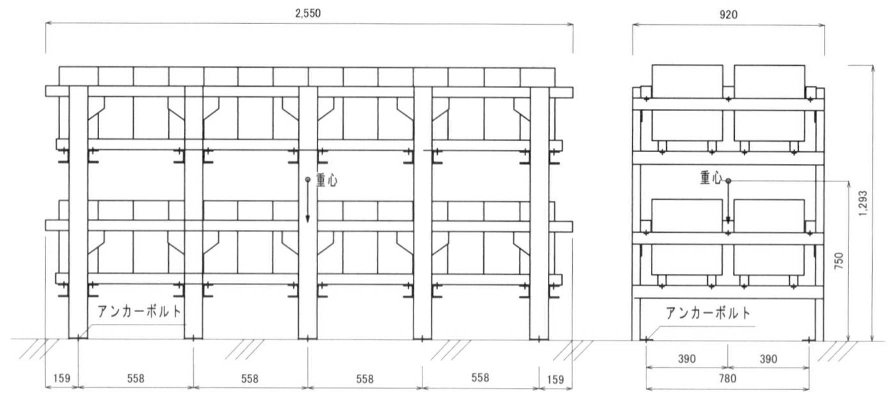

（2）　アンカーボルト

アンカーボルトの計算例　（K_H=0.6 の場合）

設計用水平震度　$K_H=0.6$

設備機器の重量　W=32kN

設計用水平地震力　$F_H=K_H \cdot W=19.2kN$

設計用鉛直地震力　$F_V=\frac{1}{2}F_H=9.6kN$

重心高さ　$h_G=75cm$

重心位置　$\ell_G=111.6cm$（長辺）　$\ell_G=39cm$（短辺）

アンカーボルト　総本数 n=10 本

	長辺方向	短辺方向
片側本数　(n_t)	2 本	5 本
ボルトスパン　(ℓ)	223cm	78cm
引抜き力　(R_b)	− 2.38kN/本	1.45kN/本
せん断力　(Q)	1.92kN/本	1.92kN/本

$$R_b=\frac{F_H \cdot h_G-(W-F_V)\cdot \ell_G}{\ell \cdot n_t}\text{（指針式 3.2－1a）、}Q=\frac{F_H}{n}\text{（指針式 3.2－1b）}$$

アンカーボルトの選定

①「付表 1」より

設置工法……あと施工金属拡張アンカー（おねじ形、M8）

コンクリート厚さ 12cm、埋込長さ L=4cm

許容引抜き力　T_a=3.00kN/本＞R_b

②　解図 4.2－3 より

総本数、径は 10 本－M8　とする。

計算例 23：壁つなぎ材付き制御盤
検討部位：□取付けボルト ■アンカーボルト □ストッパボルト □架台 □基礎

床アンカーボルトのみで施工した場合は、短辺方向のアンカーボルトにかかる引抜き力がボルトの許容引抜き力を上まわり、アンカーボルトの強度不足となることがある。したがって、床アンカーボルトの強度不足を補うために頂部補強用壁つなぎ材を検討する。

(1) 設備機器諸元：

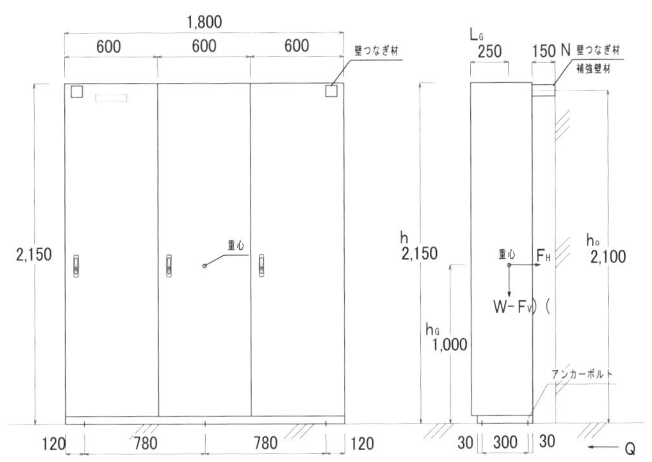

(2) つなぎ材とアンカーボルト

つなぎ材の計算例　　(K_H=1.5 の場合)

設計用水平震度　　$K_H=1.5$

設備機器の重量　　$W=6.00kN$

設計用水平地震力　　$F_H=K_H \cdot W=9.00kN$

設計用鉛直地震力　　$F_V=\frac{1}{2}F_H=4.50kN$

設備機器の高さ　　$h=215cm$

つなぎ材の高さ　　$h_O=210cm$

重心高さ　　$h_G=100cm$

つなぎ材 1 本当りアンカーボルトの本数　$n_O=2$

つなぎ材の本数	(m)	2
下部のアンカーボルトの総本数	(n)	6
つなぎ材に働く軸方向力	(N)	2.14kN/本
つなぎ材のアンカーボルトの引抜き力	(R_b)	1.07kN/本
下部のアンカーボルトに作用するせん断力	(Q)	0.79kN/本

つなぎ材に働く軸方向力　$N=\frac{F_H \cdot h_G}{m \cdot h_O}$　(指針式 3.3−1a)

つなぎ材のアンカーボルトの引抜き力　$R_b=\frac{N}{n_O}$　(指針式 3.3−1d)

下部のアンカーボルトに作用するせん断力　$Q = \frac{F_H \cdot (h_O - h_G)}{n \cdot h_O}$　（指針式 3.3－1b）

アンカーボルトの選定

① 「付表 1」より

設置工法……あと施工金属拡張アンカー（おねじ形、M8）

コンクリート厚さ 12cm、埋込長さ L=4cm

つなぎ材のアンカーボルト：許容引抜き力　T_a=3.00kN本＞R_b

② 解図 4.2－3 より

下部のアンカーボルト：せん断力 0.79kN/本

総本数、径は 4 本－M8 とする。

つなぎ材の圧縮力の検討

（省略）

計算例 24：壁掛形制御盤
検討部位：□取付けボルト　■アンカーボルト　□ストッパボルト　□架台　□基礎

(1)　設備機器諸元：

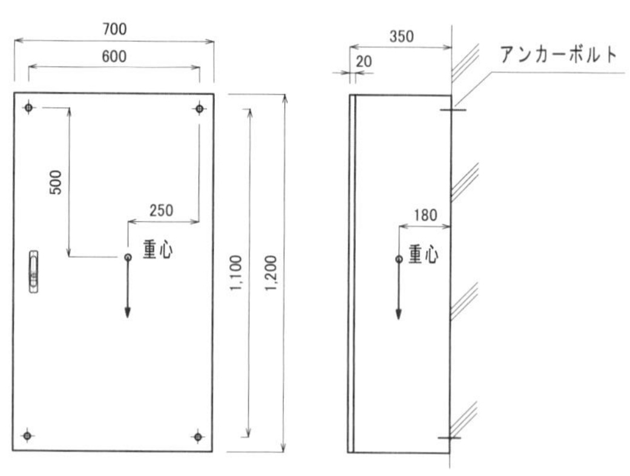

(2)　アンカーボルト

アンカーボルトの計算例　（K_H=1.0 の場合）

設計用水平震度　K_H=1.0

設備機器の重量　W=1.40kN

設計用水平地震力　$F_H=K_H \cdot W$=1.40kN

設計用鉛直地震力　$F_V = \frac{1}{2} F_H$=0.70kN

ボルトから設備機器重心までの水平距離　ℓ_{1G}=25cm

上部ボルトから設備機器重心までの鉛直距離　ℓ_{2G}=50cm

壁面から設備機器重心までの距離　ℓ_{3G}=18cm

アンカーボルト　総本数 n=4 本

	壁直角方向	壁平行方向
片側本数 (n_t)	n_{t2}=2 本	n_{t1}=2 本
ボルトスパン (ℓ)	ℓ_2=110cm	ℓ_1=60cm
引抜き力 (R_b)	0.55kN/本	0.38kN/本
せん断力 (Q)	0.63kN/本	0.63kN/本

壁平行方向 $R_b = \dfrac{F_H \cdot \ell_{3G}}{\ell_1 \cdot n_{t2}} + \dfrac{(W + F_V) \cdot \ell_{3G}}{\ell_2 \cdot n_{t1}}$ （指針式 3.2－3a）

壁直角方向 $R_b = \dfrac{F_H \cdot (\ell_2 - \ell_{2G})}{\ell_2 \cdot n_{t1}} + \dfrac{(W + F_V) \cdot \ell_{3G}}{\ell_2 \cdot n_{t1}}$ （指針式 3.2－3b）

引抜き力 R_b は、上記 2 つの計算式のうち大きい方の値で与えられる。

$Q = \dfrac{\sqrt{F_H{}^2 + (W + F_V)^2}}{n}$ （指針式 3.2－3c）

(3) アンカーボルトの選定

① 「付表 1」より

設置工法……あと施工金属拡張アンカー（おねじ形、M8）

コンクリート厚さ 12cm、埋込長さ L=4cm

許容引抜き力 T_a=3.00kN/本＞R_b（一般的なコンクリート壁面の場合）

② 解図 4.2－3 より

総本数、径は 4 本－M8 とする。

計算例 25：背面支持形制御盤

検討部位：□取付けボルト ■アンカーボルト □ストッパボルト ■架台 □基礎

(1) 設備機器諸元：

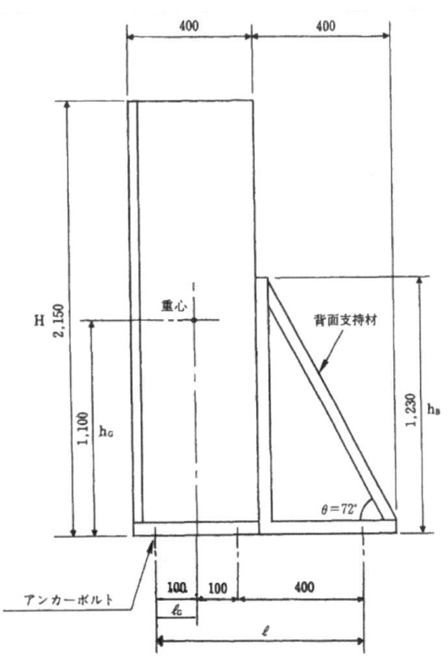

(2)　アンカーボルト

アンカーボルトの計算例　（K_H=2.0 の場合）

設計用水平震度　K_H=2.0

設備機器の重量　W=3.00kN

設計用水平地震力　$F_H=K_H \cdot W$=6.00kN

設計用鉛直地震力　$F_V=\frac{1}{2}F_H$=3.00kN

重心高さ　h_G=110cm

前後方向アンカーボルトスパン　ℓ=20cm

アンカーボルトの距離　ℓ_{G1}=10cm

アンカーボルトの片側本数　n_t=2

アンカーボルト総本数　n=6

背面支持材と盤は一体化されており、剛体としてアンカーボルトに力を伝達できるものとし、全体としては箱形と見なせるものとする。図の左右方向を検討し、図と直角方向の検討は、幅 400 の盤として行うものとし、詳細は省略する。

引抜き力　$R_b=\frac{F_H \cdot h_G-(W-F_V)\cdot \ell_G}{\ell \cdot n_t}$　（指針式 3.2－1a）

$$=\frac{6.00\times 110-(3.00-3.00)\times 10}{60\times 2}=5.50\text{kN}$$

せん断力　$Q=\frac{F_H}{n}=\frac{6.00}{6}$=1.0kN　（指針式 3.2－1b）

アンカーボルトの選定

①「付表 1」より

設置工法……あと施工金属拡張アンカー（おねじ形、M12）

コンクリート厚さ 12cm、埋込長さ L=6cm

許容引抜き力　T_a=6.70kN/本＞R_b

② 解図 4.2－3 より

総本数、径は 6 本－M12 とする。

(3)　背面支持材

背面支持材の計算例　（K_H=2.0 の場合）

背面支持材の高さ　h_B=123cm

背面支持材（傾斜部の角度）　θ=72°

背面支持材の材料　L－40×40×5　断面積 =3.76cm^2

最小 i=0.774cm（第 3 編　付録 4 より）

背面支持材の長さ　$\ell_b=\frac{h_B}{\sin\theta}$=129cm

λ=129/0.774=167cm

f_C=3.34×1.5=5.01kN

許容圧縮力 N_a=5.01（kN/cm^2）×3.76cm^2=18.8kN

圧縮力　アンカーボルト1本分の力、R_b、Qを斜材が伝達すると想定して、

$$N_c = \frac{Q}{\cos\theta} + \frac{R_b}{\sin\theta} = \frac{1}{0.309} + \frac{5.50}{0.951} = 9.02\text{kN}$$

許容応力　N_a=18.8kN＞N_c

計算例26：乾式変圧器（50kVA）
検討部位：□取付けボルト　□アンカーボルト　□ストッパボルト　□架台　□基礎 ■防振材とストッパボルトの隙間と変圧器上部の揺れ

（1）　設備機器諸元：

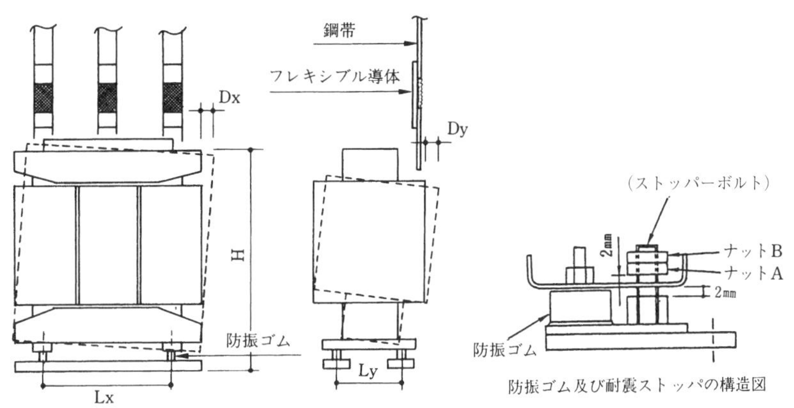

（2）　変圧器上部の変位量

ストッパの隙間により傾き2t/Lを生じるので、高さHの水平変形DはD=2·t·H/Lとなり、余裕率αを考慮すると下式が得られる。

D=(2・α・t・H)/L

D　：変圧器上部の変位量（cm）

α　：余裕率　　　　　（2.0）

t　：ストッパの隙間　（0.2cm）

H　：変圧器の高さ　　（68.5cm）

L　：防振ゴムの取付けスパン　（L=20cm：取付スパンの短い方で検討）

（αは隙間の施工誤差、ボルトと金具の隙間などを考慮）

（3）　計算例

D_x=2×2×0.2×68.5/40=1.37cm

D_y=2×2×0.2×68.5/20=2.74cm

よって変位量は$\sqrt{D_x^2 + D_y^2}$ ＝3.1cm

変圧器に接続される一次側電線・二次側フレキシブル導体・接地線は、この変位量を吸収するよう余長を持たせ変圧器接続端子に引張り力を生じぬよう施工する必要がある。

ストッパの隙間は2mmとしたが、これは通常運転時には変圧器の振動が床に伝達しない最小寸法

とすることが望ましいが、施工上実用的な値として想定したものである。

この寸法が大きくすることは、上部の揺れが大きくなるので行ってはならない。逆に運転時に接触するほど狭くしてしまうと防振の役割を果たさなくなるので注意する。

実用上は板厚 2mm のゴムを挿入して、これを押圧しないように隙間の調整をするなどの配慮をすることが望ましい。

計算例 27：壁つなぎ材付き電気温水器
検討部位：■取付け木ねじ　■アンカーボルト　□ストッパボルト　□架台　□基礎

（1）　設備機器諸元

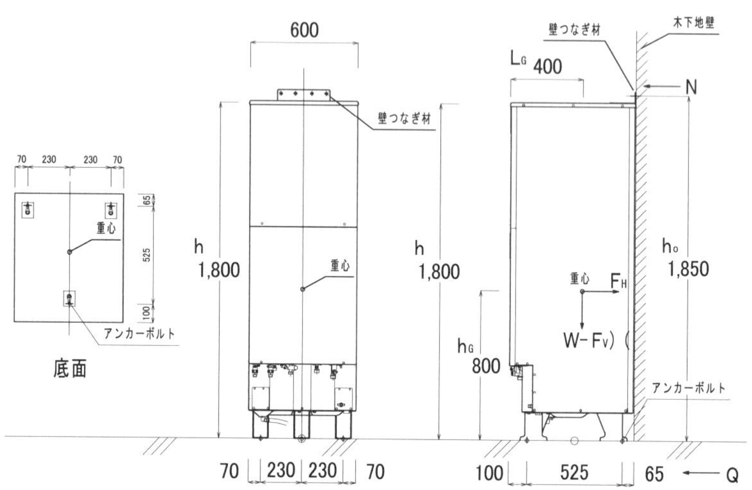

（2）　検討方針

平 12 建告第 1388 号（改正：平 24 国交告第 1447 号）（第 3 編付録 7）第 5 第一号～第三号[1]によらず、第四号により電気温水器上部の緊結方法とアンカーボルトなどを選定する。

床アンカーボルトのみで施工した場合に、短辺方向のアンカーボルトにかかる引抜き力がボルトの許容引抜き力を上まわるので、床アンカーボルトの強度不足を補うために頂部補強用壁つなぎ材を設けた場合を検討する。

電気温水器はコンクリート床の上に設置され、下部にはアンカーボルトを使用し、上部は木下地壁に木ねじを使用して壁に固定する。木下地壁の条件および木ねじ仕様などについては、（一社）日本建築学会「木質構造設計基準・同解説第 4 版」（以下、「学会規準」と呼ぶ）に基づく木ねじの許容耐力計算によるものとする。

（3）　アンカーボルト

アンカーボルトの計算例　　（K_H=0.6 の場合）

設計用水平震度	K_H=0.6
設備機器の重量	W=3.00kN（満水時重量）
設計用水平地震力	F_H=K_H・W=1.80kN

設計用鉛直地震力　$F_V = \frac{1}{2} F_H = 0.90kN$

設備機器の高さ　h=180cm

つなぎ材の高さ　h_O=185cm

重心高さ　h_G=80cm

つなぎ材の本数	(m)	1本
つなぎ材1本当たりの木ねじ本数	(n_O)	4本
つなぎ材1本に働く軸方向力	(N)	0.78kN/本
つなぎ材の木ねじ1本の引抜き力	(R_b)	0.20kN/本

$N = \frac{F_H \cdot h_G}{m \cdot h_O}$（指針式 3.3－1a）式、$R_b = \frac{N}{n_O}$（指針式 3.3－1d）

（頂部支持材のアンカーボルトに相当する部分を木ねじと読み替える。）

床アンカーボルトの総本数	(n)	3
下部のアンカーボルトに作用するせん断力	(Q)	0.34kN/本

$Q = \frac{F_H \cdot (h_O - h_G)}{n \cdot h_O}$　（指針式 3.3－1b）

アンカーボルトの選定

①「付表1」より

設置工法・・・・・あと施工金属拡張アンカー（おねじ形、M8）

コンクリート厚さ 12cm、埋込み長さ　L＝4cm

②　解図 4.2－3 より

上下で支持しているので引抜き力を 0 として、Q のみで検討する。

総本数、径は 3 本－M8 とする。

(4)　木ねじ

木下地厚さは、有効打ち込み長さ 25mm が確保できるものとする。

木ねじは、JIS B 1112（十字穴付き木ねじ）または JIS B 1135（すりわり付き木ねじ）に適合するものを使用する。

単位木ねじ接合部の許容引抜き耐力	(N)	(P_a)	221
基準終局引抜き耐力	(N)	(P_w)	948
荷重継続期間影響係数		(${}_jK_d$)	1.0
含水率影響係数（常時湿潤状態）		(${}_jK_m$)	0.7
木材の基準比重		(ro)	0.32
木ねじの呼び径	(mm)	(d)	5.5
木ねじの主材への有効打ち込み長	(mm)	(l_r)	25

$P_a = 1/3 {}_jK_d \cdot {}_jK_m \cdot P_w$（学会規準 6.45 式）、$P_w = 38.1 r_0^{1.5} \cdot d \cdot l_r$（学会規準 6.46 式）

荷重継続期間影響係数は、地震時であるが安全を見て 1.0 としている。（学会規準 601.1 の（1））

含水率影響係数は、使用環境区分 I ：常時湿潤状態として 0.7 とする。（学会規準 601.1 の（1））

木材の基準比重は、すぎ材として 0.32 を使用する。（学会規準表 6.1）

①　設置工法……木ねじ（呼び径 5.5mm）

木下地壁有効打込み長 25mm、木ねじ呼び径 5.5mm

②　木ねじの検討

ここでは、（学会規準 6.45 式）、（学会規準 6.46 式）により許容引抜き耐力をもとめる。

許容引抜耐力　P_a＝221N＝0.22kN/本＞R_b＝0.20kN/本

（注）

1）平 12 建告第 1338 号第 5 第一号～第三号に関しては、（一社）日本ガス石油機器工業会の「給湯設備の転倒防止措置に関する告示の改正について」などのマニュアルを参考とすることができる。

2）学会規準によると、終局引抜き耐力 P_w は、「実験によって定めるほか、（6.46）式によって求めることができる」とされており、ここでは、（6.46）式を用いた。

第３編　付録

付録１　床応答倍率の略算値

地震時の建築物各階床における加速度値（床応答）は、建築物の動的な構造特性を踏まえて、地震動を入力して振動応答解析により求められる。建築物の性状を適切に仮定して計算することは、可能ではあるが誤差は多い。

ここでは、参考文献を踏まえて、建築物各階床での加速度の増幅率を略算する方法を示す。参考文献の式を用いることで、入力に対する各階床での応答増幅率が求まり、振動応答解析をすることなく各階の $K_1 = B_i$ として床応答を推定できる（K_1:【解説】2.2 節の各階床応答倍率）。また、その適用性は高層実建築物モデルにより確認されており、設計用の検討式としては、一般的には後述する包絡式－1を用いれば十分であるとされている。

（各階床位置での増幅率の計算方法）

各階床での最大加速度応答値 A_i（cm/s^2）を、最大地動加速度 A_g（cm/s^2）で除したものを応答増幅率 B_i とする。また、多質点系頂部における平均的応答増幅率の推定値を B_{T0} とする。

異なる軒高のモデルを同列に評価するため、各階床位置の高さ h_i（m）を全体高さ H（m）で除し基準化したものを、基準化高さ β_i（$\beta_i = 0 \sim 1.0$）とする。

減衰定数 h の異なる床応答増幅率の 5% 減衰に対する比率を、減衰による修正係数 γ_d とする。（鉄骨構造（S 造）では h ＝ 0.02、鉄筋コンクリート構造（RC 造）・鉄骨鉄筋コンクリート構造（SRC 造）では h ＝ 0.05 とする）

建築物の一次固有周期 T_1 は精算値によるべきであるが、略算値である $T_1 = (0.02+0.01\alpha)\cdot H$ を使用してもよい。ここに、α は鉄骨造である部分の高さの比率である。

$B_i = A_i/A_g$　　A_i：i 階床絶対加速度（cm/s^2）　（付 1－1）

$\beta_i = h_i/H$　　i 階の基準高さ　（付 1－2）

$\gamma_d = 1.5/(1+10h)$　　減衰による補正係数（S 造 h ＝ 0.02、RC 造・SRC 造 h ＝ 0.05）　（付 1－3）

付録表 1－1 に、各種地震波に対する増幅率の平均値 B_{T0} を示す。付録表 1－2 に B_{T0} を用いて B_i の推定式を示すが、包絡式 -1 は B_{T0} を 2 倍したもの、包絡式 -2 は B_{T0} を 3 倍して、安全側に値を定めたものである。

付録表 1－1　B_{T0} の推定式

固有周期 T_1（sec）	$T_1 \leqq 0.6$	$0.6 < T_1$
平均値 B_{T0}	$3.2\gamma_d$	$1.9\gamma_d / T_1$

付録表 1－2　B_i の推定式

i 階の最大加速度増幅率 B_i	包絡式―1	$(2B_{T0}-1)\sin(\pi/2\times\beta_i)+1$
	包絡式―2	$(3B_{T0}-1)\sin(\pi/2\times\beta_i)+1$

付録表1−3 床応答加速度増幅率の例（包絡式−1によるB_iの例）

基準化高さ β_i	10階建て建築物のB_i			20階建て建築物のB_i			30階建て建築物のB_i		
	床位置	S造	RC•SRC造	床位置	S造	RC•SRC造	床位置	S造	RC•SRC造
1.0	R	3.96	4.75	R	1.98	2.37	R	1.32	1.58
0.9	10	3.92	4.70	19	1.97	2.36	28	1.32	1.58
0.8	9	3.81	4.57	17	1.93	2.31	25	1.30	1.55
0.7	8	3.64	4.34	15	1.87	2.22	22	1.28	1.52
0.6	7	3.39	4.03	13	1.79	2.11	19	1.26	1.47
0.5	6	3.09	3.65	11	1.69	1.97	16	1.23	1.41
0.4	5	2.74	3.20	9	1.58	1.81	13	1.19	1.34
0.3	4	2.34	2.70	7	1.44	1.62	10	1.14	1.26
0.2	3	1.91	2.16	5	1.30	1.42	7	1.10	1.18
0.1	2	1.46	1.59	3	1.15	1.21	4	1.05	1.09
0.0	1	1.00	1.00	1	1.00	1.00	1	1.00	1.00
基本数値	T（sec）	1.20	0.80	T（sec）	2.40	1.60	T（sec）	3.60	2.40
	B_{TO}	1.98	2.38	B_{TO}	0.99	1.19	B_{TO}	0.66	0.79

注記）基本数値は階高4mとし、以下により算定した。
10階建て H = 10 × 4m = 40m、S造 T = 0.03H = 1.20sec、RC•SRC造 T = 0.02H = 0.80sec
20階建て H = 20 × 4m = 80m、S造 T = 0.03H = 2.40sec、RC•SRC造 T = 0.02H = 1.60sec
30階建て H = 30 × 4m = 120m、S造 T = 0.03H = 3.60sec、RC•SRC造 T = 0.02H = 2.40sec

【参考文献】

① 木村・寺本他 地震時の床応答に関する研究−その1 日本建築学会 学術講演梗概集 1998
② 西村・寺本他 地震時の床応答に関する研究−その2 日本建築学会 学術講演梗概集 1999
③ 瓦井・寺本他 地震時の床応答に関する研究−その3 日本建築学会 学術講演梗概集 2000

付録2　耐震クラスの適用例

（一社）公共建築協会の「官庁施設の総合耐震計画基準及び同解説」（平成8年版）において耐震クラスの適用についての記述があるので、ここに引用し紹介する。

4.4.2　建築設備の耐震設計

1　設備機器の固定

(1)　局部震度法による設計用標準震度

局部震度法による設計用標準震度は、構造体の耐震安全性の分類、設備機器の重要度及び設置階により、選定する。

設備機器の重要度による分類は、重要機器及び一般機器の2分類とし、次による。

重要機器は、次のいずれかに該当するものをいう。また、一般機器とは重要機器以外をいう。

イ　災害応急対策活動に必要な施設等において、施設目的に応じた活動を行うために必要な設備機器

ロ　危険物を貯蔵又は使用する施設において、危険物による被害を防止するための設備機器

ハ　避難、消火等の防災機能を果たす設備機器

ニ　火災、水害、避難の障害等の二次災害を引き起こすおそれのある設備機器

ホ　その他これらに類する機器

表 4.4（1）局部震度法による建築設備機器（水槽類を除く）の設計用標準水平震度（K_s）

設置場所	耐震安全性の分類			
	特定の施設		一般の施設	
	重要機器	一般機器	重要機器	一般機器
上層階、屋上及び塔屋	2.0 (2.0)	1.5 (2.0)	1.5 (2.0)	1.0 (1.5)
中間階	1.5 (1.5)	1.0 (1.5)	1.0 (1.5)	0.6 (1.0)
1階及び地下階	1.0 (1.0)	0.6 (1.0)	0.6 (1.0)	0.4 (0.6)

（注）（　）内の数値は防振支持機器の場合に適用する。

表 4.4（2）局部震度法による水槽類の設計用標準水平震度（K_s）

設置場所	耐震安全性の分類			
	特定の施設		一般の施設	
	重要水槽	一般水槽	重要水槽	一般水槽
上層階、屋上及び塔屋	2.0	1.5	1.5	1.0
中間階	1.5	1.0	1.0	0.6
1階及び地下階	1.5	1.0	1.0	0.6

【表 4.4（1）、表 4.4（2）の備考】

（備考 1）　本表は建築物の構造体が鉄筋コンクリート造、鉄骨鉄筋コンクリート造、鉄骨造のものに適用する。

（備考 2）　上層階の定義は、次のとおりとする。
2～6階建の場合は最上階、7～9階建の場合は上層2階、10～12階建の場合は上層3階、13階建以上の場合は上層4階

（備考 3）　中間階の定義は、次のとおりとする。
地下階、1階を除く各階で上層階に該当しないものを中間階とする。（平屋建は、1階と屋上で構成され中間階はなし。）

（備考 4）　設置場所の区分は機器を支持している床部分にしたがって適用する。床又は壁に支持される機器は当該階を適用し、天井面より支持（上階床より支持）される機器は支持部材取付床の階（当該階の上階）を適用する。

（備考 5）　本表のうち「一般の施設」とは表2.1における「その他」に分類される施設を示し、「特定の施設」とは表2.1における「災害応急対策活動に必要な施設」、「避難所として位置づけられた施設」、「人命及び物品の安全性確保が特に必要な施設」を示す。

（備考 6）　重要水槽とは重要機器として扱う水槽類、一般水槽とは一般機器にとして扱う水槽類を示す。また、水槽類にはオイルタンク等を含む。

表 2.1　耐震安全性の分類

分類		活動内容	対象施設	耐震安全性の分類 構造体	耐震安全性の分類 建築非構造部材	耐震安全性の分類 建築設備
災害応急対策活動に必要な施設	災害対策の指揮、情報伝達等のための施設	災害時の情報の収集、指令 二次災害に対する警報の発令 災害復旧対策の立案、実施 防犯等の治安維持活動 被災者への情報伝達 保健衛生及び防疫活動 救援物資等の備蓄、緊急輸送活動等	指定行政機関が入居する施設 指定地方行政機関のうち地方ブロック機関が入居する施設 指定地方行政機関のうち東京圏、名古屋圏、大阪圏及び大震法の強化地域にある機関が入居する施設	Ⅰ類	A類	甲類
			指定地方行政機関のうち上記以外のもの及びこれに準ずる機能を有する機関が入居する施設	Ⅱ類	A類	甲類
	救護施設	被災者の救難、救助及び保護 救急医療活動 消火活動等	病院及び消防関係施設のうち災害時に拠点として機能すべき施設	Ⅰ類	A類	甲類
			病院及び消防関係施設のうち上記以外の施設	Ⅱ類	A類	甲類
避難所として位置づけられた施設		被災者の受入れ等	学校、研修施設等のうち、地域防災計画において避難所として位置づけられた施設	Ⅱ類	A類	乙類
人命及び物品の安全性確保が特に必要な施設		危険物を貯蔵又は使用する施設	放射性物質若しくは病原菌類を貯蔵又は使用する施設及びこれらに関する試験研究施設	Ⅰ類	A類	甲類
			石油類、高圧ガス、毒物、劇物、火薬類等を貯蔵又は使用する施設及びこれらに関する試験研究施設	Ⅱ類	A類	甲類
		多数の者が利用する施設	文化施設、学校施設、社会教育施設、社会福祉施設等	Ⅱ類	B類	乙類
その他			一般官庁施設	Ⅲ類	B類	乙類

表 2.2　耐震安全性の目標

部位	分類	耐震安全性の目標
構造体	Ⅰ類	大地震動後、構造体の補修をすることなく建築物を使用できることを目標とし、人命の安全確保に加えて十分な機能確保が図られている。
	Ⅱ類	大地震動後、構造体の大きな補修をすることなく建築物を使用できることを目標とし、人命の安全確保に加えて機能確保が図られている。
	Ⅲ類	大地震動により構造体の部分的な損傷は生じるが、建築物全体の耐力の低下は著しくないことを目標とし、人命の安全確保が図られている。
建築非構造部材	A類	大地震動後、災害応急対策活動や被災者の受け入れの円滑な実施、又は危険物の管理のうえで、支障となる建築非構造部材の損傷、移動等が発生しないことを目標とし、人命の安全確保に加えて十分な機能確保が図られている。
	B類	大地震動により建築非構造部材の損傷、移動等が発生する場合でも、人命の安全確保と二次災害の防止が図られている。
建築設備	甲類	大地震動後の人命の安全確保及び二次災害の防止が図られていると共に、大きな補修をすることなく、必要な設備機能を相当期間継続できる。
	乙類	大地震動後の人命の安全確保及び二次災害の防止が図られている。

付録３　水槽の有効重量および地震力の作用点

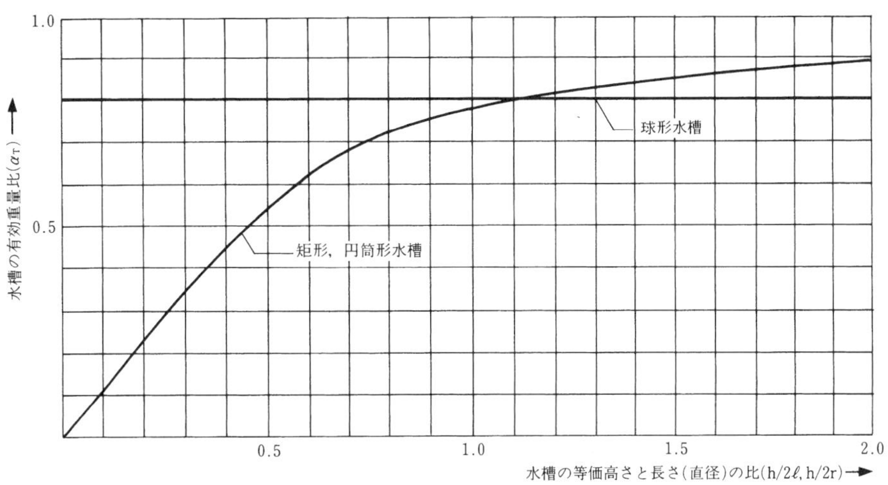

付録図 3−1　水槽の有効重量比（α_T）

矩形水槽	$\dfrac{h}{2\ell} \leqq 0.75$ の場合	$\alpha_T = \dfrac{\tanh\left(0.866 / \dfrac{h}{2\ell}\right)}{\left(0.866 / \dfrac{h}{2\ell}\right)}$
	$\dfrac{h}{2\ell} > 0.75$ の場合	$\alpha_T = 1 - \dfrac{0.218}{\left(\dfrac{h}{2\ell}\right)}$
円筒形水槽	$\dfrac{h}{2r} \leqq 0.75$ の場合	$\alpha_T = \dfrac{\tanh\left(0.866 / \dfrac{h}{2r}\right)}{\left(0.866 / \dfrac{h}{2r}\right)}$
	$\dfrac{h}{2r} > 0.75$ の場合	$\alpha_T = 1 - \dfrac{0.218}{\left(\dfrac{h}{2r}\right)}$
球形水槽	$\alpha_T = 0.8$	

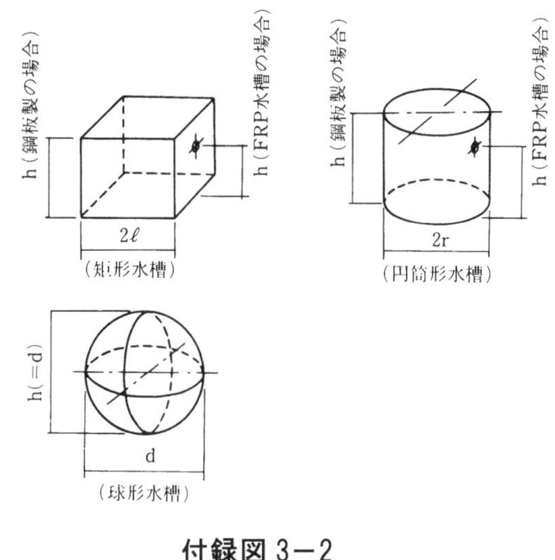

付録図 3−2

α_T	：水槽の有効重量比（＝ W_0 ／ W）	
W[注)]	：水槽の全重量	(kN)
W_0	：水槽の有効重量	(kN)
h	：水槽の等価高さ	(cm)
ℓ	：矩形水槽長さの１／２	(cm)
r	：円筒形水槽の半径	(cm)
d	：球形水槽の直径	(cm)

注）Ｗは高さｈまでの水の重量をとれば、水槽本体の重量は含んでいるものとしてよい。

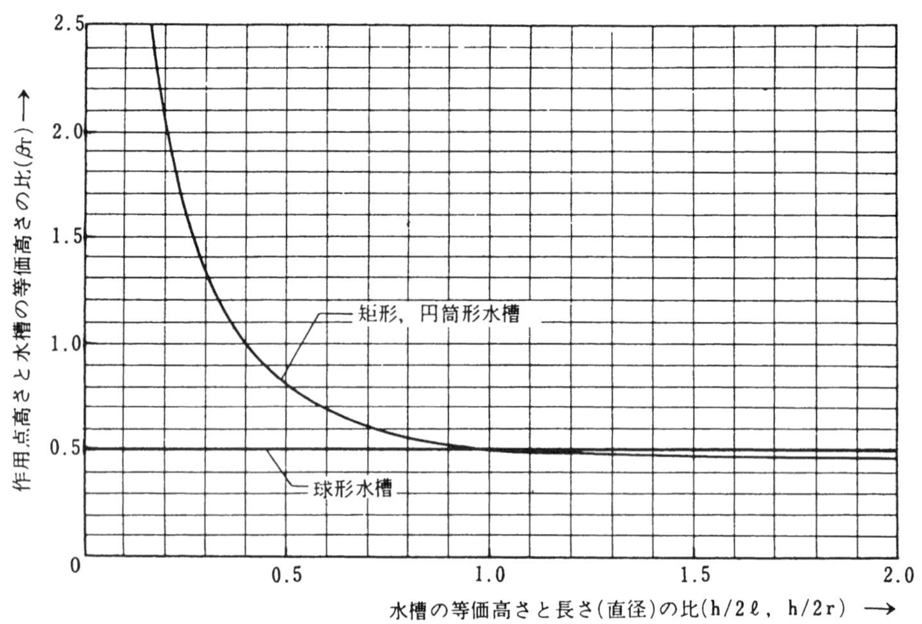

付録図 3−3 水槽の作用点高さと等価高さの比（β_T）

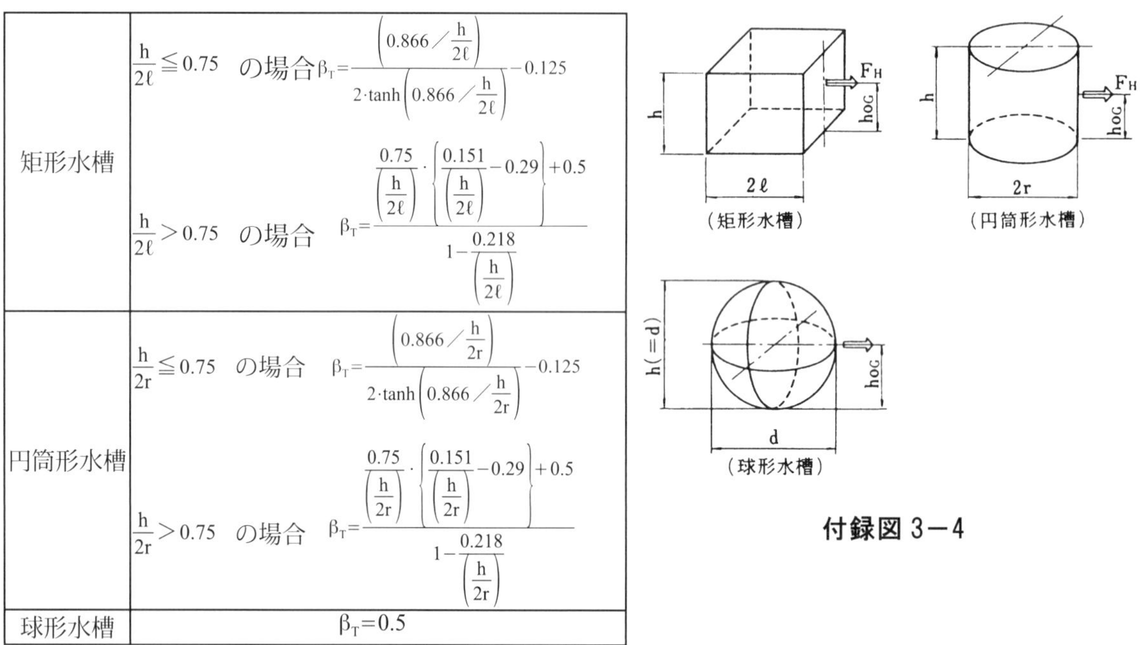

矩形水槽	$\frac{h}{2\ell} \leqq 0.75$ の場合 $\beta_T = \dfrac{\left(0.866 \Big/ \frac{h}{2\ell}\right)}{2 \cdot \tanh\left(0.866 \Big/ \frac{h}{2\ell}\right)} - 0.125$ $\frac{h}{2\ell} > 0.75$ の場合 $\beta_T = \dfrac{\frac{0.75}{\left(\frac{h}{2\ell}\right)} \cdot \left\{\frac{0.151}{\left(\frac{h}{2\ell}\right)} - 0.29\right\} + 0.5}{1 - \frac{0.218}{\left(\frac{h}{2\ell}\right)}}$
円筒形水槽	$\frac{h}{2r} \leqq 0.75$ の場合 $\beta_T = \dfrac{\left(0.866 \Big/ \frac{h}{2r}\right)}{2 \cdot \tanh\left(0.866 \Big/ \frac{h}{2r}\right)} - 0.125$ $\frac{h}{2r} > 0.75$ の場合 $\beta_T = \dfrac{\frac{0.75}{\left(\frac{h}{2r}\right)} \cdot \left\{\frac{0.151}{\left(\frac{h}{2r}\right)} - 0.29\right\} + 0.5}{1 - \frac{0.218}{\left(\frac{h}{2r}\right)}}$
球形水槽	$\beta_T = 0.5$

付録図 3−4

β_T	：作用点高さと水槽の等価高さの比	$(= h_{0G} / h)$
h	：水槽の等価高さ	(cm)
h_{0G}	：水平力の作用点高さ	(cm)
ℓ	：矩形水槽長さの 1／2	(cm)
r	：円筒形水槽の半径	(cm)
d	：球形水槽の直径	(cm)

付録４　許容応力度等の規定

付録 4.1　鋼材の許容応力度等

(1) 許容応力度等

建築基準法施行令

（鋼材等）

第 90 条　鋼材等の許容応力度は、次の表 1 又は表 2 の数値によらなければならない。

表 1

<table>
<tr><td colspan="3" rowspan="2">許容応力度
種類</td><td colspan="4">長期に生ずる力に対する許容応力度
（単位　N/mm^2）</td><td colspan="4">短期に生ずる力に対する許容応力度
（単位　N/mm^2）</td></tr>
<tr><td>圧縮</td><td>引張り</td><td>曲げ</td><td>せん断</td><td>圧縮</td><td>引張り</td><td>曲げ</td><td>せん断</td></tr>
<tr><td rowspan="6">炭素鋼</td><td colspan="2">構造用鋼材</td><td>$\frac{F}{1.5}$</td><td>$\frac{F}{1.5}$</td><td>$\frac{F}{1.5}$</td><td>$\frac{F}{1.5\sqrt{3}}$</td><td colspan="4" rowspan="11">長期に生ずる力に対する圧縮、引張り、曲げ又はせん断の許容応力度のそれぞれの数値の 1.5 倍とする。</td></tr>
<tr><td rowspan="2">ボルト</td><td>黒皮</td><td>－</td><td>$\frac{F}{1.5}$</td><td>－</td><td>－</td></tr>
<tr><td>仕上げ</td><td>－</td><td>$\frac{F}{1.5}$</td><td>－</td><td>$\frac{F}{2}$
（F が 240 を超えるボルトについて、国土交通大臣がこれと異なる数値を定めた場合は、その定めた数値）</td></tr>
<tr><td colspan="2">構造用ケーブル</td><td>－</td><td>$\frac{F}{1.5}$</td><td>－</td><td>－</td></tr>
<tr><td colspan="2">リベット鋼</td><td>－</td><td>$\frac{F}{1.5}$</td><td>－</td><td>$\frac{F}{2}$</td></tr>
<tr><td colspan="2">鋳鋼</td><td>$\frac{F}{1.5}$</td><td>$\frac{F}{1.5}$</td><td>$\frac{F}{1.5}$</td><td>$\frac{F}{1.5\sqrt{3}}$</td></tr>
<tr><td rowspan="4">ステンレス鋼</td><td colspan="2">構造用鋼材</td><td>$\frac{F}{1.5}$</td><td>$\frac{F}{1.5}$</td><td>$\frac{F}{1.5}$</td><td>$\frac{F}{1.5\sqrt{3}}$</td></tr>
<tr><td colspan="2">ボルト</td><td>－</td><td>$\frac{F}{1.5}$</td><td>－</td><td>$\frac{F}{1.5\sqrt{3}}$</td></tr>
<tr><td colspan="2">構造用ケーブル</td><td>－</td><td>$\frac{F}{1.5}$</td><td>－</td><td>－</td></tr>
<tr><td colspan="2">鋳鋼</td><td>$\frac{F}{1.5}$</td><td>$\frac{F}{1.5}$</td><td>$\frac{F}{1.5}$</td><td>$\frac{F}{1.5\sqrt{3}}$</td></tr>
<tr><td colspan="3">鋳鉄</td><td>$\frac{F}{1.5}$</td><td>－</td><td>－</td><td>－</td></tr>
<tr><td colspan="11">この表において、F は、鋼材等の種類及び品質に応じて国土交通大臣が定める基準強度（単位　N/mm^2）を表すものとする。</td></tr>
</table>

表 2

<table>
<tr><td colspan="2" rowspan="3">許容応力度
種類</td><td colspan="3">長期に生ずる力に対する許容応力度
（単位　N/mm²）</td><td colspan="3">短期に生ずる力に対する許容応力度
（単位　N/mm²）</td></tr>
<tr><td rowspan="2">圧縮</td><td colspan="2">引張り</td><td rowspan="2">圧縮</td><td colspan="2">引張り</td></tr>
<tr><td>せん断補強以外に用いる場合</td><td>せん断補強に用いる場合</td><td>せん断補強以外に用いる場合</td><td>せん断補強に用いる場合</td></tr>
<tr><td colspan="2">丸鋼</td><td>$\frac{F}{1.5}$
（当該数値が155を超える場合には、155）</td><td>$\frac{F}{1.5}$
（当該数値が155を超える場合には、155）</td><td>$\frac{F}{1.5}$
（当該数値が195を超える場合には、195）</td><td>F</td><td>F</td><td>F
（当該数値が295を超える場合には、295）</td></tr>
<tr><td rowspan="2">異形鉄筋</td><td>径28mm以下のもの</td><td>$\frac{F}{1.5}$
（当該数値が215を超える場合には、215）</td><td>$\frac{F}{1.5}$
（当該数値が215を超える場合には、215）</td><td>$\frac{F}{1.5}$
（当該数値が195を超える場合には、195）</td><td>F</td><td>F</td><td>F
（当該数値が390を超える場合には、390）</td></tr>
<tr><td>径28mmを超えるもの</td><td>$\frac{F}{1.5}$
（当該数値が195を超える場合には、195）</td><td>$\frac{F}{1.5}$
（当該数値が195を超える場合には、195）</td><td>$\frac{F}{1.5}$
（当該数値が195を超える場合には、195）</td><td>F</td><td>F</td><td>F
（当該数値が390を超える場合には、390）</td></tr>
<tr><td colspan="2">鉄筋の径が4mm以上の溶接金網</td><td>—</td><td>$\frac{F}{1.5}$</td><td>$\frac{F}{1.5}$</td><td>—</td><td>F
（ただし、床版に用いる場合に限る。）</td><td>F</td></tr>
<tr><td colspan="8">この表において、Fは、表1に規定する基準強度を表すものとする。</td></tr>
</table>

(2) 基準強度 (F)

平成 12 年建設省告示第 2464 号（最終改正：平成 19 年 5 月 18 日国土交通省告示第 623 号）鋼材等及び溶接部の許容応力度並びに材料強度の基準強度を定める件

（前文　略）

第 1　鋼材等の許容応力度の基準強度

一　鋼材等の許容応力度の基準強度は、次号に定めるもののほか、次の表の数値とする。

鋼材等の種類及び品質				基準強度 （単位　N/mm^2）
炭素鋼	構造用鋼材	SKK400 SHK400 SHK400M SS400 SM400A SM400B SM400C SMA400AW SMA400AP SMA400BW SMA400BP SMA400CW SMA400CP SN400A SN400B SN400C SNR400A SNR400B SSC400 SWH400 SWH400L STK400 STKR400 STKN400W STKN400B	鋼材の厚さが 40mm 以下のもの	235
			鋼材の厚さが 40mm を超え 100mm 以下のもの	215
		SGH400 SGC400 CGC400 SGLH400 SGLC400 CGLC400		280
		SHK490M	鋼材の厚さが 40mm 以下のもの	315
		SS490	鋼材の厚さが 40mm 以下のもの	275
			鋼材の厚さが 40mm を超え 100mm 以下のもの	255
		SKK490 SM490A SM490B SM490C SM490YA SM490YB SMA490AW SMA490AP SMA490BW SMA490BP SMA490CW SMA490CP SN490B SN490C SNR490B STK490 STKR490 STKN490B	鋼材の厚さが 40mm 以下のもの	325
			鋼材の厚さが 40mm を超え 100mm 以下のもの	295

		SGH490 SGC490 CGC490 SGLH490 SGLC490 CGLC490			345
		SM520B SM520C	鋼材の厚さが 40mm 以下のもの		355
			鋼材の厚さが 40mm を超え 75mm 以下のもの		335
			鋼材の厚さが 75mm を超え 100mm 以下のもの		325
		SS540	鋼材の厚さが 40mm 以下のもの		375
		SDP1T SDP1TG	鋼材の厚さが 40mm 以下のもの		205
		SDP2 SDP2G SDP3	鋼材の厚さが 40mm 以下のもの		235
	ボルト	黒皮			185
		仕上げ	強度区分	4.6 4.8	240
				5.6 5.8	300
				6.8	420
	構造用ケーブル				構造用ケーブルの種類に応じて、次のいずれかの数値とすること。 一　日本工業規格（以下「JIS」という。）G3525（ワイヤロープ）－ 1998 の付表一から付表十までの区分に応じてそれぞれの表に掲げる破断荷重（単位　kN）に 2 分の 1,000 を乗じた数値を構造用ケーブルの種類及び形状に応じて求めた有効断面積（単位　mm^2）で除した数値 二　JIS　G3546（異形線ロープ）－ 2000 の付表一から付表六までの区分に応じてそれぞれの表に掲げる破断荷重（単位　kN）に 2 分の 1,000 を乗じた数値を構造用ケーブルの種類及び形状に応じて求めた有効断面積（単位　mm^2）で除した数値 三　JIS　G3549（構造用ワイヤロープ）－ 2000 の付表一から付表十六までの区分に応じてそれぞれの表に掲げる破断荷重（単位　kN）に 2 分の 1,000 を乗じた数値を構造用ケーブルの種類及び形状に応じて求めた有効断面積（単位　mm^2）で除した数値
	リベット鋼				235
	鋳鋼	SC480 SCW410 SCW410CF			235
		SCW480 SCW480CF			275
		SCW490CF			315
ステンレス鋼	構造用鋼材	SUS304A SUS316A SDP4 SDP5			235
		SUS304N2A SDP6			325
	ボルト	A2-50 A4-50			210

種類		基準強度
ステンレス鋼	構造用ケーブル	JIS　G3550（構造用ステンレス鋼ワイヤロープ）－2003の付表の区分に応じてそれぞれの表に掲げる破断荷重（単位　kN）に2分の1,000を乗じた数値を構造用ケーブルの種類及び形状に応じて求めた有効断面積（単位　mm^2）で除した数値
ステンレス鋼　鋳鋼	SCS13AA-CF	235
鋳鉄		150
丸鋼	SR235 SRR235	235
丸鋼	SR295	295
異形鉄筋	SDR235	235
異形鉄筋	SD295A SD295B	295
異形鉄筋	SD345	345
異形鉄筋	SD390	390
鉄線の径が4mm以上の溶接金網		295

この表において、SKK400及びSKK490は、JIS　A5525（鋼管ぐい）－1994に定めるSKK400及びSKK490を、SHK400、SHK400M及びSHK490Mは、JIS　A5526（H形鋼ぐい）－1994に定めるSHK400、SHK400M及びSHK490Mを、SS400、SS490及びSS540は、JIS　G3101（一般構造用圧延鋼材）－1995に定めるSS400、SS490、及びSS540を、SM400A、SM400B、SM400C、SM490A、SM490B、SM490C、SM490YA、SM490YB、SM520B及びSM520Cは、JIS　G3106（溶接構造用圧延鋼材）－1999に定めるSM400A、SM400B、SM400C、SM490A、SM490B、SM490C、SM490YA、SM490YB、SM520B及びSM520Cを、SMA400AW、SMA400AP、SMA400BW、SMA400BP、SMA400CW、SMA400CP、SMA490AW、SMA490AP、SMA490BW、SMA490BP、SMA490CW及びSMA490CPは、JIS　G3114（溶接構造用耐候性熱間圧延鋼材）－1998に定めるSMA400AW、SMA400AP、SMA400BW、SMA400BP、SMA400CW、SMA400CP、SMA490AW、SMA490AP、SMA490BW、SMA490BP、SMA490CW及びSMA490CPを、SN400A、SN400B、SN400C、SN490B及びSN490Cは、JIS　G3136（建築構造用圧延鋼材）－1994に定めるSN400A、SN400B、SN400C、SN490B及びSN490Cを、SNR400A、SNR400B及びSNR490Bは、JIS　G3138（建築構造用圧延棒鋼）－1996に定めるSNR400A、SNR400B及びSNR490Bを、SGH400、SGC400、SGH490及びSGC490は、JIS　G3302（溶融亜鉛めっき鋼板及び鋼帯）－1998に定めるSGH400、SGC400、SGH490及びSGC490を、CGC400及びCGC490は、JIS　G3312（塗装溶融亜鉛めっき鋼板及び鋼帯）－1994に定めるCGC400及びCGC490を、SGLH400、SGLC400、SGLH490及びSGLC490は、JIS　G3321（溶融55%アルミニウム－亜鉛合金めっき鋼板及び鋼帯）－1998に定めるSGLH400、SGLC400、SGLH490及びSGLC490を、CGLC400及びCGLC490は、JIS　G3322（塗装溶融55%アルミニウム－亜鉛合金めっき鋼板及び鋼帯）－1998に定めるCGLC400及びCGLC490を、SSC400は、JIS　G3350（一般構造用軽量形鋼）－1987に定めるSSC400を、SDP1T、SDP1TG、SDP2、SDP2G、SDP3、SDP4、SDP5及びSDP6は、JIS　G3352（デッキプレート）－2003に定めるSDP1T、SDP1TG、SDP2、SDP2G、SDP3、SDP4、SDP5及びSDP6を、SWH400及びSWH400Lは、JIS　G3353（一般構造用溶接軽量H形鋼）－1990に定めるSWH400及びSWH400Lを、STK400及びSTK490は、JIS　G3444（一般構造用炭素鋼管）－1994に定めるSTK400及びSTK490を、STKR400及びSTKR490は、JIS　G3466（一般構造用角形鋼管）－1988に定めるSTKR400及びSTKR490を、STKN400W、STKN400B及びSTKN490Bは、JIS　G3475（建築構造用炭素鋼管）－1996に定めるSTKN400W、STKN400B及びSTKN490Bを、4.6、4.8、5.6、5.8及び6.8は、JIS　B1051（炭素鋼及び合金鋼製締結用部品の機械的性質－第1部：ボルト、ねじ及び植込みボルト）－2000に定める強度区分である4.6、4.8、5.6、5.8及び6.8を、SC480は、JIS　G5101（炭素鋼鋳鋼品）－1991に定めるSC480を、SCW410及びSCW480は、JIS　G5102（溶接構造用鋳鋼品）－1991に定めるSCW410及びSCW480を、SCW410CF、SCW480CF及びSCW490CFは、JIS　G5201（溶接構造用遠心力鋳鋼管）－1991に定めるSCW410CF、SCW480CF及びSCW490CFを、SUS304A、SUS316A、SUS304N2A及びSCS13AA－CFは、JIS　G4321（建築構造用ステンレス鋼材）－2000に定めるSUS304A、SUS316A、SUS304N2A及びSCS13AA－CFを、A2－50及びA4－50は、JIS　B1054－1（耐食ステンレス鋼製締結用部品の機械的性質－第1部：ボルト、ねじ及び植込みボルト）－2001に定めるA2－50及びA4－50を、SR235、SR295、SD295A、SD295B、SD345及びSD390は、JIS　G3112（鉄筋コンクリート用棒鋼）－1987に定めるSR235、SR295、SD295A、SD295B、SD345及びSD390を、SRR235及びSDR235は、JIS　G3117（鉄筋コンクリート用再生棒鋼）－1987に定めるSRR235及びSDR235を、それぞれ表すものとする。以下第2の表において同様とする。

二　建築基準法（昭和25年法律第201号。以下「法」という。）第37条第一号の国土交通大臣の指定するJISに適合するもののうち前号の表に掲げる種類以外の鋼材等及び同条第二号の国土交通大臣の認定を受けた鋼材等の許容応力度の基準強度は、その種類及び品質に応じてそれぞれ国土交通大臣が指定した数値とする。

三　前二号の場合において、鋼材等を加工する場合には、加工後の当該鋼材等の機械的性質、化学成分その他の品質が加工前の当該鋼材等の機械的性質、化学成分その他の品質と同等以上であることを確かめなければならない。ただし、次のイからハまでのいずれかに該当する場合は、この限りでない。

イ　切断、溶接、局部的な加熱、鉄筋の曲げ加工その他の構造耐力上支障がない加工を行うとき。

ロ　摂氏 500 度以下の加熱を行うとき。

ハ　鋼材等（鋳鉄及び鉄筋を除く。以下ハにおいて同じ。）の曲げ加工（厚さが 6mm 以上の鋼材等の曲げ加工にあっては、外側曲げ半径が当該鋼材等の厚さの 10 倍以上となるものに限る。）を行うとき。

第 2　略

第 3　鋼材等の材料強度の基準強度

一　鋼材等の材料強度の基準強度は、次号に定めるもののほか、第 1 の表の数値とする。ただし、炭素鋼の構造用鋼材、丸鋼及び異形鉄筋のうち、同表に掲げる JIS に定めるものについては、同表の数値のそれぞれ 1.1 倍以下の数値とすることができる。

二　法第 37 条第一号の国土交通大臣の指定する JIS に適合するもののうち第 1 の表に掲げる種類以外の鋼材等及び同条第二号の国土交通大臣の認定を受けた鋼材等の材料強度の基準強度は、その種類及び品質に応じてそれぞれ国土交通大臣が指定した数値とする。

三　第 1 第三号の規定は、前二号の場合に準用する。

第 4　略

(3) 特殊な許容応力度

平成 13 年建設省告示第 1024 号（最終改正：平成 24 年 9 月 18 日国土交通省告示第 1027 号）

特殊な許容応力度及び特殊な材料強度を定める件

（前文　略）

第 1　特殊な許容応力度

一～二　略

三　鋼材等の支圧、鋼材等の圧縮材（以下この号において単に「圧縮材」という。）の座屈及び鋼材等の曲げ材（以下この号において単に「曲げ材」という。）の座屈の許容応力度は、次に掲げるものとする。

イ　鋼材等の支圧の許容応力度は、次の表の数値（(一) 項及び (三) 項において異種の鋼材等が接合する場合においては、小さい値となる数値）によらなければならない。

支圧の形式		長期に生ずる力に対する支圧の許容応力度（単位　N/mm²）	短期に生ずる力に対する支圧の許容応力度（単位　N/mm²）
(一)	すべり支承又はローラー支承の支承部に支圧が生ずる場合その他これに類する場合	1.9F	長期に生ずる力に対する支圧の許容応力度の数値の 1.5 倍とする。
(二)	ボルト又はリベットによって接合される鋼材等のボルト又はリベットの軸部分に接触する面に支圧が生ずる場合その他これに類する場合	1.25F	
(三)	(一) 及び (二) に掲げる場合以外の場合	$\frac{F}{1.1}$	
この表において、F は、平成 12 年建設省告示第 2464 号第 1 に規定する基準強度の数値（単位　N/mm²）を表すものとする。			

ロ　圧縮材の座屈の許容応力度は、炭素鋼及び鋳鉄にあっては次の表 1、ステンレス鋼にあっては次の表 2 の数値によらなければならない。

表 1

圧縮材の有効細長比と限界細長比との関係	長期に生ずる力に対する圧縮材の座屈の許容応力度（単位　N/mm²）	短期に生ずる力に対する圧縮材の座屈の許容応力度（単位　N/mm²）
λ ≦Λ の場合	$F\left\{\dfrac{1-\dfrac{2}{5}\left(\dfrac{\lambda}{\Lambda}\right)^2}{\dfrac{3}{2}+\dfrac{2}{3}\left(\dfrac{\lambda}{\Lambda}\right)^2}\right\}$	長期に生ずる力に対する圧縮材の座屈の許容応力度の数値の 1.5 倍とする。
λ ＞Λ の場合	$\dfrac{\dfrac{18}{65}F}{\left(\dfrac{\lambda}{\Lambda}\right)^2}$	

この表において、F、λ 及びΛ は、それぞれ次の数値を表すものとする。
F　平成 12 年建設省告示第 2464 号第 1 に規定する基準強度（単位　N/mm²）
λ　有効細長比
Λ　次の式によって計算した限界細長比

$$\Lambda=\frac{1,500}{\sqrt{\dfrac{F}{1.5}}}$$

表 2

圧縮材の一般化有効細長比	長期に生ずる力に対する圧縮材の座屈の許容応力度（単位　N/mm²）	短期に生ずる力に対する圧縮材の座屈の許容応力度（単位　N/mm²）
$_c\lambda \leqq 0.2$ の場合	$\dfrac{F}{1.5}$	長期に生ずる力に対する圧縮材の座屈の許容応力度の数値の 1.5 倍とする。
$0.2 < {}_c\lambda \leqq 1.5$ の場合	$\dfrac{(1.12-0.6{}_c\lambda)F}{1.5}$	
$1.5 < {}_c\lambda$ の場合	$\dfrac{1}{3}\cdot\dfrac{F}{{}_c\lambda^2}$	

この表において、$_c\lambda$ 及び F は、それぞれ次の数値を表すものとする。
$_c\lambda$　次の式によって計算した軸方向力に係る一般化有効細長比

$${}_c\lambda=\left(\frac{\ell_k}{i}\right)\sqrt{\frac{F}{\pi^2E}}$$

（この式において、ℓ_k、i、F 及び E は、それぞれ次の数値を表すものとする。
ℓ_k　有効座屈長さ（単位　mm）
i　最小断面二次半径（単位　mm）
F　平成 12 年建設省告示第 2464 号第 1 に規定する基準強度（単位　N/mm²）
E　ヤング係数（単位　N/mm²)）

F　平成 12 年建設省告示第 2464 号第 1 に規定する基準強度（単位　N/mm²）

ハ　曲げ材の座屈の許容応力度は、炭素鋼にあっては次の表 1、ステンレス鋼にあっては次の表 2 の数値によらなければならない。ただし、令第 90 条に規定する曲げの許容応力度の数値を超える場合においては、当該数値を曲げ材の座屈の許容応力度の数値としなければならない。

表 1

曲げ材の種類及び曲げの形式		長期に生ずる力に対する曲げ材の座屈の許容応力度（単位　N/mm^2）	短期に生ずる力に対する曲げ材の座屈の許容応力度（単位　N/mm^2）
(一)	荷重面内に対称軸を有する圧延形鋼及びプレートガーダーその他これに類する組立材で、強軸周りに曲げを受ける場合	$F\left\{\frac{2}{3}-\frac{4}{15}\cdot\frac{(\ell_b／i)^2}{C\Lambda^2}\right\}$ 又は $\frac{89,000}{\left(\frac{\ell_b h}{A_f}\right)}$ のうち大きい数値	長期に生ずる力に対する曲げ材の座屈の許容応力度の数値の 1.5 倍とする。
(二)	鋼管及び箱形断面材の場合、(一) に掲げる曲げ材で弱軸周りに曲げを受ける場合並びにガセットプレートで面内に曲げを受ける場合	$\frac{F}{1.5}$	
(三)	みぞ形断面材及び荷重面内に対称軸を有しない材の場合	$\frac{89,000}{\left(\frac{\ell_b h}{A_f}\right)}$	

この表において、F、ℓ_b、i、C、Λ、h 及び A_f は、それぞれ次の数値を表すものとする。

F　平成 12 年建設省告示第 2464 号第 1 に規定する基準強度（単位　N/mm^2）

ℓ_b　圧縮フランジの支点間距離（単位　mm）

i　圧縮フランジと曲げ材のせいの 6 分の 1 とからなる T 形断面のウェッブ軸周りの断面二次半径（単位　mm）

C　次の式によって計算した修正係数（2.3 を超える場合には 2.3 とし、補剛区間内の曲げモーメントが M_1 より大きい場合には 1 とする。）

$$C=1.75+1.05\left(\frac{M_2}{M_1}\right)+0.3\left(\frac{M_2}{M_1}\right)^2$$

（この式において、M_2 及び M_1 は、それぞれ座屈区間端部における小さい方及び大きい方の強軸周りの曲げモーメントを表すものとし、M_2/M_1 は、当該曲げモーメントが複曲率となる場合には正と、単曲率となる場合には負とするものとする。）

Λ　ロの表 1 に規定する限界細長比

h　曲げ材のせい（単位　mm）

A_f　圧縮フランジの断面積（単位　mm^2）

表 2

<table>
<tr><th colspan="4">曲げ材の種類及び曲げの形式</th><th>長期に生ずる力に対する曲げ材の座屈の許容応力度（単位　N/mm^2）</th><th>短期に生ずる力に対する曲げ材の座屈の許容応力度（単位　N/mm^2）</th></tr>
<tr><td rowspan="6">（一）</td><td rowspan="6">荷重面内に対称軸を有する圧延形鋼及びプレートガーダーその他これに類する組立材で、強軸周りに曲げを受ける場合</td><td rowspan="3">$-0.5 \leqq M_r \leqq 1.0$ の場合</td><td>${}_b\lambda \leqq {}_b\lambda_y$ の場合</td><td>$\dfrac{F}{1.5}$</td><td rowspan="8">長期に生ずる力に対する曲げ材の座屈の許容応力度の数値の 1.5 倍とする。</td></tr>
<tr><td>${}_b\lambda_y < {}_b\lambda \leqq 1.3$ の場合</td><td>$\dfrac{1-0.4\dfrac{{}_b\lambda-{}_b\lambda_y}{1.3-{}_b\lambda_y}}{1.5+0.7\dfrac{{}_b\lambda-{}_b\lambda_y}{1.3-{}_b\lambda_y}}F$</td></tr>
<tr><td>$1.3 < {}_b\lambda$ の場合</td><td>$\dfrac{F}{2.2\,{}_b\lambda^2}$</td></tr>
<tr><td rowspan="3">$-1.0 \leqq M_r \leqq -0.5$ の場合</td><td>${}_b\lambda \leqq \dfrac{0.46}{\sqrt{C}}$ の場合</td><td>$\dfrac{F}{1.5}$</td></tr>
<tr><td>$\dfrac{0.46}{\sqrt{C}} < {}_b\lambda \leqq \dfrac{1.3}{\sqrt{C}}$ の場合</td><td>$\dfrac{0.693}{\sqrt{\sqrt{C}\,{}_b\lambda}+0.015}\cdot\dfrac{F}{1.12+0.83\,{}_b\lambda\sqrt{C}}$</td></tr>
<tr><td>$\dfrac{1.3}{\sqrt{C}} < {}_b\lambda$ の場合</td><td>$\dfrac{F}{2.2C\,{}_b\lambda^2}$</td></tr>
<tr><td>（二）</td><td colspan="3">鋼管及び箱形断面材の場合、（一）に掲げる曲げ材で弱軸周りに曲げを受ける場合並びにガセットプレートで面内に曲げを受ける場合</td><td>$\dfrac{F}{1.5}$</td></tr>
<tr><td>（三）</td><td colspan="2">みぞ形断面材及び荷重面内に対称軸を有しない材の場合</td><td>${}_b\lambda \leqq {}_b\lambda_y$ の場合</td><td>$\dfrac{F}{1.5}$</td></tr>
</table>

この表において、M_r、${}_b\lambda$、C、F 及び ${}_b\lambda_y$ は、それぞれ次の数値を表すものとする。

M_r　M_2（表 1 に規定する M_2 をいう。以下同じ。）を M_1（表 1 に規定する M_1 をいう。以下同じ。）で除して得た数値

${}_b\lambda$　次の式によって計算した曲げモーメントに係る一般化有効細長比

$$ {}_b\lambda=\sqrt{\frac{M_y}{M_e}} $$

この式において、M_y 及び M_e は、それぞれ次の数値を表すものとする。

M_y　降伏曲げモーメント（単位　N・mm）

M_e　次の式によって計算した弾性横座屈曲げモーメント（単位　N・mm）

$$ M_e=C\cdot\sqrt{\frac{\pi^4\cdot E^2\cdot I_y\cdot I_w}{(k_b\cdot \ell_b)^4}+\frac{\pi^2\cdot E\cdot I_y\cdot G\cdot J}{\ell_b^2}} $$

この式において、C、E、I_y、I_w、ℓ_b、k_b、G 及び J は、それぞれ次の数値を表すものとする。

C　表 1 に規定する修正係数

E　ヤング係数（単位　N/mm^2）

I_y　曲げ材の弱軸周りの断面二次モーメント（単位　mm^4）

I_w　曲げ材の曲げねじり定数（単位　mm^6）

ℓ_b　横座屈補剛間隔（単位　mm）

k_b　有効横座屈長さ係数として、曲げ材の一方の材端が剛接合されている場合には 0.55 とし、スパン中間で補剛されている場合には、0.75 とする。ただし、計算によって当該係数を算出できる場合においては、当該計算によることができる。

G　曲げ材のせん断弾性係数（単位　N/mm^2）

J　曲げ材のサンブナンねじり定数（単位　mm^4）

C　表 1 に規定する修正係数

F　平成 12 年建設省告示第 2464 号第 1 に規定する基準強度（単位　N/mm^2）

${}_b\lambda_y$　次の式によって計算した一般化降伏限界細長比

$$ {}_b\lambda_y=0.7+0.17\left(\frac{M_2}{M_1}\right)-0.07\left(\frac{M_2}{M_1}\right)^2 $$

付録 4.2　コンクリートの許容応力度等

建築基準法施行令

（コンクリート）

第 91 条　コンクリートの許容応力度は、次の表の数値によらなければならない。ただし、異形鉄筋を用いた付着について、国土交通大臣が異形鉄筋の種類及び品質に応じて別に数値を定めた場合は、当該数値によることができる。

<table>
<tr><td colspan="4">長期に生ずる力に対する許容応力度
（単位　N/mm^2）</td><td colspan="4">短期に生ずる力に対する許容応力度
（単位　N/mm^2）</td></tr>
<tr><td>圧縮</td><td>引張り</td><td>せん断</td><td>付着</td><td>圧縮</td><td>引張り</td><td>せん断</td><td>付着</td></tr>
<tr><td>$\frac{F}{3}$</td><td colspan="2">$\frac{F}{30}$
（F が 21 を超えるコンクリートについて、国土交通大臣がこれと異なる数値を定めた場合は、その定めた数値）</td><td>0.7（軽量骨材を使用するものにあつては、0.6）</td><td colspan="4">長期に生ずる力に対する圧縮、引張り、せん断又は付着の許容応力度のそれぞれの数値の 2 倍（F が 21 を超えるコンクリートの引張り及びせん断について、国土交通大臣がこれと異なる数値を定めた場合は、その定めた数値）とする。</td></tr>
<tr><td colspan="8">この表において、F は、設計基準強度（単位　N/mm^2）を表すものとする。</td></tr>
</table>

2　特定行政庁がその地方の気候、骨材の性状等に応じて規則で設計基準強度の上限の数値を定めた場合において、設計基準強度が、その数値を超えるときは、前項の表の適用に関しては、その数値を設計基準強度とする。

付録 4.3　溶接部の許容応力度等

建築基準法施行令

（溶接）

第 92 条　溶接継目ののど断面に対する許容応力度は、次の表の数値によらなければならない。

<table>
<tr><td rowspan="2">継目の形式</td><td colspan="4">長期に生ずる力に対する許容応力度
（単位　N/mm^2）</td><td colspan="4">短期に生ずる力に対する許容応力度
（単位　N/mm^2）</td></tr>
<tr><td>圧縮</td><td>引張り</td><td>曲げ</td><td>せん断</td><td>圧縮</td><td>引張り</td><td>曲げ</td><td>せん断</td></tr>
<tr><td>突合せ</td><td colspan="3">$\frac{F}{1.5}$</td><td>$\frac{F}{1.5\sqrt{3}}$</td><td colspan="4" rowspan="2">長期に生ずる力に対する圧縮、引張り、曲げ又はせん断の許容応力度のそれぞれの数値の 1.5 倍とする。</td></tr>
<tr><td>突合せ以外のもの</td><td colspan="3">$\frac{F}{1.5\sqrt{3}}$</td><td>$\frac{F}{1.5\sqrt{3}}$</td></tr>
<tr><td colspan="9">この表において、F は、溶接される鋼材の種類及び品質に応じて国土交通大臣が定める溶接部の基準強度（単位　N/mm^2）を表すものとする。</td></tr>
</table>

平成 12 年建設省告示第 2464 号（最終改正：平成 19 年 5 月 18 日国土交通省告示第 623 号）
鋼材等及び溶接部の許容応力度並びに材料強度の基準強度を定める件

（前文　略）

第 1　（略）

第 2　溶接部の許容応力度の基準強度

一　溶接部の許容応力度の基準強度は、次号に定めるもののほか、次の表の数値（異なる種類又は品質の鋼材を溶接する場合においては、接合される鋼材の基準強度のうち小さい値となる数値。次号並びに第 4 第一号本文及び第二号において同じ。）とする。

鋼材の種類及び品質				基準強度（単位　N/mm²）
炭素鋼	構造用鋼材	SKK400 SHK400M SS400 SM400A SM400B SM400C SMA400AW SMA400AP SMA400BW SMA400BP SMA400CW SMA400CP SN400A SN400B SN400C SNR400B SSC400 SWH400 SWH400L STK400 STKR400 STKN400W STKN400B	鋼材の厚さが 40mm 以下のもの	235
			鋼材の厚さが 40mm を超え 100mm 以下のもの	215
		SGH400 SGC400 CGC400 SGLH400 SGLC400 CGLC400		280
		SHK490M	鋼材の厚さが 40mm 以下のもの	315
		SKK490 SM490A SM490B SM490C SM490YA SM490YB SMA490AW SMA490AP SMA490BW SMA490BP SMA490CW SMA490CP SN490B SN490C SNR490B STK490 STKR490 STKN490B	鋼材の厚さが 40mm 以下のもの	325
			鋼材の厚さが 40mm を超え 100mm 以下のもの	295
		SGH490 SGC490		345

		CGC490 SGLH490 SGLC490 CGLC490		
		SM520B SM520C	鋼材の厚さが 40mm 以下のもの	355
			鋼材の厚さが 40mm を超え 75mm 以下のもの	335
			鋼材の厚さが 75mm を超え 100mm 以下のもの	325
		SDP1T SDP1TG	鋼材の厚さが 40mm 以下のもの	205
		SDP2 SDP2G SDP3	鋼材の厚さが 40mm 以下のもの	235
	鋳鋼	SCW410 SCW410CF		235
		SCW480 SCW480CF		275
		SCW490CF		315
ステンレス鋼	構造用鋼材	SUS304A SUS316A SDP4 SDP5		235
		SUS304N2A SDP6		325
	鋳鋼	SCS13AA-CF		235
丸鋼		SR235 SRR235		235
		SR295		295
異形鉄筋		SDR235		235
		SD295A SD295B		295
		SD345		345
		SD390		390

二　法第37条第一号の国土交通大臣の指定するJISに適合するもののうち前号の表に掲げる種類以外の鋼材等及び同条第二号の国土交通大臣の認定を受けた鋼材に係る溶接部の許容応力度の基準強度は、その種類及び品質に応じてそれぞれ国土交通大臣が指定した数値とする。

第3　（略）

第4　溶接部の材料強度の基準強度

一　溶接部の材料強度の基準強度は、次号に定めるもののほか、第2の表の数値とする。ただし、炭素鋼の構造用鋼材、丸鋼及び異形鉄筋のうち、同表に掲げるJISに定めるものについては、同表の数値のそれぞれ1.1倍以下の数値とすることができる。

二　法第37条第一号の国土交通大臣の指定するJISに適合するもののうち第2の表に掲げる種類以外の鋼材等及び同条第二号の国土交通大臣の認定を受けた鋼材に係る溶接部の材料強度の基準強度は、その種類及び品質に応じてそれぞれ国土交通大臣が指定した数値とする。

付録4.4　高力ボルトの許容応力度等

(1) 許容応力度

建築基準法施行令

（高力ボルト接合）

第92条の2　高力ボルト摩擦接合部の高力ボルトの軸断面に対する許容せん断応力度は、次の表の数値によらなければならない。

許容せん断応力度＼種類	長期に生ずる力に対する許容せん断応力度（単位　N/mm^2）	短期に生ずる力に対する許容せん断応力度（単位　N/mm^2）
一面せん断	$0.3T_0$	長期に生ずる力に対する許容せん断応力度の数値の1.5倍とする。
二面せん断	$0.6T_0$	
この表において、T_0は、高力ボルトの品質に応じて国土交通大臣が定める基準張力（単位　N/mm^2）を表すものとする。		

2　高力ボルトが引張力とせん断力とを同時に受けるときの高力ボルト摩擦接合部の高力ボルトの軸断面に対する許容せん断応力度は、前項の規定にかかわらず、次の式により計算したものとしなければならない。

$$f_{st}=f_{s0}\left(1-\frac{\sigma_t}{T_0}\right)$$

この式において、f_{st}、f_{s0}、δ_t及びT_0は、それぞれ次の数値を表すものとする。

f_{st}　この項の規定による許容せん断応力度（単位　N/mm^2）

f_{s0}　前項の規定による許容せん断応力度（単位　N/mm^2）

σ_t　高力ボルトに加わる外力により生ずる引張応力度（単位　N/mm^2）

T_0　前項の表に規定する基準張力

（2）基準強度等（F）

平成12年12月26日建設省告示第2466号

高力ボルトの基準張力、引張接合部の引張りの許容応力度及び材料強度の基準強度を定める件

（前文　略）

第1　高力ボルトの基準張力

一　高力ボルトの基準張力は、次号に定めるもののほか、次の表の数値とする。

	高力ボルトの品質		高力ボルトの基準張力（単位　N/mm^2）
	高力ボルトの種類	高力ボルトの締付ボルト張力（単位　N/mm^2）	
（一）	一種	400以上	400
（二）	二種	500以上	500
（三）	三種	535以上	535
この表において、一種、二種及び三種は、日本工業規格（以下「JIS」という。）B1186（摩擦接合用高力六角ボルト・六角ナット・平座金のセット）－1995に定める一種、二種及び三種の摩擦接合用高力ボルト、ナット及び座金の組合せを表すものとする。			

二　建築基準法（昭和25年法律第201号。以下「法」という。）第37条第二号の国土交通大臣の認定を受けた高力ボルトの基準張力は、その品質に応じてそれぞれ国土交通大臣が指定した数値とする。

第2　高力ボルト引張接合部の引張りの許容応力度

一　高力ボルト引張接合部の高力ボルトの軸断面に対する引張りの許容応力度は、次号に定めるもののほか、次の表の数値とする。

高力ボルトの品質	長期に生ずる力に対する引張りの許容応力度（単位　N/mm²）	短期に生ずる力に対する引張りの許容応力度（単位　N/mm²）
第1の表中（一）項に掲げるもの	250	長期に生ずる力に対する引張りの許容応力度の数値の1.5倍とする。
第1の表中（二）項に掲げるもの	310	
第1の表中（三）項に掲げるもの	330	

二　法第37条第二号の国土交通大臣の認定を受けた高力ボルト引張接合部の引張りの許容応力度は、その品質に応じてそれぞれ国土交通大臣が指定した数値とする。

第3　高力ボルトの材料強度の基準強度

一　高力ボルトの材料強度の基準強度は、次号に定めるもののほか、次の表の数値とする。

高力ボルトの品質	基準強度（単位　N/mm²）
F8T	640
F10T	900
F11T	950
この表において、F8T、F10T及びF11Tは、JIS　B1186（摩擦接合用高力六角ボルト・六角ナット・平座金のセット）－1995に定めるF8T、F10T及びF11Tの高力ボルトを表すものとする。	

二　法第37条第二号の国土交通大臣の認定を受けた高力ボルトの材料強度の基準強度は、その品質に応じてそれぞれ国土交通大臣が指定した数値とする。

付録4.5　その他の許容応力度等

(1) アンカーボルトなど

設備機器等の据付けに用いるアンカーボルトなどは、「自家用発電設備耐震設計のガイドライン」((一社) 日本内燃力発電設備協会) による。その許容耐力は、「付表1」によるが、十分に施工管理されたアンカーボルトについては「付録8」の許容耐力を用いてもよい。

(2) ガラス繊維強化ポリエステル (FRP)

水槽等に用いるFRPの許容応力度等は「FRP水槽構造設計計算法平成8年12月」((一社) 強化プラスチック協会) に準ずるものとする。

(3) その他鋼材および金属材料

告示に定められた鋼材以外の金属材料の短期許容応力度については0.2%耐力値を用いてよい。0.2%耐力値とは、その材料の残留ひずみが0.2%の値となる応力値をいう。

付録4.6　接合部

(1) 鋼材

鋼材の接合は、原則としてボルト接合および溶接接合によることとし、詳細は（一社）日本建築学会「鋼構造設計規準—許容応力度設計法—（2005)」および「鉄骨工事技術指針」に準ずるものとする。鋼材の接合部が十分な耐力を持たないと、部材耐力に余裕があっても地震時に接合部は破損することになる。接合部については、(一社) 日本建築学会「鋼構造設計規準—許容応力度設計法—（2005)」等によることとする。

溶接接合を採用する場合には、溶接部のディテールに注意を払い、ルートギャップやのど厚を確保するとともに現場施工等も考え合せ十分な余長を持った溶接長とする必要がある。

付録 4.7　ボルトおよび高力ボルトのピッチ、ゲージの標準

ボルトのピッチおよびゲージは、下記による。これは、(一社)日本建築学会「鋼構造設計規準—許容応力度設計法—（2005)」に一部追記したものである。

(1) 形鋼のゲージの標準

（単位：mm）

A あるいは B	g_1	g_2	最大軸径	B	g_1	g_2	最大軸径	B	g_3	最大軸径
40	22		10	100**	60		16	40	24	10
45	25		12	125	75		16	50	30	12
50**	30		16	150	90		22	65	35	20
60	35		16	175	105		22	70	40	20
65	35		20	200	120		24	75	40	22
70	40		20	250	150		24	80	45	22
75	40		22	300*	150	40	24	90	50	24
80	45		22	350	140	70	24	100	55	24
90	50		24	400	140	90	24			
100	55		24							
125	50	35	24							
130	50	40	24							
150	55	55	24							
175	60	70	24							
200	60	90	24							

*　B = 300 は千鳥打ちとする。
**　印欄の g および最大リベット径の値は強度上支障がないとき、最小の縁端距離の規定にかかわらず用いることができる。

(2) ピッチの標準

（単位：mm）

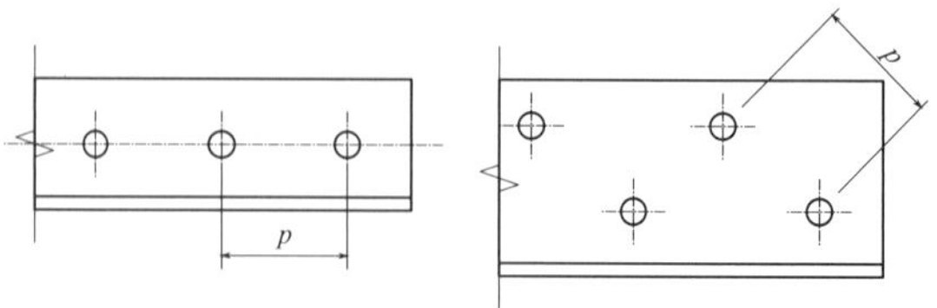

軸径 d		10	12	16	20	22	24	28
ピッチ p	標準	40	50	60	70	80	90	100
	最小	25	30	40	50	55	60	70

注）　形鋼にボルトを使用する場合の位置、最大軸径（ゲージ）とボルトのピッチを示している。M8 ボルトを採用する場合は M10 に準ずること。

付録 4.8　等辺山形鋼の標準断面寸法とその断面積・単位重量・断面特性・長期応力

下図における等辺山形鋼の標準断面寸法とその断面積等の関係を次頁の付録表 4.8－1 に示す。

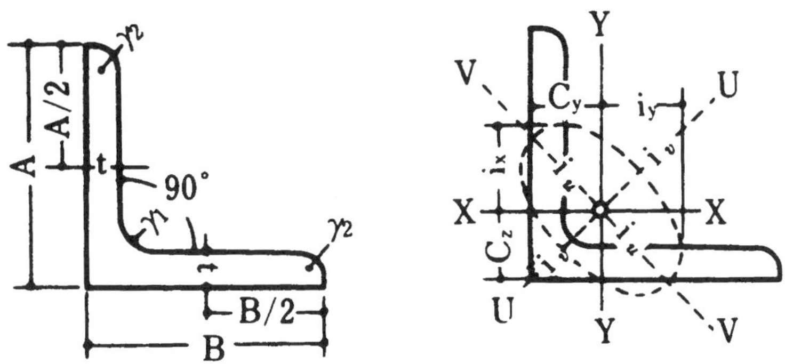

注 1)　許容曲げモーメント、許容引張り力、許容圧縮力については、材質は SS400 とする。
（許容力は長期の値を示しており、短期の値は、この 1.5 倍とする。）

$M_A = Z \cdot f_b$　、$f_b = 15.6\text{kN/cm}^2$

$T_a = A \cdot f_t$　、$f_t = 15.6\text{kN/cm}^2$

$$C_a = A \cdot f_c \quad 、f_c = \frac{\left\{1-0.4\left(\dfrac{\lambda}{\Lambda}\right)^2\right\}F}{\nu} \qquad \lambda \leqq \Lambda のとき$$

$$f_c = \frac{0.277F}{\left(\dfrac{\lambda}{\Lambda}\right)^2} \qquad \lambda > \Lambda のとき$$

ここに、λ ：細長比$= \ell / i_{min} \leqq 250$　、$\Lambda = \sqrt{\dfrac{\pi^2 \cdot E}{0.6F}}$

$$\nu = \frac{3}{2} + \frac{2}{3}\left(\frac{\lambda}{\Lambda}\right)^2 、F = 23.5\text{kN/cm}^2、E = 20{,}500\,\text{kN/cm}^2$$

により求めている。

注 2)　許容引張り力については全断面を有効とした場合の値を示しており、実用的には山形鋼の 1 辺の 1/2 とボルト孔の投影面積を減じた部材有効断面から許容引張り力を算出すること。

付録表 4.8－1 等辺山形鋼の標準断面寸法とその断面積・単位重量・断面特性・長期応力

寸 法 (mm)				断面積 (cm^2)	単位質量 (kg/m)	断面2次モーメント (cm^4)			断面2次半径 (cm)			断面係数 (cm^3)	重心 (cm)	許容曲げモーメント (kN·cm)	許容引張り力 (kN)	許容圧縮力 (kN) C_a		
A×B	t	γ_1	γ_2	A		$I_x=I_y$	I_u	I_v	$i_x=i_y$	i_u	i_v	$Z_x=Z_y$	$C_x=C_y$	M_A	T_a	$\ell=100$	$\ell=150$	$\ell=200$
40× 40	3	4.5	2	2.336	1.83	3.53	5.60	1.46	1.23	1.55	0.790	1.21	1.09	18.8	36.4	13.6	6.05	—
40× 40	5	4.5	3	3.755	2.95	5.42	8.59	2.25	1.20	1.51	0.774	1.91	1.17	29.7	58.5	20.8	9.23	—
45× 45	4	6.5	3	3.492	2.74	6.50	10.3	2.70	1.36	1.72	0.880	2.00	1.24	31.2	54.4	25.0	11.2	6.31
50× 50	4	6.5	3	3.892	3.06	9.06	14.4	3.76	1.53	1.92	0.983	2.49	1.37	38.8	60.7	32.7	15.5	8.72
50× 50	6	6.5	4.5	5.644	4.43	12.6	20.0	5.23	1.50	1.88	0.963	3.55	1.44	55.3	88.0	46.1	21.6	12.1
60× 60	4	6.5	3	4.692	3.68	16.0	25.4	6.62	1.85	2.33	1.19	3.66	1.61	57.0	73.1	48.4	27.6	15.5
60× 60	5	6.5	3	5.802	4.55	19.6	31.2	8.09	1.84	2.32	1.18	4.52	1.66	70.5	90.5	59.4	33.5	18.8
65× 65	6	8.5	4	7.527	5.91	29.4	46.6	12.2	1.98	2.49	1.27	6.26	1.81	97.6	117	81.8	50.3	28.3
65× 65	8	8.5	6	9.761	7.66	36.8	58.3	15.3	1.94	2.44	1.25	7.96	1.88	124	152	105	63.3	35.6
70× 70	6	8.5	4	8.127	6.38	37.1	58.9	15.3	2.14	2.69	1.37	7.33	1.93	114	126	93.0	61.8	35.6
75× 75	6	8.5	4	8.727	6.85	46.1	73.2	19.0	2.30	2.90	1.48	8.47	2.06	132	136	104	73.3	44.0
75× 75	9	8.5	6	12.69	9.96	64.4	102	26.7	2.25	2.84	1.45	12.1	2.17	188	197	150	105	62.2
75× 75	12	8.5	6	16.56	13.0	81.9	129	34.5	2.22	2.79	1.44	15.7	2.29	244	258	195	135	80.1
80× 80	6	8.5	4	9.327	7.32	56.4	89.6	23.2	2.46	3.10	1.58	9.70	2.18	151	145	115	85.5	54.3
90× 90	6	10	5	10.55	8.28	80.7	128	33.4	2.77	3.48	1.78	12.3	2.42	191	164	136	107	74.8
90× 90	7	10	5	12.22	9.59	93.0	148	38.3	2.76	3.48	1.77	14.2	2.46	221	190	159	125	88.3
90× 90	10	10	7	17.00	13.3	125	199	51.7	2.71	3.42	1.74	19.5	2.57	304	265	219	172	119
90× 90	13	10	7	21.71	17.0	156	248	65.3	2.68	3.38	1.73	24.8	2.69	386	338	279	218	151
100×100	7	10	5	13.62	10.7	129	205	53.2	3.08	3.88	1.98	17.7	2.71	276	212	183	152	115
100×100	10	10	7	19.00	14.9	175	278	72.0	3.04	3.83	1.95	24.4	2.82	380	296	255	210	159
100×100	13	10	7	24.31	19.1	220	348	91.1	3.00	3.78	1.94	31.1	2.94	485	379	325	267	200
120×120	8	12	5	18.76	14.7	258	410	106	3.71	4.67	2.38	29.5	3.24	460	292	265	233	194
130×130	9	12	6	22.74	17.9	366	583	150	4.01	5.06	2.57	38.7	3.53	603	354	326	292	249
130×130	12	12	8.5	29.76	23.4	467	743	192	3.96	5.00	2.54	49.9	3.64	778	464	426	380	323
130×130	15	12	8.5	36.75	28.8	568	902	234	3.93	4.95	2.53	61.5	3.76	959	573	525	468	398
150×150	12	14	7	34.77	27.3	740	1,180	304	4.61	5.82	2.96	68.1	4.14	1,062	542	509	468	416
150×150	15	14	10	42.74	33.6	888	1,410	365	4.56	5.75	2.92	82.6	4.24	1,288	666	625	573	508
150×150	19	14	10	53.38	41.9	1,090	1,730	451	4.52	5.69	2.91	103	4.40	1,606	832	780	715	633
175×175	12	15	11	40.52	31.8	1,170	1,860	480	5.38	6.78	3.44	91.8	4.73	1,432	632	604	568	520
175×175	15	15	11	50.21	39.4	1,440	2,290	589	5.35	6.75	3.42	114	4.85	1,778	783	748	703	643

付録 4.9　溝形鋼の標準断面寸法とその断面積・単位重量・断面特性・長期応力

下図における溝形鋼の標準断面寸法とその断面積等の関係を次頁の付録表 4.9－1 に示す。

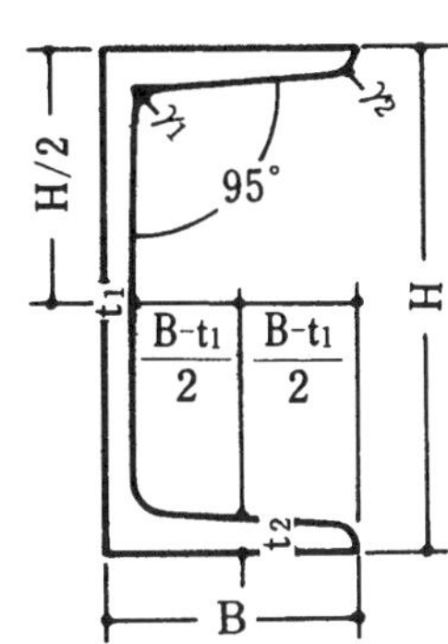

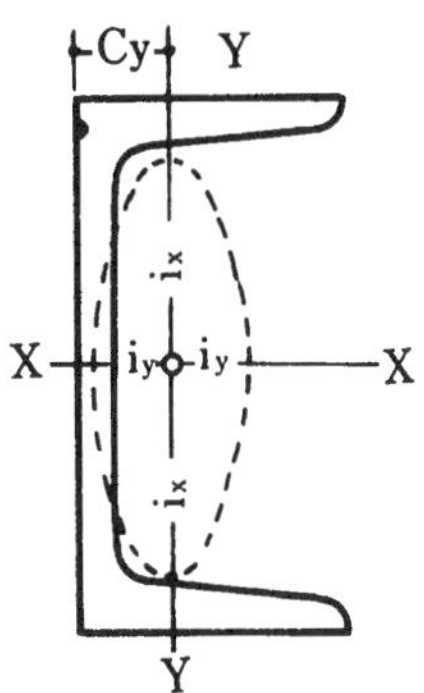

注）許容曲げモーメント、許容引張り力、許容圧縮力は、材質を SS400 として算定している。
（許容力は長期の値を示しており、短期の値は、この 1.5 倍とする。長さ（ℓ）が 200cm を超える場合は以下に示す補正を行う。）

$M_A = Z \cdot f_b$　、$f_b = 15.6\text{kN/cm}^2$

$T_a = A \cdot f_t$　、$f_t = 15.6\text{kN/cm}^2$

$C_a = A \cdot f_c$　、$f_c = \dfrac{\left\{1-0.4\left(\dfrac{\lambda}{\Lambda}\right)^2\right\}F}{\nu}$　　$\lambda \leqq \Lambda$ のとき

$f_c = \dfrac{0.277F}{\left(\dfrac{\lambda}{\Lambda}\right)^2}$　　$\lambda > \Lambda$ のとき

ここに、λ：細長比＝$\ell / i_{min} \leqq 250$　、$\Lambda = \sqrt{\dfrac{\pi^2 \cdot E}{0.6F}}$

$\nu = \dfrac{3}{2} + \dfrac{2}{3}\left(\dfrac{\lambda}{\Lambda}\right)^2$、$F = 23.5\text{kN/cm}^2$、$E = 20{,}500\,\text{kN/cm}^2$

により求めている。

付録表 4.9－1　溝形鋼の標準断面寸法とその断面積・単位重量・断面特性・長期応力

寸法（mm）					断面積 (cm²)	単位質量 (kg/m)	断面2次モーメント (cm⁴)		断面2次半径 (cm)		断面係数 (cm³)		重心 (cm)	許容曲げモーメント (kN·cm)	許容引張り力 (kN)	許容圧縮力 (kN)		
																C_a		
H×B	t_1	t_2	r_1	r_2			I_x	I_y	i_x	i_y	Z_x	Z_y	C_y	M_A	T_a	ℓ=100	ℓ=150	ℓ=200
75×40	5	7	8	4	8.818	6.92	75.3	12.2	2.92	1.17	20.1	4.47	1.28	69.7	137	91.0	51.8	29.1
100×50	5	7.5	8	4	11.92	9.36	188	26.0	3.97	1.48	37.6	7.52	1.54	117	185	144	103	62.6
125×65	6	8	8	4	17.11	13.4	424	61.8	4.98	1.90	67.8	13.4	1.90	209	266	230	190	144
150×75	6.5	10	10	5	23.71	18.6	861	117	6.03	2.22	115	22.4	2.28	349	369	331	287	235
150×75	9	12.5	15	7.5	30.59	24.0	1,050	147	5.86	2.19	140	28.3	2.31	441	477	424	364	292
180×75	7	10.5	11	5.5	27.20	21.4	1,380	131	7.12	2.19	153	24.3	2.13	379	424	379	327	266
200×80	7.5	11	12	6	31.33	24.6	1,950	168	7.88	2.32	195	29.1	2.21	453	488	442	389	323
200×90	8	13.5	14	7	38.65	30.3	2,490	277	8.02	2.68	249	44.2	2.74	689	602	558	504	436

付録5　鉄骨架台の接合部の例

本詳細は水槽架台で通常行われている架構形式・材料を用いた場合の一例を示したものであり、接合方法は溶接と高力ボルトを主として考えている。詳細部の設計は使用材料・鉄骨加工業者の技術水準などにより、変化し得るものであり、本例ではあくまでも一例を示したものと考えるべきものである。

なお、接合部は被接合部材の降伏を確保するのに十分な耐力を有すべきであるが、地震入力も大きくとっていることから、ここではそこまでは考慮していない。安全性を重視する場合は、構造部材に用いられている保有耐力接合とすべきである。

(1) 柱材とその標準接合部

付録表 5−1　柱材とその標準接合部

部材	接合部	
	溶接	G PL
L − 65 × 65 × 6	全周すみ肉	PL − 6
L − 75 × 75 × 6	〃	PL − 6
L − 75 × 75 × 9	〃	PL − 9
L − 90 × 90 × 7	〃	PL − 9
L − 100 × 100 × 7	〃	PL − 9
L − 120 × 120 × 7	〃	PL − 9
CT − 97 × 150 × 6 × 9	〃	PL − 9
備考： G PLはガセットプレートを指す（以下同じ。）。		

(2) 束材とその標準接合部

付録表 5−2　束材とその標準接合部

部材	接合部	
	高力ボルト	G PL
L − 65 × 65 × 6	2 − M20	PL − 9

(3) 横材とその標準接合部

付録表 5−3　横材とその標準接合部

部材	接合部		部材	接合部	
	高力ボルト	G PL		高力ボルト	G PL
L − 50 × 50 × 6	2 − M16	PL − 6	L − 120 × 120 × 8	3 − M20	PL − 9
L − 65 × 65 × 6	2 − M16	PL − 6	[− 100 × 50 × 5	2 − M16	PL − 6
L − 65 × 65 × 6	2 − M20	PL − 9	[− 100 × 50 × 5	2 − M20	PL − 9
L − 75 × 75 × 6	2 − M16	PL − 6	[− 125 × 65 × 6	2 − M16	PL − 6
L − 75 × 75 × 6	2 − M20	PL − 9	[− 125 × 65 × 6	2 − M20	PL − 9
L − 90 × 90 × 7	2 − M16	PL − 6	[− 150 × 75 × 6.5	2 − M20	PL − 9
L − 90 × 90 × 7	2 − M20	PL − 9	[− 150 × 75 × 8	2 − M20	PL − 9
L − 100 × 100 × 7	2 − M20	PL − 9	H − 175 × 90 × 5 × 8	2 − M20	PL − 9

(4) ブレース材とその標準接合部

付録表 5−4 ブレース材とその標準接合部

部材	接合部	
	高力ボルト	G ℙ
M16[*1)]	1 − M16	ℙ − 6
L − 50 × 50 × 6	2 − M16	ℙ − 6
L − 65 × 65 × 6	2 − M20	ℙ − 9
L − 75 × 75 × 6	2 − M20	ℙ − 9
L − 90 × 90 × 7	3 − M20	ℙ − 9
備考： ＊1） ターンバックル付き		

(5) 接合部材および取付上の諸注意

① ターンバックルは JIS A 5541 1 種、2 種のターンバックル胴と JIS A 5542 1 種、2 種のターンバックルボルトからなるものとする。またアングルの材質は JIS G 3101 の SS400 とする。

② 高力ボルトの材質は JIS B 1186 の 2 種とする。また、縁端距離・ピッチは付録表 5−5 による。

付録表 5−5 縁端距離・ピッチ（単位 mm）

ボルトサイズ	縁端距離		ピッチ
	ボルト 2 列以下	ボルト 3 列以下	
M16	40	35	60
M20	50	40	70

③ ガセット・プレートの材質は JIS G 3101 の SS400 とする。ただし、ブレース材および束材のガセット・プレート形状は付録図 5−1 に示す b と b' の関係が b ≦ b' を守ること。

④ 溶接作業はすべて工場溶接とし、日本工業規格の溶接技術検定試験に合格した有資格者が行うものとする。

すみ肉溶接の脚長はℙ -6 の場合 6mm、 ℙ -9 で 7mm とする。

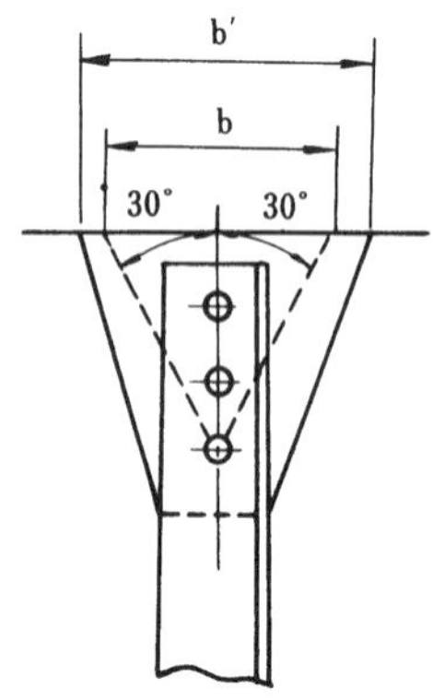

付録図 5−1 ブレース・束材のガセット・プレート

(6) 鉄骨架台の接合部例

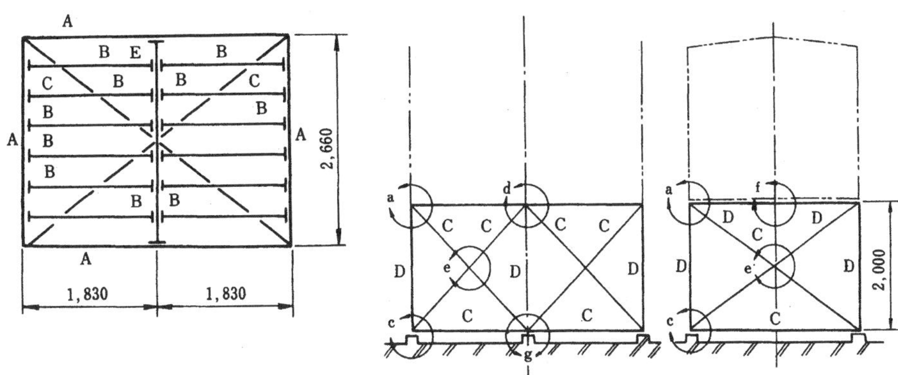

上面材

記号	使用鋼材
A	[－ 125 × 65 × 6
B	[－ 100 × 50 × 5
C	L － 65 × 65 × 6
D	L － 100 × 100 × 7
E	H － 175 × 90 × 5 × 8

備考：
取付詳細 a~g 部の例は付録図 5.4 ～ 5.7 に示す。

付録図 5－2　角型水槽（20m³）の例－1

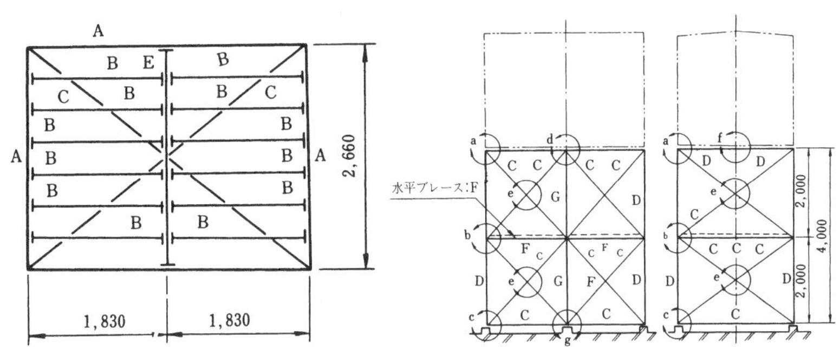

上面材

記号	使用鋼材
A	[－ 125 × 65 × 6
B	[－ 100 × 50 × 5
C	L － 65 × 65 × 6
D	L － 120 × 120 × 8
E	H － 175 × 90 × 5 × 8
F	L － 50 × 50 × 6
G	CT － 175 × 90 × 5 × 8

備考：
取付詳細 a~g 部の例は付録図 5.4 ～ 5.7 に示す。

付録図 5－3　角型水槽（20m³）の例－2

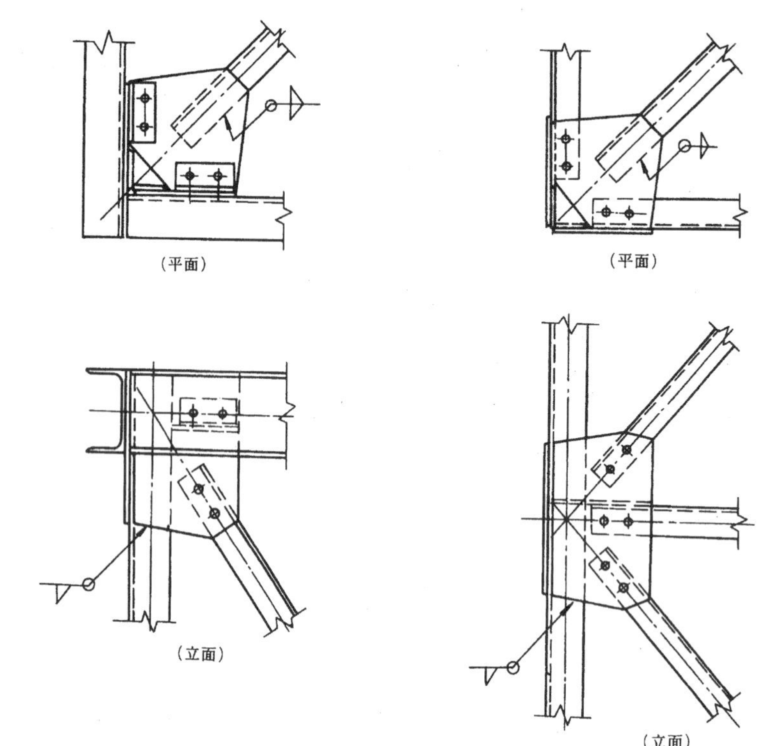

a 部詳細図　　　　b 部詳細図

付録図 5－4　接合部基準図（a 部、b 部詳細図の例）

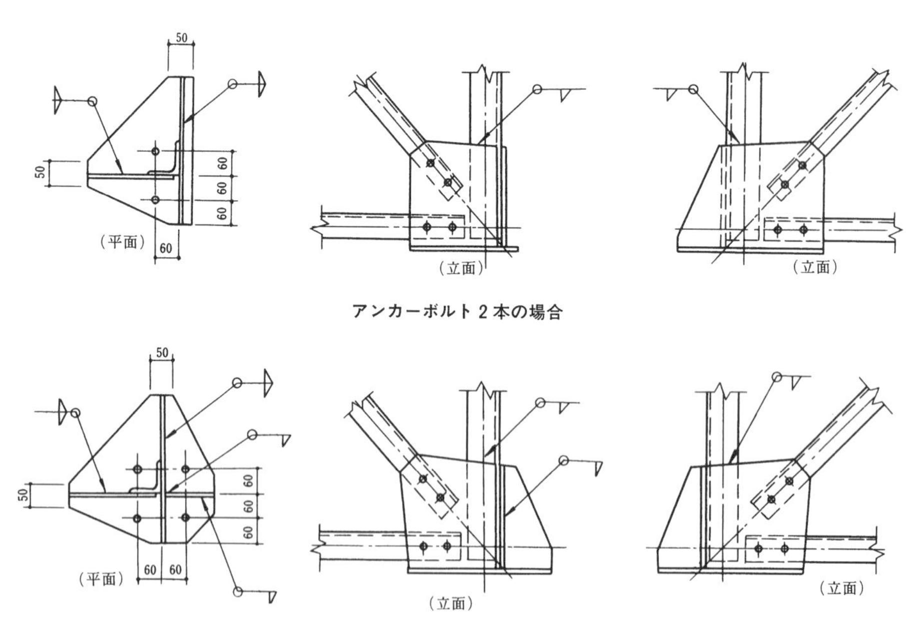

アンカーボルト 4 本の場合

付録図 5－5　接合部基準図（c 部詳細図の例）

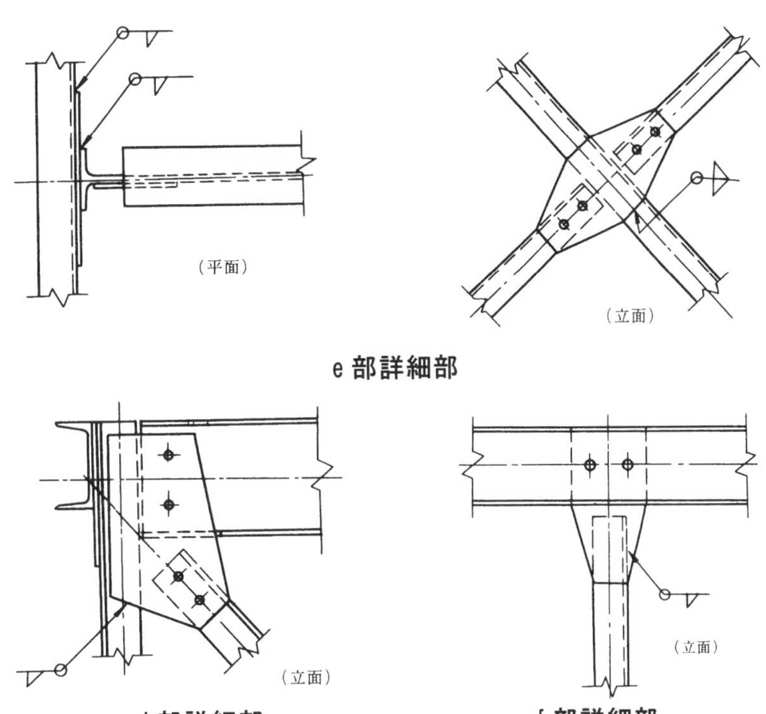

付録図５−６　接合部基準図（d、e、f 部詳細図の例）

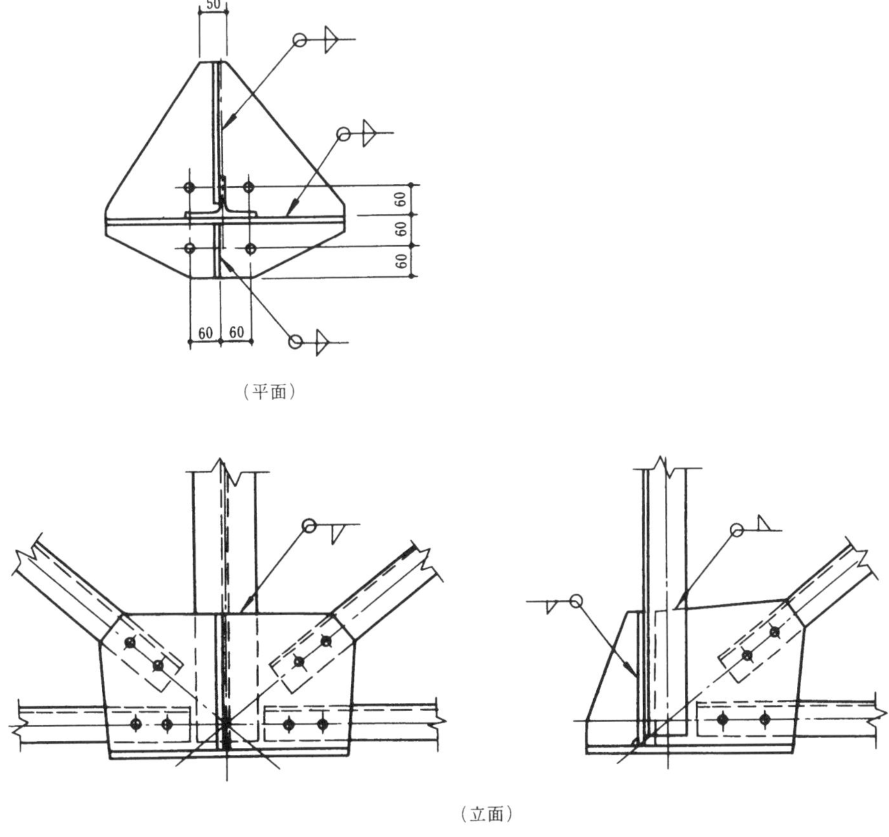

付録図５−７　接合部基準図（g 部詳細図の例）

付録６　配管等支持材に発生する部材力および躯体取付部に作用する力

付録表 6.1　横引配管支持材に発生する部材力および躯体取付部に作用する力

架構名	架構No.	モデル図	部材	部材力 自重 曲げモーメント M_D	部材力 自重 引張り力 T_D 圧縮力 C_D	部材力 地震荷重 曲げモーメント M_E	部材力 地震荷重 引張り力 T_E 圧縮力 C_E
トラス架構	1	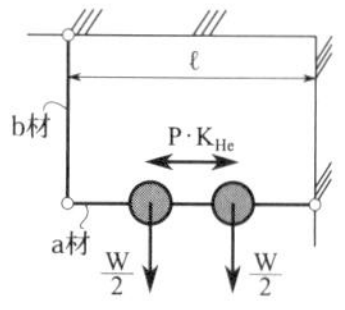	a	$M_D=\frac{W\cdot\ell}{6}$	—	—	$T_E=P\cdot K_{He}$ $C_E=P\cdot K_{He}$
			b	—	$T_D=\frac{W}{2}$	—	—
	3	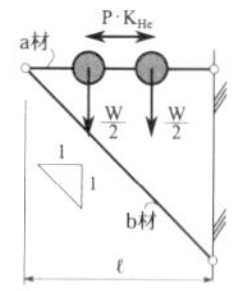	a	$M_D=\frac{W\cdot\ell}{6}$	$T_D=\frac{W}{2}$	—	$T_E=P\cdot K_{He}$ $C_E=P\cdot K_{He}$
			b	—	$C_D=\frac{\sqrt{2}}{2}W$	—	—
	4	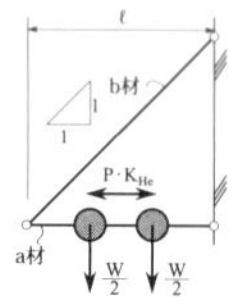	a	$M_D=\frac{W\cdot\ell}{6}$	$C_D=\frac{W}{2}$	—	$T_E=P\cdot K_{He}$ $C_E=P\cdot K_{He}$
			b	—	$T_D=\frac{\sqrt{2}}{2}W$	—	—
	5	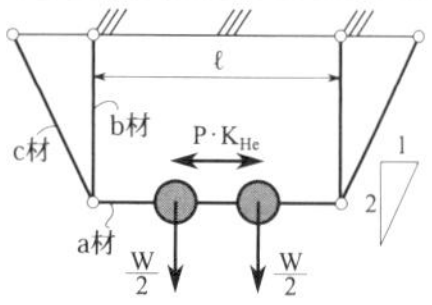	a	$M_D=\frac{W\cdot\ell}{6}$	—	—	$T_E=P\cdot K_{He}$
			b	—	$T_D=\frac{W}{2}$	—	$C_E=2P\cdot K_{He}$
			c	—	—	—	$T_E=\sqrt{5}P\cdot K_{He}$
	8	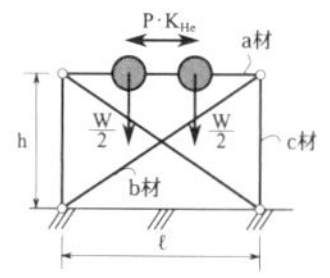	a	$M_D=\frac{W\cdot\ell}{6}$	—	—	$C_E=P\cdot K_{He}$
			b	—	—	—	$T_E=P\cdot K_{He}\frac{\sqrt{\ell^2+h^2}}{\ell}$
			c	—	$C_D=\frac{W}{2}$	—	$C_E=P\cdot K_{He}\frac{h}{\ell}$
ラーメン架構	6	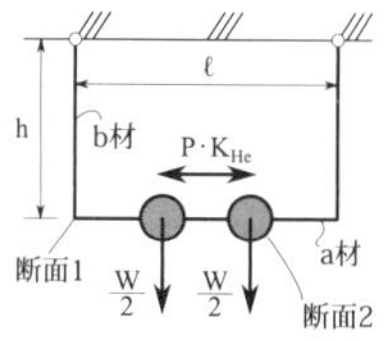	a	$M_{D1}=\frac{W\cdot\ell^2}{3(3\ell+2h)}$ $M_{D2}=\frac{W\cdot\ell(\ell+2h)}{6(3\ell+2h)}$	—	$M_{E1}=\frac{1}{2}P\cdot K_{He}\cdot h$ $M_{E2}=\frac{1}{6}P\cdot K_{He}\cdot h$	—
			b	$M_D=\frac{W\cdot\ell^2}{3(3\ell+2h)}$	$T_D=\frac{W}{2}$	$M_E=\frac{1}{2}P\cdot K_{He}\cdot h$	$T_E=P\cdot K_{He}\frac{h}{\ell}$ $C_E=P\cdot K_{He}\frac{h}{\ell}$
	7	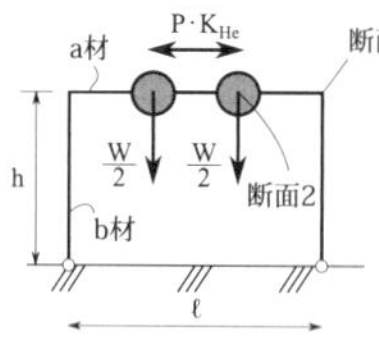	a	$M_{D1}=\frac{W\cdot\ell^2}{3(3\ell+2h)}$ $M_{D2}=\frac{W\cdot\ell(\ell+2h)}{6(3\ell+2h)}$	—	$M_{E1}=\frac{1}{2}P\cdot K_{He}\cdot h$ $M_{E2}=\frac{1}{6}P\cdot K_{He}\cdot h$	—
			b	$M_D=\frac{W\cdot\ell^2}{6(3\ell+2h)}$	$C_D=\frac{W}{2}$	$M_E=\frac{1}{2}P\cdot K_{He}\cdot h$	$T_E=P\cdot K_{He}\frac{h}{\ell}$ $C_E=P\cdot K_{He}\frac{h}{\ell}$
梁架構	2	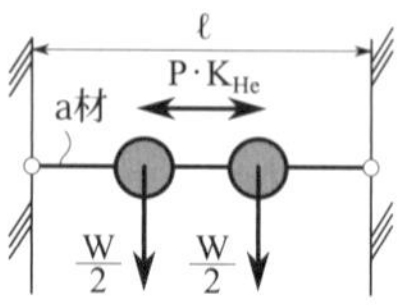	a	$M_D=\frac{W\cdot\ell}{6}$	—	—	$T_E=\frac{1}{2}P\cdot K_{He}$ $C_E=\frac{1}{2}P\cdot K_{He}$

K_{He}　：見かけ上の設計用水平震度　　ℓ　：支持材サポート幅（cm）　　P　：耐震支持間隔の配管重量（kN）
h　：支持材高さ（cm）　　W　：自重支持間隔の配管重量（W ＝ P/2）（kN）
M_{D1}　：図示の断面１の場所に発生する自重による曲げモーメント（kN･cm）
M_{D2}　：図示の断面２の場所に発生する自重による曲げモーメント（kN･cm）
M_{E1}　：図示の断面１の場所に発生する地震力による曲げモーメント（kN･cm）
M_{E2}　：図示の断面２の場所に発生する地震力による曲げモーメント（kN･cm）
T_A'　：鋼材の短期許容引張り力（kN）　C_A'：鋼材の短期許容圧縮力（kN）　M_A'：鋼材の短期許容曲げモーメント（kN・cm）

備考：
1．スラブ・壁取付の場合の反力は、引抜き力とせん断力が同時に作用する。
2．M､T､C ≧ 0 として計算式を作成してあるので、これらの値が負となった場合は、その部材力は発生していないことになる。

付録表 6.1　横引配管支持材に発生する部材力および躯体取付部に作用する力（つづき）

架構名	架構No.	部材	部材の検定	躯体取付部に作用する力		
				スラブ・壁取付の場合		はり・柱取付の場合
				引張力 R_T	せん断力 R_Q	せん断力 R_Q
トラス架構	1	a	$\frac{M_D}{M_A'} \leqq \frac{1}{1.5}$　$\frac{M_D}{M_A'}+\frac{C_E}{C_A'} \leqq 1$	$R_T=P \cdot K_{He}$	$R_Q=\frac{W}{2}$	$R_Q=\sqrt{R_T{}^2+R_Q{}^2}$
		b	$\frac{T_D}{T_A'} \leqq \frac{1}{1.5}$	$R_T=\frac{W}{2}$	—	$R_Q=\frac{W}{2}$
	3	a	$\frac{M_D}{M_A'}+\frac{C_D}{C_A'} \leqq \frac{1}{1.5}$　$\frac{M_D}{M_A'}+\frac{T_D+T_E}{T_A'} \leqq 1$　$\frac{M_D}{M_A'}+\frac{C_E-T_D}{C_A'} \leqq 1$	$R_T=\frac{W}{2}+P \cdot K_{He}$	$R_Q=\frac{W}{2}$	$R_Q=\sqrt{R_T{}^2+R_Q{}^2}$
		b	$\frac{C_D}{C_A'} \leqq \frac{1}{1.5}$	—	$R_Q=\frac{W}{2}$	$R_Q=\frac{\sqrt{2}}{2}W$
	4	a	$\frac{M_D}{M_A'}+\frac{C_D}{C_A'} \leqq \frac{1}{1.5}$　$\frac{M_D}{M_A'}+\frac{C_D+C_E}{C_A'} \leqq 1$	$R_T=P \cdot K_{He}-\frac{W}{2}$	$R_Q=\frac{W}{2}$	$R_Q=\sqrt{R_T{}^2+R_Q{}^2}$
		b	$\frac{T_D}{T_A'} \leqq \frac{1}{1.5}$	$R_T=\frac{W}{2}$	$R_Q=\frac{W}{2}$	$R_Q=\frac{\sqrt{2}}{2}W$
	5	a	$\frac{M_D}{M_A'} \leqq \frac{1}{1.5}$　$\frac{M_D}{M_A'}+\frac{T_E}{T_A'} \leqq 1$	—	—	—
		b	$\frac{T_D}{T_A'} \leqq \frac{1}{1.5}$　$\frac{C_E-T_D}{C_A'} \leqq 1$　$\frac{T_D-C_E}{T_A'} \leqq 1$	—	—	—
		c	$\frac{T_E}{T_A'} \leqq 1$	$R_T=2P \cdot K_{He}$	$R_Q=P \cdot K_{He}$	$R_Q=\sqrt{5}P \cdot K_{He}$
	8	a	$\frac{M_D}{M_A'} \leqq \frac{1}{1.5}$　$\frac{M_D}{M_A'}+\frac{C_E}{C_A'} \leqq 1$	—	—	—
		b	$\frac{T_E}{T_A'} \leqq 1$	$R_T=P \cdot K_{He}\frac{h}{\ell}-\frac{W}{2}$	$R_Q=P \cdot K_{He}$	$R_Q=P \cdot K_{He}$
		c	$\frac{C_D}{C_A'} \leqq \frac{1}{1.5}$　$\frac{C_D+C_E}{C_A'} \leqq 1$	—	—	—
ラーメン架構	6	a	$\frac{M_{D1}}{M_A'} \leqq \frac{1}{1.5}$　$\frac{M_{D2}}{M_A'} \leqq \frac{1}{1.5}$　$\frac{M_{D1}+M_{E1}}{M_A'} \leqq 1$　$\frac{M_{D2}+M_{E2}}{M_A'} \leqq 1$	—	—	—
		b	$\frac{M_D}{M_A'}+\frac{T_D}{T_A'} \leqq \frac{1}{1.5}$　$\frac{M_D+M_E}{M_A'}+\frac{T_D+T_E}{T_A'} \leqq 1$　$\frac{M_D+M_E}{M_A'}+\frac{C_E-T_D}{C_A'} \leqq 1$	$R_T=\frac{W}{2}+P \cdot K_{He}\frac{h}{\ell}$	$R_Q=\frac{W \cdot \ell^2}{3h(3\ell+2h)}+\frac{P \cdot K_{He}}{2}$	$R_Q=\sqrt{R_T{}^2+R_Q{}^2}$
	7	a	$\frac{M_{D1}}{M_A'} \leqq \frac{1}{1.5}$　$\frac{M_{D2}}{M_A'} \leqq \frac{1}{1.5}$　$\frac{M_{D1}+M_{E1}}{M_A'} \leqq 1$　$\frac{M_{D2}+M_{E2}}{M_A'} \leqq 1$	—	—	—
		b	$\frac{M_D}{M_A'}+\frac{C_D}{C_A'} \leqq \frac{1}{1.5}$　$\frac{M_D+M_E}{M_A'}+\frac{T_E-C_D}{T_A'} \leqq 1$　$\frac{M_D+M_E}{M_A'}+\frac{C_D+C_E}{C_A'} \leqq 1$	$R_T=P \cdot K_{He}\frac{h}{\ell}-\frac{W}{2}$	$R_Q=\frac{W \cdot \ell^2}{3h(3\ell+2h)}+\frac{P \cdot K_{He}}{2}$	—
梁架構	2	a	$\frac{M_D}{M_A'} \leqq \frac{1}{1.5}$　$\frac{M_D}{M_A'}+\frac{C_E}{C_A'} \leqq 1$	$R_T=\frac{P \cdot K_{He}}{2}$	$R_Q=\frac{W}{2}$	$R_Q=\sqrt{R_T{}^2+R_Q{}^2}$

K_{He}　：見かけ上の設計用水平震度　　ℓ　：支持材サポート幅（cm）　　P　：耐震支持間隔の配管重量（kN）
h　：支持材高さ（cm）　　W　：自重支持間隔の配管重量（W = P/2）（kN）
M_{D1}　：図示の断面１の場所に発生する自重による曲げモーメント（kN•cm）
M_{D2}　：図示の断面２の場所に発生する自重による曲げモーメント（kN•cm）
M_{E1}　：図示の断面１の場所に発生する地震力による曲げモーメント（kN•cm）
M_{E2}　：図示の断面２の場所に発生する地震力による曲げモーメント（kN•cm）
T_A'　：鋼材の短期許容引張り力（kN）　C_A'：鋼材の短期許容圧縮力（kN）　M_A'：鋼材の短期許容曲げモーメント（kN・cm）

備考：
1．スラブ・壁取付の場合の反力は、引抜き力とせん断力が同時に作用する。
2．M､T､C ≧ 0 として計算式を作成してあるので、これらの値が負となった場合は、その部材力は発生していないことになる。

付録表 6.2　立て配管支持材に発生する部材力および躯体取付部に作用する力

分類	タイプ	モデル図	部材力		
			自重	地震荷重	
			曲げモーメント	曲げモーメント	引張・圧縮力
耐震支持材（振止めのみ）	No.1	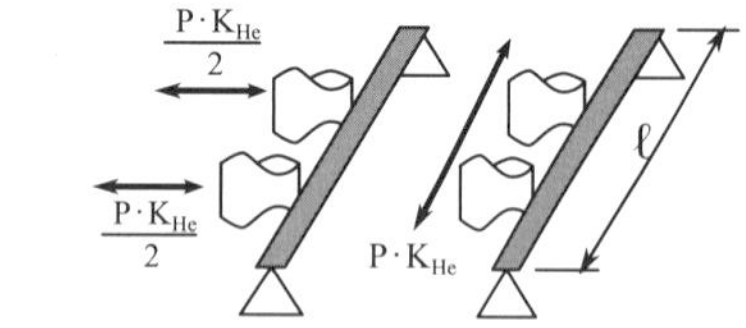 $\frac{P \cdot K_{He}}{2}$, $\frac{P \cdot K_{He}}{2}$, $P \cdot K_{He}$, ℓ	—	$M_H = \frac{1}{6} P \cdot K_{He} \cdot \ell$	$T_H = \frac{P \cdot K_{He}}{2}$ $C_H = \frac{P \cdot K_{He}}{2}$
	No.2	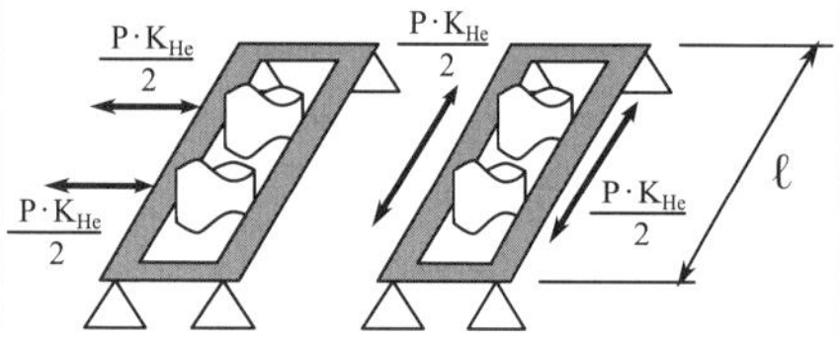 $\frac{P \cdot K_{He}}{2}$, $\frac{P \cdot K_{He}}{2}$, $\frac{P \cdot K_{He}}{2}$, $\frac{P \cdot K_{He}}{2}$, ℓ	—	$M_H = \frac{1}{12} P \cdot K_{He} \cdot \ell$	$T_H = \frac{P \cdot K_{He}}{4}$ $C_H = \frac{P \cdot K_{He}}{4}$
耐震・自重支持兼用材	No.1	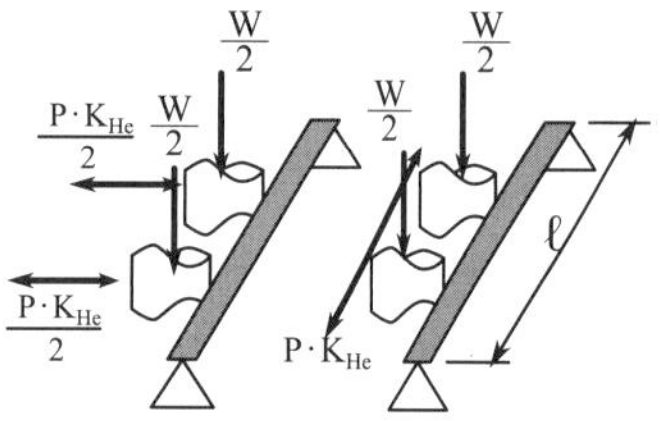 $\frac{W}{2}$, $\frac{W}{2}$, $\frac{W}{2}$, $\frac{W}{2}$, $\frac{P \cdot K_{He}}{2}$, $\frac{P \cdot K_{He}}{2}$, $P \cdot K_{He}$, ℓ	$M_D = \frac{W \cdot \ell}{6}$	$M_H = \frac{1}{6} P \cdot K_{He} \cdot \ell$	$T_H = \frac{P \cdot K_{He}}{2}$ $C_H = \frac{P \cdot K_{He}}{2}$
	No.2	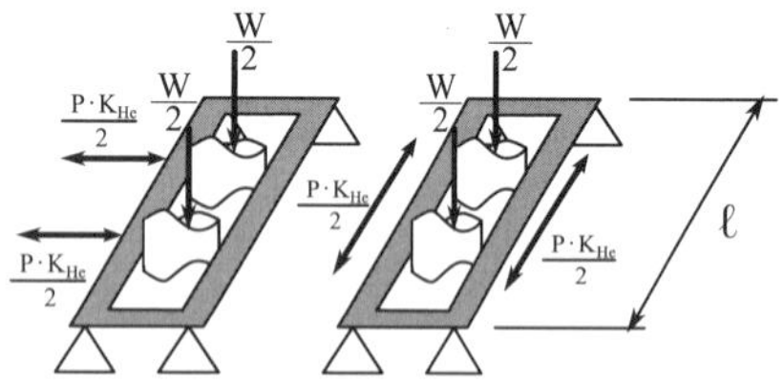 $\frac{W}{2}$, $\frac{W}{2}$, $\frac{W}{2}$, $\frac{W}{2}$, $\frac{P \cdot K_{He}}{2}$, $\frac{P \cdot K_{He}}{2}$, $\frac{P \cdot K_{He}}{2}$, $\frac{P \cdot K_{He}}{2}$, ℓ	$M_D = \frac{W \cdot \ell}{12}$	$M_H = \frac{1}{12} P \cdot K_{He} \cdot \ell$	$T_H = \frac{P \cdot K_{He}}{4}$ $C_H = \frac{P \cdot K_{He}}{4}$

P　：耐震支持間隔の配管重量（kN）　　K_{He}　：見かけ上の設計用水平震度
W　：自重支持間隔の配管重量（W＝P）（kN）　　α　：支持材への配管固定の偏りを考慮した安全係数（＝1.5）
ℓ　：支持材サポート幅（cm）

備考：
ここでは、層間変形による反力は無視した。設計者が必要と判断した場合には、表中の水平力$P \cdot K_{He}$を$P \cdot K_{He} + F_{\delta}$に置き換える。

付録表 6.2 立て配管支持材に発生する部材力および躯体取付部に作用する力（つづき）

分類	タイプ	部材の検定	配管支持用 U ボルト・ボルトに作用する力	躯体取付けアンカーに作用する力
耐震支持材（振止めのみ）	No.1	$\frac{M_H}{M_A'} \leqq 1.0$ $\frac{C_H}{C_A'} \leqq 1.0$ $\quad \frac{T_H}{T_A'} \leqq 1.0$	$T_B = \frac{P \cdot K_{He}}{4}$ or $Q_B = \frac{P \cdot K_{He}}{4}$ U ボルト取付	$R_Q = \alpha \cdot \frac{P \cdot K_{He}}{2}$
	No.2	$\frac{M_H}{M_A'} \leqq 1.0$ $\frac{C_H}{C_A'} \leqq 1.0$ $\quad \frac{T_H}{T_A'} \leqq 1.0$	$Q_B = \frac{P \cdot K_{He}}{4}$ 支持鋼材取付	$R_Q = \alpha \cdot \frac{P \cdot K_{He}}{4}$
耐震・自重支持兼用材	No.1	$\frac{M_D}{M_A'} \leqq \frac{1.0}{1.5}$ $\quad \frac{M_D + M_H}{M_A'} \leqq 1.0$ $\frac{M_D}{M_A'} + \frac{C_H}{C_A'} \leqq 1.0$ $\frac{M_D}{M_A'} + \frac{T_H}{T_A'} \leqq 1.0$	$T_B = \frac{P \cdot K_{He}}{4}$ or $Q_{B1} = \frac{W}{4}$ $Q_{B2} = \sqrt{\left(\frac{P \cdot K_{He}}{4}\right)^2 + \left(\frac{W}{4}\right)^2}$	$R_Q = \alpha \cdot \frac{P \cdot K_{He}}{2}$
	No.2	$\frac{M_D}{M_A'} \leqq \frac{1.0}{1.5}$ $\quad \frac{M_D + M_H}{M_A'} \leqq 1.0$ $\frac{M_D}{M_A'} + \frac{C_H}{C_A'} \leqq 1.0$ $\frac{M_D}{M_A'} + \frac{T_H}{T_A'} \leqq 1.0$	$Q_B = \frac{P \cdot K_{He}}{4}$	$R_Q = \alpha \cdot \frac{P \cdot K_{He}}{4}$

P ：耐震支持間隔の配管重量（kN）　　K_{He} ：見かけ上の設計用水平震度
W ：自重支持間隔の配管重量（W ＝ P）（kN）　　α ：支持材への配管固定の偏りを考慮した安全係数（＝ 1.5）
ℓ ：支持材サポート幅（cm）

備考：
ここでは、層間変形による反力は無視した。設計者が必要と判断した場合には、表中の水平力 $P \cdot K_{He}$ を $P \cdot K_{He} + F_\delta$ に置き換える。

付録７　建築基準関連法規における建築設備等の耐震規定

付録 7.1　建築基準法

（用語の定義）

第 2 条　この法律において次の各号に掲げる用語の意義は、それぞれ当該各号に定めるところによる。

一　建築物　土地に定着する工作物のうち、屋根及び柱若しくは壁を有するもの（これに類する構造のものを含む。）、これに附属する門若しくは塀、観覧のための工作物又は地下若しくは高架の工作物内に設ける事務所、店舗、興行場、倉庫その他これらに類する施設（鉄道及び軌道の線路敷地内の運転保安に関する施設並びに跨線橋、プラットホームの上家、貯蔵槽その他これらに類する施設を除く。）をいい、建築設備を含むものとする。

二　（略）

三　建築設備　建築物に設ける電気、ガス、給水、排水、換気、暖房、冷房、消火、排煙若しくは汚物処理の設備又は煙突、昇降機若しくは避雷針をいう。

四～三十五　（略）

（構造耐力）

第 20 条　建築物は、自重、積載荷重、積雪荷重、風圧、土圧及び水圧並びに地震その他の震動及び衝撃に対して安全な構造のものとして、次の各号に掲げる建築物の区分に応じ、それぞれ当該各号に定める基準に適合するものでなければならない。

一　高さが 60m を超える建築物　当該建築物の安全上必要な構造方法に関して政令で定める技術的基準に適合するものであること。この場合において、その構造方法は、荷重及び外力によつて建築物の各部分に連続的に生ずる力及び変形を把握することその他の政令で定める基準に従つた構造計算によつて安全性が確かめられたものとして国土交通大臣の認定を受けたものであること。

二　高さが 60m 以下の建築物のうち、第 6 条第 1 項第二号に掲げる建築物（高さが 13m 又は軒の高さが 9m を超えるものに限る。）又は同項第三号に掲げる建築物（地階を除く階数が 4 以上である鉄骨造の建築物、高さが 20m を超える鉄筋コンクリート造又は鉄骨鉄筋コンクリート造の建築物その他これらの建築物に準ずるものとして政令で定める建築物に限る。）　次に掲げる基準のいずれかに適合するものであること。

イ　当該建築物の安全上必要な構造方法に関して政令で定める技術的基準に適合すること。この場合において、その構造方法は、地震力によつて建築物の地上部分の各階に生ずる水平方向の変形を把握することその他の政令で定める基準に従つた構造計算で、国土交通大臣が定めた方法によるもの又は国土交通大臣の認定を受けたプログラムによるものによつて確かめられる安全性を有すること。

ロ　前号に定める基準に適合すること。

三　高さが 60m 以下の建築物のうち、第 6 条第 1 項第二号又は第三号に掲げる建築物その他その主要構造部（床、屋根及び階段を除く。）を石造、れんが造、コンクリートブロック造、無筋コンクリート造その他これらに類する構造とした建築物で高さが 13m 又は軒の高さが 9m を超えるもの（前号に掲げる建築物を除く。）　次に掲げる基準のいずれかに適合するものであること。

イ　当該建築物の安全上必要な構造方法に関して政令で定める技術的基準に適合すること。この場合において、その構造方法は、構造耐力上主要な部分ごとに応力度が許容応力度を超えないことを確かめることその他の政令で定める基準に従つた構造計算で、国土交通大臣が定めた方法によるもの又は国土交通大臣の認定を受けたプログラムによるものによつて確かめられる安全性を有すること。

ロ　前二号に定める基準のいずれかに適合すること。

四　前三号に掲げる建築物以外の建築物　次に掲げる基準のいずれかに適合するものであること。

イ　当該建築物の安全上必要な構造方法に関して政令で定める技術的基準に適合すること。

ロ　前三号に定める基準のいずれかに適合すること。

2　（略）

（この章の規定を実施し、又は補足するため必要な技術的基準）

第 36 条　居室の採光面積、天井及び床の高さ、床の防湿方法、階段の構造、便所、防火壁、防火区画、消火設備、避雷設備及び給水、排水その他の配管設備の設置及び構造並びに浄化槽、煙突及び昇降機の構造に関して、この章の規定を実施し、又は補足するために安全上、防火上及び衛生上必要な技術的基準は、政令で定める。

付録 7.2　建築基準法施行令

（構造設計の原則）

第 36 条の 3　建築物の構造設計に当たつては、その用途、規模及び構造の種別並びに土地の状況に応じて柱、はり、床、壁等を有効に配置して、建築物全体が、これに作用する自重、積載荷重、積雪荷重、風圧、土圧及び水圧並びに地震その他の震動及び衝撃に対して、一様に構造耐力上安全であるようにすべきものとする。

2　構造耐力上主要な部分は、建築物に作用する水平力に耐えるように、釣合い良く配置すべきものとする。

3　建築物の構造耐力上主要な部分には、使用上の支障となる変形又は振動が生じないような剛性及び瞬間的破壊が生じないような靭性をもたすべきものとする。

（構造部材の耐久）

第 37 条　構造耐力上主要な部分で特に腐食、腐朽又は摩損のおそれのあるものには、腐食、腐朽若しくは摩損しにくい材料又は有効なさび止め、防腐若しくは摩損防止のための措置をした材料を使用しなければならない。

（屋根ふき材等の緊結）

第 39 条　屋根ふき材、内装材、外装材、帳壁その他これらに類する建築物の部分及び広告塔、装飾塔その他建築物の屋外に取り付けるものは、風圧並びに地震その他の震動及び衝撃によつて脱落しないようにしなければならない。

2　屋根ふき材、外装材及び屋外に面する帳壁の構造は、構造耐力上安全なものとして国土交通大臣が定めた構造方法を用いるものとしなければならない。

3～4（略）

（保有水平耐力計算）

第 82 条　前条第 2 項第一号イに規定する保有水平耐力計算とは、次の各号及び次条から第 82 条の 4 までに定めるところによりする構造計算をいう。

一　第 2 款に規定する荷重及び外力によつて建築物の構造耐力上主要な部分に生ずる力を国土交通大臣が定める方法により計算すること。

二　前号の構造耐力上主要な部分の断面に生ずる長期及び短期の各応力度を次の表に掲げる式によつて計算すること。

<table>
<tr><th>力の種類</th><th>荷重及び外力について想定する状態</th><th>一般の場合</th><th>第 86 条第 2 項ただし書の規定により特定行政庁が指定する多雪区域における場合</th><th>備考</th></tr>
<tr><td rowspan="2">長期に生ずる力</td><td>常時</td><td rowspan="2">G ＋ P</td><td>G ＋ P</td><td rowspan="2"></td></tr>
<tr><td>積雪時</td><td>G ＋ P ＋ 0.7S</td></tr>
<tr><td rowspan="4">短期に生ずる力</td><td>積雪時</td><td>G ＋ P ＋ S</td><td>G ＋ P ＋ S</td><td></td></tr>
<tr><td rowspan="2">暴風時</td><td rowspan="2">G ＋ P ＋ W</td><td>G ＋ P ＋ W</td><td rowspan="2">建築物の転倒、柱の引抜き等を検討する場合においては、P については、建築物の実況に応じて積載荷重を減らした数値によるものとする。</td></tr>
<tr><td>G ＋ P ＋ 0.35S ＋ W</td></tr>
<tr><td>地震時</td><td>G ＋ P ＋ K</td><td>G ＋ P ＋ 0.35S ＋ K</td><td></td></tr>
<tr><td colspan="5">この表において、G、P、S、W 及び K は、それぞれ次の力（軸方向力、曲げモーメント、せん断力等をいう。）を表すものとする。
G　第 84 条に規定する固定荷重によつて生ずる力
P　第 85 条に規定する積載荷重によつて生ずる力
S　第 86 条に規定する積雪荷重によつて生ずる力
W　第 87 条に規定する風圧力によつて生ずる力
K　第 88 条に規定する地震力によつて生ずる力</td></tr>
</table>

三　第一号の構造耐力上主要な部分ごとに、前号の規定によつて計算した長期及び短期の各応力度が、それぞれ第 3 款の規定による長期に生ずる力又は短期に生ずる力に対する各許容応力度を超えないことを確かめること。

四　国土交通大臣が定める場合においては、構造耐力上主要な部分である構造部材の変形又は振動によつて建築物の使用上の支障が起こらないことを国土交通大臣が定める方法によつて確かめること。

（層間変形角）

第 82 条の 2　建築物の地上部分については、第 88 条第 1 項に規定する地震力（以下この款において「地震力」という。）によつて各階に生ずる水平方向の層間変位を国土交通大臣が定める方法により計算し、当該層間変位の当該各階の高さに対する割合（第 82 条の 6 第二号イ及び第 109 条の 2 の 2 において「層間変形角」という。）が 200 分の 1（地震力による構造耐力上主要な部分の変形によつて建築物の部分に著しい損傷が生ずるおそれのない場合にあつては、120 分の 1）以内であることを確かめなければならない。

（荷重及び外力の種類）

第 83 条　建築物に作用する荷重及び外力としては、次の各号に掲げるものを採用しなければならない。

一　固定荷重

二　積載荷重

三　積雪荷重

四　風圧力

五　地震力

2　前項に掲げるもののほか、建築物の実況に応じて、土圧、水圧、震動及び衝撃による外力を採用しなければならない。

（風圧力）

第 87 条　風圧力は、速度圧に風力係数を乗じて計算しなければならない。

2　前項の速度圧は、次の式によつて計算しなければならない。

$$q = 0.6E \cdot V_0^2$$

（この式において、q、E 及び V_0 は、それぞれ次の数値を表すものとする。

q　速度圧（単位　N/m^2）

E　当該建築物の屋根の高さ及び周辺の地域に存する建築物その他の工作物、樹木その他の風速に影響を与えるものの状況に応じて国土交通大臣が定める方法により算出した数値

V_0　その地方における過去の台風の記録に基づく風害の程度その他の風の性状に応じて 30m/s から 46m/s までの範囲内において国土交通大臣が定める風速（単位　m/s））

3　建築物に近接してその建築物を風の方向に対して有効にさえぎる他の建築物、防風林その他これらに類するものがある場合においては、その方向における速度圧は、前項の規定による数値の 2 分の 1 まで減らすことができる。

4　第 1 項の風力係数は、風洞試験によつて定める場合のほか、建築物又は工作物の断面及び平面の形状に応じて国土交通大臣が定める数値によらなければならない。

（地震力）

第 88 条　建築物の地上部分の地震力については、当該建築物の各部分の高さに応じ、当該高さ

の部分が支える部分に作用する全体の地震力として計算するものとし、その数値は、当該部分の固定荷重と積載荷重との和（第 86 条第 2 項ただし書の規定により特定行政庁が指定する多雪区域においては、更に積雪荷重を加えるものとする。）に当該高さにおける地震層せん断力係数を乗じて計算しなければならない。この場合において、地震層せん断力係数は、次の式によつて計算するものとする。

$$C_i = Z\, R_t\, A_i\, C_0$$

この式において、C_i、Z、R_t、A_i 及び C_0 は、それぞれ次の数値を表すものとする。

C_i　建築物の地上部分の一定の高さにおける地震層せん断力係数

Z　その地方における過去の地震の記録に基づく震害の程度及び地震活動の状況その他地震の性状に応じて 1.0 から 0.7 までの範囲内において国土交通大臣が定める数値

R_t　建築物の振動特性を表すものとして、建築物の弾性域における固有周期及び地盤の種類に応じて国土交通大臣が定める方法により算出した数値

A_i　建築物の振動特性に応じて地震層せん断力係数の建築物の高さ方向の分布を表すものとして国土交通大臣が定める方法により算出した数値

C_0　標準せん断力係数

2　標準せん断力係数は、0.2 以上としなければならない。ただし、地盤が著しく軟弱な区域として特定行政庁が国土交通大臣の定める基準に基づいて規則で指定する区域内における木造の建築物（第 46 条第 2 項第一号に掲げる基準に適合するものを除く。）にあつては、0.3 以上としなければならない。

3　第 82 条の 3 第二号の規定により必要保有水平耐力を計算する場合においては、前項の規定にかかわらず、標準せん断力係数は、1.0 以上としなければならない。

4　建築物の地下部分の各部分に作用する地震力は、当該部分の固定荷重と積載荷重との和に次の式に適合する水平震度を乗じて計算しなければならない。ただし、地震時における建築物の振動の性状を適切に評価して計算をすることができる場合においては、当該計算によることができる。

$$k \geqq 0.1\left(1-\frac{H}{40}\right)Z$$

この式において、k、H 及び Z は、それぞれ次の数値を表すものとする。

k　水平震度

H　建築物の地下部分の各部分の地盤面からの深さ（20 を超えるときは 20 とする。）（単位　m）

Z　第 1 項に規定する Z の数値

第129条の2の4　法第20条第一号、第二号イ、第三号イ及び第四号イの政令で定める技術的基準のうち建築設備に係るものは、次のとおりとする。

一　建築物に設ける第129条の3第1項第一号及び第二号に掲げる昇降機にあつては、第129条の4及び第129条の5(これらの規定を第129条の12第2項において準用する場合を含む。)、第129条の6第一号、第129条の8第1項並びに第129条の12第1項第六号の規定（第129条の3第2項第一号に掲げる昇降機にあつては、第129条の6第一号の規定を除く。）に適合すること。

二　建築物に設ける昇降機以外の建築設備にあつては、構造耐力上安全なものとして国土交通大臣が定めた構造方法を用いること。

三　法第20条第一号から第三号までに掲げる建築物に設ける屋上から突出する水槽、煙突その他これらに類するものにあつては、国土交通大臣が定める基準に従つた構造計算により風圧並びに地震その他の震動及び衝撃に対して構造耐力上安全であることを確かめること。

（給水、排水その他の配管設備の設置及び構造）

第129条の2の5　建築物に設ける給水、排水その他の配管設備の設置及び構造は、次に定めるところによらなければならない。

一　コンクリートへの埋設等により腐食するおそれのある部分には、その材質に応じ有効な腐食防止のための措置を講ずること。

二　構造耐力上主要な部分を貫通して配管する場合においては、建築物の構造耐力上支障を生じないようにすること。

三　第129条の3第1項第一号又は第三号に掲げる昇降機の昇降路内に設けないこと。ただし、地震時においても昇降機のかご（人又は物を乗せ昇降する部分をいう。以下同じ。）の昇降、かご及び出入口の戸の開閉その他の昇降機の機能並びに配管設備の機能に支障が生じないものとして、国土交通大臣が定めた構造方法を用いるもの及び国土交通大臣の認定を受けたものは、この限りでない。

四　圧力タンク及び給湯設備には、有効な安全装置を設けること。

五　水質、温度その他の特性に応じて安全上、防火上及び衛生上支障のない構造とすること。

六　地階を除く階数が3以上である建築物、地階に居室を有する建築物又は延べ面積が3,000m^2を超える建築物に設ける換気、暖房又は冷房の設備の風道及びダストシュート、メールシュート、リネンシュートその他これらに類するもの（屋外に面する部分その他防火上支障がないものとして国土交通大臣が定める部分を除く。）は、不燃材料で造ること。

七　給水管、配電管その他の管が、第112条第15項の準耐火構造の防火区画、第113条第1項の防火壁、第114条第1項の界壁、同条第2項の間仕切壁又は同条第3項若しくは第4項の隔壁（以下この号において「防火区画等」という。）を貫通する場合においては、これらの管の構造は、次のイからハまでのいずれかに適合するものとすること。ただし、第115条の2の2第1項第一号に掲げる基準に適合する準耐火構造の床若しくは壁又は特定防火設備で建築物の他の部分と区画されたパイプシャフト、パイプダクトその他これらに類するものの中にある部分については、この限りでない。

イ　給水管、配電管その他の管の貫通する部分及び当該貫通する部分からそれぞれ両側に

1m 以内の距離にある部分を不燃材料で造ること。

ロ　給水管、配電管その他の管の外径が、当該管の用途、材質その他の事項に応じて国土交通大臣が定める数値未満であること。

ハ　防火区画等を貫通する管に通常の火災による火熱が加えられた場合に、加熱開始後 20 分間（第 112 条第 1 項から第 4 項まで、同条第 5 項（同条第 6 項の規定により床面積の合計 200m^2 以内ごとに区画する場合又は同条第 7 項の規定により床面積の合計 500m^2 以内ごとに区画する場合に限る。）、同条第 8 項（同条第 6 項の規定により床面積の合計 200m^2 以内ごとに区画する場合又は同条第 7 項の規定により床面積の合計 500m^2 以内ごとに区画する場合に限る。）若しくは同条第 13 項の規定による準耐火構造の床若しくは壁又は第 113 条第 1 項の防火壁にあつては 1 時間、第 114 条第 1 項の界壁、同条第 2 項の間仕切壁又は同条第 3 項若しくは第 4 項の隔壁にあつては 45 分間）防火区画等の加熱側の反対側に火炎を出す原因となるき裂その他の損傷を生じないものとして、国土交通大臣の認定を受けたものであること。

八　3 階以上の階を共同住宅の用途に供する建築物の住戸に設けるガスの配管設備は、国土交通大臣が安全を確保するために必要があると認めて定める基準によること。

2　建築物に設ける飲料水の配管設備（水道法第 3 条第 9 項に規定する給水装置に該当する配管設備を除く。）の設置及び構造は、前項の規定によるほか、次に定めるところによらなければならない。

一　飲料水の配管設備（これと給水系統を同じくする配管設備を含む。この号から第三号までにおいて同じ。）とその他の配管設備とは、直接連結させないこと。

二　水槽、流しその他水を入れ、又は受ける設備に給水する飲料水の配管設備の水栓の開口部にあつては、これらの設備のあふれ面と水栓の開口部との垂直距離を適当に保つ等有効な水の逆流防止のための措置を講ずること。

三　飲料水の配管設備の構造は、次に掲げる基準に適合するものとして、国土交通大臣が定めた構造方法を用いるもの又は国土交通大臣の認定を受けたものであること。

イ　当該配管設備から漏水しないものであること。

ロ　当該配管設備から溶出する物質によつて汚染されないものであること。

四　給水管の凍結による破壊のおそれのある部分には、有効な防凍のための措置を講ずること。

五　給水タンク及び貯水タンクは、ほこりその他衛生上有害なものが入らない構造とし、金属性のものにあつては、衛生上支障のないように有効なさび止めのための措置を講ずること。

六　前各号に定めるもののほか、安全上及び衛生上支障のないものとして国土交通大臣が定めた構造方法を用いるものであること。

3　建築物に設ける排水のための配管設備の設置及び構造は、第 1 項の規定によるほか、次に定めるところによらなければならない。

一　排出すべき雨水又は汚水の量及び水質に応じ有効な容量、傾斜及び材質を有すること。

二　配管設備には、排水トラップ、通気管等を設置する等衛生上必要な措置を講ずること。

三　配管設備の末端は、公共下水道、都市下水路その他の排水施設に排水上有効に連結すること。

四　汚水に接する部分は、不浸透質の耐水材料で造ること。

五 前各号に定めるもののほか、安全上及び衛生上支障のないものとして国土交通大臣が定めた構造方法を用いるものであること。

（エレベーターの構造上主要な部分）

第129条の4 エレベーターのかご及びかごを支え、又は吊る構造上主要な部分（以下この条において「主要な支持部分」という。）の構造は、次の各号のいずれかに適合するものとしなければならない。

一～三 （略）

2 略

3 前2項に定めるもののほか、エレベーターのかご及び主要な支持部分の構造は、次に掲げる基準に適合するものとしなければならない。

一～二 （略）

三 滑節構造とした接合部にあつては、地震その他の震動によつて外れるおそれがないものとして国土交通大臣が定めた構造方法を用いるものであること。

四 滑車を使用してかごを吊るエレベーターにあつては、地震その他の震動によつて索が滑車から外れるおそれがないものとして国土交通大臣が定めた構造方法を用いるものであること。

五～七 （略）

（エレベーターの昇降路の構造）

第129条の7 エレベーターの昇降路は、次に定める構造としなければならない。

一～四 （略）

五 昇降路内には、次のいずれかに該当するものを除き、突出物を設けないこと。

イ レールブラケット又は横架材であつて、次に掲げる基準に適合するもの

(1) 地震時において主索その他の索が触れた場合においても、かごの昇降、かごの出入口の戸の開閉その他のエレベーターの機能に支障が生じないよう金網、鉄板その他これらに類するものが設置されていること。

(2) (1)に掲げるもののほか、国土交通大臣の定める措置が講じられていること。

ロ 第129条の2の5第1項第三号ただし書の配管設備で同条の規定に適合するもの

ハ イ又はロに掲げるもののほか、係合装置その他のエレベーターの構造上昇降路内に設けることがやむを得ないものであつて、地震時においても主索、電線その他のものの機能に支障が生じないように必要な措置が講じられたもの

（構造耐力関係）

第137条の2 法第3条第2項の規定により法第20条の規定の適用を受けない建築物（同条第一号に掲げる建築物及び法第86条の7第2項の規定により法第20条の規定の適用を受けない部分を除く。第137条の12第1項において同じ。）について法第86条の7第1項の規定により政令で定める範囲は、増築及び改築については、次の各号のいずれかに該当することとする。

一 増築又は改築後の建築物の構造方法が次のいずれにも適合するものであること。

イ　第3章第8節の規定に適合すること。

ロ　増築又は改築に係る部分が第3章第1節から第7節の2まで及び第129条の2の4の規定並びに法第40条の規定に基づく条例の構造耐力に関する制限を定めた規定に適合すること。

ハ　増築又は改築に係る部分以外の部分が耐久性等関係規定に適合し、かつ、自重、積載荷重、積雪荷重、風圧、土圧及び水圧並びに地震その他の振動及び衝撃による当該建築物の倒壊及び崩落、屋根ふき材、特定天井、外装材及び屋外に面する帳壁の脱落並びにエレベーターのかごの落下及びエスカレーター脱落のおそれがないものとして国土交通大臣が定める基準に適合すること。

二　増築又は改築に係る部分がそれ以外の部分とエキスパンションジョイントその他の相互に応力を伝えない構造方法のみで接し、かつ、増築又は改築後の建築物の構造方法が次のいずれにも適合するものであること。

イ　増築又は改築に係る部分が第3章及び第129条の2の4の規定並びに法第40条の規定に基づく条例の構造耐力に関する制限を定めた規定に適合すること。

ロ　増築又は改築に係る部分以外の部分が耐久性等関係規定に適合し、かつ、自重、積載荷重、積雪荷重、風圧、土圧及び水圧並びに地震その他の震動及び衝撃による当該建築物の倒壊及び崩落、屋根ふき材、特定天井、外装材及び屋外に面する帳壁の脱落並びにエレベーターのかごの落下及びエスカレーター脱落のおそれがないものとして国土交通大臣が定める基準に適合すること。

三　増築又は改築に係る部分の床面積の合計が基準時における延べ面積の2分の1を超えず、かつ、増築又は改築後の建築物の構造方法が次のいずれかに該当するものであること。

イ　耐久性等関係規定に適合し、かつ、自重、積載荷重、積雪荷重、風圧、土圧及び水圧並びに地震その他の震動及び衝撃による当該建築物の倒壊及び崩落、屋根ふき材、特定天井、外装材及び屋外に面する帳壁の脱落並びにエレベーターのかごの落下及びエスカレーター脱落のおそれがないものとして国土交通大臣が定める基準に適合する構造方法

ロ　第3章第1節から第7節の2まで（第36条及び第38条第2項から第4項までを除く。）の規定に適合し、かつ、その基礎の補強について国土交通大臣が定める基準に適合する構造方法（法第20条第四号に掲げる建築物である場合に限る。）

四　増築又は改築に係る部分の床面積の合計が基準時における延べ面積の20分の1（50m^{2}を超える場合にあつては、50m^2）を超えず、かつ、増築又は改築後の建築物の構造方法が次のいずれにも適合するものであること。

イ　増築又は改築に係る部分が第3章及び第129条の2の4の規定並びに法第40条の規定に基づく条例の構造耐力に関する制限を定めた規定に適合すること。

ロ　増築又は改築に係る部分以外の部分の構造耐力上の危険性が増大しないこと。

付録 7.3 告示

付録 7.3.1 昭和 40 年建設省告示第 3411 号(最終改正:平成 12 年 12 月 26 日建設省告示第 2465 号)地階を除く階数が 11 以上である建築物の屋上に設ける冷却塔設備の防火上支障のない構造方法、建築物の他の部分までの距離及び建築物の他の部分の温度を定める件

建築基準法施行令(昭和 25 年政令第 338 号)第 129 条の 2 の 7 の規定に基づき、地階を除く階数が 11 以上である建築物の屋上に設ける冷却塔設備の防火上支障のない構造方法、建築物の他の部分までの距離及び建築物の他の部分の温度を次のように定める。

第1　建築基準法施行令(以下「令」という。)第 129 条の 2 の 7 第一号に規定する冷却塔設備の防火上支障がない構造方法は、次の各号のいずれかに該当する構造としなければならない。

一　充てん材を硬質塩化ビニル、難燃処理した木材その他これらと同等以上の難燃性を有する材料(以下「難燃性の材料」という。)とし、ケーシング(下部水槽を含む。以下同じ。)を難燃材料又は強化ポリエステル板、硬質塩化ビニル板(日本工業規格 A1321(建築物の内装材料及び工法の難燃性試験方法)－1944 に規定する難燃三級のものに限る。)若しくは加熱による変形性、燃焼性及び排気温度特性についてこれらと同等以上の防火性能を有する材料(以下「難燃材料に準ずる材料」という。)であるもので造り、その他の主要な部分を準不燃材料で造つたもの

二　充てん材を難燃性の材料以外の材料とし、その他の主要な部分を準不燃材料で造つたもの(難燃材料に準ずる材料で造つたケーシングの表面を準不燃材料で覆つたものを含む。)で次のイ及びロに該当するもの

イ　冷却塔の容量が 3,400kW 以下(冷却塔の容量が 3,400kW を超える場合において、その内部が、容量 3,400kW につき一以上に防火上有効に区画されているときを含む。)であるもの

ロ　ケーシングの開口部に網目又は呼称網目の大きさが 26mm 以下の金網を張つたもの

三　ケーシングを難燃性の材料で造つたもので、冷却塔の容量が 450kW 以下であるもの

第2　令第 129 条の 2 の 7 第二号に規定する建築物の他の部分までの距離は、次に定める構造の冷却塔から他の冷却塔(当該冷却塔の間に防火上有効な隔壁が設けられている場合を除く。)までにあつては 2m とし、建築物の開口部(建築基準法(昭和 25 年法律第 201 号)第 2 条第九号の二ロに規定する防火設備が設けられている場合を除く。)までにあつては 3m とする。

一　充てん材を難燃性の材料以外の材料とし、ケーシングを難燃材料に準ずる材料で造り、その他の主要な部分を準不燃材料で造ること。

二　冷却塔の容量を 2,200kW 以下(冷却塔の容量が 2,200kW を超える場合において、その内部が容量 2,200kW につき一以上に防火上有効に区画されている場合を含む。)とすること。

三　ケーシングの開口部に網目又は呼称網目の大きさが 26mm 以下の金網を張ること。

第3　令第 129 条の 2 の 7 第三号に規定する国土交通大臣が定める温度は、260 度とする。

付録 7.3.2　昭和 55 年 11 月 27 日建設省告示第 1793 号（最終改正：平成 19 年 5 月 18 日国土交通省告示第 597 号）
Z の数値、R_t 及び A_i を算出する方法並びに地盤が著しく軟弱な区域として特定行政庁が指定する基準を定める件

建築基準法施行令（昭和 25 年政令第 338 号）第 88 条第 1 項、第 2 項及び第 4 項の規定に基づき、Z の数値、R_t 及び A_i を算出する方法並びに地盤が著しく軟弱な区域として特定行政庁が指定する基準をそれぞれ次のように定める。

第１　Z の数値

Z は、次の表の上欄に掲げる地方の区分に応じ、同表下欄に掲げる数値とする。

地方		数値
（一）	（二）から（四）までに掲げる地方以外の地方	1.0
（二）	北海道のうち 札幌市　函館市　小樽市　室蘭市　北見市　夕張市　岩見沢市　網走市　苫小牧市　美唄市　芦別市　江別市　赤平市　三笠市　千歳市　滝川市　砂川市　歌志内市　深川市　富良野市　登別市　恵庭市　伊達市　札幌郡　石狩郡　厚田郡　浜益郡　松前郡　上磯郡　亀田郡　茅部郡　山越郡　檜山郡　爾志郡　久遠郡　奥尻郡　瀬棚郡　島牧郡　寿都郡　磯谷郡　虻田郡　岩内郡　古宇郡　積丹郡　古平郡　余市郡　空知郡　夕張郡　樺戸郡　雨竜郡　上川郡（上川支庁）のうち東神楽町、上川町、東川町及び美瑛町　勇払郡　網走郡　斜里郡　常呂郡　有珠郡　白老郡 青森県のうち 青森市　弘前市　黒石市　五所川原市　むつ市　東津軽郡　西津軽郡　中津軽郡　南津軽郡　北津軽郡　下北郡 秋田県 山形県 福島県のうち 会津若松市　郡山市　白河市　須賀川市　喜多方市　岩瀬郡　南会津郡　北会津郡　耶麻郡　河沼郡　大沼郡　西白河郡 新潟県 富山県のうち 魚津市　滑川市　黒部市　下新川郡 石川県のうち 輪島市　珠洲市　鳳至郡　珠洲郡 鳥取県のうち 米子市　倉吉市　境港市　東伯郡　西伯郡　日野郡 島根県 岡山県 広島県 徳島県のうち 美馬郡　三好郡 香川県のうち 高松市　丸亀市　坂出市　善通寺市　観音寺市　小豆郡　香川郡　綾歌郡　仲多度郡　三豊郡 愛媛県 高知県 熊本県（（三）に掲げる市及び郡を除く。） 大分県（（三）に掲げる市及び郡を除く。） 宮崎県	0.9

（三）	北海道のうち 旭川市　留萌市　稚内市　紋別市　士別市　名寄市　上川郡（上川支庁）のうち鷹栖町、当麻町、比布町、愛別町、和寒町、剣淵町、朝日町、風連町及び下川町　中川郡（上川支庁）　増毛郡　留萌郡　苫前郡　天塩郡　宗谷郡　枝幸郡　礼文郡　利尻郡　紋別郡 山口県 福岡県 佐賀県 長崎県 熊本県のうち 八代市　荒尾市　水俣市　玉名市　本渡市　山鹿市　牛深市　宇土市　飽託郡　宇土郡　玉名郡　鹿本郡　葦北郡　天草郡 大分県のうち 中津市　日田市　豊後高田市　杵築市　宇佐市　西国東郡　東国東郡　速見郡　下毛郡　宇佐郡 鹿児島県（名瀬市及び大島郡を除く。）	0.8
（四）	沖縄県	0.7

第２～第４　（略）

付録 7.3.3　平成 12 年 5 月 31 日建設省告示第 1454 号
E の数値を算出する方法並びに V_0 及び風力係数の数値を定める件

建築基準法施行令（昭和 25 年政令第 338 号）第 87 条第 2 項及び第 4 項の規定に基づき、E の数値を算出する方法並びに V_0 及び風力係数の数値を次のように定める。

第 1　建築基準法施行令（以下「令」という。）第 87 条第 2 項に規定する E の数値は、次の式によって算出するものとする。

$$E = Er^2 Gf$$

この式において、Er 及び Gf は、それぞれ次の数値を表すものとする。
Er　次項の規定によって算出した平均風速の高さ方向の分布を表す係数
Gf　第 3 項の規定によって算出したガスト影響係数

2　前項の式の Er は、次の表に掲げる表によって算出するものとする。ただし、局地的な地形や地物の影響により平均風速が割り増されるおそれのある場合においては、その影響を考慮しなければならない。

H が Zb 以下の場合	$Er=1.7\left(\frac{Zb}{Z_G}\right)^{\alpha}$
H が Zb を超える場合	$Er=1.7\left(\frac{H}{Z_G}\right)^{\alpha}$

この表において、Er、Zb、Z_G、α 及び H は、それぞれ次の数値を表すものとする。

Er　平均風速の高さ方向の分布を表す係数

Zb、Z_G 及びα　地表面粗度区分に応じて次の表に掲げる数値

地表面粗度区分		Zb（単位 m）	Z_G（単位 m）	α
Ⅰ	都市計画区域外にあって、極めて平坦で障害物がないものとして特定行政庁が規則で定める区域	5	250	0.10
Ⅱ	都市計画区域外にあって地表面粗度区分Ⅰの区域以外の区域（建築物の高さが 13m 以下の場合を除く。）又は都市計画区域内にあって地表面粗度区分 IV の区域以外の区域のうち、海岸線又は湖岸線（対岸までの距離が 1,500m 以上のものに限る。以下同じ。）までの距離が 500m 以内の地域（ただし、建築物の高さが 13m 以下である場合又は当該海岸線若しくは湖岸線からの距離が 200m を超え、かつ、建築物の高さが 31m 以下である場合を除く。）	5	350	0.15
Ⅲ	地表面粗度区分Ⅰ、Ⅱ又は IV 以外の区域	5	450	0.20
Ⅳ	都市計画区域内にあって、都市化が極めて著しいものとして特定行政庁が規則で定める区域	10	550	0.27

H　建築物の高さと軒の高さとの平均（単位　m）

3　第 1 項の式の Gf は、前項の表の地表面粗度区分及び H に応じて次の表に掲げる数値とする。ただし、当該建築物の規模又は構造特性及び風圧力の変動特性について、風洞試験又は実測の結果に基づき算出する場合にあっては、当該算出によることができる。

H／地表面粗度区分	（一）10 以下の場合	（二）10 を超え 40 未満の場合	（三）40 以上の場合
Ⅰ	2.0	（一）と（三）とに掲げる数値を直線的に補間した数値	1.8
Ⅱ	2.2		2.0
Ⅲ	2.5		2.1
Ⅳ	3.1		2.3

第２　令第 87 条第 2 項に規定する V_0 は、地方の区分に応じて次の表に掲げる数値とする。

（一）	（二）から（九）までに掲げる地方以外の地方	30
（二）	北海道のうち 札幌市　小樽市　網走市　留萌市　稚内市　江別市　紋別市　名寄市　千歳市　恵庭市　北広島市　石狩市　石狩郡　厚田郡　浜益郡　空知郡のうち南幌町　夕張郡のうち由仁町及び長沼町　上川郡のうち風連町及び下川町　中川郡のうち美深町、音威子府村及び中川町　増毛郡　留萌郡　苫前郡　天塩郡　宗谷郡　枝幸郡　礼文郡　利尻郡　網走郡のうち東藻琴村、女満別町及び美幌町　斜里郡のうち清里町及び小清水町　常呂郡のうち端野町、佐呂間町及び常呂町　紋別郡のうち上湧別町、湧別町、興部町、西興部村及び雄武町　勇払郡のうち追分町及び穂別町　沙流郡のうち平取町　新冠郡　静内郡　三石郡　浦河郡　様似郡　幌泉郡　厚岸郡のうち厚岸町　川上郡 岩手県のうち 久慈市　岩手郡のうち葛巻町　下閉伊郡のうち田野畑村及び普代村　九戸郡のうち野田村及び山形村　二戸郡 秋田県のうち 秋田市　大館市　本荘市　鹿角市　鹿角郡　北秋田郡のうち鷹巣町、比内町、合川町及び上小阿仁村　南秋田郡のうち五城目町、昭和町、八郎潟町、飯田川町、天王町及び井川町　由利郡のうち仁賀保町、金浦町、象潟町、岩城町及び西目町 山形県のうち 鶴岡市　酒田市　西田川郡　飽海郡のうち遊佐町	32

（二）	茨城県のうち 水戸市 下妻市 ひたちなか市 東茨城郡のうち内原町 西茨城郡のうち友部町及び岩間町 新治郡のうち八郷町 真壁郡のうち明野町及び真壁町 結城郡 猿島郡のうち五霞町、猿島町及び境町 埼玉県のうち 川越市 大宮市 所沢市 狭山市 上尾市 与野市 入間市 桶川市 久喜市 富士見市 上福岡市 蓮田市 幸手市 北足立郡のうち伊奈町 入間郡のうち大井町及び三芳町 南埼玉郡 北葛飾郡のうち栗橋町、鷲宮町及び杉戸町 東京都のうち 八王子市 立川市 昭島市 日野市 東村山市 福生市 東大和市 武蔵村山市 羽村市 あきる野市 西多摩郡のうち瑞穂町 神奈川県のうち 足柄上郡のうち山北町 津久井郡のうち津久井町、相模湖町及び藤野町 新潟県のうち 両津市 佐渡郡 岩船郡のうち山北町及び粟島浦村 福井県のうち 敦賀市 小浜市 三方郡 遠敷郡 大飯郡 山梨県のうち 富士吉田市 南巨摩郡のうち南部町及び富沢町 南都留郡のうち秋山村、道志村、忍野村、山中湖村及び鳴沢村 岐阜県のうち 多治見市 関市 美濃市 美濃加茂市 各務原市 可児市 揖斐郡のうち藤橋村及び坂内村 本巣郡のうち根尾村 山県郡 武儀郡のうち洞戸村及び武芸川町 加茂郡のうち坂祝町及び富加町 静岡県のうち 静岡市 浜松市 清水市 富士宮市 島田市 磐田市 焼津市 掛川市 藤枝市 袋井市 湖西市 富士郡 庵原郡 志太郡 榛原郡のうち御前崎町、相良町、榛原町、吉田町及び金谷町 小笠郡 磐田郡のうち浅羽町、福田町、竜洋町及び豊田町 浜名郡 引佐郡のうち細江町及び三ヶ日町 愛知県のうち 豊橋市 瀬戸市 春日井市 豊川市 豊田市 小牧市 犬山市 尾張旭市 日進市 愛知郡 丹羽郡 額田郡のうち額田町 宝飯郡 西加茂郡のうち三好町 滋賀県のうち 大津市 草津市 守山市 滋賀郡 栗太郡 伊香郡 高島郡 京都府 大阪府のうち 高槻市 枚方市 八尾市 寝屋川市 大東市 柏原市 東大阪市 四條畷市 交野市 三島郡 南河内郡のうち太子町、河南町及び千早赤阪村 兵庫県のうち 姫路市 相生市 豊岡市 龍野市 赤穂市 西脇市 加西市 篠山市 多可郡 飾磨郡 神崎郡 揖保郡 赤穂郡 宍粟郡 城崎郡 出石郡 美方郡 養父郡 朝来郡 氷上郡 奈良県のうち 奈良市 大和高田市 大和郡山市 天理市 橿原市 桜井市 御所市 生駒市 香芝市 添上郡 山辺郡 生駒郡 磯城郡 宇陀郡のうち大宇陀町、菟田野町、榛原町及び室生村 高市郡 北葛城郡 鳥取県のうち 鳥取市 岩美郡 八頭郡のうち郡家町、船岡町、八東町及び若桜町 島根県のうち 益田市 美濃郡のうち匹見町 鹿足郡のうち日原町 隠岐郡 岡山県のうち 岡山市 倉敷市 玉野市 笠岡市 備前市 和気郡のうち日生町 邑久郡 児島郡 都窪郡 浅口郡 広島県のうち 広島市 竹原市 三原市 尾道市 福山市 東広島市 安芸郡のうち府中町 佐伯郡のうち湯来町及び吉和村 山県郡のうち筒賀村 賀茂郡のうち河内町 豊田郡のうち本郷町 御調郡のうち向島町 沼隈郡 福岡県のうち 山田市 甘木市 八女市 豊前市 小郡市 嘉穂郡のうち桂川町、稲築町、碓井町及び嘉穂町 朝倉郡 浮羽郡 三井郡 八女郡 田川郡のうち添田町、川崎町、大任町及び赤村 京都郡のうち犀川町 築上郡 熊本県のうち 山鹿市 菊池市 玉名郡のうち菊水町、三加和町及び南関町 鹿本郡 菊池郡 阿蘇郡のうち一の宮町、阿蘇町、産山村、波野村、蘇陽町、高森町、白水村、久木野村、長陽村及び西原村 大分県のうち 大分市 別府市 中津市 日田市 佐伯市 臼杵市 津久見市 竹田市 豊後高田市 杵築市 宇佐市 西国東郡 東国東郡 速見郡 大分郡のうち野津原町、挾間町及び庄内町 北海部郡 南海部郡 大野郡 直入郡 下毛郡 宇佐郡 宮崎県のうち 西臼杵郡のうち高千穂町及び日之影町 東臼杵郡のうち北川町	32

<table>
<tr><td>（三）</td><td>北海道のうち
函館市　室蘭市　苫小牧市　根室市　登別市　伊達市　松前郡　上磯郡　亀田郡　茅部郡　斜里郡のうち斜里町　虻田郡　岩内郡のうち共和町　積丹郡　古平郡　余市郡　有珠郡　白老郡　勇払郡のうち早来町、厚真町及び鵡川町　沙流郡のうち門別町　厚岸郡のうち浜中町　野付郡　標津郡　目梨郡
青森県
岩手県のうち
二戸市　九戸郡のうち軽米町、種市町、大野村及び九戸村
秋田県のうち
能代市　男鹿市　北秋田郡のうち田代町　山本郡　南秋田郡のうち若美町及び大潟村
茨城県のうち
土浦市　石岡市　龍ヶ崎市　水海道市　取手市　岩井市　牛久市　つくば市　東茨城郡のうち茨城町、小川町、美野里町及び大洗町　鹿島郡のうち旭村、鉾田町及び大洋村　行方郡のうち麻生町、北浦町及び玉造町　稲敷郡　新治郡のうち霞ヶ浦町、玉里村、千代田町及び新治村　筑波郡　北相馬郡
埼玉県のうち
川口市　浦和市　岩槻市　春日部市　草加市　越谷市　蕨市　戸田市　鳩ヶ谷市　朝霞市　志木市　和光市　新座市　八潮市　三郷市　吉川市　北葛飾郡のうち松伏町及び庄和町
千葉県のうち
市川市　船橋市　松戸市　野田市　柏市　流山市　八千代市　我孫子市　鎌ヶ谷市　浦安市　印西市　東葛飾郡　印旛郡のうち白井町
東京都のうち
二十三区　武蔵野市　三鷹市　府中市　調布市　町田市　小金井市　小平市　国分寺市　国立市　田無市　保谷市　狛江市　清瀬市　東久留米市　多摩市　稲城市
神奈川県のうち
横浜市　川崎市　平塚市　鎌倉市　藤沢市　小田原市　茅ヶ崎市　相模原市　秦野市　厚木市　大和市　伊勢原市　海老名市　座間市　南足柄市　綾瀬市　高座郡　中郡　足柄上郡のうち中井町、大井町、松田町及び開成町　足柄下郡　愛甲郡　津久井郡のうち城山町
岐阜県のうち
岐阜市　大垣市　羽島市　羽島郡　海津郡　養老郡　不破郡　安八郡　揖斐郡のうち揖斐川町、谷汲村、大野町、池田町、春日村及び久瀬村　本巣郡のうち北方町、本巣町、穂積町、巣南町、真正町及び糸貫町
静岡県のうち
沼津市　熱海市　三島市　富士市　御殿場市　裾野市　賀茂郡のうち松崎町、西伊豆町及び賀茂村　田方郡　駿東郡
愛知県のうち
名古屋市　岡崎市　一宮市　半田市　津島市　碧南市　刈谷市　安城市　西尾市　蒲郡市　常滑市　江南市　尾西市　稲沢市　東海市　大府市　知多市　知立市　高浜市　岩倉市　豊明市　西春日井郡　葉栗郡　中島郡　海部郡　知多郡　幡豆郡　額田郡のうち幸田町　渥美郡
三重県
滋賀県のうち
彦根市　長浜市　近江八幡市　八日市市　野洲郡　甲賀郡　蒲生郡　神崎郡　愛知郡　犬上郡　坂田郡　東浅井郡
大阪府のうち
大阪市　堺市　岸和田市　豊中市　池田市　吹田市　泉大津市　貝塚市　守口市　茨木市　泉佐野市　富田林市　河内長野市　松原市　和泉市　箕面市　羽曳野市　門真市　摂津市　高石市　藤井寺市　泉南市　大阪狭山市　阪南市　豊能郡　泉北郡　泉南郡　南河内郡のうち美原町
兵庫県のうち
神戸市　尼崎市　明石市　西宮市　洲本市　芦屋市　伊丹市　加古川市　宝塚市　三木市　高砂市　川西市　小野市　三田市　川辺郡　美嚢郡　加東郡　加古郡　津名郡　三原郡
奈良県のうち
五條市　吉野郡　宇陀郡のうち曽爾村及び御杖村
和歌山県
島根県のうち
鹿足郡のうち津和野町、柿木村及び六日市町
広島県のうち
呉市　因島市　大竹市　廿日市市　安芸郡のうち海田町、熊野町、坂町、江田島町、音戸町、倉橋町、下蒲刈町及び蒲刈町　佐伯郡のうち大野町、佐伯町、宮島町、能美町、沖美町及び大柿町　賀茂郡のうち黒瀬町　豊田郡のうち安芸津町、安浦町、川尻町、豊浜町、豊町、大崎町、東野町、木江町及び瀬戸田町
山口県
徳島県のうち
三好郡のうち三野町、三好町、池田町及び山城町
香川県
愛媛県
高知県のうち
土佐郡のうち大川村及び本川村　吾川郡のうち池川町</td><td>34</td></tr>
</table>

(三)	福岡県のうち 北九州市 福岡市 大牟田市 久留米市 直方市 飯塚市 田川市 柳川市 筑後市 大川市 行橋市 中間市 筑紫野市 春日市 大野城市 宗像市 太宰府市 前原市 古賀市 筑紫郡 糟屋郡 宗像郡 遠賀郡 鞍手郡 嘉穂郡のうち筑穂町、穂波町、庄内町及び頴田町 糸島郡 三潴郡 山門郡 三池郡 田川郡のうち香春町、金田町、糸田町、赤池町及び方城町 京都郡のうち苅田町、勝山町及び豊津町 佐賀県 長崎県のうち 長崎市 佐世保市 島原市 諫早市 大村市 平戸市 松浦市 西彼杵郡 東彼杵郡 北高来郡 南高来郡 北松浦郡 南松浦郡のうち若松町、上五島町、新魚目町、有川町及び奈良尾町 壱岐郡 下県郡 上県郡 熊本県のうち 熊本市 八代市 人吉市 荒尾市 水俣市 玉名市 本渡市 牛深市 宇土市 宇土郡 下益城郡 玉名郡のうち岱明町、横島町、天水町、玉東町及び長洲町 上益城郡 八代郡 葦北郡 球磨郡 天草郡 宮崎県のうち 延岡市 日向市 西都市 西諸県郡のうち須木村 児湯郡 東臼杵郡のうち門川町、東郷町、南郷村、西郷村、北郷村、北方町、北浦町、諸塚村及び椎葉村 西臼杵郡のうち五ヶ瀬町	34
(四)	北海道のうち 山越郡 檜山郡 爾志郡 久遠郡 奥尻郡 瀬棚郡 島牧郡 寿都郡 岩内郡のうち岩内町、磯谷郡 古宇郡 茨城県のうち 鹿嶋市 鹿島郡のうち神栖町及び波崎町 行方郡のうち牛堀町及び潮来町 千葉県のうち 千葉市 佐原市 成田市 佐倉市 習志野市 四街道市 八街市 印旛郡のうち酒々井町、富里町、印旛村、本埜村及び栄町 香取郡 山武郡のうち山武町及び芝山町 神奈川県のうち 横須賀市 逗子市 三浦市 三浦郡 静岡県のうち 伊東市 下田市 賀茂郡のうち東伊豆町、河津町及び南伊豆町 徳島県のうち 徳島市 鳴門市 小松島市 阿南市 勝浦郡 名東郡 名西郡 那賀郡のうち那賀川町及び羽ノ浦町 板野郡 阿波郡 麻植郡 美馬郡 三好郡のうち井川町、三加茂町、東祖谷山村及び西祖谷山村 高知県のうち 宿毛市 長岡郡 土佐郡のうち鏡村、土佐山村及び土佐町 吾川郡のうち伊野町、吾川村及び吾北村 高岡郡のうち佐川町、越知町、梼原町、大野見村、東津野村、葉山村、仁淀村及び日高村 幡多郡のうち大正町、大月町、十和村、西土佐村及び三原村 長崎県のうち 福江市 南松浦郡のうち富江町、玉之浦町、三井楽町、岐宿町及び奈留町 宮崎県のうち 宮崎市 都城市 日南市 小林市 串間市 えびの市 宮崎郡 南那珂郡 北諸県郡 西諸県郡のうち高原町及び野尻町 東諸県郡 鹿児島県のうち 川内市 阿久根市 出水市 大口市 国分市 鹿児島郡のうち吉田町 薩摩郡のうち樋脇町、入来町、東郷町、宮之城町、鶴田町、薩摩町及び祁答院町 出水郡 伊佐郡 姶良郡 曽於郡	36
(五)	千葉県のうち 銚子市 館山市 木更津市 茂原市 東金市 八日市場市 旭市 勝浦市 市原市 鴨川市 君津市 富津市 袖ケ浦市 海上郡 匝瑳郡 山武郡のうち大網白里町、九十九里町、成東町、蓮沼村、松尾町及び横芝町 長生郡 夷隅郡 安房郡 東京都のうち 大島町 利島村 新島村 神津島村 三宅村 御蔵島村 徳島県のうち 那賀郡のうち鷲敷町、相生町、上那賀町、木沢村及び木頭村 海部郡 高知県のうち 高知市 安芸市 南国市 土佐市 須崎市 中村市 土佐清水市 安芸郡のうち馬路村及び芸西村 香美郡 吾川郡のうち春野町 高岡郡のうち中土佐町及び窪川町 幡多郡のうち佐賀町及び大方町 鹿児島県のうち 鹿児島市 鹿屋市 串木野市 垂水市 鹿児島郡のうち桜島町 肝属郡のうち串良町、東串良町、高山町、吾平町、内之浦町及び大根占町 日置郡のうち市来町、東市来町、伊集院町、松元町、郡山町、日吉町及び吹上町	38
(六)	高知県のうち 室戸市 安芸郡のうち東洋町、奈半利町、田野町、安田町及び北川村 鹿児島県のうち 枕崎市 指宿市 加世田市 西之表市 揖宿郡 川辺郡 日置郡のうち金峰町 薩摩郡のうち里村、上甑村、下甑村及び鹿島村 肝属郡のうち根占町、田代町及び佐多町	40

（七）	東京都のうち 　八丈町　青ヶ島村　小笠原村 鹿児島県のうち 　熊毛郡のうち中種子町及び南種子町	42
（八）	鹿児島県のうち 　鹿児島郡のうち三島村　熊毛郡のうち上屋久町及び屋久町	44
（九）	鹿児島県のうち 　名瀬市　鹿児島郡のうち十島村　大島郡 沖縄県	46

第３　令第 87 条第 1 項の風力係数の数値は、次の図 1 から図 7 までに掲げる形状の建築物又は工作物にあってはそれぞれ当該形状に応じて表 1 から表 9 までに掲げる数値を用いて次の式により算出するものとし、その他の形状のものにあってはそれぞれ類似の形状のものの数値に準じて定めるものとする。ただし、風洞試験の結果に基づき算出する場合においては、当該数値によることができる。

$$Cf = Cpe - Cpi$$

この式において、Cf、Cpe 及び Cpi は、それぞれ次の数値を表すものとする。

Cf　風力係数

Cpe　閉鎖型及び開放型の建築物の外圧係数で、次の表 1 から表 4 までに掲げる数値（屋外から当該部分を垂直に押す方向を正とする。）

Cpi　閉鎖型及び開放型の建築物の内圧係数で、次の表 5 に掲げる数値（室内から当該部分を垂直に押す方向を正とする。）

　ただし、独立上家、ラチス構造物、金網その他の網状の構造物及び煙突その他の円筒形の構造物にあっては、次の表 6 から表 9 までに掲げる数値（図中の→の方向を正とする。）を Cf とするものとする。

図１　閉鎖型の建築物（張り間方向に風を受ける場合。表 1 から表 5 までを用いるものとする。）

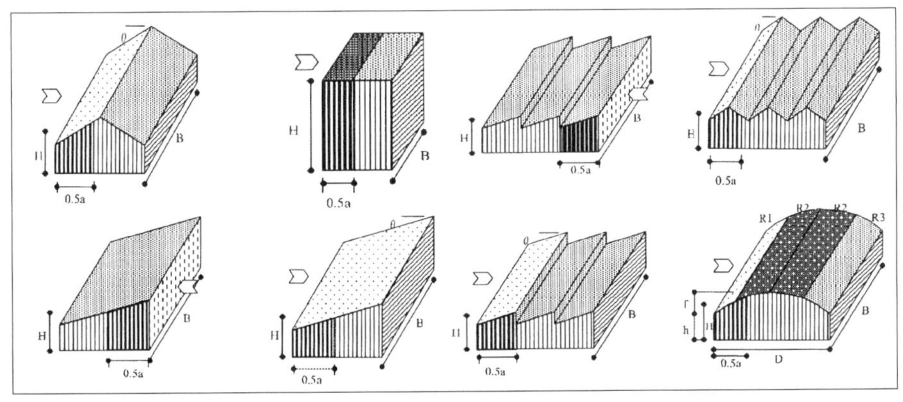

図2　閉鎖型の建築物（けた行方向に風を受ける場合。表1、表2及び表5を用いるものとする。）

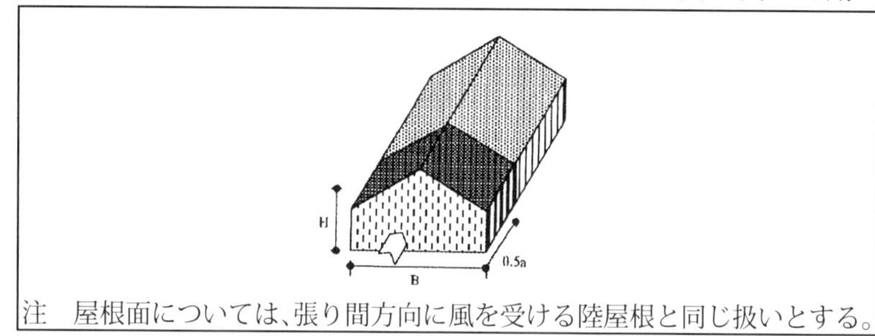

注　屋根面については、張り間方向に風を受ける陸屋根と同じ扱いとする。

図3　開放型の建築物（表1、表3及び表5を用いるものとする。）

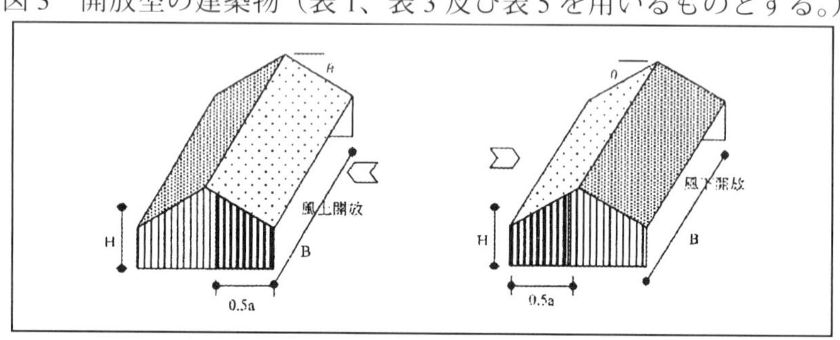

表1　壁面のCpe

<table>
<tr><td rowspan="3">部位</td><td rowspan="2">風上壁面</td><td colspan="2">側壁面</td><td rowspan="2">風下壁面</td></tr>
<tr><td>風上端部より0.5aの領域</td><td>上に掲げる領域以外の領域</td></tr>
<tr><td></td><td></td><td></td><td></td></tr>
<tr><td>Cpe</td><td>0.8kz</td><td>－0.7</td><td>－0.4</td><td>－0.4</td></tr>
</table>

表2　陸屋根面のCpe

<table>
<tr><td rowspan="2">部位</td><td>風上端部より0.5aの領域</td><td>上に掲げる領域以外の領域</td></tr>
<tr><td></td><td></td></tr>
<tr><td>Cpe</td><td>－1.0</td><td>－0.5</td></tr>
</table>

表3　切妻屋根面、片流れ屋根面及びのこぎり屋根面のCpe

<table>
<tr><td rowspan="3">部位
θ</td><td colspan="2">風上面</td><td rowspan="3">風下面</td></tr>
<tr><td colspan="2"></td></tr>
<tr><td>正の係数</td><td>負の係数</td></tr>
<tr><td>10度未満</td><td>－</td><td>－1.0</td><td rowspan="5">－0.5</td></tr>
<tr><td>10度</td><td>0</td><td>－1.0</td></tr>
<tr><td>30度</td><td>0.2</td><td>－0.3</td></tr>
<tr><td>45度</td><td>0.4</td><td>0</td></tr>
<tr><td>90度</td><td>0.8</td><td>－</td></tr>
<tr><td colspan="4">この表に掲げるθの数値以外のθに応じたCpeは、表に掲げる数値をそれぞれ直線的に補間した数値とする。ただし、θが10度未満の場合にあっては正の係数を、θが45度を超える場合にあっては負の係数を用いた計算は省略することができる。</td></tr>
</table>

表４　円弧屋根面の Cpe

部位 / f/D	R1 部				R2 部	R3 部
	h/D が 0 の場合		h/D が 0.5 以上の場合			
	正の係数	負の係数	正の係数	負の係数		
0.05 未満	−	0	−	− 1.0	− 0.8	− 0.5
0.05	0.1	0	0	− 1.0		
0.2	0.2	0	0	− 1.0		
0.3	0.3	0	0.2	− 0.4		
0.5 以上	0.6	−	0.6	−		

この表に掲げる h/D 及び f/D の数値以外の当該比率に応じた Cpe は、表に掲げる数値をそれぞれ直線的に補間した数値とする。ただし、R1 部において、f/D が 0.05 未満の場合にあっては正の係数を、f/D が 0.3 を超える場合にあっては負の係数を用いた計算を省略することができる。

また、図 1 における円弧屋根面の境界線は、弧の四分点とする。

表５　閉鎖型及び開放型の建築物の Cpi

型式	閉鎖型	開放型	
		風上開放	風下開放
Cpi	0 及び − 0.2	0.6	− 0.4

図４　独立上家（表６を用いるものとする。）

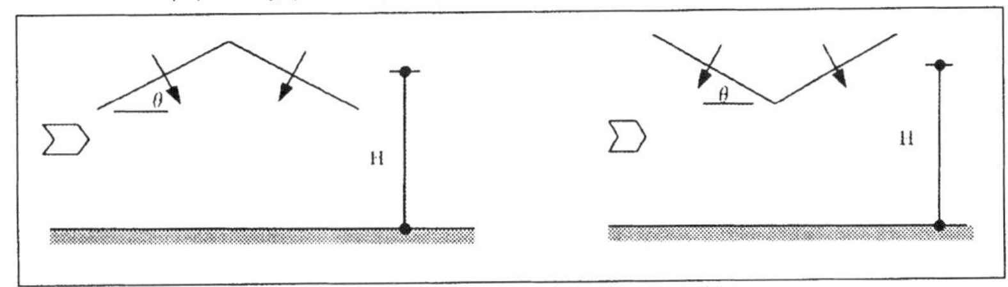

表６　独立上家の Cf

θ	部位	切妻屋根				翼型屋根			
		風上屋根		風下屋根		風上屋根		風下屋根	
		正	負	正	負	正	負	正	負
(一)	10 度以下の場合	0.6	− 1.0	0.2	− 0.8	0.6	− 1.0	0.2	− 0.8
(二)	10 度を超え、30 度未満の場合	(一) と (三) とに掲げる数値を直線的に補間した数値							
(三)	30 度	0.9	− 0.5	0	− 1.5	0.4	− 1.2	0.8	− 0.3

けた行方向に風を受ける場合にあっては、10 度以下の場合の数値を用いるものとし、風上から H 相当の範囲は風上屋根の数値を、それ以降の範囲は風下屋根の数値を用いるものとする。

図 5　ラチス構造物（表 7 を用いるものとする。）

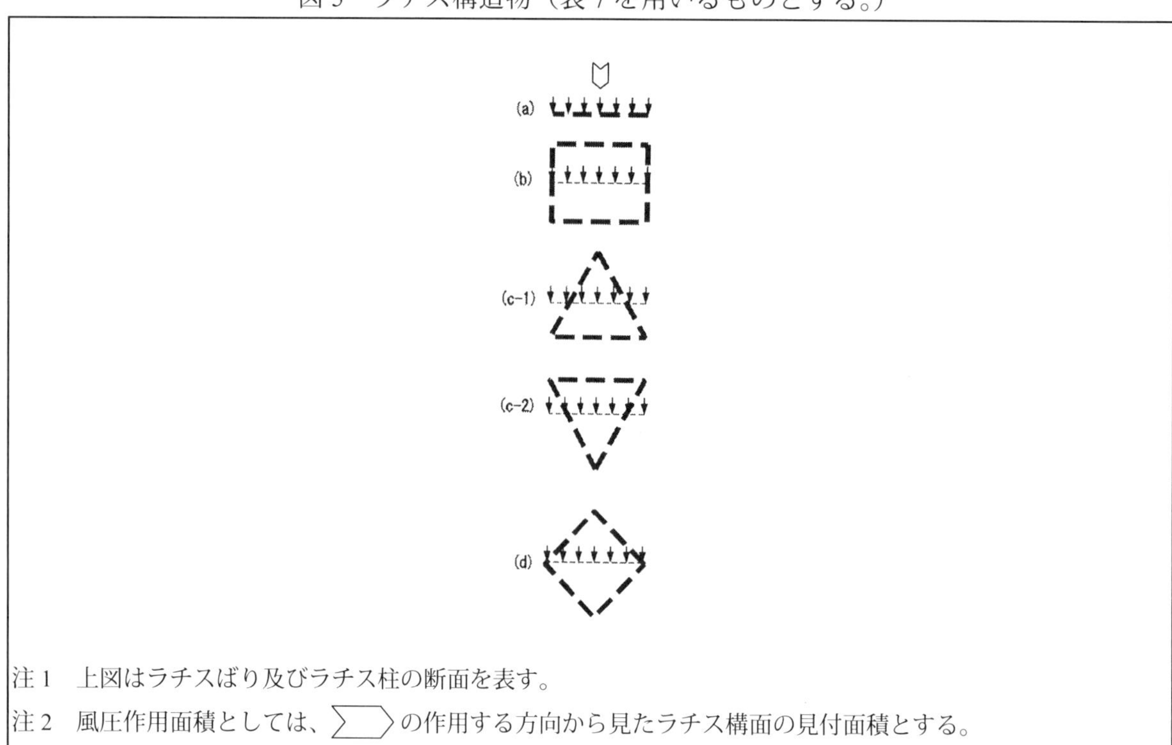

注 1　上図はラチスばり及びラチス柱の断面を表す。

注 2　風圧作用面積としては、〉の作用する方向から見たラチス構面の見付面積とする。

表 7　ラチス構造物の Cf

種類 ＼ ϕ		（一）0.1 以下	（二）0.1 を超え 0.6 未満	（三）0.6
鋼管	(a)	1.4kz	（一）と（三）とに掲げる数値を直線的に補間した数値	1.4kz
	(b)	2.2kz		1.5kz
	(c － 1、2)	1.8kz		1.4kz
	(d)	1.7kz		1.3kz
形鋼	(a)	2.0kz		1.6kz
	(b)	3.6kz		2.0kz
	(c － 1、2)	3.2kz		1.8kz
	(d)	2.8kz		1.7kz

図 6　金網その他の網状の構造物（表 8 を用いるものとする。）

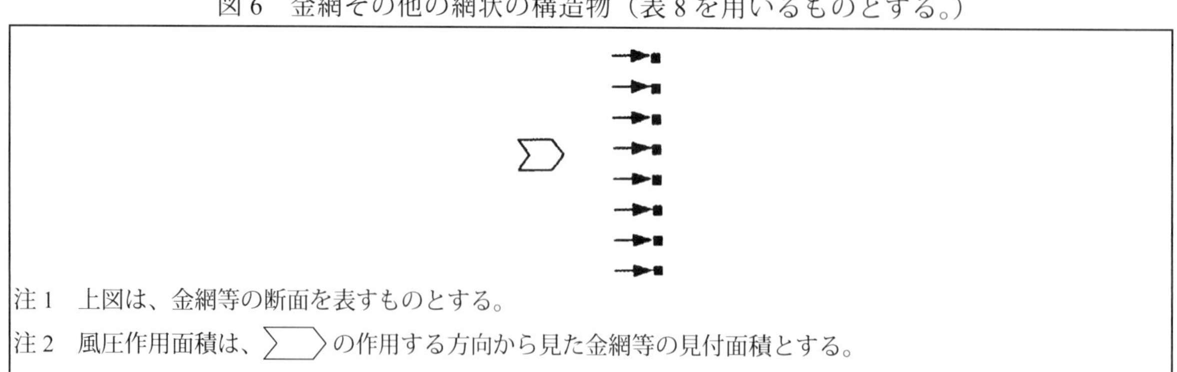

注 1　上図は、金網等の断面を表すものとする。

注 2　風圧作用面積は、〉の作用する方向から見た金網等の見付面積とする。

表８　金網その他の網状の構造物のCf

Cf	1.4kz

図７　煙突その他の円筒形の構造物（表９を用いるものとする。）

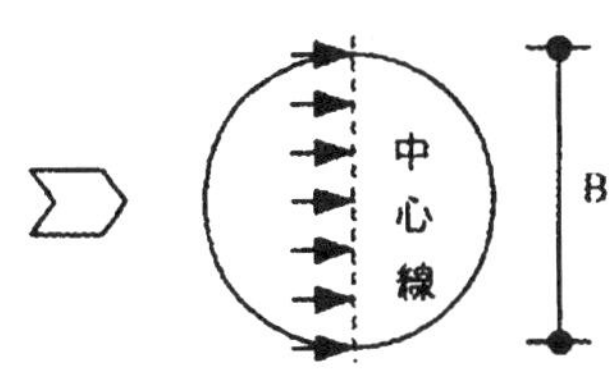

注１　上図は、煙突等の断面を表すものとする。

注２　風圧作用面積は、〉の作用する方向から見た煙突等の見付面積とする。

表９　煙突その他の円筒形の構造物のCf

H/B	(一)	(二)	(三)
	1以下の場合	1を超え、8未満の場合	8以上の場合
Cf	0.7kz	(一)と(三)とに掲げる数値を直線的に補間した数値	0.9kz

2　前項の図表において、H、Z、B、D、kz、a、h、f、θ 及び ϕ はそれぞれ次の数値を、〉は風向を表すものとする。

H　建築物の高さと軒の高さとの平均（単位　m）

Z　当該部分の地盤面からの高さ（単位　m）

B　風向に対する見付幅（単位　m）

D　風向に対する奥行（単位　m）

kz　次に掲げる表によって計算した数値

Hが Zb以下の場合		1.0
HがZbを超える場合	ZがZb以下の場合	$\left(\frac{Zb}{H}\right)^{2\alpha}$
	ZがZbを超える場合	$\left(\frac{Z}{H}\right)^{2\alpha}$
この表において、Zb及びαは、それぞれ次の数値を表すものとする。 Zb　第１第２項の表に規定するZbの数値 α　第１第２項の表に規定するαの数値		

a　BとHの２倍の数値のうちいずれか小さな数値（単位　m）

h　建築物の軒の高さ（単位　m）

f　建築物の高さと軒の高さとの差（単位　m）

θ　屋根面が水平面となす角度（単位　度）

ϕ　充実率（風を受ける部分の最外縁により囲まれる面積に対する見付面積の割合）

付録 7.3.4　平成 12 年 5 月 31 日建設省告示第 1455 号
多雪区域を指定する基準及び垂直積雪量を定める基準を定める件

建築基準法施行令(昭和 25 年政令第 338 号)第 86 条第 2 項ただし書及び第 3 項の規定に基づき、多雪区域を指定する基準及び垂直積雪量を定める基準を次のように定める。

第１　建築基準法施行令（以下「令」という。）第 86 条第 2 項ただし書に規定する多雪区域を指定する基準は、次の各号のいずれかとする。

一　第 2 の規定による垂直積雪量が 1m 以上の区域

二　積雪の初終間日数（当該区域中の積雪部分の割合が 2 分の 1 を超える状態が継続する期間の日数をいう。）の平年値が 30 日以上の区域

第２　令第 86 条第 3 項に規定する垂直積雪量を定める基準は、市町村の区域（当該区域内に積雪の状況の異なる複数の区域がある場合には、それぞれの区域）について、次に掲げる式によって計算した垂直積雪量に、当該区域における局所的地形要因による影響等を考慮したものとする。ただし、当該区域又はその近傍の区域の気象観測地点における地上積雪深の観測資料に基づき統計処理を行う等の手法によって当該区域における 50 年再現期待値（年超過確率が 2 パーセントに相当する値をいう。）を求めることができる場合には、当該手法によることができる。

$$d = \alpha \cdot ls + \beta \cdot rs + \gamma$$

この式において、d、ls、rs、α、β及びγはそれぞれ次の数値を表すものとする。

d　垂直積雪量（単位　m）

α、β、γ　区域に応じて別表の当該各欄に掲げる数値

ls　区域の標準的な標高（単位　m）

rs　区域の標準的な海率（区域に応じて別表の R の欄に掲げる半径（単位　km）の円の面積に対する当該円内の海その他これに類するものの面積の割合をいう。）

附　則（平成 12 年 5 月 31 日　建設省告示第 1455 号）

1　この告示は、平成 12 年 6 月 1 日から施行する。

2　昭和 27 年建設省告示第 1074 号は、廃止する。

別表

	区域	α	β	γ	R
(一)	北海道のうち 稚内市　天塩郡のうち天塩町、幌延町及び豊富町　宗谷郡　枝幸郡のうち浜頓別町及び中頓別町　礼文郡　利尻郡	0.0957	2.84	− 0.80	40
(二)	北海道のうち 中川郡のうち美深町、音威子府村及び中川町　苫前郡のうち羽幌町及び初山別村　天塩郡のうち遠別町　枝幸郡のうち枝幸町及び歌登町	0.0194	− 0.56	2.18	20
(三)	北海道のうち 旭川市　夕張市　芦別市　士別市　名寄市　千歳市　富良野市　虻田郡のうち真狩村及び留寿都村　夕張郡のうち由仁町及び栗山町　上川郡のうち鷹栖町、東神楽町、当麻町、比布町、愛別町、上川町、東川町、美瑛町、和寒町、剣淵町、朝日町、風連町、下川町及び新得町　空知郡のうち上富良野町、中富良野町及び南富良野町　勇払郡のうち占冠村、追分町及び穂別町　沙流郡のうち日高町及び平取町　有珠郡のうち大滝村	0.0027	8.51	1.20	20
(四)	北海道のうち 札幌市　小樽市　岩見沢市　留萌市　美唄市　江別市　赤平市　三笠市　滝川市　砂川市　歌志内市　深川市　恵庭市　北広島市　石狩市　石狩郡　厚田郡　浜益郡　虻田郡のうち喜茂別町、京極町及び倶知安町　岩内郡のうち共和町　古宇郡　積丹郡　古平郡　余市郡　空知郡のうち北村、栗沢町、南幌町、奈井江町及び上砂川町　夕張郡のうち長沼町　樺戸郡　雨竜郡　増毛郡　留萌郡　苫前郡のうち苫前町	0.0095	0.37	1.40	40
(五)	北海道のうち 松前郡　上磯郡のうち知内町及び木古内町　檜山郡　爾志郡　久遠郡　奥尻郡　瀬棚郡　島牧郡　寿都郡　磯谷郡　虻田郡のうちニセコ町　岩内郡のうち岩内町	− 0.0041	− 1.92	2.34	20
(六)	北海道のうち 紋別市　常呂郡のうち佐呂間町　紋別郡のうち遠軽町、上湧別町、湧別町、滝上町、興部町、西興部村及び雄武町	− 0.0071	− 3.42	2.98	40
(七)	北海道のうち 釧路市　根室市　釧路郡　厚岸郡　川上郡のうち標茶町　阿寒郡　白糠郡のうち白糠町　野付郡　標津郡	0.0100	− 1.05	1.37	20
(八)	北海道のうち 帯広市　河東郡のうち音更町、士幌町及び鹿追町　上川郡のうち清水町　河西郡　広尾郡　中川郡のうち幕別町、池田町及び豊頃町　十勝郡　白糠郡のうち音別町	0.0108	0.95	1.08	20
(九)	北海道のうち 函館市　室蘭市　苫小牧市　登別市　伊達市　上磯郡のうち上磯町　亀田郡　茅部郡　山越郡　虻田郡のうち豊浦町、虻田町及び洞爺村　有珠郡のうち壮瞥町　白老郡　勇払郡のうち早来町、厚真町及び鵡川町　沙流郡のうち門別町　新冠郡　静内郡　三石郡　浦河郡　様似郡　幌泉郡	0.0009	− 0.94	1.23	20
(十)	北海道（(一)から(九)までに掲げる区域を除く）	0.0019	0.15	0.80	20
(十一)	青森県のうち 青森市　むつ市　東津軽郡のうち平内町、蟹田町、今別町、蓬田村及び平舘村　上北郡のうち横浜町　下北郡	0.0005	− 1.05	1.97	20

（十二）	青森県のうち 弘前市　黒石市　五所川原市　東津軽郡のうち三厩村　西津軽郡のうち鰺ヶ沢町、木造町、深浦町、森田村、柏村、稲垣村及び車力村　中津軽郡のうち岩木町　南津軽郡のうち藤崎町、尾上町、浪岡町、常盤村及び田舎館村　北津軽郡	－0.0285	1.17	2.19	20
（十三）	青森県のうち 八戸市　十和田市　三沢市　上北郡のうち野辺地町、七戸町、百石町、十和田湖町、六戸町、上北町、東北町、天間林村、下田町及び六ヶ所村　三戸郡	0.0140	0.55	0.33	40
（十四）	青森県（（十一）から（十三）までに掲げる区域を除く） 秋田県のうち 能代市　大館市　鹿角市　鹿角郡　北秋田郡　山本郡のうち二ツ井町、八森町、藤里町及び峰浜村	0.0047	0.58	1.01	40
（十五）	秋田県のうち 秋田市　本荘市　男鹿市　山本郡のうち琴丘町、山本町及び八竜町　南秋田郡　河辺郡のうち雄和町　由利郡のうち仁賀保町、金浦町、象潟町、岩城町、由利町、西目町及び大内町 山形県のうち 鶴岡市　酒田市　東田川郡　西田川郡　飽海郡	0.0308	－1.88	1.58	20
（十六）	岩手県のうち 和賀郡のうち湯田町及び沢内村 秋田県（（十四）及び（十五）に掲げる区域を除く） 山形県のうち 新庄市　村山市　尾花沢市　西村山郡のうち西川町、朝日町及び大江町　北村山郡　最上郡	0.0050	1.01	1.67	40
（十七）	岩手県のうち 宮古市　久慈市　釜石市　気仙郡のうち三陸町　上閉伊郡のうち大槌町、下閉伊郡のうち田老町、山田町　田野畑村及び普代村　九戸郡のうち種市町及び野田村	－0.0130	5.24	－0.77	20
（十八）	岩手県のうち 大船渡市　遠野市　陸前高田市　岩手郡のうち葛巻町　気仙郡のうち住田町　下閉伊郡のうち岩泉町、新里村及び川井村　九戸郡のうち軽米町、山形村、大野村及び九戸村 宮城県のうち 石巻市　気仙沼市　桃生郡のうち河北町、雄勝町及び北上町　牡鹿郡　本吉郡	0.0037	1.04	－0.10	40
（十九）	岩手県（（十六）から（十八）までに掲げる区域を除く） 宮城県のうち 古川市　加美郡　玉造郡　遠田郡　栗原郡　登米郡　桃生郡のうち桃生町	0.0020	0.00	0.59	0
（二十）	宮城県（（十八）及び（十九）に掲げる区域を除く） 福島県のうち 福島市　郡山市　いわき市　白河市　原町市　須賀川市　相馬市　二本松市　伊達郡　安達郡　岩瀬郡　西白河郡　東白川郡　石川郡　田村郡　双葉郡　相馬郡 茨城県のうち 日立市　常陸太田市　高萩市　北茨城市　東茨城郡のうち御前山村　那珂郡のうち大宮町、山方町、美和村及び緒川村　久慈郡　多賀郡	0.0019	0.15	0.17	40
（二十一）	山形県のうち 山形市　米沢市　寒河江市　上山市　長井市　天童市　東根市　南陽市　東村山郡　西村山郡のうち河北町　東置賜郡　西置賜郡のうち白鷹町	0.0099	0.00	－0.37	0

(二十二)	山形県（(十五)、(十六) 及び (二十一) に掲げる区域を除く） 福島県のうち 　南会津郡のうち只見町　耶麻郡のうち熱塩加納村、山都町、西会津町及び高郷村　大沼郡のうち三島町及び金山町 新潟県のうち 　東蒲原郡のうち津川町、鹿瀬町及び上川村	0.0028	− 4.77	2.52	20
(二十三)	福島県（(二十) 及び (二十二) に掲げる区域を除く）	0.0026	23.0	0.34	40
(二十四)	茨城県（(二十) に掲げる区域を除く） 栃木県 群馬県（(二十五) 及び (二十六) に掲げる区域を除く） 埼玉県 千葉県 東京都 神奈川県 静岡県 愛知県 岐阜県のうち 　多治見市　関市　中津川市　瑞浪市　羽島市　恵那市　美濃加茂市　土岐市　各務原市　可児市　羽島郡　海津郡　安八郡のうち輪之内町、安八町及び墨俣町　加茂郡のうち坂祝町、富加町、川辺町、七宗町及び八百津町　可児郡　土岐郡　恵那郡のうち岩村町、山岡町、明智町、串原村及び上矢作町	0.0005	− 0.06	0.28	40
(二十五)	群馬県のうち 　利根郡のうち水上町 長野県のうち 　大町市　飯山市　北安曇郡のうち美麻村、白馬村及び小谷村　下高井郡のうち木島平村及び野沢温泉村　上水内郡のうち豊野町、信濃町、牟礼村、三水村、戸隠村、鬼無里村、小川村及び中条村　下水内郡 岐阜県のうち 　岐阜市　大垣市　美濃市　養老郡　不破郡　安八郡のうち神戸町　揖斐郡　本巣郡　山県郡　武儀郡のうち洞戸村、板取村及び武芸川町　郡上郡　大野郡のうち清見村、荘川村及び宮村　吉城郡 滋賀県のうち 　大津市　彦根市　長浜市　近江八幡市　八日市市　草津市　守山市　滋賀郡　栗太郡　野洲郡　蒲生郡のうち安土町及び竜王町　神崎郡のうち五個荘町及び能登川町　愛知郡　犬上郡　坂田郡　東浅井郡　伊香郡　高島郡 京都府のうち 　福知山市　綾部市　北桑田郡のうち美山町　船井郡のうち和知町　天田郡のうち夜久野町　加佐郡 兵庫県のうち 　朝来郡のうち和田山町及び山東町	0.0052	2.97	0.29	40
(二十六)	群馬県のうち 　沼田市　吾妻郡のうち中之条町、草津町、六合村及び高山村　利根郡のうち白沢村、利根村、片品村、川場村、月夜野町、新治村及び昭和村 長野県のうち 　長野市　中野市　更埴市　木曽郡　東筑摩郡　南安曇郡　北安曇郡のうち池田町、松川村及び八坂村　更級郡　埴科郡　上高井郡　下高井郡のうち山ノ内町　上水内郡のうち信州新町 岐阜県のうち 　高山市　武儀郡のうち武儀町及び上之保村　加茂郡のうち白川町及び東白川村　恵那郡のうち坂下町、川上村、加子母村、付知町、福岡町及び蛭川村　益田郡　大野郡のうち丹生川村、久々野町、朝日村及び高根村	0.0019	0.00	− 0.16	0

（二十七）	山梨県 長野県（（二十五）及び（二十六）に掲げる区域を除く）	0.0005	6.26	0.12	40
（二十八）	岐阜県（（二十四）から（二十六）までに掲げる区域を除く） 新潟県のうち 　糸魚川市　西頸城郡のうち能生町及び青海町 富山県 福井県 石川県	0.0035	− 2.33	2.72	40
（二十九）	新潟県のうち 　三条市　新発田市　小千谷市　加茂市　十日町市　見附市　栃尾市　五泉市 　北蒲原郡のうち安田町、笹神村、豊浦町及び黒川村　中蒲原郡のうち村松町　南蒲原郡のうち田上町、下田村及び栄町　東蒲原郡のうち三川村　古志郡　北魚沼郡　南魚沼郡　中魚沼郡　岩船郡のうち関川村	0.0100	− 1.20	2.28	40
（三十）	新潟県（（二十二）、（二十八）及び（二十九）に掲げる区域を除く）	0.0052	− 3.22	2.65	20
（三十一）	京都府のうち 　舞鶴市　宮津市　与謝郡　中郡　竹野郡　熊野郡 兵庫県のうち 　豊岡市　城崎郡　出石郡　美方郡　養父郡	0.0076	1.51	0.62	40
（三十二）	三重県 大阪府 奈良県 和歌山県 滋賀県（（二十五）に掲げる区域を除く） 京都府（（二十五）及び（三十一）に掲げる区域を除く） 兵庫県（（二十五）及び（三十一）に掲げる区域を除く）	0.0009	0.00	0.21	0
（三十三）	鳥取県 島根県 岡山県のうち 　阿哲郡のうち大佐町、神郷町及び哲西町　真庭郡　苫田郡 広島県のうち 　三次市　庄原市　佐伯郡のうち吉和村　山県郡　高田郡　双三郡のうち君田村、布野村、作木村及び三良坂町　比婆郡 山口県のうち 　萩市　長門市　豊浦郡のうち豊北町　美祢郡　大津郡　阿武郡	0.0036	0.69	0.26	40
（三十四）	岡山県（（三十三）に掲げる区域を除く） 広島県（（三十三）に掲げる区域を除く） 山口県（（三十三）に掲げる区域を除く）	0.0004	− 0.21	0.33	40
（三十五）	徳島県 香川県 愛媛県のうち 　今治市　新居浜市　西条市　川之江市　伊予三島市　東予市　宇摩郡　周桑郡　越智郡　上浮穴郡のうち面河村	0.0011	− 0.42	0.41	20
（三十六）	高知県（（三十七）に掲げる区域を除く）	0.0004	− 0.65	0.28	40
（三十七）	愛媛県（（三十五）に掲げる区域を除く） 高知県のうち 　中村市　宿毛市　土佐清水市　吾川郡のうち吾川村　高岡郡のうち中土佐町、窪川町、梼原町、大野見村、東津野村、葉山村及び仁淀村　幡多郡	0.0014	− 0.69	0.49	20

（三十八）	福岡県 佐賀県 長崎県 熊本県 大分県のうち 　中津市　日田市　豊後高田市　宇佐市　西国東郡のうち真玉町及び香々地町　日田郡　下毛郡	0.0006	− 0.09	0.21	20
（三十九）	大分県（（三十八）に掲げる区域を除く） 宮崎県	0.0003	− 0.05	0.10	20
（四十）	鹿児島県	− 0.0001	− 0.32	0.46	20

付録 7.3.5　平成 12 年 5 月 29 日建設省告示第 1388 号（最終改正：平成 24 年 12 月 12 日国土交通省告示第 1447 号）
建築設備の構造耐力上安全な構造方法を定める件

建築基準法施行令（昭和 25 年政令第 338 号）第 129 条の 2 の 4 第 2 号の規定に基づき、建築設備の構造耐力上安全な構造方法を次のように定める。

第１　建築設備（昇降機を除く。以下同じ。）、建築設備の支持構造部及び緊結金物で腐食又は腐朽のおそれがあるものには、有効なさび止め又は防腐のための措置を講ずること。

第２　屋上から突出する水槽、煙突、冷却塔その他これらに類するもの（以下「屋上水槽等」という。）は、支持構造部又は建築物の構造耐力上主要な部分に、支持構造部は、建築物の構造耐力上主要な部分に、緊結すること。

第３　煙突は、第 1 及び第 2 の規定によるほか、次に定める構造とすること。

一　煙突の屋上突出部の高さは、れんが造、石造、コンクリートブロック造又は無筋コンクリート造の場合は鉄製の支枠を設けたものを除き、90cm 以下とすること。

二　煙突で屋内にある部分は、鉄筋に対するコンクリートのかぶり厚さを 5cm 以上とした鉄筋コンクリート造又は厚さが 25cm 以上の無筋コンクリート造、れんが造、石造若しくはコンクリートブロック造とすること。

第４　建築物に設ける給水、排水その他の配管設備（建築物に設ける電気給湯器その他の給湯設備（屋上水槽等のうち給湯設備に該当するものを除く。以下単に「給湯設備」という。）を除く。）は、第 1 の規定によるほか、次に定める構造とすること。

一　風圧、土圧及び水圧並びに地震その他の震動及び衝撃に対して安全上支障のない構造とすること。

二　建築物の部分を貫通して配管する場合においては、当該貫通部分に配管スリーブを設ける等有効な管の損傷防止のための措置を講ずること。

三　管の伸縮その他の変形により当該管に損傷が生ずるおそれがある場合において、伸縮継手又は可撓継手を設ける等有効な損傷防止のための措置を講ずること。

四　管を支持し、又は固定する場合においては、つり金物又は防振ゴムを用いる等有効な地震その他の震動及び衝撃の緩和のための措置を講ずること。

第５　給湯設備は、第 1 の規定によるほか、風圧、土圧及び水圧並びに地震その他の震動及び衝撃に対して安全上支障のない構造とすること。この場合において、給湯設備の質量、支持構造部の質量及び給湯設備を満水した場合における水の質量の総和（以下単に「質量」という。）が15kgを超える給湯設備に係る地震に対して安全上支障のない構造は、給湯設備の周囲に当該給湯設備の転倒、移動等により想定される衝撃が作用した場合においても著しい破壊が生じない丈夫な壁又は囲いを設ける場合その他給湯設備の転倒、移動等により人が危害を受けるおそれのない場合を除き、次の各号のいずれかに定めるところによらなければならない。

一　次の表の給湯設備を設ける場所の欄、質量の欄及びアスペクト比（給湯設備の幅又は奥行き（支持構造部を設置する場合にあっては、支持構造部を含めた幅又は奥行き）の小さい方に対する給湯設備の高さ（支持構造部を設置する場合にあっては、支持構造部の高さを含めた高さ）の比をいう。以下同じ。）の欄の区分に応じ、給湯設備の底部又は支持構造部の底部を、同表のアンカーボルトの種類の欄及びアンカーボルトの本数の欄に掲げるアンカーボルトを釣合い良く配置して、当該給湯設備を充分に支持するに足りる建築物又は敷地の部分等（以下単に「建築物の部分等」という。）に緊結すること。ただし、給湯設備の底部又は支持構造部の底部を緊結するアンカーボルトの一本当たりの引張耐力が、同表の給湯設備を設ける場所の欄、質量の欄、アスペクト比の欄及びアンカーボルトの本数の欄の区分に応じ、同表の引張耐力の欄に掲げる数値以上であることが確かめられた場合においては、当該引張耐力を有するアンカーボルトとすることができる。

給湯設備を設ける場所	質量（単位 kg）	アスペクト比	アンカーボルトの種類	アンカーボルトの本数	引張耐力（単位 kN）
地階及び一階並びに敷地の部分	15を超え200以下	4.5以下	径が8mm以上であり、かつ、埋込長さが35mm以上であるおねじ形のあと施工アンカー	3本以上	2.8
		6以下	径が6mm以上であり、かつ、埋込長さが30mm以上であるおねじ形のあと施工アンカー	4本以上	2.2
	200を超え350以下	4以下	径が10mm以上であり、埋込長さが40mm以上であるおねじ形のあと施工アンカー	3本以上	3.6
		5以下	径が6mm以上であり、かつ、埋込長さが30mm以上であるおねじ形のあと施工アンカー	4本以上	2.2
	350を超え600以下	4以下	径が12mm以上であり、かつ、埋込長さが50mm以上であるおねじ形のあと施工アンカー	3本以上	5.8
		5以下	径が10mm以上であり、かつ、埋込長さが40mm以上であるおねじ形のあと施工アンカー	4本以上	3.6
中間階	15を超え200以下	4以下	径が10mm以上であり、かつ、埋込長さが40mm以上であるおねじ形のあと施工アンカー	3本以上	3.6
		6以下	径が8mm以上であり、かつ、埋込長さが35mm以上であるおねじ形のあと施工アンカー	4本以上	2.8

	200を超え350以下	4以下	径が12mm以上であり、かつ、埋込長さが50mm以上であるおねじ形のあと施工アンカー	3本以上	5.8
		5以下	径が10mm以上であり、かつ、埋込長さが40mm以上であるおねじ形のあと施工アンカー	4本以上	3.6
	350を超え600以下	3.5以下	径が16mm以上であり、かつ、埋込長さが60mm以上であるおねじ形のあと施工アンカー	3本以上	8.0
		5以下	径が12mm以上であり、かつ、埋込長さが50mm以上であるおねじ形のあと施工アンカー	4本以上	5.8
上層階及び屋上	15を超え200以下	6以下	径が12mm以上であり、かつ、埋込長さが50mm以上であるおねじ形のあと施工アンカー	4本以上	5.8
	200を超え350以下	5以下	径が12mm以上であり、かつ、埋込長さが50mm以上であるおねじ形のあと施工アンカー	4本以上	5.8
	350を超え600以下	5以下	径が10mm以上であり、かつ、埋込長さが100mm以上であるJ形の埋込アンカー	4本以上	9.0
この表において、上層階とは、地階を除く階数が2以上6以下の建築物にあっては最上階、地階を除く階数が7以上9以下の建築物にあっては最上階及びその直下階、地階を除く階数が10以上12以下の建築物にあっては最上階及び最上階から数えた階数が三以内の階、地階を除く階数が13以上の建築物にあっては最上階及び最上階から数えた階数が四以内の階をいい、中間階とは、地階、一階及び上層階を除く階をいうものとする。次号から第4号までの表において同じ。					

二　次の表の給湯設備を設ける場所の欄及び質量の欄の区分に応じ、給湯設備の上部を、同表の上部の緊結方法の欄に掲げる方法により建築物の部分等に緊結し、かつ、質量が15kgを超え60kg以下である給湯設備にあっては、自立する構造とし、質量が60kgを超え600kg以下である給湯設備にあっては、その底部又は支持構造部の底部を、同表のアンカーボルト等（アンカーボルト、木ねじその他これらに類するものをいう。以下同じ。）の種類の欄及びアンカーボルト等の本数の欄に掲げるアンカーボルト等を釣合い良く配置して、建築物の部分等に緊結すること。ただし、質量が60kgを超え600kg以下である給湯設備にあっては、給湯設備の底部又は支持構造部の底部を緊結するアンカーボルト等の一本当たりのせん断耐力が、同表の給湯設備を設ける場所の欄、質量の欄、上部の緊結方法の欄及びアンカーボルト等の本数の欄の区分に応じ、同表のせん断耐力の欄に掲げる数値以上であることが確かめられた場合においては、当該せん断耐力を有するアンカーボルト等とすることができる。

給湯設備を設ける場所	質量（単位 kg）	上部の緊結方法	アンカーボルト等の種類	アンカーボルト等の本数	せん断耐力（単位 kN）
地階及び一階並びに敷地の部分	15 を超え 60 以下	径が 5mm 以上であり、かつ、埋込長さが 20mm 以上であるおねじ形のあと施工アンカー 1 本以上による緊結	—	—	—
		径が 4.8mm 以上であり、かつ、有効打ち込み長さが 15mm 以上である木ねじ 1 本以上による緊結			
		引張耐力の合計が 0.3kN 以上のアンカーボルト等による緊結			
	60 を超え 350 以下	径が 5mm 以上であり、かつ、埋込長さが 20mm 以上であるおねじ形のあと施工アンカー 1 本以上による緊結	径が 8mm 以上であり、かつ、埋込長さが 35mm 以上であるおねじ形のあと施工アンカー	3 本以上	0.3
		径が 4.8mm 以上であり、かつ、有効打ち込み長さが 12mm 以上である木ねじ 4 本以上による緊結			
		引張耐力の合計が 0.8kN 以上のアンカーボルト等による緊結			
	350 を超え 600 以下	径が 6mm 以上であり、かつ、埋込長さが 30mm 以上であるおねじ形のあと施工アンカー 2 本以上による緊結	径が 10mm 以上であり、かつ、埋込長さが 40mm 以上であるおねじ形のあと施工アンカー	3 本以上	0.5
		径が 5.5mm 以上であり、かつ、有効打ち込み長さが 15mm 以上である木ねじ 4 本以上による緊結			
		引張耐力の合計が 1.4kN 以上のアンカーボルト等による緊結			
中間階、上層階及び屋上	15 を超え 60 以下	径が 5mm 以上であり、かつ、埋込長さが 20mm 以上であるおねじ形のあと施工アンカー 1 本以上による緊結	—	—	—
		径が 4.8mm 以上であり、かつ、有効打ち込み長さが 15mm 以上である木ねじ 2 本以上による緊結			
		引張耐力の合計が 0.6kN 以上のアンカーボルト等による緊結			
	60 を超え 350 以下	径が 6mm 以上であり、かつ、埋込長さが 30mm 以上であるおねじ形のあと施工アンカー 1 本以上による緊結	径が 8mm 以上であり、かつ、埋込長さが 35mm 以上であるおねじ形のあと施工アンカー	3 本以上	0.7
		径が 4.8mm 以上であり、かつ、有効打ち込み長さが 25mm 以上である木ねじ 4 本以上による緊結			
		引張耐力の合計が 2.0kN 以上のアンカーボルト等による緊結			
	350 を超え 600 以下	径が 8mm 以上であり、かつ、埋込長さが 35mm 以上であるおねじ形のあと施工アンカー 2 本以上による緊結	径が 10mm 以上であり、かつ、埋込長さが 40mm 以上であるおねじ形のあと施工アンカー	3 本以上	1.2
		径が 5.5mm 以上であり、かつ、有効打ち込み長さが 25mm 以上である木ねじ 6 本以上による緊結			
		引張耐力の合計が 3.6kN 以上のアンカーボルト等による緊結			

この表において、木ねじとは、JIS B 1112（十字穴付き木ねじ）− 1995 又は JIS B 1135（すりわり付き木ねじ）− 1995 に適合する木ねじをいうものとする。次号の表において同じ。

三　次の表の給湯設備を設ける場所の欄及び質量の欄の区分に応じ、給湯設備の側部を同表のアンカーボルト等の種類の欄及びアンカーボルト等の本数の欄に掲げるアンカーボルト等を釣合い良く配置して、建築物の部分等に緊結すること。ただし、給湯設備の側部を緊結するアンカーボルト等の一本当たりの引張耐力が、給湯設備を設ける場所の欄、質量の欄及びアンカーボルト等の本数の欄の区分に応じ、同表の引張耐力の欄に掲げる数値以上であることが確かめられた場合においては、当該引張耐力を有するアンカーボルト等とすることができる。

給湯設備を設ける場所	質量（単位 kg）	アンカーボルト等の種類	アンカーボルト等の本数	引張耐力（単位 kN）
地階及び一階並びに敷地の部分	15 を超え 60 以下	径が 6mm 以上であり、かつ、埋込長さが 30mm 以上であるあと施工アンカー	2 本以上	0.3
		径が 4.8mm 以上であり、かつ、有効打ち込み長さが 12mm 以上である木ねじ	4 本以上	0.2
	60 を超え 100 以下	径が 6mm 以上であり、かつ、埋込長さが 30mm 以上であるあと施工アンカー	2 本以上	0.5
		径が 4.8mm 以上であり、かつ、有効打ち込み長さが 15mm 以上である木ねじ	4 本以上	0.3
中間階、上層階及び屋上	15 を超え 60 以下	径が 6mm 以上であり、かつ、埋込長さが 30mm 以上であるあと施工アンカー	2 本以上	0.5
		径が 4.8mm 以上であり、かつ、有効打ち込み長さが 15mm 以上である木ねじ	4 本以上	0.3
	60 を超え 100 以下	径が 6mm 以上であり、かつ、埋込長さが 30mm 以上であるあと施工アンカー	4 本以上	0.5
		径が 5.5mm 以上であり、かつ、有効打ち込み長さが 15mm 以上である木ねじ	8 本以上	0.4

四　給湯設備又は支持構造部の建築物の部分等への取付け部分が荷重及び外力によって当該部分に生ずる力（次の表に掲げる力の組合せによる各力の合計をいう。）に対して安全上支障のないことを確認すること。ただし、特別な調査又は研究の結果に基づき地震に対して安全上支障のないことを確認することができる場合においては、この限りでない。

力の種類	力の組合せ
長期に生ずる力	G ＋ P
短期に生ずる力	G ＋ P ＋ K

この表において、G、P 及び K は、それぞれ次の力（軸方向力、曲げモーメント、せん断力等をいう。）を表すものとする。

G　給湯設備及び支持構造部の固定荷重によって生ずる力

P　給湯設備の積載荷重によって生ずる力

K　地震力によって生ずる力

この場合において、地震力は、特別な調査又は研究の結果に基づき定める場合のほか、次の式によって計算した数値とするものとする。

P ＝ k・w

この式において、P、k 及び w は、それぞれ次の数値を表すものとする。

P　地震力（単位　N）

k　水平震度（建築基準法施行令第 88 条第 1 項に規定する Z の数値に次の表の給湯設備を設ける場所の欄の区分に応じ、同表の設計用標準震度の欄に掲げる数値以上の数値を乗じて得た数値とする。）

給湯設備を設ける場所	設計用標準震度
地階及び一階並びに敷地の部分	0.4
中間階	0.6
上層階及び屋上	1.0

w　給湯設備及び支持構造部の固定荷重と給湯設備の積載荷重との和（単位　N）

付録 7.3.6　平成 12 年 5 月 29 日建設省告示第 1389 号
屋上から突出する水槽、煙突等の構造計算の基準を定める件

建築基準法施行令（昭和 25 年政令第 338 号）第 129 条の 2 の 4 第 2 項（注1）の規定に基づき、法第 20 条第二号イ又はロに規定する建築物（注2）に設ける屋上から突出する水槽、煙突等の構造計算の基準を次のように定める。

建築基準法（昭和 25 年法律第 201 号）第 20 条第二号イ又はロに規定する建築物（注2）に設ける屋上から突出する水槽、冷却塔、煙突その他これらに類するもの（以下「屋上水槽等」という。）の構造計算の基準は、次のとおりとする。

一　屋上水槽等、支持構造部、屋上水槽等の支持構造部への取付け部分及び屋上水槽等又は支持構造部の建築物の構造耐力上主要な部分への取付け部分は、荷重及び外力によって当該部分に生ずる力（次の表に掲げる組合せによる各力の合計をいう。）に対して安全上支障のないことを確認すること。

<table>
<tr><th>力の種類</th><th>荷重及び外力について想定する状態</th><th>一般の場合</th><th>建築基準法施行令（以下「令」という。）第 86 条第 2 項ただし書の規定によって特定行政庁が指定する多雪区域における場合</th><th>備考</th></tr>
<tr><td rowspan="2">長期に生ずる力</td><td>常　時</td><td rowspan="2">G ＋ P</td><td>G ＋ P</td><td rowspan="2"></td></tr>
<tr><td>積雪時</td><td>G ＋ P ＋ 0.7S</td></tr>
<tr><td rowspan="4">短期に生ずる力</td><td>積雪時</td><td>G ＋ P ＋ S</td><td>G ＋ P ＋ S</td><td></td></tr>
<tr><td rowspan="2">暴風時</td><td rowspan="2">G ＋ P ＋ W</td><td>G ＋ P ＋ W</td><td rowspan="2">水又はこれに類するものを貯蔵する屋上水槽等にあっては、これの重量を積載荷重から除くものとする</td></tr>
<tr><td>G ＋ P ＋ 0.35S ＋ W</td></tr>
<tr><td>地震時</td><td>G ＋ P ＋ K</td><td>G ＋ P ＋ 0.35S ＋ K</td><td></td></tr>
</table>

この表において、G、P、S、W 及び K は、それぞれ次の力（軸方向力、曲げモーメント、せん断力等をいう。）を表すものとする。

G　屋上水槽等及び支持構造部の固定荷重によって生ずる力

P　屋上水槽等の積載荷重によって生ずる力

S　令第 86 条に規定する積雪荷重によって生ずる力

W　風圧力によって生ずる力

この場合において、風圧力は、次のイによる速度圧に次のロに定める風力係数を乗じて計算した数値とするものとする。ただし、屋上水槽等又は支持構造部の前面にルーバー等の有効な遮へい物がある場合においては、当該数値から当該数値の 4 分の 1 を超えない数値を減じた数値とすることができる。

イ　速度圧は、令第 87 条第 2 項の規定に準じて定めること。この場合において、「建築物の高さ」とあるのは、「屋上水槽等又は支持構造部の地盤面からの高さ」と読み替えるものとする。

ロ　風力係数は、令第 87 条第 4 項の規定に準じて定めること。

K　地震力によって生ずる力

この場合において、地震力は、特別な調査又は研究の結果に基づき定める場合のほか、次の式によって計算した数値とするものとする。ただし、屋上水槽等又は屋上水槽等の部分の転倒、移動等による危害を防止するための有効な措置が講じられている場合にあっては、当該数値から当該数値の 2 分の 1 を超えない数値を減じた数値とすることができる。

$$P = kw$$

この式において、P、k及びwは、それぞれ次の数値を表すものとする。
P　地震力（単位　N）
k　水平震度（令第88条第1項に規定するZの数値に1.0以上の数値を乗じて得た数値とする。）
w　屋上水槽等及び支持構造部の固定荷重と屋上水槽等の積載荷重との和（令第86条第2項ただし書の規定によって特定行政庁が指定する多雪区域においては、更に積雪荷重を加えるものとする。）（単位　N）

二　屋上水槽等又は支持構造部が緊結される建築物の構造上主要な部分は、屋上水槽等又は支持構造部から伝達される力に対して安全上支障のないことを確認すること。

附　則（平成12年5月29日　建設省告示第1389号）

1　この告示は、平成12年6月1日から施行する。

2　昭和56年建設省告示第1101号は、廃止する。

（注意事項）

（注1）平成19年の法改正による項ずれで、現行、「第129条の2の4第2項」は「令第129条の2の4第三号」と読み替えが必要です。

（注2）平成19年の法改正による項ずれで、現行、「法第20条第二号イ又はロに規定する建築物」は「法第20条第一号から第三号までに掲げる建築物」と読み替えが必要です。

付録7.3.7　平成17年6月1日国土交通省告示第566号（最終改正：平成25年8月5日国土交通省告示第777号）

建築物の倒壊及び崩落、屋根ふき材、特定天井、外装材及び屋外に面する帳壁の脱落並びにエレベーターのかごの落下及びエスカレーターの脱落のおそれがない建築物の構造方法に関する基準並びに建築物の基礎の補強に関する基準を定める件

建築基準法施行令（昭和25年政令第338号）第137条の2第一号ハ、第二号ロ及び第三号イの規定に基づき、建築物の倒壊及び崩落、屋根ふき材、特定天井、外装材及び屋外に面する帳壁の脱落並びにエレベーターのかごの落下及びエスカレーターの脱落のおそれがない建築物の構造方法に関する基準を第1から第3までに、並びに同号ロの規定に基づき、建築物の基礎の補強に関する基準を第4に定める。ただし、国土交通大臣がこの基準の一部又は全部と同等以上の効力を有すると認める基準によって建築物の増築又は改築を行う場合においては、当該基準によることができる。

第1　建築基準法施行令（以下「令」という。）第137条の2第一号ハに規定する建築物の倒壊及び崩落、屋根ふき材、特定天井、外装材及び屋外に面する帳壁の脱落並びにエレベーターのかごの落下及びエスカレーターの脱落のおそれがない建築物の構造方法に関する基準は、次の各号に定めるところによる。

一　建築設備については、次のイからハまでに定めるところによる。

イ　建築基準法（昭和25年法律第201号。以下「法」という。）第20条第一号から第三号までに掲げる建築物に設ける屋上から突出する水槽、煙突その他これらに類するものは、令第 129 条の 2 の 4 第三号の規定に適合すること。

ロ　建築物に設ける給水、排水その他の配管設備は、令第 129 条の 2 の 5 第 1 項第二号及び第三号の規定に適合すること。

ハ　建築物に設ける令第 129 条の 3 第 1 項第一号及び第二号に掲げる昇降機は、令第 129 条の 4、令第 129 条の 5（これらの規定を令第 129 条の 12 第 2 項において準用する場合を含む。）、令第 129 条の 8 第 1 項並びに令第 129 条の 12 第 1 項第六号の規定に適合するほか、当該昇降機のかごが、かご内の人又は物による衝撃を受けた場合において、かご内の人又は物が昇降路内に落下し、又はかご外の物に触れるおそれのない構造であること。

二　屋根ふき材、特定天井、外装材及び屋外に面する帳壁については、次のイ及びロに定めるところによる。

イ　屋根ふき材、外装材及び屋外に面する帳壁は、昭和 46 年建設省告示第 109 号に定める基準に適合すること。

ロ　特定天井については平成 25 年国土交通省告示第 771 号第 3 に定める基準に適合すること又は令第 39 条 3 項に基づく国土交通大臣の認定を受けたものであること。ただし、増築又は改築をする部分以外の部分の天井（新たに設置するものを除く。）であって、増築又は改築をする部分の天井と構造上分離しているもので当該天井の落下防止措置（ネット、ワイヤ又はロープその他の天井材（当該落下防止措置に用いる材料を除く。）の落下による衝撃が作用した場合においても脱落及び破断を生じないことが確かめられた部材の設置により、天井の落下を防止する措置をいう。）が講じられているものにあっては、この限りではない。

第 2　令第 137 条の 2 第二号ロに規定する建築物の倒壊及び崩落、屋根ふき材、特定天井、外装材及び屋外に面する帳壁の脱落並びにエレベーターのかごの落下及びエスカレーターの脱落のおそれがない建築物の構造方法に関する基準は、次の各号に定めるところによる。

一　建築物の構造耐力上主要な部分については、次のイ及びロに定めるところによる。

イ　地震に対して、法第 20 条第二号イ後段及び第三号イ後段に規定する構造計算（それぞれ地震に係る部分に限る。）によって構造耐力上安全であること又は平成 18 年国土交通省告示第 185 号に定める基準によって地震に対して安全な構造であることを確かめること。

ロ　地震時を除き、令第 82 条第一号から第三号まで（地震に係る部分を除く。）に定めるところによる構造計算によって構造耐力上安全であることを確かめること。

二　建築設備については、第 1 第一号に定めるところによる。

三　屋根ふき材、特定天井、外装材及び屋外に面する帳壁については、第 1 第二号に定めるところによる。

第 3　令第 137 条の 2 第三号イに規定する建築物の倒壊及び崩落、屋根ふき材、特定天井、外装材及び屋外に面する帳壁の脱落並びにエレベーターのかごの落下及びエスカレーターの脱落のおそれがない建築物の構造方法に関する基準は、次の各号に定めるところによる。

一　建築物の構造耐力上主要な部分については、次のイからニまでに定めるところによる。

イ　増築又は改築に係る部分が令第 3 章（第 8 節を除く。）の規定及び法第 40 条の規定に基づく条例の構造耐力に関する制限を定めた規定に適合すること。

ロ　地震に対して、建築物全体が法第 20 条第二号イ後段及び第三号イ後段に規定する構造計算（それぞれ地震に係る部分に限る。）によって構造耐力上安全であることを確かめること。ただし、法第20条第四号に掲げる建築物のうち木造のものについては、建築物全体が令第42条、令第43条並びに令第46条第1項から第3項まで及び第4項（表3に係る部分を除く。）の規定（平成13年国土交通省告示第1540号に規定する枠組壁工法又は木質プレハブ工法（以下単に「枠組壁工法又は木質プレハブ工法」という。）を用いた建築物の場合にあっては同告示第1から第10までの規定）に適合することを確かめることによって地震に対して構造耐力上安全であることを確かめたものとみなすことができる。

ハ　ロの規定にかかわらず、新たにエキスパンションジョイントその他の相互に応力を伝えない構造方法を設けることにより建築物を2以上の独立部分に分ける場合にあっては、増築又は改築をする独立部分以外の独立部分については、平成18年国土交通省告示第185号に定める基準によって地震に対して安全な構造であることを確かめることができる。

ニ　地震時を除き、令第82条第一号から第三号まで（地震に係る部分を除く。）に定めるところによる構造計算によって建築物全体が構造耐力上安全であることを確かめること。ただし、法第20条第四号に掲げる建築物のうち木造のものであって、令第46条第4項（表2に係る部分を除く。）の規定（枠組壁工法又は木質プレハブ工法を用いた建築物の場合にあっては平成13年国土交通省告示第1540号第1から第10までの規定）に適合するものについては、この限りでない。

二　建築設備については、第1第一号に定めるところによる。

三　屋根ふき材、特定天井、外装材及び屋外に面する帳壁については、第1第二号に定めるところによる。

第４　（略）

付録7.3.8　平成17年6月1日国土交通省告示第570号
昇降機の昇降路内に設けることができる配管設備の構造方法を定める件

建築基準法施行令（昭和25年政令第338号）第129条の2の5第1項第三号ただし書の規定に基づき、昇降機の昇降路内に設けることができる配管設備で、地震時においても昇降機のかごの昇降、かご及び出入口の戸の開閉その他の昇降機の機能並びに配管設備の機能に支障がないものの構造方法を次のように定める。

建築基準法施行令第129条の2の5第1項第三号ただし書に規定する昇降機の昇降路内に設けることができる配管設備で、地震時においても昇降機のかごの昇降、かご及び出入口の戸の開閉その他の昇降機の機能並びに配管設備の機能に支障がないものの構造方法は。次の各号に適合するものでなければならない。

一　次のいずれかに該当するものであること。

イ　昇降機に必要な配管設備

ロ　光ファイバー又は光ファイバーケーブル（電気導体を組み込んだものを除く。）でイに掲げるもの以外のもの

ハ　ロに掲げる配管設備のみを通すための配管設備

二　地震時においても昇降機のかご又はつり合おもりに触れるおそれのないものであること。

三　第一号ロ又はハに掲げるものにあっては、次に適合するものであること。

イ　地震時においても鋼索、電線その他のものの機能に支障が生じない構造のものであること。

ロ　昇降機の点検を行う者の見やすい場所に当該配管設備の種類が表示されているものであること。

四　第一号ハに掲げるものにあっては、前号に規定するほか、難燃材料で造り、又は覆ったものであること。

付録８ （一社）日本建築あと施工アンカー協会（JCAA）

「あと施工アンカー技術資料」、「あと施工アンカー施工指針（案）・同解説」抜粋

1. 適用範囲

あと施工アンカー（以下「アンカー」という場合もある。）を用いて設備機器などを取り付ける場合に適用する。

2. 用語と定義

あと施工アンカー	母材に穿孔した孔に、固着機能によって固定されるアンカー
金属系アンカー	母材に穿孔した孔に、固着部を有する金属製の部材を挿入し、母材に固着するアンカーを総称していう。
接着系アンカー	穿孔した孔とアンカー筋のすき間を接着剤で充填し、硬化させ物理的に固着するアンカーをいう。
母材	アンカーを固着する対象物
有効埋込み長さ	①金属拡張アンカーでは、母材の表面から拡張部先端までの距離 ②接着系アンカーでは、母材表面からアンカー筋の有効先端までの距離（先端部に所定の角度があるボルトは、その部分を除いた距離）
へりあき寸法	アンカーの中心から最も近い母材端部までの距離
アンカーピッチ	アンカーの中心から中心までの距離
穿孔深さ	母材の表面から穿孔する孔底（孔底の肩部）までの距離
ブラシがけ	穿孔した孔の壁面に付着した母材の切粉を落とすこと
アンカー筋	接着系アンカーにおいて、母材に埋め込む異形棒鋼あるいは全ねじボルト

3. あと施工アンカー製品認証制度とあと施工アンカー施工士

3.1 あと施工アンカー製品認証制度

JCAAでは、あと施工アンカー製品認証制度を設けており、現在はタイプBとタイプCのものが認証されている。

表1 あと施工アンカー製品認証制度の種類と認証の内容

種類	認証の内容
タイプA	評価認証審査項目16項目以上 (15項目については、タイプB以上の品質であること。) 16以降の審査項目は認定委員会が認めたもの。
タイプB	評価認証審査項目15項目 標準タイプ
タイプC	評価認証審査項目指定9項目以上 申請者の自己申告により項目追加可能

3.2　あと施工アンカー施工士

JCAA「あと施工アンカー技術者資格認定制度」で認定された資格には、次の資格がある。

表 2　あと施工アンカー技術者資格の種類と適応業務の内容

資格の種類	適用業務の内容
第 2 種あと施工アンカー施工士	決められた施工計画により、ねじ径 12mm 以下のあと施工アンカー工事を適切に施工できる技術的能力を有する。
第 1 種あと施工アンカー施工士	決められた施工計画により、あと施工アンカー工事を適切に施工できる技術的能力を有する者をいい、母材に対する判断ができる能力を有する。
あと施工アンカー技術管理士	工事現場におけるあと施工アンカー工事を適正に実施するため、工事の施工計画及び施工図の作成、工程管理、品質管理、安全管理等工事の施工管理を的確に行うために必要な技術的能力を有する。
あと施工アンカー主任技士	「第 1 種あと施工アンカー施工士」と「あと施工アンカー技術管理士」の両資格の技術的能力を有する。

4.　あと施工アンカーの分類

4.1　金属系アンカー

4.1.1　金属拡張アンカーの分類

金属拡張アンカーは、アンカーの拡張部を拡張させる方法により打込み方式と締付け方式の 2 種類に大別し、次にそれを作動の型・式により計 8 種類に分類する。

4.1.2　金属拡張アンカーの種類と形状

金属拡張アンカーの概要図と構成部品名を表 3 に示す。

表 3　金属拡張アンカーの形状と構成部品名

方式	型	種類	アンカー概要図
打込み方式	拡張子打込み型	芯棒打込み式	芯棒　本体　拡張部
		内部コーン打込み式	コーン　本体　拡張部
	拡張部打込み型	本体打込み式	コーン　本体　拡張部
		スリーブ打込み式	テーパー付ボルト　スリーブ　拡張部　テーパー部

締付け方式	一端拡張型	コーンナット式	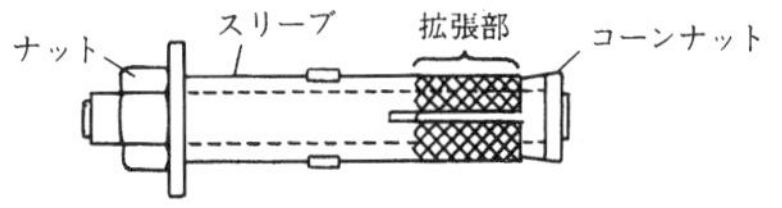 ナット スリーブ 拡張部 コーンナット
		テーパーボルト式	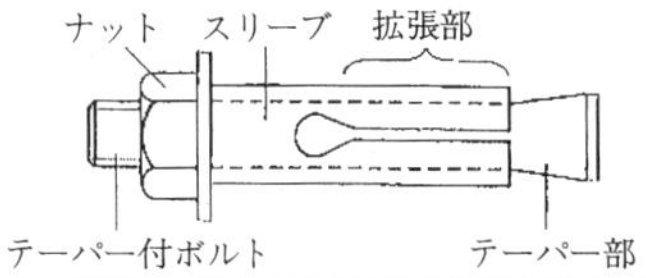 ナット スリーブ 拡張部 テーパー付ボルト テーパー部
	平行拡張型	ダブルコーン式	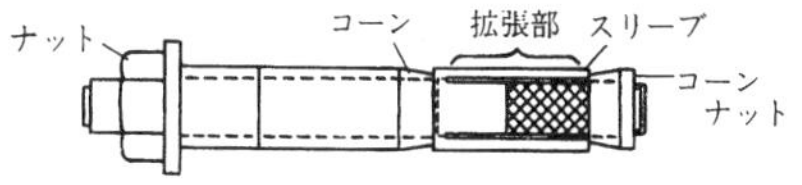 ナット コーン 拡張部 スリーブ コーンナット
		ウェッジ式	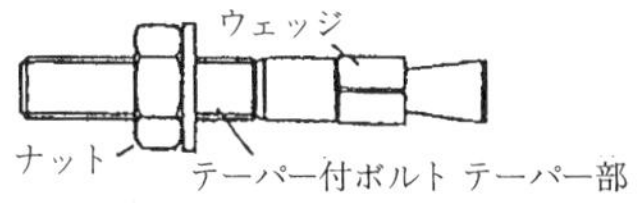 ウェッジ ナット テーパー付ボルト テーパー部

4.1.3　金属拡張アンカーの材質とねじ

金属拡張アンカーの主な材料は、JIS 規格に適合した材料または、その改良材が用いられている。

金属拡張アンカーに使用されているねじは、JISB0205 一般用メートルねじの規格に適合したねじとする。

4.2　接着系アンカー

4.2.1　接着系アンカー（カプセル方式）の種類と形状

カプセルの形状は、カプセルの材質によりある程度決まり、ガラス管の場合は円筒状、プラスチックや紙の場合はシュガースティックのような楕円状が多い。

主剤の種類により、有機系（ポリエステル系、エポキシアクリレート系、ビニルウレタン系、エポキシ系）と無機系（セメント系）に分けられる。

カプセルの形状と内容物を表4に示す。有機系の場合は、硬化した接着剤の特性として、耐熱性、耐薬品性によるアンカーへの影響が予想されるので、特殊な環境下（高低温等、物理的、化学的環境が通常と異なるもの）で使用する場合は、その特性を確認する。

表4 接着系アンカー・カプセル方式の形状

施工方法	主剤	カプセルの材質 （カプセルシールの形態）	カプセルの形状例
回転・打撃型	有機系	ガラス管式 （溶閉密封）	ストッパ　硬化剤　ガラス管　骨材　主剤
		ガラス管式 （キャップ）	キャップ　主剤　硬化剤　ガラス管　骨材
		フィルムチューブ式 （溶着式）	主剤　硬化剤　骨材　プラスチックチューブ
	無機系	紙チューブ式 （張合わせ）	和紙　特殊モルタル　細骨材
		ガラス管式 （キャップ）	キャップ　水　セメント　ガラス管　骨材

4.2.2　有効埋込み長さ

接着系アンカーの穿孔深さ（L）および有効埋込み長さ（Le）の最小値は図1による。アンカーの耐力の算定には、有効埋込み長さの最小値を用いる。アンカ一筋のねじの呼びは、JISB0205 一般用メートルねじによる。

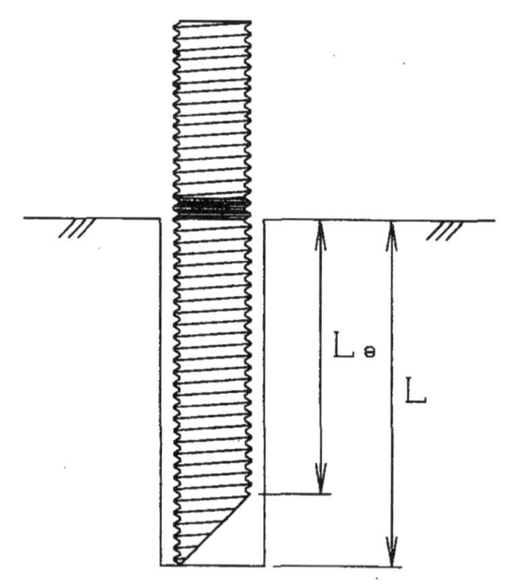

図1 接着系アンカーの穿孔深さおよび有効埋込み長さ

4.2.3　アンカー筋の種類と形状

(1) 種類

アンカ一筋には原則として全ねじボルトを用いる。全ねじボルトはJISBl051による。全ねじボルト以外のアンカ一筋を用いる場合は、JIS規格品あるいは品質がJIS規格品と同等以上のものとする。アンカ一筋に用いる材質は、表5に示すものが一般的に用いられる。

表５ 接着系アンカーに用いるアンカー筋の主な材質

種類	規格番号	名称	記号
ボルト	JIS G3101	一般構造用圧延鋼材	SS400
異形棒鋼	JIS G3112	鉄筋コンクリート用棒鋼	SD295A SD345

(2) 形状

アンカー筋の形状例を図２に示す。外周表面部は、ねじや異形棒鋼のような凹凸を有していること。

アンカー筋の埋め込み先端部の角度は、45°程度を目安とする。

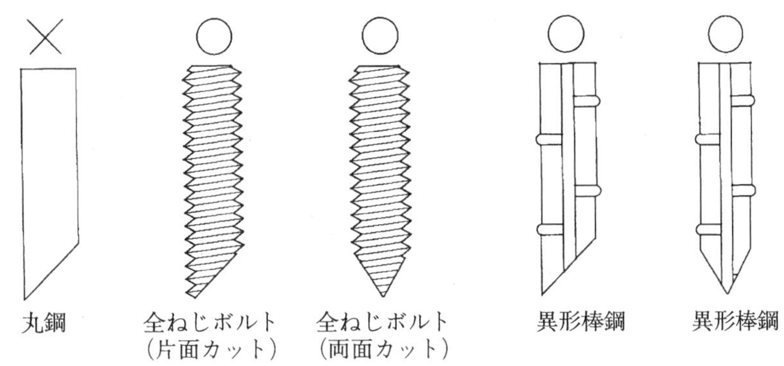

図２ アンカー筋の形状例

(3) 外観

表面に接着剤の硬化あるいは固着を阻害するもの（油、サビ、泥など）があってはならない。

5．あと施工アンカーの施工

5.1 標準施工

5.1.1 金属系アンカー

金属系アンカーの標準的な施工手順の例と各作業の注意事項を表６に、打込み方式（芯棒打込み式）と締付け方式（ウエッジ式）の施工手順を図３、図４に示す。

表 6　金属系アンカー（金属拡張アンカー）の標準的な施工手順

施工手順		注意事項
①墨出し（指示書による。） ↓	⇒	墨出し位置を確認する。
②準備 ↓	⇒	作業工具・アンカー・ボルト・接合筋等を作業前に確認する。
③コンクリートドリルの選定 ↓	⇒	決められた径のドリルを選定する。
④ドリルへの穿孔深さのマーキング ↓	⇒	所定の穿孔深さを確保する。
⑤コンクリートの穿孔 ↓	⇒	コンクリートの面に対して直角に穿孔する。
⑥孔内清掃および穿孔深さの確認 ↓	⇒	切粉が孔底に残らないように清掃する。
⑦アンカー挿入 ↓	⇒	ねじの損傷および構成部品のセット状態を確認する。
⑧アンカーの打込みまたは回転・締め付け ↓	⇒	拡張の終了を確認する。
⑨機器等の取付け	⇒	トルクレンチ等を用いてナット・ボルト等を所定のトルク値まで締め付ける。

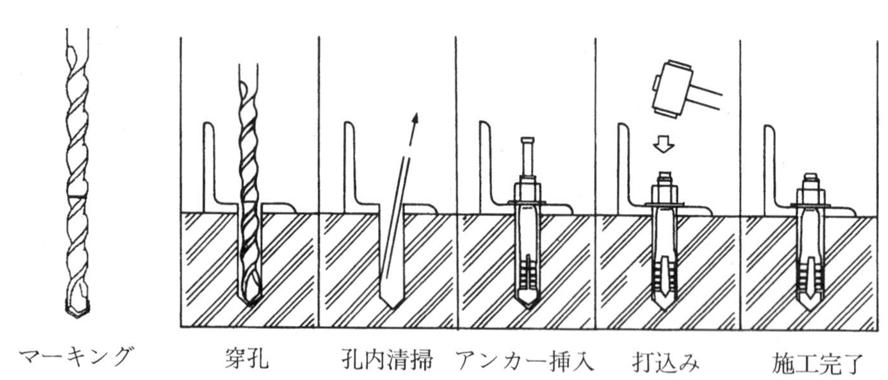

図 3　打込み方式（芯棒打込み式）の施工手順

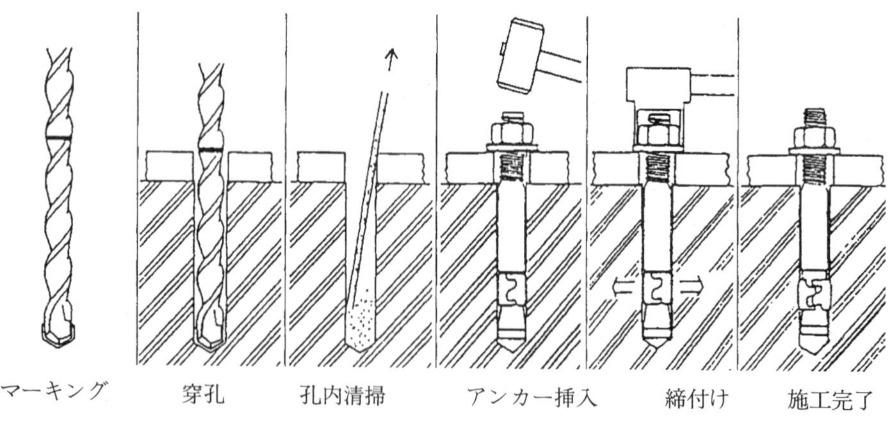

図 4　締付け方式（ウエッジ式）の施工手順

5.1.2　接着系アンカー

接着系アンカーの標準的な施工手順の例と各作業の注意事項を表7に、接着系アンカー（カプセル方式）回転・打撃型の施工手順を図5に示す。

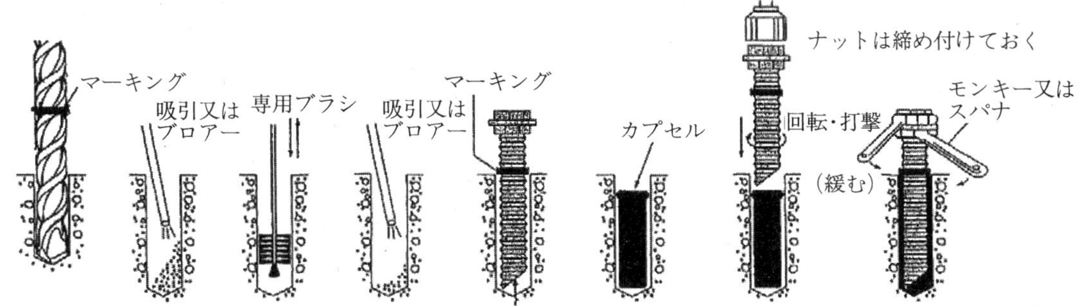

図5　接着系アンカー（カプセル方式、回転・打撃型）の施工手順

表7　接着系アンカー（カプセル方式）の標準的な施工手順

施工手順	注意事項
①墨出し（指示書による。）　⇒ ↓	墨出し位置を確認する。
②準備　⇒ ↓	作業工具・アンカー筋の準備と確認を行う。 また、使用するカプセルを作業前に準備する。
③コンクリートドリルの選定　⇒ ↓	定められた径のドリルを選定する。
④ドリルへの穿孔深さのマーキング　⇒ ↓	所定の穿孔深さを確保するためのマーキングを行う。
⑤コンクリートの穿孔　⇒ ↓	コンクリート面に対して直角に穿孔する。
⑥孔内清掃および穿孔深さの確認	
1. 吸塵　⇒ ↓	穿孔後、孔中の切粉を吸塵する。
2. 穿孔深さの確認　⇒ ↓	穿孔深さを確認する。
3. ブラシがけ　⇒ ↓	専用ブラシを用いて、孔壁面から切粉を掻き落とす。
4. 吸塵　⇒	再び孔中の切粉を吸塵する。
⑦マーキング　⇒ ↓	孔深さに合わせ、アンカー筋にマーキングを行う。
⑧カプセル挿入　⇒ ↓ ↓ ↓	カプセル内容物の流動性の確認等により、使用可否を確認した後、孔内に挿入する。 カプセルに浸漬が必要なものについては、所定時間の浸漬作業を行う。
⑨アンカー筋の埋込み　⇒ ↓ ↓	アンカー筋に回転・打撃を与えながら、一定の速度でアンカー筋のマーキング位置まで埋め込む。 過剰攪拌をしないこと。
⑩硬化養生　⇒ ↓	所定の硬化時間内はアンカー筋を動かさない。
⑪ナット取外し　⇒ ↓	硬化養生後、回転・打撃型の場合は、必要に応じてアンカー筋のナット等を取り外す。
⑫機器等の取付け　⇒	ねじ締付けの場合は、所定のトルク値で締め付ける。

5.2　種類と寸法

5.2.1　金属系アンカー

金属系アンカーの各タイプの種類と寸法を表 8(1)、(2) に示す。

表 8(1)　金属系アンカーの種類と寸法

アンカーの種類と形状	サイズ			最小埋込み長さ
	ねじの呼び	外　径　D mm	本体長さ　L mm	e mm
芯棒打込み式（おねじタイプ）	M8	8.0	50 ～ 100	35
	M10	10.0	60 ～ 120	40
	M12	12.0	70 ～ 150	45 ～ 50
	M16	16.0	100 ～ 190	60
	M20	20.0	130 ～ 230	80
内部コーン打込み式（めねじタイプ）	M8	10.0	30	30
	M10	12.0 ～ 12.5	40 ～ 70	40
	M12	15.0 ～ 16.0	50 ～ 80	50
	M16	20.0	60	60
本体打込み式（めねじタイプ）	M8	12.0	35	35
	M10	14.0	40 ～ 70	40
	M12	17.3	50 ～ 80	50
	M16	21.5	60 ～ 100	60
スリーブ打込み式（おねじタイプ）	M8	12.0	65 ～ 70	35
	M10	13.8 ～ 14.0	70 ～ 150	40
	M12	17.3	80 ～ 200	50
	M16	21.7	120 ～ 200	60

＊最小埋込み長さはメーカーにより異なるので、使用する場合には、メーカーの仕様書を確認すること。

表 8(2)　金属系アンカーの種類と寸法

アンカーの種類と形状	サイズ			最小埋込み長さ e mm
	ねじの呼び	外　径　D mm	本体長さ　L mm	
コーンナット式（おねじタイプ）	M12	17.3 ～ 17.6	65 ～ 115	50 ～ 80
	M16	23.6 ～ 24.0	153 ～ 163	100
テーパボルト式（おねじタイプ）	M8	10.3	65	40
	M10	12.7	80 ～ 90	50
	M12	15.8 ～ 17.3	80 ～ 100	55 ～ 60
	M16	21.4 ～ 21.7	140	80
ダブルコーン式（おねじタイプ）	M10	14.5	103 ～ 130	75
	M12	17.6 ～ 19.0	85 ～ 145	50 ～ 80
	M16	23.6 ～ 24.0	125 ～ 175	105 ～ 110
	M20	27.6	173 ～ 215	130 ～ 140
ウェッジ式（おねじタイプ）	M8	8.0	57 ～ 137	35 ～ 50
	M10	10.0	68 ～ 120	40 ～ 60
	M12	12.0	80 ～ 300	50 ～ 70
	M16	16.0	100 ～ 240	60 ～ 90
	M20	20.0	125 ～ 170	105

＊カプセルによって、ピット径（呼び径）および穿孔深さが異なるので使用する場合には、必ずメーカーの仕様書を確認すること。

5.2.2　接着系アンカー

接着系アンカーの各タイプの代表的な種類と寸法を表9に示す。

表9　接着系アンカーの種類と寸法

アンカーの種類と形状	アンカー筋の種類とサイズ	ビット径（呼び系）mm	穿孔深さ　mm
接着系アンカー（カプセル方式）	M10	12.0 ～ 14.5	80 ～ 110
	W3/8	11.5 ～ 12.0	
	M12	14.0 ～ 15.0	100 ～ 110
	W1/2	14.0 ～ 14.5	
	M16	18.0 ～ 19.0	120 ～ 160
	W5/8	18.0 ～ 19.0	
	M20	22.0 ～ 25.0	170 ～ 210
	W3/4	22.0 ～ 25.0	
	M22	25.0 ～ 28.0	190 ～ 250
	W7/8	26.0 ～ 28.0	
	M24	28.0 ～ 32.0	210 ～ 300
	W1	28.0 ～ 32.0	
	D10	12.0 ～ 14.5	80 ～ 90
	D13	15.0 ～ 16.0	100 ～ 130
	D16	19.0 ～ 20.0	125 ～ 160
	D19	24.0 ～ 26.0	155 ～ 200
	D22	28.0 ～ 30.0	180 ～ 250
	D25	32.0 ～ 34.0	200 ～ 300

＊カプセルによって、ビット径（呼び径）及び穿孔深さが異なるので使用する場合には、必ずメーカーの仕様書を確認すること。

5.3　施工管理上の注意事項

5.3.1　穿孔

(1)　穿孔機械は、施工現場の状況およびアンカーの種類･径に応じて、適切な機器を使用する。

(2)　コンクリートドリルは、アンカーに適合した径のドリルを使用する。

(3)　穿孔深さを確保するための処置を講ずる。

(4)　穿孔は、母材面に直角となるように施工する。

(5)　穿孔後は、孔深さを測定し、指示通りであることを確認する。

(6)　指示通りの穿孔深さが確保できない場合、期待したアンカー耐力が得られないと判断される場合、特殊な環境下での穿孔の場合等は、管理者に報告し、指示を受ける。

5.3.2　孔内清掃

穿孔した孔には切粉が残らないように、孔内清掃を行う。接着系アンカーの場合には、孔径に合った専用ブラシを用いて、孔壁に付着している切粉を落とし、吸塵する。

5.3.3　アンカーの固着

金属拡張アンカーと接着系アンカーとでは、固着のメカニズムが基本的に異なり、また、アンカーの種類ごとに固着の詳細は異なるので、それぞれのアンカーはそのアンカー独自の仕様にしたがって作業しなければならない。

(1)　金属系アンカー

a.　打込み方式の場合には、専用の打込み工具を用い、アンカーの大きさに応じた適切な重量のハンマーを使用して、施工終了の確認ができるまで打込む。

b.　締付け方式の場合には、適切な締付け工具を用いて、所定のトルク値まで締付ける。

(2)　接着系アンカー

a.　カプセル方式の回転・打撃型アンカーを埋め込む場合には、埋込み機械を使用して埋め込む。この場合、カプセルのサイズに適した埋込み機械を使用する。

b.　カプセルの使用有効期間および、内容物の流動性の確認を行う。

c.　アンカー筋を埋め込む際には、過剰攪拌を行わないよう、マーキングの位置まで連続的に埋め込んだら、それ以上の回転・打撃を加えない。

d.　アンカー筋の埋込み後は、接着剤が硬化するまで、それらが動かないように養生する。

6. あと施工アンカーの試験と検査

あと施工アンカーの試験および検査には、目視検査、接触検査、打音検査、非破壊試験、破壊検査があり、目的に応じて行う。

7. あと施工アンカーの設計および構造規定

7.1　設　計

あと施工アンカー設計時の長期および、短期荷重に対するアンカーの許容引張荷重および許容せん断荷重は、当面は (一社) 日本建築学会「各種合成構造設計指針・同解説」(2010年版)、(一社) 日本内燃力発電設備協会「自家用発電設備耐震設計のガイドライン」を適宜準用して行ってよい。

ただし、(一社) 日本建築あと施工アンカー協会の「あと施工アンカー設計指針同解説」が規定された場合には協会の設計指針を用いて設計してよい。

末尾に参考として、金属系アンカーに対しては、(一社) 日本建築学会「各種合成構造設計指針・同解説」(2010年版) の設計式をSI単位に換算した形として、接着系アンカーについては、(一財) 日本建築防災協会「既存鉄筋コンクリート造建築物の耐震改修設計指針・同解説」(2001年改訂版) の式を引用した。

7.2　構造規定

7.2.1　対象母材

取付ける対象母材は、普通コンクリートおよび軽量コンクリートとする。母材の圧縮強度は、$18N/mm^2$ 以上とする。

7.2.2　対象母材の安全性の確認

設備機器などの止め付けによって付加荷重が作用した場合には、止め付けた母材の構造上の安全性について確認する。

7.2.3　アンカーピッチ、へりあき寸法の標準

アンカーピッチ、へりあき寸法がアンカーの耐力に影響を及ぼすと考えられる場合は、アンカーピッチ、へりあき寸法を考慮してアンカー耐力を検討する。

7.2.4　金属拡張アンカー（めねじ形）の取扱い

施工管理が十分に行われている金属拡張アンカーのめねじ形のアンカーは、おねじ形と耐力が同等であるとして扱ってよい。

JCAA では、製品認証制度を設け、現在おねじ 3 種類、めねじ 2 種類の認証を終了し、認証書を発行し、「あと施工アンカー認証製品一覧」として公開している（平成 25 年 12 月現在)。

7.2.5　ステンレス製のあと施工アンカーの使用について

ステンレス製のあと施工アンカーを用いてもよい。

ステンレスの材質は、JIS 規格品あるいは JIS 規格品と同等以上のものとする。

ステンレス製のあと施工アンカーの耐力は、第 1 編 付表 1、第 3 編 付録 4、第 3 編 付録 8 を十分に検討し、安全性に配慮する。

＜参考＞

あと施工アンカー設計時の長期および短期荷重に対するアンカーの許容引張力として、金属系アンカーに対しては、(一社）日本建築学会「各種合成構造設計指針・同解説」(2010 年版）p .322 の設計式を、接着系アンカーについては、(一財）日本建築防災協会「既存鉄筋コンクリート造建築物の耐震改修設計指針・同解説」(2001 年改訂版）p .269 の式を引用した。

・金属系アンカー

許容引張力 $Pa=\min(P_{a1}、P_{a2})$

$$P_{a1}=0.23\phi_1\sqrt{F_C}\cdot A_C$$

$$P_{a2}=\phi_2\cdot {}_S\sigma_y\cdot {}_{SC}a$$

Pa_1、Pa_2 の破壊形態を図 6 に示す。

記号　P_{a1} ：定着したコンクリート躯体のコーン状破壊により決まる場合のアンカーボルト 1 本当りの許容引張力（N）

P_{a2} ：メカニカルアンカーボルト鋼材の降伏により決まる場合のアンカーボルト 1 本当りの許容引張力（N）

ϕ_1：低減係数　　長期荷重 1/3、短期荷重 2/3

ϕ_2：低減係数　　長期荷重 2/3、短期荷重 1.0

F_c ：既存コンクリートの圧縮強度もしくは設計基準強度（N/mm^2)

A_c ：コンクリートのコーン状破壊面の有効水平投影面積で、図 7 による。(mm^2)

${}_s\sigma_y$：メカニカルアンカーボルト鋼材の降伏点で短期許容引張応力度と同じ（N/mm^2)

${}_{sc}a$ ：メカニカルアンカーボルトの定着部またはこれに接合される鋼材の断面積で危険断面における値。ねじ切り部が危険断面となる場合は、ねじ部有効断面

積をとる。(mm^2)

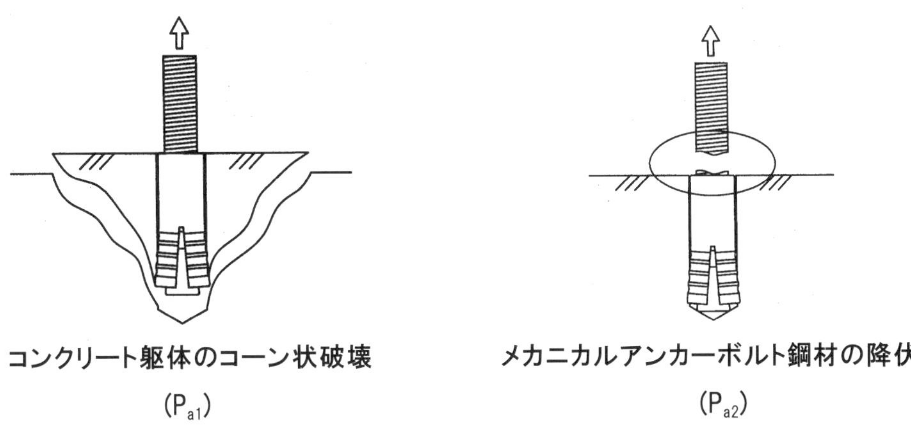

図６　破壊形態

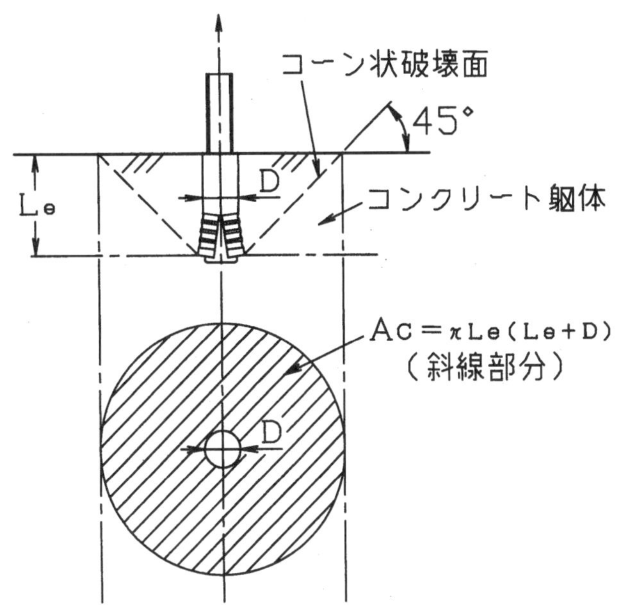

図７　メカニカルアンカーボルトの有効水平投影面積 A_c

・接着系アンカー

引張耐力　T_a=min (T_{a1}、T_{a2}、T_{a3})

$T_{a1}=\sigma_y \cdot a_0$

$T_{a2}=0.23\sqrt{\sigma_B} \cdot A_C$

$T_{a3}=\tau_a \cdot \pi \cdot d_a \cdot L_e$ ただし、$\tau_a=10\sqrt{\dfrac{\sigma_b}{21}}$

T_{a1}、T_{a2}、T_{a3} の破壊形態を図８に示す。

記号　T_{a1}　：鋼材の耐力で決まる場合の引張耐力（N）

T_{a2}　：コンクリートのコーン状破壊で決まる場合の引張耐力（N）

T_{a3}　：付着で決まる場合の引張耐力（N）

σ_y　：鉄筋の規格降伏点強度（N/mm^2）

a_0　：アンカー筋のねじ加工を考慮した有効断面積、またはアンカー筋の公称断面積（mm^2）

σ_B　：既存部のコンクリートの圧縮強度（N/mm^2）

A_c　：既存コンクリート躯体へのコーン状破壊面のアンカー1本当たりの有効水平投影面積で図9による。（mm^2）

τ_a　：接着系アンカーの引抜き力に対する付着強度（N/mm^2）

d_a　：アンカー筋の呼び名

L_e　：アンカー筋の有効埋込み長さ（mm）

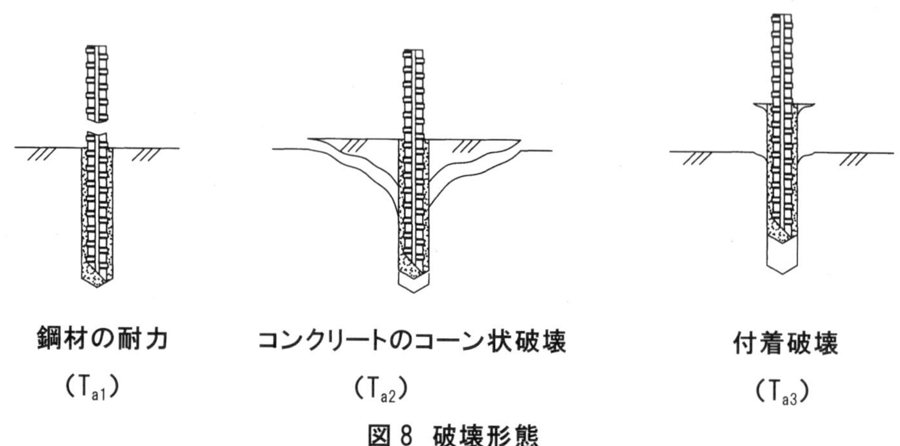

図8　破壊形態

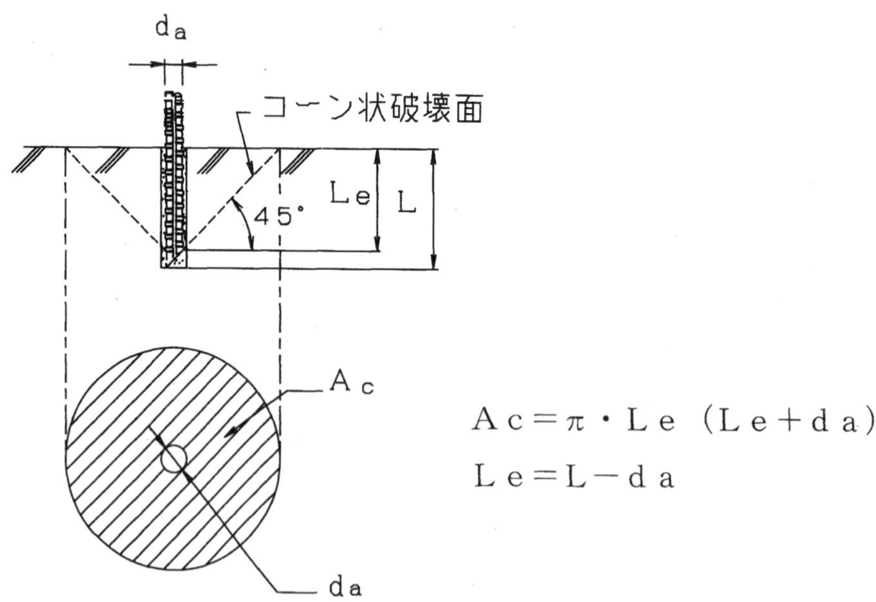

図9　接着系アンカーの有効水平投影面積 A_c

付録９　過去の地震による建築設備の被害例

建築物の地震対策を検討する際には、過去の地震による被害の状況を教訓とすることで、従来より高度で精度の高い耐震設計が可能となってきた。

建築設備に対する耐震設計や耐震対策を考える際にもまったく同様で、どのような被害モードなのか、どのような部分が弱点なのかなどに関しては、過去の地震による被害例を教訓とすることが大切である。特に建築設備は機器類及び配管やケーブルのような連続体など、その形状、支持方法など多岐にわたっており、それぞれ地震でどのような部位に、どのような被害が発生しているかを教訓とするとよい。

本付録では、建築設備の代表的なものについて、東北地方太平洋沖地震を含む過去の地震による被害例を紹介している。写真掲載頁において、前半部分は、「指針 2005」でも取り上げた地震被害写真のうち、代表的なものを再掲載し、後半部分は東北地方太平洋沖地震による被害を掲載した。

被害状況を示す写真から、被害原因などが推測できるものについては、被害と原因の推測、及び被害を防止するための対策を記載したので参考とされたい。また、建築設備系の代表的な地震被害の要因は、次のように分類できる。

(1) 床上設置機器の主な被害要因

1) アンカーボルトなどの取り付けられていないもの

軽いものから重いものまで、重量にかかわらず移動・転倒などにより機器などが損傷している。

2) コンクリート基礎の破損

コンクリート基礎に埋め込まれるアンカーボルトのへりあき寸法の不十分なものは、コンクリート基礎の縁が破損してアンカーボルトが抜けてしまい、機器などが移動・転倒して損傷している。

3) アンカーボルトの埋込み不完全なもの

箱抜きアンカーボルトなどで、箱抜きの内面が平滑すぎて充填したモルタルの付着が不十分なものや、充填したモルタルの強度が不足しているものは、アンカーボルトが抜け出してしまい、機器などが移動・転倒している。

4) アンカーボルトや固定金物の強度不足

アンカーボルトや固定金物の強度が不足しているものは、これらが破損して機器などが移動・転倒している。

5) 不安定なコンクリート基礎

独立あるいははり状の背の高いコンクリート基礎を床スラブと緊結せずに機器などを据え付けたものが、コンクリート基礎ごと移動・転倒などしている。

6) 架台などの強度不足

鉄骨架台の上に設置された機器が、架台の部材強度が不足していたり、部材の接合法が不適切であったために架台本体が損傷してしまい、転倒したもの。

7)　機器本体の強度が不足していたもの

機器本体の強度が不足していたために、本体が破損してしまったもの、特に FRP 製水槽や FRP 製冷却塔などにこの被害が見られる。

8)　デスク上機器に耐震措置が施されていないもの

CRT、プリンターの移動・転落及びデスク本体の移動により、機能停止などの被害が見られる。

(2) 天井吊り・壁掛け機器の主な被害要因

1)　吊りボルトなどに振止めを施してないもの

機器本体が振り子状に大きくあるいは繰り返し振れて、吊りボルトが抜け出してしまったもの、あるいは他の機器や配管などと衝突して破損したり落下したりしている。

2)　吊り金物などの強度不足

吊り元及び器具接続部が破損したり、吊り架台などが破損して落下している。

3)　埋込金物などの強度不足

埋込金物が破損したり、躯体から抜け出したりして落下している。

(3) 防振支持機器の主な被害要因

1)　耐震ストッパが設けられていなかったもの

機器本体が大きく移動したり、転倒したものあるいは防振スプリングなどが飛び出してしまったものなどがある。

2)　耐震ストッパが不完全なもの

水平方向の変位を止めるだけの耐震ストッパ、あるいは移動防止形ストッパだったために、ストッパを飛び越えてしまったものや、ストッパボルトにナットが締め付けてなかったためにボルトから飛び出してしまったものなどがある。

3)　重量機器の上部変位量が大きいもの

変圧器などでは移動・転倒防止形のストッパを用いた場合でも、上部変位量が大きく二次導体及び防振架台が破損したものがある。

(4) 配管・ダクト・電気配線などの連続体の主な被害要因

1)　機器などの移動・転倒などによるもの

機器などが移動・転倒したために、これに接続していた配管・ダクト・電気配線などが破損したものがある。

2)　機器などとの接続部の破損

機器と配管・ダクト・電気配線などはそれぞれ振動状態が異なるため、地震時に機器と配管・ダクト・電気配線などに大きな相対変位が生じ、接続部で破損したものがある。

3)　配管・ダクトなどの衝突によるもの

吊りボルトで吊り下げられている配管・ダクトなどは、地震時に振り子状に大きく振れて配管とダクト、あるいは機器などと衝突して破損したものがある。

4)　配管の小口径分岐管の破損

比較的小口径の枝管の分岐部における、枝管固定箇所と主管との変位差による枝管取り出し部の破損したものがある。

5)　吊り金物や埋込金物の強度不足

配管・ダクト・電気配線などは地震時に大きくあるいは繰り返し振れて、吊り金具や埋込金具に過度な力がかかり、これらの強度が不足していたためにこの部分が破損し、配管・ダクト・電気配線などが落下したものがある。

6)　防火区画貫通部の破損

多条数、大容量幹線に対する縦方向（配線軸方向）の耐震支持が適切でなく、防火区画の貫通部が破損したものがある。

7)　建築物からの強制変形によるもの

建築物はその構造形式により、地震時に床層間変形（床～床）や乾式壁と上階の床の間などに大きな相対変位を生ずる場合があり、この部分に設置された配管・ダクトや機器などが破損したものがある。

8)　建築物エキスパンション・ジョイント部の配管

建築物のエキスパンション・ジョイント部を横断していた配管・ダクト・電気配線が、地震時の建築物の相対変位量に追従できずに破損したものがある。

9)　地中での建築物導入部の強制変形によるもの

地震時に建築物と地盤が相互に変形し、あるいは地盤の沈下などにより、建築物導入部の配管がこの相対変位量に追従できなく破損したものがある。

10)　建築非構造部材に取り付けられる設備器具類

天井や壁に取り付けられる吹出し口類やスプリンクラーヘッド、照明器具などが、天井材との振動特性の違いなどにより、落下したり移動したものがある。

11)　末端部・分岐部などの破損

配管・ダクト・電気配線などの末端部や分岐部付近に耐震支持がないために、これら部位で破損したものがある。

12)　置き基礎固定による破損

屋上などで、配管・ダクト・電気配線などを置き基礎（屋上構造体に緊結されていない簡素な基礎）に架台を設けて固定している例があるが、地震時には、防水層上の置き基礎は付加質量となり被害を拡大させる。

13)　不適切な天井吊り金物による破損

鉄骨構造で、鉄骨梁フランジからつかみ金具を使用して支持を取ることが多いが、脱落防止治具を併用していないため、つかみ金具が脱落することがある。

(5) 水槽類の主な被害要因

床上設置機器の主な被害要因の項に記したもの以外の要因として、次のことが言える。

①　スロッシング（液面揺動）による衝撃圧力により、水槽天井の破損とこれに伴う側壁の亀裂・破損が生じている。

②　水槽への接続配管部に起因した被害事例については、配管の支持方法や変位吸収継手の挿入位置などの不適切なことにより損傷している。

(6) あと施工アンカーの主な被害要因

1) 埋込み不足によるもの

埋込み不足とは、仕上げモルタルなどに埋め込まれたためのものや、アンカーの埋込み不十分のものなど、構造躯体への所定の埋込み深さが確保されていないもの。

2) 拡張不足によるもの

拡張不足とは、金属拡張アンカーで所定の拡張が十分行われていないものや、アンカー打設用の穴がアンカーサイズより大きすぎるものなど。

3) アンカー本体の破壊によるもの

アンカー破壊とは、施工が十分行われ、アンカーは最大耐力まで達していたが、作用外力が大きかったためにアンカーの破断、アンカーの抜け及びコーン状破壊したもの。

4) へりあき不足によるもの

へりあき不足とは、アンカーがコンクリート基礎などのへりあきの小さい所に設置されており、へり部分のコンクリートが破壊したもの。

5) 構造躯体による被害

構造躯体の亀裂発生やコンクリートの剥落などにより、あと施工アンカーが被害を受けている例が見られる。

6) 錆の進行によるアンカーの耐力の低下によるもの

錆による被害は、建築物外部に使用するアンカーに多く見られ、アンカー本体が細くやせ、破断しているものがある。

過去の地震における設備機器被害状況報告

<table>
<tr><td rowspan="4">高置水槽配管部破損
</td><td>被害と原因</td></tr>
<tr><td>配管系と水槽の振動に差異があり、水槽の配管取り付け部に過大な荷重が作用し、配管取り付け部が破損した。</td></tr>
<tr><td>対策</td></tr>
<tr><td>配管取り付け部へ変位吸収管（フレキシブルジョイント）を適切に設置することで防止する。</td></tr>
<tr><td rowspan="4">受水槽移動
</td><td>被害と原因</td></tr>
<tr><td>加速度応答による移動力、転倒モーメントによって架台のアンカーボルトが抜け、コンクリート基礎の一部が破損し水槽が移動した。</td></tr>
<tr><td>対策</td></tr>
<tr><td>コンクリート基礎強度とアンカーボルトの適切な選定と施工を行うことで防止する。</td></tr>
<tr><td rowspan="4">水抜き配管の破損
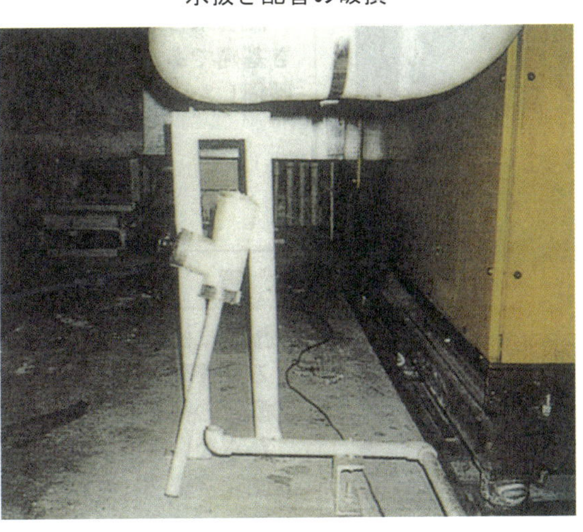</td><td>被害と原因</td></tr>
<tr><td>主管の振動により、固定された装置水抜き配管が取出し部から破損した。</td></tr>
<tr><td>対策</td></tr>
<tr><td>小径分岐管は、2～3か所の屈曲配管とする。</td></tr>
</table>

建物導入部の配管群	被害と原因 / 対策
	**被害と原因** フレキシブル継手により、地盤沈下が起きても配管群の被害は直接にはなかった。 **対策** 導入部にはより長いフレキシブル継手を設置し撓みをもたせる。
冷却塔の被害事例	
	**被害と原因** 充填材の移動防止がなされていないため、充填材が塔外へ飛び出した。 **対策** 充填材の移動防止の支持をする。
独立置き基礎の移動による破壊	
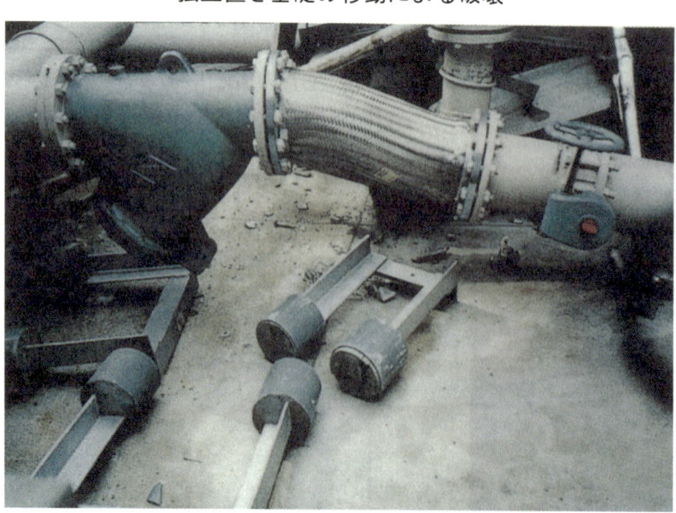	**被害と原因** 床上配管架台用基礎が単純な独立置き基礎であったため配管接続部が破損した。 **対策** ①　接続配管は機器への接続部で耐震支持を設置し、必要により（今回の機器は必要）変位吸収管継ぎ手を設けて機器と接続する。 ②　配管接続部に変位吸収可撓継手を使用する。

<table>
<tr><td rowspan="4">冷却水管破損
</td><td>被害と原因</td></tr>
<tr><td>配管の横揺れにより、溶接部より破断した。開先及びビート管理不良も相乗した。</td></tr>
<tr><td>対策</td></tr>
<tr><td>配管の耐震固定及び溶接要領の現場管理。</td></tr>
<tr><td rowspan="4">建物導入部の配管破損
</td><td>被害と原因</td></tr>
<tr><td>地盤沈下により、導入部の配管が破損した。
耐震及び地盤沈下対策が考慮されてなかった。</td></tr>
<tr><td>対策</td></tr>
<tr><td>写真から塩ビ管と見られるが、第１桝は建築構造体から支持する。</td></tr>
<tr><td rowspan="4">フレキシブル継手破損
</td><td>被害と原因</td></tr>
<tr><td>建築物エキスパンション部、上下・左右の振動により継手が伸び切り破損した。</td></tr>
<tr><td>対策</td></tr>
<tr><td>変位吸収管継ぎ手はＸ，Ｙ,Ｚ方向の３方向に設置し、その両端の配管は耐震支持する。</td></tr>
</table>

<table>
<tr><td rowspan="4">冷温水管の折れ破損
</td><td>被害と原因</td></tr>
<tr><td>機器の振動により、固定されている配管の機器側が共振し屈折破損した。</td></tr>
<tr><td>対策</td></tr>
<tr><td>機器を耐震支持して移動・転倒がない様にし、接続配管は耐震支持し、必要に応じてその間に変位吸収管継ぎ手を設置する。</td></tr>
<tr><td rowspan="4">消音器の落下
</td><td>被害と原因</td></tr>
<tr><td>12階建の屋上に設置した発電機の消音器支持材の施工不良のため吊アンカーが引抜け、下部機器破損並びに起動不能となった。</td></tr>
<tr><td>対策</td></tr>
<tr><td>重量機器や重要機器を吊り支持する場合にはS_A種またはA種の耐震支持とする。</td></tr>
<tr><td rowspan="4">キュービクルの移動
</td><td>被害と原因</td></tr>
<tr><td>7階建の最上階に設置したキュービクル内変圧器の防振装置が移動・転倒防止形でないため上部の変位量が大きく防振ゴムが破断し二次導体が変形した。さらに変圧器の基礎ボルトが破断した。</td></tr>
<tr><td>対策</td></tr>
<tr><td>変圧器防振装置に移動・転倒防止形ストッパを設置しクリアランスを確保して、上部変位量を抑制する。基礎ボルトは、地震力以上の強度を確保する。</td></tr>
</table>

<table>
<tr><td rowspan="4">開放型変電設備の変圧器の転倒
</td><td>被害と原因</td></tr>
<tr><td>7 階建の 6 階に設置した変圧器の防振装置が移動・転倒防止形でないため上部変位量が大きく二次導体及び防振ゴムが破損した。さらにフレームパイプ及び変圧器の基礎ボルトが破損した。</td></tr>
<tr><td>対策</td></tr>
<tr><td>防振装置は移動・転倒防止形ストッパを設置しクリアランスを確保して上部変位量を抑制する。さらに基礎ボルトは、地震力以上の強度を確保し、フレームパイプは、2 方向以上確実に固定する。</td></tr>
<tr><td rowspan="4">変圧器廻り破損
</td><td>被害と原因</td></tr>
<tr><td>6 階建の最上階に設置したキュービクル内変圧器の防振装置が移動・転倒防止形でないため上部変位量が大きく二次導体破損、盤内短絡及び、防振架台が破損した。</td></tr>
<tr><td>対策</td></tr>
<tr><td>防振装置を移動・転倒型ストッパを設置しクリアランスを確保して上部変位量を抑制する。さらに変圧器自体の耐震性能強化を図り、かつ二次導体に絶縁措置を施す。</td></tr>
<tr><td rowspan="4">蓄電池盤内台車の移動
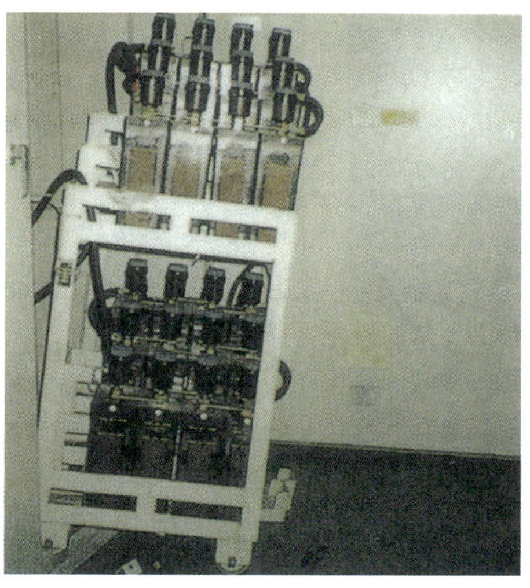</td><td>被害と原因</td></tr>
<tr><td>1 階に設置した蓄電池台車のストッパボルトの強度不足により、台車が飛び出した。</td></tr>
<tr><td>対策</td></tr>
<tr><td>ストッパボルトの強度を確保し台車のせいが高い場合は、上部を支持する。</td></tr>
</table>

<table>
<tr><td rowspan="4">自立型制御盤の転倒
</td><td>被害と原因</td></tr>
<tr><td>7階建の屋上に設置した自立型制御盤が、基礎アンカーボルト及び盤頭部支持強度不足のため転倒した。</td></tr>
<tr><td>対策</td></tr>
<tr><td>基礎のアンカーボルトと盤頭部支持強度を強化する。写真左側の機器や床上ラックも全て既成品の置基礎に設置されており耐震化がされていないため、耐震支持を施す。</td></tr>
<tr><td rowspan="4">ケーブルラックの落下
</td><td>被害と原因</td></tr>
<tr><td>ケーブルラックの支持・固定金物強度不足及び耐震支持が施されていないためケーブルラック及び吊り金物が落下した。</td></tr>
<tr><td>対策</td></tr>
<tr><td>ケーブル自重を考慮したケーブルラック及び吊り金物の強度を確保する。さらに軸方向、横方向とも耐震支持を行い、防火区画貫通部付近に耐震支持を行う。</td></tr>
<tr><td rowspan="4">ネオン用安定器の脱落
</td><td>被害と原因</td></tr>
<tr><td>11階屋上に設置したネオン用安定器が取付ボルトの強度不足のためボルトが破断し脱落した。</td></tr>
<tr><td>対策</td></tr>
<tr><td>安定器取付金物を補強し取付ボルトの強度を確保する。</td></tr>
</table>

<table>
<tr><td rowspan="4">シャンデリアのぶら下がり
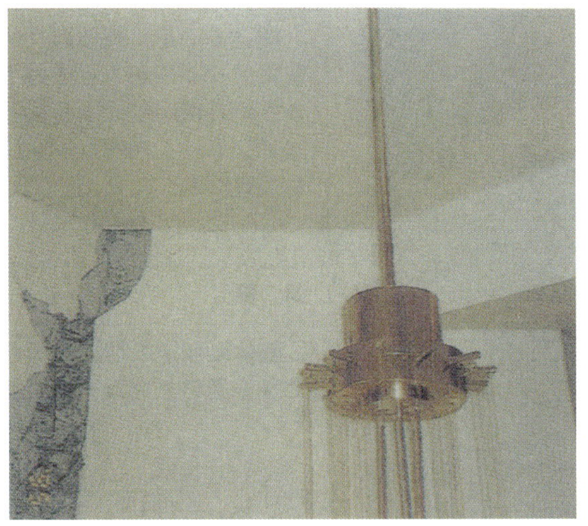</td><td>被害と原因</td></tr>
<tr><td>1階天井に取付けたシャンデリアのフランジ部と吊りパイプ部が強度不足のため分離し器具がぶら下がり状態となった。</td></tr>
<tr><td>対策</td></tr>
<tr><td>パイプ支持方法を改善し強度を確保する。</td></tr>
<tr><td rowspan="4">ガスレンジ転倒
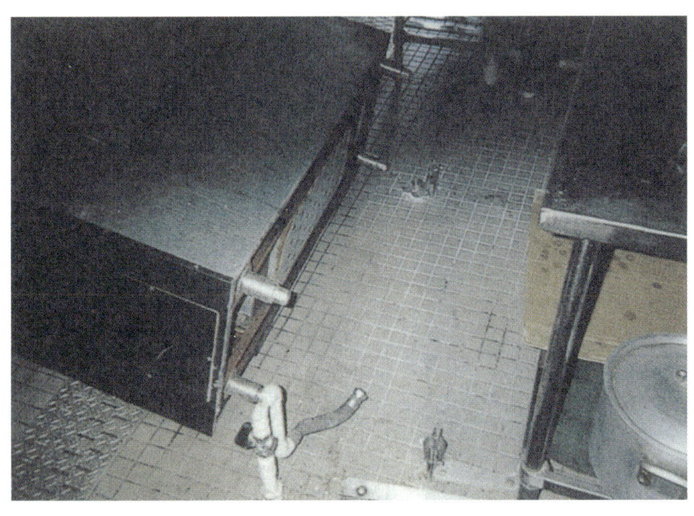</td><td>被害と原因</td></tr>
<tr><td>耐震金具で固定しているがアジャスターの構造に適した固定方法でなかったために転倒した。</td></tr>
<tr><td>対策</td></tr>
<tr><td>計算例のような固定金具・方法に変更する。</td></tr>
<tr><td rowspan="4">蒸し器転倒
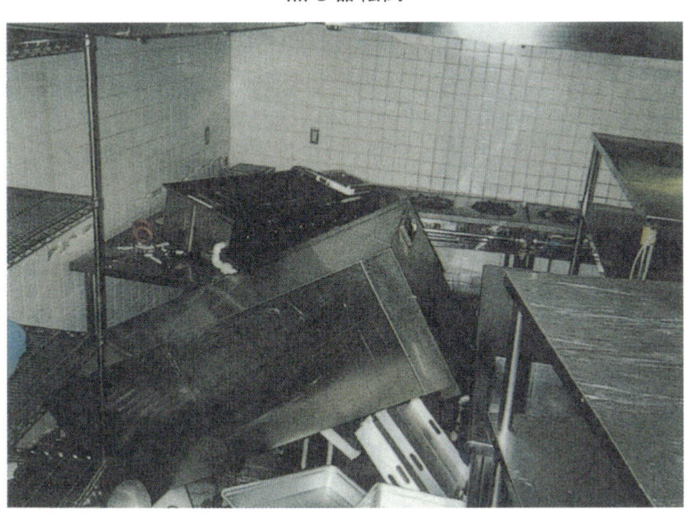</td><td>被害と原因</td></tr>
<tr><td>固定方法の不備による転倒。</td></tr>
<tr><td>対策</td></tr>
<tr><td>計算により固定金具・方法を決定し確実に施工する。</td></tr>
</table>

<table>
<tr><td rowspan="4">埋込み不足（仕上材）の被害例
</td><td>被害と原因</td></tr>
<tr><td>埋込み不足(軀体のコンクリートにアンカーが入っていない)により室外機が壁面より落下した。(アンカー：内部コーン打込み式ねじ W3/8)</td></tr>
<tr><td>対策</td></tr>
<tr><td>軀体に所定の埋込み深さが確保できる長いおねじ形あと施工アンカーを建築仕上げ材を考慮して使用する。</td></tr>
<tr><td rowspan="4">あと施工アンカーボルトの破断例
</td><td>被害と原因</td></tr>
<tr><td>設計外力の仮定不十分(錆の発生も加わる)のため水槽固定アンカーボルトがせん断破断した。(アンカー：本体打込み式ねじ M16)</td></tr>
<tr><td>対策</td></tr>
<tr><td>設計外力と防錆の検討。ステンレス(SUS304)製おねじ形あと施工アンカー(芯棒打込み式ねじ M16)に変更した。</td></tr>
</table>

東日本大震災における設備機器被害状況報告

油配管トレンチ内　油配管損傷 [1)]

撮影場所および建物構造

撮影場所：宮城県仙台市
建築物：RC 造地上 2 階建
撮影階：外部

被害と原因および対策

被害：トレンチ内油配管の破断
原因：変位吸収管継ぎ手の設置位置がトレンチ支持点の外側にある。
対策：変位吸収管継ぎ手と支持点との考え方を確認することと、配管の重要性や変位量とを考慮して変位吸収管継ぎ手の長さや特性を確認することである。

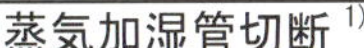

蒸気加湿管切断 [1)]

撮影場所および建物構造

撮影場所：福島県福島市
建築物：RC 造地上 3 階建
撮影階：－

被害と原因および対策

ファンコイルユニット、空調配管、吊りボルト切断による落下損傷 [1)]

撮影場所および建物構造

撮影場所：宮城県名取市
建築物：SRC 造地上 3 階建
撮影階：3 階

被害と原因および対策

被害：吊りボルトの切断
原因：機器重量から機器の振れによる吊りボルトの破断が考えられる。また、配管の落下は機器の落下に伴うものとも考えられるが、機器の吊りボルトの破断状況と共にアンカーボルトの抜けの確認も必要である。
対策：機器の振れ止めとアンカーの抜け防止、吊りボルトの強化が考えられる。

空調配管　冷媒ラック倒壊[1)]

撮影場所および建物構造
撮影場所：宮城県仙台市 建築物：S 造地上 4 階地下 1 建 撮影階：屋上
被害と原因および対策
被害：冷媒管用ラックの倒壊 原因：耐震支持がない。また自重支持部材が門形ではあるが、その基礎は既成品の独立置き基礎である。 対策：防水層上の床上配管には耐震支持をとり、さらに自重支持も巾広い基礎とする。

空調用冷却水配管吊りボルト破断[1)]

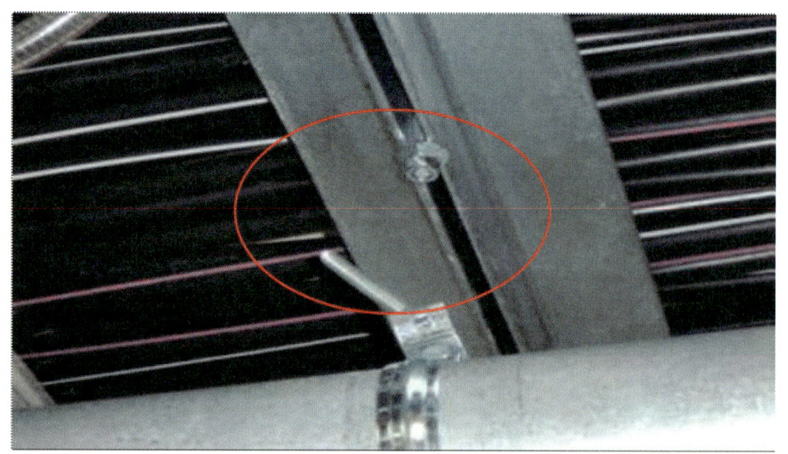

撮影場所および建物構造
撮影場所：宮城県白石市 建築物：S 造地上 2 階建 撮影階：1 階
被害と原因および対策
被害：吊りボルトの破断 原因：重量のある横引き冷却水配管の揺れにより吊りボルトが破断した。 対策：横引き配管の揺れ止めを行う。

冷水配管支持金物脱落[1)]

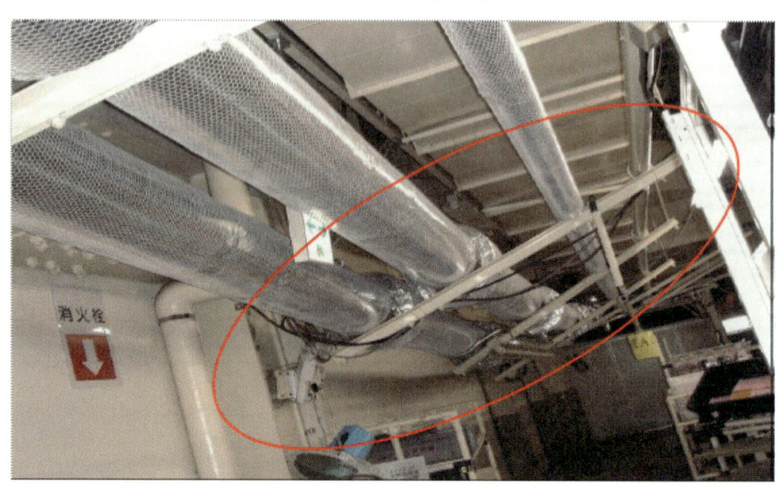

撮影場所および建物構造
撮影場所：福島県伊達市 建築物：S 造地上 2 階建 撮影階：1 階
被害と原因および対策
被害：横引き配管共通支持部材の脱落 原因：共通支持部材の落下要因にアンカーボルトの抜けと吊りボルト破断に加えて耐震支持がないことが考えられる。 対策：耐震部材を強化して横引き配管の異常な振動がアンカーや吊りボルトに伝わらない様にする。

<table>
<tr><td rowspan="4">排煙ダクトが脱落[1)]
</td><td>撮影場所および建物構造</td></tr>
<tr><td>撮影場所：―
建築物：S 造地上 2 階建
撮影階：2 階</td></tr>
<tr><td>被害と原因および対策</td></tr>
<tr><td>被害：排煙口と思われるダクトの脱落
原因：天井裏の排煙横引きダクトが落下して立ち下げダクトに接続している排煙口も落下した。
対策：天井裏の横引き排煙ダクトが耐震支持やアンカー、吊りボルトなど吊り部材耐震支持強度の強化を図る。</td></tr>
<tr><td rowspan="4">EA ダクト落下[1)]
</td><td>撮影場所および建物構造</td></tr>
<tr><td>撮影場所：福島県いわき市
建築物：SRC
撮影階：地上 27m</td></tr>
<tr><td>被害と原因および対策</td></tr>
<tr><td>被害：ＥＡダクトの落下
原因：耐震支持がなかったり、不足や緩みなどがあったことに加え、大型ダクトであることから吊りボルトの破断やアンカーの抜けが考えられる。
対策：振れ防止の耐震支持を行うことに加えて、アンカーの注意深い施工がある。</td></tr>
<tr><td rowspan="4">ダクト脱落　吊りボルト破断[1)]
</td><td>撮影場所および建物構造</td></tr>
<tr><td>撮影場所：宮城県黒川郡
建築物：S 造地上 5 階建
撮影階：1 階</td></tr>
<tr><td>被害と原因および対策</td></tr>
<tr><td>被害：ダクトの脱落、吊りボルトの破断
原因：耐震支持がなかったり、不足や緩みなどがあったことに加え、大型ダクトであることから吊りボルトの破断やアンカーの抜け防止が考えられる。
対策：振れ防止の耐震支持を行うことに加えて、アンカーの注意深い施工がある。</td></tr>
</table>

送風機ダクト移動によりキャンバス継手はずれ 1)

撮影場所および建物構造

撮影場所：宮城県仙台市
建築物：S 造地上 5 階建
撮影階：屋上

被害と原因および対策

被害：送風機の移動によるキャンバス継ぎ手のはずれ
原因：送風機に防振装置があった場合には防振装置にストッパーがなかったことにより送風機が移動してキャンパスが破損したと考えられる。また、ダクトが移動したことも考えられる。
対策：送風機の防振装置にはストッパーを設置することとダクトの耐震支持を行うことが考えられる。

空調機室外機転倒　冷媒ラック破損 1)

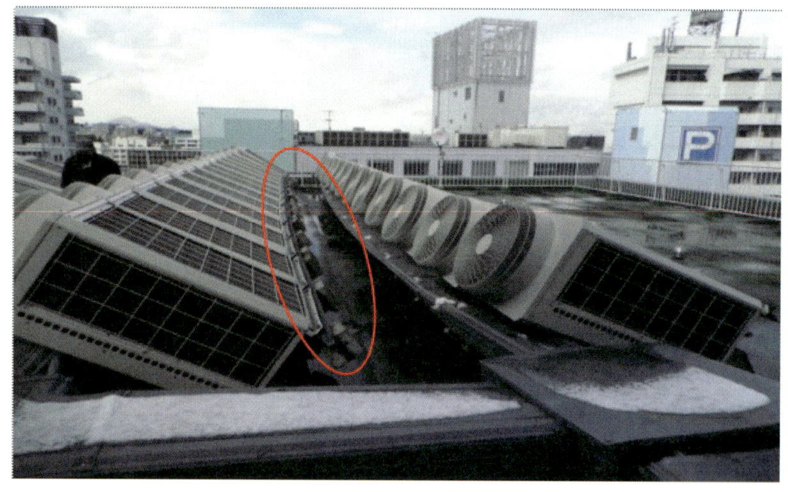

撮影場所および建物構造

撮影場所：宮城県仙台市
建築物：RC 造地上 9 階地下 1 階建
撮影階：屋上

被害と原因および対策

エアコン落下 1)

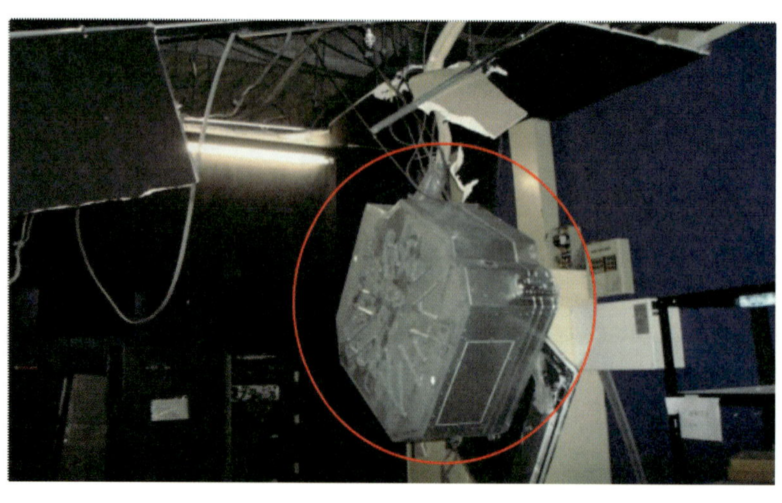

撮影場所および建物構造

撮影場所：宮城県仙台市
建築物：S 造地上 2 階建
撮影階：1 階

被害と原因および対策

被害：エアコン室内機が落下した。
原因：機器に振れ止めがなく、軽量機器であり、吊り長さが長いことから、アンカーボルトの抜けと吊りボルトの破断も考えられる。
対策：機器に振れ止めを設置することとアンカーボルトの信頼性高い施工をすることが考えられる。

<table>
<tr><td>吊り用全ねじボルトの破断によるファンコイルユニットの脱落 [1)]
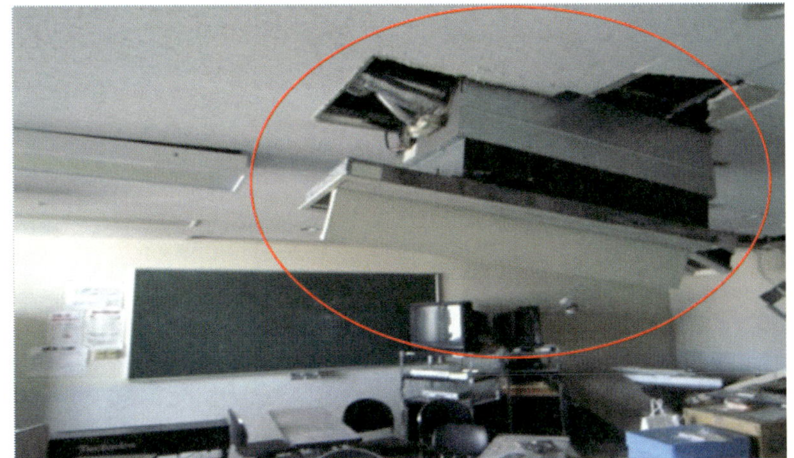</td><td>撮影場所および建物構造
撮影場所：宮城県仙台市
建築物：SRC 造地上 6 階建
撮影階：6 階
被害と原因および対策
被害：エアコン室内機が落下した。
原因：機器に振れ止めがないが天井があり、軽量機器であることから、アンカーボルトの抜けが考えられる。
対策：機器に振れ止めを設置することとアンカーボルトの信頼性高い施工をすることが考えられる。</td></tr>
<tr><td>空調用フィルターボックス吊りボルト切断（12mm）[1)]
</td><td>撮影場所および建物構造
撮影場所：岩手県水沢市
建築物：S 造
撮影階：1 階
被害と原因および対策
被害：空調用フィルターボックス側の吊りボルト切断
原因：フィルターボックスの振れによる吊りボルトの破断。
対策：フィルターボックスの横振れ防止をする。</td></tr>
<tr><td>空調機防振装置外れ [1)]
</td><td>撮影場所および建物構造
撮影場所：宮城県仙台市
建築物：SRC 造
撮影階：屋上
被害と原因および対策</td></tr>
</table>

<table>
<tr><td rowspan="4">排気ファンキャンバス外れ及び本体脱落 [1)]
</td><td>撮影場所および建物構造</td></tr>
<tr><td>撮影場所：宮城県名取市
建築物：RC 造地上 2 階建
撮影階：屋上</td></tr>
<tr><td>被害と原因および対策</td></tr>
<tr><td>被害：排気ファンキャンバス外れ及び本体脱落
原因：排気ファン本体が防振装置を介した架台から外れて排気ダクトとに相関変位が生じ、キャンバスが外れた。
対策：排気ファンの防振装置ストッパーが外れないようにすることと、排気ファン鋼製架台や排気ダクトが移動しないように固定する。</td></tr>
<tr><td rowspan="4">屋外埋設給水管（VD）の継手接続部分の破損 [1)]
</td><td>撮影場所および建物構造</td></tr>
<tr><td>撮影場所：宮城県仙台市
建築物：RC 造
撮影階：屋外</td></tr>
<tr><td>被害と原因および対策</td></tr>
<tr><td>被害:屋外埋設給水管（VD）の継手接続部分が破損
原因：建物近傍の配管である場合には固定している配管と地盤変動に影響される配管部分とに生じる相関変位に追従できなかったと思われる。建物や固定物から離れた配管の場合には地盤変動相互の変位により破損したと思われる。
対策：配管固定点と地盤の間や配管継ぎ手や管材自体に適度な変位吸収性を持たせる。</td></tr>
<tr><td rowspan="4">給水管継手の破損 [1)]
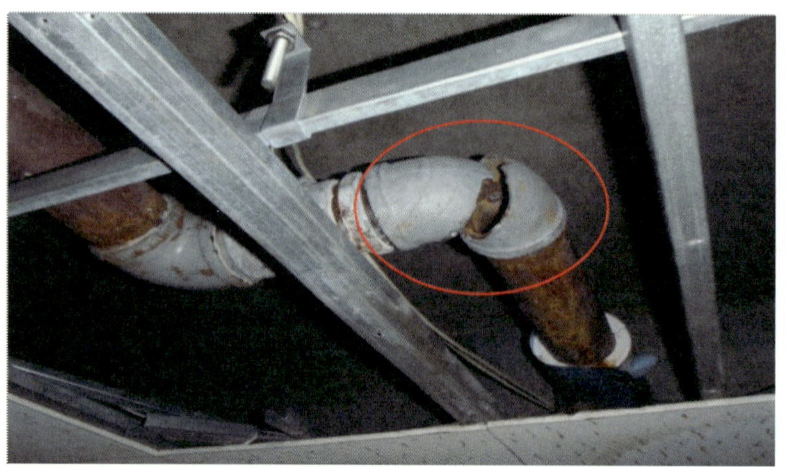</td><td>撮影場所および建物構造</td></tr>
<tr><td>撮影場所：宮城県仙台市
建築物：RC 造
撮影階：－</td></tr>
<tr><td>被害と原因および対策</td></tr>
<tr><td>被害：給水管継手の破損
原因：管軸方向に変位が生じてエルボが破損した。
対策：横引き配管の軸方向にも耐震支持を設置する。</td></tr>
</table>

給水、SP、消火栓配管 EXP 部可とう継手破断 [1)] 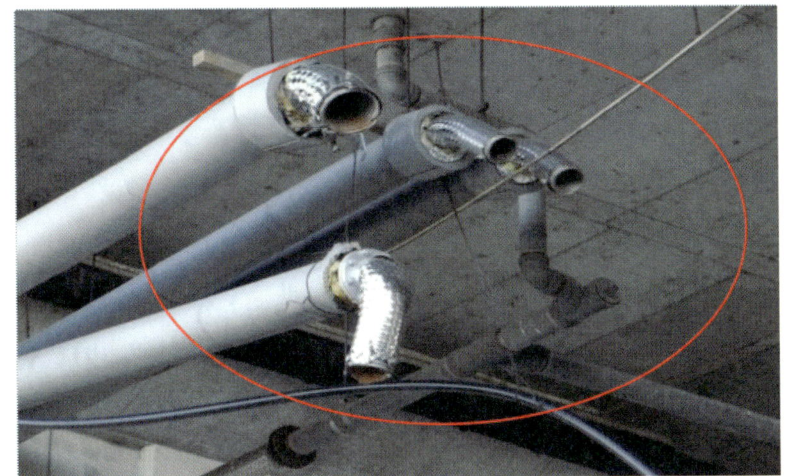	**撮影場所および建物構造** 撮影場所：宮城県古川市 建築物：SRC 建 撮影階：2 階 **被害と原因および対策** 被害：給水、SP、消火栓配管 EXP 部可とう継手破断 原因：変位吸収管継ぎ手が EXP 部の変位に追従できずに破断した。 対策：変位吸収管継ぎ手を設置する場合には、その両端を管直角方向に加えて管軸方向にも有効な耐震支持を設ける。
浄化槽液状化により浄化槽が浮き上がり [1)] 	**撮影場所および建物構造** 撮影場所：福島県郡山市 建築物：S 造地上 2 階建 撮影階：屋外 **被害と原因および対策** 被害：地盤の液状化により浄化槽が浮き上がった。 原因：地盤の液状化により比重量の軽い浄化槽が浮き上がった。 対策：浄化槽の杭基礎として浮き上がりを少なくする。
貯湯槽が基礎から脱落 [1)] 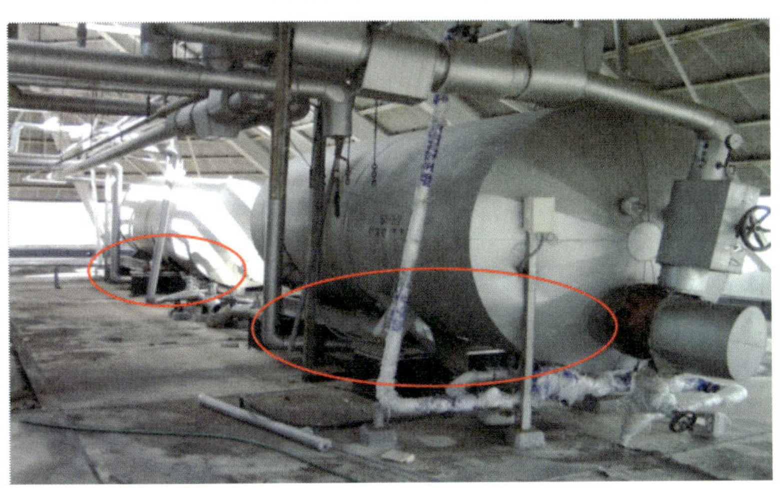	**撮影場所および建物構造** 撮影場所：宮城県仙台市 建築物：RC 造地上 12 階建 撮影階：屋上 **被害と原因および対策**

<table>
<tr><td>給湯器の転倒[1)]
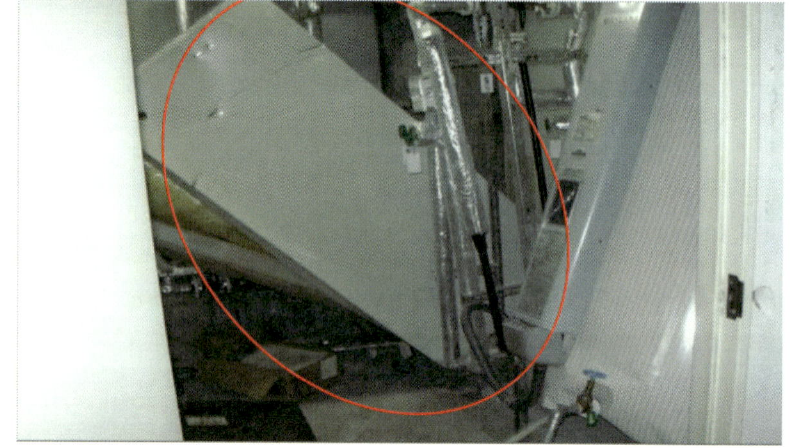</td><td>撮影場所および建物構造
撮影場所：—
建築物：RC 造地上 5 階建

被害と原因および対策</td></tr>
<tr><td>防振架台損傷[1)]
</td><td>撮影場所および建物構造
撮影場所：宮城県黒川郡
建築物：S 造地上 5 階建
撮影階：1 階

被害と原因および対策
被害：防振架台損傷
原因：防振架台が強度不足でストッパーボルトで破断した。
対策：防振架台強度を強めることと防振装置のクリアランスを最小に調整する。</td></tr>
<tr><td>屋上鉄骨架台の損傷
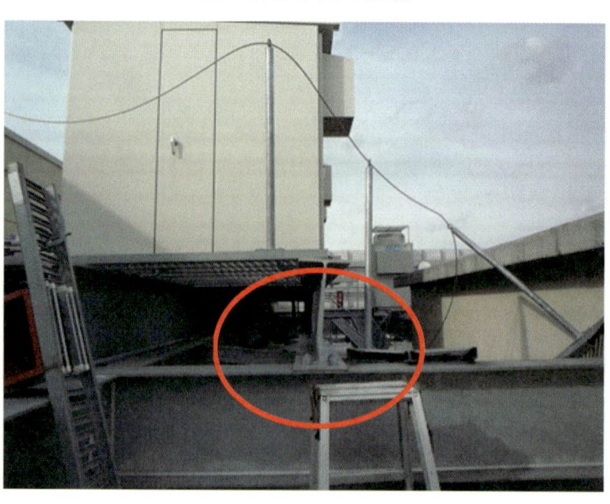</td><td>撮影場所および建物構造
撮影場所：—
建築物：—
撮影階：屋上

被害と原因および対策
屋上に設置したキュービクル内変圧器の防震装置が移動・転倒防止型でない為上部の変位量が大きくキュービクル用鉄骨架台が変形、損傷した。
変圧器防震装置に移動・転倒防止型ストッパを設置しクリアランスを確保して、上部変位量を抑制する。鉄骨架台は地震力以上の強度を確保する。</td></tr>
</table>

<table>
<tr><td rowspan="4">屋上ケーブルラックの損傷
</td><td>撮影場所および建物構造</td></tr>
<tr><td>撮影場所：－
建築物：－
撮影階：屋上</td></tr>
<tr><td>被害と原因および対策</td></tr>
<tr><td>ケーブルラックの支持・固定金物強度不足及び耐震支持が施されていない為固定金物が破損・倒壊した。
固定金物の強度を確保し、さらに周囲の基礎等を利用し、軸方向、横方向とも耐震支持を施す。</td></tr>
<tr><td rowspan="4">照明器具の脱落
</td><td>撮影場所および建物構造</td></tr>
<tr><td>撮影場所：－
建築物：－
撮影階：－</td></tr>
<tr><td>被害と原因および対策</td></tr>
<tr><td>照明器具吊り金物及び、固定金物の強度不足により器具がぶら下がり状態となった。
支持方法を改善し強度を確保する。</td></tr>
<tr><td rowspan="4">動力盤の転倒
</td><td>撮影場所および建物構造</td></tr>
<tr><td>撮影場所：－
建築物：－
撮影階：－</td></tr>
<tr><td>被害と原因および対策</td></tr>
<tr><td>施工方法の不良による自立型制御盤転倒。
制御盤とチャンネルベース間に防水シールを施し、制御盤内部が腐食しないようにする。制御盤が強度不足の場合は転倒防止金物等により補強措置を施す。</td></tr>
</table>

<table>
<tr><td>盤内機器の破損
</td><td>撮影場所および建物構造
撮影場所：－
建築物：－
撮影階：－
被害と原因および対策
屋上階に設置したキュービクル内変圧器の上部変位量が大きく二次導体破損、盤内短絡を起こした。
変圧器防震装置に移動・転倒防止型を設置し上部変位量を抑制する。さらに二次側導体には、絶縁措置を施す。</td></tr>
<tr><td>防振ゴムの破損
</td><td>撮影場所および建物構造
撮影場所：－
建築物：－
撮影階：－
被害と原因および対策
屋上階に設置したキュービクル内変圧器の防震装置が移動・転倒防止型でない為上部変位量が大きく防震ゴムが破断した。
変圧器防震装置に移動・転倒防止型ストッパを設置しクリアランスを確保し手、上部変位量を抑制する。</td></tr>
</table>

【出典】

1）　一般社団法人東北空調衛生工事業協会　東日本大震災による設備機器被害状況報告
http://tohoku-kuei.com/pdf/121025shinsai.pdf

付録 10　東北地方太平洋沖地震における吊り配管等の被害アンケート結果

(1) 吊り配管等の被害調査について

平成 23 年 3 月 11 日に発生した東北地方太平洋沖地震では、建築物の非構造部材の損傷などが報告されている[注 1)]。

建築設備耐震設計・施工指針編集委員会（以下、「本委員会」）においても、本指針の改訂に際して、既存の被害報告書などを収集する他、吊り配管等（配管・ダクト・電気配線（ケーブルラックを含む））の被害状況について調査を行った。

本委員会での調査は、主に以下の内容を把握するために、アンケート形式で行い、その結果などを踏まえ、本指針の改訂に役立てた。なお、アンケートは、本委員会の委員および関連団体などの協力のもと実施した。

① 耐震支持の被害状況とその取付け詳細
② 配管の落下被害
③ 配管等の耐震支持を設計・施工するための指針・規程類などの利用状況

(2) アンケート結果について

アンケートを集計した結果、設備・建築関係の 52 事業者から回答を得た。その概要などは以下の通りである。

1) 耐震支持の被害状況とその取付け詳細について

震災後、設備・建築関係事業者が、調査・確認・補修を行った約 3540 物件の建築物において、配管等の支持材の約 1400[注 2)] 箇所に破損などの被害がみられた[注 3)]。

支持材の被害については、「自重支持材のみ」または、「自重支持＋ B 種耐震支持」で計画されていたものが多く、損傷の形態としては、「全ねじボルトの破断」、「鉄骨梁などにクリップ留め部の損傷」が多くみられた。

また、建築物の用途は「工場」、「商業施設等」の回答が多く、合わせて、全体の約半数であった。また、「工場」の約 8 割、「商業施設等」の約 5 割が S 造建築物であった。

2) 配管等の落下被害について

配管等の落下被害が 53 件報告され、9 割以上が「自重支持材のみ」、「自重支持＋ B 種耐震支持」で計画されていたものであった。

3) 指針・規程類などの利用状況について

配管等の計画・設計にあたって、回答のうち約 6 割は、「建築設備耐震設計・施工指針」、「公共建築工事標準仕様書」、「自社が定める耐震指針」など、何らかの耐震規程類を利用していた。

(3) 配管等の耐震支持の改訂について

東北地方太平洋沖地震では、大きな地震が複数回発生し、また、揺れ時間も長かったことから、全ねじボルトを用いた自重支持材や、全ねじボルト・フラットバーなどの引張り材で構成された B 種耐震支持は、繰り返し荷重による圧縮力による損傷に加えて、支持部分のクリップなどに不具合を生じて、配管等の落下などの被害が生じたものと思われる。

今回の本指針の改訂にあたり、アンケート結果や、文献調査の結果などを踏まえ、配管等の耐震支持について以下の見直しを行った。

① 本指針では、自重支持材のみの施工の適用（通常の施工方法）およびB種耐震支持の適用に関する部分を中心に、支持方法の規定を全体的に見直した。
 - 「通常の施工方法による」→「支持間隔12m以内ごとに1箇所A種耐震支持またはB種耐震支持」
 - 「50m以内に1箇所は、A種耐震支持とし、その他はB種耐震支持」、「支持間隔12m以内ごとに1箇所A種耐震支持またはB種耐震支持」→「支持間隔12m以内ごとにA種耐震支持」
 - 「B種耐震支持」→「125A以上はA種耐震支持、125A未満はB種耐震支持」
 - 「50m以内に1箇所は、S_A種耐震支持とし、その他はA種耐震支持」、「支持間隔12m以内ごとに1箇所S_A種耐震支持またはA種耐震支持」→「支持間隔12m以内ごとにS_A種耐震支持」

② 配管の適用除外の項目において、50A以下の配管でも被害がみられたことから、適用除外の配管径を見直した（50A → 40A）。

③ 適用除外の項目において、吊り長さの平均が30cm以下のものにも、被害が見られたことから、平均吊り長さを見直した（30cm → 20cm）。

注1）日本建築学会　2011年東北地方太平洋沖地震災害調査報告　p.575-577　2011.7

注2）被害箇所数「約1400箇所」については、複数の被害箇所を同じ被害事象として捉え、あるいは、類似被害をまとめて1件とした回答も多くあった。

注3）52事業者からの回答を集計した結果、調査・確認・補修を行った建築物の数は約3540物件であった。回答の中に、「約100」、「約400」などの記載があることから、「約3540物件」とした。被害個所数においても、同様に「約100以上」、「約300」などの記載がある。数値部のみを合計すると1389箇所となるが、「約」、「以上」などの記載があることからことから、「約1400箇所」とした。

建築設備耐震設計・施工指針　2014 年版

平成 26 年 9 月 25 日発行　　第 1 版 1 刷発行
令和 7 年 4 月 5 日発行　　第 1 版 12 刷発行

定　価　7,700 円（本体 7,000 円＋税 10%）
監　修　独立行政法人　建築研究所
編　集　建築設備耐震設計・施工指針 2014 年版編集委員会
発　行　一般財団法人　日本建築センター
〒 101-8986
東京都千代田区神田錦町 1-9
TEL：03-5283-0478　　FAX：03-5281-2828
https://www.bcj.or.jp/
販　売　全国官報販売協同組合
〒 114-0003
東京都北区豊島 6 丁目 7 番 15 号
TEL：03-6737-1500　　FAX：03-6737-1510
https://www.gov-book.or.jp/
表紙デザイン　柳オフィス
印　刷　昭和情報プロセス株式会社

Printed in Japan　ISBN 978-4-88910-161-4